XINXI SUYANG

信息素养与法律文献检索

YU

FALÜ WENXIAN JIANSUO

林燕萍 ■ 主编

法律出版社 | LAW PRESS
—— 北京 ——

目 录
CONTENTS

第一章

信息素养

第二章

传统文献资源的获取

第三章

常用数据库检索

第四章

法律文献信息检索

第五章

法律数据库

第六章

“互联网 +”法律文献检索

第七章

大陆法系国家的法律文献检索

第八章

普通法系国家的法律文献检索

第九章

“一带一路”与“金砖国家”法律文献检索

第十章

国际法与国际组织的文献检索

第十一章

专题法律文献检索

信息素养

"信息素养"(Information Literacy)这个名词最早出现在1974年。到了21世纪,信息素养在教育界渐渐取代旧有的"信息能力"(Information Competency)或"信息技能"(Information Skills),作为一种高级的认知技能,与批判性思维、解决问题的能力一起构成了企业、组织、团队或个人进行知识创新和知识管理的基础。从"用"的角度来看,知识管理的本质核心,是企业、组织、团队及个人信息素养的培养。可以说,信息素养是一种知识管理的策略。

第一节　信息与文献

一、DIKW知识管理体系

(一)数据

数据泛指对客观事物的数量、属性、位置及其相互关系的抽象表示,以适合于用人工或自然的方式进行保存、传递和处理。通过数据的描述我们的大脑里形成了对客观世界的清晰印象。

数据要通过人们约定俗成的字符和定义表现出来。这些字符和定义我们称之为关键词,数据就是通过对这些关键词的应用把人类认知的物质世界清晰地描述出来。关键词必须是人们约定俗成的,这就表示不同阶级、不同宗教、不同国家的人对于关键词的约定必然会有差异。由此我们可以推导出数据其实也具有一个使用范围。不同领域的人在描述同一事物时会出现不同的数据。数据的有范围性导致由此建立的信息世界、知识世界在不同的国家、不同的宗教、不同的阶级中会产生差异。认识到数据的有范围性可以帮助我们在一个领域进行知识管理时,首先统一关键词的约定。

(二)信息

"信息"一词在英文、法文、德文、西班牙文中均是"information",日文为"情报",我国台湾称之为"资讯",我国古代用的是"消息"。在现代,信息是事物及其属性标识的集合。信息的高度复杂性,决定了信息的定义很难被统一,不同的领域有不同的定义。信息的表现形式和种类也是多种多样,难以计数。我们认为在知识管理领域,这个定义还是比较贴切的。

信息来源于数据并高于数据。单一的数据是没有联系的，孤立的。只有当这些数据用来描述一个客观事物和客观事物的关系，形成有逻辑的数据流，它们才能被称为信息。

信息还包括有一个非常重要的特性——时效性。信息的时效性是指信息仅在一定时间段内对决策具有价值的属性。信息的时效性很大程度上制约着决策的客观效果，影响着决策的生效时间。

（三）知识

知识是信息的一部分，是由信息提炼、转化而成的，是经过人类认识、挑选，协同和深化了的信息。

国际经济合作组织编写的《知识经济》（Knowledge Based Economy，1996）中对知识的界定，采用了西方20世纪60年代以来一直流行的说法——知识就是知道了什么（Know-what）、知道为什么（Know-why）、知道怎么做（Know-how）、知道谁（Know-who）。这样的界定可以概括为"知识是4个W"。

哈里斯将知识定义为：知识是信息、文化脉络以及经验的组合。其中，文化脉络为人们看待事情时的观念，会受到社会价值、宗教信仰、天性以及性别等影响；经验则是个人从前所获得的知识；而信息则是在数据经过储存、分析以及解释后所产生的，因此信息具有实质内容与目标。[①]

知识之所以在数据与信息之上，是因为它更接近行动，它与决策相关。我们认为这些知识的经典定义都有其价值和意义，信息虽给出了数据中一些有一定意义的东西，但它的价值往往会在时间效用失效后开始衰减，只有人们通过归纳、演绎、比较等手段对信息进行挖掘，使其有价值的部分沉淀下来，并与已存在的人类知识体系相结合，这部分有价值的信息才转变成知识。有价值的信息沉淀并结构化后就形成了知识。

（四）智慧

智慧是高等生物所具有的基于神经器官（物质基础）的一种高级的综合能力，是知识层次中的最高一级，它同时也是人类区别于其他生物的重要特征。智慧使我们做出导致成功的决策。

智慧是人类解决问题的一种能力，是人类特有的能力。智慧的产生需要基于知识的应用。智慧是人类基于已有的知识，针对物质世界运动过程中产生的问题，根据获得的信息进行分析、对比、演绎找出解决方案的能力。这种能力运用的结果是将信息的有价值部分挖掘出来并使之成为已有知识架构的一部分。

（五）DIKW体系

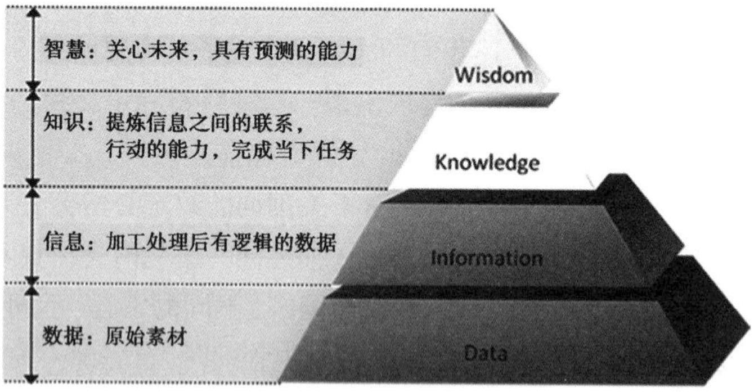

图1-1-1　DIKW：数据、信息、知识、智慧的金字塔层次体系

DIKW体系（见图1-1-1）将数据、信息、知识、智慧纳入到一种金字塔形的层次体系，每一层比下

① Harris，D.B.，"Creating a knowledge centric information technology environment"，Technology in Education Institute，1996，http：//hdl.handle.net/10760/24722.

一层都多赋予一些特质。原始观察及量度获得了数据，分析数据间的关系获得了信息，在行动上应用信息产生了知识，智慧关心未来，它含有暗示及预测的能力。

通过DIKW模型分析，可以看到数据、信息、知识与智慧之间既有联系，又有区别。数据是记录下来可以被鉴别的符号。它是最原始的素材，未被加工解释，没有回答特定的问题，没有任何意义；信息是已经被处理、具有逻辑关系的数据，是对数据的解释，这种信息对其接收者具有意义。知识是从相关信息中过滤、提炼及加工而得到的有用资料。在特殊背景和语境下，知识将数据与信息、信息与信息在行动中的应用之间建立有意义的联系，它体现了信息的本质、原则和经验。此外，知识基于推理和分析，还可能产生新的知识。最后来看智慧，智慧是人类所表现出来的一种独有的能力，主要表现为收集、加工、应用、传播知识的能力，以及对事物发展的前瞻性看法。在知识的基础之上，通过经验、阅历、见识的累积，而形成的对事物的深刻认识、远见，体现为一种卓越的判断力。整体来看，有关联的数据，转化为信息，升级为知识，升华为智慧。这样一个过程，是信息的管理和分类过程，让信息从庞大无序到分类有序，各取所需，这就是一个知识管理的过程。

二、法律文献

（一）文献

“文献”一词，最早见于《论语·八佾》：“子曰，夏礼，吾能言之，杞不足征也。殷礼，吾能言之，宋不足征也。文献不足故也。足，则吾能征之矣”。朱熹《论语集注》中解释：“文，典籍也。献，贤也。”这里的“文”指典籍，“献”指人才。后来，文献一词慢慢向偏义词演化，偏重于“文”，单指典籍。

今天我们所说的文献，是指“记录有知识的一切载体”。具体来说，文献是将信息用文字、符号、图像、音频等记录在一定的物质载体上的结合体。

（二）法律文献

法律文献，顾名思义，就是指一切记录有法律知识的文献载体，它包括法律法规、司法解释、判例案例、条约、法学论著及法学类工具书，等等。这些文献可以记录在各种载体上，包括印刷形式的图书、期刊、报纸、学位论文、报告等，以及缩微资料、光盘、磁盘和网上资源等。

法律文献的类型有几种不同的分类标准和方法。

在国外，以及我国的台湾、香港和澳门地区，法律渊源直接影响其法律文献的体系结构和内容。根据效力的不同，法律文献一般分为原始文献（primary sources）和二次文献（secondary sources）。原始文献，主要指国家立法机构和政府制定颁布的法律、法规、行政性法规和政府部门的决定等，在普通法系国家还包括司法决定。二次文献，是用以解释、查询以及更新原始文献的资源，是对法律原则的讨论和分析，是法律解释性和分析性文献，包括专著、法律百科全书、法律期刊、工具书、索引、摘要，等等。

在我国大陆的法律检索界，我们比较普遍认同的还是根据一般社会科学文献的普遍分类方法，即法律文献分为法律图书、法律期刊、法律工具书等。此外，也会根据法律文本形式的不同，分为法律、法规、司法解释、条约、案例与裁判文书等。

第二节　认识信息素养

一、信息素养的提出

信息素养（Information Literacy，IL）是进入信息社会后出现的一个概念。1974年美国信息产业协会（IIA）主席保罗·泽考斯基（Paul Zurkowski）在提交给全美图书馆学和信息学委员会（NCLIS）的一份报告中首次提出了这一概念，他将之解释为“利用大量的信息工具及原始信息源使问题得到解答的技术和技能”。1989年，美国图书馆协会（ALA）下设的信息素养主席委员会发布了一份权威报告，报告定义了信息素养的四个组成部分，即四种能力：确定何时需要信息的能力、查找信息的能力、评估信息的能力、有效地利用所需信息的能力。概括起来，就是至今使用最为广泛的一种对信息素养的定义：有信息素养的人必须能够确定何时需要信息，并且具有检索、评价和有效使用所需信息的能力。

二、信息素养标识（logo）

作为信息素养的国际性标识，该标识（见图1-2-1）是从国际标识大赛中选出的，设计者是来自古巴哈瓦那的平面设计师爱德加·路易斯·佩雷兹（Edgar Luy Pé rez）。大赛由联合国教科文组织（UNESCO）和国际图联（IFLA）共同主办。

标识采用世界公认的图书和圆的形象，以一种通俗易懂的方式表示人类既可以通过传统方式也可以通过现代信息技术查找并获取信息。前者象征着学习，而后者则代表当前因互联网而更易获取的知识和信息，及其社会沟通的功能。该图标也代表一本翻开的图书，和顶部的圆构成一个隐喻，即那些拥有认知技能的人能够快速检索并洞悉信息所隐含的知识。俯视可见一个通常代表信息的小写的“i”。

标识旨在加强信息素养有关各方的交流与参与，通过信息素养专业人员的使用，使之成为世界性的易读标识，从而使信息素养交流变得更加容易。

图1-2-1　信息素养标识

三、信息素养的内涵

信息素养是一个多元化、综合性的概念，包括多方面的内容，既包括信息意识和信息伦理，又包括信息技术的操作能力、各种软件的应用能力、信息资源的创新能力等。具体可将信息素养的内涵分为信息意识、信息能力、信息知识、信息伦理四要素。

（一）信息意识

信息意识是指对待信息的敏感程度，即面对问题能主动寻找答案，并知道在哪里、用什么方法去寻求答案。它是信息素养中最为重要的部分，被称为信息素养的灵魂。

信息意识的表现形式包括：

1. 对信息具有敏锐的感受力；

2. 对信息具有持久的注意力；

3. 对信息价值具有判断力。

（二）信息能力

信息能力是指人们获取信息、加工处理信息、吸收信息并创造新的信息的能力。信息能力是信息时代人类重要的生存能力，也是现代社会人类终身学习必备的基本能力。信息能力是信息素养的核心，包括以下几种能力：

1. 检索信息的能力；

2. 评价信息的能力；

3. 整合与创造信息的能力。

（三）信息知识

信息知识是信息素养的基础，是开展信息获取、评价、利用等活动所需要的知识。表现在下列方面：

1. 信息文化知识；

2. 各种信息源；

3. 信息检索工具；

4. 检索方法等方面的知识；

5. 计算机和网络技术常识；

6. 信息法规知识。

（四）信息伦理

面对信息污染、侵犯个人隐私权与知识产权、网上诈骗、网络攻击与破坏等网络信息活动失范行为，信息伦理的概念应运而生。信息伦理又称信息道德，是指个体在信息的开发、传播、管理、获取、利用等信息活动中应遵守的一定伦理规范。信息伦理则是信息素养的准则。主要表现在三个方面：

1. 信息交流与传递的目标要与社会整体目标相一致；

2. 遵循信息法律法规，抵制信息污染；

3. 尊重知识产权和个人隐私。

四、信息素养标准

（一）美国信息素养标准和框架

1.《学生学习的九种信息素养标准》

1998年美国图书馆协会与教育交流技术协会（American Library Association and Association for Educational Communications and Technology）在其出版物《信息能力：创建学习的伙伴》中制定了《学生学习的九种信息素养标准》。这一标准从信息素养、独立学习和社会责任三个方面进行表述，明确和丰富了信息素养在技能、态度、品德等方面的要求。

（1）信息素养方面

标准一：能够快速、有效地获取信息；

标准二；能够熟练、批判性地评价信息；

标准三：能够精确、创造性地使用信息；

（2）独立学习方面

标准四：能探求与个人兴趣有关的信息；

标准五：能欣赏作品和其他对信息进行创造性表达的内容；

标准六：能力争在信息查询和知识创新中做得最好；

（3）社会责任方面

标准七：能认识信息对民主化社会的重要性；

标准八：能履行与信息和信息技术相关的符合伦理道德的行为规范；

标准九：能积极参与小组活动来探求和创建信息。

从上述有关信息素养的定义及信息素养的标准可以看出，信息素养不仅仅指诸如信息获取、信息检索、信息表达、信息交流等信息技能，而且包括独立学习的态度和方法，在信息社会中合理生活和学习的责任，以及将信息技能用于信息问题解决和进行创新性思维的综合的信息能力。

这九大信息素养标准为各地方教育机构制定自己的中小学学生信息素养标准提供了基本依据。

2.《加州公立学校图书馆标准范本：幼儿园至十二年级》

美国加利福尼亚州教育委员会于2010年9月16日通过《加州公立学校图书馆标准范本：幼儿园至十二年级》，目的是推进加州学校图书馆项目，突破思路并拓宽视野。本范本概述了学生具备信息素养所必须具备的识别技能和知识。当今世界，信息素养是指拥有高效获取、评估和使用信息并将信息结合生活实践的能力。本学校图书馆标准具有新颖的主题和严格的要求，在这个以信息知识为动力、竞争激烈的全球经济中，旨在帮助学生获得成功。本标准帮助学生学习使用二十一世纪的技能，运用可靠的研究实践；教导学生在使用数字设备时学会尊重他人，并且引导学生不断学习以成为终身学习者。本标准同时对学校图书馆服务提出关于职工、链接及资源基本要求的建议，并且帮助学生达到学术标准。

本范本包括两种标准类型：

第一，学校图书馆针对学生的标准。

该标准描述各年级水平或年级段的学生应做和能做的事情，旨在帮助学生在校期间、接受更高教育时及在工作中获得成功。

第二，学校图书馆项目标准。

该标准确定职工、资源和基础设施（包括技术）的基本要求，维持学校图书馆项目的效率，并且帮助学生达到学校图书馆标准。

其中学校图书馆针对学生的标准，分别从学生获取信息、学生评价信息、学生使用信息和学生在各领域学习中结合信息素养技能这四个方面，从总体描述和具体说明两个维度加以阐明。

（1）学生获取信息

学生通过对图书馆结构、纸质出版材料、数字媒体及其他渠道的了解，获取信息。

① 认识到信息的必要性。

② 提出相关问题。

③ 使用有效的搜索策略，识别并查找各类网络资源和其他形式的资源。

④ 使用及时、安全和可靠的方式检索信息。

(2)学生评价信息

学生分析评价信息，确定适当研究范围。

① 确定信息相关性。

② 评估资源的全面性、流通性、可信性、权威性及准确性。

③ 考虑其他信息的必要性。

(3)学生使用信息

学生整理、合成、生成并交流信息。

① 针对出版物、媒体及网络资源信息的使用，展示符合道德规范、法律规定及安全要求的使用方式。

② 得出结论，做出明智决定。

③ 创造性地运用信息技术回答问题、解决问题或加深理解。

(4)学生在各领域学习中结合信息素养技能

学生自主寻求信息，实现终生学习。

① 广泛阅读，使用各类媒体寻求信息、获取个人利益并实现终生学习。

② 寻找、生成并共享信息。

③ 鉴赏并回应信息的创造性表达。

从该范本我们发现：其一，加州小学生的信息素养教育从四方面统筹，贯穿实践于各个年级，由各个年级制定具体的标准。其二，工具的使用十分广泛。有许多可供学生使用的工具。这些工具帮助学生更好地查找信息，分析和了解信息，然后有效地利用这些信息。其三，加州小学生的信息技术教育课程一般不单纯讲授技术层面的知识，而是与其他学科相结合进行教学，并且大多以完成课题、特定学习任务的方式进行。

3.《高等教育信息素养能力标准》

美国大学和研究型图书馆协会（ACRL）董事会于2000年1月18日通过“Information Literacy Competency Standards for Higher Education”，在1999年10月和2004年2月分别得到美国高等教育协会和独立学院理事会认可。普林斯顿大学图书馆的白健于2005年10月将此标准译为中文《美国高等教育信息素养能力标准》。共有5个标准、22个表现指标，每个表现指标下均以成果作进一步说明，共计86项成果。

在标准中，对信息素养作了如下定义，即信息素养是指个人“能认识到何时需要信息以及有效地搜索、评估和使用所需信息的能力”。信息素养在当代科技迅速发展和信息资源极其丰富的环境下变得越来越重要。由于环境变得愈渐复杂，个人在学习、工作和生活中面临着多样化的、丰富的信息选择。信息可以来自图书馆、社区、行会、媒体和互联网。越来越多的未经过滤的信息的出现，使得它们失去了真实性、正确性和可靠性。另外，个人很难理解和评估以图片、声像和文本的形式存在的信息。信息的不可靠性和不断增加的数量对社会形成威胁。如果缺乏有效利用信息的能力，大量信息本身并不能使大众从中汲取知识。

信息素养为一生学习奠定基础。它适用于各个学科、各种学习环境和教育水平。它可以让学习者掌握内容，扩展研究的范围，有更多主动性和自主性。有信息素养的人应能做到以下几点：

第一，决定所需信息的范围。

第二，有效地获取所需信息。

第三，严格评价信息及其相关资源。

第四，把所选信息融合到个人的知识库中。

第五，有效运用信息达到特定目的。

第六，运用信息同时了解所涉及的经济、法律和社会范畴，合法和合理地获得和利用信息。

五个标准为：

标准一：有信息素养的学生有能力确定所需信息的性质和范围。

标准二：有信息素养的学生可以有效地获得需要的信息。

标准三：有信息素养的学生可以评估信息和它的出处，然后把挑选的信息融合到他（她）们的知识库和价值体系。

标准四：不管个人还是作为一个团体的成员，有信息素养的学生能够有效地利用信息来实现特定的目的。

标准五：有信息素养的学生熟悉许多与信息使用有关的经济、法律和社会问题，并能合理合法地获取信息。

标准发布十五年来，学术图书馆员及其高等教育机构的合作伙伴们开发了相应的学习成果、工具和资源，并且一些高校已经利用它们将信息素养的概念和技能注入到了教学大纲中。我们赖以工作和生活的信息生态系统也呈现出活跃而无定性的特点，这些都需要我们再次把注意力聚焦到这一生态系统的基本理念之上。学生在创造新知识，认识信息世界的轮廓和动态，以及合理使用信息、数据和学术成果方面起着更重要的作用。教师在设计旨在加强信息及学术成果的核心概念与本学科相融合的课程及作业方面肩负更大的职责。图书馆员则在识别自己知识领域内可以拓展学生学习的核心理念，创设紧密结合的信息素养新课程，以及与教师开展更广泛的合作方面担负着更大的责任。

4.《高等教育信息素养框架》

《高等教育信息素养能力标准》自2000年发布后，受到了广泛的关注和采用，成为了事实上的全球信息素养标准框架。然而，高等教育环境瞬息万变，在十余年后的今天，其内容已不适应新兴的信息技术和交流方式，难以指引协同环境下学生的信息活动。因此ACRL于2013年成立工作组开展新标准文件的制定，该文件定名为《高等教育信息素养框架》(以下简称《框架》)。2015年2月，《框架》草案第四稿即最终稿获得了ACRL董事会的一致通过，成为正式文件并在网上发布，但董事会同时表示《框架》尚需继续完善，目前不考虑废止《标准》，两者将并行供图书馆界研究和使用。2015年5月，清华大学图书馆经ACRL的授权，将《框架》翻译成中文在网上发布。

《框架》是基于一个互相关联的核心概念的集合，可供灵活选择实施，而不是一套标准，或者一些学习成果或既定技能的列举。设计思路来自阈概念（threshold concepts）和元素养（metaliteracy）。框架（framework）按六个框架要素（frame）编排，每一个要素都包括一个信息素养的核心概念、一组知识技能以及一组行为方式。代表这些要素的六个概念按其英文字母顺序排列如下：

（1）权威的构建性与情境性（Authority Is Constructed and Contextual）；

（2）信息创建的过程性（Information Creation as a Process）；

（3）信息的价值属性（Information Has Value）；

（4）探究式研究（Research as Inquiry）；

(5)对话式学术研究(Scholarship as Conversation);

(6)战略探索式检索(Searching as Strategic Exploration)。

元素养是指学生作为信息消费者和创造者成功参与合作性领域所需的一组全面的综合能力,为我们开启了信息素养的全新愿景。元素养要求从行为上、情感上、认知上以及元认知上参与到信息生态系统中。

《高等教育信息素养框架》相较于《高等教育信息素养能力标准》,从三个方面加以改进和提升。首先,将线性教学提升为整体体验,重视信息活动的情感因素;其次,从培养信息人到培养信息圈,指引社交网络化的信息活动;最后,从关注认知到强调元认知,培养信息素养人的批判性思维。

(二)英国信息素养标准

英国是世界上较早开展信息素养研究的国家之一,主要有国家和大学图书馆协会(SCONUL)等组织机构。SCONUL下属的信息素养咨询委员会(ACIL)从1997年起就致力于发展高等教育层面上的信息素养教育工作,1999年提出了《高等教育中的信息技能——7项指标》模型。由于信息素养大环境的变化,SCONUL信息素养工作小组于2011年4月将原先的7级指标模型更新成为核心模型,新版模型的7个核心分别为:信息需求识别、信息需求研究、检索策略计划、信息获取、信息评价、知识管理和知识展示与创新。这7个方面根据学习和科研流程对信息素养框架进行了整理规划,使其能够更加自然、合理地融入科研和学习过程。

(三)澳大利亚信息素养标准

澳大利亚图书馆员协会在2000年10月对美国《高等教育信息素养能力标准》进行了修改,制定了澳大利亚的《信息素养标准》,该标准主要应用于高等教育中,也可适用于其他层次的教育。

1.具有信息素养的学生能确定信息需求的性质和范围。

2.具有信息素养的学生能有效充分地存取所需的信息。

3.具有信息素养的学生能批判地评估信息和信息源并把所选择的信息纳入自己的知识系统和价值系统。

4.具有信息素养的学生能分类、存贮、利用和改写所收集到的信息或生成信息。

5.具有信息素养的学生独自或作为团体中的一员,能结合以前的知识和创新的理解来扩展、再组织或创造新的知识。

6.具有信息素养的学生能够通过使用信息理解文化、法律和社会问题,并在遵守法律、伦理道德的前提下存取和使用信息。

7.具有信息素养的学生能确认终身学习和履行公民职责与行使公民权利需要信息素养。

(四)我国信息素养标准

和发达国家信息素养教育评价标准相比,我国目前仍未发布全国性的信息素养评价标准。由清华大学孙平教授主持研究的北京地区高校信息素养能力指标体系于2005年发布。由7个一级指标,19个二级指标,61个三级指标组成。7个一级指标为:

1.具有信息素养的学生能够了解信息以及信息素养能力在现代社会中的作用、价值与力量。

2.具备信息素养的学生能够确定所需信息的性质与范围。

3.具备信息素养的学生能够有效地获取所需要的信息。

4.具备信息素养的学生能够正确地评价信息及其信息源,并且把选择的信息融入自身的知识体系中,重构新的知识体系。

5. 具备信息素养的学生能够有效地管理、组织与交流信息。

6. 具备信息素养的学生作为个人或群体的一员能够有效地利用信息来完成一项具体的任务。

7. 具备信息素养的学生了解与信息检索利用相关的法律、伦理和社会经济问题，能够合理、合法地检索和利用信息。

相对于国外而言，我国信息素养教育评价标准的制定还处于起步阶段，只是在国家部委文件里面有所涉及，没有专门的标准体系，其操作性更无从谈起。《北京地区高校信息素养能力指标》是北京市文献检索教育研究会的课题成果，对北京市高校学生信息素养提出了衡量依据；但是由于北京属于教育比较发达地区，指标体系对其他地区的高等学校不具有普适性。因此，制定符合我国国情的全国性的信息素养教育标准迫在眉睫。

五、媒介素养

媒介素养（Media Literacy）是指人们面对媒介的各种信息的选择能力、理解能力、质疑能力、评估能力、思辨性应变能力以及创造和制作媒介信息的能力。简言之，媒介素养是一个人使用、阅读、分析以及创造媒体的能力。在现代社会，媒介素养已然成为公民必备的基本素养之一，世界各国都不断地致力于媒介素养教育，提升公众媒介素养。媒介素养在世界上很多国家被列入了中小学的课程。

媒介素养教育产生于20世纪30年代，信息素养则是20世纪70年代的产物。从本质上看，媒介素养与信息素养都强调对信息的获取、评估、判断和创造的能力，这使得两者之间有着天然的一致性。著名学者麦克卢汉（Marshall McLuhan）说："媒介即信息。"随着信息越来越多的以数字的形式出现，并在数字媒体中传播，我们更容易看到媒介素养与信息素养在一定层面上的相互融合和相互作用。联合国教科文组织（UNESCO）近年来开始将信息素养与媒介素养合二为一，称之为"媒介与信息素养"（Media and Information Literacy，MIL）。

随着信息技术的发展，信息传播在日益媒介化的同时也日益数字化。以博客、论坛、微博、微信等为载体的自媒体的兴起，我们进入了全民DIY、全民出版、全民传播的时代。海量信息的传播也意味着肤浅冗余信息的大量存在。同时自媒体传播难以监管、疏于监管，公众随意地转发与链接，使得信息传播的真实性无从保障，各种虚假信息充斥网络。在这样的背景下，公民媒介素养教育的外延和内涵正在突破原有认知的边界，涵盖更加丰富、更加深刻的内容。在高度信息化的社会，如何整合媒介素养和信息素养这两种现代公民不可或缺的基本素养，是媒介与信息素养教育亟待解决的问题。

六、学术素养

学术素养是学术研究者应该具备的素质和修养。在教育部提出"双一流"建设和深入推进创新创业教育改革的大环境下，大学生学术素养和创新能力的培养对于高等院校未来的发展以及学生自身能力的提高都有着重要的意义。

近年来，学术论文抄袭、枪手代写、科研数据造假等学术不端行为屡禁不止。学术不端一直是学术科研的一个黑暗面，是学术出版业的一大问题，不仅破坏了严谨科学的学术氛围，也对学生的学术素养产生了消极影响。

为有效预防和严肃查处高等学校发生的学术不端行为，维护学术诚信，促进教学科研和学术研究的健康发展，教育部于2016年4月发布了《高等学校预防与处理学术不端行为办法（征求意见稿）》，并于2016年6月正式发布实施，规定高等学校应当建立集教育、预防、监督、惩治于一体的学术诚信体

系。特别突出了预防为主、教育与惩戒相结合的原则。该办法认定具有以下七种行为之一即构成学术不端行为：[①]

1. 剽窃、抄袭他人学术成果；

2. 篡改他人研究成果；

3. 伪造科研数据、资料、文献、注释，或者捏造事实、编造虚假研究成果；

4. 未参加研究或创作而在研究成果、学术论文上署名，未经他人许可而不当使用他人署名，或者多人共同完成研究而在成果中未注明他人工作；

5. 在申报课题、成果、奖励和职务评审评定等过程中提供虚假学术信息；

6. 有偿发表论文、买卖论文、由他人代写或为他人代写论文；

7. 其他严重违反公认的学术准则、违背学术诚信的行为，根据相关学术组织或者高等学校制定的规则，属于学术不端行为的。

同年12月16日，教育部颁布了新修订的《普通高等学校学生管理规定》（教育部令第41号），明确要求大学生要恪守学术道德、坚守学术诚信。此举对高校图书馆开展学术素养教育、预防学术不端行为提出了新任务。目前大部分高校图书馆的培训重点还停留在文献的检索与利用上，应将学术道德规范、学术法律规范、写作技术规范、知识产权法律知识等学术道德教育内容和图书馆数据库文献检索与利用教育相结合。

第三节 信息素养教育

一、信息素养教育体系

信息素养是培养大学生研究、分析、解决问题能力的重要途径，也是进行科学研究和知识创新的基础，是高素质和创新型人才的必备素养。国内高等院校的信息素养教育是在文献检索课和用户教育基础上发展起来的，随着教育内容和形式的变化，从面向全体的信息素养教育发展到按不同对象开展的专门信息素养教育，从通识的信息素养教育发展到分科的信息素养教育。

《中华人民共和国学位条例》中对本科生、硕士生和博士生在培养标准上做出了明确的规定，要求本科生具有担负专门技术工作的初步能力，硕士生具有从事科学研究工作或独立担负专门技术工作的能力，博士生具有独立从事科学研究工作的能力并在科学或专门技术上做出创造性的成果。由此可见，本科教育更侧重于通识教育和素质教育，硕士生侧重于专业能力和一般性研究技能的培养，博士生则更侧重于专业学术研究能力的培养。由于培养目标的不同，不同群体对信息素养教育的需求也必然会产生差异。因此，高校大学生的信息素养教育必须遵循三层递进的“一贯式”教育体系模型（见图1-3-1），阶段培育，贯穿始终。从大学生入校，一直贯穿整个高等教育期间，进而延伸至终身学习的过程。在细分不同群体用户的基础上，针对低年级本科生开展信息素养基础教育，针对高年级本科生开展信息素养进阶教育，针对研究生开展高级信息素养教育，以满足信息素养教育的普适性和

---

① 中华人民共和国教育部：《高等学校预防与处理学术不端行为办法》征求意见公告，载 http：//www.moe.gov.cn/jyb_xwfb/s248/201604/t20160413_238121．html。

针对性，在总体上形成从普及到拓展再到深入，这样层层推进的信息素养教育规划逻辑。

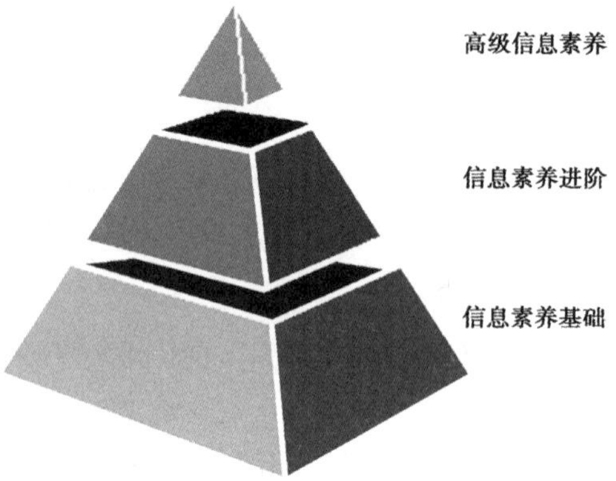

图1-3-1 三层“一贯式”信息素养教育体系模型

二、信息素养教育模式

多年来，国内高校在信息素养教育的实践中逐渐积累了丰富的经验，实现了多元化、全方位的用户信息素养教育，取得了一定成效。随着微课、慕课（MOOC）等新型教育模式的兴起，信息素养教育也进入到创新发展的关键时期。

（一）系统性课程教学

课程教学是由图书馆开设文献检索课或信息素养课，有公共必修和公共选修两种模式，也有根据文理分科或进行更为细致的专业型文献信息检索课。课程教学一直是信息素养教育的主要方式，相应高校的图书馆一般是该课程的开设主体。图书馆文献检索课程开设时间早，历时长，课程内容丰富，体系完整，具有较高的受众群体，是图书馆主推的信息素养教育模式。

作为一门方法类课程，信息素养教学内容中涉及了与文献检索相关的众多内容，主要集中在文献检索基础知识、常用中外文数据库的使用方法、网络资源的检索方法，以及专题文献资源的检索等。同时，根据目标用户培养标准和信息素养需求的不同，不同层级的课程也会开设不同的内容，如毕业论文或课程论文撰写中的资源检索、开题与立项前的文献调研与综述、专业文献的阅读与研究、科研与论文写作中学术不端行为的界定、参考文献管理软件的使用、中外文核心期刊投稿指南，等等。

在教学方法上，一般采用“课堂讲授+教师操作演示+学生上机实习”相结合的经典教学方法。文献检索课程操作性较强，为使学生更好地吸收消化理论知识，有必要给学生留出充分时间进行操作实践。

在教学辅助手段上，运用移动互联网技术，通过E-mail、QQ群以及与开发课程相关的微信公众号，把教学从课堂延伸到课堂外，延续跟踪保持课后教学持续性，以此加强教师与学生的联系，建立教学与资源获取的渠道，使学生从被动学习走向主动学习，满足了学生自主探究以及个性化学习的需求，有效提高学生的学习主动性，提升教学效果。

近年来，社会教育大环境中无论是教育理念还是教育技术、教育模式等方面的发展都可谓日新月异，并快速地反映到信息素养教育中来。网络信息获取的便利性可以让我们突破时空限制去获取更多的资源。网络公开课和MOOC浪潮，为信息素养课程教育提供了新的思路和方向。有实力的高校，可以选择自主开发公开课和MOOC课程。在高校图书馆自身师资缺乏的状况下，可以选择将MOOC

课程或其他高校的课程进行链接推广或组织观看，帮助本校师生获得更多更优秀的信息素养教育。

（二）多元化新生教育

新生教育的目的是让新生快速了解本校图书馆的资源与服务，是图书馆吸引用户和培养用户的制胜一环。图书馆一般在新生入学之际，通过发放新生手册、制作宣传板报、举办现场讲解和参观图书馆活动、网站开设“新生专栏”、新生入馆教育考试系统测试等多种形式进行宣传，让新生充分认识图书馆。根据本科生和研究生能力和需求的不同分别进行教育。本科新生的教育内容以普适性为主，注重信息意识的教育培养，使本科生初步了解图书馆功能、布局、服务及资源，意识到图书馆和信息交流的重要性；研究生的教育则注重告诉他们信息素养对其未来几年的学科和科研的重要性，使其能在未来研究生生涯中主动培养自己的信息素养能力。

根据现代大学生的特点，很多图书馆在内容和形式上进行不断的尝试和创新。例如四川电子科技大学图书馆别出心裁地制作沙画宣传片；重庆大学图书馆通过漫画形式进行新生入馆在线培训；上海交通大学图书馆的新生入馆教育专栏中有新生指南、淘书寻宝、图书馆全攻略、探宝“乐淘淘”、网罗天下、智慧泛在课堂、得心应手、常见问题等自助学习资料，同时还设计了“闯关达人”有奖游戏及虚拟化场景导航。

（三）全方位培训讲座

培训讲座是快速传播信息素养知识的有效途径，一般包括通用的信息素养教育和定制的专题信息素养教育。前者教育内容包括常用数据库的使用、文献管理工具的利用等，一般通过常规讲座来实现，主要面向学校高年级本科生、研究生和教学科研人员，旨在帮助他们在学习和科研过程中能有效地检索、组织管理和利用文献信息。后者是指具有学科和专业特色、特定人群需要的信息素养知识培训，一般包括毕业论文撰写前的文献检索，硕士、博士和科研人员开题、立项前的文献调研和综述等，通常都需要提前预约，通过定制讲座来实现。

讲座的开展有多种不同的形式，一般是Offline（现场讲座），也有Online（在线讲座），还可以是Offline to Online（将现场视频上网）。一般以教师讲授形式进行，或邀请数据库培训师来进行讲解。

通过多途径、立体化的宣传方式，包括图书馆主页、电子显示屏、海报、数据库商宣传册等传统手段，以及QQ群、微博、微信群等新媒体手段，辅以学校办公系统、与院系辅导员联系等等组合宣传方式，最大限度地吸引用户参与培训。

（四）个性化信息素养教育

竞赛式信息素养教育模式近年来受到学生的广泛欢迎，成为重要的信息素养培育方式之一。该模式是通过“以赛促学”来提升信息素养教育，多家高校图书馆已将信息检索竞赛办成连续性的系列活动，且竞赛规模从单个学校举办扩展至地区高校联盟组织。例如，华东理工大学图书馆每年均会推出夏、秋两次文献检索知识竞赛活动，至2017年已达九届；南京大学图书馆自2011年举办第一届信息检索大赛开始，至2017年已是第七届，从2013年第三届开始吸引了南京周边地区的十余所高校学生共同参与；华东政法大学图书馆从2014年至2017年，已连续举办了四届法律文献检索大赛，现已在华政学子中树立了图书馆的品牌意识。此外，众多数据库厂商也纷纷通过资助的形式扩展数据库的用户群。比如万方数据库每年在全国多省举办区域性的“万方数据杯”文献检索大赛；2015年开始，中国知网数据库每年联合上海市高等学校图书情报工作委员会举办“知网杯”上海高校信息资源发现大赛，至2017年已连续举办三届。

竞赛式信息素养教育模式和其他信息素养教育模式相比，有其独特的优势。该模式融知识性、趣味性、竞技性、荣誉性于一体，适合现代大学生的口味，起到了寓教于乐的作用。竞赛活动有利于调动学生学习信息检索知识的积极性、主动性，提高对信息素养课程的热情，也能在一定程度上弥补课程教学中因课时所限导致实践操作不能满足学生要求这一不足之处。课内课外联动发力，相得益彰。

除了竞赛式外，伴随着嵌入式服务理念的产生，自2003年起，“嵌入式”教学法逐渐被引入信息素养教育。嵌入式信息素养教育是图书馆员与专业教师合作，将信息素养教育嵌入到专业课程中，讲授与专业课程相关的信息素养知识。目前国内一些高校图书馆已经成功打开局面并取得了不错的成绩。

随着移动互联网络、智能手机等高科技设备的发展与普及，学生更乐于追求微型化、快餐式、碎片化、个性化的学习方式。为了适应移动互联网时代知识碎片化、时间碎片化的需要，短小精悍、灵活、制作成本相对较低的微课逐渐受到推崇。加之信息素养教育的知识内容具有知识点分散又相对独立的特点，容易进行模块化分解，转化为微视频。以微视频为主要教学载体的微课，以它灵活多变的特点在信息素养教育中呈现出独特的优势，满足学生个性化学习需求，推动信息素养教育达到更为理想的教学效果。

第二章

传统文献资源的获取

第一节　传统文献资源

一、传统文献资源检索的意义

图书是最典型的传统文献之一，联合国教科文组织将其定义为：凡由出版社（商）出版的不包括封面和封底在内49页以上的印刷品，具有特定的书名和著者名，编有国际标准书号，有定价并取得版权保护的出版物。它的内容比较系统、全面、成熟，但是出版周期较长，传递信息速度较慢。书目检索是查找图书的重要途径和方法。

传统文献资源检索主要是以图书馆为依托，以图书馆丰富的馆藏资料为基础，有效地获取文献资源，可以为同学们提供拓宽知识面、融会各学科知识的有利条件，对同学们主动跨越学科间的阈限，有计划地拓展或完善自己的知识结构等方面有所裨益。

二、传统文献资源检索的判断

在检索传统文献资源（主要是图书）后进行自我判断，是检索的重要环节，决定着检索结果的正误与否。

一般而言，图书的文献特征信息是检索的依据，也是甄别图书的依据，即自我判断的重要标准。图书的文献特征分为内容特征和形式特征两大类。常见的内容特征有：责任者、题名、主题、分类等；常见的形式特征有：出版社、出版时间、版本、版式信息、国际标准书号、页码、尺寸等。

在传统文献资源（主要是实体图书）上，图书的文献特征信息集中于封面、书名页、版权页，尤以后两者为重要的文献特征信息源。

以《欧盟竞争法经典案例翻译》一书为例（见图2-1-1）：

图书在版编目（CIP）数据

欧盟竞争法经典案例翻译.第1辑 / 林燕萍编译.--北京：法律出版社，2017
（欧盟竞争法经典案例翻译系列）
ISBN 978-7-5197-1222-8

Ⅰ.①欧… Ⅱ.①林… Ⅲ.①欧洲联盟—反不正当竞争法—案例 Ⅳ.①D950.229

中国版本图书馆CIP数据核字（2017）第199335号

林燕萍 编译

图2-1-1 封面、版权页

其内容特征主要有以下几点：

题名：欧盟竞争法经典案例翻译——此为正题名，如有英语题名，则称为并列题名。欧盟竞争法经典案例翻译系列——此为丛编题名。

责任者：林燕萍——编译、主编均是责任方式。

主题：欧洲联盟—反不正当竞争法—案例。——规范词取自《汉语主题词表》及《分类主题词表》，也可以是自由词。

分类：D950.229。——此为《中国图书馆图书分类法》（以下简称《中图法》）分类号。

形态特征主要有以下几点：

出版信息：

版本：第一版（第一辑）

出版者：法律出版社。

出版时间：2017年。

ISBN：978-7-5197-1222-8。——每种书均有唯一的ISBN（国际标准书号）。

版式信息：平装本。

内容特征具有检索意义，一般作为主要检索途径。题名和责任者一般作为首选检索途径。

形态特征一般不具备独立的检索意义，但可作为辅助途径，可作为甄别文献的依据。如出版社代表了内容的权威性；版次代表了内容的变化；页码和尺寸有时可作为判别此书非彼书的重要依据。特别是ISBN号，这是图书的唯一身份号，可作为准确判断图书种类的依据。图书馆有一项以书赔书的管理制度：读者在使用图书过程不小心损毁了，可以用同种书抵赔，判别同种书的依据就是ISBN号。

举例，下面是一组书目数据（三种图书），题名、责任者相同。那么，如何判断是否是同一种书？内容上是否有关联性？

A：国际私法学 /丁伟主编.——上海：上海人民出版社，2004

644页——新世纪法学教材

ISBN：7-208-05251-4/CNY55.00

B：国际私法学/丁伟主编.——2版.——上海：上海人民出版社，2010

613页——新世纪法学教材

ISBN：978-7-208-08976-1/CNY60.00

C：国际私法学/丁伟主编.——3版.——上海：上海人民出版社，2013

619页——新世纪法学教材

ISBN：978-7-208-11286-5/CNY80.00

通过比较，我们发现，A、B和C，除版次、页码不同外，出版社、丛编都相同，可以认定是同一种书的不同版次，内容虽然有差异，但有关联性。

第二节 图书分类法中的法律类

图书分类法是分类号的依据，在我国，目前主要有三种图书分类法。《中国图书馆图书分类法》，初版于1975年，国家图书馆出版社于2010年出版了第5版，分为22大类；《中国科学院图书馆图书分类法》（简称《科图法》），1958年由中国科学院图书馆编写，分为25大类；《中国人民大学图书馆图书分类法》（简称《人大法》），由中国人民大学出版社编写，1953年出版，分为25大类。目前，国内大多数图书馆均采取《中图法》分类体系，因此，本节内容主要介绍《中图法》。了解和掌握图书分类法的有关知识，可以迅速、有效地查询全国各图书馆的馆藏。

一、《中国图书馆图书分类法》

《中图法》根据图书资料的特点，按照从总到分，从一般到具体的编制原则，确定分类体系，在5个基本部类的基础上，组成22个大类。《中图法》的标记符号采用汉语拼音字母与阿拉伯数字相结合的混合号码，即用一个字母表示一个大类，以字母的顺序反映大类的序列。字母后用数字表示大类以下类目的划分。数字的编号使用小数制。

二、《中图法》中的法律类

《中图法》中的法律类有D9和DF两个分类体系。

D9分类体系：

D9法律

D90法学理论

D91法学各部门

D92中国法律

D920.0理论

D920.1方针、政策及其阐述

D920.4学习、研究

D920.5解释、案例

D920.9法律汇编

D921国家法、宪法

D922.1行政法

D922.2财政法

D922.28金融法

D922.29经济法

D922.3土地法

D922.4农业经济管理法令

D922.5劳动法

D922.6自然资源与环境保护法

D923民法

D923.9婚姻法

D923.99商法（总论）

D924刑法

D925诉讼法

D926司法制度

D927地方法制

D929中国法制史

D93/97 各国法律

D99国际法

DF的分类体系：

DF0法的理论（法学）

DF1世界各国法律（总论）

DF11世界

DF12中国

DF13/17各国

DF2国家法、宪法

DF3行政法

DF4经济法、财政法

DF5民法

DF6刑法

DF7诉讼法

DF79司法鉴定

DF792犯罪学

DF793刑事侦查学（犯罪对策学、犯罪侦查学）

DF794司法鉴定

DF795法医学

DF8司法制度

DF9国际法

D9分类体系的不足之处在于有些部门法无法集中，如民法相关文献分散于D913、D923、D9313.3

等各类中。

三、特征号

D9法律类还有一些特征复分号：

01理论

02历史

04学习、研究

05解释、案例

09法律汇编

如：D923.01为“中国民法教程”的分类法。

又有-61为词典，-53为论文集等，如D99-61为“国际法词典”的分类号。

第三节　书目检索系统

查找图书，首先要进行书目检索。图书馆的联机书目检索系统称为OPAC（Open Public Access Catalogue）。通常情况下，有简单检索、全文检索和多字段检索三种模式。本节将以王泽鉴所著《民法学说与判例研究》一书为主要案例，探讨尽可能多的检索途径及不同模式的检索方法。

一、简单检索

简单检索为单条件检索，支持的检索途径有：题目、责任者、主题词、ISBN、索书号、出版社等。首选的检索途径仍然是题名和责任者（包括题名拼音和责任者拼音）。（见图2-3-1）

匹配方式有三种：前方一致（首选）、完全匹配、任意匹配。

文献类型有四种：中文图书、西文图书、中文期刊、西文期刊。通过可选项支持电子书刊检索。这里的中文期刊和西文期刊检索都是刊名检索，而非之后介绍的数据库中期刊（论文篇名）检索。同理，OPAC支持的书刊检索与发现系统支持的书刊检索是不同的（发现系统的书刊检索是涵盖书名、刊名、篇名的统一检索）。

其他限制项是检索结果的排列和筛选：结果显示条数和方式、排序方式、馆藏地点筛选。这不是辅助检索条件，与之后介绍的数据库检索不同。

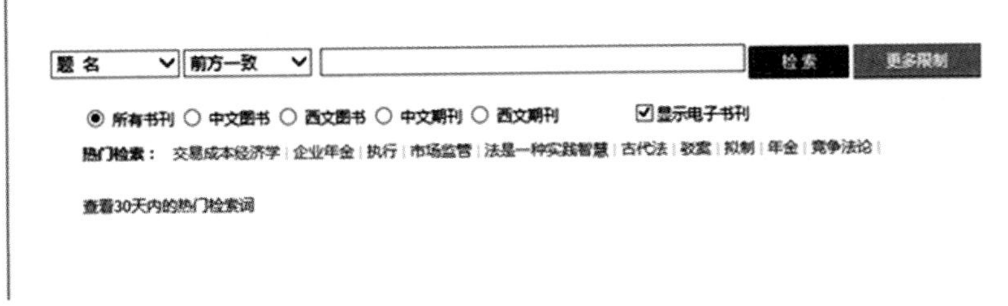

图2-3-1　华东政法大学图书馆OPAC简单检索界面

可以选择责任者为检索途径（匹配方式选前方一致和完全匹配均可，文献类型为中文图书）（见图2-3-2）：

图2-3-2　华东政法大学图书馆OPAC检索结果显示界面

据图2-3-2有73个检索结果，其中有些是不符合要求的结果，须进行手工筛选或二次检索（另设检索条件，在结果中检索）。也可以选择题名作为检索途径（匹配方式选前方一致和完全匹配均可，文献类型为中文图书）。

共有39个检索结果。（见图2-3-3）此为精确的检索结果。但要考虑题名的准确性，其间的些许误差都会造成得不到应有的检索结果。本例中，“判例”为港台地区的术语表述，大陆一般称为“案例”。如用习惯性的表达“民法学说与案例研究”是得不到检索结果的。这种情况在检索实践中大量存在，因此，选择题名为检索途径时，一般不采用“完全匹配”的方式，而是选“前方一致”，不必输入全部题名，通过容错的方式提高检索的成功率。但是如此检索的不足之处在于：检索的精准度不高，须进行二次检索或手工筛选。

简单检索虽然简便，但精确度和成功率都不太理想。在检索实践中，如果能从题面提取多个检索条件的话，多条件检索的模式更为合适。另外，OPAC检索支持简繁体自动转换，输入检索值“民法学说与判例研究”或“民法學說與判例研究”，其结果是一致的。

图2-3-3　华东政法大学图书馆OPAC检索结果显示界面

二、多字段检索

多字段检索即多条件检索。支持的检索条件同简单检索，但可同时选择多个条件，提高检索的精准度与效率。（见图2-3-4）

图2-3-4　华东政法大学图书馆OPAC多字段检索界面

还是以查找可获取的王泽鉴所著《民法学说与判例研究》一书为例。责任者项输入“王泽鉴”，题名项输入“民法学说与判例研究”，直接得到了39个结果。这种检索模式，快速、便捷、准确。在之后的数据库检索，建议多采用这种多条件检索。但多字段检索也有不足之处：相同检索途径的检索条件只能有一个。

三、全文检索

不同于多字段检索，全文检索采用任意一致的匹配方式，最多支持5个检索条件，而且可以是相同途径（可以是任意词，或是题名、责任者、主题词、索书号、出版社、丛书名之一）的检索条件（见图2-3-5），每个检索条件又可以是布尔逻辑检索式形式，例如：“刑事诉讼法 NOT 中国”（外国刑事诉讼法）。如同搜索引擎，支持通配符“？”和完全匹配标识“‘ ’”（“中国民事诉讼法”为完全匹配，将不匹配“中国　民事诉讼法”）。与百度等搜索引擎不同，“刑事诉讼法 民事诉讼法 行政诉讼法”相当于“刑事诉讼法AND 民事诉讼法 AND 行政诉讼法”，而不同于“刑事诉讼法 OR 民事诉讼法 OR 行政诉讼法”。

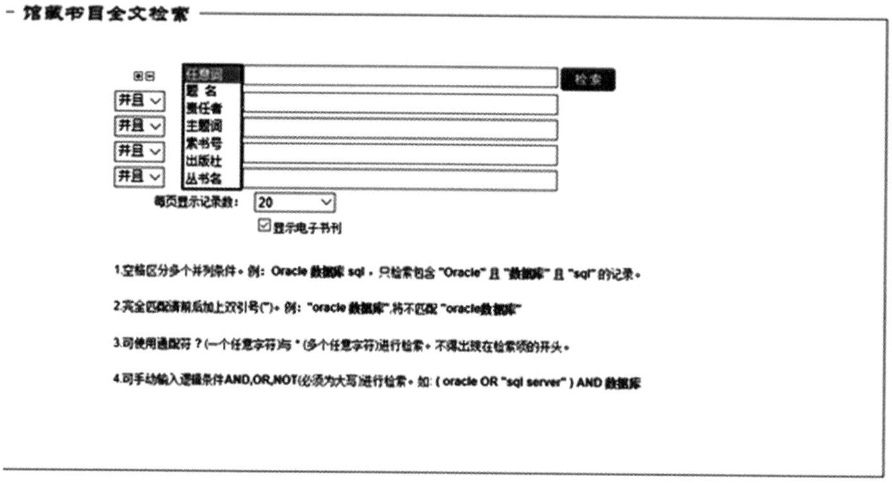

图2-3-5　华东政法大学图书馆OPAC全文检索界面

四、二次检索

检索结果提供了馆藏信息，这是我们获取文献的依据，同时，在检索结果页面中还有许多有用的信息，供二次检索和拓展检索之用。（见图2-3-6）

二次检索是指在当前这次检索结果范围内，再次输入不同的检索词，运用布尔逻辑、截词检索等方式进行检索。通过多次二次检索，逐渐缩小范围，可以使检索结果更为精准。

还是以查找可获取的王泽鉴所著《民法学说与判例研究》一书为例：其中，题名、责任者、丛编、主题和分类均可作为二次检索的检索入口。如点击责任者项的“王泽鉴”，可直接检索“王泽鉴”的其他著作，共有73项，相当于简单检索模式下，以责任者为检索途径，以“王泽鉴”为检索值进行了一次检索，这对于命中结果（图书）的第二作者、其他责任方式责任者的检索很有意义。点击丛编项“王泽鉴民商法学研究著作系列”，则可检索到该系列其他图书，共有16种。

对于精确丛书名的掌握一般不太容易，因此，分类或主题检索是重要的二次检索途径——首选查找到这一类书的其中一本，通过这本书书目信息中的主题和分类号，这就可以从主题或分类途径进行按类检索了。

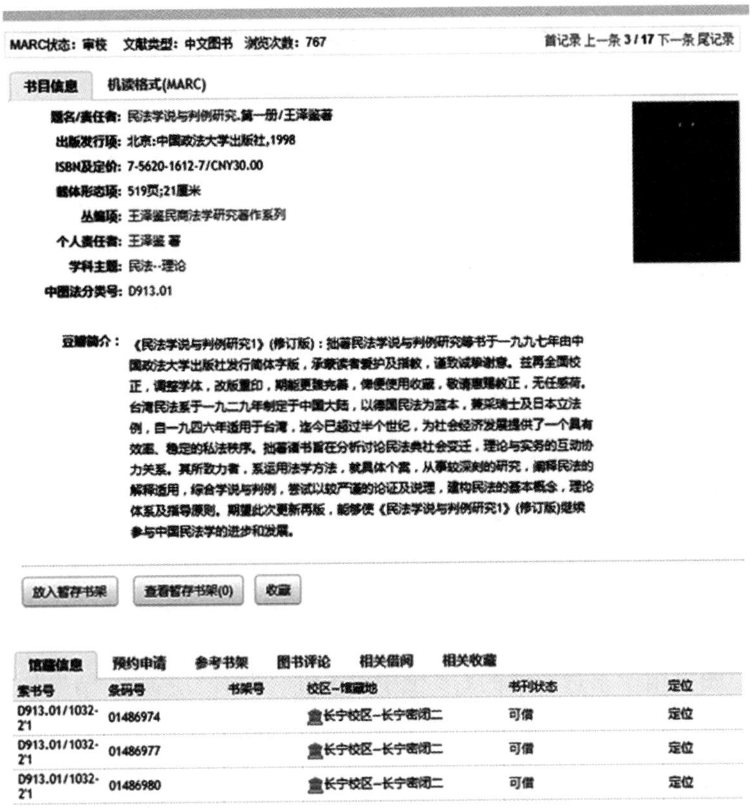

图2-3-6　华东政法大学图书馆OPAC检索结果显示界面

第四节　拓展检索

在检索实践中，经常会遇到这种情况：所在的图书馆内查不到所要的图书，或查到的图书都已出借了。这时，就要开阔思路，另寻文献获取途径，即进行拓展检索。

承接上例，检索结果为39项，但这并不是正确的最终结果，这里有几个问题：(1)文集或全集中可能包含所要的图书，这在题名上可能不反映；(2)可获取图书并不局限于本馆馆藏；(3)可获取的图书并不局限于纸质形式，还有电子图书，以及网上的电子文档。因此拓展检索的主要思路有：全集与文集、其他图书馆、图书馆联盟、电子书、电子书之外的网络资源、统一检索平台等。

一、全集与文集

对于一些学术大家，有全集和文集的形式，对其著作集辑出版的情况，分辑题名一般不作为检索点，因此无法用题名进行检索，但可以用著者名，在题名途径进行检索（这些书名往往状如：×××全集、×××文集）。

本例中，2003年，中国政法大学出版社出版了《王泽鉴法学全集》，一套16卷，其中1～8卷即为《民法学说与判例研究》。可以通过检索责任者“王泽鉴”或题名“王泽鉴”得到结果。国家图书馆书目检索结果如图2-4-1所示：

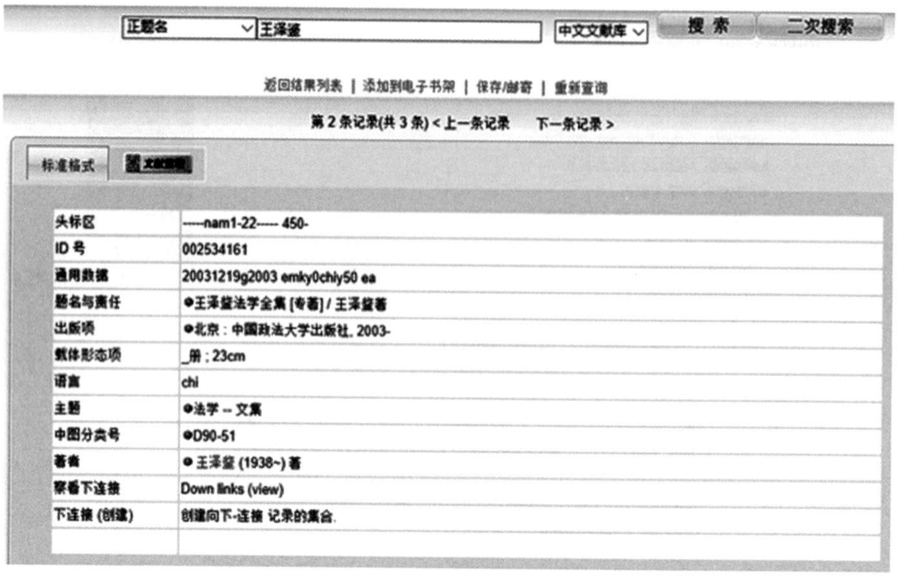

图2-4-1　国家图书馆OPAC检索结果显示界面

在华东政法大学图书馆检索费孝通的《乡土中国》和《江村经济》时，结果如图2-4-2、图2-4-3所示：

图2-4-2　华东政法大学图书馆OPAC检索结果显示界面

图2-4-3　华东政法大学图书馆OPAC检索结果显示界面

2009年内蒙古人民出版社出版了20卷本的《费孝通全集》,《江村经济》收录于第2卷,《乡土中国》收录于第3卷。

二、其他图书馆

(一)国家图书馆(http://www.nlc.cn/)

这是中国的版本图书馆,对于中文图书,理论上这里收藏的种类是最全的,如果要查找1979年以后中文图书版本情况,国家图书馆的OPAC是个不错的选择(见图2-4-4)。对于《王泽鉴法学全集》,如本馆没有收藏,可以通过国家图书馆文献传递方式获取。

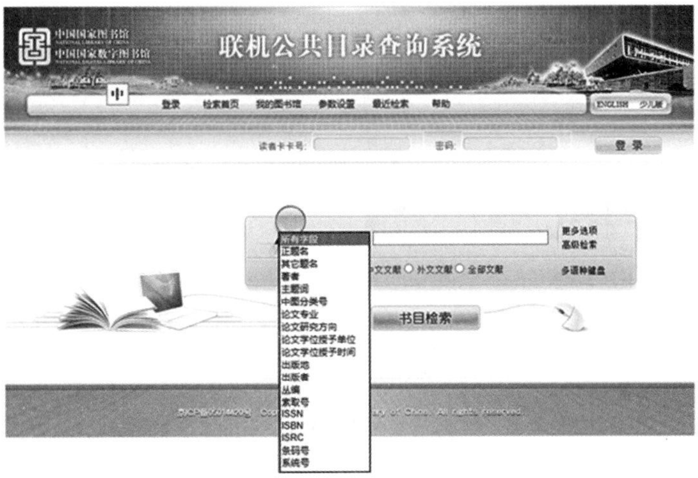

图2-4-4　国家图书馆OPAC查询系统界面

国家图书馆OPAC支持基本检索（单条件检索）、多字段检索（相同字段不重复）、多库检索（多库单条件检索）、组合检索（相同字段可重复）、通用命令检索（检索式检索）、分类浏览。

（二）美国国会图书馆（http：//www.loc.gov/）

如查询西文文献，可利用美国国会图书馆的OPAC LC的联机目录，支持快速检索、浏览（Browse）、高级检索（Advanced Search）（见图2-4-5）和关键词检索（Keyword Search）四种方式。

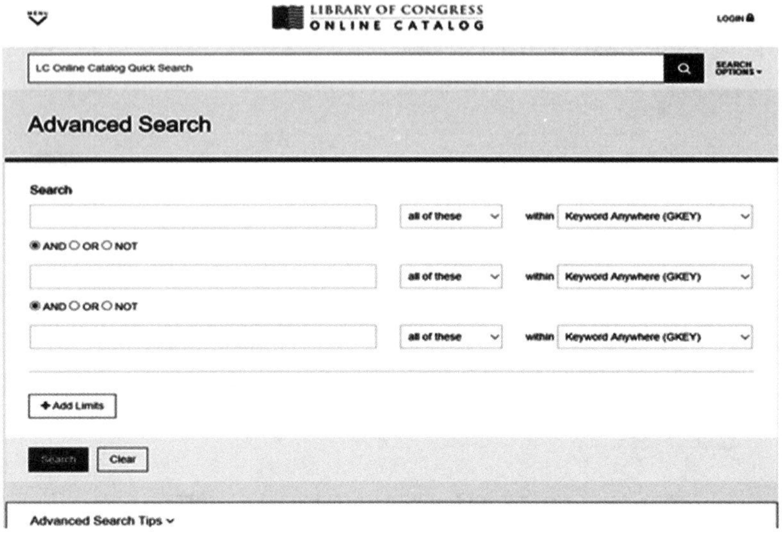

图2-4-5　美国国会图书馆OPAC高级检索界面

在每一种模式下，都可以进行如图2-4-6所示的检索限制：

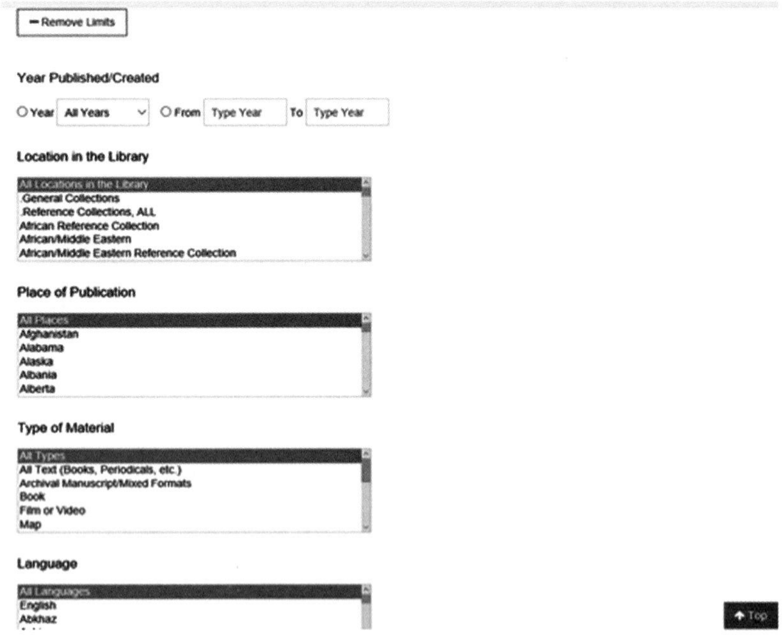

图2-4-6　美国国会图书馆OPAC检索限制界面

该书目检索系统支持简/繁中文检索条件输入，检索结果（书目信息）英文显示。（见图2-4-7）

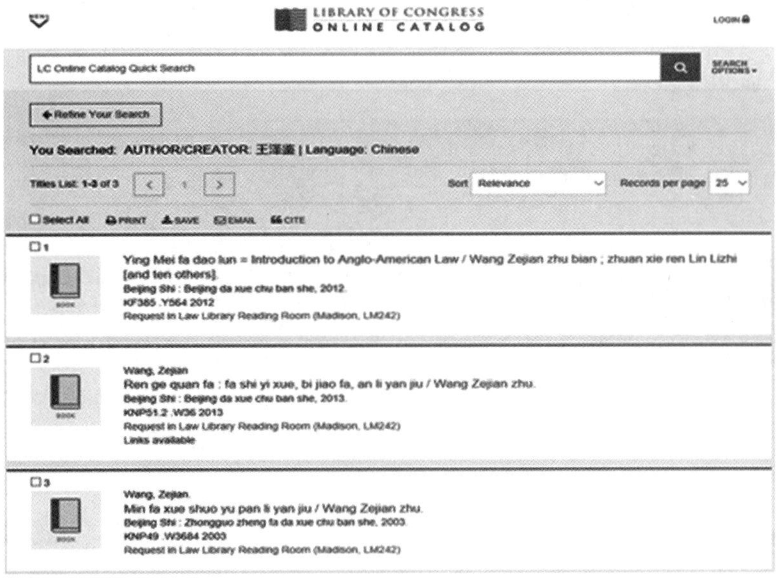

图2-4-7　美国国会图书馆OPAC检索结果界面

三、图书馆联盟

如要查找高校图书馆的文献，可利用高等教育数字图书馆（http：//www.calis.edu.cn/）的e读。查找到的各馆图书，可通过文献传递方式获取。不足之处在于：由于各馆著录不统一，联合目录中书目重复率较高，如《王泽鉴法学全集》，应该只有16个结果，却返回了265个结果。（见图2-4-8）

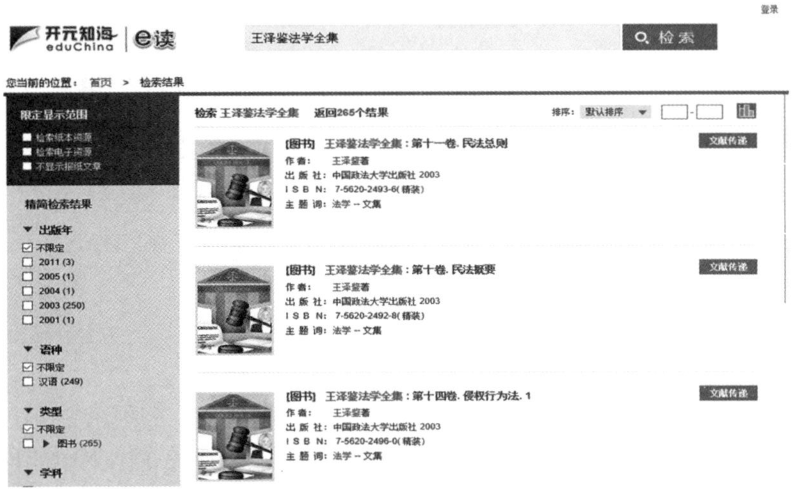

图2-4-8　CALIS联合目录公共检索结果界面

要了解图书的国外馆藏分布，全球书目（WorldCat）是一个不错的选择。WorlDcat是OCLC公司（联机计算机图书馆中心）的在线编目联合目录，是世界范围图书馆和其他资料的联合编目库，同时也是世界最大的联机书目数据库。（见图2-4-9）WorldCat目前可以搜索112个国家的图书馆，包括近9000家图书馆的书目数据。Worldcat可以让你搜索书籍、期刊、光盘等的书目信息和馆藏地址。你可以搜索当地所有的图书馆，只要输入你想搜索的内容和pin代码即可，就会有一个列表将你所需求信息显示出来。(见图2-4-10)这也是了解图书版本情况最全面的一个途径。

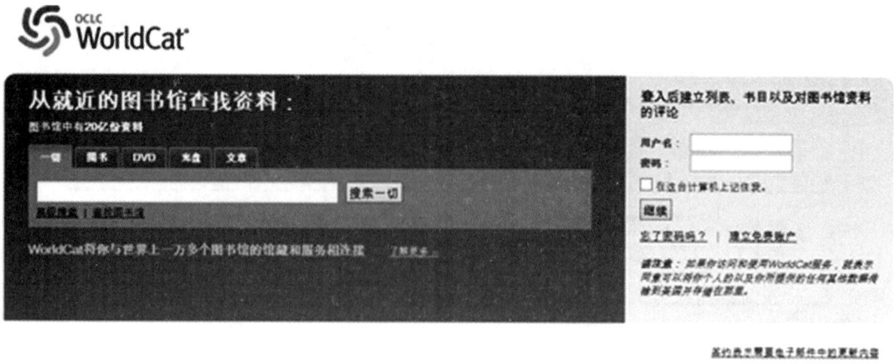

图2-4-9　WorldCat联合目录公共检索系统界面

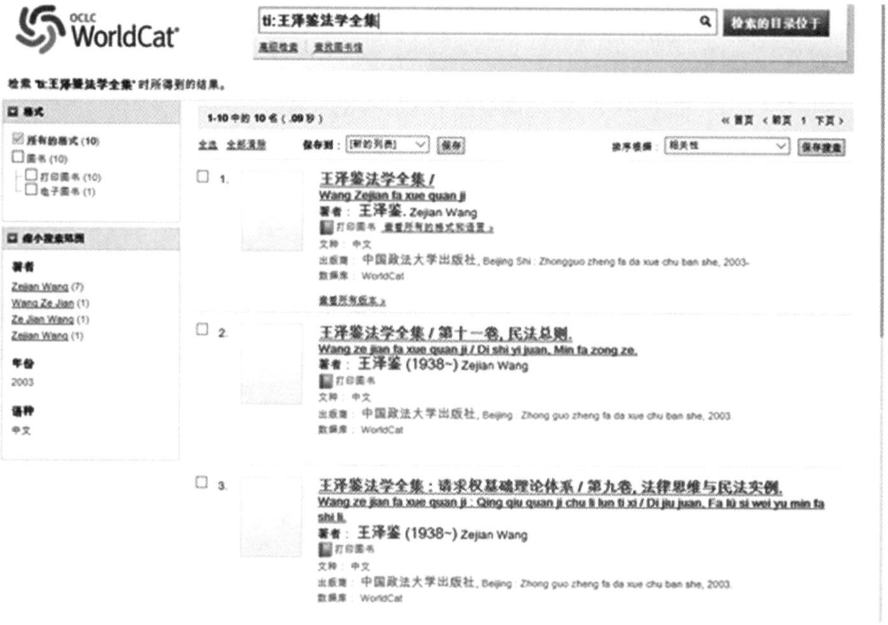

图2-4-10　WorldCat检索结果界面

四、电子图书

如果纸质图书不易获取，电子图书也是可选项。电子图书保持了纸质图书的原版原貌，同时解决了复本不够和获取不易等问题，在数字阅读日趋发达的今天，成为现代化图书馆的标准配置。

中文电子图书主要有三大品牌：方正（Apabi）、超星、书生，以及衍生的法律门、中文在线等。超星数字图书馆在线式的汇雅书世界（见图2-4-11），现有100余万品种，可使用阅读器客户端（包括PC端和移动端）在线阅览，也可网页阅览（PDF版式）。利用移动客户端（超星移动图书馆）可在线检索电子图书，并下载至本地（移动设备）。（见图2-4-12）

图2-4-11　超星汇雅书世界网站界面

外文电子图书主要有：Oxford Scholarship Online（牛津学术在线）、Cambridge Books（剑桥图书在线）、德古意特电子书、Brill电子书、Palgrave电子书、EBM电子书、MyiLibrary电子书等。

Oxford Scholarship Online（牛津学术在线）收录有可获取全文的电子图书12148种，其中法律类有1258种。这些电子图书可以网页（文本）格式或PDF格式在线阅览，并可不受限制地复制保存。（见图2-4-13）

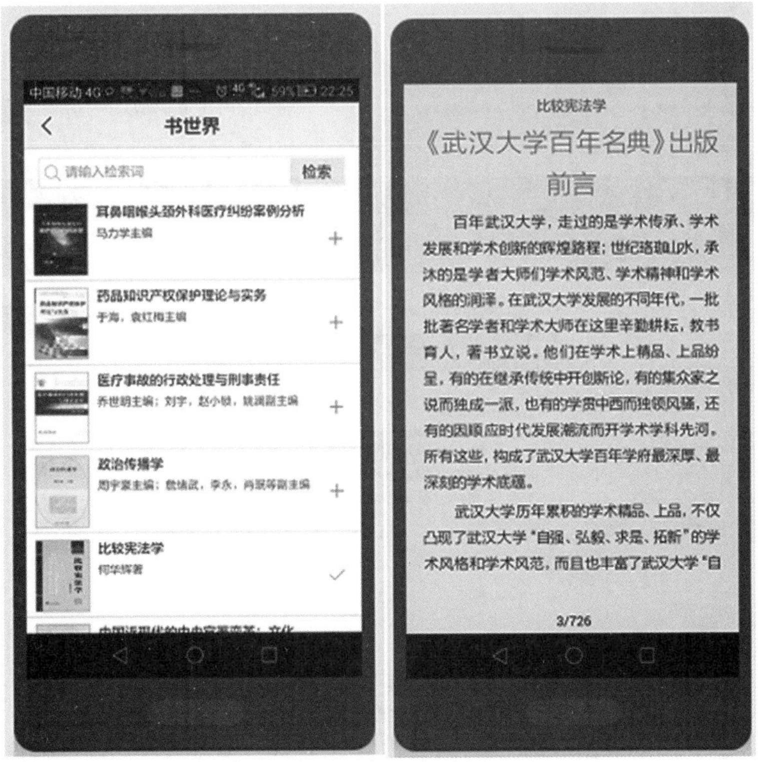

图2-4-12　超星移动图书馆手机客户端界面

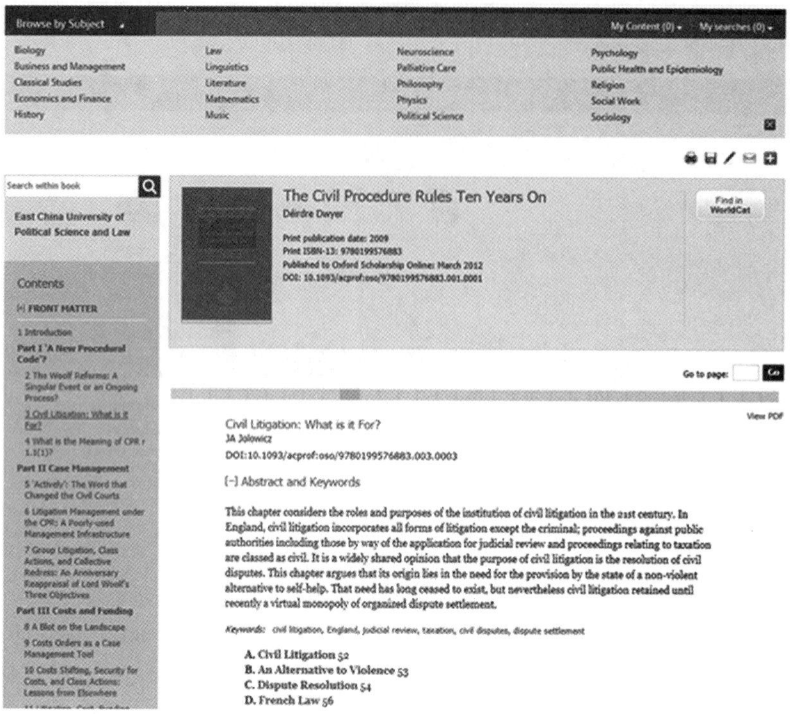

图2-4-13　牛津学术在线检索结果界面

Cambridge Books（剑桥图书在线）是另一种重要的外文电子图书，可 PDF或HTML格式在线阅览。（见图2-4-14）

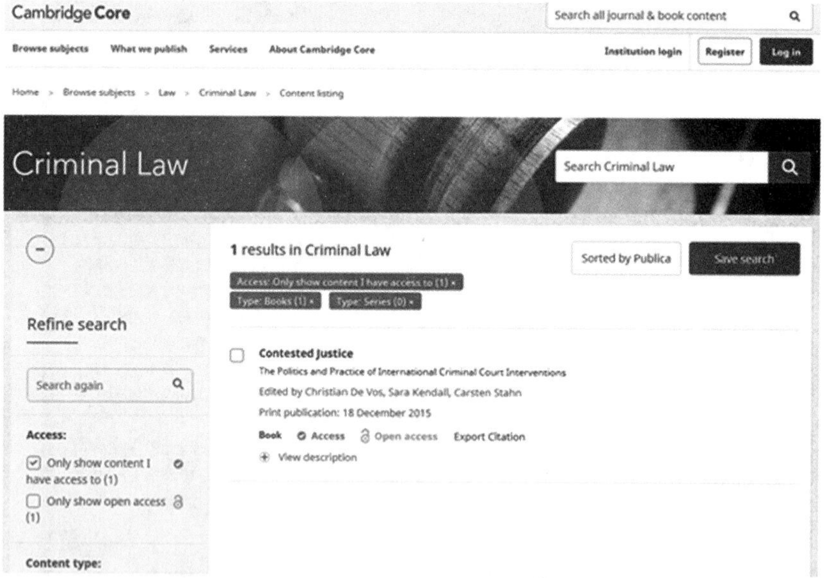

图2-4-14　剑桥图书在线检索结果界面

Palgrave电子书是Springer Link旗下的西文电子书资源，涵盖人文、自然科学等各领域，可以以PDF和ePub两种格式打开，并可全本复制下载。（见图2-4-15）

图2-4-15 Palgrave电子书检索结果界面

Brill是荷兰学术出版机构，创办于1683年，每年出版800多册新书，200多份期刊，旗下有众多电子期刊和电子书资源。其电子书资源分为23个系列专辑：

African Studies;

American Studies;

Ancient Near East and Egypt;

Art History;

Asian Studies;

Book History and Cartography;

Biblical Studies;

Classical Studies;

Education;

History;

Jewish Studies;

Literature and Cultural Studies;

Language and Linguistics;

Middle East and Islamis Studies;

Philosophy;

Religious Studies;

Slavic and Eurasian Studies;

Social Sciences;

Theology and World Christianity;

Human Rights and Humanitarian Law;

International Law;

International Relations;

Biology。

如订购了相关专辑和电子书，即可在线阅读、复制、下载，文档为PDF格式。（见图2-4-16）

图2-4-16　Brill电子书检索结果界面

EBM是一个综合性的外文电子书集成平台，提供200多个出版社（如美国牛津大学出版社、兰登书屋、哈珀柯林斯、成功出版社、哈德出版社、交互出版社、经纬出版社、汤姆生国际出版公司、企鹅出版社等）在线外文原版电子图书。这些电子图书覆盖所有主题范畴，约90%的书籍是面向大学程度的读者。EBM电子书有4种格式：PDF、HTML、TXT、Djvu（一种电子书格式）。（见图2-4-17）

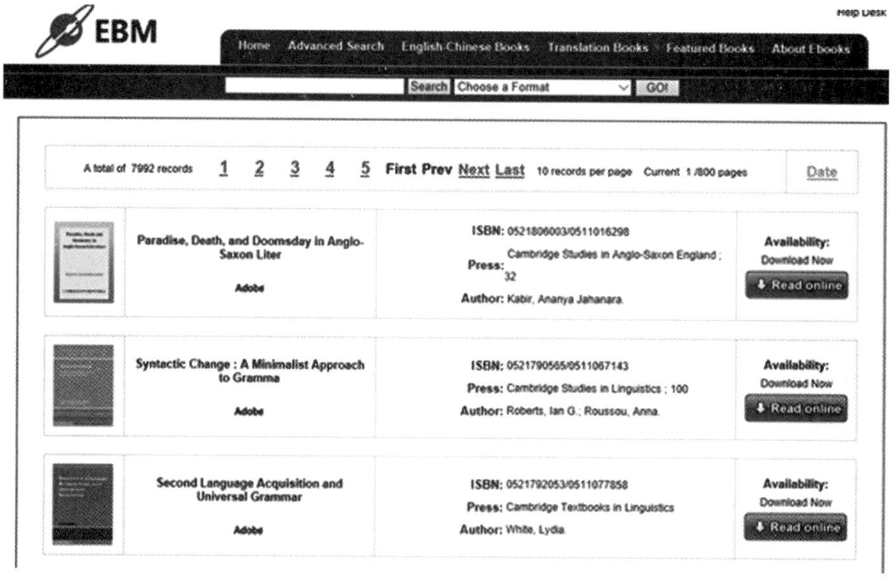

图2-4-17　EBM电子书检索结果界面

五、网络资源

我们讨论的文献检索，本质上是文献内容的检索，只要文献内容符合要求，不必过分在意载体形式。之前讨论的电子图书，一般是纸质图书原版原貌再现形式的电子图书，是纸质图书的数字再现版。因此，我们还必须关注网上另一种电子图书——不一定是纸质图书的原版原貌，是图书内容的电子文档，通常格式是Word、Html或TXT。

以《民法学说与判例研究》为例，通过百度文库，我们发现有众多DOC、PDF格式文档可下载。（见图2-4-18）

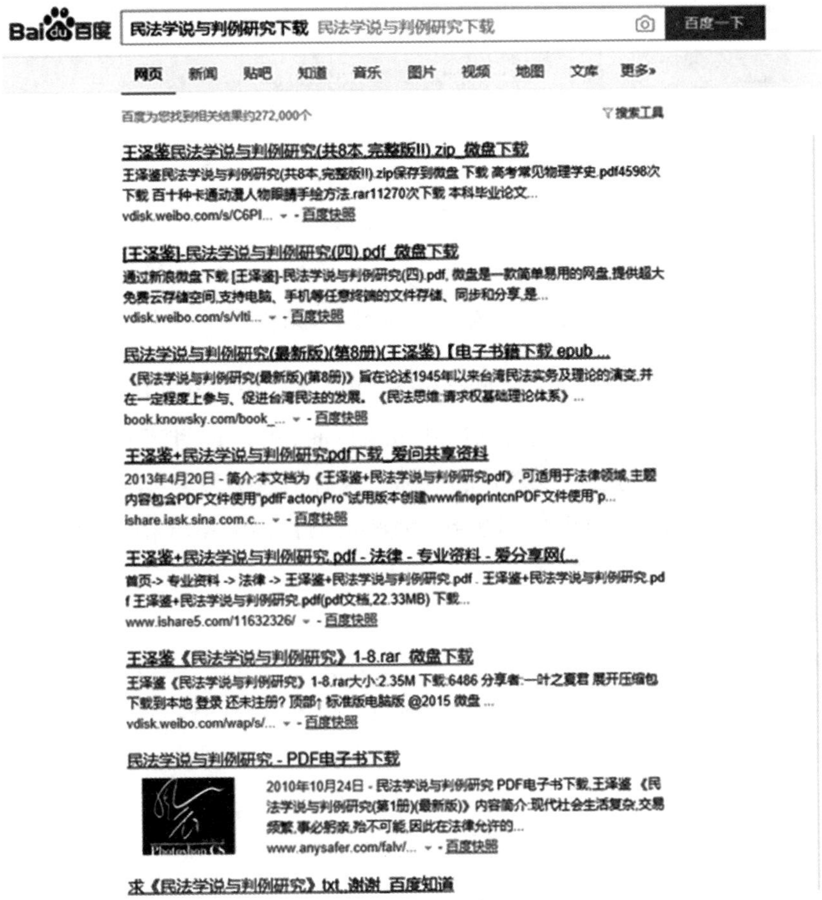

图2-4-18　百度检索结果界面

六、发现系统

我们所要获取的图书，有些是本馆馆藏，有些非本馆馆藏；有些是纸本图书，有些是电子图书。不同类型的图书一般要通过不同的目录检索系统查找。这是非常不方便的，那么有没有检索平台可以实现一站式检索呢？答案是有的。

（一）读秀中文学术搜索

读秀是一个覆盖各类文献的中文学术搜索平台，可以查找图书、期刊、报纸、学位论文、会议论文、音视频等各类文献资源，并能实现各类资源统一检索。就图书而言，可以查找本馆纸质馆藏、电子图书、其他图书馆馆藏，可以比较全面地了解一种图书的（纸质/电子）版本情况和馆藏分布。

以前述《王泽鉴法学全集》（16卷本）为例。通过检索，我们发现，虽然本馆没有纸质馆藏，也没有相应的电子馆藏，但可以通过文献传递方式利用其他馆的馆藏。（见图2-4-19）

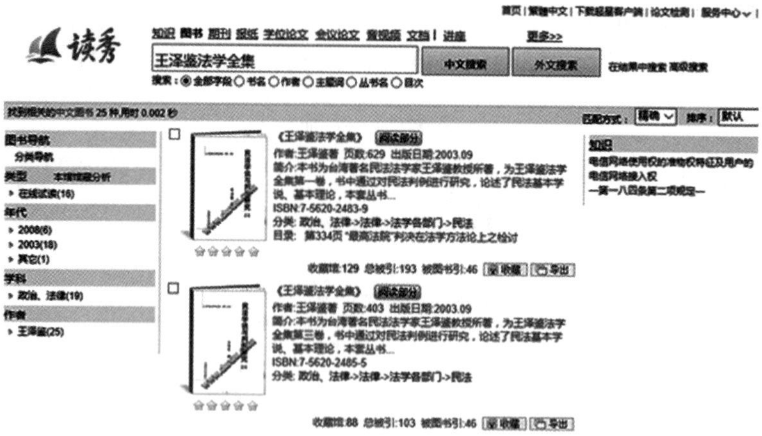

图2-4-19 读秀检索结果界面

读秀还提供这样一个功能：有些图书虽然没有全文电子版，但可在线阅读部分页面（包括书名页、版权页、前言页、目录页、试读页）。通过查阅这些试读页面，可以查明该书的基本情况，在不获取原书的情况下，迅速确认该书是不是我们要查找的目标。这对于核实参考文献和引注非常有用。

不足之处：读秀的本馆书目库并非实时更新，因此与书目检索系统相比，有滞后现象（在读秀中查不到纸质馆藏，图书馆可能有纸质馆藏）。

（二）超星发现系统

超星发现系统是读秀的升级版，更强调统一检索功能——通过一次搜索得到关于书/刊、纸质/电子等各种类型资源的结果。（见图2-4-20）与读秀相比，超星发现的检索功能更为强大，可以有针对性地检索被引文献资源，并进行可视化分析，既是统一检索平台，又是文献利用分析平台。

由于发现系统涵盖了主要的文献资源类型（书、刊、学位论文、会议论文、报纸论文、音视频、专利、标准、学术成果），因此，进行学者学术分析也比较全面。

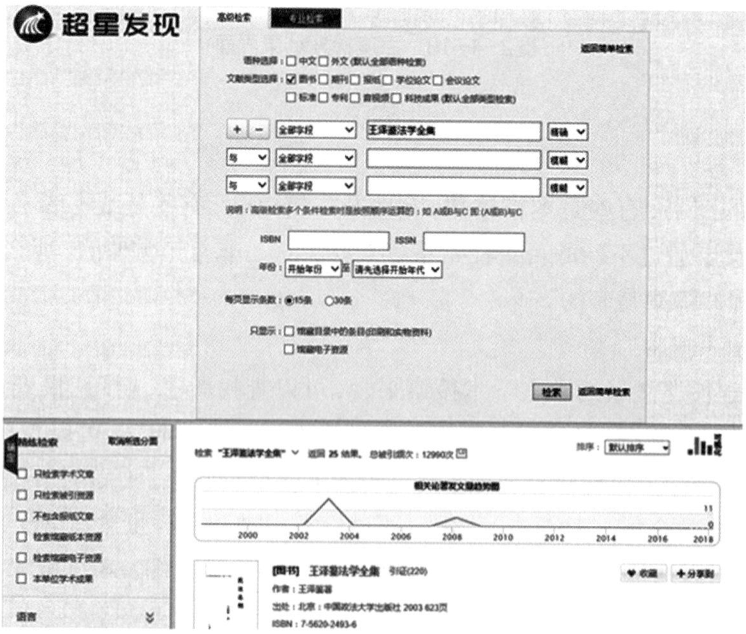

图2-4-20 超星发现系统检索结果界面

（三）外文发现系统

超星发现适用于中文文献资源，基于外文文献资源的发现系统是Summon平台。当然Summon平台也支持中文文献资源的统一检索。以“司法责任制度”（主题）为例。在超星发现系统中，我们得到如图2-4-21所示的结果：

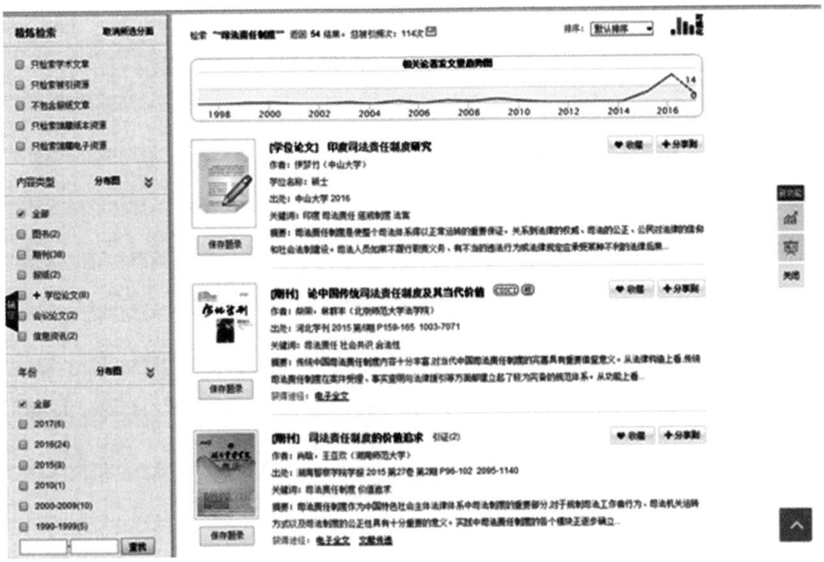

图2-4-21　超星发现检索结果

在Summon中得到如图2-4-22所示的结果：

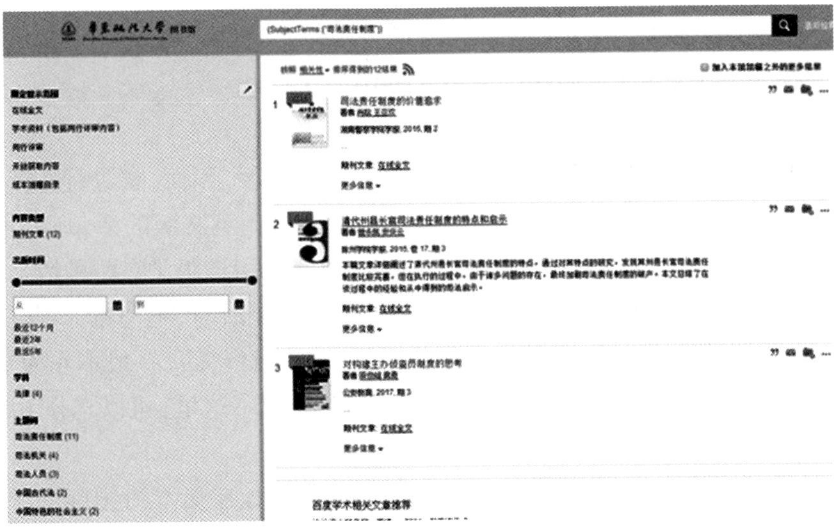

图2-4-22　Summon平台检索结果

如果检索范围扩大到馆外资源，则得到如图2-4-23所示的结果：

图2-4-23 检索结果

由此，Summon发现平台立足于本馆资源（或直接可获取资源），可以作为馆藏的统一检索平台。而超星发现平台立足于元数据集合，提供的是文献信息，并非馆藏或直接可获取的资源（当然，可以通过文献传递方式间接获取），更适合于学术成果分析。

第五节 检索结果分析

一、检索实例

检索实例1：查找并获取《奥本海国际法》（中文版）一书。

【课题分析】

这是一部法学经典著作，会有很多版本，包括原文版和中文版，因而，要进行选择。一般而言，我们选择最新的中文版，并优先选择权威出版社的版本。如果选用英文版的话，还要考虑这样一个问题：英文版可以是国外原版（最佳选择），也可以是国内引进版。引进版又有两种情况，一是作为学术著作引进的，二是作为语言学习材料引进的（这种情况下，很多是改写、缩写本）。从中图分类号上可以区分这两种情况：如果中图分类号为H类，则是作为语言学习材料的，一般不作为专业学习材料选用。以柏拉图的《理想国》为例，中英版本数不胜数，要仔细选择。这里，可以充分了解经典著作版本的复杂性。

通过百度百科可以了解《奥本海国际法》一书的背景知识。《奥本海国际法》是拉萨•奥本海（Lassa Francis Lawrence Oppenheim，1858–1919）1905～1906年间出版的国际法经典教材，前后经过8次修订。读秀有个非常好的功能——部分阅读（包括前序后跋、目录版权，可以充分了解图书的详细情况），选一个中文本，查看中译本前言，了解该书的详细版本情况：《奥本海国际法》分上下两卷（分别出版于1905年和1906年），原作者本人修订过一次（第二版，1912年），第三版由其学生罗纳德•罗克斯伯勒（赖克思堡，Ronald F.Roxburgh）修订，第四版由阿诺德•麦克奈尔（Arnold Duncan McNair）修订，第五版（1935年，1937年）至第七版（1948年，1952年）由劳特派特（Hersch Lauterpacht，1897–1960）修订，1955年上卷由劳特派特再次修订（第八版）。20世纪90年代中期，詹宁斯（Robert Yewdall

Jennings, 1913-2004）与瓦茨（Arthur Watts）合作修订出版第九版（仅完成上卷•平时法），体例内容修订较大，篇幅增加。

中国国家图书馆是版本图书馆，中文版本收录较全，从其馆藏目录中可以了解该书中文本的详细情况：1934～1936年，岑德彰根据原书第三版译出，由商务印书馆出版（上卷6册，下卷4册），列入“万有文库·汉译世界名著”；1954～1956年，中国人民外交学会编译委员会根据原书第七版翻译，分上卷2册和下卷2册，作为内部发行，由法律出版社出版，该书附有俄文译本序和注释说明；1971～1972年，商务印书馆推出新译本（王铁崖、陈体强译），作为汉译世界学术名著丛书之一，上卷依据原书第八版译出，下卷依据原书第七版译出，译本删去了原书中的引证参考材料，分为上卷2册和下卷2册；1995年，中国大百科全书出版社推出新译本，内容为原书第九版（第一卷），列入“外国法律文库丛书”，由王铁崖翻译，分2册，此为广为采用的最新版本；1977年，台湾商务印书馆重印（上卷·平时法），列入“人人文库”；2017 年由上海社会科学院出版社影印出版（2卷本），列入“民国西学要籍汉译文献/李天纲主编”。

从以上的版本情况得出，最合适的版本是1995年的中国大百科全书版（詹宁斯、瓦茨修订本），1971年的商务印书馆版（劳特派特修订，王铁崖、陈体强译）也可以考虑。

易于获取也是要考虑的问题。从三个方面考虑：（1）本馆获取纸本；（2）馆外获取纸本；（3）获取电子图书。

【检索操作】

1.本馆馆藏

“汇文文献信息服务系统”是国内高校广泛采用的图书馆系统，以下以其公共书目检索系统（OPAC）（华东政法大学图书馆OPAC，http://lib.ecupl.edu.cn:8088/opac/）为例说明馆内书目检索的操作情况。

OPAC有多种检索模式，一般分为简单检索、高级检索（全文检索或多字段检索）。汇文系统提供简单检索、全文检索和多字段检索三种模式。

这里有两个检索途径可选：题名——奥本海国际法，责任者——詹宁斯（也可以是瓦茨、王铁崖、陈体强，一般选择第一责任者）。如果采用简单检索模式，只能选择一个检索途径，必须进行二次检索，第一次以题名/责任者为检索途径（见图2-5-1），然后，再以另一个检索途径，在结果中进行检索。（见图2-5-2）如果选用其他两种检索模式，则可同时利用两个途径检索，进行一次检索即可。（见图2-5-3、图2-5-4）

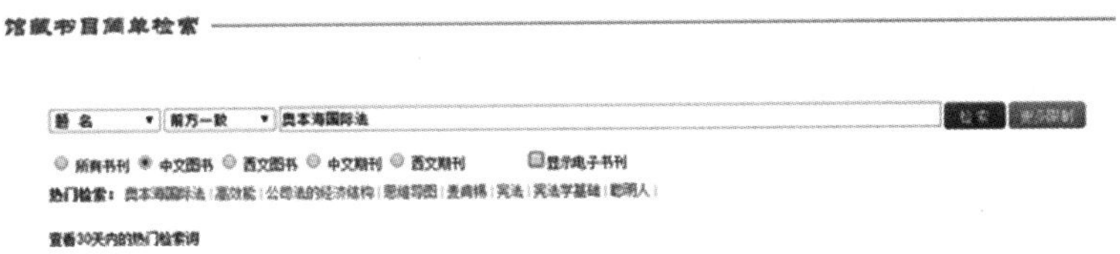

图2-5-1　简单检索（第一次检索）

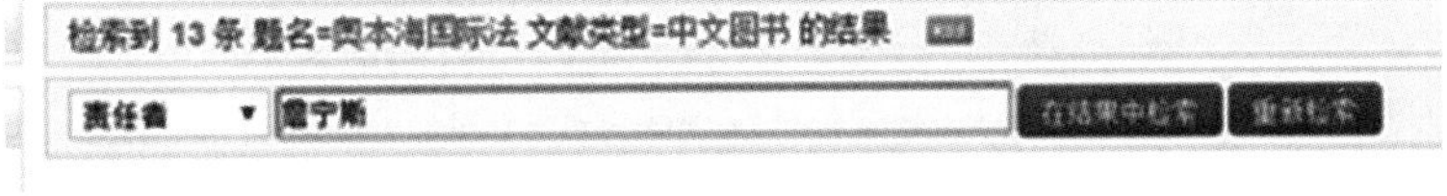

图2-5-2　简单检索（在结果中检索）

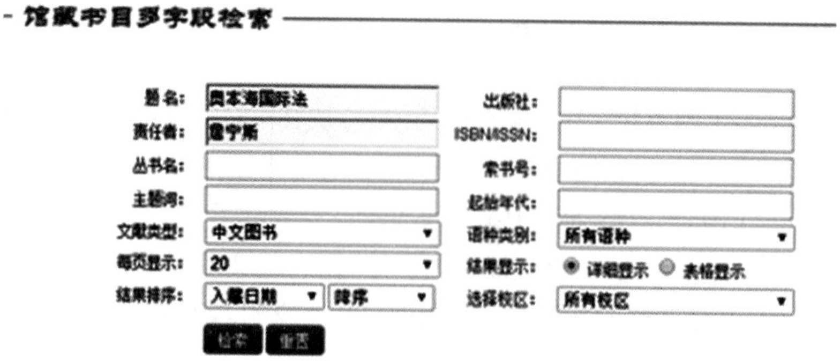

图2-5-3　多字段检索

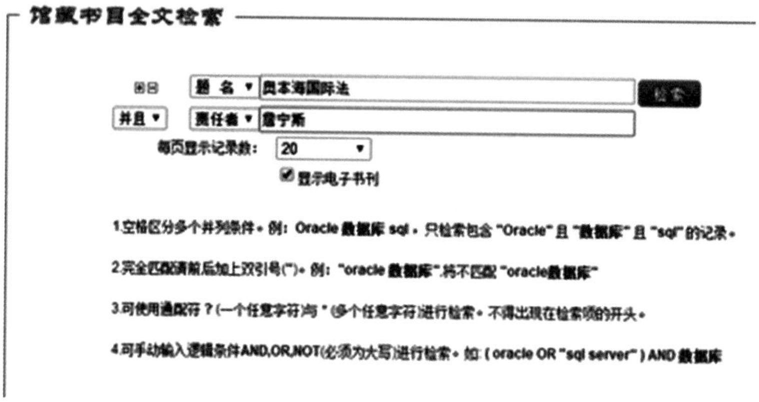

图2-5-4　全文检索

正常情况下，都会得到图2-5-5的检索结果。全文检索模式支持任意词检索，以及同一检索框内的检索词组配（注意空格是AND，而不是OR，与搜索引擎不同），全文检索模式下，还可以输入如图2-5-6所示的检索条件：

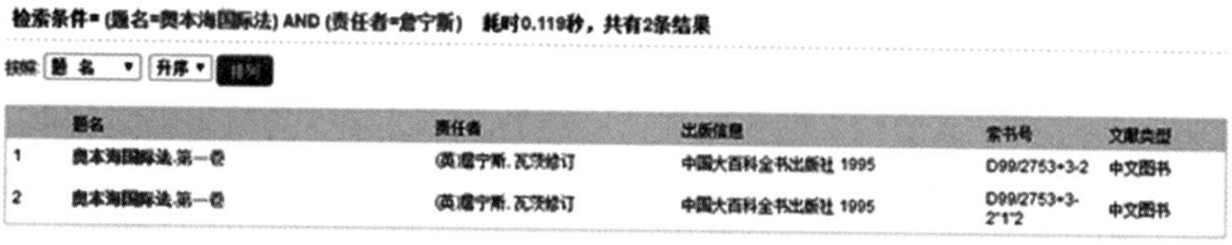

图2-5-5　检索结果

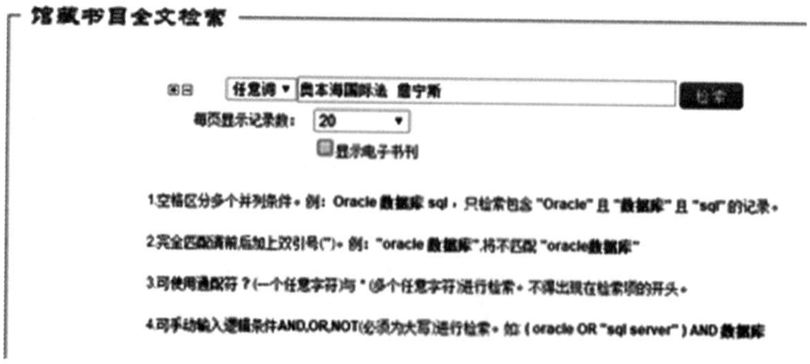

图2-5-6　全文检索（检索词组配）

2. 馆外资源（纸本）

（1）国家图书馆

在国家图书馆馆藏目录检索系统（http://www.nlc.cn/）中，检索方式包括：基本检索、多字段检索、组合检索、通用命令语言检索。

①基本检索

国家图书馆书目检索系统的基本检索，支持同一检索框内多检索词的组配，如同汇文系统的全文检索（见图2-5-7）。也可先进行题名或责任者检索，再通过另一检索途径进行二次检索，但必须在第一次检索后，在整合集合菜单中点击二次检索按钮，不能点击检索框右侧的二次检索按钮。（见图2-5-8、图2-5-9）

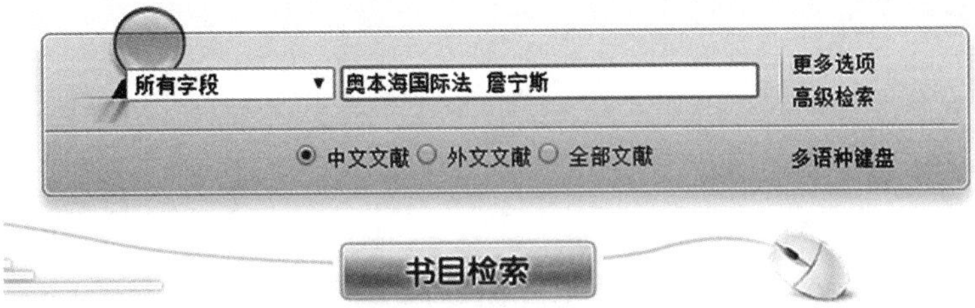

图2-5-7 国家图书馆书目检索系统的基本检索

图2-5-8 国家图书馆书目检索系统的二次检索之一

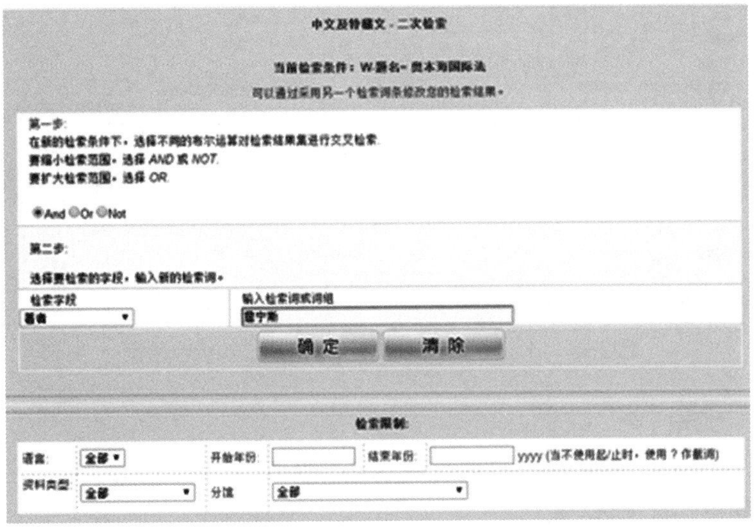

图2-5-9 国家图书馆书目检索系统的二次检索之二

②多字段检索

进入国家图书馆书目检索系统的多字段检索页面，在题名检索框中输入“奥本海国际法”，在著者检索框中输入“詹宁斯”，勿使用题名起始于检索框，同时，词临近？选项选“是”。（见图2-5-10）

图2-5-10　国家图书馆书目检索系统的多字段检索

③组合检索

在国家图书馆书目检索系统的组合检索页面，第一个检索字段选题名，输入检索词“奥本海国际法”，选词邻近，得到检索结果23个；第二个检索字段选著者，输入检索词“詹宁斯”，选词邻近，得到检索结果88个。对以上检索条件执行“与（AND）”操作，得到命中记录2个，点击后可查看命中记录。（见图2-5-11）也可以在检索历史记录中选两次简单检索（分别从题名途径检索“奥本海国际法”，从著者途径检索“詹宁斯”），进行组合检索。

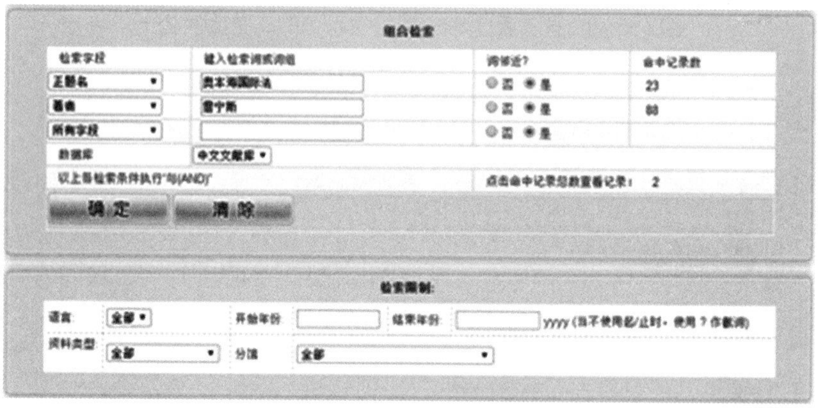

图2-5-11　国家图书馆书目检索系统的组合检索

④通用命令语言检索

这是采用特定检索语法的检索表达式检索。本例的检索表达式为“WTI=奥本海国际法 and WAU=詹宁斯”，词邻近？选项选“是”。

（2）CALIS的e读平台

CALIS的e读平台只有一种检索模式——任意字段全文检索。（见图2-5-12）

图2-5-12　e读

3. 获取电子图书

(1) 书生电子图书

书生电子图书平台，有两个检索途径。使用组合检索模式（见图2-5-13），但无命中记录；用图书题名途径检索奥本海国际法，未检索到该书任何版本。

图2-5-13　书生电子图书的组合检索

(2) 汇雅书世界

在汇雅书世界的高级检索模式中检索（见图2-5-14），无合适检索结果，但只以书名“奥本海国际法”检索，可查到有其他版本的中文本（缺下卷第二分册）。（见图2-5-15）

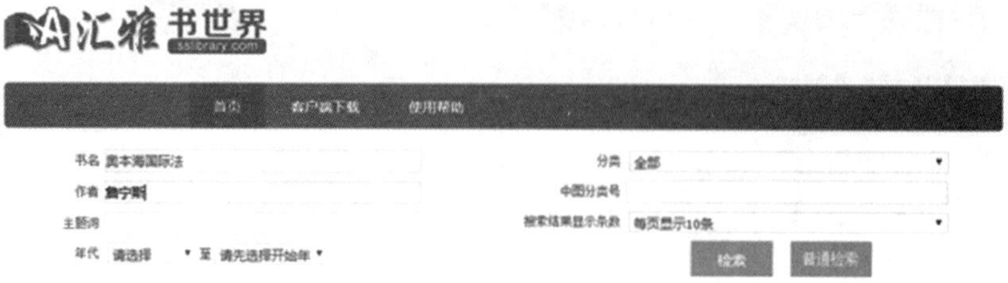

图2-5-14　汇雅书世界的高级检索

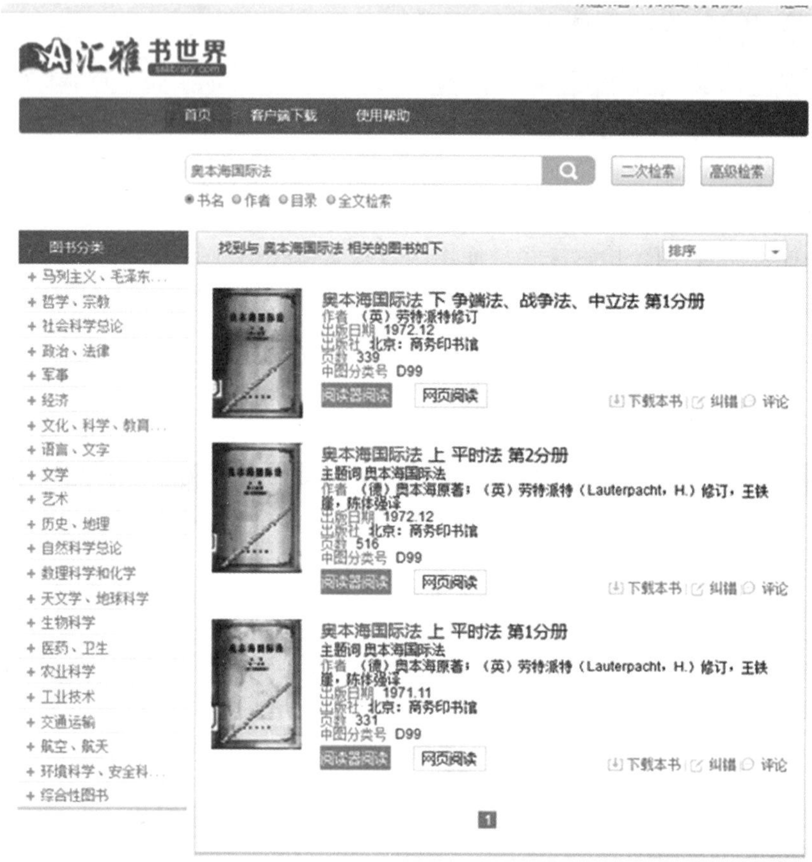

图2-5-15　汇雅书世界上的电子图书

【文献获取】

文献检索的最终目的是获取全文，所以作为一个检索课题的结果，要有完整、准确、可靠的文献获取线索。

查找本馆的纸质图书，结果应当是图书的索取号（状如D99/2753+3−2，到书库取书的依据），以及条码号（状如01974560，检验该复本是否在架，是否可外借）。

查找国家图书馆的纸质图书，结果也应当是图书的索取号（状如98\D99\19/：1（2））及条码号（状如3028833808）。国家图书馆馆藏有几种情况：开架外借本、开架阅览本、闭架阅览本和保存本等。外借本与阅览本都可作为可获取的纸质图书，如只有保存本，就要利用国家图书馆的文献传递服务平台获取收费的复制件。

如果利用CALIS的e读平台，检索结果应当找到哪个馆有馆藏，用文献传递方式获取。

如果利用读秀平台，结果显示有阅读部分的，可通过文献传递服务获取全文。

最后，如果通过各种渠道都无法方便、快捷地获取最合适版本的话，可以退而求其次，获取最相近的版本。本例中，就电子图书而言，可通过汇雅书世界获取1971～1972年出版的商务版电子图书。

检索实例2：请给《侵权责任法》这门课选择五本权威学术著作（纸质）。

【课题分析】

本题是查找一类图书，而不是某种图书（无明确的题名、作者等）。对于一类图书的检索，合适的途径是主题和分类，因而，首先要找出这类图书的中图分类号或主题词。

所谓学术著作，一般指教材和专著，而在中图法分类体系中，法律各部门的教材和专著是有其特征号的——分类号以01（教材）或04（专著）结尾，如民法教材，中图分类号一般是D913.01（民法概论）或D923.01（中国民法）。

权威学术著作的判断，可依据作者或出版社。权威出版社是指法律专业出版社。权威作者的判断，一般以其学术成果多寡和影响力大小（被引、关注、下载）衡量。

最后，要考虑选择结果的全面性：覆盖大陆、国外、港澳台地区，包括教材和专著，有最新成果，也有经典著作。

【检索操作】

考虑法律图书馆法学馆藏较为丰富，仍以华东政法大学图书馆的OPAC为例进行操作说明。

1. 中图分类号与主题词的确定

由点及面，在OPAC中以侵权责任为题名，进行一次检索。得到一种相关图书的详细书目记录。（见图2-5-16）

从中可以总结出：侵权责任相关图书的中图分类号是D9X3.7，结合地区号，总论为D913.7，中国侵权法为D923.7，美国侵权法为D971.237，法国侵权法为D956.537，相关主题词是侵权法。

书目信息　机读格式(MARC)

题名/责任者：侵权责任法/王利明著
出版发行项：北京:中国人民大学出版社,2016
ISBN及定价：978-7-300-22206-6/CNY49.80
载体形态项：502页;24cm
丛编项：王利明法学教科书
个人责任者：王利明, 1960- 著
学科主题：侵权法-研究-中国-教材
中图法分类号：D923.704
书目附注：有书目（第501-502页）
提要文摘附注：本书主要包括：侵权责任概述，侵权责任法概述，归责原则，侵权责任构成要件，免责和减轻责任事由，数人侵权责任，侵权责任承担方式等内容。

图2-5-16

2. 主题或分类检索

在OPAC中，以主题为检索途径，检索侵权法（在上述详细书目记录界面中，直接点击学科主题中的侵权法即可），得到24条命中记录，结合分类特征号区分，得到如下结果：

法国侵权责任法改革：基调与方向 D956. 537/4047

李世刚著

人民日报出版社 2017
美国侵权责任法与案例研究 D971. 237/1084
于笑蕾著
中国政法大学出版社 2017
損害賠償法 D927. 583. 3/1032
王澤鑑著
作者自版(新学林)2017
中华人民共和国侵权责任法：实用版.第2版 D923. 09/5063. 38*2017
中国法制出版社
中国法制出版社 2017
侵权责任法新解读.第4版 D923. 05/4714(4)
中国法制出版社
中国法制出版社 2017
侵权责任法的基本问题.第一卷，德语国家的视角 D913. 704/2402' 1
(奥)海尔姆特·库齐奥著
北京大学出版社 2017
侵权责任法案例与学理研究 D923. 705/0005
唐慧，闫朝东著
中国社会出版社 2017
侵权连带责任制度研究 D913. 704/2714
侯雪梅著
北京大学出版社 2016
侵权法重述纲要 D971. 237/4436(3)+2
爱伦·M.芭波里克选编
法律出版社 2016
侵权责任法 D923. 705/5061
本书编写组编
中国工人出版社 2016
侵权责任法.第4版 D923. 01/1203. 21(4)
张新宝著
中国人民大学出版社 2016
侵权法的经济学分析 D913. 704/4004
李婧著
知识产权出版社 2016
侵权责任法 D923. 704/1026. 2
王利明著
中国人民大学出版社 2016
侵权法上私人妨害制度比较研究 D913. 704/0201

刘丽著
对外经济贸易大学出版社 2015
日本侵权行为法.第3版 D931. 33/1008(3)
于敏著
法律出版社 2015
事故损害分担研究：侵权法的危机与未来 D913. 704/4444. 2
黄本莲著
法律出版社 2014
电子商务侵权法 D923. 04/4700.28
杨立新主编
知识产权出版社 2005
侵权法热点问题法律应用 D923. 104/4700.2
杨立新主编
人民法院出版社 2000
侵权特别法通论 D924. 304/4700
杨立新著
吉林人民出版社 1990
以分类为检索途径，检索D913. 7，得到50个结果：
私法惩罚论：以侵权责任法为中心
阳庚德著
法律出版社 2017. 8
Tort law: text, cases, and materials/4th ed.D913. 704/S814(4)
Prof Jenny Steele.
Oxford University Press, 2017.
共同危险侵权责任制度研究 D913. 704/0709
郭辉著
中国政法大学出版社 2017
多数人侵权行为与责任 D913. 704/4700.2
杨立新主编
法律出版社 2017
……

以分类为检索途径，检索D923.7，得到119个结果：

自媒体传播模式下的网络侵权立法研究 D923. 704/4420
赵岚音著
法律出版社 2017
侵权责任法中的受害人同意研究 D923. 704/4004
李超著
中国政法大学出版社 2017

兩岸三地侵權法主要詞彙

陳可欣著

香港城市大学出版社 2015

中华人民共和国侵权责任法注解与配套.第4版 D923. 05/50631. 33(4)

中国法制出版社 2017

侵权纠纷诉讼指引与实务解答 D923. 704/4445

樊长春主编

法律出版社 2017

……

以此类推，以分类为检索途径，检索D927. 583. 37，得到172个结果；检索D971. 237，得到22个结果；检索D956. 137，得到 12个结果。

【结果筛选】

进入CNKI，以主题为检索途径进行文献检索，检索值为“侵权责任”。在结果分组浏览中选作者标签，查找发文较多的作者；同时，按被引量排序命中记录（在指数分析中查看经典文献），找出被引最多文献的作者。可以总结出权威作者：杨立新、王利明、张新宝、吴汉东、张民安等。

权威出版社是指：法律出版社、人民法院出版社、中国法制出版社等专业法律出版社，以及中国政法大学出版社、北京大学出版社等（法学院校及有法学院的综合性大学）高校出版社。

以此为标准，在上述检索结果中筛选，同时选择出版年代较近的著作：

★侵权责任法 D923. 704/1026. 2

王利明著

中国人民大学出版社 2016

★多数人侵权行为与责任 D913. 704/4700.2

杨立新主编

法律出版社 2017

选一种翻译著作：

★侵权责任法的基本问题.第一卷，德语国家的视角 D913. 704/2402’1

（奥）海尔姆特·库齐奥著

北京大学出版社 2017

选一种港台学者的著作：

★損害賠償法 D927. 583. 3/1032

王澤鑑著

作者自版（新学林）2017

选一种原版著作：

★Tort law: text, cases, and materials/4th ed.D913. 704/S814(4)

Prof Jenny Steele.

Oxford University Press, 2017.

检索实例3：“四个全面”战略布局是以习近平同志为总书记的党中央治国理政战略思想的重要内容，试从网络资源、图书、文章三个方面查找相关的研究材料，并找出最早出版、发表的书刊文献。

【课题分析】

通过百度查找，可以了解到："四个全面"是指：全面建成小康社会、全面深化改革、全面依法治国、全面从严治党。

从时间轴来看，"四个全面"是在不同高层会议场合逐步提出的：

2012年11月8日，十八大提出全面建成小康社会；

2013年11月9日，十八届三中全会提出全面深化改革；

2014年10月20日，十八届四中全会提出全面推进依法治国；

2014年10月8日，党的群众路线教育实践活动总结大会上提出全面推进从严治党。

注意两点：

(1)本题包括五个检索点："四个全面"、全面建成小康社会、全面深化改革、全面依法治国、全面从严治党。

(2)检索时，五个检索点的时间限制项是不同的。

从查找中，可以发现网络资源、图书、论文三种资源的不同特点。

【检索操作】

1.网络资源

直接用百度，搜索"四个全面"(见图2-5-17)、"全面建成小康社会"(见图2-5-18)、"全面深化改革"(见图2-5-19)、"全面依法治国"(见图2-5-20)、"全面从严治党"(见图2-5-21)。

图2-5-17

图2-5-18

图2-5-19

图2-5-20

图2-5-21

网络资源有助于明确概念，列前的材料多是新闻和政策性的内容，学术性内容检索不便。而且，网络资源以最新的内容列前。

2. 查找图书

国家图书馆的馆藏最为全面，利用国家图书馆的OPAC，便于查找最早出版的相关图书。

检索“四个全面”，利用简单检索模式检索中文文献，资源类型选图书，检索途径为所有字段，出版时间限定为“2014-2018”（“四个全面”概念的全面提出是2014年11月以后），得到命中记录117条，最早出版年份为2015年，有48种。

检索“全面建成小康社会”，利用简单检索模式检索中文文献，资源类型选图书，检索途径为所有字段，出版时间限定为“2012-2018”，得到命中记录125条，最早出版年份为2012年，有7种。

检索“全面深化改革”，利用简单检索模式检索中文文献，资源类型选图书，检索途径为所有字段，出版时间限定为“2013-2018”，得到命中记录197条，最早出版年份为2013年，有15种。

检索“全面依法治国”，利用简单检索模式检索中文文献，资源类型选图书，检索途径为所有字段，出版时间限定为“2014-2018”，得到命中记录138条，最早出版年份为2014年，有14种。

检索“全面从严治党”，利用简单检索模式检索中文文献，资源类型选图书，检索途径为所有字段，出版时间限定为“2014-2018”，得到命中记录101条，最早出版年份为2014年，有3种。

3. 通过中国知网查找文章

在中国知网中选用文献高级检索，并进行如图2-5-22所示跨库勾选：

图2-5-22

检索“四个全面”，检索途径为主题，匹配方式为精确，发表时间为“2014年10月20日”，勾选同义词扩展，得到7075条命中记录，最早文献为：

涂桂林.宋明昌：新常态下为推进“四个全面”作出新贡献［N］.中国新闻出版报，2014-12-25（002）.

检索“全面建成小康社会”，检索途径为主题，匹配方式为精确，发表时间为“2012年11月8日”，勾选同义词扩展，得到27091条命中记录，最早文献为：

要闻速览［J］.决策探索（上半月），2012（11）：4-5.

检索“全面深化改革”，检索途径为主题，匹配方式为精确，发表时间为“2013年11月9日”，勾选同义词扩展，得到23989条命中记录，最早文献为：

在新的历史起点谱写改革新篇章——中国共产党十八届三中全会公报摘要［J］.机构与行政，2013（11）：1.

检索“全面依法治国”，检索途径为主题，匹配方式为精确，发表时间为“2014年10月20日”，勾选同义词扩展，得到6091条命中记录，最早文献为：

徐伟平.四中全会定调 依法治国护航改革［N］.中国证券报，2014-10-20（A13）.

检索“全面从严治党”，检索途径为主题，匹配方式为精确，发表时间为“2014年10月8日”，勾选同义词扩展，得到57744条命中记录，最早文献为：

蔡朝阳.把从严治党要求体现到政府工作的各个方面［N］.湖北日报，2014-10-14（001）.

从上述检索结果中，可以发现，期刊文章发表及时且量大，但有大量报刊文章，新闻报道居多，不一定是学术论文。

检索实例4：根据CSSCI提供的数据，统计《法学》杂志2014-2016年影响因子变化情况。（2016影响因子=A/B。A为2014-2015年发文在2016年被引量；B为2014-2015年发文量）

【课题分析】

本题要求是理解影响因子的计算方式：

2016影响因子=A/B。

A为2014-2015年发文在2016年被引量；B为2014-2015年发文量。

注意各项统计数据的来源，掌握CSSCI引用数据的统计方法。

【检索操作】

1.B值计算——发文量统计

利用CSSCI统计《法学》2012-2015每两年的发文量，进入高级检索界面，选来源文献检索标签，选期刊名称检索，输入“法学“，匹配方式一定要勾选精确（还有《法学研究》《当代法学》等其他杂志），根据要求，输入发文年代。（见图2-5-23）

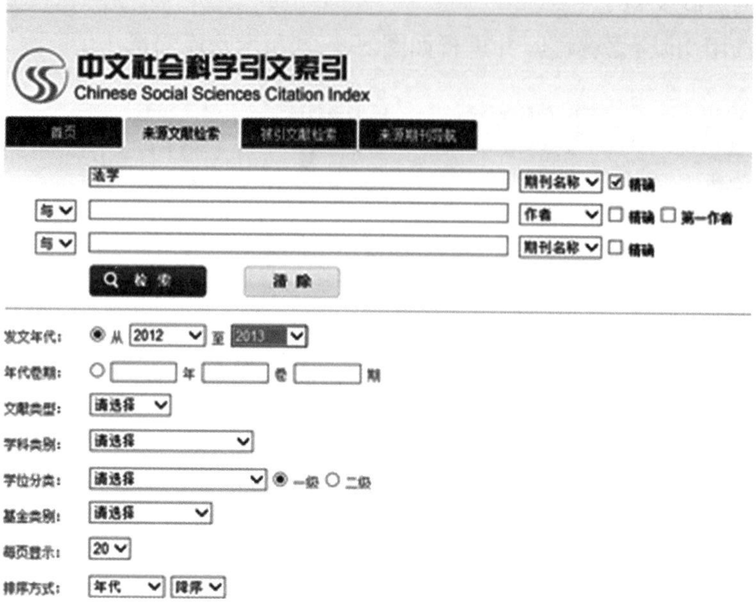

图2-5-23

统计B值：

2012-2013，449篇；

2013-2014，413篇；

2014-2015，382篇。

2. A值计算——被引统计

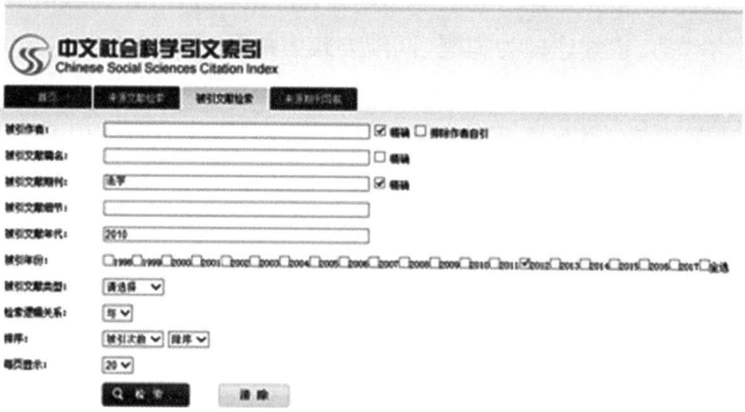

图2-5-24

仍然是高级检索界面，选被引文献检索标签，在被引文献期刊检索框中输入“法学”，同样匹配方式为精确，根据要求输入“被引文献（发表）年代”，勾选被引年份。（见图2-5-24）

A值：

2014：146+138=284；

2015：197+168=365；

2016：124+160=284。

3.影响因子A/B

2014：284/449=0.63；

2015：365/413=0.88；

2016：284/382=0.74。

这里的影响因子与中国知网的影响因子不同，因为统计范围不同，这里的被引次数仅指CSSCI收录文献上被引次数。

检索实例5：查找发表于非核心期刊上，非国家社科基金支持，关于领海的一篇权威法学期刊论文。

【课题分析】

本题是查找期刊论文，适合在中国知网的期刊库中查找；又是查找法学论文，有两个选择，一是在中国知网总库平台的期刊库中查找，二是在法库7.0平台上查找。对于法学术语“领海”，有同义词“领水”，故要选用同义词扩展。如何选择非核心期刊和非国家社科基金支持也是一个考查点。权威论文的衡量标准，一般是被引量。

【检索操作】

1.在中国知网的总库平台上查找

进入期刊库高级检索界面，检索途径选主题，检索词为“领海”或“领水”，匹配方式为精确，来源类别选全部期刊，勾选同义词扩展，进行检索，找到20234 条结果，按学科进行分组浏览，选国际法，筛选出1362条结果，依被引量从高到低排列，得到检索结果列表A。（见图2-5-25）

在以下检索中，加入条件，在来源类别上勾选核心期刊，其余选项、步骤相同，得到检索结果B（416个结果）。（见图2-5-26）

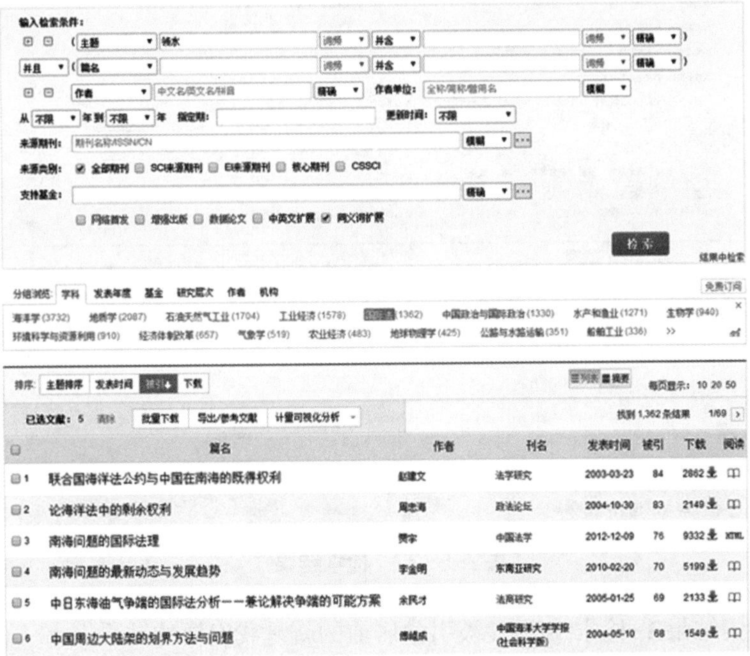

图2-5-25　检索结果A

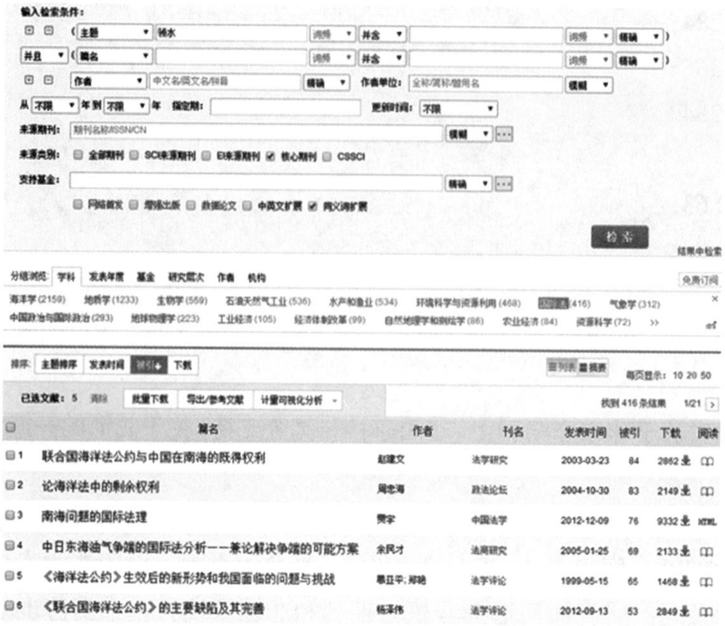

图2-5-26　检索结果B

要注意的是，来源类别有5个选项，默认状态为全部勾选，选择非核心期刊并不是把核心期刊选项的勾去掉，这只代表不对核心期刊作限定，不论其他选项如何，检索结果中仍包括核心期刊。

在检索结果A的基础上，增加限制条件，在支持基金中选择国家社会科学基金（点击，在弹出窗口中选择，不采用手工输入方式）。检索得到结果C。（见图2-5-27）

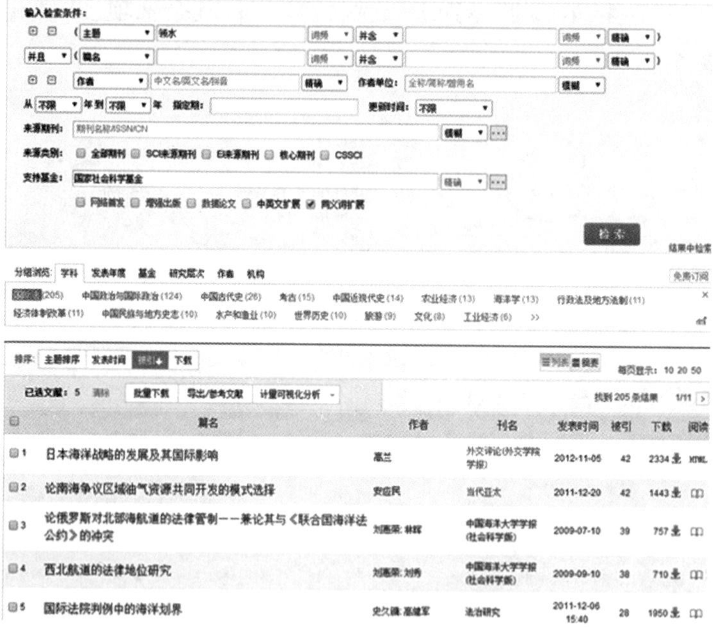

图2-5-27　检索结果C

检索结果A-检索结果B-检索结果C，被引量居前的就是我们要的结果：

李金明.南海问题的最新动态与发展趋势[J].东南亚研究，2010(01)：35-41+48.

傅崐成.中国周边大陆架的划界方法与问题[J].中国海洋大学学报(社会科学版),2004(03):9-16.

2.在法库7.0上查找

在中国知网首页的**行业知识服务与知识管理平台**中选择法律,然后进入**法库7.0**,再进入**法律期刊**检索界面,在高级检索标签下,以主题为检索途径,检索词为“领海”(此处无同义词扩展选项,故检索词不用“领水”),匹配方式为精确,进行检索,得432条结果,再用学科对检索结果分组,选国际公法进行筛选,得350条结果,依被引排序,生成结果列表D。(见图2-5-28)

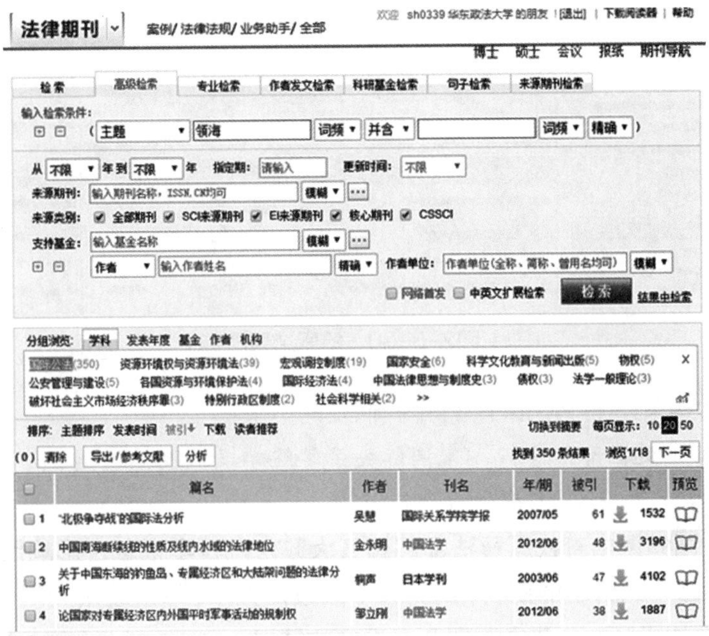

图2-5-28 检索结果D

用核心期刊限定,再进行上述检索,得出检索结果E(85个检索结果)。(见图2-5-29)

图2-5-29 检索结果E

同理，用国家社科基金限定，得检索结果F。（见图2-5-30）

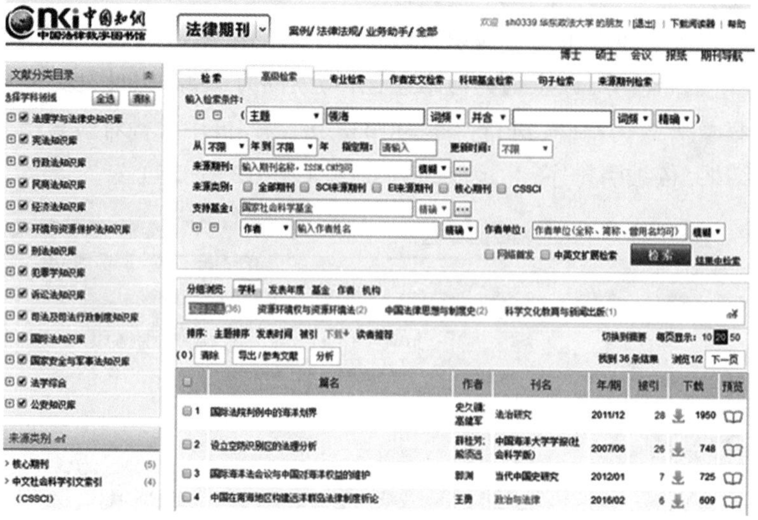

图2-5-30　检索结果F

检索结果D-检索结果E-检索结果F，就是我们要的结果：

吴慧."北极争夺战"的国际法分析[J].国际关系学院学报，2007(05)：36-42.

虽然两次得出的结果不一致，但都是符合要求的。

检索实例6：在中国知网中查找原司法部部属五大政法院校学报复合影响因子排列顺序，然后找出法学领域复合影响因子列首位的期刊，试比较中国政法大学、华东政法大学、西南政法大学、中南财经政法大学、西北政法大学2017年在该期刊上发文的情况。

【课题分析】

用中国知网的出版物检索找出原司法部部属五大政法院校学报，用复合影响因子顺序。首先，在中国知网的核心期刊导航中找出法学领域复合影响因子列首位的期刊；然后，用作者单位检索查找各机构的发文情况。

【检索操作】

1.找出学报

在中国知网首页上，找出出版物检索按钮，点击进入出版物检索界面，进行刊名检索，分别输入检索词："华东政法""西南政法""中南政法""西北政法""中国政法"，找出7种学报：

《华东政法大学学报》(1998年创刊，复合影响因子：2.794)；

《现代法学》(原西南政法大学学报)(1979年创刊，复合影响因子：3.005)

《西南政法大学学报》(1999年创刊，复合影响因子：0.892)；

《法律科学》(西北政法大学学报)(1983年创刊，复合影响因子：3.483)；

《法商研究》(原中南政法学院学院)(1957年创刊，复合影响因子：3.987)；

《中南财经政法大学学报》(1958年创刊，复合影响因子：2.450)；

《中国政法大学学报》(2007年创刊，复合影响因子：1.188)。

复合影响因子排序：

《法商研究》《法律科学》《现代法学》《华东政法大学学报》《中南财经政法大学学报》《中国政法

大学学报》《西南政法大学学报》。

2. 找出列首位的核心期刊

进入中国知网的出版物检索页面，找出期刊导航>核心期刊导航>第一编 哲学、社会学、政治、法律>法学。

按复合影响因子排序，列首位的期刊是《中国法学》。

3. 检索五个政法院校2017年在《中国法学》上发文情况

进入中国知网期刊高级检索页面，来源期刊项输入（或用来源期刊窗口生成）“中国法学”，匹配方式为精确；发文时间为“2017年到2017年”，作者单位输入“华东政法”，匹配方式为模糊。（见图2-5-31）检索得到3条记录：

［1］何勤华.以古代中国与日本为中心的中华法系之律家考［J］.中国法学，2017(05)：196-215.

［2］胡改蓉.论公共企业的法律属性［J］.中国法学，2017(03)：142-163.

［3］张泽平.全球治理背景下国际税收秩序的挑战与变革［J］.中国法学，2017(03)：184-201.

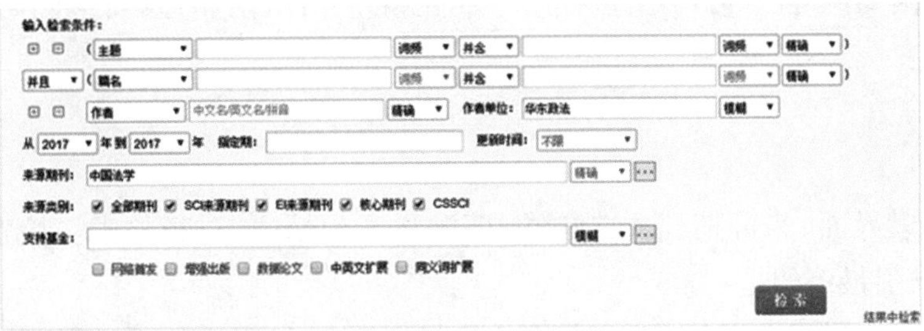

图2-5-31

进入中国知网期刊高级检索页面，来源期刊项输入（或用来源期刊窗口生成）“中国法学”，匹配方式精确；发文时间为“2017年到2017年”，作者单位输入“西南政法”，匹配方式为模糊。检索得到5条记录：

［1］段文波.庭审中心视域下的民事审前准备程序研究［J］.中国法学，2017(06)：203-220.

［2］谭启平.符合强制性标准与侵权责任承担的关系［J］.中国法学，2017(04)：174-187.

［3］周尚君.地方法治竞争范式及其制度约束［J］.中国法学，2017(03)：87-101.

［4］王杏飞.对民事二审中撤回起诉的再认识［J］.中国法学，2017(03)：267-285.

［5］孙鹏.“蛋壳脑袋”规则之反思与解构［J］.中国法学，2017(01)：268-287.

进入中国知网期刊高级检索页面，来源期刊项输入（或用来源期刊窗口生成）“中国法学”，匹配方式精确；发文时间为“2017年到2017年”，作者单位输入“西北政法”，匹配方式为模糊。检索得到0条记录。

进入中国知网期刊高级检索页面，来源期刊项输入（或用来源期刊窗口生成）“中国法学”，匹配方式精确；发文时间为“2017年到2017年”，作者单位输入“中南财经政法”，匹配方式为模糊。检索得到1条记录。

尤明青.论环境质量标准与环境污染侵权责任的认定［J］.中国法学，2017(06)：283-300.

进入中国知网期刊高级检索页面，来源期刊项输入（或用来源期刊窗口生成）“中国法学”，匹配方式精确；发文时间为“2017年到2017年”，作者单位输入“中国政法”，匹配方式为模糊。检索得到9条记录。

[1]吴洪淇.刑事证据审查的基本制度结构[J].中国法学,2017(06):167-186.
[2]胡静.环境权的规范效力:可诉性和具体化[J].中国法学,2017(05):152-172.
[3]黄进.习近平全球治理与国际法治思想研究[J].中国法学,2017(05):5-22.
[4]陈景辉.比例原则的普遍化与基本权利的性质[J].中国法学,2017(05):279-302.
[5]陈光中,邵俊.我国监察体制改革若干问题思考[J].中国法学,2017(04):23-36.
[6]阮齐林.刑事司法应坚持罪责实质评价[J].中国法学,2017(04):57-68.
[7]夏吟兰.民法分则婚姻家庭编立法研究[J].中国法学,2017(03):71-86.
[8]栗峥.证据链与结构主义[J].中国法学,2017(02):173-193.
[9]焦海涛.不正当竞争行为认定中的实用主义批判[J].中国法学,2017(01):150-169.

检索实例7:分别利用中国知网和CSSCI查找《法学》上被引最多的论文,并查看该论文作者在《法学》上发文量和这些论文的被引情况。

【课题分析】

本题是研究中国知网与CSSCI引文数据的一致性和差异性,分析原因,判断两个系统引文数据的科学性。

【检索操作】

1. 中国知网

在期刊高级检索界面,来源期刊项选法学,匹配方式为精确,进行检索。检索结果按被引倒排,在9988条记录中,被引最多的是:

孙笑侠.司法权的本质是判断权——司法权与行政权的十大区别[J].法学,1998(08):35-37.

在上述检索中,增加作者检索条件"孙笑侠"(匹配方式为精确),检索得如图2-5-32所示结果(10条结果,并有被引情况):

	篇名	作者	刊名	发表时间	被引	下载
1	法学教育的制度困境与突破——关于法学教育与司法考试等法律职业制度相衔接的研究报告	孙笑侠	法学	2012-09-20	37	3286
2	局部法治的地域资源——转型期"先行法治化"现象解读	孙笑侠	法学	2009-12-20	32	779
3	60年前《宪政》月刊的人与事	孙笑侠	法学	2008-01-20	5	286
4	论法律职业共同体自治的条件	孙笑侠;李学尧	法学	2004-04-10	65	2433
5	论法官与政治家思维的区别	孙笑侠;应永宏	法学	2001-09-10	75	1372
6	司法权的本质是判断权——司法权与行政权的十大区别	孙笑侠	法学	1998-08-10	584	4855
7	"部门法理论基础"析要——兼及当前行政法学同类问题	孙笑侠	法学	1997-10-10	5	371
8	论传统法律调整方式的改造——兼论法律体系的三元化结构	孙笑侠	法学	1995-01-10	21	471
9	宽容的干预和中立的法律——中国的市场经济社会需要怎样的法律	孙笑侠	法学	1993-07-30	16	268
10	两种程序法类型的纵向比较——兼论程序公正的要义	孙笑侠	法学	1992-08-28	152	965

图2-5-32

2.CSSCI

在CSSCI中,进行来源文献检索,作者"孙笑侠",期刊名称"法学",匹配方式均为精确。得出1998年以来,在《法学》上发文6篇。(见图2-5-33)根据中国知网数据,1998年以来,孙笑侠在《法学》上发文也是6篇,这是一致的。

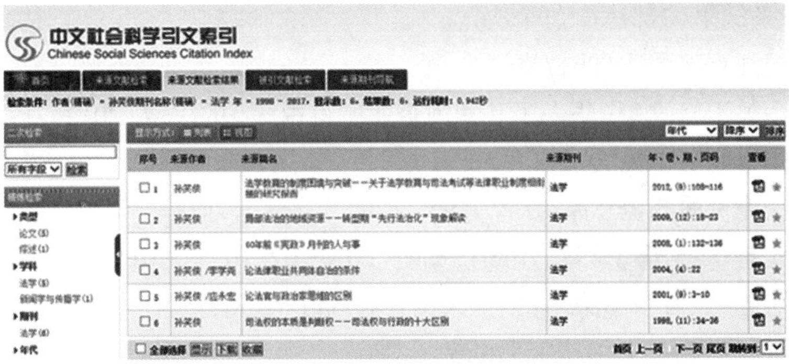

图2-5-33

进行被引文献检索，被引作者“孙笑侠”，被引期刊“法学”，仍然是精确匹配，查得被引文献24篇，累计被引155篇次，被引文最早发表于1988年（疑似数据错误，应为1998年），最早引用年份为1998年。经分析，数据有误（疑似引文格式不规范，或数据转换差错）：“司法权的本质是判断权”一文出现6次，“局部法治地域资源”一文出现3次，“两种程序法类型的纵向比较”一文出现2次，“论法官与政治家思维的区别”一文出现3次，“法学的教育制度困境与突破”一文出现2次，“‘部门法理论基础’析要”一文出现2次，“公私责任分析”一文出现2次，“宽容的干预和中立的法律”一文出现2次，总数仍只有10篇，最早发表年份为1992年。这与中国知网的数据是一致的。就总被引数而言，CSSCI比中国知网小得多（中国知网统计为992次），这是因为统计范围的关系，CSSCI远小于中国知网。就这点而言，中国知网的引文数据比CSSCI更准确。

检索实例8：分别通过中国政府法制信息网、CNKI的中国法律知识资源总库和北大法宝，查找2017年2月颁布了哪些法律。

【课题分析】

这里的法律仅指全国人大和全国人大常委员制定和修改的法律，不是广义上的法律法规。这里的颁布时间是指国家主席令签署颁布的时间，不是实施日期，也不是上线和数据库入库时间。

【检索操作】

1. 中国政府法制信息网

进入中国政府法制信息网（http://www.chinalaw.gov.cn/），进入法律法规规章页面，可以在其法律页面浏览查找（在法律法规规章首页上不能翻页，但在其小类如法律、行政法规、法规解读等栏目均可翻页），但不建议这么做，因为右侧栏显示的时间不准（这不是颁布时间，而是上线时间）；进入法律法规库，选择高级检索，在高级检索页面中，只输入颁布日期时间范围：20170201–20170228。

结果显示54个结果。这些命中记录按法律层级顺序排列，法律列在最前，而且，法律的题名有固定格式，我们很容易找出哪些是我们要找的法律。实际命中记录有3条：2部法律，1个人大常委员修改法律的决定。

两部法律是：

中华人民共和国企业所得税法（修订）；

中华人民共和国红十字会法（修订）。

2. 北大法宝

进入北大法宝，选择中央法规司法解释库，用颁布日期检索（2017-02-01至2017-02-28），效力级别选法律。得到3条结果，2部法律，1个决定。

中华人民共和国红十字会法（2017修订）；

全国人大常委会关于修改《中华人民共和国企业所得税法》的决定（2017）；

中华人民共和国企业所得税法（2017修正）。

3. 中国知网的法律资源知识总库（法库7.0）

进入法库7.0，选择法律法规检索，用颁布日期（2017-02-01 至 2017-02-28）检索。检索结果右侧可根据效力级别筛选，只有一部法律（中华人民共和国红十字会法）。

结果说明：法律法规检索，北大法宝更可靠。

检索实例9：查找一个有关“侵害作品信息网络传播权纠纷”的公报案例或指导性案例，查阅案例要旨，并找出相关法律依据、同案由（“侵害作品信息网络传播权纠纷”）案件、相关论文。

【课题分析】

本题要掌握什么是公报案例、指导性案例，这些都是北大法宝特有的概念，因此，本题就是利用北大法宝进行检索；还要了解案例要旨，一般只有公报案例或指导性案例才有案例要旨，如果之前不提示查找公报案例、指导性案例，只提示查找案例要旨，等于要求查找公报案例和指导性案例，这是一种隐含的检索要求。查找相关法律依据、同案由案件、相关论文等，要用到法宝联想功能。

本题还有一个隐含条件，就是检索途径，虽然没有明示，同案由案例的检索要求提示本题要通过案由进行检索。

【检索操作】

进入北大法宝的案例与裁判文书（高级检索），利用案由途径，检索“侵害作品信息网络传播权纠纷”。用网络传播权检索，可方便地找到案由侵害作品信息网络传播权纠纷。（见图2-5-34）

图2-5-34

利用案由检索，就可以找到符合要求的公报案例。（见图2-5-35）

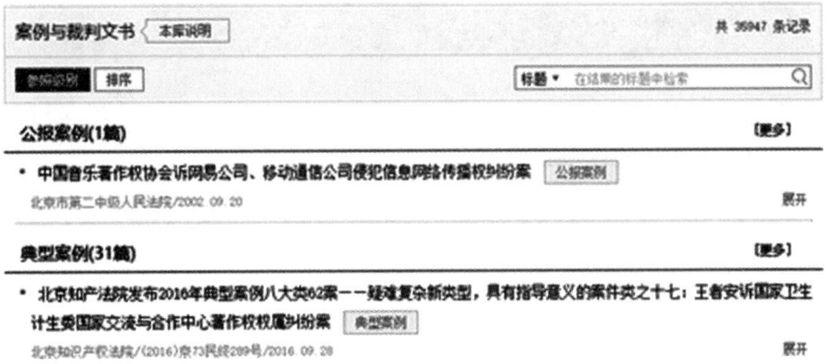

图2-5-35

打开公报案例的全文，就可找到案例要旨。（见图2-5-36）

图2-5-36

页面右侧有本案的法律依据、同案由重要案例和相关论文。

作为找到相关文献的依据，要给出法宝引证码，状如：CLI.C.67308。本例：

公报案例：CLI.C.67308；同案由案例：CLI.C.324517，CLI.C.1183168；相关论文：CLI.A.1204153，CLI.A.1208622。

法律依据：中华人民共和国著作权法（2001修正）第10条。

案例要旨：《著作权法》第十条第一款第十二项规定，著作权人享有作品的信息网络传播权，即通过互联网或其他有线或者无线的信息传输网络向公众提供作品的权利，未经许可，将他人的作品上网传播、供人使用的行为构成对著作权人的信息网络传播权的侵害……

检索实例10：查找《中华人民共和国法官法》修订情况。

【课题分析】

本题要利用北大法宝的法规编注功能。

【检索操作】

进入北大法宝，在法律法规检索界面找到法规编注库。进入法规编注库检索“法官法”。（见图2-5-37）

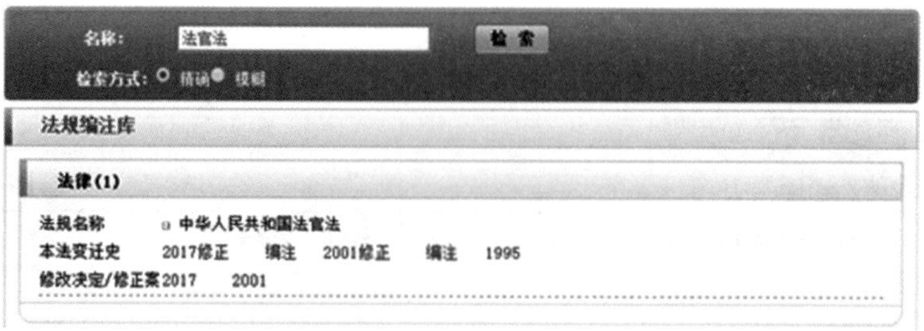

图2-5-37

点击2017修正或2001修正，则进入了法律正文。如果进入2001修正，每个法条下都有法宝联想和修订沿革的内容，如图2-5-38所示：

第二条　法官是依法行使国家审判权的审判人员，包括最高人民法院、地方各级人民法院和军事法院等专门人民法院的院长、副院长、审判委员会委员、庭长、副庭长、审判员和助理审判员。
（法宝联想：　案例与裁判文书约1篇　法学期刊约15篇　修订沿革　条文释义　法学文献约1篇　）

图2-5-38

如果点击编注，则打开了编注页面。（见图2-5-39）

第十二条　初任法官采用严格考核的办法，按照德才兼备的标准，从通过国家统一司法考试取得资格，并且具备法官条件的人员中择优提出人选。

人民法院的院长、副院长应当从法官或者其他具备法官条件的人员中择优提出人选。

【注：本条第一款已被全国人大常委会关于修改《中华人民共和国法官法》等八部法律的决定（发布日期：2017年9月1日　实施日期：2018年1月1日）修改为："初任法官采用考试、考核的办法，按照德才兼备的标准，从通过国家统一法律职业资格考试取得法律职业资格并且具备法官条件的人员中择优提出人选。"】

图2-5-39

二、筛选分析

传统文献资源的检索通常可以得出许多不同版本的结果，此时就需要同学们对检索结果进行筛选分析，选取最合适的版本。一般而言，版本不同，代表着内容有变化。版本的常见选择依据为译著、出版社和出版时间。筛选选择一般为：原版优先、最新版优先、正规出版社优先。但要注意的是对于经典著作，因作者已作古，版本变化不代表内容变化，版次/出版社因素可忽略。

以《民法学说与判例研究》（8卷本）一书为例。通过多方查找，我们发现《民法学说与判例研究》（8卷本）有众多可获取的版本：

1. 就台湾原版而言，初版为1975（第一册）、1979（第二册）、1981（第三册）、1983（第四册）、1987（第五册）、1989（第六册）、1992（第七册）、1996（第八册）。

2. 20世纪80年代初，大陆将前四册影印出版，有所删减。

3. 中国政法大学出版社：1997年版（王泽鉴民商法学著作研究系列，8册），2003年版（王泽鉴法学全集，16册），2005年版（王泽鉴民商法学著作研究系列，修订版，8册）。

4. 北京大学出版社：2009年版（元照法学文库.民法研究系列，8册），2015年（重排合订本）。

在此例中虽然筛选的原则是原版为优，最新版为优，但考虑获取成本关系和学习参考目的，没必要非台湾原版不可。同学们在这一步便可结合具体情况，筛选出最需要的结果，促进自己的学习。

第三章

常用数据库检索

就检索的目的而言，我们讨论的检索是“信息检索”，是检索一个事实、数据。而这个事实数据内含于具体的文献之中（文献是信息的载体），所以，检索实践就是通过文献检索达到信息检索的目的。传统的检索基于文献，表现为书目检索与论文检索。随着数字资源的发展和检索技术的发展，文献检索向信息检索发展，检索实践不仅停留于文献层面，而且深入文献内容。如今的文献检索，更多地以数字化资源为检索对象，称之为文献信息检索更为合适。

我们已讨论了图书以及电子图书的检索与利用。而传统文献资源，除了图书以外，还有论文（主要是期刊论文），与之对应的数字化资源就是数据库（主要是期刊论文数据库）。数据库资源的检索与利用也成为如今文献信息检索与利用的主要内容。

第一节　检索技巧

一、检索要求

2017年7月上旬，习近平总书记对司法体制改革作出重要指示强调：要遵循司法规律，把深化司法体制改革和现代科技应用结合起来，不断完善和发展中国特色社会主义司法制度。要全面落实司法责任制，深入推进以审判为中心的刑事诉讼制度改革，开展综合配套改革试点，提升改革整体效能。要统筹推进公安改革、国家安全机关改革、司法行政改革，提高维护社会大局稳定、促进社会公平正义、保障人民安居乐业的能力。各级党委要加强领导，研究解决重大问题，为推进司法体制改革提供有力保障。

找出这段话的出处，这就是一个信息检索的过程。如今最方便的信息检索工具就是谷歌、百度等搜索引擎。那么，我们就使用百度搜索一下（见图3-1-1），然后，我们就发现了一则网易新闻。（见图3-1-2）

图3-1-1

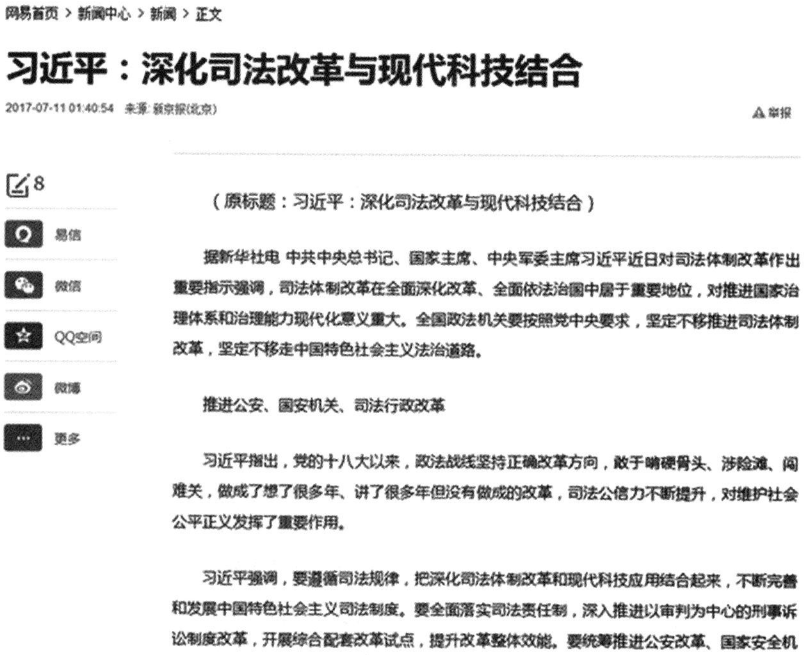

图3-1-2

从网易的这则新闻中,我们发现,全国司法体制改革推进会2017年7月10日在贵州贵阳召开。时任中共中央政治局委员、中央政法委书记孟建柱在会上传达习近平重要指示并讲话。上述这段话就是习近平的重要指示。

从这项检索中,我们发现,利用百度等搜索引擎进行信息检索很方便,但我们必须注意如下几点:

(1)搜索引擎是支持自然语言的全文检索。本例的"把深化司法体制改革和现代科技应用结合起来"是一句话,不是一个词语,也不是一个检索表述式,这与上一章中我们讨论的检索方法有很大不同。

（2）检索内容要准确，有特征代表内容。本例中可作为检索内容的还有："要全面落实司法责任制""深入推进以审判为中心的刑事诉讼制度改革"等。

这里产生了第二个检索内容：司法责任制落实情况和相关研究成果。我们依旧利用百度进行检索，得到如图3-1-3所示的结果。

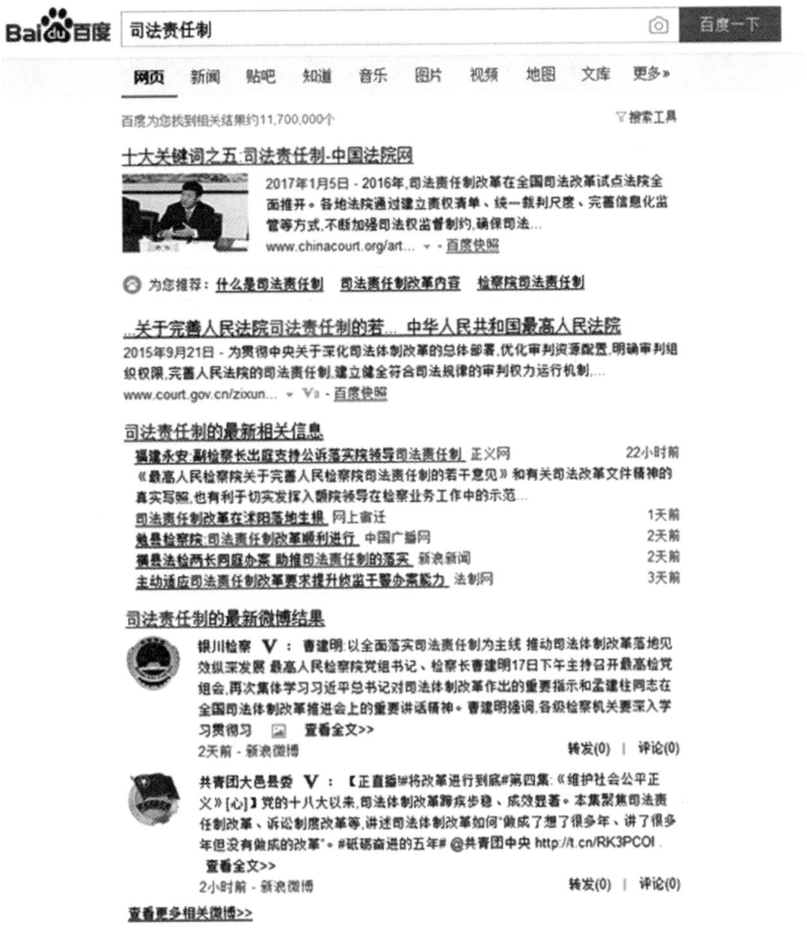

图3-1-3

很明显，这个结果达不到我们的要求。这说明：简单的信息检索可以通过百度等搜索引擎实现，但是要得到系统化的知识信息，还是要利用文献检索。所谓文献检索，即在图书和论文（主要是期刊论文）中进行检索，获得信息。

二、合适资源

例如，我们利用超星发现，检索"司法责任制"（任意字段），如图3-1-4所示：

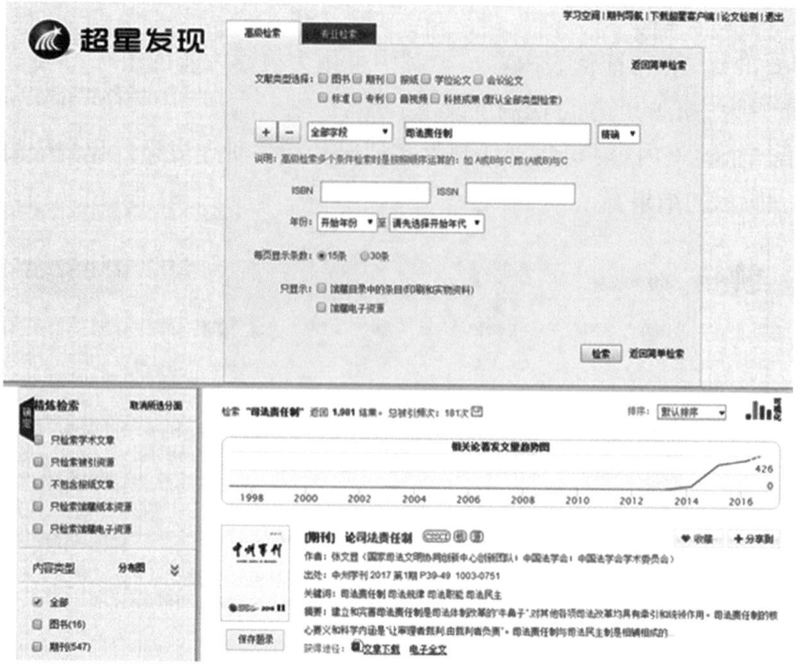

图3-1-4

在检索得到的结果中，图书有16种，题名中包含“司法责任制”的仅有3种，分别为：

《司法体制改革中司法责任制的发展与完善　第五届中国检察基础理论论坛文集》2016；

《民检察院司法责任制学习资料》2016；

《员额制、司法责任制改革与司法的现代化》2016。

通过传统的书目检索（OPAC），只能检索出这3种（而且只有第一种在华政图书馆有馆藏，其余图书在华政图书馆均无馆藏）题名包含“司法责任制”的图书。打开其中一种的书目信息，可以看到如图3-1-5所示的内容：

图3-1-5

我们没有找到“司法责任制”对应的规范主题词和分类号，因此无法以主题、分类为途径进行二次检索。由此可见，针对“司法责任制”的相关图书检索并不是十分成功。这说明：图书文献是成熟的系统化的理论体系，对最新科研成果的反映不那么及时。所以，对于专题检索（特别是最新理论成果的获取），图书不是最好的文献资源。

另一方面，我们在超星发现里，检索出的相关期刊论文有547篇，报纸文章1250篇，学位论文19篇，会议论文51篇；期刊论文、学位论文、会议论文多有华政图书馆电子馆藏，可直接获取。由此可知，最新的文献资源，主要的载体是论文（包括期刊论文、学位论文、会议论文和报纸文章）。而论文检索，目前主要是通过数字资源检索进行的。

第二节　中国知网

目前，资源覆盖最全、使用最多、最为人熟悉的中文数据库是中国知网。

中国知网（CNKI），来源于国家知识基础设施（National Knowledge Infrastructure，NKI）的概念。国家知识基础设施（NKI），是以各学科基础和前沿知识以及专家知识与经验为基本内容、以高性能计算机和信息基础设施为支撑、以建设国家级知识基础和创新体系为目标的超大型知识信息管理系统。NKI的核心和关键是知识库。世界银行《1998年度世界发展报告》指出，发展中国家应着重建设国家知识基础设施，以尽快缩小与发达国家在知识水平上的差距，增强国家知识与技术创新能力、可持续发展和国际竞争能力，提高国民整体素质，特别是科学素质。这一战略思想受到了我国和很多国家，包括美、英等发达国家的高度重视。由此，催生了中国的国家知识基础设施CNKI工程。CNKI工程是以实现全社会知识资源传播共享与增值利用为目标的信息化建设项目（http://www.cnki.net/），由清华大学、清华同方发起，始建于1999年6月，其主体部分为中国期刊网（网络版）。而中国期刊网的前身为1996年推出的《中国学术期刊（光盘版）》。

一、中国知网收录的资源

目前，中国知网已发展成为大规模集成整合知识信息资源库，是集期刊杂志、博士论文、硕士论文、会议论文、报纸、工具书、年鉴、专利、标准、国学、海外文献资源为一体的、具有国际领先水平的网络出版平台。

想要学会利用数据库，就要熟悉数据库，首先我们要了解这个数据库能够为我们提供哪些资源。很多数据库都能提供类似的资源，那么我们更要了解该数据库资源构成上的特点，如资源种类、构成、收录范围（起止年限）。这一点非常重要。

中国知网的主要资源如图3-2-1所示：

图3-2-1

(一)期刊论文

中国知网下，关于期刊论文的子库有两个，分别是："中国学术期刊(网络版)"和"中国学术辑刊全文数据库"。

"中国学术期刊(网络版)"目前共收录10975种期刊，1741159期，共计文章61804011篇(截至2018年2月26日统计数据)，收录期刊大部分回溯至创刊，最早的可回溯到1915年。此库包括8461种学术期刊，学术期刊中又包含1955种核心期刊，而法学类有18种，如《中国法学》《中外法学》《法商研究》等。此外，此库还包含了1534独家授权期刊，即期刊的数字版权归中国知网独家所有；3787种世纪期刊，即1994年之前出版的期刊；3327种为优先出版期刊，即数字版先于印刷。

"中国学术辑刊全文数据库"是目前国内唯一的学术辑刊全文数据库，从1979年开始收录，共收录国内出版的重要学术辑刊722种，共计文章251474篇(截至2018年2月26日统计数据)。

这里需要解释一下什么叫作辑刊。辑刊是指学术机构出版刊行的成套的、定期或不定期的论文集，如《人大法律评论》。故而，"中国学术期刊(网络版)"和"中国学术辑刊全文数据库"这两个子库收录的内容是不重合的。

检索期刊论文，中国知网并不是唯一的选择，同类型的数据库还有"万方"和"维普"。

"万方"即万方数据知识服务平台，是由万方数据公司开发的，涵盖期刊、会议纪要、论文、学术成果、学术会议论文的大型网络数据库。"万方"是和中国知网齐名的中国专业的学术数据库，但中国知网在期刊收录的全面性和更新的及时性方面有明显的优势。

万方数据知识服务平台收录期刊8133种，优先出版期刊只有39种。但，只要是中国知网获得独家授权的期刊，万方数据大多不能提供全文(以往若干年的可能有)。此外，万方数据对于所收录期刊的更新要比中国知网晚1个月以上。

"维普"即维普期刊资源整合服务平台，原名"维普资讯网"，是重庆维普资讯有限公司建立的网站。该公司是中文期刊数据库建设事业的奠基人。目前"维普"收录期刊18848种，但其中有大量的非学术期刊，而且更新速度不如中国知网，对辑刊的收录不如中国知网。

除上述三个数据库外，国家哲学社会科学文献中心网站(http://www.ncpssd.org/)也提供期刊论文下载，而且是免费提供。(见图3-2-2)

图3-2-2

该网站目前能提供全文的中文期刊有1011种，外文期刊7898种。只是该网站更新较慢，期刊发布往往会滞后1年以上，目前能从该网站获得的最新数据是2016年第1期的期刊。

该网站除了提供期刊外，还提供外文图书99种，古籍102种。它含有三个重要数据库：国家哲学社会科学学术期刊数据库、中国社会科学院科研成果数据库、哲学社会科学外文OA资源数据库。

（二）学位论文

中国知网下，关于期刊论文的子库是“中国博士学位论文全文数据库”和“中国优秀硕士学位论文全文数据库”。

“中国博士学位论文全文数据库”，收录全国985、211工程等重点高校，中国科学院、社会科学院等研究院所的博士学位论文。该库收录年限为1984年至今，共计收录451家培养单位30万篇论文。

“中国优秀硕士学位论文全文数据库”，重点收录985、211高校、中国科学院、社会科学院等重点院校高校的优秀硕士论文及重要特色学科如通信、军事学、中医药等专业的优秀硕士论文。该库收录年限为1984年至今，共计收录744家培养单位300万篇论文。

（三）报纸论文

中国知网下，关于报纸论文的子库是“中国重要报纸全文数据库”。

“中国重要报纸全文数据库”收录了2000年以来中国国内重要报纸刊载的学术性、资料性文献，是连续动态更新的数据库。文献来源于国内公开发行的631种重要报纸，累积报纸全文文献16014618篇（截至2018年2月26日统计数据）。

（四）会议论文

中国知网下，关于会议论文的子库有两个，即“中国重要会议论文全文数据库（含会议视频）”“国际会议论文全文数据库”，它们又合称为“国内外重要会议论文全文数据库”。

“国内外重要会议论文全文数据库”的文献是由国内外会议主办单位或论文汇编单位书面授权并推荐出版的重要会议论文，重点收录1999年以来，在中国科协系统及国家二级以上的学会、协会，高校、科研院所，政府机关举办的重要会议以及在国内召开的国际会议上发表的文献，部分重点会议文献回溯至1953年。目前，已收录出版国内外学术会议论文集34327本，累计文献总量3013966篇（截至2018年2月26日统计数据）。

（五）年鉴

中国知网下，关于年鉴的子库为“中国年鉴网络出版总库”。这是目前国内最大的连续更新的动态年鉴资源全文数据库，内容覆盖基本国情、地理历史、政治军事外交、法律、经济、科学技术、教育、文化体育事业、医疗卫生、社会生活、人物、统计资料、文件标准与法律法规等各个领域。该库目前总计有年鉴4081种，32693本，共计条数29534559条（截至2018年2月26日统计数据）。其类型如图3-2-3所示：

图3-2-3

（六）专利

中国知网下，关于年鉴的子库为“中国专利全文数据库（知网版）”和“海外专利摘要数据库（知网版)”。

“中国专利全文数据库(知网版)”,收录1985年以来的中国专利,包含发明专利、实用新型专利、外观设计专利三个子库,由国家知识产权局知识产权出版社提供信息,更新至2017年5月3日。

“海外专利摘要数据库(知网版)”,包含美国、日本、英国、德国、法国、瑞士、世界知识产权组织、欧洲专利局、俄罗斯、韩国、加拿大、澳大利亚、中国香港及中国台湾地区十国两组织两地区的专利。专利相关的文献、成果等信息来源于CNKI各大数据库。我们可以通过申请号、申请日、公开号、公开日、专利名称、摘要、分类号、申请人、发明人、优先权等检索项进行检索。该库专利说明书全文链接到欧洲专利局网站。信息更新至2017年6月20日。

(七)外文文献

中国知网不仅能提供中文文献检索,还能提供外文文献检索(包括外文期刊检索)。所不同的是:中文文献检索能直接获取全文;外文文献检索的结果只能是题录,但如果读者所在机构已经采购了该全文资源,则会提供有效的全文链接,可供获取全文。中国知网的外文文献检索支持检索词的中英自动翻译,即输入中文检索词进行检索。同样,在进行中文文献检索时,也支持输入英文检索词。

二、期刊论文的检索

从图书文献检索的经验来看,文献检索的自选途径不外乎两个:“题名”关键词检索和“责任者”关键词检索。对于论文检索,“题名”和“责任者”也是重要的检索途径,此外,我们还要加上“主题”关键词、“全文”关键词。与图书文献检索不同,这里的“主题”关键词一般是自由词,即这一领域熟知、公认的学术概念。正因为是自由词,在检索中同样会带来很大的不确定性。这里举一个极端的例子:中国自贸区、自由贸易试验区、自贸区、自由贸易园区、FTZ等,这些哪一个才是“主题”关键词?因此,论文检索,与图书检索相同,也少有用“主题”关键词途径的。采用“主题”关键词途径检索,还不如直接用“题名”途径检索,对“题名”字段进行全文检索,不作完全匹配而作任意匹配,通常称为“题名关键词”检索。随着数字化技术的发展,论文检索的一个特色逐渐显现出来,那就是“全文”检索。信息技术使“全文”检索成为可能,这在传统的仅靠人力翻阅检索的时代是不可想象的。

下面,以期刊论文的检索为例,我们讨论一下中国知网的检索功能。

中国知网提供多个检索模式:简单检索(单条件检索)、高级检索、专业检索、作者发文检索、句子检索、一框式检索。

(一)简单检索

简单检索的关键在于检索途径的选择。中国知网的期刊论文检索提供以下几个主要途径:主题、全文、篇名、关键词、摘要、作者、单位、参考文献、中图分类号、刊名、ISSN、CN、基金、DOI、栏目信息等。前五个途径都是与论文内容有关,可以看成广义的主题检索,也是期刊论文检索的基本途径。

先确定一个检索内容:以审判为中心的刑事诉讼制度改革。

依照百度检索的习惯,很多同学会把“以审判为中心的刑事诉讼制度改革”整个作为检索值输入内容。在数据库检索中,这不是不行(后面我们会讨论到句子检索),但我们不提倡这种做法。中国知网的简单检索如同百度,采用的是任意匹配的全文检索模式,会自动拆分概念,以逻辑或运算进行组配。在中国知网中,题名=以审判为中心的刑事诉讼制度改革,会得到如图3-2-4所示的结果:

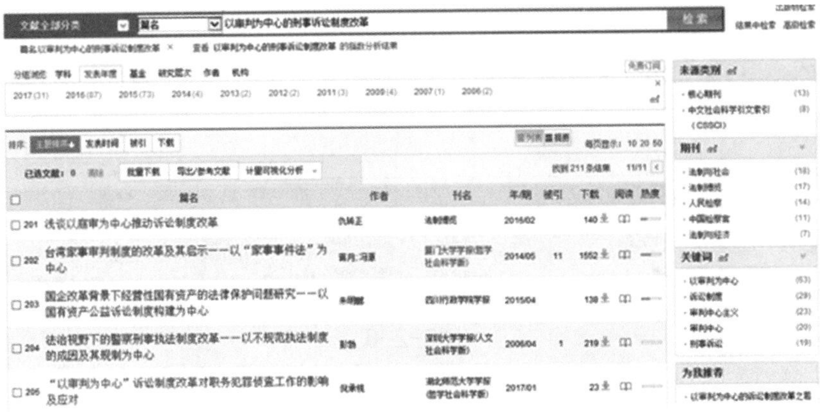

图3-2-4

其中的202、203、204均不符合题意。故欲精确表达题意，则须将“以审判为中心的刑事诉讼制度改革”作为整体，但一方面检索值过于复杂，往往会造成检索失败（无结果）；另一方面中国知网的简单检索不支持“”语法。因此，这里，要进行概念拆分：“刑事诉讼制度”、“改革”与“审判”，这三个概念必须同时满足。

中国知网的简单检索不支持布尔逻辑式“刑事诉讼制度 AND 改革 AND 审判”。在中国知网简单检索里，关键词“刑事诉讼制度　改革　审判”代表的是“刑事诉讼制度 OR 改革 OR 审判”（这与上一章中我们讨论的书目检索语法不同）。我们可以采用二次检索的方法：先检索“刑事诉讼制度”，再在第一次的结果中检索“改革”，再在第二次的结果中检索“审判”。

以篇名为检索途径，如此检索得到如图3-2-5所示的结果：

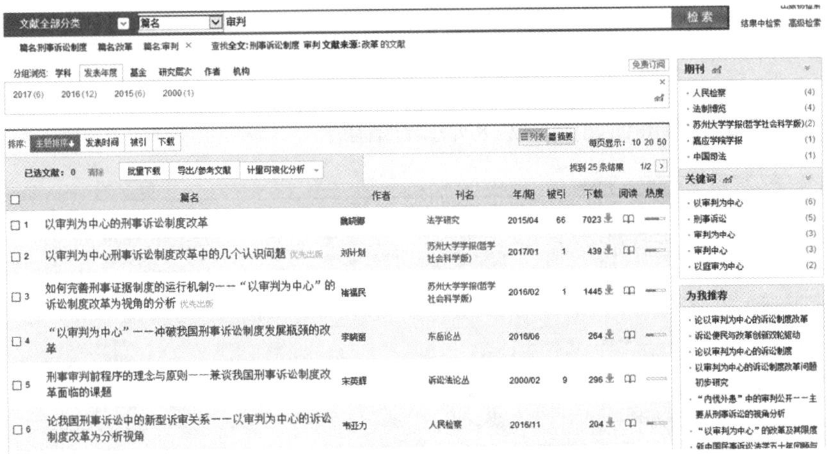

图3-2-5

以关键词为检索途径，如此检索得到如图3-2-6所示的结果：

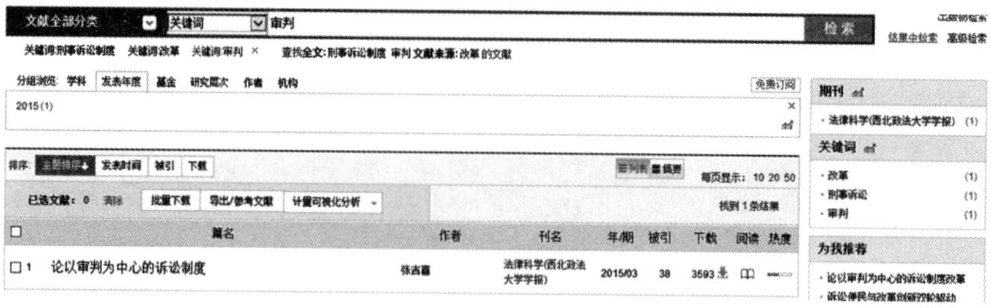

图3-2-6

以摘要为途径，如此检索得到如图3-2-7所示的结果：

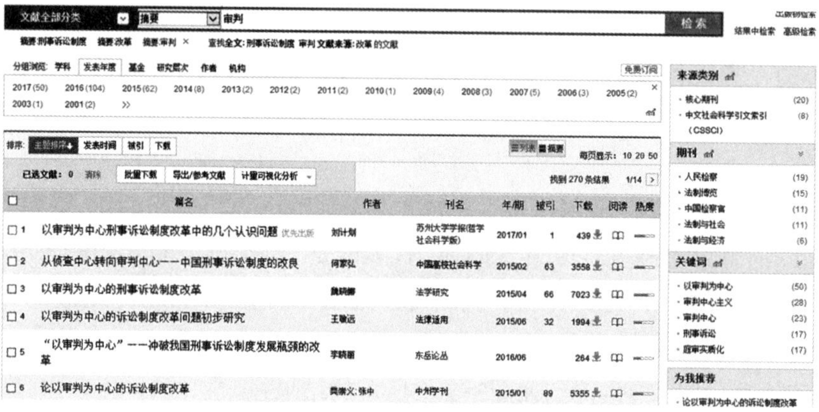

图3-2-7

以全文为途径，如此检索得到如图3-2-8所示的结果：

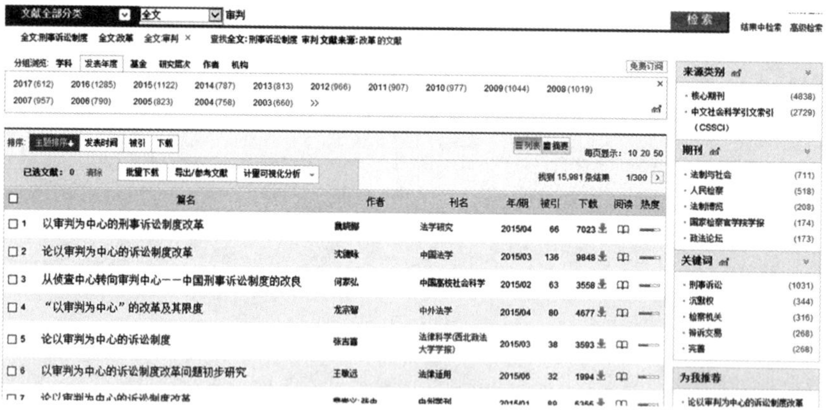

图3-2-8

以主题为途径，如此检索得到如图3-2-9所示的结果：

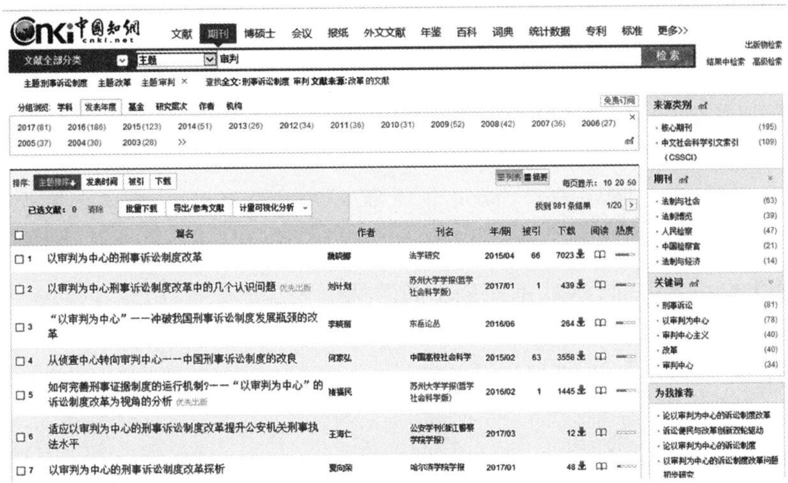

图3-2-9

从检索结果中我们发现：对于中国知网的期刊论文检索，"全文"关键词检索途径绝对不是一个好方法，最后的结果都离题万里了。以文章"关键词"途径检索而得的结果只有一个，"篇名"途径得到的结果也不多，只有25篇，而2017年的只有6篇。以"摘要"和"主题"为关键词检索得到的结果尚令人满意。事实上，"主题"途径是一个复合途径，等于"篇名"+"关键词"+"摘要"。因此，从内容检索而言，中国知网期刊论文检索的最佳途径是主题。

（二）高级检索

中国知网还提供了高级检索模式。为达成上述检索，在简单检索模式中要进行二次检索。而在高级检索模式中只要进行一次检索。

细心的人会发现，高级检索的结果与简单检索的结果不一致。秘密在于高级检索有匹配方式的限定，本例中采用了精确匹配；而简单检索采用的是任意一致的全文检索方式，故而"刑事诉讼制度"存在概念拆分的可能性，即被拆分成"刑事"OR"诉讼制度"。所以，相同的检索条件，高级检索比简单检索精确。（见图3-2-10）

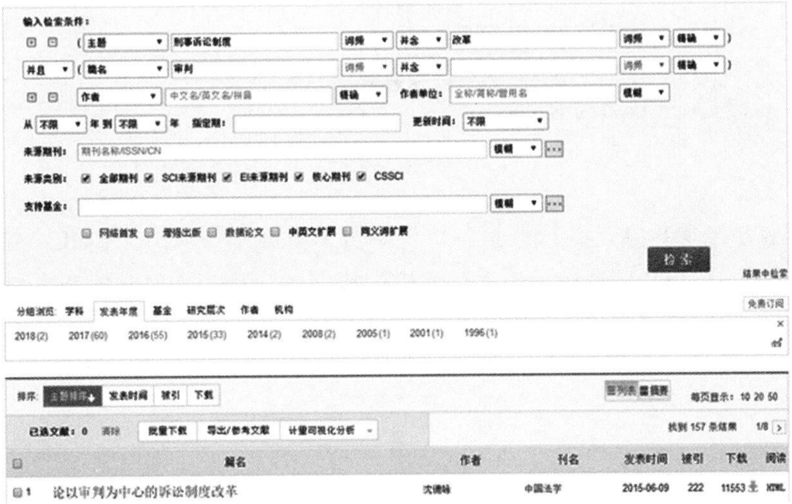

图3-2-10

高级检索提供的检索途径与简单检索的基本相同。使用“主题”“篇名”“关键词”“摘要”“全文”等常用检索途径，以及“参考文献”“DOI”“中图分类号”“栏目信息”等不常用的检索途径，都可以同途径检索条件重复，最多可重复14次。检索条件通过与或组配形成复杂的检索条件。对于有些检索途径，如摘要和全文，词频的设定可以提高检索结果的内容关联度。

对于期刊论文，作者是重要的检索途径，此处最多可以重复5次，为避免同名同姓带来的误差，“作者单位”是一个很好的限定条件。如王利明，我们可以限定为中国人民大学的副校长，也可以限定为内蒙古农业大学的一名讲师，这就是完全不同的两个人了。

其他的限定条件也很重要：

年份/卷期：这里的年份是学术期刊的出版年份，并不是数据库的更新年份（由于有优先出版的情况，两者可能不一致）。

更新年份：当命中结果过多时，作限定条件，以获取最新的文献。作为一个独立的检索条件，文献统计分析意义大过检索意义。

来源期刊：这里有两个功能，一是进行单刊刊内检索，我们可直接输入刊名/ISSN/CN，也可以在8411种学术期刊中勾选；二是进行一类刊内的检索。

对于第二种，又可分为三种情况。

其一，是在专辑专题内检索。中国知网有十个专辑：基础科学、工程技术Ⅰ辑、工程技术Ⅱ辑、农业科技、医药卫生科技、哲学与人文社科、社会科学Ⅰ辑、社会科学Ⅱ辑、信息科技、经济与管理科学，法学属于社会科学Ⅰ。每个专辑内又有若干专题，我们可以在相应的专辑、专题中检索。（见图3-2-11）

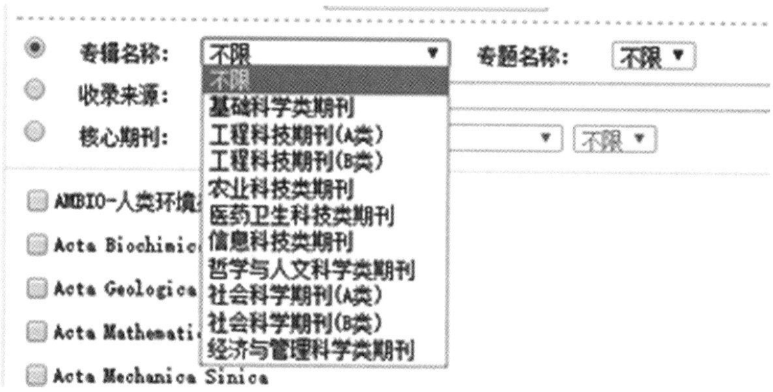

图3-2-11

其二，是依据收录来源检索。其依据是各种权威引文数据库收录情况，如CA 化学文摘、SA 科学文摘、SCI 科学引文索引、JST 日本科学技术振兴机构数据库、Р Ж（AJ）文摘杂志（俄）、EI 工程索引、CSCD 中国科学引文数据库来源期刊、CSSCI 中文社会科学引文索引（见图3-2-12），这代表期刊的学术价值。

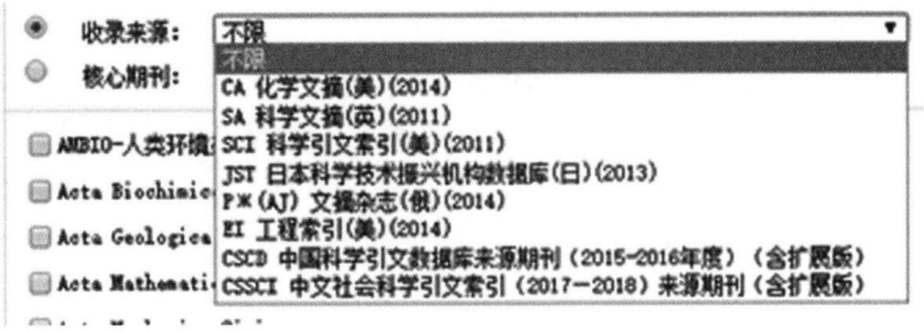

图3-2-12

其三，我们可以按照核心期刊各编进行检索。（见图3-2-13）

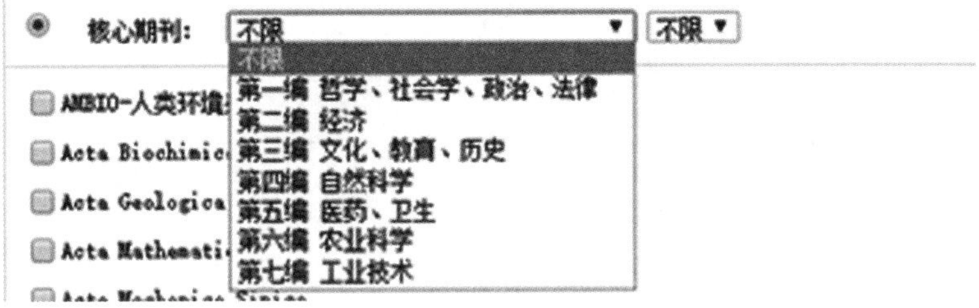

图3-2-13

来源类别：在来源期刊中能直接选择。这里只列出典型选项，共有5个：全部期刊、SCI来源期刊、EI来源期刊、核心期刊和CSSCI。对于文科学校而言，我们只关注最后两个选项：核心期刊和CSSCI。选中全部期刊，即选中其余4个选项，后4个选项可单选。如果5个选项均不选，是什么结果？是不是限定为非SCI、EI、CSSCI和核心期刊了呢？

此处举例说明。已知《中国法学》为核心期刊及CSSCI来源刊，上述5个选项均不选，以“中国法学”为来源期刊检索途径进行检索，如图3-2-14所示：

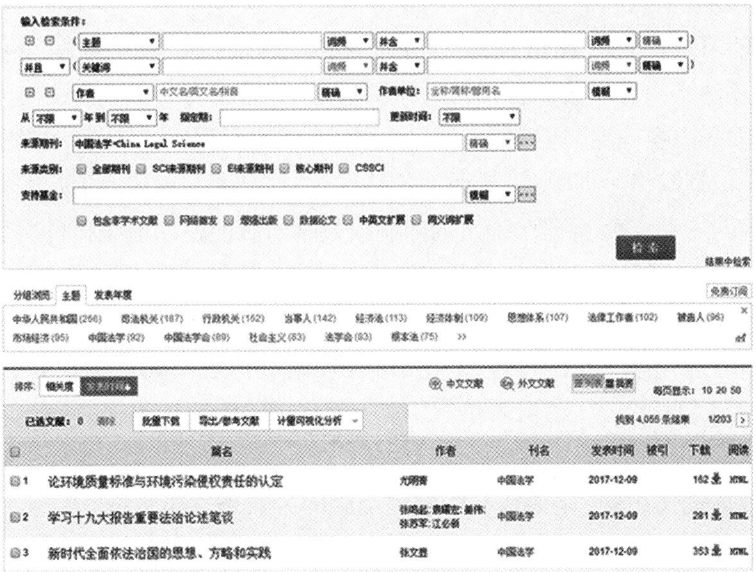

图3-2-14

结果发现，还是能检索到来源于《中国法学》的期刊文章。由此而知，此来源类别选项为限制性选项，不选，不为逻辑非，而是不作限定（包括该选项类别）。

支持基金：此处可输入关键词检索指定，也可以勾选，可供勾选的共有997个选项。我们建议使用勾选方式，而不是直接输入基金名称。（见图3-2-15）例如，我们检索《中国法学》上发表的国家社会科学基金支持项目，如果是勾选方式，可获得226项结果，但若是输入“国家社会科学基金”或者“国家社科基金”，得到的数量都不足226项。这是数据库元数据著录不规范造成的。因此，使用中国知网检索，遇到可供勾选之处，尽量使用勾选方式，而不要采取手工输入的方式。

图3-2-15

在高级检索里，还有下列五个勾选项：

网络首发：即单篇网络首发，是指借助互联网（含移动网络）在“中国知网”以数字出版方式优先出版学术期刊的单篇论文内容。按照首发时的编辑状态，通常可分为3种：录用定稿、排版定稿、整期定稿。录用定稿指某刊内容确定、通过同行评议、主编终审同意刊用的稿件。排版定稿是指录用定稿按照期刊特定版式（包括网络呈现版式）排版后的稿件，内容和版式确定，可能没有出版年、卷、期、页码。整期定稿指出版年、卷、期、页码已确定的印刷或数字出版的整期汇编稿件。

增强出版：包含根文献和附加内容，经过组织和封装，形成一个有内在联系的复合数字作品的数字出版物，是全部学术成果的出版。其中，根出版物指与印刷版出版物内容一致的数字化出版物形式，或者并无印刷版相对应的纯粹数字化出版物；附加内容又叫增强材料，伴随根文献一起进行数字化出版，其内容包括文本、数据表格、图像、音频、视频、软件程序、手稿等，通常仅通过网络呈现。

数据论文：即数据论文出版，是指在互联网用出版的方式来发布数据。目前，以数据论文和数据集的方式实现数据出版。数据论文是通过网络在线方式出版的一种学术出版物，主要提供学术数据以及相关的信息，包括数据的采集、处理和分析方法等，但不一定提供科学结论。数据论文稿件由描述文档、数据集（或者数据集存储地址）、数据集元数据构成。

中英文扩展：将检索词自动翻译成英文，进行相应检索。与外文文献检索不同（只是文献信息，无全文），得到的结果可直接获取全文。扩展的结果一般是两种情况：一是国内学术期刊论文的英文版（《中国法学》就有英文版*China legal Science*）；二是期刊论文检索途径相应字段（英文）命中。许多学术论文提供英文的题名、作者、关键词、摘要。有时中英文翻译不匹配（中文的未命中，而英文的反而命中了）。

例如：以题名为途径检索“审判监督”。（见图3-2-16）

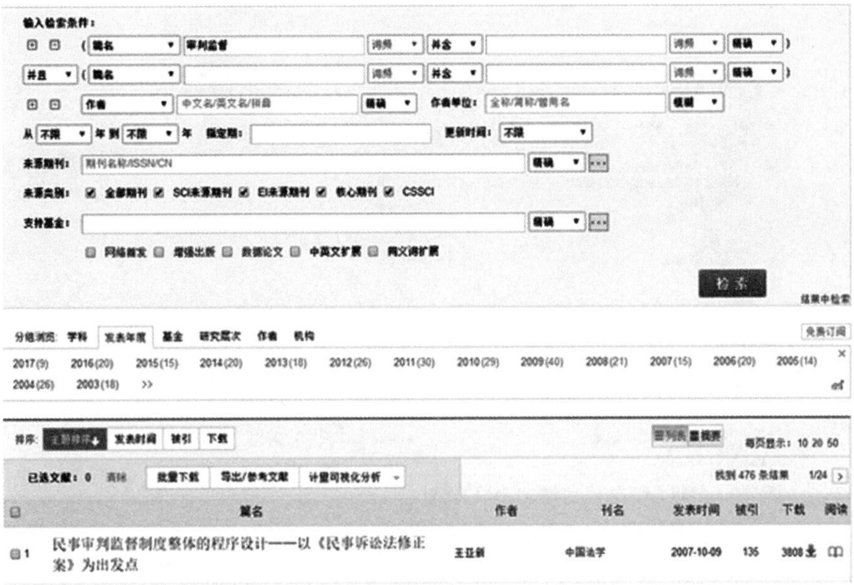

图3-2-16

注意，发表年度为2016年的有20条命中结果。

勾选中英文扩展后（见图3-2-17），发表年度为2016年的有22命中结果，多出了这两条：

［1］万毅，杨春林.论院庭长的审判监督权［J］.思想战线，2016（04）：118-123.

［2］林劲松，Qu Yunying.媒体对审判的监督：转型社会中的模式调整（英文）［J］.Social Sciences in China，2016（02）：180-195.

很明显，第二条的中文篇名没有命中。因为我们选择的匹配方式是精确，而该文中文篇名虽未包含“审判监督”，但英文篇名则含有“Trial Supervision”，故而被命中了。

而第一条篇名字面上也有“审判监督”，为什么之前未命中呢？那是因为，中国知网的检索并不是对中文字词进行简单切分，而是进行了智能化的分词。在这里，系统未遵循前方一致的规则，认为“审判监督权”是一个完整的概念，不能划分成“审判监督”和“权”，因而不能命中“审判监督”这一检索词。但在该文英文篇名中，“Trial Supervision Authority”未被看成完整的词组，所以命中了。

同义词扩展：一个学术概念可能有不同的表述方法，相近或有上下位类关系的概念在检索中有关联性。此处举例为证：以篇名为检索途径，勾选同义词扩展，检索“审判监督程序”。（见图3-2-18）

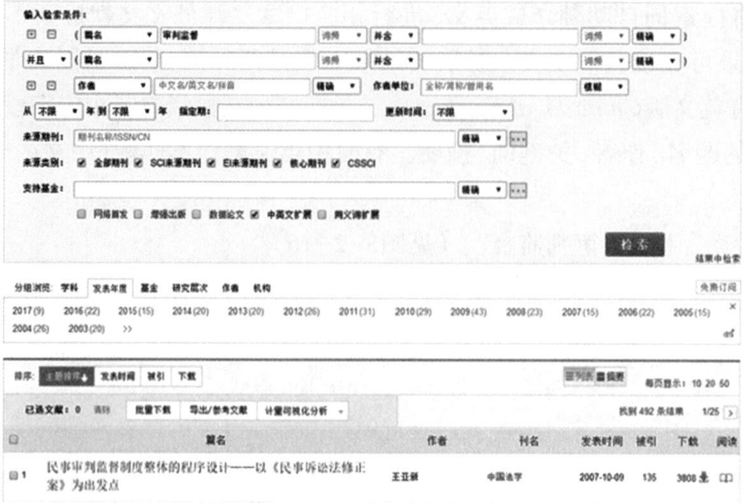

图3-2-17

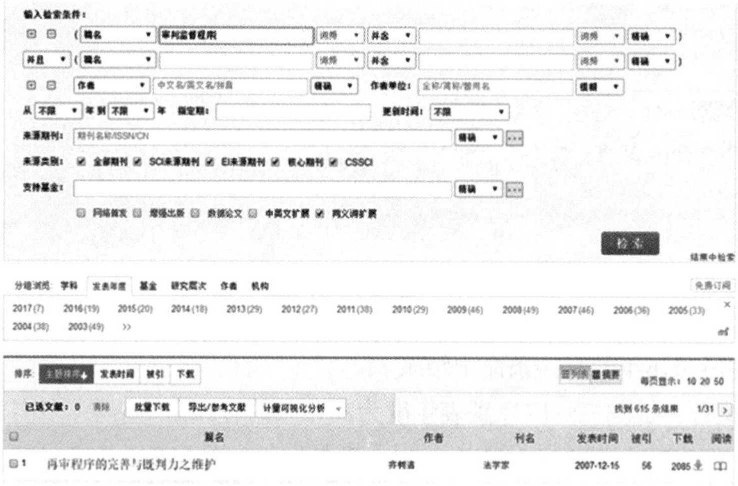

图3-2-18

我们发现，命中结果的篇名中除了“审判监督程序”外，还有“再审程序”，怎么会这样？

查询1991年中国政法大学出版社出版的《法学大辞典》，我们可以看到“审判监督程序”词条是这么说的：

“审判监督程序”又称“再审程序”。司法机关对已发生法律效力的判决、裁定，发现确有错误，依职权提起再行审理的特殊诉讼程序。目的在于对已生效而确实有错误的判决和裁定，通过再次审理并作出裁判予以纠正……

由此而知：“再审程序”作为“审判监督程序”的同义词，故而被命中了。

因此，同义词扩展对于提高查全率①非常有用。

在高级检索中，所有检索条件，无论是主要检索途径（如“主题”），还是辅助的限定项（如“更新时间”），都可独立检索，即使途径无内容检索意义，也可作为文献分析的指标。

---

① 查全率，是衡量某一检索系统从文献集合中检出相关文献成功度的一项指标，即检出的相关文献量与检索系统中相关文献总量的比率。普遍表示为：查全率 =（检索出的相关信息量 / 系统中的相关信息总量）× 100%。

如：华东政法大学2017年核心期刊发文量。

如上所述，在中国知网中检索，我们推荐采用高级检索模式，能比较有效且精确地命中被查询的内容。（见图3-2-19）

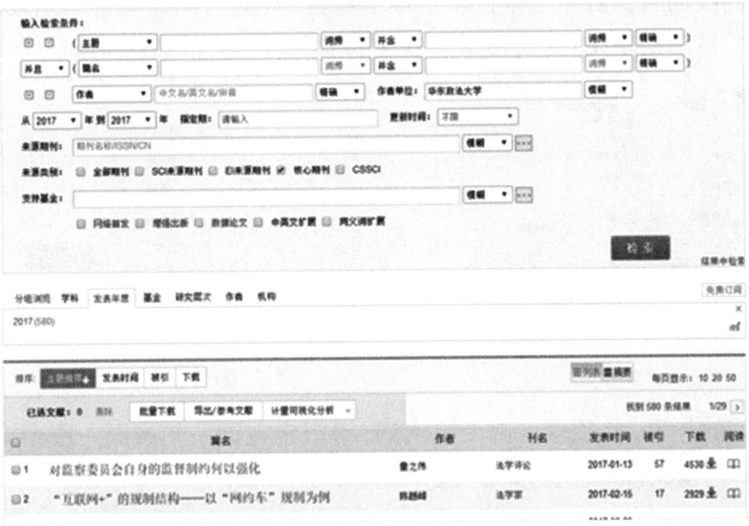

图3-2-19

在使用高级检索模式时，我们要注意以下几点：

1. 内容检索，一般以主题为检索途径，匹配方式一般选精确。

2. 勾选同义词扩展。中英文扩展与同义词扩展只能勾选一个，相比之下，同义词扩展的意义更大一些，这样可以提高查全率。

3. 如果采用全文途径，使用词频限定，以提高查准率①。

4. 如果通过作者途径检索，一定要通过作者单位进行限定。如果作者单位名有变更，须全部列出。

5. 如有要求，无论是来源期刊和支持基金，都用勾选方式，不要手动输入。

（三）专业检索

专业检索就是检索式检索。高级检索通过下拉菜单、勾选、文本输入等方式，帮助使用生成复杂的检索条件，而专业检索就是用检索式表述检索条件（见图3-2-20）。该检索式遵循一定的代码函数和运算规则（布尔逻辑运算），几乎所有的数据库都有类似的检索模式，供专业人士使用，一般使用者很少用到这种方式。

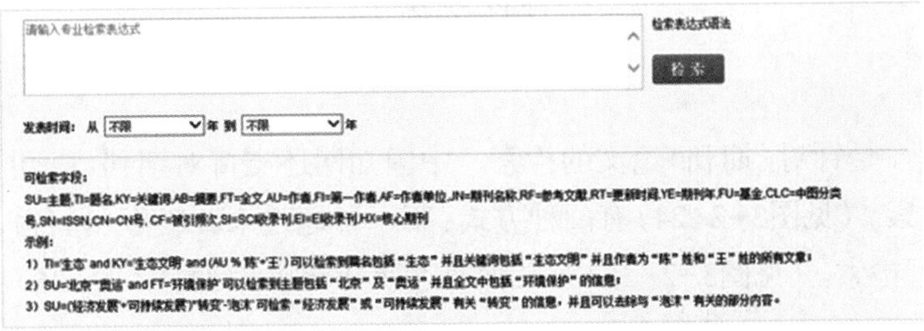

图3-2-20

① 查准率（精度）是衡量某一检索系统的信号噪声比的一种指标，即检出的相关文献与检出的全部文献的百分比。普遍表示为：查准率 =（检索出的相关信息量 / 检索出的信息总量）× 100%。

（四）作者发文检索

这是高级检索中作者途径检索的细化，但其基本功能在高级检索中都能实现。不同的是，高级检索中最多支持5个作者单位检索，而且一个作者姓名只能有一个作者单位，而作者发文检索中，最多可支持8个作者单位检索，而且作者单位条件不依赖于作者，此处可同时检索华东政法、西南政法、中国政法、中南财经政法、清华法学院、北大法学院发文的情况。（见图3-2-21）

图3-2-21

（五）句子检索

这是全文关键词的扩展，必须输入两个检索词，可限定在同一句或同一段中出现，检索词可以是一个句子。最多支持两重条件。（见图3-2-22）

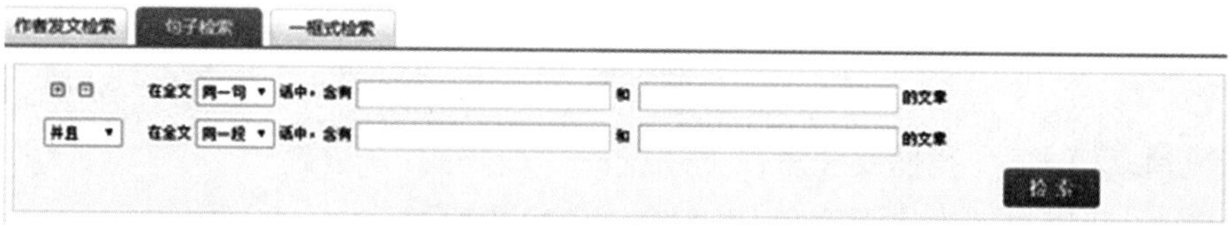

图3-2-22

（六）一框式检索

一框式检索即简单检索。（见图3-2-23）

图3-2-23

（七）出版物检索

之前讨论的检索，是针对（期刊）论文的检索。中国知网还支持对期刊（以刊为单位，而不是以刊载论文为单位）的检索。（见图3-2-24）有两种方式：第一种通过来源名称（刊名）、主办单位、出版者、ISSN、CN、ISBN进行检索。（见图3-2-25）第二种通过期刊导航。（见图3-2-26）

图3-2-24

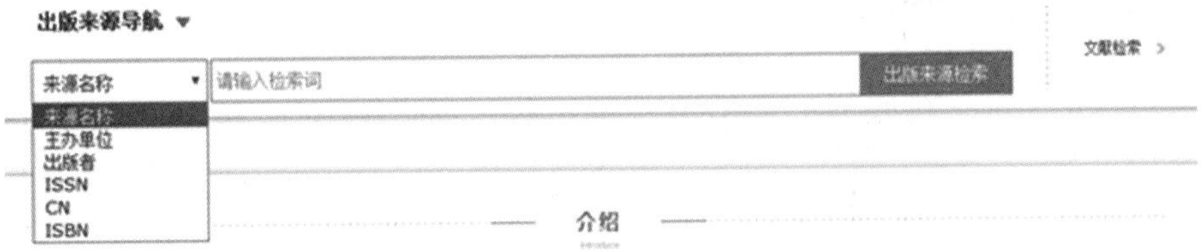

图3-2-25

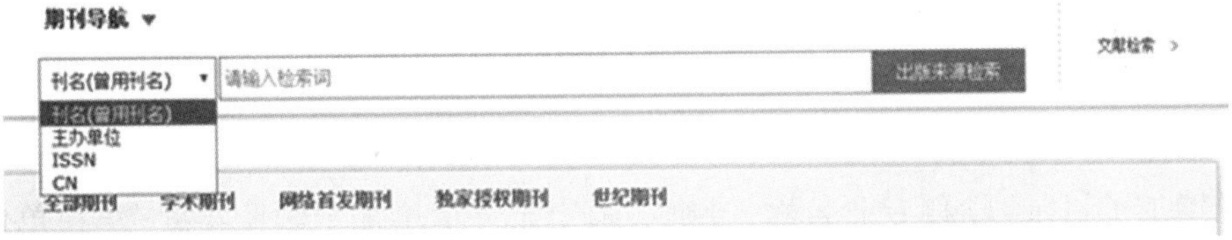

图3-2-26

通过期刊导航，我们可以方便地找出法学类有哪些学术期刊。（见图3-2-27）

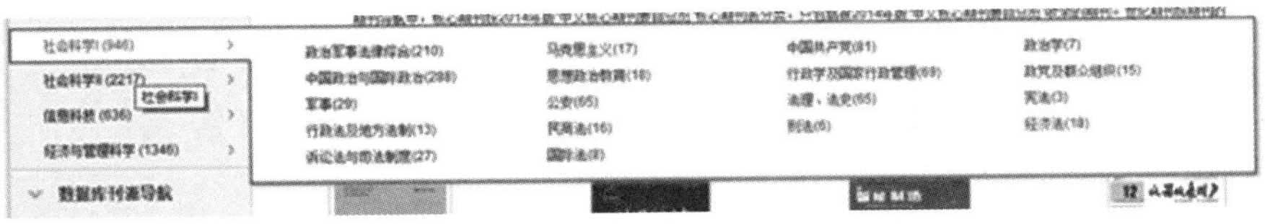

图 3-2-27

通过核心期刊导航，我们可找出法学类核心期刊是哪些（共29种）。（见图3-2-28）

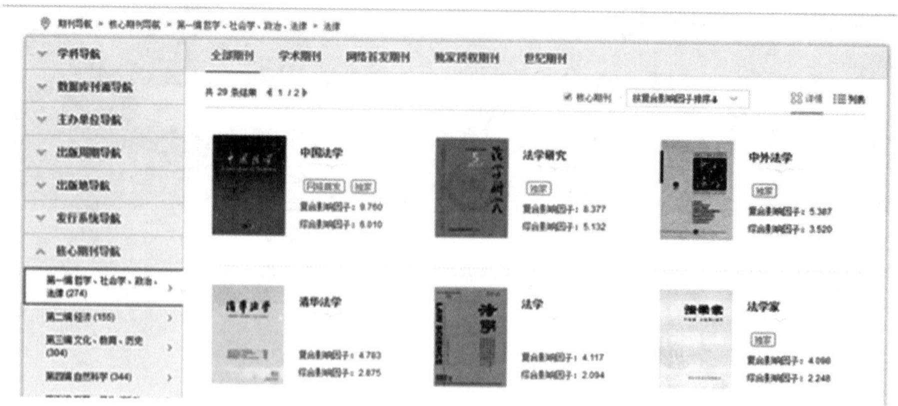

图3-2-28

三、其他类型文献的检索

中国知网收录的论文资源除期刊论文外，还有博硕士论文、报纸论文、会议论文、外文文献等。其检索方式大同小异。

（一）文献检索（见图3-2-29）

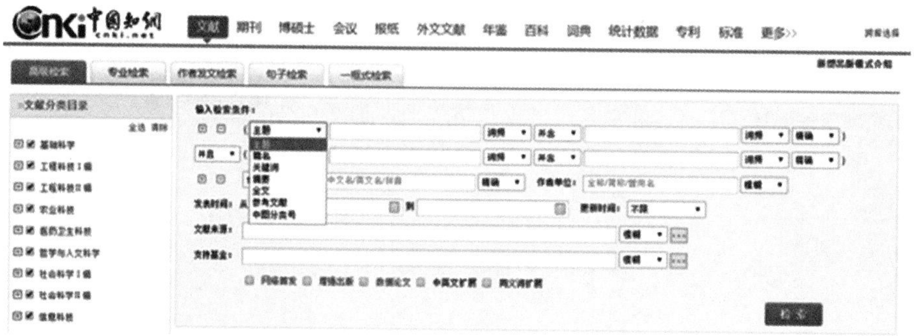

图3-2-29

（二）博硕士论文

检索途径增加了目录、学科专业名称、导师。限定条件里增加了学位年度、学位单位、优秀论文级别。（见图3-2-30）

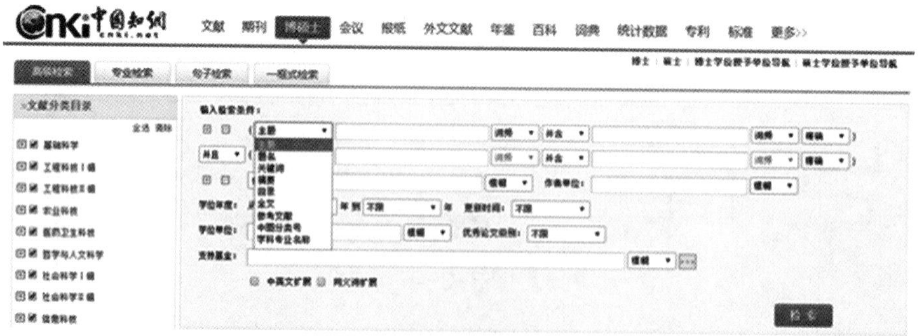

图3-2-30

（三）会议论文

检索途径有论文集名称、会议时间、会议名称，限定条件有会议级别、报告级别、论文集类型等。（见图3-2-31）

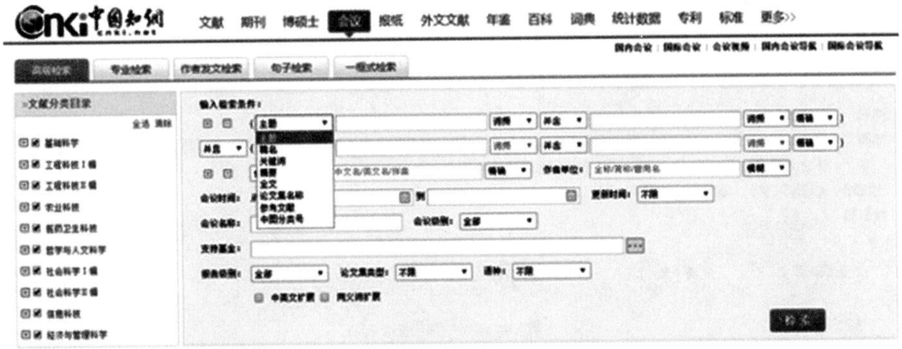

图3-2-31

（四）报纸论文

检索途径增加了来源报纸、报纸日期等。（见图3-2-32）

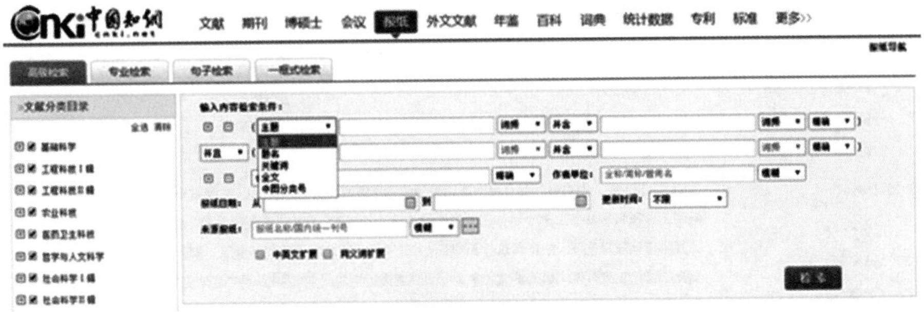

图3-2-32

（五）外文文献（见图3-2-33）

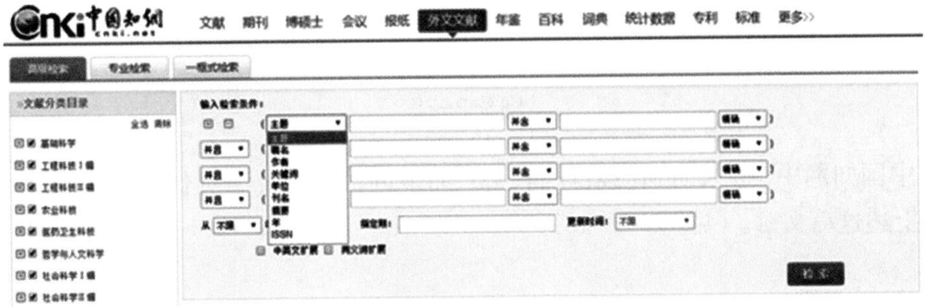

图3-2-33

（六）学术辑刊

我们以查找陈瑞华的《刑事诉讼中的证明责任问题》一文为例。

通过百度搜索引擎搜索“刑事诉讼中的证明责任问题”，百度学术中显示如图3-2-34所示的结果：

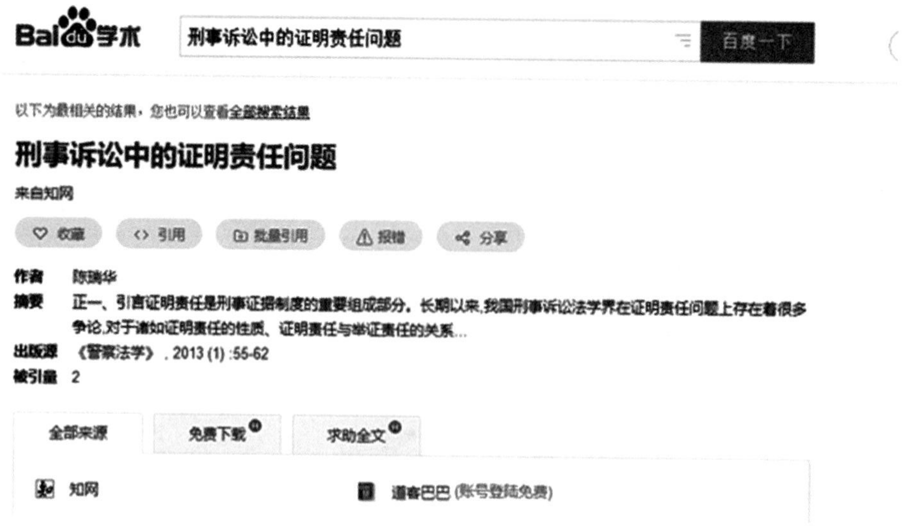

图3-2-34

而且百度学术还提供了知网下载链接。(见图3-2-35)

图3-2-35

但是，在中国知网中，进入期刊检索页面，以“刑事诉讼中的证明责任问题”为篇名途径进行检索，却没找到上述这篇文章。(见图3-2-36)

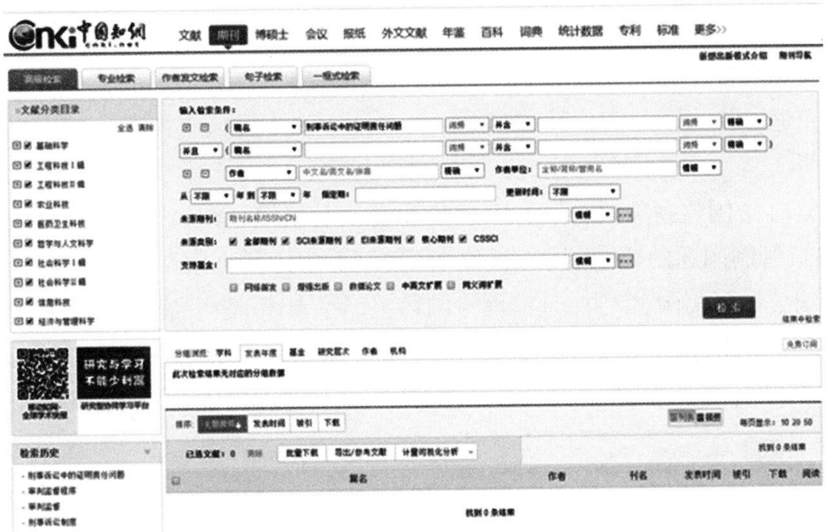

图3-2-36

而在文献检索页面，进行篇名“刑事诉讼中的证明责任问题”检索，却可以找到这篇文章。（见图3-2-37）

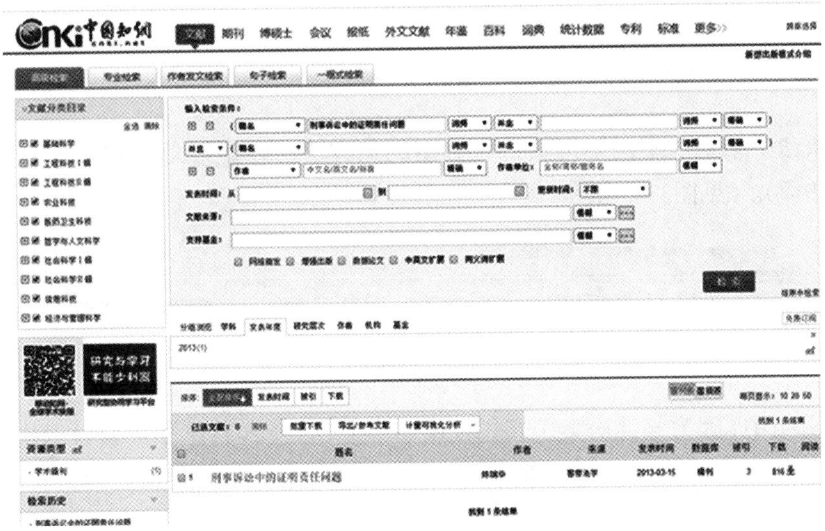

图3-2-37

这是为什么呢？原因是该文献的期刊来源是《警察法学》。《警察法学》不是一种学术期刊，而是一种辑刊（论丛、系列论文集），所以在期刊检索页面，检索不到由辑刊收录的文章。而中国知网的文献检索是跨库检索，跨库选择选项里涵盖了期刊论文、会议论文、学位论文、报纸论文以及学术辑刊，所以有此结果。（见图3-2-38）

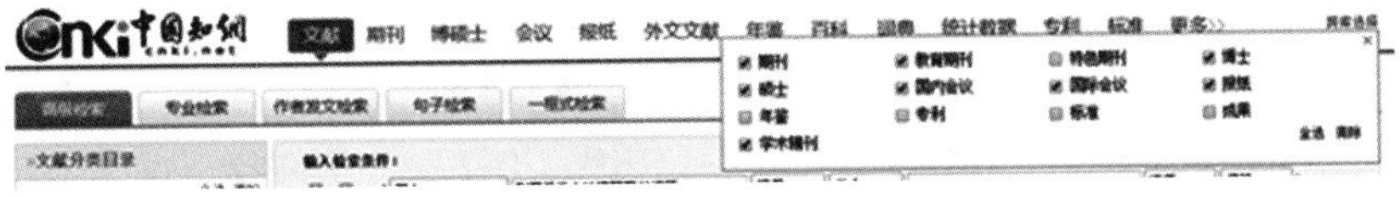

图3-2-38

四、检索结果扩展

中国知网的检索功能十分强大，当然会得到很多检索结果，其中有些符合检索要求，有些则不太符合要求。

此处举例说明。

2012年3月15日，中国收到美国、欧盟、日本在世界贸易组织（WTO）争端解决机制下提出的有关稀土、钨、钼的出口管制问题的磋商请求，被称为“美国诉中国稀土案”。2014年3月26日（日内瓦时间），世界贸易组织公布了美国、欧盟、日本诉中国稀土、钨、钼相关产品出口管理措施案专家组报告，初步裁决中国败诉。为此，国内外专家学者展开了广泛的研究。就此事，我们来检索一下相关文献。

我们进入中国知网，选择文献标签，勾选学术辑刊，进行跨库检索，其检索条件如图3-2-39所示：

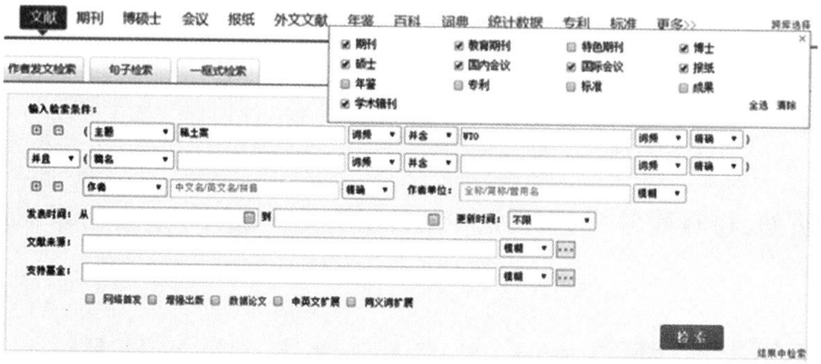

图3-2-39

共找到157条命中结果。中国知网提供了分组浏览方法。在学科分组中，如果选择最为相关的，当属国际法（共79篇）。（见图3-2-40）

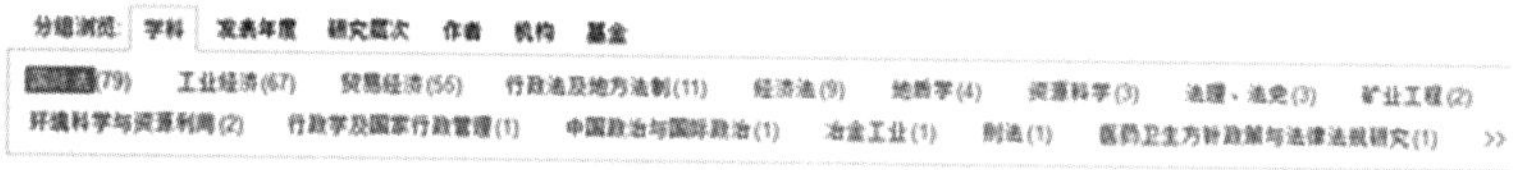

图3-2-40

在发表年度分组中，因为该诉讼案于2012提出，所以发表于2011年那一篇可以剔除。就学术价值而言，当选2014年以后发表的（该案尘埃落定后的讨论更有价值）。（见图3-2-41）

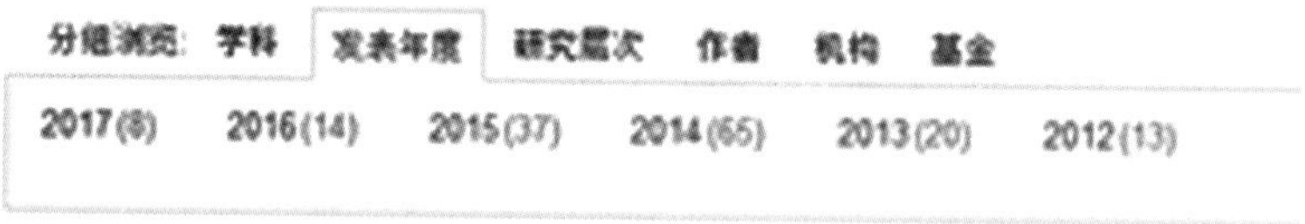

图3-2-41

在研究层次分组中，最有学术价值的当属基础研究（66篇）和政策研究（社科）（28篇），高有科普（社科）那一篇可以剔除。（见图3-2-42）

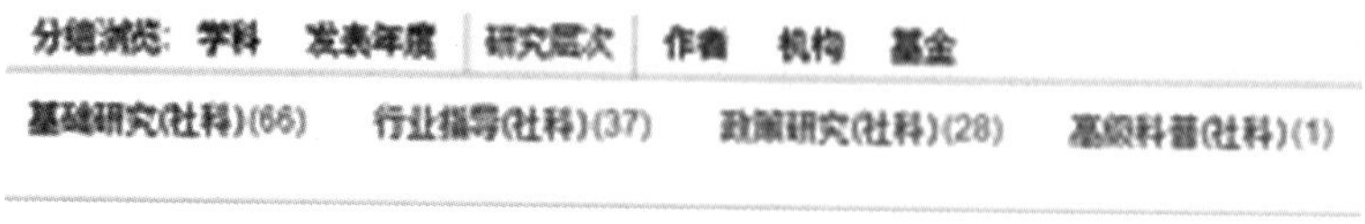

图3-2-42

在作者分组中，刘瑛发文最多。（见图3-2-43）

图3-2-43

在机构分组中，华东政法大学在这方面的研究文章最多。（见图3-2-44）

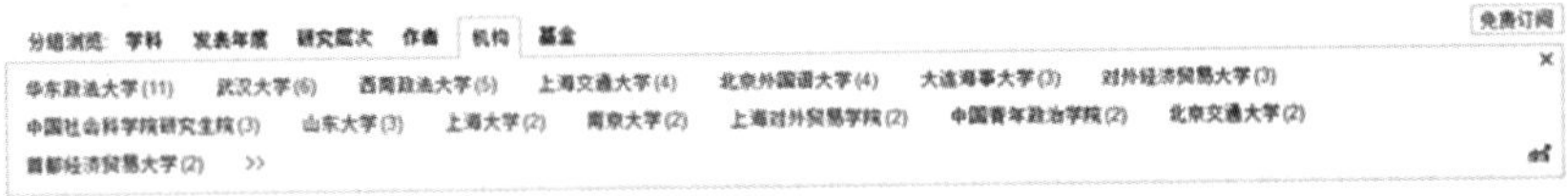

图3-2-44

在基金分组中，可以发现国家重大科研攻关项目。（见图3-2-45）

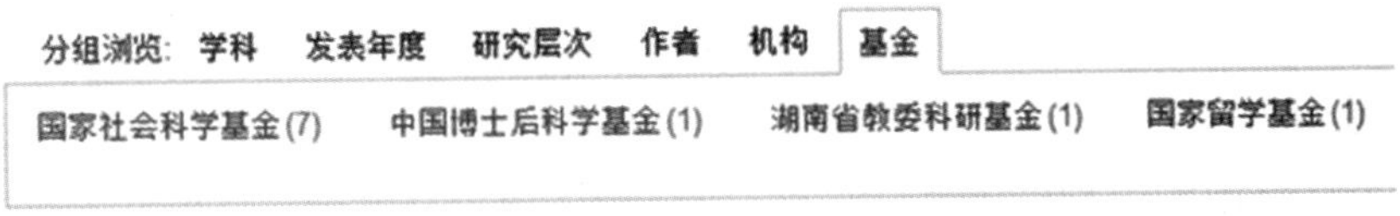

图3-2-45

（一）被引次数和下载次数

一篇学术论文的重要性，或其学术价值，可以通过两个指标体现：一是被引次数，二是下载次数。被引次数更为重要，这是国际通行的学术论文评价指标。本例中，下载次数最多的是：杨楠.WTO对自然资源产品国际贸易的规制及中国立场［D］.吉林大学，2013.（见图3-2-46）

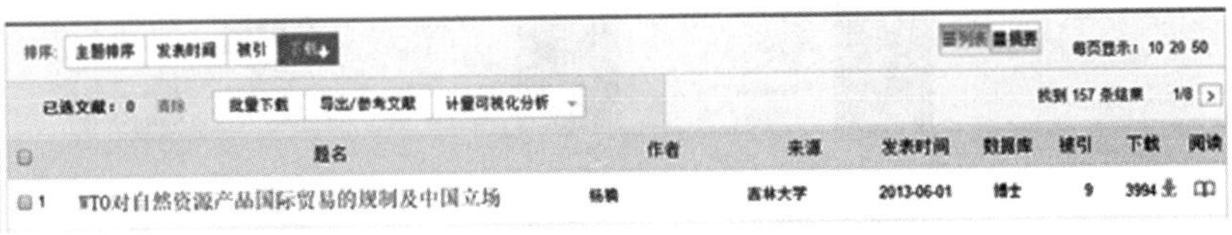

图3-2-46

被引次数最多的是：刘瑛，吴娴.GATT第20条（g）项在稀土案中的适用探析［J］.国际贸易，2012，(10)：61-66.（见图3-2-47）

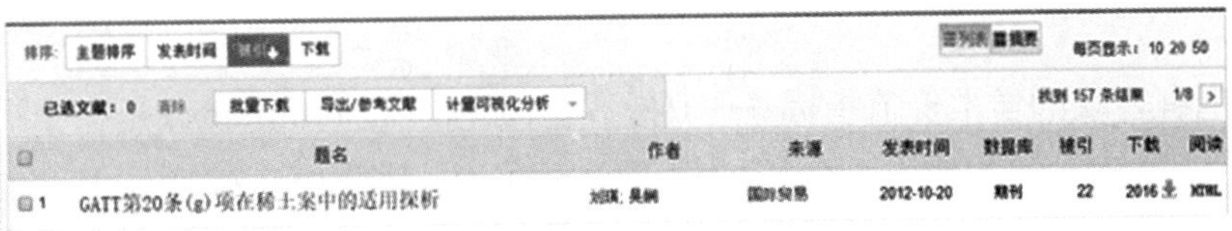

图3-2-47

（二）影响因子

学术论文的权威性有时依赖于发表的期刊。权威期刊的标准：是否为核心期刊，是否为CSSCI来源刊（是否为权威引文工具收录）。当然更需要有客观指标——影响因子。

汤森路透（Thomson Reuters）出品的期刊引证报告（Journal Citation Reports，JCR）中有项数据被

称为影响因子（Impact Factor，IF）。它是指某期刊前两年发表的论文在该报告年份（JCR year）中被引用总次数除以该期刊在这两年内发表的论文总数。这是一个国际上通行的期刊评价指标。它不仅是一种测度期刊有用性和显示度的指标，而且也是测度期刊的学术水平，乃至论文质量的重要指标。影响因子是一个相对统计量。

查询外文期刊影响因子，可使用外文数据库Web of Science中的JCR（Journal Citation Reports），其中JCR Science Edition用于查询自然科学类期刊，JCR Social Sciences Edition用于查询人文社会科学类期刊。

查询中文期刊的影响因子，可使用中国学术期刊（光盘版）电子杂志社和中国科学文献计量评价中心联合推出的《中国学术期刊综合引证报告》（万锦堃主编，科学出版社）。

影响因子是以年为单位进行计算的。以2016年的某一期刊影响因子为例：

IF（2016年）= 该期刊2014年至2015年所有文章在2016年中被引用的次数/该期刊2014年至2015年所有文章数。

影响因子在发展的过程中形成了两个指标：**复合影响因子**和**综合影响因子**。

复合影响因子是以期刊综合统计源文献、博硕士学位论文统计源文献、会议论文统计源文献为复合统计源文献计算。

综合影响因子主要是指文、理科综合，是以科技类期刊及人文社会科学类期刊综合统计源文献计算。

以法学类核心期刊而言，复合影响因子最高的是《中国法学》《法学研究》《清华法学》（见图3-2-48）；综合影响因子最高的是《中国法学》《法学研究》《中外法学》。由此，我们可以发现最权威的法学期刊是《中国法学》和《法学研究》。

华东政法大学的《法学》，复合影响因子排名第9，综合影响因子排名第10。

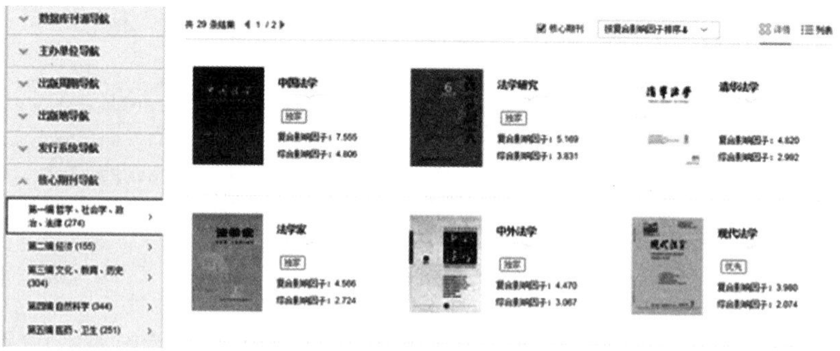

图3-2-48

（三）H指数

对于学者，也有客观的学术价值指标——H指数。H指数（也叫h-index）是一个混合量化指标，最初是由美国加利福尼亚大学圣地亚哥分校的物理学家乔治·赫希（Jorge Hirsch）在2005年的时候提出来的，其目的是量化科研人员作为独立个体的研究成果。赫希的原始定义是，一名科学家的h指数是指其发表的Np篇论文中有h篇每篇至少被引h次、而其余Np-h篇论文每篇被引均小于或等于h次（A scientist has index h if h of his or her Np papers have at least h citations each and the other（Np-h）papers have≤h citation each）。

h代表“高引用次数”（high citations）。一个人的h指数是指他至多有h篇论文分别被引用了至少h次。查出某个人发表的所有论文，让其按被引次数从高到低排列，往下核对，直到某篇论文的序号大于该论文被引次数，那个序号减去1就是h指数。以王利明（中国人民大学副校长）为例，共573篇论文，被引从高到低排列，第78篇被引78次，第79篇被引72次，H指数为78。（见图3-2-49）

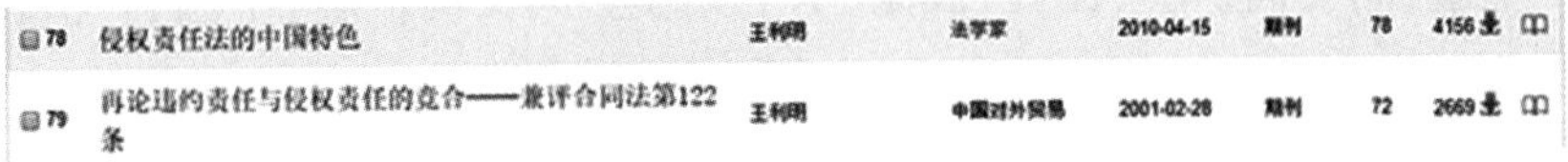

图3-2-49

（四）检索结果

我们利用中国知网，主要目的是获取文献，具体而言，是为了获取相关文献（期刊论文、博硕士论文、会议论文、报纸论文等）的全文。而通过中国知网的检索，能提供给我们的绝不仅仅只有这些。

下面以“稀土案”为例，如图3-2-50所示：

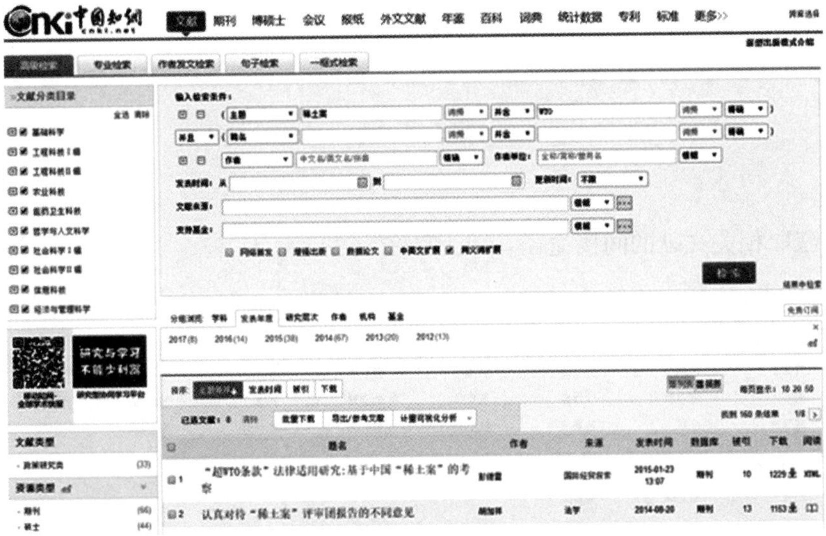

图3-2-50

检索条件：（主题=同义词扩展（稀土案）并且主题=同义词扩展（WTO））（精确匹配）；

专辑导航：全部；

数据库：文献，跨库检索。

命中文献总数160篇。

除了获取这160篇论文的全文之外，中国知网还提供了很多有用的信息，这些信息对于我们扩展检索、深入科研，很有意义。

1.就单篇命中文献而言

以“刘瑛，吴娴.GATT第20条（g）项在稀土案中的适用探析［J］.国际贸易，2012（10）：61-66.”为例，中国知网提供的有：

（1）引文网络

反映该引用与被引用的历史变化情况。参考文献与引证文献很好理解，二级参考文献是参考文献的参考文献，二级引证文献是引用了引证文献的引证文献，共引文献是和本文引用了相同参考文献的文献（与本文有共同的研究背景与依据），同被引文献是与本文同时作为参考文献的文献（与本文共同作为进一步研究的依据）。通过引证关系，揭示了这些文献内容上的关联性，而且可以获取全部论文的清单和全文。这对于解决检索中的疑难问题非常有用。

例如，查找GATT 20条对中国实践意义的文献。

检索条件：((主题=同义词扩展(GATT20条)并且 主题=同义词扩展(中国))(精确匹配)；

专辑导航：全部；

数据库：文献 跨库检索。

命中文献总数：1 篇。

结果显然不令人满意。但利用这篇命中文献的引文网络(见图3-2-51)，就可以获得一批相关文献。

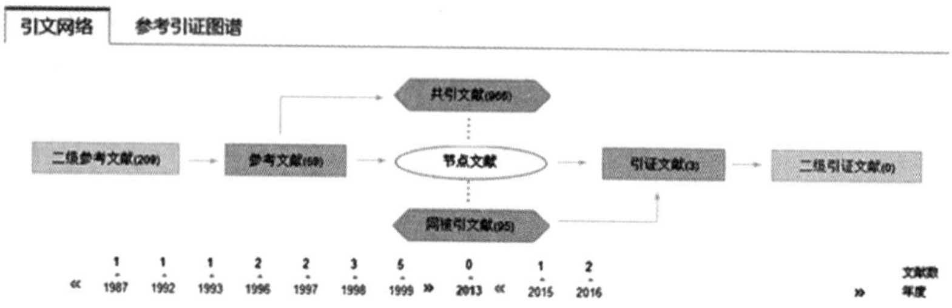

图3-2-51

(2)关联作者

这也是一条获取相关文献的间接途径。(见图3-2-52)

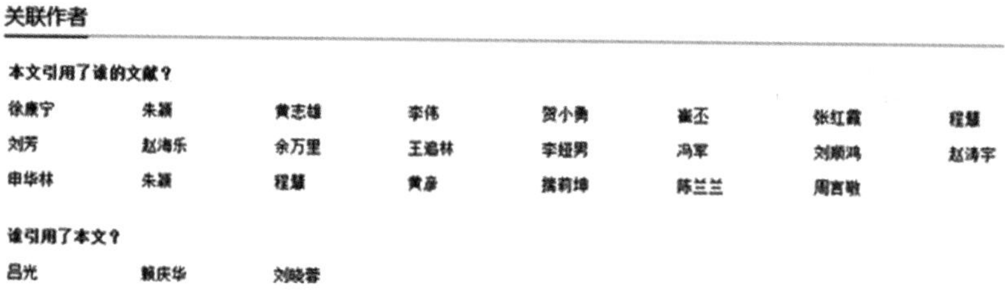

图3-2-52

(3)相似文献

虽然没有引证关系，由于采用了相同的关键词，也可以认为是相似文献。(见图3-2-53)

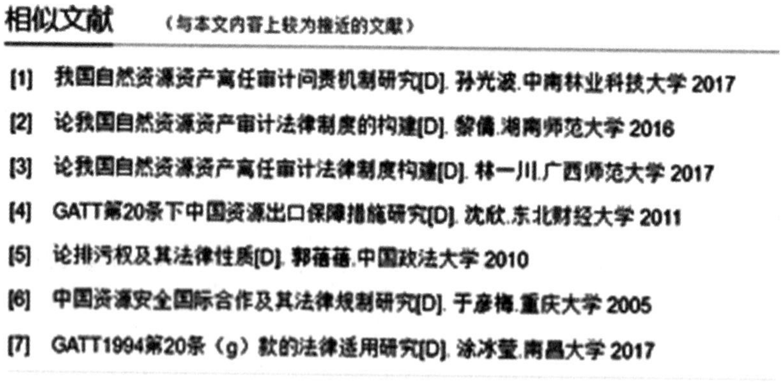

图3-2-53

(4)读者推荐

下载了本文的读者同时还下载了其他文献，这也隐含了这些文献内容上的关联性。(见图3-2-54)

读者推荐 （喜欢本文的读者同时还下载了这些文献）

[1] 中国自然资源出口管制法律问题研究[D]. 吕光.安徽大学 2016

[2] WTO框架下对自然资源的出口限制规则研究[D]. 刘莹.西南政法大学 2013

[3] WTO体系下自然资源出口限制措施法律问题研究[D]. 王楠.华东政法大学 2014

[4] WTO框架下稀有资源限制出口法律问题研究[D]. 安驰.黑龙江大学 2013

[5] WTO体制下我国不可再生资源出口限制法律问题研究[D]. 杨霖.广东商学院 2013

[6] 中国稀缺资源出口限制措施与WTO例外规则应用[D]. 陶朱.华东政法大学 2013

[7] WTO出口限制制度研究[D]. 班新锋.中南大学 2013

[8] WTO视角下中国稀土出口限制法律问题研究[D]. 于兆鑫.大连海事大学 2013

[9] WTO框架下自然资源出口限制措施研究[D]. 赵昆.辽宁大学 2012

[10] 中国自然资源出口限制法律问题研究[D]. 王丽.东北财经大学 2011

图3-2-54

2.就命中结果的总体情况

对于命中结果的总体情况，中国知网提供了直观的文献分析。

（1）总体趋势分析

通过发文量的变化，展现了这个研究专题受关注程度的变化。显然，2014~2015年是一个高峰点（历时两年，专家组报告裁决中国败诉）。（见图3-2-55）

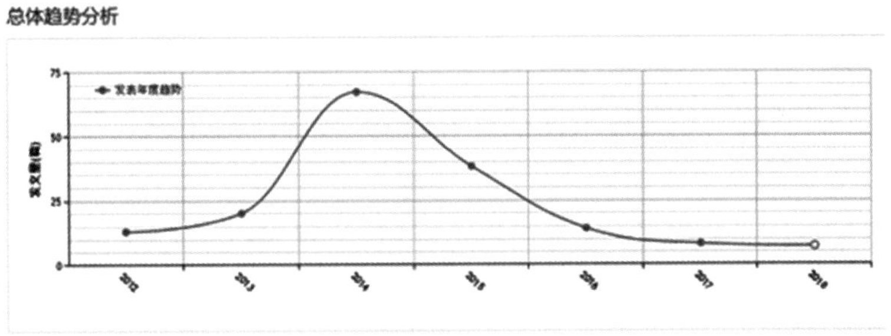

图3-2-55

（2）关键词共现网络

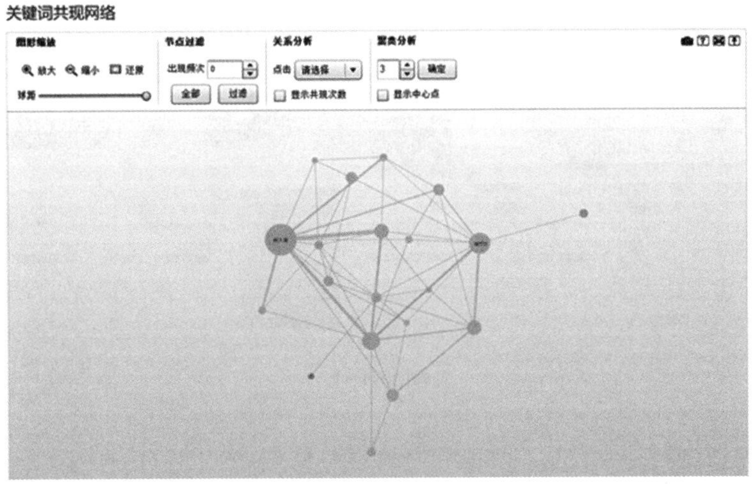

图3-2-56

图3-2-56展示了相关关键词及其关联度（通过共现次数表示），为扩展关键词检索提供入口。

第三节　人大复印报刊资料全文数据库

人大“复印报刊资料”全文数据库是在复印报刊资料纸质期刊基础上，进一步分类、编辑整理形成，涵盖政治学与社会学类、法律类、哲学类、文学与艺术类、教育类、经济学与经济管理类、历史类、文化信息传播类、其他类刊等内容。该数据库资源秉承“含有新观点、新材料、新方法或具有一定的代表性，能及时反映学术研究或实际工作部门的现状、成就及其新发展动向”的原则，由专家、学者在全面审视人文社科报刊所有文章的基础上对海量学术信息进行精心整理、加工、分类、编辑，去芜存菁、优中选优，从而提供高质量的学术信息产品。

人大复印报刊资料是一套非常权威的学术辑刊，被人大复印资料收录，如同被其他权威索引工具收录，代表了其权威性和学术价值。但因为它不是原发刊，而是选用其他学术期刊优秀、权威的学术论文，故而其提供全文的功能让位于学术价值的衡量的功能，就此意义上而言，人大复印报刊资料是一种权威的索引工具，而不是全文数据库。

人大复印报刊资料系列共有数字期刊127种，法学类共有7种：【D416】国际法学，【D415】诉讼法学、司法制度，【D414】刑事法学，【D413】经济法学、劳动法学，【D412】民商法学，【D411】宪法学、行政法学，【D410】法理学、法史学。另有7种原发刊：【LG2】创新人才教育，【LG1】新闻春秋，【LF1】文化产业导刊，【LD2】公共管理与政策评论，【LD1】政治经济学评论，【LC2】社会学评论，【LC1】国学学刊。

全文数据库的收录范围自1995年起，采用多条件（可重复字段）检索。人大复印报刊资料的检索功能不强，检索时尽量不要采用复杂的检索条件。

一、简单检索

人大复印报刊资料全文数据库提供简单检索，全文数据库可以按照主题词、标题、作者、关键词、正文、摘要、参考文献等13个检索字段进行检索。（见图3-3-1）

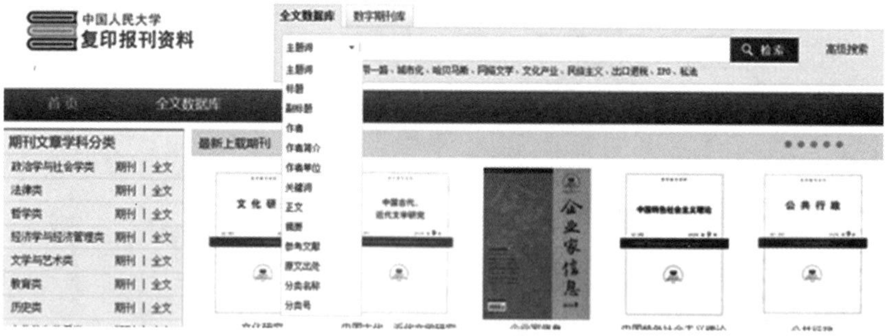

图3-3-1

数字期刊库则只能以期刊名称作为检索字段进行检索。（见图3-3-2）

图3-3-2

二、高级检索

人大复印报刊资料的全文数据库除了简单检索外，还提供高级检索模式，允许根据主题词、标题、作者、关键词、正文、摘要、原文出处、原刊期号等19个检索字段设置数量不超过7个的检索条件，进行组合检索。（见图3-3-3）

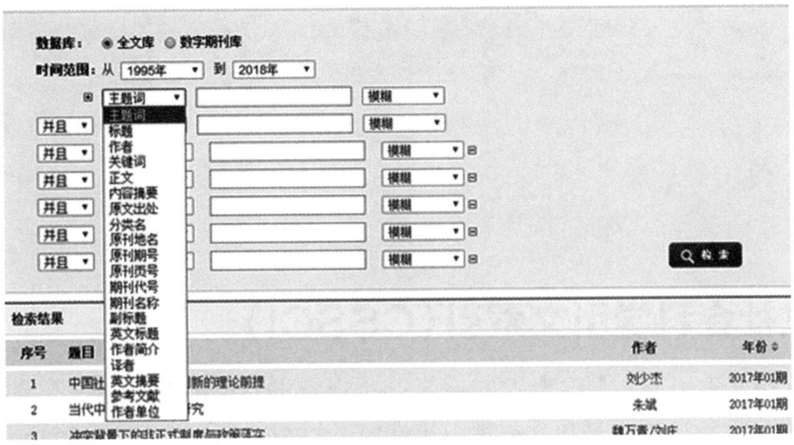

图3-3-3

图3-3-4

此外，人大复印报刊资料数字期刊库还提供数字期刊的高级搜索，既可以搜索期刊名称查找特定期刊（见图3-3-4），也可以按照期刊学科、期刊首字母、期刊分类号浏览，查找特定期刊。（见图3-3-5）

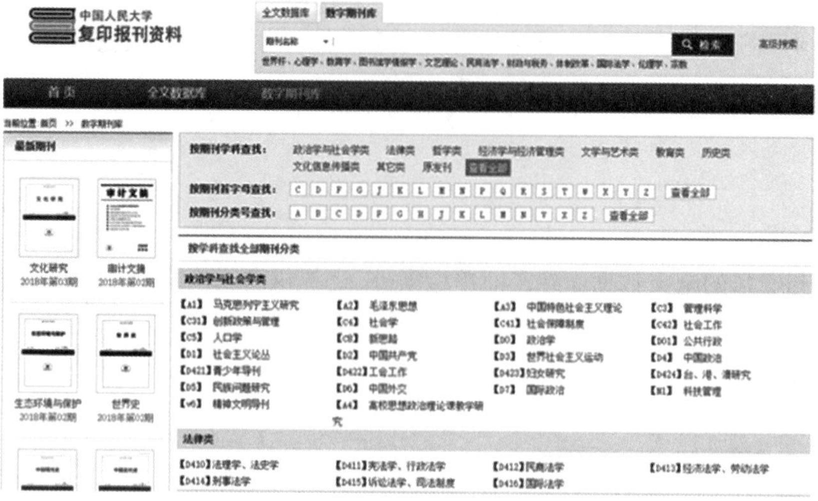

图 3-3-5

第四节 中文社会科学引文索引(CSSCI)

中文社会科学引文索引英文全称为“Chinese Social Sciences Citation Index”,缩写为CSSCI,用来检索中文社会科学领域的论文收录和文献被引用情况。CSSCI由南京大学中国社会科学研究评价中心开发研制而成。CSSCI遵循文献计量学规律,采取定量与定性评价相结合的方法从全国2700余种中文人文社会科学学术性期刊中精选出学术性强、编辑规范的期刊作为来源期刊。目前收录包括法学、管理学、经济学、历史学、政治学等在内的25大类的500多种学术期刊,现已开发的CSSCI(1998～2016年)年度数据,来源文献200余万篇,引文文献1100余万篇。

CSSCI的评价机制是这样的:首先,选择核心的学术期刊(25大类500余种),其中包括学术期刊和学术集刊(中国知网中的学术辑刊),范围不同于中国知网的核心期刊(而且中国知网的核心期刊不包括学术辑刊)。就法学类而言,2014~2016年的(基本)来源刊21种(我校的《学报》和《法学》均列其中),扩展来源刊10种,集刊23种。其次,将收录的500种学术期刊上的发文作为来源文献(视作重要学术文献,评价基准)。最后,将来源文献的引文作为评价对象,以被来源文献引用的次数作为评价指标。

一、来源文献检索

CSSCI支持来源文献检索。所谓来源文献,是指被CSSCI收录的期刊所含有的文献。这里的来源文献检索,提供篇名、作者、关键词、期刊名称、作者机构、中图分类号、基金等检索字段。(见图3-4-1)通过来源文献检索,我们可以找出某领域相对重要的文献(在重要核心上发表的文献总是相对重要的)。

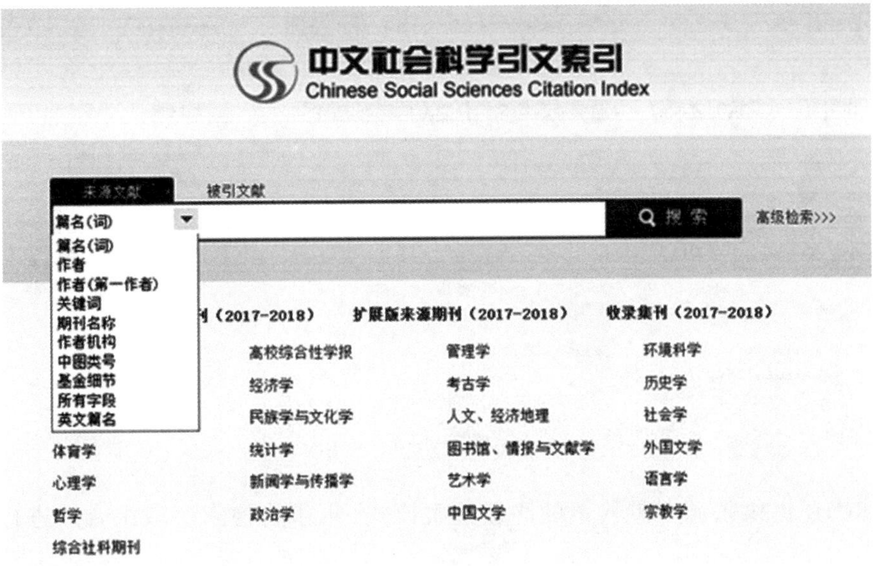

图 3-4-1

这里以检索“司法责任制”相关文献为例，如图3-4-2所示：

图3-4-2

CSSCI是一个索引数据库，自身不提供全文下载。但在检索结果列表，我们可以看到有全文链接。(见图3-4-3)点击该链接后，我们会发现，这不是真实的全文下载[链接至百度学术，百度学术提示哪些数据库有全文，只有获取下载权限后才能下载(见图3-4-4)]。

图3-4-3

图3-4-4

此外，CSSCI还提供来源文献检索的高级检索模式，可供将检索字段组合后进行检索。（见图3-4-5）

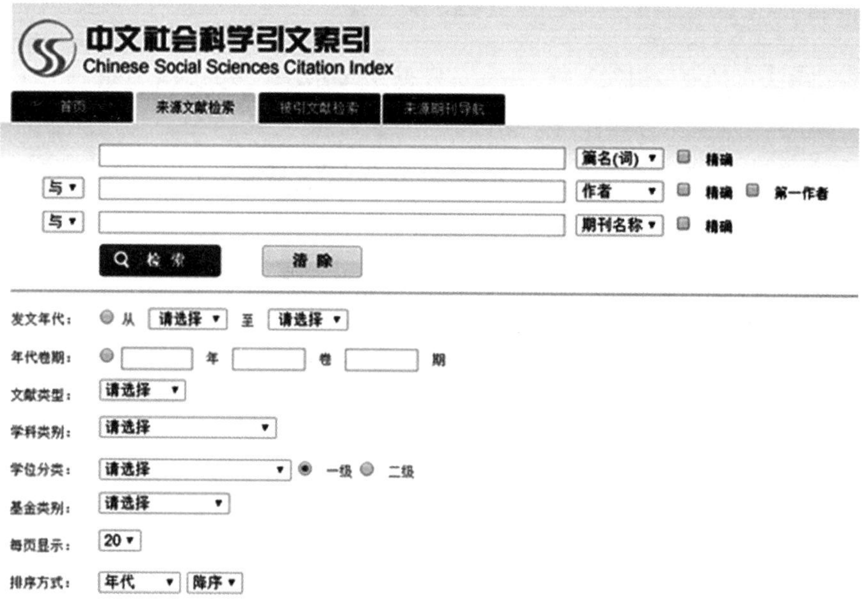

图3-4-5

二、被引文献检索

CSSCI支持被引文献检索。所谓被引文献，是指以CSSCI收录的期刊文献为范围，其中被其他文献引用了的文献。这里的被引文献检索，提供被引篇名、被引作者、被引期刊名称、被引文献细节等检索字段。（见图3-4-6、图3-4-7）通过被引文献检索，可以找出客观上学术价值高的文献（被来源文献引用多的文献）。（见图3-4-8）

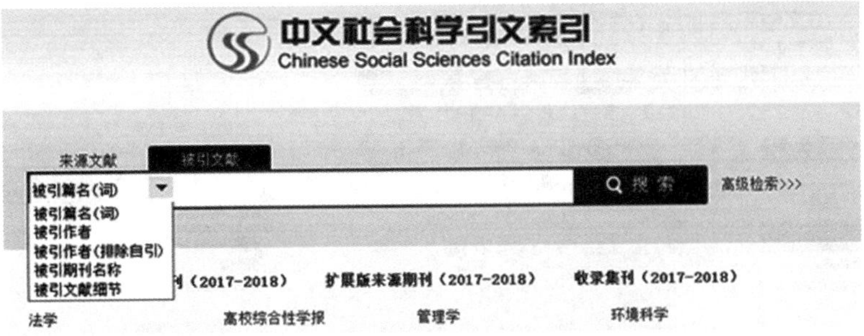

图3-4-6

图3-4-7

图3-4-8

通过被引检索，也可以分析学者的学术能力以及他的哪篇文献是代表作。（见图3-4-9、图3-4-10）

图3-4-9

图3-4-10

同时，CSSCI的被引文献检索，也提供高级检索模式，可供将检索字段组合后进行检索。（见图3-4-11）

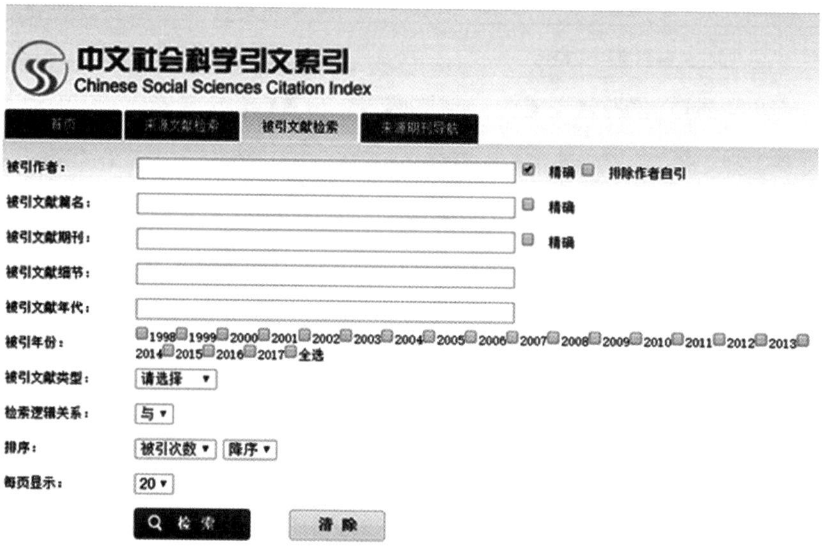

图3-4-11

三、期刊导航

CSSCI还提供期刊导航。（见图3-4-12）在CSSCI首页，即可逐层点击查找期刊，亦可点击来源期刊导航链接，进行查找。（见图3-4-13）

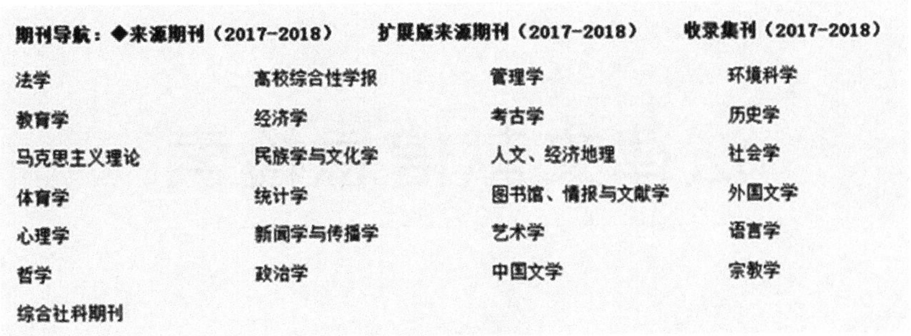
期刊导航：◆来源期刊（2017-2018）
扩展版来源期刊（2017-2018）
收录集刊（2017-2018）
法学
高校综合性学报
管理学
环境科学
教育学
经济学
考古学
历史学
马克思主义理论
民族学与文化学
人文、经济地理
社会学
体育学
统计学
图书馆、情报与文献学
外国文学
心理学
新闻学与传播学
艺术学
语言学
哲学
政治学
中国文学
宗教学
综合社科期刊

图3-4-12

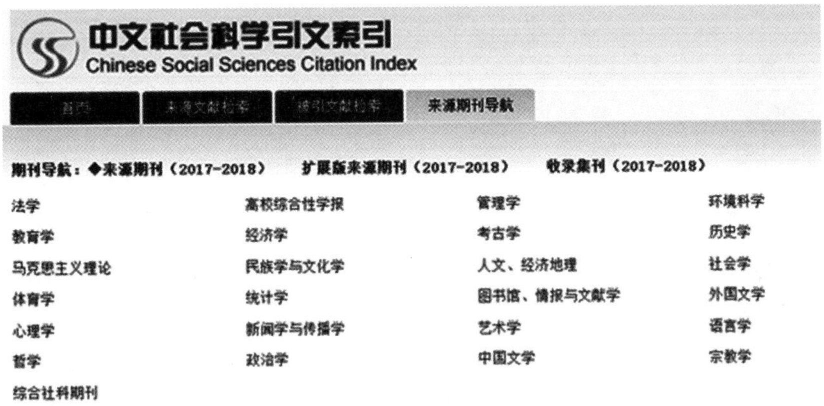
中文社会科学引文索引
Chinese Social Sciences Citation Index
来源期刊导航
期刊导航：◆来源期刊（2017-2018）
扩展版来源期刊（2017-2018）
收录集刊（2017-2018）
法学
高校综合性学报
管理学
环境科学
教育学
经济学
考古学
历史学
马克思主义理论
民族学与文化学
人文、经济地理
社会学
体育学
统计学
图书馆、情报与文献学
外国文学
心理学
新闻学与传播学
艺术学
语言学
哲学
政治学
中国文学
宗教学
综合社科期刊

图3-4-13

法律文献信息检索

第一节　法律文献及其获取

法律文献信息，包含在法律文献之内，法律文献信息检索实际上就是法律文献检索。我们认识法律文献信息，首先要认识法律文献。

法律文献包括两个方面，即作为文献的法律及与法律有关的文献。作为文献的法律，不仅仅是法典，还包括司法的案例；与法律有关的文献，通常是研究法律的文献，以及相关的参考工具。

一、法律文献的分类

我们讨论法律文献（法律文献信息）的分类，不是为了分类而分类，而是通过对法律文献分门别类，了解各类法律文献的特性，掌握其检索方式和利用价值。

从文献学角度，最常见的法律文献就是法律图书和法律报刊，这是最基本的法律文献。从文献包含的信息特征而言，需要关注的有：法律检索信息（包括法律书目、索引、文摘等二次文献）、法律参考信息（包括法律年鉴、手册、名人录、百科全书等工具书）、法律权威信息（政府出版物，这是权威法律文本的唯一来源）、零次法律文献（司法档案和未出版资料）。

从文献载体角度，法律文献分为纸质法律文献和法律数字资源（数据库）。目前，法律文献信息的检索和利用，主要体现为法律数据库的检索和利用。

从法学（学习和研究）的角度，或从法律文献信息角度，基本可分为四类：

法律法规（Laws and Regulations）泛指与司法相关的一切规范性文件，就我国而言，指中华人民共和国现行有效的法律、行政法规、司法解释、地方法规、地方规章、部门规章和其他规范性文件以及对于法律法规的不时修改和补充。在国际范围内，还包括国际条约（International Treaties）。

案例（Cases）是从法律角度叙述某一事件的文献，有两种形式：一种是客观叙述，我们称之为媒体案例（Case as News）；另一种是司法案例，也称为判例（Judicial Case）。

专著与论文（Thesis）根据出版形式不同，分为法律图书和法律报刊两类。法律图书又分为三个层面：学术类法律图书，主要是专著和论文集；学习类法律图书，包括教材、教学参考书、条文解释、学习问答、习题集等；普法类图书，学术价值较低。法律报刊包括学术性的和通俗性的两种，分别是法律研究和法制宣传教育的工具，能及时反映法学研究动态的最主要信息。法律期刊大致包括学术性期刊、专科性期刊、高校学报、社会科学综合性期刊、法律文学期刊等。

法律参考工具（References）包括法律年鉴、词典、手册、名人录、百科全书、书目、索引、文摘等工具。

国外，特别是在英美法系语境下（Lexis 和Westlaw Next数据库），把法律文献分为原始文献（Legal）和二次文献（Secondary Legal）两类，前者是指案例和法条；后者指论者、论文和其他参考工具。

二、法律文献的特性

这里的特性，是指文献内容特征，我们称之为法律文献信息的特性。

（一）关联性

三种主要的法律文献——法律法规、案例、论著论文，内容上存在天然的关联性。我们研究一个法律现象，总以典型案例为对象进行研究，研究的着眼点在于法律的适用，其成果展现为论著论文。针对一个具体的案例，自然联想到涉及哪些法条，其他学者有哪些观点；针对具体的法条，对于法律适用的理解，就会涉及相关案例，以及其他学者的观点；针对具体的论著论文（学者观点），必然不是空口无凭，有相关的法条和案例作支撑。我们进行一个课题检索，往往不局限于某一类型的法律文献信息，而是通过不同法律文献信息之间的关联性，由点及面，由此及彼，形成了多样化的法律文献信息集合。很多法律数据库在组织文献信息时，也会充分考虑不同法律文献信息的关联性，为关联点提供辅助检索途径，形成复合型的法律文献数据库。

（二）时效性

检索案例：查找一本《公司法教程》。

以题名为检索途径，查找“公司法教程”，得到11个检索结果（见图4-1-1），大部分为法律出版社、中国政法大学出版社等权威出版机构出版，初步判定都满足检索要求。

图4-1-1　检察结果页面

但是，这里有一个背景情况值得注意：《中华人民共和国公司法》于1993年12月29日颁布，1999年12月25日、2004年8月28日、2005年10月27日、2013年12月28日分别修订。基于这个情况，最合适的结果只有一个：李东方著，中国政法大学出版社2015年版的《公司法教程》。

这说明：法律是有时效性的，法律文献具有时效性的特点，法律文献信息检索中也必须注意相关法律的时效，设定相应的检索时限。（进行新旧法对比的纵向研究除外）

（三）权威性

法学研究是严谨的，这对于作为法学研究文献支撑的法律文献而言，提出了更高的权威效力要求。不同（载体形态）的法律文献，其权威效力是不同的。

数字化资源，相对于纸质文献，具有检索便利、获取速度快的优点，因而，在同时存在纸质文献、数据库和网络文献资源的情况下，人们往往倾向于利用更为便捷的网络文献资源，法律文献信息的利用也是如此。但是，如果对所获取的文献有权威效力要求的话，就应作慎重选择。一般而言，网络文献资源与数字化资源多从纸质文献转换而来，有转换就有误差，且数字化资源的内容可修订，具有不确定性，权威效力大大下降。直接通过网络发布的文献资源，虽未转换，但未经出版者审查，权威效力更差。纸质文献、数据库、网络文献，权威效力呈递减趋势。以法律法规检索为例，从因特网查找最为方便：在百度等搜索引擎中输入题名或关键词，直接可获取。但这仅供学习参考之用，不宜作为正式文本引用，作为正式文本引用的内容必有权威的来源（多为纸质文献）。特别是引用其他语言文本时，不能从网络查找，或用网络提供的翻译工具翻译，必须找到该语言的纸质正式出版物。对于法律文献信息检索，数字化资源不能完全取代纸质文献，要根据不同的需求，选择合适类型的文献资源。

三、法律文献的获取

常见法律文献有三类——法律法规、司法解释和案例。

（一）法律法规

法律法规有法定的颁布和出版渠道。

《中华人民共和国立法法》规定：

法律签署公布后，及时在全国人民代表大会常务委员会公报和中国人大网以及在全国范围内发行的报纸上刊载。在常务委员会公报上刊登的法律文本为标准文本。

行政法规签署公布后，及时在国务院公报和中国政府法制信息网以及在全国范围内发行的报纸上刊载。在国务院公报上刊登的行政法规文本为标准文本。

地方性法规、自治区的自治条例和单行条例公布后，及时在本级人民代表大会常务委员会公报和中国人大网、本地方人民代表大会网站以及在本行政区域范围内发行的报纸上刊载。在常务委员会公报上刊登的地方性法规、自治条例和单行条例文本为标准文本。

地方政府规章签署公布后，及时在本级人民政府公报和中国政府法制信息网以及在本行政区域范围内发行的报纸上刊载。在国务院公报或者部门公报和地方人民政府公报上刊登的规章文本为标准文本。

1.最新法律法规获取渠道：

（1）全国及各级人大常务委员会公报、国务院公报、各级人民政府公报。（见图4-1-2）

图4-1-2 公报

（2）中国人大网（见图4–1–3）、各地人民代表大会网站（见图4–1–4）、中国政府法制信息网。（见图4–1–5）

图4–1–3　中国人大网

图4–1–4　上海人大网

图4-1-5　中国政府法制信息网

（3）报纸。

国内公开出版的报纸600余种，大部分有数字版（见图4-1-6），有些报纸有官网（见图4-1-7）、移动客户端（包括iOS、Android和微信）。作为法律法规颁布渠道的报纸，有多种（载体）形态展现：① 纸质——最传统的；② 数字报（包括移动端）；③ 商业化数据库，很多数据库都能做到实时更新（当日报当日上线）。

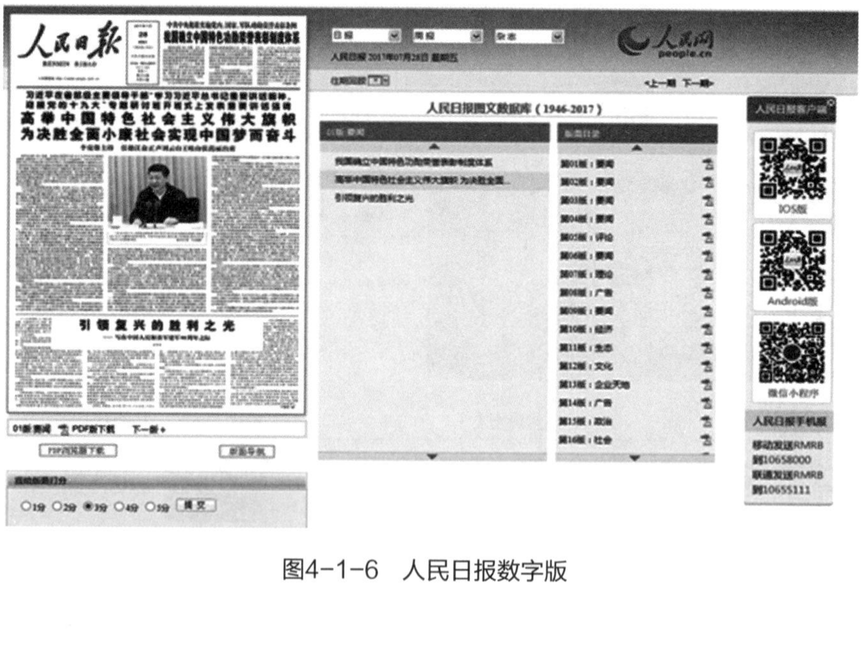

图4-1-6　人民日报数字版

图4-1-7　人民网

法制报是一类重要的报纸，中央一级的有：

《法制日报》(法制网：http：//www.legaldaily.com.cn/，电子报。有系列报刊：《法治周末报》、《法制文萃报》、《法制日报》(社区版)、《法制与新闻》杂志、《法人》杂志、《法制咨讯》杂志)；

《检察日报》(正义网：http：//www.jcrb.com/，检察日报网：http：//zjby.jcrb.com/，电子报)；

《人民法院报》(电子报)。

每个地方均有法制报：

《法制晚报》(北京，法晚网：http：//www.fawan.com/，电子报)；

《天津政法报》(天津，电子报)；

《上海法治报》(上海，电子报)；

《重庆法制报》(重庆，重庆法制在线：http：//www.cqfzb.org/)；

《浙江法制报》(浙江，网页版2004-7-2～2008-11，电子报2 008-11-12～)；

《云南法制报》(云南，云南法治网：http：//www.ynfzb.cn/，数字报2014-8-4～)；

《新疆法制报》(新疆，新疆法制报网：http：//www.xjfzb.com/，电子报)；

《西藏法制报》(西藏，多媒体数字报2011-1-11～)；

《四川法制报》(四川，四川法制报：http：//www.scfzbs.com/，电子报2012-12-31～)；

《西部法制报》(陕西，西部法制传媒网：http：//www.xbfzb.com/，多媒体数字报2017-4-1～)；

《山西法制报》(山西，多媒体数字报2013-4-23～)；

《山东法制报》(山东，山东法制网：http：//fazhi.dzwww.com/，电子报)；

《青海法制报》(青海，电子报2010-11-12～)；

《宁夏法治报》(宁夏，电子报 无回溯)；

《内蒙古法制报》(内蒙古，电子报)；

《辽宁法制报》(辽宁，辽宁法治网：http：//www.lnfzb.com/index.html)；

《江苏法制报》(江苏，多媒体数字报2010-1-4～)；

《新法制报》(江西，东西法制网：http：//www.jxlaw.com.cn/，电子报2012-1-13～)；

《北方法制报》(吉林，北方法制网：http：//www.bffzb.com/，电子报)；

《法制周报》(湖南，法制周报：http：//www.efaw.cn/)；

《湖北法制报》(湖北，湖北法治网：http：//www.124. gov.cn/)；

《黑龙江法制报》(黑龙江，无免费下载)；

《河南法制报》(河南，电子报)；

《河北法制报》(河北，电子报)；

《法制时报》(海南，电子报)；

《法制生活报》(贵州，法制生活网：http：//www.fzshb.cn/gz/)；

《南方法治报》(广东，电子报)；

《广西法治日报》(广西，平安广西网：http：//www.pagx.cn/)；

《福建法治报》(福建，海峡法治在线：http：//www.hxfzzx.com/)；

《安徽法制报》(安徽，电子报)；

《甘肃法制报》(甘肃，甘肃法制报：http：//gsfzb.gansudaily.com.cn/，数字报)。

2.最新法律法规的标准文本获取渠道：各级人大常委会公报，国务院公报以及单行法律法规。

除此以外，查找法律法规的标准文本，还可以查找权威机构(全国人大常委会法制工作委员会、国务院法制办)编辑的法律法规汇编本。

如全国人大常委会法制工作委员会编辑的：

《中华人民共和国法律汇编》 1985年起由人民出版社每年出版，收录上一年度颁布的法律、有关法律问题的决定、法规性文件、部门规章、司法解释等。1979年起，每五年有一汇编本[1979-1984汇编本(1985年版)、1985-1989汇编本(1991年版)、1990-1994汇编本(1996年版)、1995-1999汇编本(2000年版)、2000-2004汇编本(2005年版)、2005-2009汇编本(2010年版)]，另有1954-2004汇编本(2004年版)。

《中华人民共和国法律及有关法规汇编》 法律出版社出版，共两辑：1979-1984年(1986年版)和1985-1986年(1987年版)。

以及国务院法制办编辑的：

《新编中华人民共和国常用法律法规全书》 中国法制出版社自1993年起，每年出一版，2017年版为第25版。

《中华人民共和国新法规汇编》 1988年起由新华出版社出版，1990年之后由中国法制出版社出版。一年出若干辑，目前为月刊形式。

《中华人民共和国法规汇编》 法律出版社1954年起出版，初为一年多辑，1959年起为一年一卷。

《中华人民共和国涉外法规汇编》 中国法制出版社出版，1993年起每年一卷，另有1949-1990、1949-1988汇编本。

另有一些法律汇编，虽然不是上述权威机构编辑，但标明由全国人大常委会法制工作委员会审定，也可认为是相对权威的标准文本，如：

《中华人民共和国常用法律法规全书》 中国民主法制出版社2000年出版，之后每年出一新版。

其中也有未连续出版的，价值相对有限，如：

《中华人民共和国法律法规全书》 民主与法制出版社1994年初版10卷，1996年、2000年各出2卷补编，共14卷。

《中华人民共和国法律分类总览》4卷本 法律出版社1996年版，1996年、1997年出版续编一、续编二。

《中华人民共和国常用法律法规全书》 吉林人民出版社2001年版、2002年版，研究出版社2003年版。

司法部法学教材编辑部编审出版过一批法律汇编，供教学参考之用，文本的权威性不如上述文献，且如今教学参考用法律文本，主要依赖于数据库，这类纸本的法律汇编价值不大，基本无后续的再版，如：

《中华人民共和国常用法律大全》 法律出版社1988年版，1992年再版，并出续编。

《新编中华人民共和国常用法律法规全书》 中国法制出版社，1995年和1996年各出一版。

此外，第三方机构或人员（有可能是权威机构的下属机构或人员参与编辑）也出了不少法律汇编，其文本的权威性和价值都不如前几类文献，如：

《最新中华人民共和国常用法律法规全书》 方正出版社2000年版，2003年增订本，2004年版，2006年版，2009年版。

《中华人民共和国常用法律法规全书》 张军主编，吉林摄影出版社2002年版。

《中华人民共和国常用法律法规全书.最新版》 北京中体音像出版中心2009年版。

《中华人民共和国现行有效法律法规全书：1954-2005》 世界图书出版公司2005年版。

《中华人民共和国现行有效法律》 中国民主法制出版社2012年版。

其中，相对较好的有法律出版社法规中心出版的《中华人民共和国常用法律法规全书：含司法解释》，自2012年起连续出版。

法律法规的英文本，一般通过数据库获取，但涉及权威性，还是以纸质文献为标准文本，由权威机构编辑出版的为上，如：

《中华人民共和国法律汇编：英文》 全国人大常委会法制工作委员会编，法律出版社1996年版。

《中华人民共和国法律汇编：中英文对照》 全国人大常委会法制工作委员会编，法律出版社1998年版。

《中华人民共和国常用法律法规全书：中英文对照》 国务院法制办，中国法制出版社2011年版。

《中华人民共和国涉外法规汇编：中英文对照》 国务院法制办，中国法制出版社，1991～1992年版，1996年版，1999年版，2001年版，2002年版，2003年版，2004年版，2005年版，2006年版，2007年版，2008年版，2009年版，2010年版。

少数民族语言的法律法规标准文本由民族出版社出版，有朝鲜文、哈萨克文、维吾尔文、藏文、蒙古文等。

通常，我们在学习中查询法律法规，一般不会查找这些纸质文献，而是利用网络平台或数据库，但纸质文献仍是标准文本的保障。全国人大网上法律法规查询平台（数据库）就明确说明：本库中的信息仅供参考，在正式场合使用时，请与标准文本核对！（见图4-1-8）

图4-1-8　全国人大网上法律法规查询平台

在国务院法制办[①]官网——中国政府法制信息网上，也有法律法规检索平台，此处无上述说明，可以认为：中国政府法制信息网是法律法规标准文本的发布平台。（见图4-1-9）

图4-1-9　国务院法制办网

（二）司法解释

中国的司法解释特指由最高人民法院和最高人民检察院根据法律赋予的职权，对审判和检察工作中具体应用法律所作的具有普遍司法效力的解释，分为最高人民法院司法解释和最高人民检察院司法解释。这不是法律法规，却同样有普遍的司法效力，因此，这是一类重要的法律文献。其公开发布的渠道是《最高人民法院公报》和《最高人民检察院公报》。

为了便于查找标准文本，全国人大常委会法制工作委员会和国务院法制办将其汇编出版。

《中华人民共和国法律 行政法规 规章 司法解释分卷汇编》 全国人大常委会法制工作委员会编

① 2018年3月，根据第十三届全国人民代表大会第一次会议批准的“国务院机构改革方案”，将国务院法制办归入司法部，不再保留国务院法制办。

写，北京大学出版社1998年版，第62卷。

《中华人民共和国法典　最高人民检察院司法解释》 全国人大常委会法制工作委员会编写，法律出版社2002年版。

《中华人民共和国常用法律法规规章司法解释大全》 国务院法制办编，中国法制出版社2008年起每年出一版。

（三）案例

法律案例，或称判例，一般分为两类：法院案例和仲裁案例。案例文献也有两类：一类是与案例有关的司法文书——裁判文书；另一类是叙述案情的文献——案例报道（媒体案例）。

就纸质文献而言，中国的案例（裁判文书）官方发布渠道有：

• 最高人民法院公报，各地高级人民法院公报等；

• 法院案例汇编，如《人民法院案例选》《最高人民法院指导性案例》《最高人民检察院指导性案例》等。

纸质形态的案例，检索不便，已很少有人使用，如今提到案例检索，一般指数据库中的案例检索。而且，随着司法改革的深入，根据司法公开的要求，在各级法院官网上直接能查询裁判文书。（见图4-1-10）

图4-1-10　上海市高级人民法院网

仲裁案例文献一般由相关仲裁机构汇编出版，如《仲裁案例选编》，中国广州仲裁委员会编，清华大学出版社2017年版；《中国海事仲裁案例集 1989-1992》，中国海事仲裁委员会编，大连海事大学出版社1996年版。由于纸质文献分散，且检索不便，目前，仲载案例文献的查找一般也通过相关数据库。

第二节　中文法律数据库

一、法库7.0

中国法律数字图书馆的数据库支撑平台称为“中国法律知识资源总库”（Chinese Legal Knowledge

Integrated Database，CLKD），是目前中国信息量最大、资源类型最全面的大型动态法律知识服务系统。CLKD由论文库、案例库和法律法规库三部分组成。

（一）论文库

其论文库是对中国学术期刊库中相关文献资源的有序化重组，并以总库检索平台为基础，形成了适应法律文献检索的专用检索平台。全部论文文献均来源于“中国知识资源总库”，整合加工198种中国优秀法学期刊及7700多种综合性相关期刊、160余种国内各级政府公报政报、380余家博士培养单位的博士学位论文、540余家硕士培养单位的优秀硕士学位论文、约1500余家全国各学会/协会重要会议论文、600余种报纸，从中精心遴选法律及其相关学科文献。

检索范围按文献类型分为期刊论文、博士论文、硕士论文、会议论文和报纸文章，分别对接“中国学术期刊网络出版总库”“中国博士学位论文全文数据库”“中国优秀硕士学位论文全文数据库”“中国重要会议论文全文数据库”“中国重要报纸全文数据库”。检索模式分为快速检索、高级检索和专业检索。其快速检索和专业检索就是总库平台的快速检索和专业检索，高级检索则根据法律文献信息检索的特点，进行了简化和调整。（见图4-2-1）

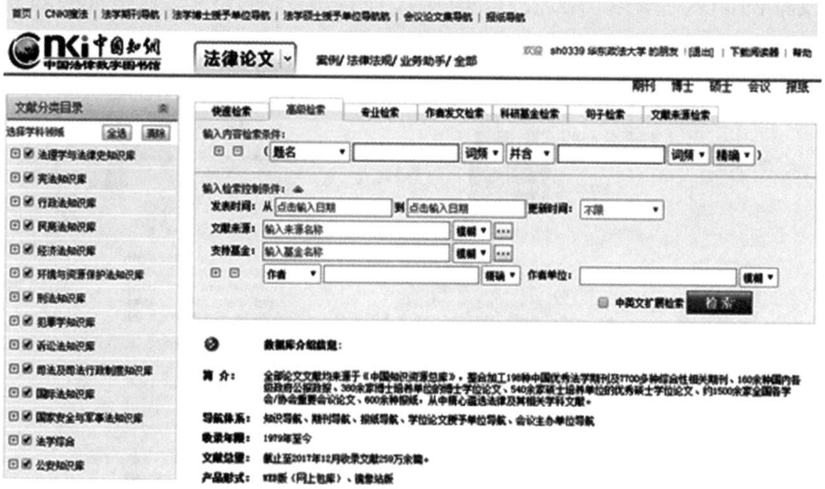

图4-2-1　CLKD的检索工具

（二）案例库

案例库是专门打造的特色库，收录1979年至今全国500家各级人民法院的典型案例、媒体报道的案例，海外、历史上具有重要参考价值的案例等。部分评析型案件追溯到1949年及以前，主要是历史上的大案要案、疑难案件；文书型案例优选最新案例，2000年以后的案例占71%，2005年以后的案例占60%。该库已收录各类案例267132个（截至2012年7月30日），提供知识（专辑）导航和案由导航两种分类导航方式，知识导航分为：

- 法理学与法律史知识库
- 民商法知识库
- 行政法知识库
- 环境与资源保护法知识库
- 经济法知识库
- 犯罪学知识库
- 刑法知识库
- 司法制度知识库
- 诉讼法知识库
- 国家安全与军事法知识库
- 国际法知识库
- 公安知识库

• 法学综合

• 宪法知识库

……

案由导航分为：

• 民事经济纠纷
• 海事海商纠纷
• 行政诉讼案件
• 行政执法案件
• 民事案件（新案由）
• 知识产权纠纷
• 刑事犯罪案件
• 行政复议
• 司法鉴定案例

……

根据案例检索的特点，CLKD定制了检索工具，在标准检索中提供了三种类型的检索途径，如图4-2-2所示：

1.内容特征：包括标题、案由、案号、涉及领域、关键词、摘要、全文和主题；

2.机构：包括审理法院、仲裁委、检索机关、行政复议机关、行政执法机关、律师事务所；

3.姓名：包括当事人、被告、原告、法官、仲裁员、律师。

图4-2-2　CLKD案例库的检索工具

相应地，专业检索的字段代码如下：

SU= 主题	TI= 标题	KY= 关键
AB= 摘要	FT= 全文	JU= 法官
CO= 审理法院	PR= 检察机关	LF= 律师事务所
LA= 律师	PC= 当事人	AC= 仲裁委
AR= 行政复议机关	LE= 行政执法机关	CA= 案由
CN= 案号	PL1= 原告个人	PL2= 原告机构
DE1= 被告个人	DE2= 被告机构	DE3= 被告人
AB= 仲裁员		

（三）法律法规库

CLKD的法律法规库也是个特色库，除了收录中国中央和地方的各种法律法规外，还收录国际条约、声明、公报，收录文献638502篇（截至2012年7月30日）。法律法规库的检索相对简单，主要检索途径为标题、发布机关、关键词、发文字号、全文、摘要。（见图4-2-3）

相应的专业检索字段代码为：

TI= 标题（中文标题）　　SU= 主题

KY= 关键词（中文关键词 & 英文关键词）　　AB= 摘要（中文摘要 & 英文摘要）

FT= 全文　　FB= 发布机关

FZ= 发文字号　　FR= 发布日期

检索结果可按效力级别（法律层级）、时效、应用领域分组。

法律法规库的特色是：可以进行关联检索。以《中华人民共和国物权法》为例，在命中记录详细页面中，提供本法规内检索，可进行法条检索。有同类法规、引证法规列表；有应用案例、专题研究（包括期刊论文、博士学位论文、硕士学位论文、会议论文和报纸文章）、相关研究者与相关机构等信息，提供了以法条为线索的丰富研究背景材料。

图4-2-3　CLKD法律法规库

二、北大法宝

北大法律信息网也被称为“北大法宝”，是由北京大学法制信息中心与北大英华科技有限公司联合推出的智能型法律检索系统。自1985年推出至今，经过不断的改进与完善，业已成为国内较为成熟和专业的法律法规数据库。该数据库包括有法律法规、司法案例、法学期刊、专题参考以及英文译本，基本涵盖了法律信息的各个方面。

（一）法律法规检索

北大法宝的法律法规文库收录自1949年起至今的法律法规，包括中央法规司法解释、地方法规规章、合同与文书范本、港澳台法律法规、中外条约、外国法律法规、法律动态、立法背景资料等，数据内容均经过严格的分类整理，坚持不断更新。

法律法规库支持分类导航、标题关键字、正文关键字、发布部门、发布日期、发文字号等多种检索方式，并支持复合查询、跨库检索、在结果中检索等丰富的检索方式。（见图4-2-4）例如，查询物权法的相关法律条文，可直接在检索框中输入“物权法”，并勾选相应数据库，系统会高亮显示检索结果中的相关部分。

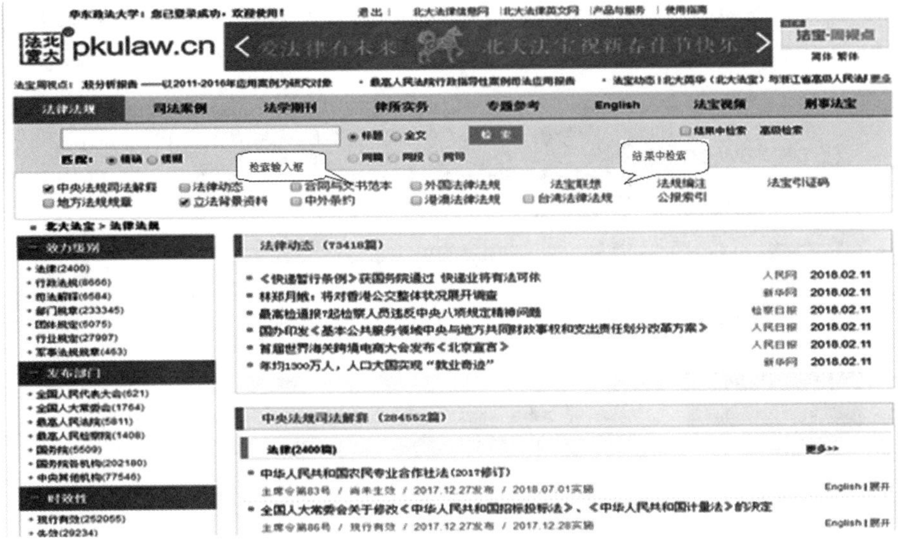

图4-2-4　法律法规检索

如果需要做进一步的查询，可选择结果中检索项，进行二次检索；还可以点击高级检索进入各子库，通过对不同字段进行限定，进行更精确的检索。（见图4-2-5）例如，需要查找与仲裁相关的国际条约，在高级检索页面选择中外条约，在条约标题中输入“仲裁”，在页面左边，系统还按照国家与国际组织、条约种类、条约分类等对结果进行了分类。

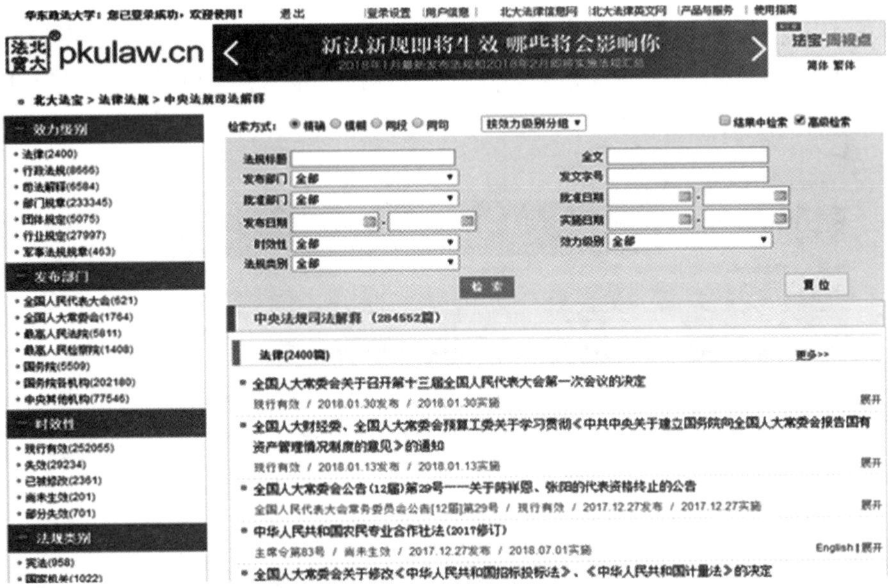

图4-2-5　高级检索功能

此外该数据库还有“法条联想”功能，通过法规条文和相关案例、裁判文书、法学文献等信息之间的双向链接，不仅能直接印证法规案例中引用的法律法规和司法解释及其条款，还可链接与本法规或其中某一条相关的所有法律法规、司法解释、案例，创造立体化的法律信息展现体系。

（二）司法案例检索

北大法宝的司法案例数据库由案例与裁判文书、案例报道、审判参考和实务专题四个栏目组成，收录了我国大陆法院的各类案例，并对其进行了细致的分类，支持审理程序、法院级别、文书性质、案由分类、审理法官、代理人（辩护人）、代理律所、当事人等多途径检索方式。（见图4-2-6）

图4-2-6　司法案例检索

（三）法学期刊检索

北大法宝的中国法学期刊文库收录了诸如《中国法学》《法学研究》《中外法学》《法学杂志》等国内46家重要法学期刊的全文数据，特别是其中有《北大法律评论》等集刊（一般作为图书而不是期刊，在普通数据库中查不到）。（见图4-2-7）

图4-2-7　法学期刊检索

该文库的特色导航功能，可按照期刊、分类、作者、作者单位导航浏览；同时提供专业的法学期刊信息检索、原文传递服务，支持PDF以及TXT（网页）格式的在线浏览和下载。

（四）法律文献英文译本检索

中国法律英文译本文库可提供中国法律法规、案例和中外税收协定，以及法律新闻等中国法律信息的英文译本。其中，中国法律法规的英文译本，包括法律、行政法规、部门规章、司法解释、地方性法规和规章以及金融业常用的惯例通则，按63个法律主题组织而成。案例则包含了几乎全部最高人民法院通过和发布的典型司法判例的英文译本，涉及行政、民事、刑事、经济、知识产权和海事等多个领域。公报则涵盖了官方法律法规以及政策性文件出版物，包括各种解释、报告、决议、讲话、通告与通知等。此外还有最新中国法律、法制动态英语新闻，以及WTO法律文件等。

三、北大法意

北京法意科技有限公司长期致力于法律应用软件开发，通过整合法律知识体系与计算机技术，为法律行业和企业法务部门提供了完备的产品服务和坚实的工作平台。北大法意法律数据库拥有全球最大的中文案例数据库、中文合同范本数据库、中文法规数据库，推出了教育频道、企业频道、律师频道、政法频道、法律资源以及法律咨询等六个主要版块。

其中，教育频道是专门为高校打造的法学资源门户，适用于法学专业以及与法学相关的交叉学科研究，服务于高校的教学科研工作。该频道包含在线司法考试模考系统、实证研究平台、案例数据库群、法规数据库群、法学词典、法学文献、法学家沙龙、法学核心期刊目录、高校热点关注与免费电子期刊等模块及栏目，如图4-2-8所示：

图4-2-8　北大法意法律数据库

法律资源版块可提供17个数据库检索服务，包括：

• 法院案例库	• 法律法规库	• 法学论著库
• 合同文本库	• 法律文书库	• 法律咨询库
• 法学辞典库	• 统计数据库	• 金融法库
• WTO 法律库	• 政报文告库	• 审判参考库
• 立法资料库	• 行政执法库	• 法务流程库

- 司法考试库
- 法律人库

这些数据库从不同角度解析各种类型的法律信息，实现了案例、规则、理论等信息体系的关联。

其中，法院案例库收录了最高人民法院及各省市、各层级法院裁判文书，数据来源于最高人民法院公报、最高人民检察院公报、人民法院案例选、中国审判案例要览、中国审判指导、最高人民法院判案大系及各地法院网站等。内容包括：

- 刑事案例
- 行政案例
- 民商案例
- 知识产权案例
- 海商海事案例
- 专题分类案例
- 大陆法院案例
- 香港法院案例
- 台湾民商案例
- 澳门法院案例
- 审判参考库

法律法规库则收录了1949年至今中央及全国各地方各层级法律法规及文件，涵盖宪法法律、行政法规、部门规章、司法解释、规范性文件、国际条约等。数据来源包括人大、国务院、两高公报；政府及直属事业单位网站，如中央政府、各部委网站、中国法院网、人民网、法制网等；还有法律专业出版社权威正式出版物等。内容包括：

- 宪法法律数据库
- 行政法规数据库
- 司法解释数据库
- 部委规章数据库
- 地方法规数据库
- 政策纪律数据库
- 行业规范数据库
- 军事法规数据库
- 国际条约
- 大陆法规英译本库
- 香港法规库
- 澳门法规库
- 台湾法规库

例如，检索关于星巴克（STARBUCKS）商标侵权诉讼案，首先选择法院案例库，可在快速检索中输入“商标侵权”，选择名称或全文项，提交检索后，在结果中再进行二次检索，输入“星巴克”，检索结果如图4-2-9所示。

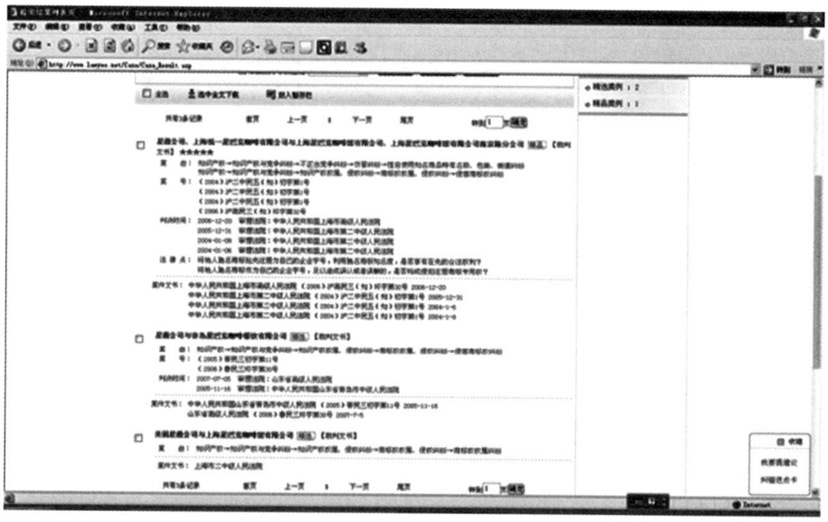

图4-2-9　北大法意的检索实例

或者选择高级检索，在检索项全文关键字中输入“星巴克”，逻辑关系定义为并且，在检索项之案由中选择知识产权与竞争纠纷，案件案由可在参考案由弹出的列表中进行选择，检索结果与之前相同。（见图4-2-10）

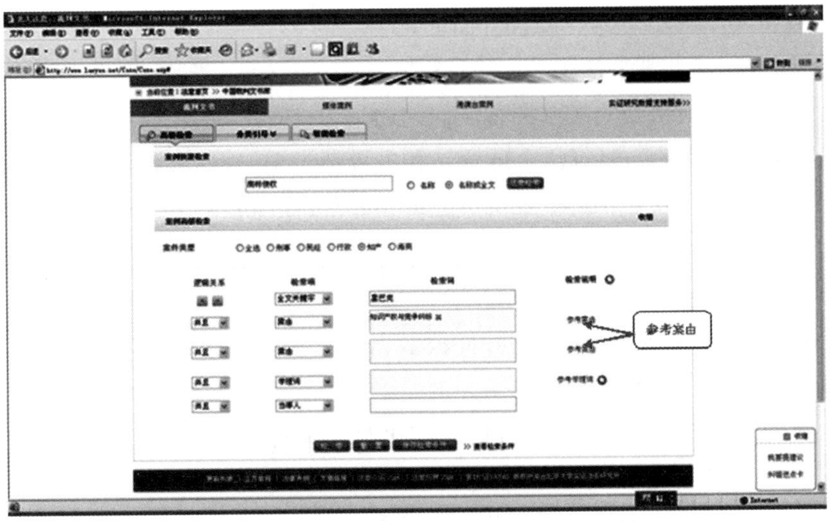

图4-2-10　北大法意的高级检索

四、威科先行

1836 年创建于荷兰的威科集团（Wolters Kluwer），致力于为全球财税、会计、法律法规、金融和医疗卫生领域的专业人士提供信息产品和服务，总部位于荷兰阿姆斯特丹，同时在北美、欧洲、亚太和拉丁美洲的 40 多个国家运营，业务版块主要有四部分：财税与会计、法律与法规、金融与合规服务、医疗卫生。

威科法律系列数据库包括威科法律期刊数据库、威科国际商事仲裁在线、威科国际法律百科全书、威科国际知识产权法、威科国际税务、威科银行与证券、威科先行法律信息库。

（一）威科法律期刊数据库（Wolters Kluwer Law Online Journals）

该数据库以收录欧洲法律期刊为主，包含数十万篇期刊全文，5万多个案例，涉及商法、经济法、欧共体法、国际（贸易）法、竞争法（反垄断法）、交通运输法、环境法、税法、商业仲裁等领域。可以按专业、机构、作者和关键词检索，每一种期刊均有自己的首页，更方便检索，同时提供每种刊物和出版物的内容提要和HTML格式的参考书目文献信息。该数据库可提供21种核心期刊的多卷/期的检索与浏览：

Air and Space Law（《航空和空间法》）
Arbitration International（《国际仲裁》）
ASA Bulletin（《ASA通讯》）
Asian International Arbitration Journal（《亚洲国际仲裁杂志》）
Business Law Review（《商法评论》）
Common Market Law Review（《大众市场法律评论》）
EC Tax Review（《欧共体税法评论》）
European Business Law Review（《欧洲商法评论》）
European Company Law（《欧洲公司法》）
European Energy and Environmental Law Review（《欧洲能源与环境法评论》）

European Foreign Affairs Review(《欧洲外交评论》)

European Public Law(《欧洲公法》)

European Review of Private Law(《欧洲私法评论》)

Global Trade and Customs Journal(《全球贸易和关税杂志》)

International Journal of Comparative Labour Law and Industrial Relations(《国际比较劳动法和工业关系杂志》)

Intertax(《国际税务》)

Journal of International Arbitration(《国际仲裁杂志》)

Journal of World Trade(《世界贸易杂志》)

Legal Issues of Economic Integration(《经济一体化及法律问题》)

World Competition(《世界竞争法》)

World Trade and Arbitration Materials(《世界贸易和仲裁文萃》)

(二)威科国际商事仲裁在线(Wolters Kluwer Arbitration)

由国际商事仲裁委员会、常设仲裁法庭、国际仲裁学会以及Kluwer Law International机构联合推出,内容包括双边投资协定(Bilateral Investment Treaties)、裁决(Awards)及判例(Case Law)、公约(Convention)、各国信息(Jurisdictions)、相关立法(Legislation)、新闻资讯(News Updates)、相关法规(Rules)与评论(Commentary)等。

(三)威科国际法律百科全书(International Encyclopaedia of Laws)

该百科全书囊括了27卷经典的参考著作,每卷著作本身都是一个独立的研究领域,以国家专论的方式深入研究该法及其相关领域的各国法律体系构建。这些国家专论所增补的内容与国际专论紧密联系,详述跨国组织的工作方式,提供关于法律上争议领域的重要参考,并通过比较提出观点。除了国家法律专论,附录子卷的索引还包括了国家及国际重要立法情况以及国际法庭重要的相关判例,如欧洲法庭。在宪法分卷中,还详细介绍了世界各个国家的宪法详情及历史背景。

(四)威科国际知识产权法(Wolters Kluwer Patent Law)

提供200多个国家知识产权相关信息,包括专利、商标和设计的注册、授权以及诉讼程序;15个主要国际公约、条约及协议的全文;30个欧盟及欧盟专利协定缔约国发生的关于专利以及版权的案例;实时新闻部分,由知识产权从业律师撰写,是针对知识产权最新发展进行讨论的专栏。其中Case Law(判例)收录自2008年以来29个国家及组织的所有专利判例,个别典型案例可追溯至1980年;Legislation(法律法规)则收录全球重要专利公约及协定细则,如《欧洲专利公约》(European Patent Convention)、《世界知识产权公约》(WIPO Convention)和TRIPS协定。

(五)威科国际税务(Wolters Kluwer International Tax)

提供全面的税务法律法规、最新税率资讯、判例以及相关领域的法律解读、专家评论和实时税务新闻动态等信息,有独具特色的四大模块:

- Worldwide Business Tax Guide 全球商业税务指南
- Worldwide Tax Rates and Answers 全球税率指南及问答
- International Tax Treaty Expert Library 国际税务协定文库
- Transfer Pricing Library ™ 转移定价文库。

（六）威科银行与证券（Wolters Kluwer Banking & Securities）

收录最新、最全以及最权威的银行证券法律资讯，并附有业界专家进行的深入解读及众多案例分享。

（七）威科先行法律信息库（China Law & Reference）

威科集团于2011年推出的威科先行法律信息库，整合了威科全球与中国相关的中英文法律题材内容，设有法律法规、案例、实务指南、专业文章、新闻与国际条约等栏目。（见图4-2-11）

其新闻栏目提供中英双语新闻服务，划分为11个行业及劳动法、合同法、公司治理、知识产权、会计准则、外汇、海关等16种实务应用，并可按需选择语言种类，满足用户不同的语言需求；法律法规库收录了自1949年中华人民共和国成立至今，从中央至31个省、市、自治区的所有法规，部分省市深入至县级，包括法律、行政法规、司法解释、部委规章、地方法规与行业规范等8个效力级别及证监会、国税总局、财政部、央行与最高人民法院等2729个中央和33456个地方发文机关发布的法规、征求意见稿、草案及官方法规解释。案例库收录了中华人民共和国成立以来最高人民法院官方公布的典型案例及精选案例，包括中国大陆31个省、市、自治区的三级法院官方公布的裁判文书及海事法院、军事法院、铁路法院等专门法院公布的裁判文书，覆盖整个审判流程及民事、刑事、行政全部案由，裁判文书的类型包括判决书、裁定书、决定书、调解书及其他文书；国际条约则收录了中国与90多个国家及地区签署的税收协定。

图4-2-11　威科先行法律信息库

该数据库还具备多项特色功能，如法律法规的翻译定制服务、谷歌式的单库搜索、多维度分类导航、独特的标签云、准确的时效性标识，以及便捷的文档管理功能。

五、万律

万律（Westlaw China）是汤森路透法律信息集团基于世界领先的Westlaw法律信息平台的技术和经验打造的智能化中国法律信息双语数据库，通过对中国大陆的法律法规以及判例进行整理和归纳，提供经过高度整合的法律信息增值服务。（见图4-2-12）万律的特色在于：

实务性的专题设置：提供35个法律专题，以法律实务为指向，对数据库内的法律法规和判例进行专业分析和高度整合，Key Number System（钥匙码系统）完成对法律专题下的每一个法律要点的逐条索引，法律要点下包含了法条援引、裁判要点、相关文件以及相关参考等内容；

权威的翻译：由英美专业律师编辑、校正，内容严谨并精确使用专业法律用语，涵盖法律法规、12个法律专题、4000个裁判要点、期刊摘要以及法律资讯等内容；

及时的资讯：通过个性化邮件订制和在线阅览相结合的方式，分别提供中文和英文版本，内容涵盖新法快递、立法趋势、审判参考、政策指导、统计信息、法律和财经方面的时事信息、专家评析、律所简讯和文献资料等栏目。

目前万律（Westlaw China）已收录超过 200 万个基础文档，其中涵盖 35 个法律专题、27000 个法律要点，每个法律要点下收录了法条援引、裁判要旨、相关文件以及相关参考等内容。通过万律（Westlaw China），用户可以快速、方便地获取大量精准信息，并深入了解不熟悉的法律领域。万律（Westlaw China）法律在线数据库还提供由具有多年校对法律专业文书经历的英美专业人士校对的英文版本，确保内容严谨并精确使用本土专业用语。

图4-2-12　万律

六、律商

律商网Lexiscn.com是律商联讯集团LexisNexis为中国法律市场度身定做的最具实务性的中英双语法律数据库。（见图4-2-13）作为目前中国市场最全面、最完整的法律信息平台，律商网不仅拥有百万的数据量，更以实务为基础，推出了一系列的实务专题库，面向来自政府、中外企业、国内外律所以及各大高校的专业法律人士，提供一站式的解决方案。

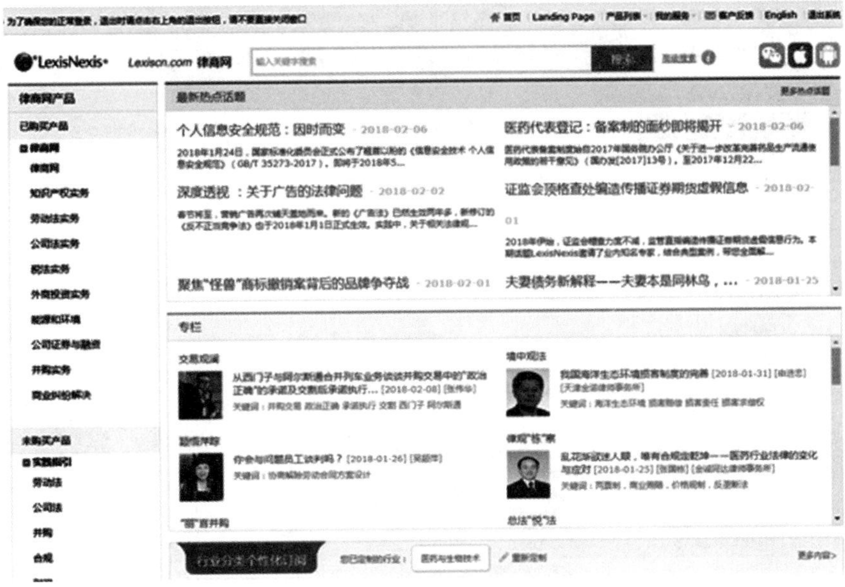

图4-2-13　律商网

七、港澳台法律数据库

北大法宝和北大法意均收录了大量我国港澳台地区的法律资源。利用这两个数据库必先定位有关的子库，再进行查询操作。

1.北大法宝里相关资源主要分布在港澳法律法规子库（见图4-2-14）和台湾法律法规子库（见图4-2-15）里。如查询相关资源，需要先选择或进入子库。

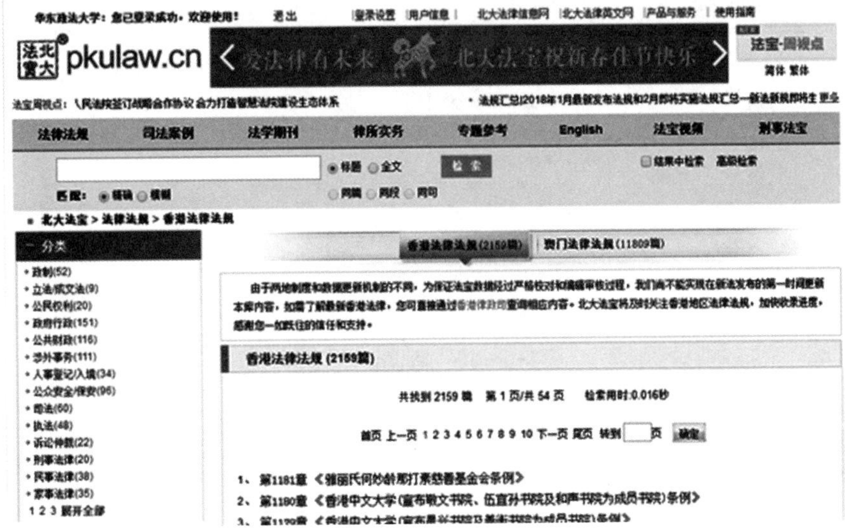

图4-2-14　港澳法律法规检索

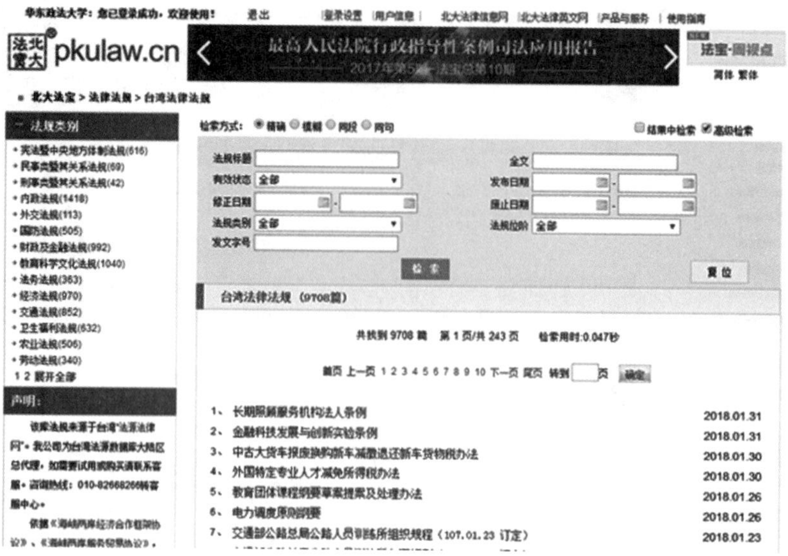

图4-2-15　台湾法律法规检索

2.北大法意里相关资源主要分布在港澳台法规库和案例库里。(见图4-2-16)如查询相关资源，需要先选择或进入子库。

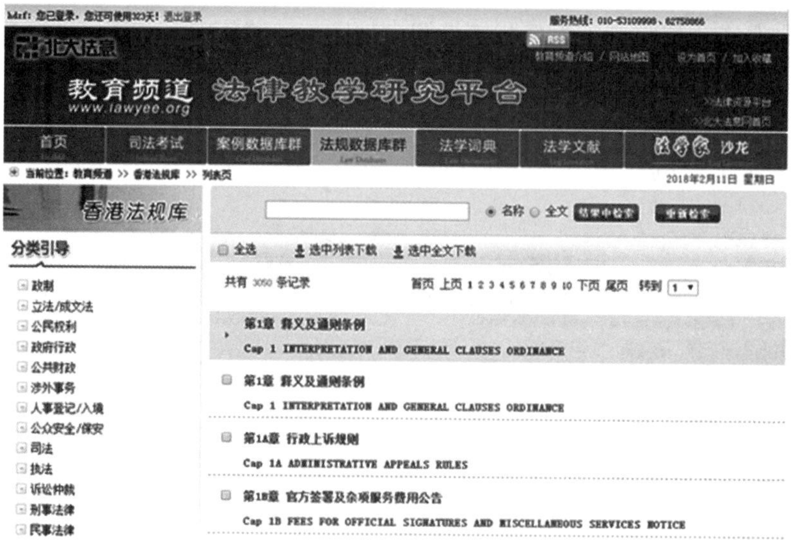

图4-2-16　港澳台法规库

第三节　法律法规检索

本节的法律法规检索指的是在相关数据库中的检索，常见的数据库有北大法宝、北大法意和法库。

“北大法宝”提供法律法规查询的主要数据库称为“中央法规司法解释”，内容包括：法律、行政法规、司法解释、部门规章、团体规定、行业规定、军事法规规章，收文274760篇。相关数据库有：地方法规规章，包括地方性法规、地方政府规章、地方规范性文件、地方司法文件，收文1216171篇；法津动态，收文70526篇；立法背景资料，收文9095篇；中外条约，8182篇；外国法律法规，507篇；港澳法律法规，2159篇；台湾法律法规，9483篇；合同与文书范本，7243篇。

“北大法意”的法律法规查询模块称为法规数据库群，内容包括：中国法律法规库（宪法法律、行政法规、司法解释、部委规章、地方法规、军事法规、政策纪律、行业规范、国际条约、政府文件，共计1519679篇；中英文本对照库（3757篇）；新旧版本对照库（212篇）；香港法规库（3050篇）；澳门法规库（32293篇）；台湾法规库（10487篇）；外国法规库（1016篇）；国际条约库（5668篇）；法规解读库（1829篇）；古代近代法规库（648篇）；配套规定（141篇）。

“法库”收录宪法、法律、有关法律的决定、法律解释、工作答复、行政法规及法规性文件、军事法规及文件、地方性法规及文件、部门规章及文件、地方政府规章及文件、司法解释及文件、行业规定、国际公约、双边条约、多边条约、外国法律（1篇）、团体规定、港澳台法律（1篇）、法律释义、地方司法文件等，共计986712篇。

三个数据库内容对照如表4-3-1所示：

表4-3-1

	中英文对照	新旧版对照	国际条约	港澳台法规	外国法律	古代近代法规	立法背景	合同范本
北大法宝	√	√	√	√	√		√	√
北大法意	√	√	√	√	√	√		
法库			√	√				√

一、最新法律法规

例1：以“中华人民共和国国家情报法”为检索对象。

【渠道1】进入中国政府法制信息网查找最新的法律法规，见图4-3-1：

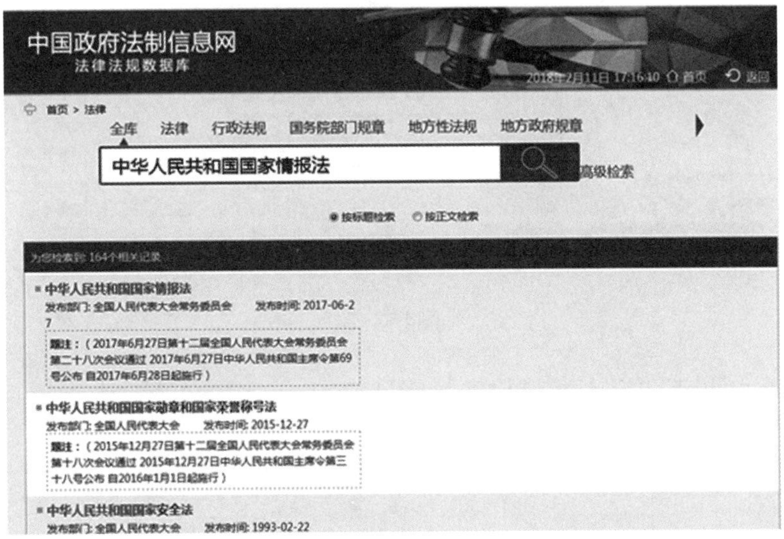

图4-3-1

【渠道2】在“法库”中进行标题检索，见图4-3-2：

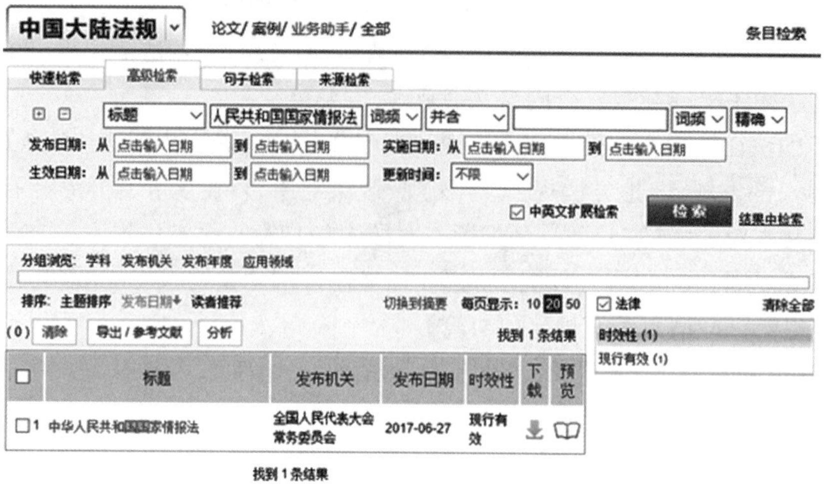

图4-3-2

除了找到本文外，还发现了本法规引用的法规，实现了关联检索。(见图4-3-3)

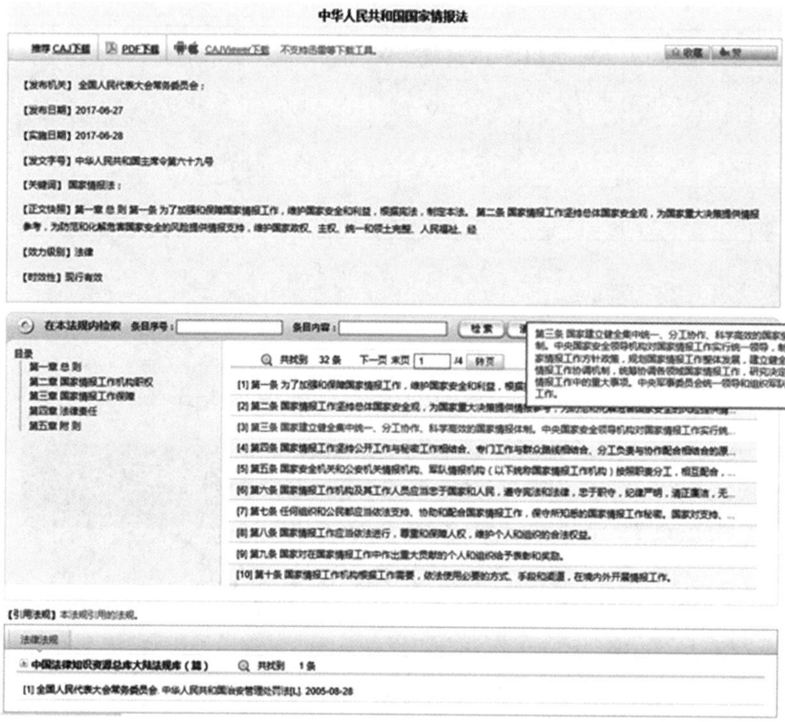

图4-3-3

【渠道3】在“北大法宝”中进行标题检索，见图4-3-4：

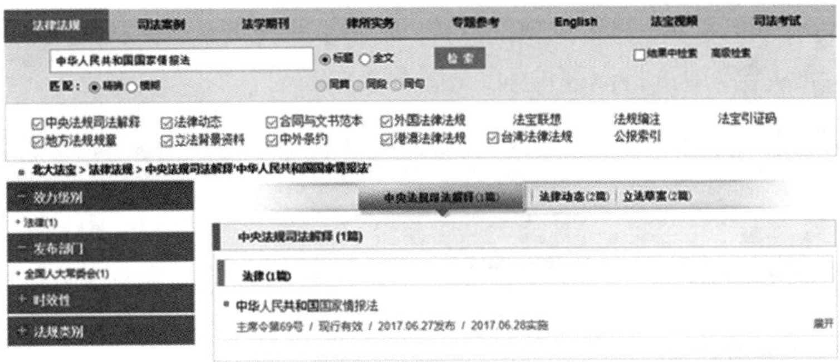

图4-3-4

除查找到全文外，还有2篇法律动态和2篇立法草案，提供了丰富的关联检索。

【渠道4】在“北大法意”中检索，见图4-3-5：

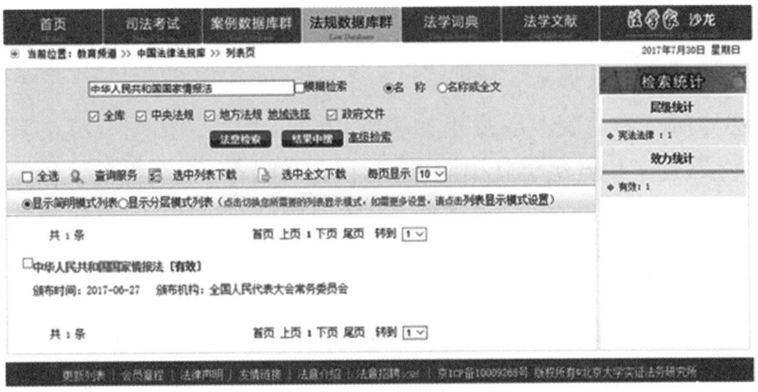

图4-3-5

例2：以“中华人民共和国水污染防治法”为例进行检索。

【渠道1】在“法库”中，进行标题检索，见图4-3-6：

图4-3-6

可以检索到现行有效的法律、尚未生效的法律、已修订废止的法律，以及关联的其他法规。

【渠道2】在“北大法宝”中进行标题检索，见图4-3-7：

图4-3-7

能够检索到该法律所有修订版本以及相关法规，并且，相关法律均有英文版（包括最新的）。打开2008修订版，每一条条文下均有法宝联想提示，提供修订沿革、条文释义、（相关）法学期刊（论文）。右侧栏还有其他法宝联想功能，包括：背景资料、本篇引用的法规、引用本篇的法规、案例、论文等信息。（见图4-3-8）

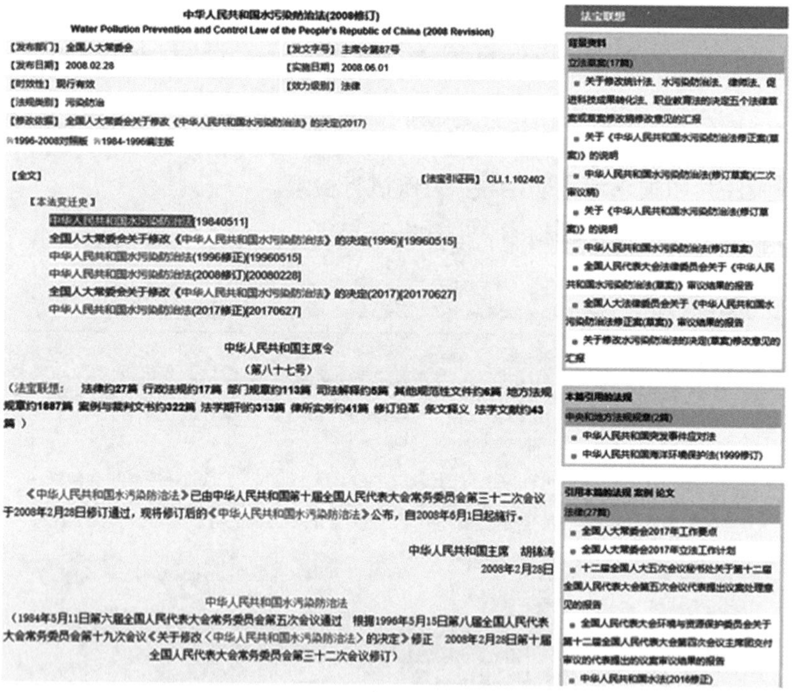

图4-3-8

【渠道3】在“北大法意”中进行相同检索，见图4-3-9：

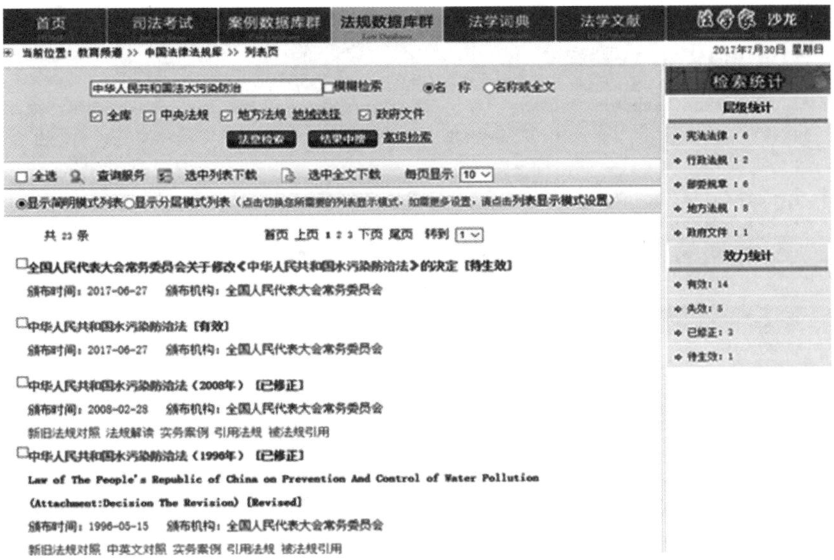

图4-3-9

相关法律法规查找较全，更新及时，2008年修订版无英文本，但条目下注有新旧法规对照、法规解读、实务案例、引用法规和被法规引用等链接。此功能类似法宝联想。

从上例中得出："北大法宝"和"北大法意"的法律法规检索功能及其拓展的功能较为强大（尤其以"北大法宝"为优），"法库"一般检索功能尚可，但拓展的关联检索功能较弱。因此，利用数据库进行法律法规检索时，首选"北大法宝"或"北大法意"。

二、法律动态与立法背景材料

"北大法宝"中有两类资料——法律动态与立法背景。法律动态来源于新闻媒体，也有对立法、修法背景的反映，但这是从法制新闻角度的反映。（见图4-3-10）而立法背景材料包含了立法草案、白皮书、法规解读、工作报告等内容，是从法律文件角度的反映。（见图4-3-11）

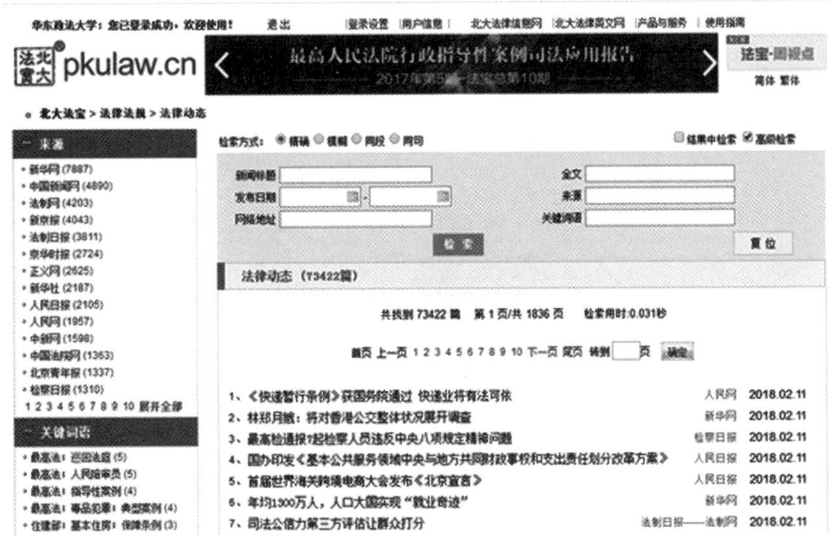

图4-3-10

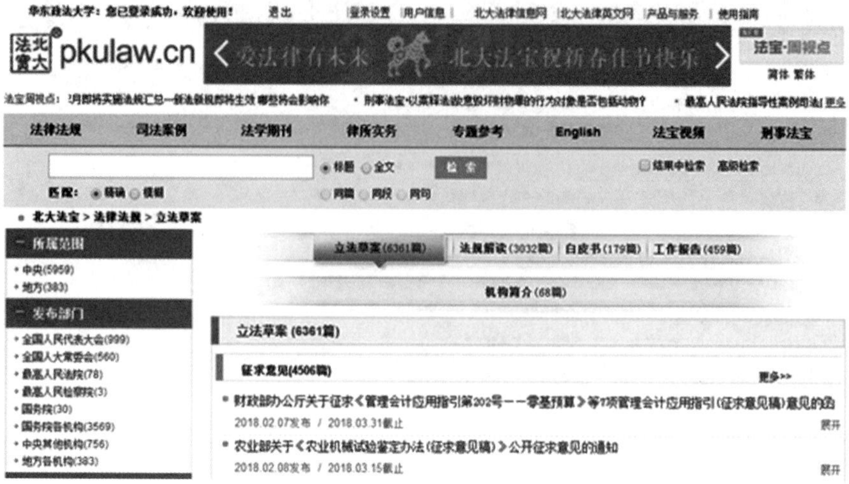

图4-3-11

三、港澳台法律法规

“北大法宝”与“北大法意”都提供香港法律法规的查询,但两者有些许差别。在“北大法意”中,以中英对照的方式展示文本。(见图4-3-12)而在“北大法宝”中,并没有完全做到中英文对照,第1141章之后主要是中文,无对照的英文本。(见图4-3-13)

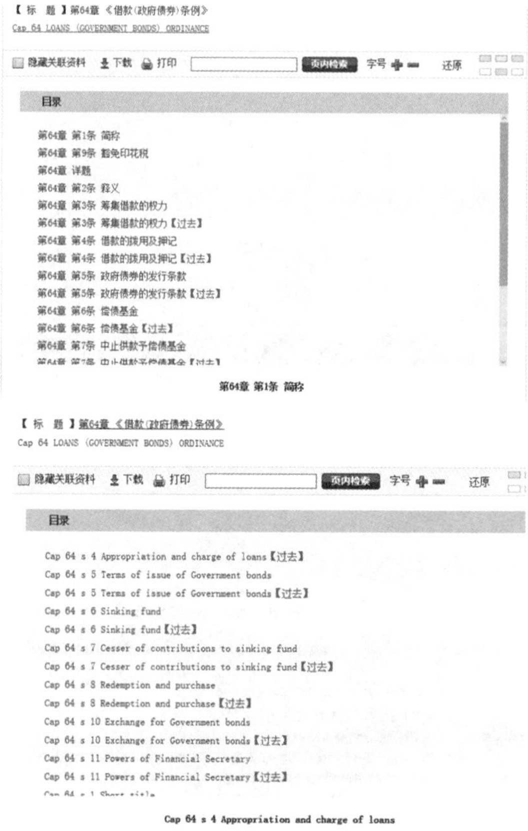

图4-3-12 北大法意的香港法律法规检索

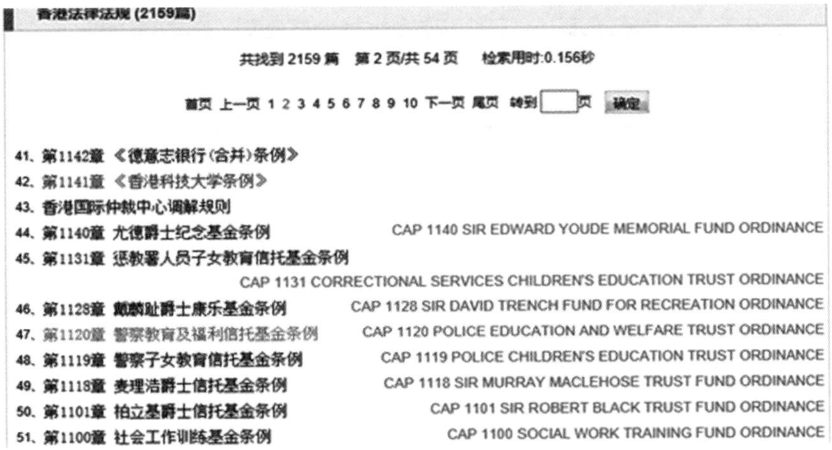

图4-3-13　北大法宝的香港法律法规检索

四、国际条约/中外条约

“北大法宝”或“北大法意”，都提供国际条约检索/中外条约检索。一些重要的国际条约都被收录其中，如《联合国宪章》《保护工业产权巴黎公约》《保护文学艺术作品伯尔尼公约》等。

试检索“WTO法律文本”。

在“北大法宝”的“中外条约”中，我们通过题名检索“世界贸易组织”，见图4-3-14：

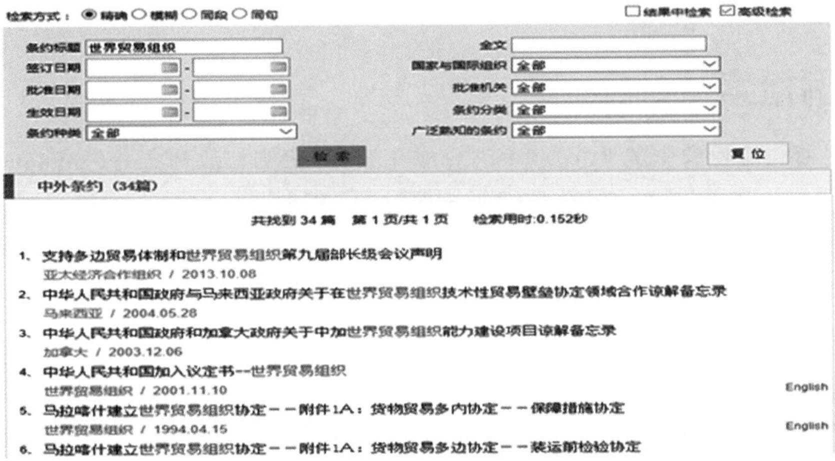

图4-3-14

结果中有标志WTO（世界贸易组织）成立的马拉喀什协定（WTO法律文本），而且是中英文本。还有中华人民共和国加入世界贸易组织的议定书。

在“北大法意”的国际条约中进行相同检索，见图4-3-15：

图4-3-15

只有《中华人民共和国加入世界贸易组织议定书》，无WTO法律文本。

再找一下《欧盟条约》(《马斯特里赫特条约》)，在“北大法宝”的“中外条约”中有，而在“北大法意”中则没有。

这说明，“北大法宝”的“中外条约”较为全面，而“北大法意”的“国际条约”则以中国为视角，收录与中国相关或中国为缔约方的国际条约。

总之，检索国际条约，应该找相关国际组织的官网或专题数据库，通用数据库不是最好的选择。

第四节　案例检索

“北大法宝”提供案例检索的“司法案例”分成几部分：案例与裁判文书（25986914，更新至2017年）、公报案例（1746，更新至2017年）、案例要旨（19541，更新至2016年）、案例报道（40651，更新至2017年）、仲裁裁决与案例（645，更新至2008年）。

“北大法意”提供案例检索的是“案例数据库群”，包括中国裁判文书库（13177095，更新至2016年）、精品案例库（24814，更新至2013年）、精选案例库（4286667，更新至2015年）、中国媒体案例库（55753，更新至2015年）、行政执法案例库（1718，更新至2007年）、国际法院案例库（140）、外国法院案例库（808）、中国古代案例库（467）、教学参考案例库（436）、香港法院案例库（89653，更新至2015年）、澳门法院案例库（17720，更新至2015年）、台湾法院案例库（610781，更新至2012年）。

“中国法律知识资源总库”收录592680件案例，更新至2017年。

当初，“北大法宝”和“北大法意”对于法律文献的收录，是各有侧重的，“北大法宝”长于法律法规检索，而“北大法意”的案例检索很有特色；但根据目前的案例收录量和更新情况，“北大法意”渐已落后，只是检索上有特色，实际使用价值已大不如前。

之前已讨论过，根据司法公开的要求，裁判文书多已上网，数据库要想仍有一席之地，当在资源整合和深加工上进行努力。

我们看一下中国裁判文书网的情况。中国裁判文书网是全国法院公布裁判文书的统一平台。各级人民法院在本院政务网站及司法公开平台均设置中国裁判文书网的链接。目前，中国裁判文书网已成为全球最大的裁判文书网，收文4700万篇，并且每日更新。

一、司法案例/裁判文书、媒体案例

（一）司法案例/裁判文书

1.“北大法宝”案例检索的途径

案由是人民法院对诉讼案件所涉及的法律关系的性质进行概括后形成的案件名称。2007年，最高人民法院通过《民事案件案由规定》，2011年进行了修订。刑事案由即罪名，由《刑法分则》规定。2004年1月14日，最高人民法院发布《关于规范行政案件案由的通知》。2012年，最高人民法院发布《关于赔偿案件案由的规定》。如果是刑事案件，案由一项与判定罪名相重。

对于指导性案例/案例要旨，有核心术语、案例要旨等检索途径。权责关键词可通过菜单选择。（见图4-4-1）

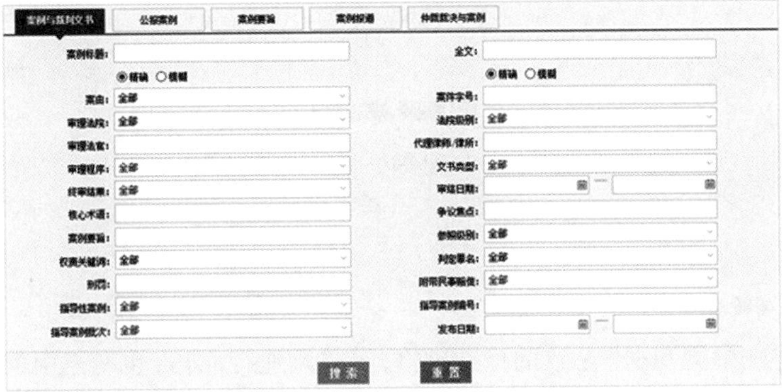

图4-4-1

2.“北大法意”案例检索的途径

“北大法意”的案例收录不尽如人意，但其检索模式还是很有特色的，与“北大法宝”相比，其检索模式更适用于案件检索。其检索模式是多条件方式（最多10个并列条件），检索途径可选全文关键字、案号、案由、学理词、当事人、专题、权威出处、审理法院、法院级别、文书类型、审理法官、判决时间、审级、法律点、代理律所、代理律师。其中，案由通过参考案由（分为刑事、民经、行政、知产、海事、国家赔偿六类）选择，学理词也通过参考学理词选择。选择案件类型后，可以点选法律点进行检索（相当于二级案件类型）。（见图4-4-2）

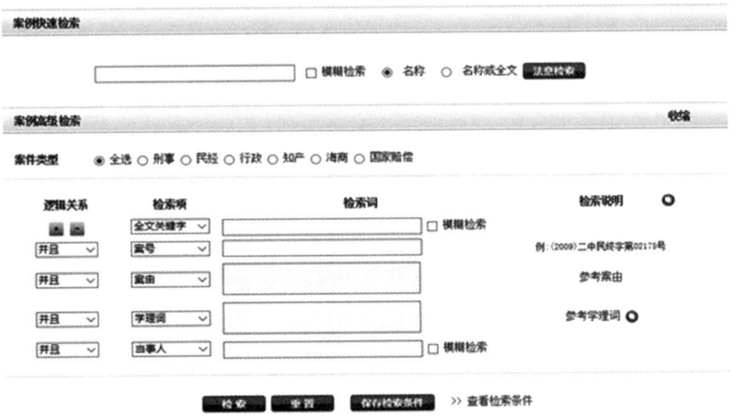

图4-4-2

"北大法意"的案例检索除了通过关键词检索模式，还可以通过分类导引模式（分别通过法院案由、专题分类、法律点体系、法院地域导引）进行。（见图4-4-3）

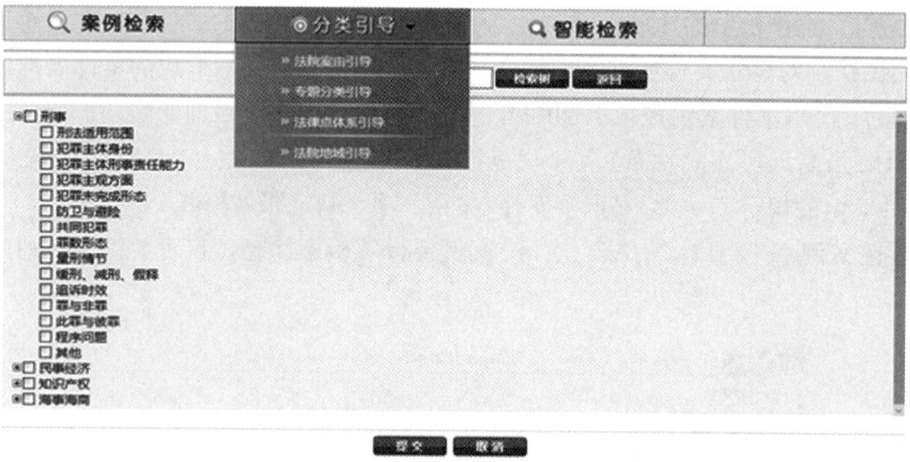

图4-4-3

3."法库"的案例检索

"法库"保持了与"中国知网"一致的检索风格，从检索途径而言，也有案由、涉及领域等，但是却要手工输入，而未采用点选方式，这是一个不足之处。（见图4-4-4）

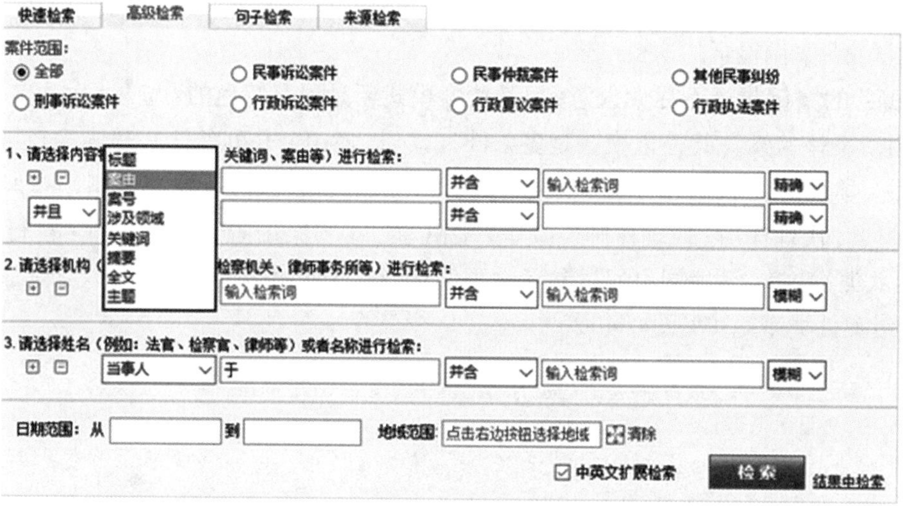

图4-4-4

4．“中国裁判文书网”的案例检索（见图4-4-5）

图4-4-5

试查询“于欢故意伤害案”(2016)。

案例检索，最便捷的途径是当事人，如果没有当事人检索途径，可从案例标题检索（当事人名字会出现在案例标题中）。首先在中国裁判文书网上检索（当事人：于欢）。（见图4-4-6）

图4-4-6

该案件判决书已公开。（因当事人利益问题，有些判决书不公开。）

在“北大法宝”检索，因为“北大法宝”不直接提供当事人检索途径，那就从标题检索。（见图4-4-7）

图4-4-7

除了判决书外，还有6条案例报道。（见图4-4-8）

热点案例(6篇) 〔更多〕

· 最高法常务副院长从于欢案谈正当防卫：统一法律适用标准	2017.06.26
· 山东省高级人民法院对上诉人于欢故意伤害一案 二审公开宣判	2017.06.23
· 于欢犯故意伤害罪改判有期徒刑五年	2017.06.23
· 坚持依法裁判 维护公平正义 山东高院负责人就于欢故意伤害案答记者问	2017.06.23
· 最高人民检察院公诉厅负责人就于欢故意伤害案有关问题答记者问	2017.05.28
· 山东省人民检察院公布于欢案处警民警调查结果	2017.05.26

图4-4-8

裁判文书中只有法律事实和判决结果，没有专家观点等内容，而案例报道中有相关内容。如果是指导性案例（案件要旨），就不完全是判决书的格式，内容包括：关键词、要旨/裁判要点、相关立法、基本案情、诉讼过程/裁判理由、裁判结果等。（见图4-4-9）

指导案例32号：张某某、金某危险驾驶案 指导性案例

Guiding Case No. 32: Case of Dangerous Driving by Zhang and Jin

【案由】	刑事 > 危害公共安全罪 > 危险驾驶罪 [注]		
【案件字号】	（2012）浦刑初字第4245号	【文书类型】	判决书
【审结日期】	2013.01.21	【审理法院】	上海市浦东新区人民法院

⌄ 展开查看权责关键词、审理程序、案例要旨等信息

【全文】

【法宝引证码】CLI.C.3705402

指导案例32号：张某某、金某危险驾驶案

（最高人民法院审判委员会讨论通过　2014年12月18日发布）

指导案例32号

【关键词】

刑事 危险驾驶罪 追逐竞驶 情节恶劣

【裁判要点】

1. 机动车驾驶人员出于竞技、追求刺激、斗气或者其他动机，在道路上曲折穿行、快速追赶行驶的，属于《中华人民共和国刑法》第一百三十三条之一规定的“追逐竞驶”。

2. 追逐竞驶虽未造成人员伤亡或财产损失，但综合考虑超过限速、闯红灯、强行超车、抗拒交通执法等严重违反道路交通安全法的行为，足以威胁他人生命、财产安全的，属于危险驾驶罪中“情节恶劣”的情形。

【相关法条】

图4-4-9

有些是公报案例，在判决书正文之前，会有一段裁判摘要。（见图4-4-10）

王军诉李睿抵押合同纠纷案 公报案例

【案由】	民事 > 合同、无因管理、不当得利纠纷 [注] > 合同纠纷 > 抵押合同纠纷 [案由释义]		
【文书类型】	判决书	【审结日期】	2016.10.25
【法院级别】	中级法院	【审理法院】	北京市第三中级人民法院

⌄ 展开查看权责关键词、审理程序、来源等信息

【全文】

【法宝引证码】CLI.C.9241980

王军诉李睿抵押合同纠纷案

[裁判摘要]

抵押权人在主债权诉讼时效期间未行使抵押权将导致抵押权消灭，而非胜诉权的丧失。抵押权消灭后，抵押人要求解除抵押权登记的，人民法院应当支持。

原告：王军，女，69岁，汉族，住北京市通州区。

被告：李睿，男，35岁，汉族，住河北省秦皇岛市。

原告王军因与被告李睿发生抵押合同纠纷，向北京市通州区人民法院提起诉讼。

原告王军诉称：2009年8月12日，王军与被告李睿签订房产抵押合同及借款合同，约定用王军名下的位于北京市通州区A房屋作为抵押，并办理抵押登记。因款项实为案外人兰广清向李睿所借，王军仅是应兰广清要求提供房本，所有的款项均由兰广清本人偿还，与王军无关。至于李睿如何与兰广清进行协商，王军并不清楚。王军并未收到李睿给付的借款50万元。因实际借款人为兰广清，且李睿未在主债权诉讼时效期间行使抵押权，故抵押权不予保护。现诉至法院，请求判令：李睿协助王军办理注销通州区A房屋的抵押登记手续。

图4-4-10

裁判文书是原始文献，而公报案例、案例要旨（指导性案例）附有评述内容，是一篇案例的综述，对于学习与研究有指导作用。

在“北大法意”和“法库”中检索（都有当事人途径）该案，无结果。说明案例检索，除了中国裁判文书网上查原始文献外，“北大法宝”是一个比较好的选择。同时，“北大法宝”为我们提供判决书的同时，在右侧栏，提供了丰富的法宝联想功能：本案法律依据、同案由重要案例、本法院内类似案例、相关审判参考、相关实务专题、相关论文。（见图4-4-11）这也是我们选择“北大法宝”进行案例检索的理由之一。

图4-4-11

（二）媒体案例

试检索案例：杭州“5·7交通肇事案”（2009年胡斌交通肇事案）。

在“北大法宝”中，从案例报道检索“当事人：胡斌，案由（点选）：交通肇事罪”。（见图4-4-12）

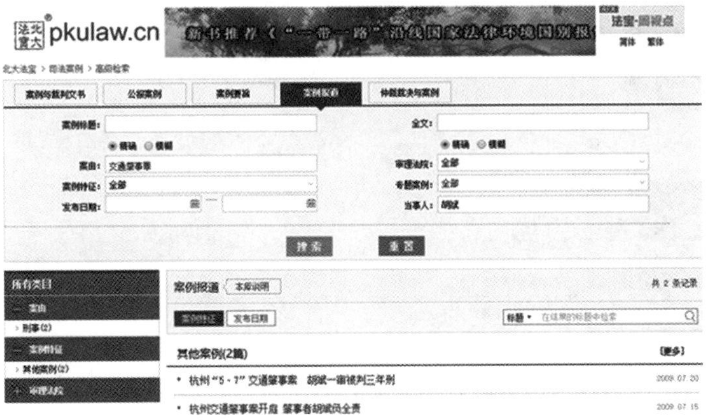

图4-4-12

从结果看，可以用“杭州‘5·7’交通肇事案”进行标题检索。（见图4-4-13）从这里也可以看出，“案例报道”提供的检索途径要简单得多。

图4-4-13

如果从“案例与裁判文书”检索，则不能以“杭州‘5·7交通肇事案’”进行标题检索，只能以“标题：胡斌，案由：交通肇事罪”进行检索。（见图4-4-14）

图4-4-14

在“北大法意”中，从“中国媒体案例库”检索。（见图4-4-15）

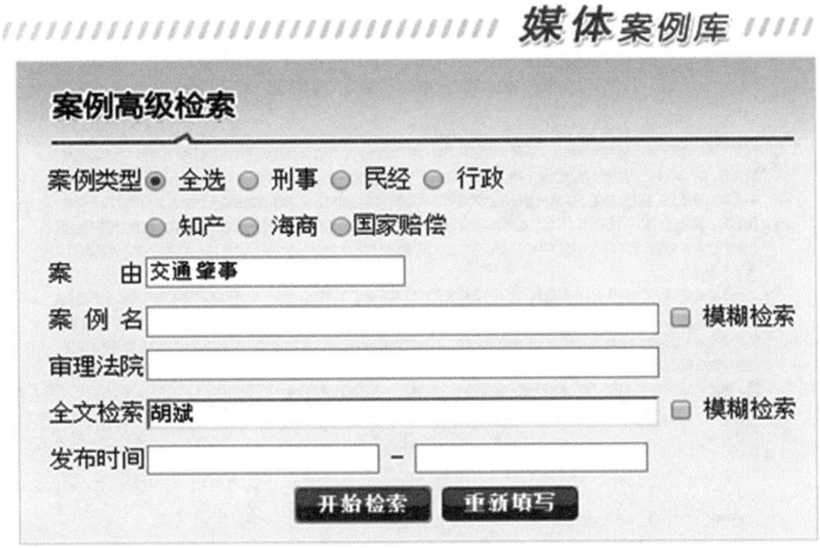

图4-4-15

从结果看，也可以“杭州‘5·7’飙车案”进行标题检索。（见图4-4-16）在“北大法意”的“中国裁判文书库”中则不能进行同样的标题检索。命中结果后，“中国媒体案例库”和“中国裁判文书库”文本展示也有很大不同。（见图4-4-17、图4-4-18）

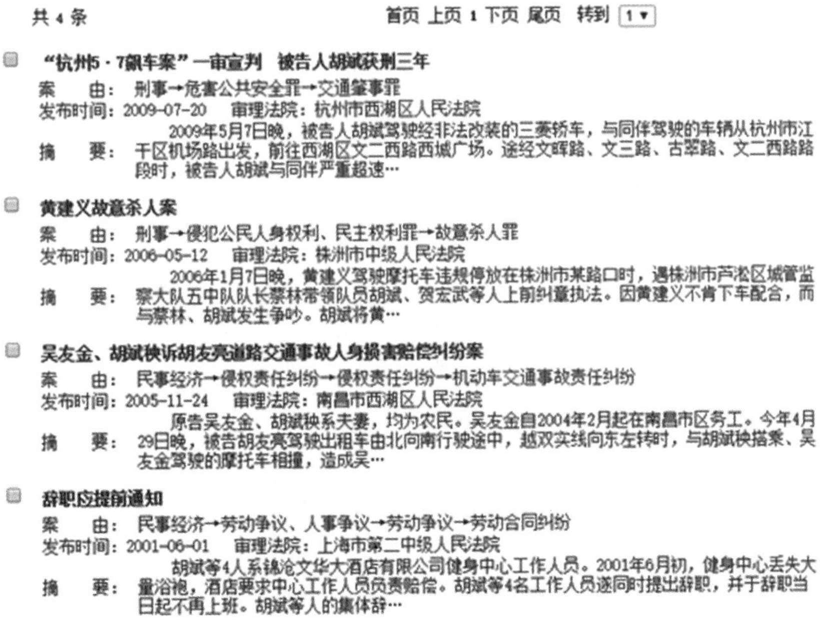
共 4 条　　首页 上页 1 下页 尾页 转到 1

“杭州5·7飙车案”一审宣判　被告人胡斌获刑三年
案　　由：刑事→危害公共安全罪→交通肇事罪
发布时间：2009-07-20　审理法院：杭州市西湖区人民法院
摘　　要：2009年5月7日晚，被告人胡斌驾驶经非法改装的三菱轿车，与同伴驾驶的车辆从杭州市江干区机场路出发，前往西湖区文二西路西城广场。途经文晖路、文三路、古翠路、文二西路路段时，被告人胡斌与同伴严重超速…

黄建义故意杀人案
案　　由：刑事→侵犯公民人身权利、民主权利罪→故意杀人罪
发布时间：2006-05-12　审理法院：株洲市中级人民法院
摘　　要：2006年1月7日晚，黄建义驾驶摩托车违规停放在株洲市某路口时，遇株洲市芦淞区城管监察大队五中队队长蔡林带领队员胡斌、贺宏武等人上前纠章执法。因黄建义不肯下车配合，而与蔡林、胡斌发生争吵。胡斌将黄…

吴友金、胡斌秧诉胡友亮道路交通事故人身损害赔偿纠纷案
案　　由：民事经济→侵权责任纠纷→侵权责任纠纷→机动车交通事故责任纠纷
发布时间：2005-11-24　审理法院：南昌市西湖区人民法院
摘　　要：原告吴友金、胡斌秧系夫妻，均为农民。吴友金自2004年2月起在南昌市区务工。今年4月29日晚，被告胡友亮驾驶出租车由北向南行驶途中，越双实线向东左转时，与胡斌秧搭乘、吴友金驾驶的摩托车相撞，造成吴…

辞职应提前通知
案　　由：民事经济→劳动争议、人事争议→劳动争议→劳动合同纠纷
发布时间：2001-06-01　审理法院：上海市第二中级人民法院
摘　　要：胡斌等4人系锦沧文华大酒店有限公司健身中心工作人员。2001年6月初，健身中心丢失大量浴袍，酒店要求中心工作人员负责赔偿。胡斌等4名工作人员遂同时提出辞职，并于辞职当日起不再上班。胡斌等人的集体辞…

图4-4-16

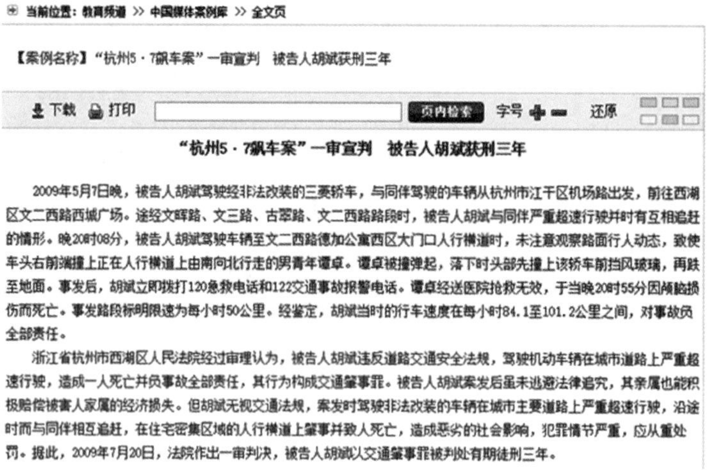
当前位置：教育频道 >> 中国媒体案例库 >> 全文页

【案例名称】"杭州5·7飙车案"一审宣判　被告人胡斌获刑三年

下载　打印　页内检索　字号　还原

"杭州5·7飙车案"一审宣判　被告人胡斌获刑三年

2009年5月7日晚，被告人胡斌驾驶经非法改装的三菱轿车，与同伴驾驶的车辆从杭州市江干区机场路出发，前往西湖区文二西路西城广场。途经文晖路、文三路、古翠路、文二西路路段时，被告人胡斌与同伴严重超速行驶并时有互相追赶的情形。晚20时08分，被告人胡斌驾驶车辆至文二西路德加公寓西区大门口人行横道时，未注意观察路面行人动态，致使车头右前端撞上正在人行横道上由南向北行走的男青年谭卓。谭卓被撞弹起，落下时头部先撞上该轿车前挡风玻璃，再跌至地面。事发后，胡斌立即拨打120急救电话和122交通事故报警电话。谭卓经送医院抢救无效，于当晚20时55分因颅脑损伤而死亡。事发路段标明限速为每小时50公里。经鉴定，胡斌当时的行车速度在每小时84.1至101.2公里之间，对事故负全部责任。

浙江省杭州市西湖区人民法院经过审理认为，被告人胡斌违反道路交通安全法规，驾驶机动车辆在城市道路上严重超速行驶，造成一人死亡并负事故全部责任，其行为构成交通肇事罪。被告人胡斌案发后虽未逃避法律追究，其亲属也能积极赔偿被害人家属的经济损失。但胡斌无视交通法规，案发时驾驶非法改装的车辆在城市主要道路上严重超速行驶，沿途时而与同伴相互追赶，在住宅密集区域的人行横道上肇事并致人死亡，造成恶劣的社会影响，犯罪情节严重，应从重处罚。据此，2009年7月20日，法院作出一审判决，被告人胡斌以交通肇事罪被判处有期徒刑三年。

图4-4-17

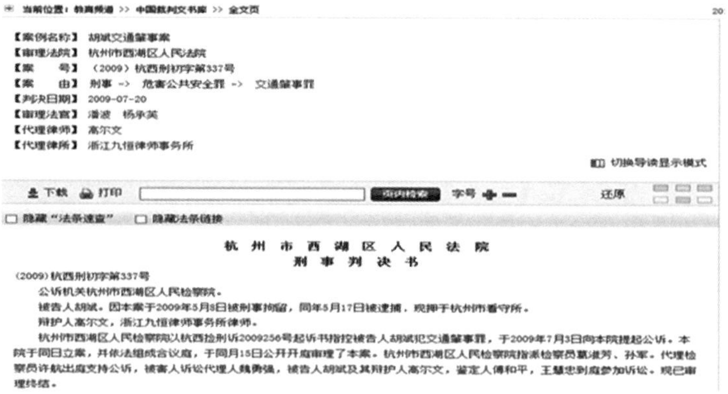
当前位置：教育频道 >> 中国裁判文书库 >> 全文页

【案例名称】胡斌交通肇事案
【审理法院】杭州市西湖区人民法院
【案　　号】（2009）杭西刑初字第337号
【案　　由】刑事 -> 危害公共安全罪 -> 交通肇事罪
【判决日期】2009-07-20
【审理法官】潘波　杨承英
【代理律师】高尔文
【代理律所】浙江九恒律师事务所

切换导读显示模式

下载　打印　页内检索　字号　还原

隐藏"法条速查"　隐藏法条链接

杭　州　市　西　湖　区　人　民　法　院
刑　事　判　决　书

(2009)杭西刑初字第337号

公诉机关杭州市西湖区人民检察院。

被告人胡斌。因本案于2009年5月8日被刑事拘留，同年5月17日被逮捕，现押于杭州市看守所。

辩护人高尔文，浙江九恒律师事务所律师。

杭州市西湖区人民检察院以杭西检刑诉2009256号起诉书指控被告人胡斌犯交通肇事罪，于2009年7月3日向本院提起公诉。本院于同日立案，并依法组成合议庭，于同月15日公开开庭审理了本案。杭州市西湖区人民检察院指派检察员戴湛芳、孙军、代理检察员许航出庭支持公诉，被害人诉讼代理人魏勇强，被告人胡斌及其辩护人高尔文，鉴定人傅和平，王慧忠到庭参加诉讼。现已审理终结。

图4-4-18

二、仲裁案例

仲裁案例文献一般由相关仲裁机构汇编出版，如《仲裁案例选编》，但纸质文献分散，且检索不便。目前，仲裁案例文献的查找一般通过相关数据库，常见的有北大法宝。（见图4-4-19）

图4-4-19

第五节　法学论文检索

一、中国法律资源总库

"中国知网"长于论文检索，"法库"也是如此。其检索方式与中国知网的期刊论文检索如出一辙，也有快速检索、高级检索、专业检索、作者发文检索、科研基金检索、句子检索和文献来源检索等多种模式可选。（见图4-5-1）那么，其检索结果与中国知网的论文检索是否有区别呢？

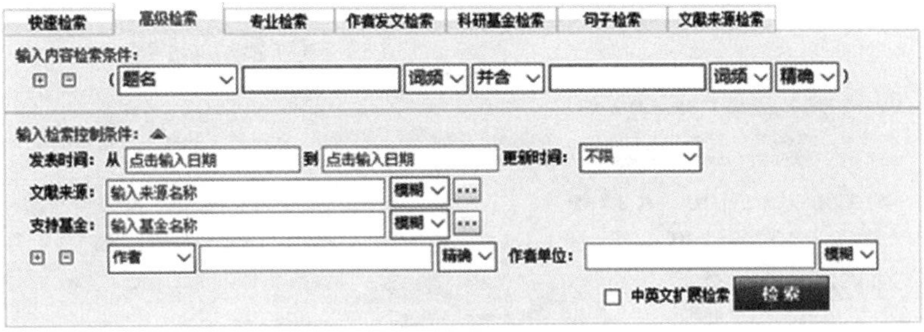

图4-5-1

试举一例。为了显示对比效果，仍然以"刑事诉讼制度改革"为例。（见图4-5-2）

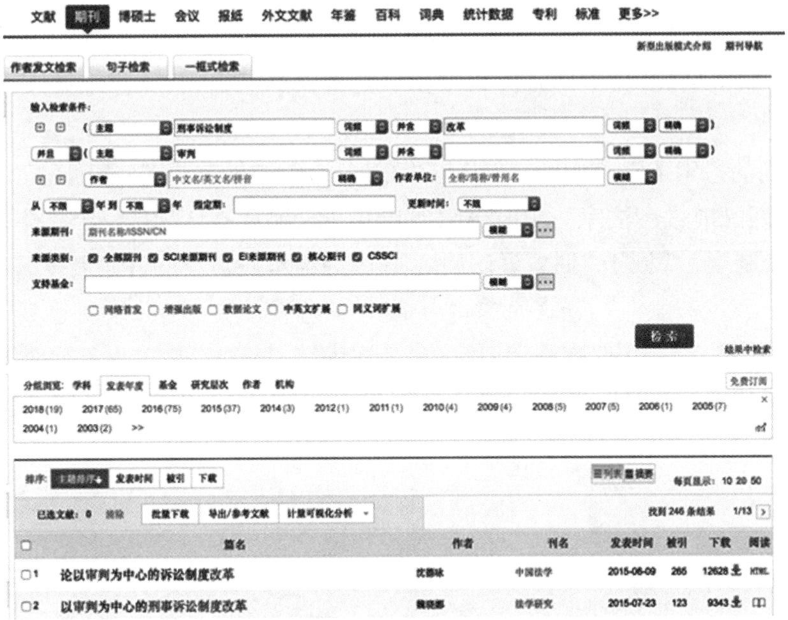

图4-5-2

在中国知网中，文献检索（包括期刊论文、国内会议论文、国外会议论文、博士论文、硕士论文、报纸论文，学术辑刊），命中结果458篇，如选择同义词扩展模式，则命中523篇；期刊论文（只是期刊论文，不包括其他论文）178篇，如选择同义词扩展模式，则命中209篇；博硕士论文检索，命中202篇，如选择同义词扩展模式，则命中234篇；会议论文检索，命中9篇，如选择同义词扩展模式，则命中10篇；报纸论文检索，命中68篇，如选择同义词扩展模式，则命中69篇。

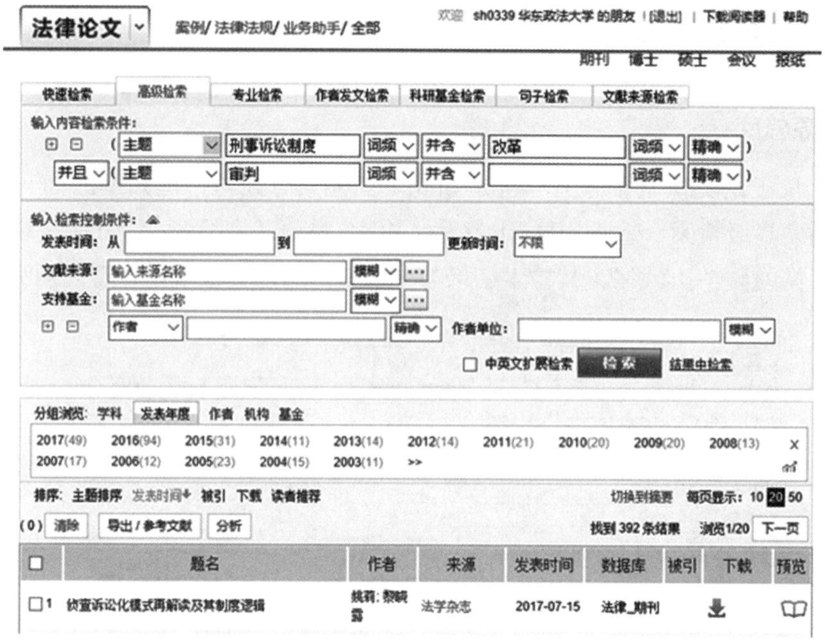

图4-5-3

在“法库”中，检索法律论文（包括期刊论文、博硕士论文、会议论文、报纸论文，没有学术辑刊），命中392篇（无同义词扩展项目可选）；检索期刊论文（只是期刊论文），则命中151篇；检索博士论文，命中22篇；检索硕士论文，命中173篇；检索会议论文，命中7篇；检索报纸论文，命中43篇。（见图4-5-3）

我们发现，相同的检索条件，“中国知网”与“法库”检索结果有差别，原因在于：

1. 同样是精确匹配模式，“法库”的更严格，如刑事诉讼制度被认为是一个整体；而在“中国知网”大平台中，将“诉讼制度”等同于“刑事诉讼制度”，因为与审判对应的诉讼制度，一般就是指刑事诉讼制度。

“法库”收文更严格，进行了二次筛选，因为有二次筛选，“法库”内容更新相对滞后。

2. “法库”收录的期刊769种（辑刊57种），少于“中国知网”的10878种（另有辑刊689种），这也是造成两者检索结果有差异的原因之一。

二、北大法宝

“北大法宝”也收录法学期刊，共收录法学期刊145种，包括56种核心期刊、42种非核心期刊、42种集刊（辑刊）和5种英文期刊。（见图4-5-4）另有《法商研究》和《电子知识产权》两种期刊只提供目录检索，不提供全文。其核心期刊的标准与“中国知网”的有所不同，而且有3种“中国知网”的核心期刊未收录全文（《政法论丛》《中国刑事法杂志》《法商研究》只提供目录）。5种英文期刊均为中文法学期刊的英文版，非原版英文学术期刊，但其中3种（*Law Yearbook of China*，*Peking University Journal of Legal Studies*，*Peking University Transnational Law Review*）“中国知网”未收录。就共同收录的期刊而言，相比“中国知网”，“北大法宝”的内容更新不够及时。

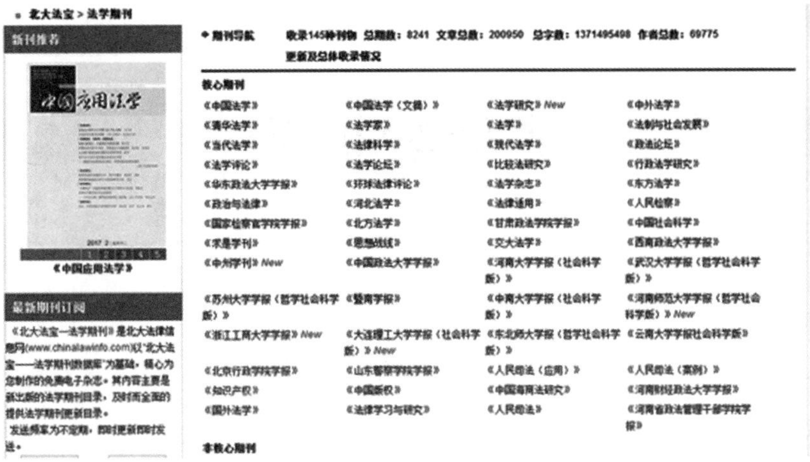

图4-5-4

“北大法宝”有“律所实务”栏目，收录律所实务类论文，稿件来源于律师事务所（内部出版物），这些内容“中国知网”一般不会收录。

“北大法宝”另有“专题参考”栏目，内容包括“专家解读”“银行风险与规避法律实务”“中国商事仲裁法律与实务”“裁判精要与规则适用—法官智慧”“企业合同范本—律师批注”“裁判标准”“办案艺术与技巧”“实务专题”“法律依据与精要”“法学文献”“法学教程”等，来源于专著、业务手册和网络文献，大都也不被“中国知网”收录。

总之，法律法规检索，网络获取成为首选；如要获取权威标准文本，纸质文献是一个选择，国务院法制办的“中国政府法制信息网”也是一个不错的选择；如选择数据库，特别是需要进行关联检索时，“北大法宝”是第一选择，“北大法意”和“中国知网”的“法库”也可根据需要选用。

案例检索，“中国裁判文书网”可提供最新、最全的原始材料（裁判文书），如果要获取进一步的信息——裁判要点、专家意见等，应当选用“北大法宝”；如要体验案例检索的特殊性，可以选择“北大法意”。

论文检索，“中国知网”是当仁不让的首选，如果要求进行精确检索（对查准率要求高，对查全率要求低，非大数据统计分析），应当选用“中国法律知识资源总库”；如要精选权威论文，可以选择“北大法宝”；如要获取非正式出版的文献（不属于期刊论文、学位论文、会议论文、报纸论文、辑刊论文），“北大法宝”和“北大法意”是不错的补充资源。

第五章

法律数据库

法律数据库具有资料权威丰富、检索准确便利、特色功能强大等优势，已经成为法学研究人员和实务工作者最常用的检索工具。

第一节 Westlaw

Thomson Reuters Westlaw，简称TR Westlaw或汤森路透Westlaw。原来的Westlaw International经过2016年1月1日全面升级为WestlawNext后，从2017年1月1日起，全球统一名称：Thomson Reuters Westlaw。

Westlaw以权威的英美法国家原始法律资料、高质量的二次法律资料为基础，配合专业法律搜索引擎WestSearch，同时提供Key Number 系统、Headnote 判例摘要、KeyCite分析工具等特色服务，是汤森路透新一代、一站式法律信息检索平台。

Westlaw 收录内容主要包含：英、美、法、澳、加拿大、韩国、中国香港和欧盟国家的判例、成文法；美国、欧盟等地的 5000 余种法学期刊通信资源（其中包括 90%以上美国法学核心期刊）；近 4000 本法学专业专著书籍，独家收录布莱克法律词典第十版电子版；路透法律、财经、政治等领域新闻。

一、Westlaw 首页

Westlaw首页（见图5-1-1）包括：

1. 检索框（WestSearch）。WestSearch是专为法学研究人员进行法律资料检索而研发的搜索引擎，可自动识别法律语言以及检索格式，可将任何法律问题以描述性语言，或者以布尔术语连接符的格式输入检索框进行检索。

2. 司法辖区选择（Jurisdiction Selector）。

3. 浏览（Browse）。在开始具体的检索前，从成千的数据库导航浏览至所需要的内容。

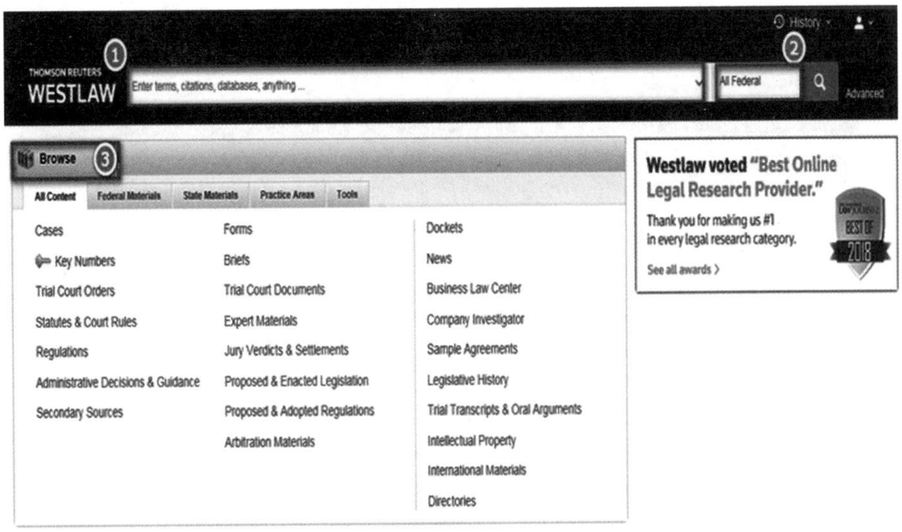

图5-1-1

二、Westlaw检索方法

（一）Westlaw Browse 浏览法

Westlaw 提供判例、成文法、期刊评论、专著教材、新闻等资源的直接浏览功能，可通过逐级点击进行浏览。

首页默认为美国管辖，首页 Browse 部分即可直接浏览美国的法律资料。美国之外其他国家和地区资料可通过 International Material 进行浏览。（如图5-1-2、图5-1-3所示）

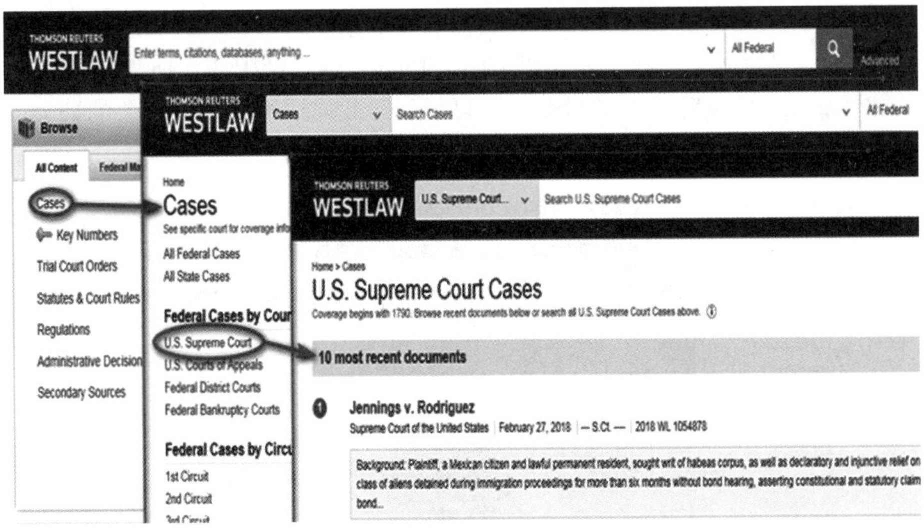

图5-1-2

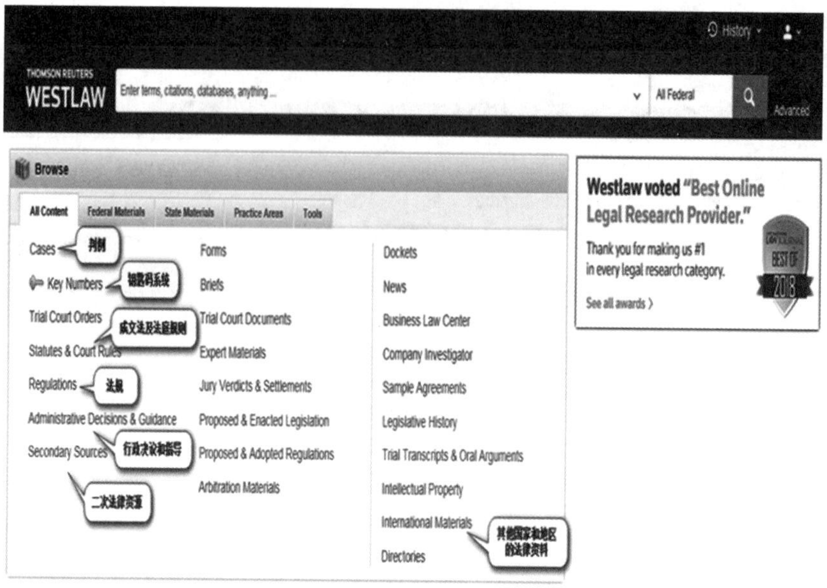

图5-1-3

（二）WestSearch检索法

WestSearch能识别符合检索主题的关键词，提供与该主题最相关的文件。WestSearch对文件之间丰富的相关性进行分析，让检索结果更加广泛，并将相关度最高的文件显示在结果清单顶部。由于带注释版本的法令或条例很可能包含了正在检索的关键词，WestSearch拥有广泛的搜索范围，能够检索出最相关、最完整的一系列文件。

1. 自然语言检索举例

自然语言检索，即简单查询——用描述性的语言进行直接检索，可以是一个单词，一个词组，或是一句描述性的话，也可以是一个问题。例如，在WestSearch检索框中输入描述性语言 “how to protect copyright”，点击 Search（橘黄色放大镜图标），即可得到与此描述性关键词相关的45个成文法，847个判例，超过 10000 篇二次法律文献，以及更多相关结果。（见图5-1-4）

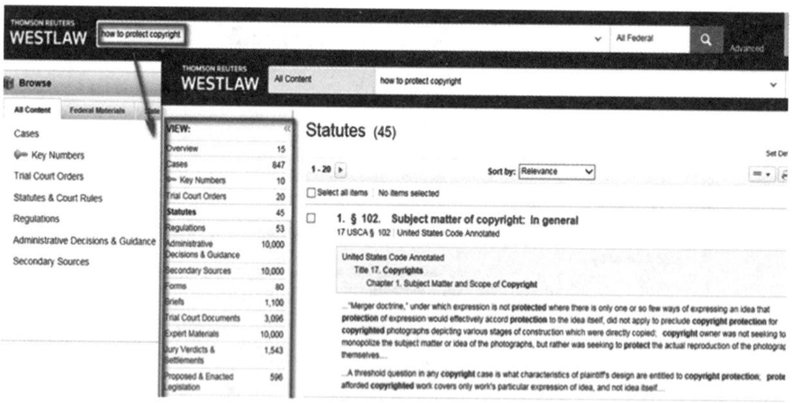

图5-1-4

2. 高级查询检索举例

高级查询可以使检索结果更加精确。高级查询可以通过两种方式来实现：一种是 Boolean Terms

& Connectors（布尔术语与连接符）的使用；另一种是 Document Fields（文件字段）的使用。

（1）Boolean Terms & Connectors 使用举例：

在WestSearch检索框中输入 Boolean Terms&Connectors 关键词“copyright infringemen & internet”。点击 Search（橘黄色放大镜），即可得到关键词相关的 113个成文法，4429个判例以及更多其他法律资料。（见图5-1-5）

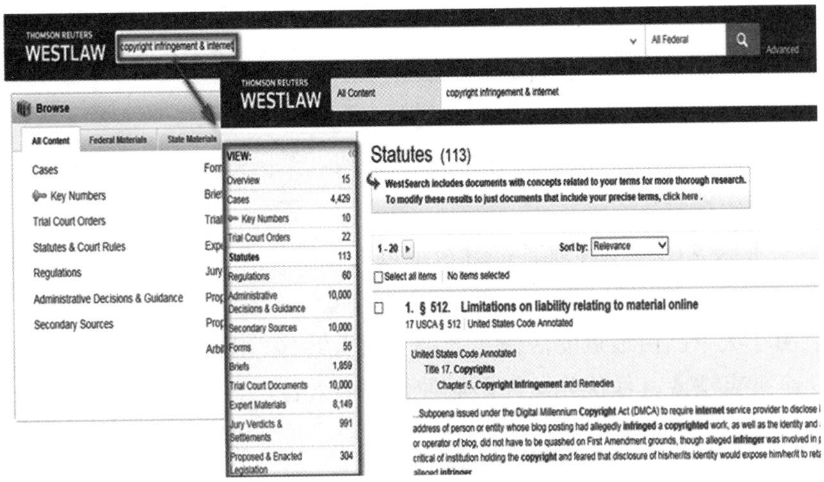

图5-1-5

（2）Document Fields使用举例：

点击首页或者任何一个数据库浏览页面最右侧的 Advanced 工具，进入当前数据库的高级检索界面，在此界面中可以根据预先了解到的文件线索进行 Document Fields 相关字段检索。例如，要查询 Microsoft 公司作为当事人的案件，或者文章标题中出现 Microsoft 公司，那么可以在 Name/Title 位置输入“Microsoft”；如果检索结果过多的话，可以输入更多关键词进行条件限制，如图5-1-6中 This exact phrase 精确词组位置输入“copyright infringement”。点击 Search（橘黄色放大镜）即可得到与限制条件相关的 130 个判例，207 篇二次法律文件以及其他相关法律资料。

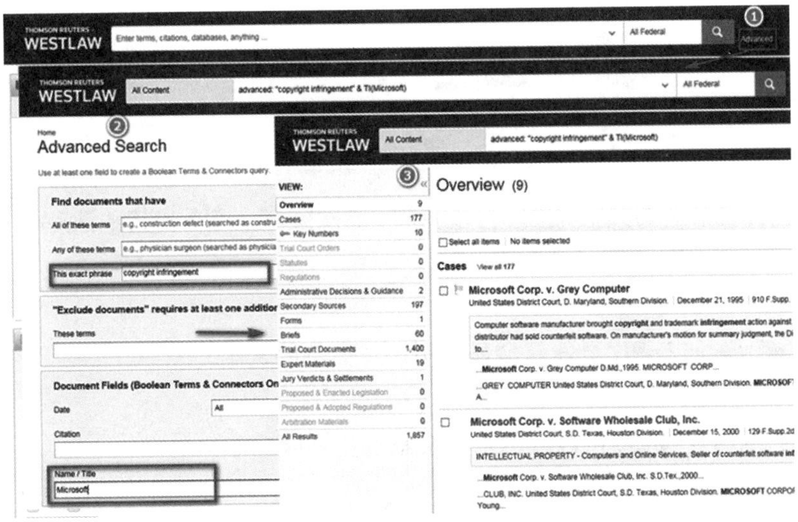

图5-1-6

三、Westlaw特色功能

（一）关键引用（KeyCite）

关键引用（KeyCite），能够确认每一个案例、法令、行政决定、规章是否仍然适用，以及快速找到能够支撑法律观点的参考资料。

A.关键引用的状况旗帜

• 在关键引用功能中检查案例

红色旗帜，提示本案例至少它所包含的一个法律观点已经不再适用。

黄色旗帜，提示本案例尚未被推翻，但是曾被提出异议。

蓝色条形旗帜，表明本案例被上诉至美国上诉法院或者美国最高法院（不包括机构提出的上诉）。

• 在关键引用功能中检查法令

红色旗帜，表明本法令已经整体或者部分被最近的会期法修改、废除、代替、判定违宪或被其他法优先取代。

黄色旗帜，表明本法令已由最近的法律重新编号或者转移，出现影响到本法令的其他未编号法律或法律草案；本法令被宪法或其他优先法律限制使用或有效性已经受到质疑；这个法令的先前版本被法庭提出异议。

B.异议

在适当时，会在文章顶部显示最为严厉异议的描述和链接。（见图5-1-7）

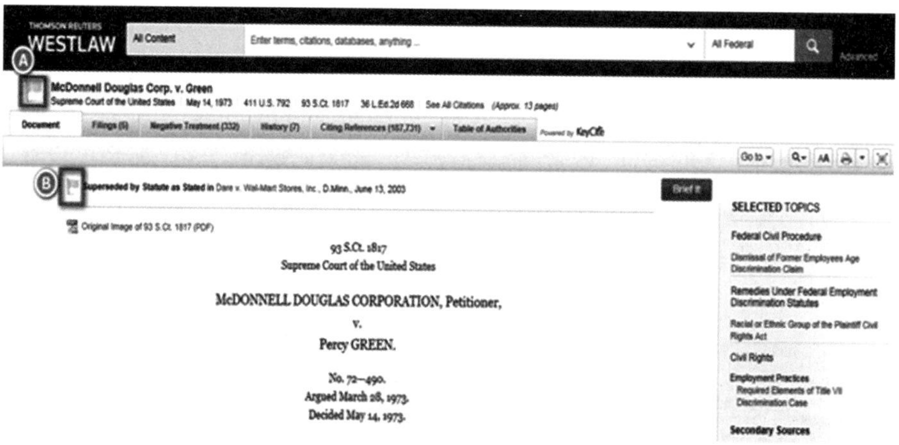

图5-1-7

关键引用提供引用案例的其他案例、行政资料、二次文献、摘要和其他法庭材料，能够确保引用的是有效力法律。

A.进入引用页面

点击 Citing References 按钮，页面就会显示引用了案例的文献。

B.排序

点击工具栏的 Sort By 按钮，可以改变引用文献的排列顺序。

C.筛选

为了减少列表的引用文献内容，可以：

在左侧专栏的Search within results（结果中搜索）搜索框中输入术语。

在左侧专栏中选择文献种类，如案例。可以进一步通过该左侧专栏中的筛选器缩小范围，通过选择司法辖区或者要点主题等。

D.关键引用讨论程度（KeyCite Depth of treatment bars）

该栏显示引用该文献的案例、行政决定或摘要对该被引用案例的讨论程度。

四条绿杠，examined，表明引用该文献的案例、行政决定或摘要对该被引用案例进行了深入的讨论，篇幅通常超过一页纸。

三条绿杠，discussed，表明引用该文献的案例、行政决定或摘要对该被引用案例进行了实质的讨论，篇幅通常超过一个自然段，但是少于一页纸。

两条绿杠，cited，表明引用该文献的案例、行政决定或摘要对该被引用案例进行了讨论，篇幅通常少于一个自然段。

一条绿杠，mentioned，表明引用该文献的案例、行政决定或摘要对该被引用案例提及了该被引用的案例，通常是在一串引用中。（见图5-1-8）

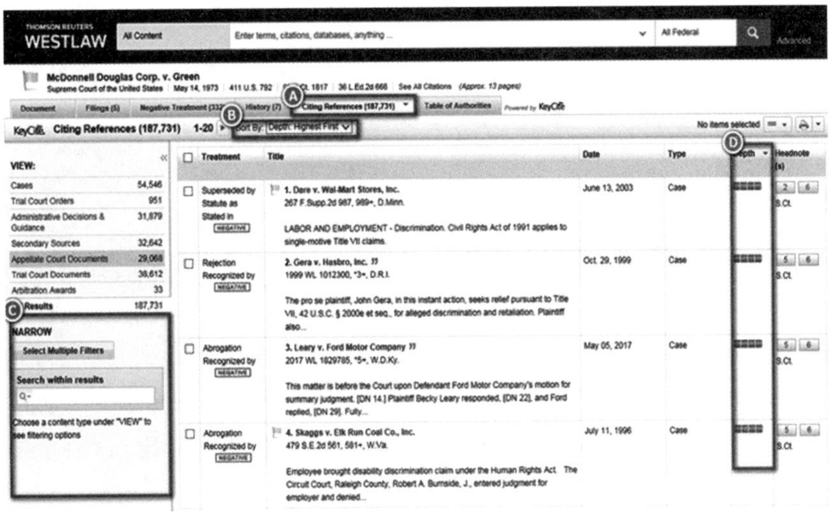

图5-1-8

（二）钥匙码检索系统（West Key Number System）

钥匙码检索系统是案例法资料综合性、常用的检索系统。编辑的要点（headnotes），按照主题分类匹配钥匙码。根据主题或钥匙码，或者法庭讨论使用的法律术语和内容，可在钥匙码系统中检索出可靠的相关文献。

访问钥匙码检索系统：

1. 在浏览框内，点击Tools（工具）标签。

2. 在工具页面，点击West Key Number System。

3. 浏览相关主题与钥匙码。

4. 使用右侧的搜索框，进行“标题检索”。

5. 点击进入一个主题，浏览内容。进入主题后，点击具体分区的标题，并且选择司法辖区，得到更多相关内容。

6.点击 Information 图标，查看相关主题的具体描述。（见图5-1-9）

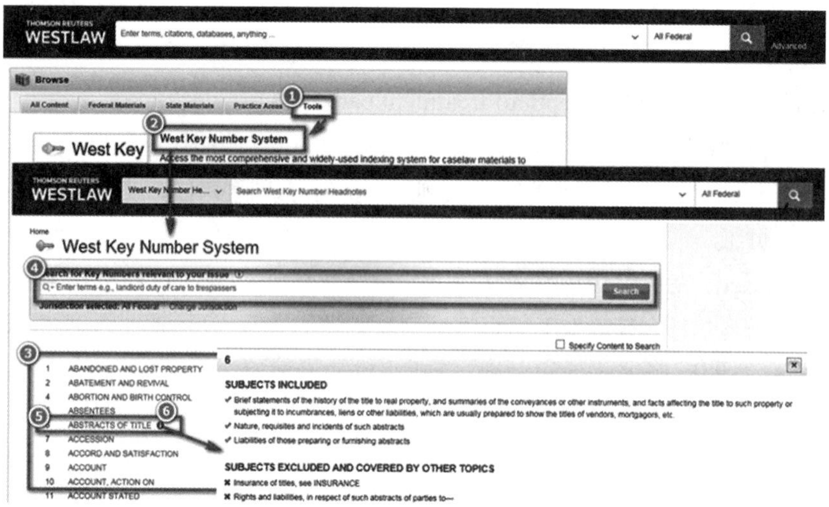

图5-1-9

第二节　Lexis

Lexis Advance 是Lexis.com法律数据库的升级平台，在原有平台丰富内容资源的基础上，全新改进检索系统，提供一站式的快速文献检索，便于迅速、准确地定位相关领域英美法的前言文献和权威分析，缩短文献检索和阅读的时间。

Lexis Advance 提供一站式检索60000多个信息源，超过40个法律实务领域；全面检索美国联邦及各州的成文法、案例和行政法规判例法、立法和法律法规；检索法律期刊、百科全书、法律新闻和报告；按法律主题浏览获取法律专题资源；提供谢泼德引证服务。

一、Lexis Advance首页

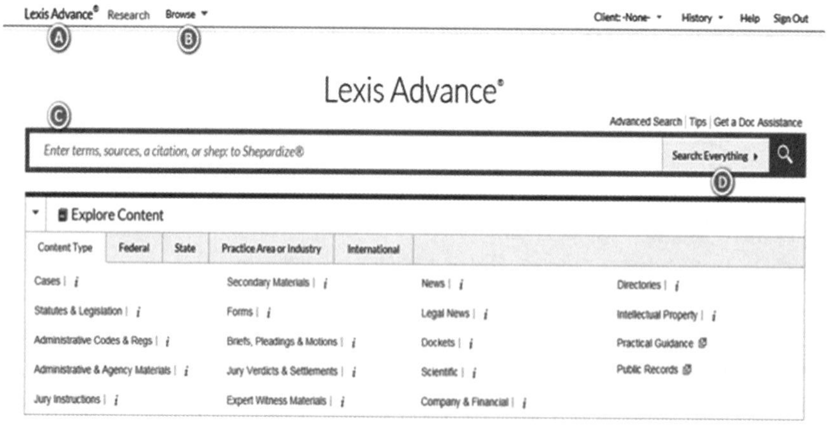

图5-2-1

A.返回首页：点击任何页面的Lexis Advance®标志。

B.浏览资料来源或法律主题：先点击Browse，再选择Sources 或Legal Topics。可按其分类层级深入了解或搜寻特定的资料来源或主题。

C.输入检索关键字查找资料。

键入自然语言检索词后点击Search。无需选择资料来源。

键入检索词及连接词，例如：Americans disabilities/20 alcohol！，再点击Search。

键入引证号，例如：800 f2d 111，并点击Search获得全文资料以及检索检果。

键入部分或完整的资料名称，例如：Collier，可查找到这个资料名称，并增列到个人的检索当中，或者取得这个资料的文件档案。

键入热门的判例名称，例如：roe v.wade，并点击Search，以获得本判例的全文资料与检索结果。

键入法规名称，例如：Georgia Lemon Law，并点击Search，以获得本法规的全文资料与检索结果。

键入 Shepard’s Request，例如：shep：800 f2d 111，并点击Search。

键入的同时，红色检索框会提供建议的检索词汇、文件或资源。

D.以内容、司法管辖或执业范围等检索过滤词来精确原本的检索词，也可用检索字词与连结符号来协助精确检索。（见图5-2-1）

二、Lexis Advance检索方法

（一）检索过滤词

使用Filter过滤检索结果，限制文件的数量；也可以在检索之前就先选择司法管辖、内容类别或执业范围等加以过滤。

A.点击Filters的下拉式选单以增加检索过滤词。检索过滤词的栏位将随增加的过滤词而显示所挑选的过滤词数目。

B.当增加画面中的任何检索过滤词，Narrow by栏位里会显示所挑选的检索过滤词。点击右侧的×，删除其中一个选项，而点击Clear就移除所有选项。

C.储存综合检索过滤词成为个人偏好与再利用的检索过滤的词，则可点击星形符号以增加检索过滤词到个人偏好的过滤词清单中。

D.只要选择一个检索过滤词的链接就可浏览过滤词的选项。

E.Category 的选项中包含所有的内容，例如：选择只检索立法来源与判例，还可选择先显示哪种类型。

F.Practice Area&Topic 的选项包括40种以上的执业范围。

G.Recent&Favorites 的选项包括最多50个最近与偏好的资料来源或来源组合、最近与偏好的检索过滤词组合，以及从Browse Topics挑选之最近与偏好的法律主题。

H.利用Advanced Search选择检索指令以及链接到引证号格式以取得全文资料。

I.完成选择检索过滤词后，点击Search关闭检索过滤词的栏位。（见图5-2-2）

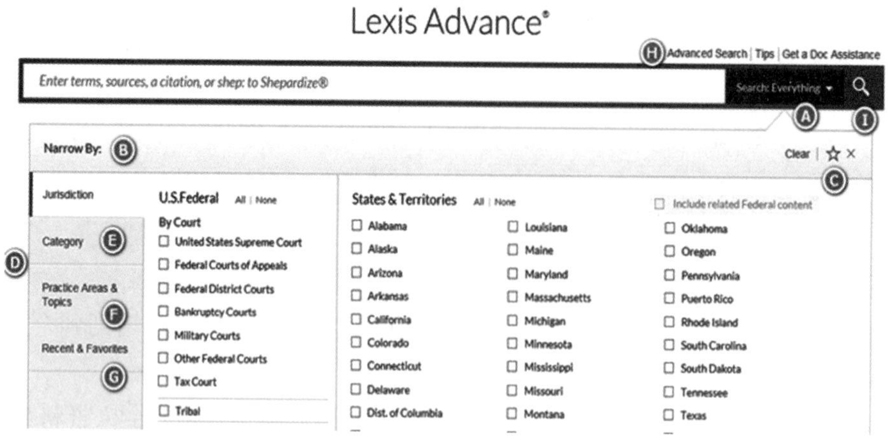

图5-2-2

（二）浏览资料来源

1. 在检索红框里输入资料完整名称或部分名称

（1）选择加入资料来源名称进行检索。

（2）选择资料来源的Table of Contents链接来浏览目录、检索完整的目录或者选择目录不得特定部分进行查找与输出。

（3）点选资料来源的Get documents链接，获取该资料来源的所有可用文件。（见图5-2-3）

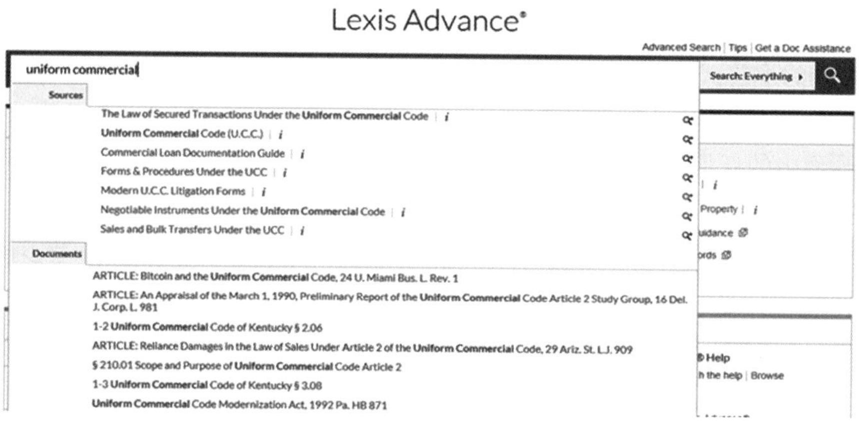

图5-2-3

2. 检索或浏览资料来源清单

A.点击 Browse后点选Sources，可依司法管辖、内容类别、执业范围等项而浏览。或者点击All Sources检索浏览按名称英文字母顺序排列的资料来源。

B.输入任意资源完整或部分的标题名称，提示信息也随之出现，最后点击灰色的放大镜进行检索。

C.以内容类别与司法管辖等项目过滤资料来源，则可选择检索过滤词来更快速找到所需信息。

D.要依字母顺序排列浏览资料来源，就先利用这个字母列点选一个字母后再增加内容与司法管辖的检索过滤词。

E.点击任意资料来源链接就可以增加资料来源为检索项，获得所有资料来源的文件。

F.点击信息i的图示以显示资料来源的内容、收录范围和更新时效的详细说明。（见图5-2-4）

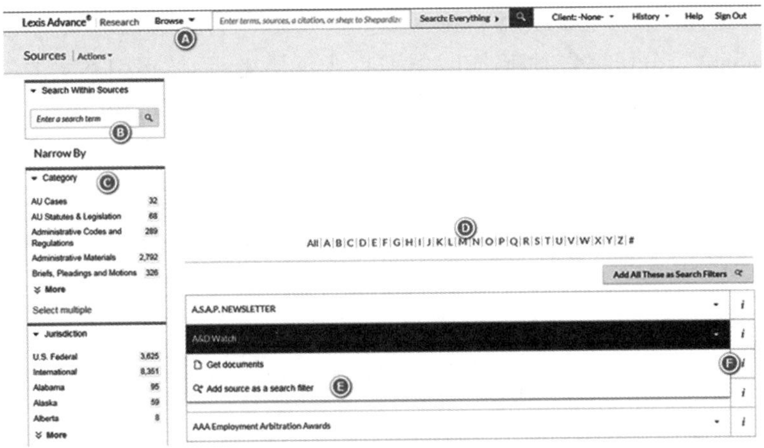

图5-2-4

（三）浏览主题

法律主题检索，需从Browse中的Topics着手。

A.点击Browse后，点选Topics可检索特定主题或浏览整个Lexis Advance®法律主题分类层级。

B.输入要检索的关键字，点击Search可检索特定的主题。

C.点击执业领域后选择一个主题，或由各个箭头开启或关闭额外的层级以浏览法律主题分类层级的信息。

D.利用主题进行浏览，只需要选择一个主题，就可以看到以下的信息：这个主题的检索，例如：Relevant cases，legislation 等；把它增列为检索的选项（并增加本身的检索关键字）；建立一个主题提示，而这个主题提示将会被增加到首页的警示信息箱里。

部分主题会链接到主题摘要报告，这些报告可以提供先判例与法规、二次资料等信息。（见图5-2-5）

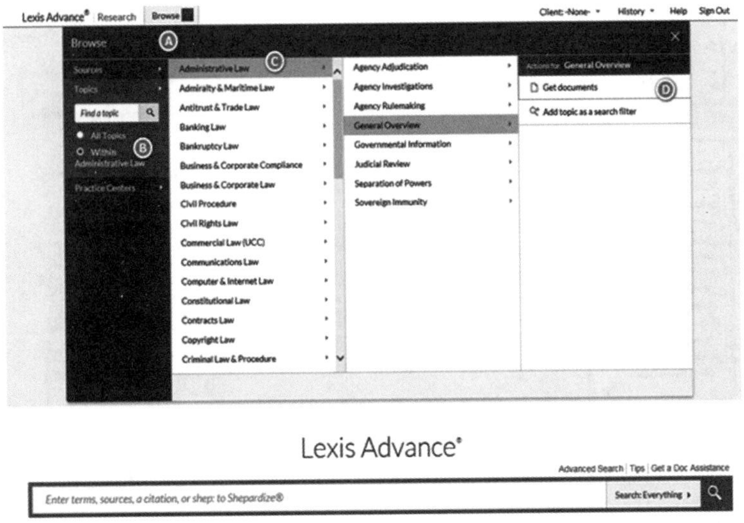

图5-2-5

三、Lexis Advance特色功能——谢泼德（SHEPARD’S）引证服务

（一）引证分析

A.案件前面的处置标示符号，通过Shepard’s Signal™ indicators，迅速知道后续的法律处置状态。

B.快速导览 Shepard’s分析报告时所产生的信息：上诉历史；后续援引本案的判决；其他的引证资料来源，如条约等；判例表，显示本案所引用的判例以及其后续的法律处置。

C.建立贴心警示，当Shepard’s法律状态变更时，即可自动取得更新。使用者甚至还能选择变更的类型，如否定分析等。

D.点击Grid View可以看到所有援引本案且具有前后关系的文献，以及司法管辖层级与时间的方式所形成的大图表。

E.查看一个句子就可以快速明了本案后续的案件历史发展。

F.图示可提供储存、传送或分享的功能，便于储存报告到资料夹或传递报告。例如：传递Shepard’s报告、引证文献的全文是两者同时进行。

G.依日期排序报告结果。

H.依特定法律处置、特殊判例注解、司法管辖层级、时间范围或讨论深度限缩检索，可就结果信息检索特定关键字，这样能快速过滤引证文献查找到重要判例。点击一个检索过滤词，就会在Narrow By之下显现蓝色字体（并无显示于如上画面中）。只要点击蓝框里的×并选择移除多个检索过滤词后就可完成该检索过滤词的移除。

I.透过检视Shepard’s Signal ™ Indicators 案例服务来查看引用的判例其后续的处置情况。

J.可以从 Depth of Discussion 的显示指标中，快速了解使用Shepardized™查询后，援引本案的判例对本案所探讨的深度。

K.点击一个特别标示的判例注解，就可找到援引本案的判例与本案相类似的法律专用术语。

L.透过旗子颜色、简短说明、精确纪录文献与讨论中的判例用语，即可精准凸显援引本案判例的法律用语。（见图5-2-6）

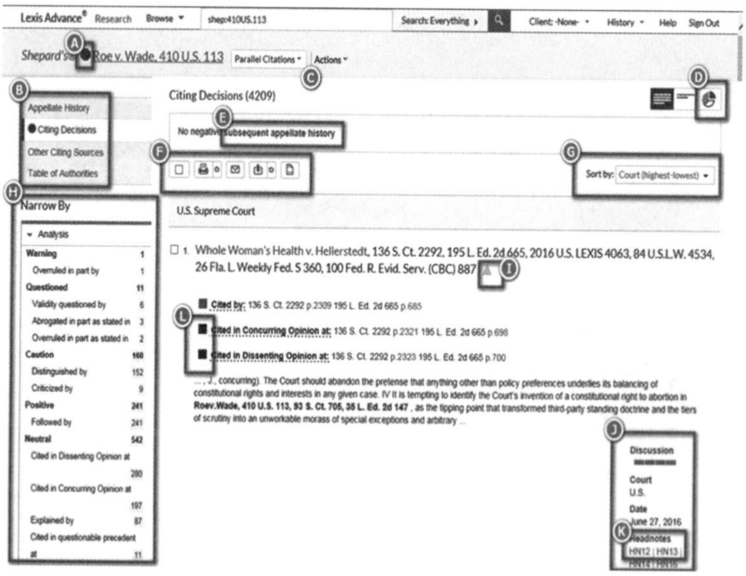

图5-2-6

（二）上诉历史

清楚地认识本案在历经各个不同管辖法院后的“生命周期”。（见图5-2-7）

A.点击Appellate History，出现引证文献清单，即可查看页面上的上诉历史。

B.点击Grid View（Map页面同时显示）查看地图式的上诉历史。

C.在适合打印页面点击 Print 即可打印地图。

D.点击 Legend了解地图图示含义。

E.Display Options移除地图标记，如间接历史与再现地图。

F.利用这三个图示缩放Shepardized引文地图，可转为全屏查看或分别扩大/缩小地图。

G.如要检视诉讼历史中某个重要的判例，点击该地图图示后，即可开启该文件全文或条列引证文献重点。

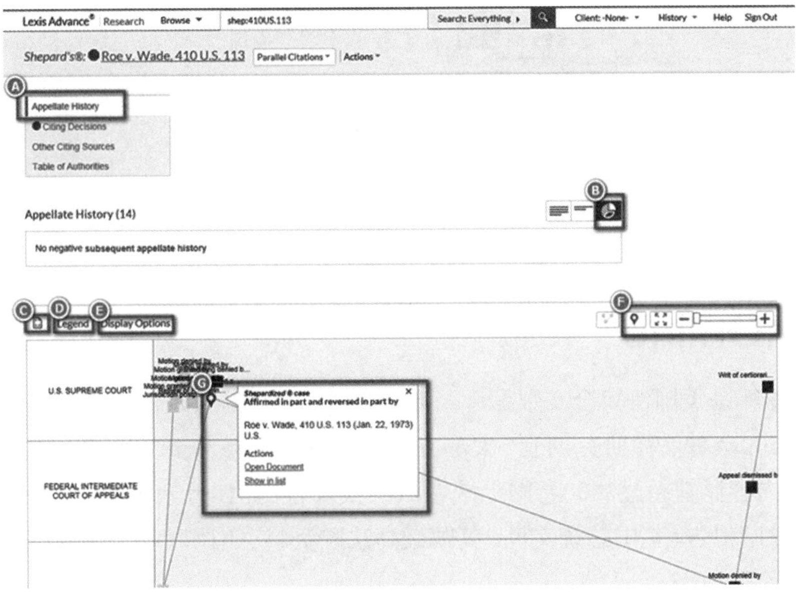

图5-2-7

（三）引证文献趋势

法律案件几乎很少是完全被驳回或否决的，而判例的法律争点可能会持续在很多的司法管辖法院当中被引证，所以这个图解方格可快速有效地显示这些重要的关键信息。（见图5-2-8）

A.点击闹钟图示，可针对本案的负面分析、任何变更或选定的变更，完成变更警示的设定。

B.点击Citing Decisions，就可在List页面上查阅引证文献。引证判例清单是预设页面信息。

C.点击Grid View取得宏观图解方格。

D.只要在适合打印页面点击Print，即可打印图解方格。

E.点击一个图表方格，然后选定图表中的这些判例，即可立即链接这些重要的引证文献。

F.可依据图表中的分析语汇、司法管辖法院或年份进行过滤检索，就可看到在选定页面中的这些判例。例如：点击 7th Circuit（69）。点击画面下方的 Legend键（无显示），可以了解图解方格的构成要素。Legend键也可在 List 画面下方看到。

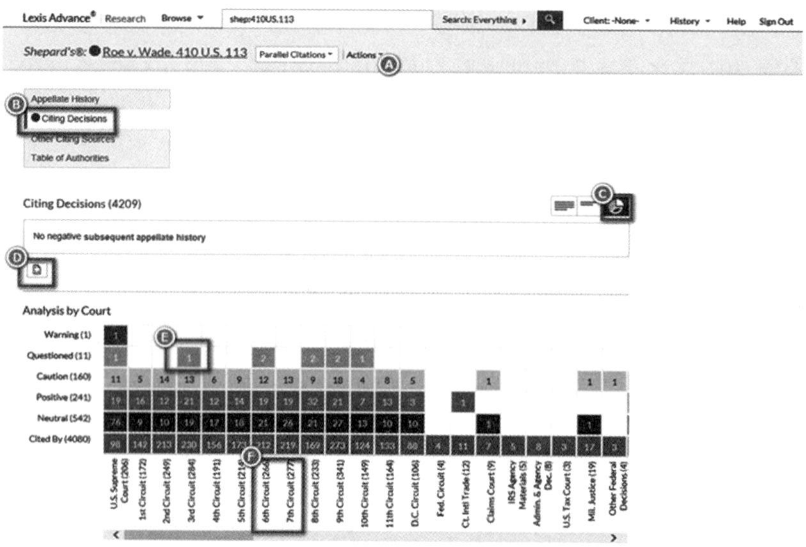

图5-2-8

第三节 HeinOnline

HeinOnline数据库是美国法律全文数据库，以法律期刊为基础同时包含其他法律文献。法学期刊数据库涵盖全球 2500余种法律研究期刊，大部分期刊从创刊号收录到当前期，最早期刊回溯至1788年。其他特色文库内容涵盖超过3000卷国际法领域的权威著作、10万余个案例、近5000部精品法学学术专著、美国联邦政府报告、美国总统文件、美国最高法院资料、美国联邦纪事文档等。

HeinOnline的特色文库有：

1. 美国贸易法文库（U.S.International Trade Library）。收录超过152万页美国与其他国家服务与商品交换的相关法律文献，是美国历史上及现行各类国际贸易法律资源库。内容涉及美国国际贸易委员会出版物、立法情况、美国联邦法规与美国法典第15、19篇章相关规定、国际贸易重要出版物、学术文章、美国贸易委员会第337条相关文献等。

2. 海牙国际法学院演讲集（The Hague Academy Collected Courses Online）。海牙国际法学院由卡内基国际和平基金会资助，于1923年成立，其宗旨是：培养国际法学高级人才，促进审查涉及国际司法关系问题。学院每年邀请当今国际法学领域的著名专家、学者来校讲授国际公法、国际私法和司法关系相关课程，并将相关的课程结集并以《海牙国际法学院演讲集》的形式出版。因其授课的对象已经在国际法领域内有了较好的专业知识，所以其授课或演讲的内容为对国际法某一领域内进行认真研究后的成果。《海牙国际法学院演讲集》在国际法学界享有很高声誉，是国际法学研究领域的权威资源。

3. 世界条约数据库（World Treaty Library）。收录罗恩国际条约索引（1900～2000年）：索引1900～2000年世界范围内的所有条约。

4. 外国法及国际法文库（Foreign & International Law Resources Database）。收录了研究国际法和

外国法全球最重要的学术资源，其收录的内容包括：美国国际法学会的出版物；全球多个国家和地区的国际法年报，包括非洲国际法年报、亚洲国际法年报、欧盟国际法年报、美国国际法年报、联合国国际法相关出版物、年报等几十种国际法年报和相关的学术期刊；欧盟相关的国际法及法律出版物；海牙国际法庭的相关出版物、案例及相关判决；国际法相关的学术期刊。

5.外国法期刊索引［Index to Foreign Legal Periodicals（IFLP）］。国际法律期刊和评论集的精选学科目录数据库。由美国法律图书馆协会和美国加州大学伯克利分校法学院共同编辑而成，收录了1985年至今，国际上500多种法律出版物当中的文章和书评的多语言文献目录，深度覆盖了各种国际私法和国际公法、比较法和外国法，以及美国、英国、加拿大、澳大利亚之外的其他国家的法律。IFLP将内容分为大约50个独立专辑，包括法律评论、Festschriften、Mélanges 和国会报告等。

6.联合国法律文库（United Nations Law Collection）。收录超过5000卷来自国联、联合国成立以来的国际条约及相关出版物；近200种联合国的相关组织（ICJ、UNCITRAL、ITLOS、UNIDIR）等的相关出版物和案例集；近30种联合国年报和连续出版物；20多种关于国际法发展的著作；70多种关于联合国、国际法与联合国等方面的专著。

7.国际法历史文库（History of International Law）。收录数百种国际法历史经典著作，最早出版年代为1690年，其作者均为国际法领域最重要的学者，如William Douglas、James Brown Scott、Philip C.Jessup、Hans Kelsen、Samuel Pufendorf、Hugo Grotius等，是研究国际法历史的基本资源，涵盖的国际法领域主要集中在：战争与和平、纽伦堡审判、海洋法、国际仲裁等。

一、HeinOnline首页

HeinOnline首页依据类别和名称列出所有文库，点击链接分类可进入下属具体文库，点击更多信息链接可了解文库的详细信息。（见图5-3-1）

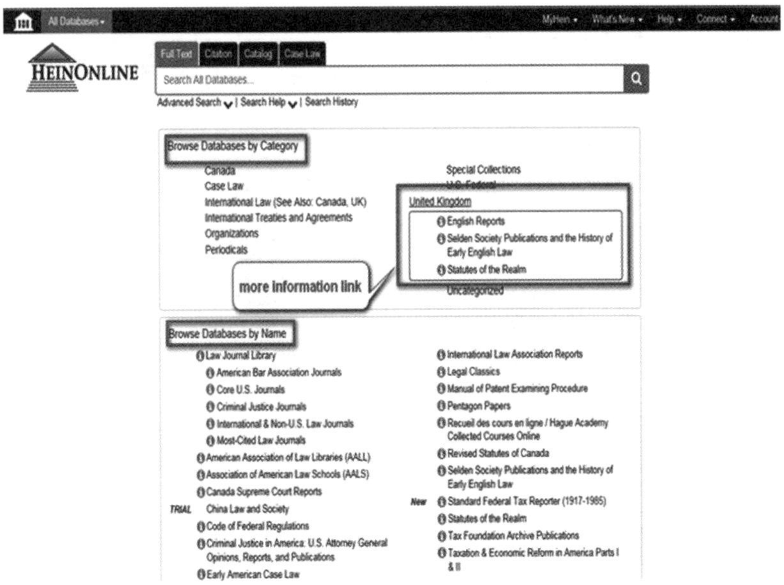

图5-3-1

首页主要项目（见图5-3-2）包括：

1.任意页面点击首页按钮可返回首页。

2. 主检索框出现在任何页面，四个标签的检索选项依次为：全文、引证、目录、判例。

3. 全文或目录标签下，点击高级检索进入详细检索页面，可进行字段检索和条件限制。

4. 点击“My Hein”，可在HeinOnline数据库中建立用户自己的文件夹，储存自己感兴趣的文章。

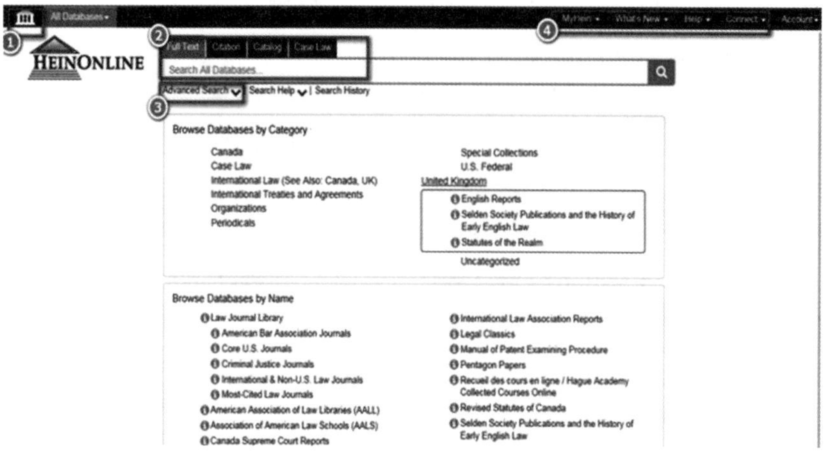

图5-3-2

二、HeinOnline检索方法

HeinOnline首页的全文检索标签项下可跨库检索全部订购文库，检索层级包括所有文档全文和元数据。点击高级检索按钮可展开字段检索和时间限制扩展页，点击帮助查看常用检索语法。（见图5-3-3）

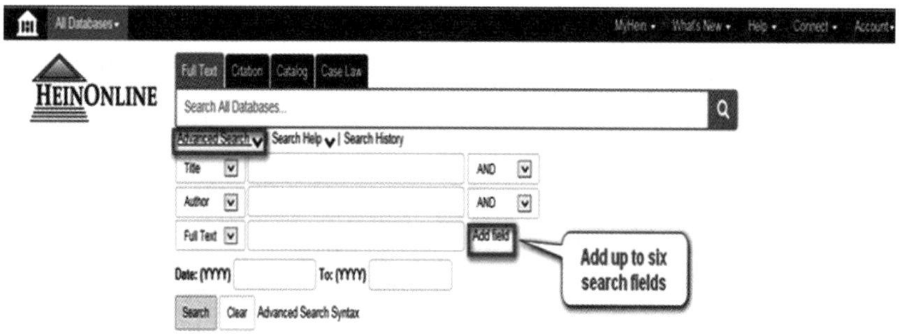

图5-3-3

检索示例

跨库输入检索指令：“Convention on the Rights of the Child” AND abus*，注意词组使用双引号，abus使用统配符号*扩展检索abusive，abuser等，检索结果按文章被引次数排序，勾选侧面具体文库如Law Journal Library 限制检索结果。（见图5-3-4）

1. 使用左侧勾选项限制检索结果。

2. 匹配文档区域高亮显示检索词。

3. 使用各个图标以修改检索结果、二次检索、扩展显示全部匹配区域。

4. 使用各工具按钮实现下载打印等操作。

图5-3-4

文档页(见图5-3-5)显示:

1. 目录,当前部分金色高亮显示。

2. ScholarCheck图标、引用图标显示引用信息。

3. 检索路径。

4. 图形工具栏提供多个选项。

5. 绿色高亮显示检索词区域。

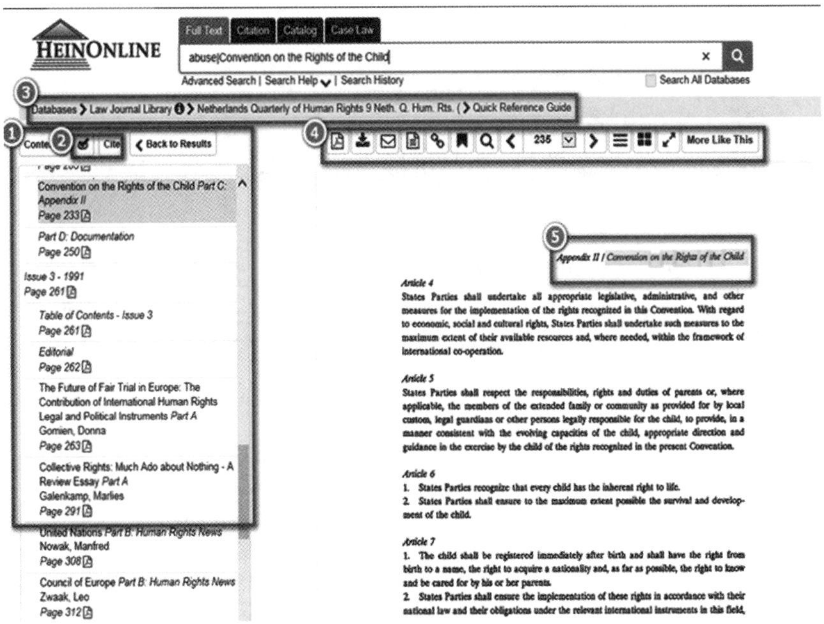

图5-3-5

引证标签项可根据引证号快速获得目标文档。HeinOnline除蓝皮书引证规范外还提供其他标准。如果不知道文档引证号,可点击引证格式指引列表,任意点击某个篇目补充卷期数,点击即可获得文档。(见图5-3-6)

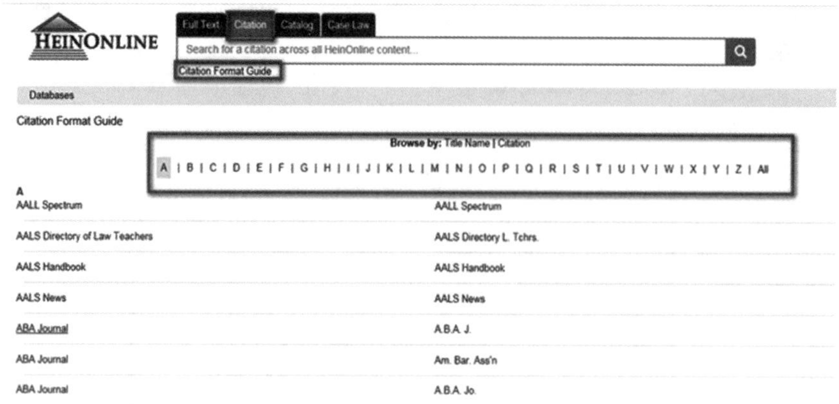

图5-3-6

目录检索标签项用以检索定位出版物层级的结果，该选项覆盖整个数据库平台，可能检索出未订购的资源。点击目录状态下的高级检索可获得字段和时间的限制选择。（见图5-3-7）

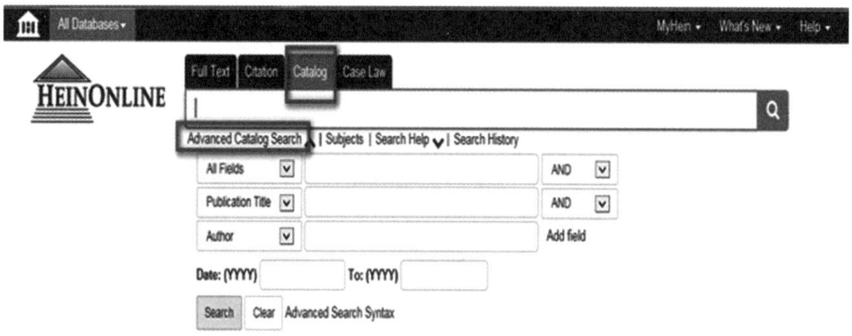

图5-3-7

目录检索结果包括文库中的具体篇目，侧面可按文库、主题、出版类型、时间限制检索结果。（见图5-3-8）

图5-3-8

三、HeinOnline特色功能——ScholarCheck服务

ScholarCheck是HeinOnline整个系统整合的系列，可查看期刊及判例在某专题下的影响力。

1. 访问法学期刊库最多被引用浏览选项，可查看最多被引期刊、论文、作者等信息。（见图5-3-9）

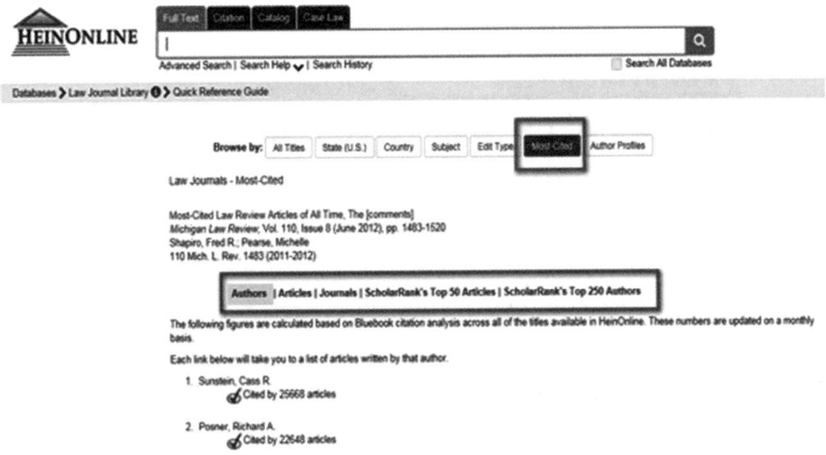

图5-3-9

2. 光标停在ScholarCheck图标上，在任意文档结果页或点击ScholarCheck图标查看被引用情况。（见图5-3-10）

图5-3-10

3. 显示过去12个月被数据库用户访问情况。（见图5-3-11）

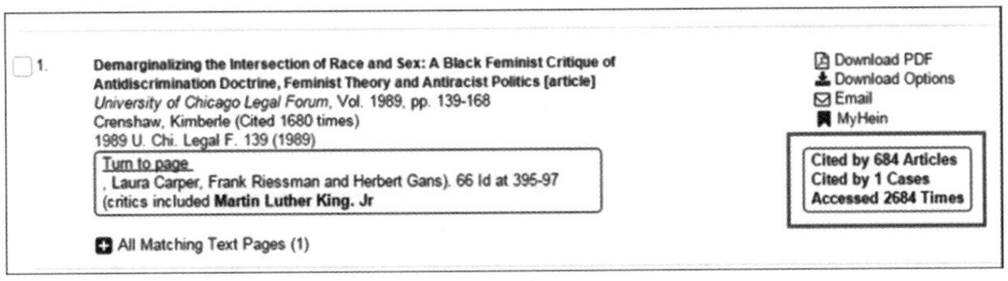

图5-3-11

4. 依最高被引用作者、被文章或案例引用次数、被访问次数排序。（见图5-3-12）

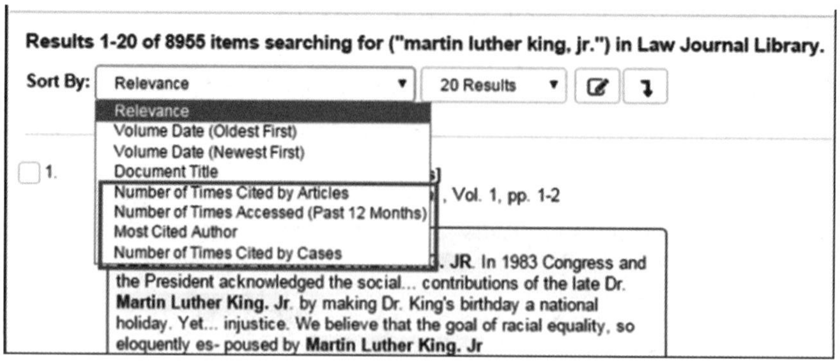

图5-3-12

5.点击文档内部蓝色高亮链接可以跳转到相应文档。(见图5-3-13)

enable individuals who allege that their human rights have been violated to challenge putative deprivations and to secure reme-

2. M. McDougal, The Application of Constitutive Prescriptions: An Addendum to Justice Cardozo 9-51 (1979). *Cf.* H. McBain, The Living Constitution (1927); Clark & Trubek, *The Creative Role of Judge: Restraint and Freedom in the Common Law Tradition*, 71 Yale L.J. 255 (1961); Llewellyn, *The Constitution as an Institution*, 34 Colum. L. Rev. 1 (1934); Miller, *Notes on the Concept of the "Living" Constitution*, 31 Geo. Wash. L. Rev. 881 (1963); J. Grey, The Nature and Source of Law (2d ed. 1931).
3. For a generalization of the distinctive features of a bill of rights, see M. McDougal, H. Lasswell & L. Chen, Human Rights and World Public Order 314-20 (1980).
4. *See id.* at 87, 261-77, 820-32, 406.
5. *See id.* at 88, 278-89, 357-60, 406-07.

图5-3-13

6.点击作者姓名链接,显示作者文献被引用的详细数据及排名。(见图5-3-14)

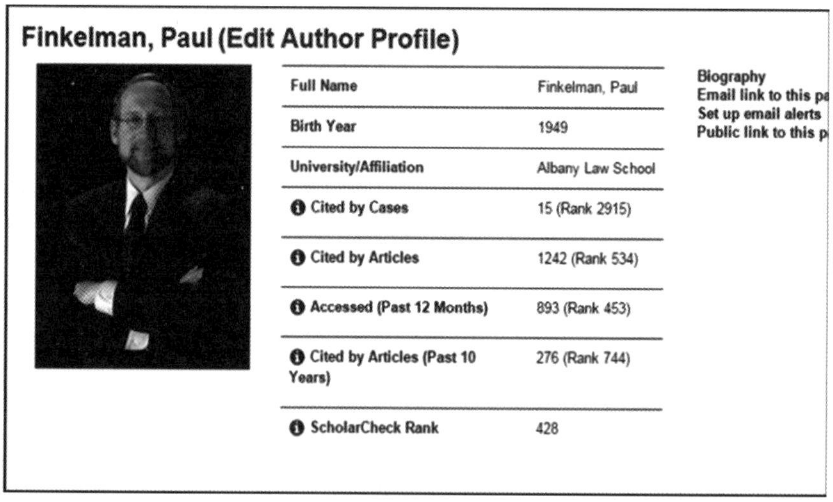

图5-3-14

第四节　其他法律数据库

一、威科（Wolters Kluwer）系列法律数据库

创建于1836年的荷兰威科集团（Wolters Kluwer），是世界三大信息出版集团之一，其专业信息服务深入财税、会计、法律法规、金融和医疗卫生领域。威科法律系列数据库以收录专业资料为主，兼顾学科及实务需求。

（一）威科法律期刊数据库（Kluwer Law Online Journals）

Kluwer Law Online数据库收录欧洲法律期刊为主，大部分期刊可回溯到第一卷第一期，涉及商法、经济法、欧共体法、国际（贸易）法、竞争法（反垄断法）、交通运输法、环境法、税法、商业仲裁等各个领域。（见图5-4-1）

25种法律学术期刊包括：

Air and Space Law（《航空和空间法》）

ASA Bulletin（《ASA通讯》）

Asian Dispute Review（《ASA通讯》）

Asian International Arbitration Journal（《亚洲国际仲裁杂志》）

BCDR International Arbitration Review（《BCDR国际仲裁评论》）

Belgian Review of Arbitration（《比利时仲裁评论》）

Business Law Review（《商法评论》）

Common Market Law Review（《大众市场法律评论》）

EC Tax Review（《欧共体税法评论》）

European Business Law Review（《欧洲商法评论》）

European Company Law（《欧洲公司法》）

European Energy and Environmental Law Review（《欧洲能源与环境法评论》）

European Foreign Affairs Review（《欧洲外交评论》）

European Public Law（《欧洲公法》）

European Review of Private Law（《欧洲私法评论》）

Global Trade and Customs Journal（《全球贸易和关税杂志》）

International Journal of Comparative Labour Law and Industrial Relations（《国际比较劳动法和工业关系杂志》）

Intertax（《国际税务》）

Journal of European Consumer and Market Law（《欧洲消费者及市场法律杂志》）

Journal of International Arbitration（《国际仲裁杂志》）

Journal of World Trade（《世界贸易杂志》）

Legal Issues of Economic Integration（《经济一体化及法律问题》）

RevistaBrasileira de Arbitragem（《巴西仲裁杂志》）

World Competition（《世界竞争》）

World Trade and Arbitration Materials（《世界贸易和仲裁资料》）

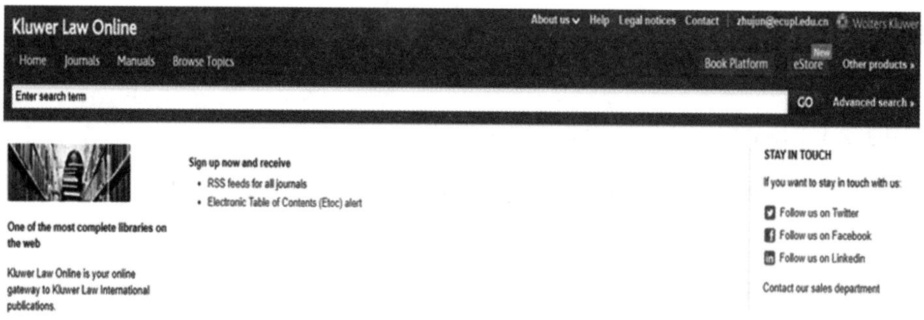

图5-4-1

（二）威科国际商事仲裁在线（Wolters Kluwer Arbitration）

收录丰富的一次资源包括双边投资协定（Bilateral Investment Treaties）、裁决（Awards）及判例（Case Law）、公约（Convention）、立法（Legislation）、规范（Rules）以及大量专家作者的分析评论（Commentary）、122本投资仲裁的图书、13种期刊。（见图5-4-2）资料来源于：国际商事仲裁委员会、常设仲裁法庭、国际仲裁学会等权威机构。

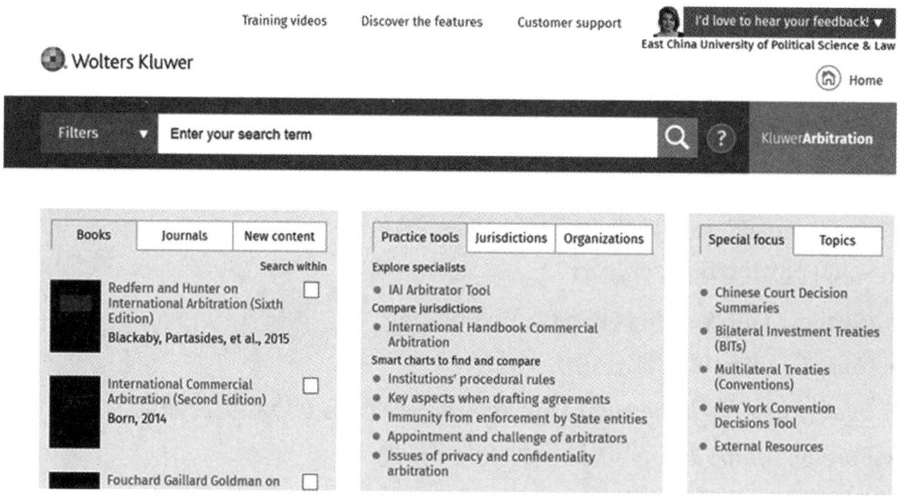

图5-4-2

（三）威科国际知识产权法（Kluwer Patent Law）

提供200多个国家知识产权相关信息，包括专利、商标和设计的注册、授权以及诉讼程序；15个主要国际公约、条约及协议的全文；30个欧盟及欧盟专利协定缔约国发生的关于专利以及版权的案例；其实时新闻部分，由知识产权从业律师撰写，是针对最新知识产权发展进行讨论的专栏。其中Case Law（判例）收录自2008年以来29个国家及组织的所有专利判例，个别典型案例可追溯至1980年，Legislation（法律法规）则收录全球重要专利公约及协定细则，如欧洲专利公约（European Patent Convention）、世界知识产权公约（WIPO Convention）和TRIPS协定等。（见图5-4-3）

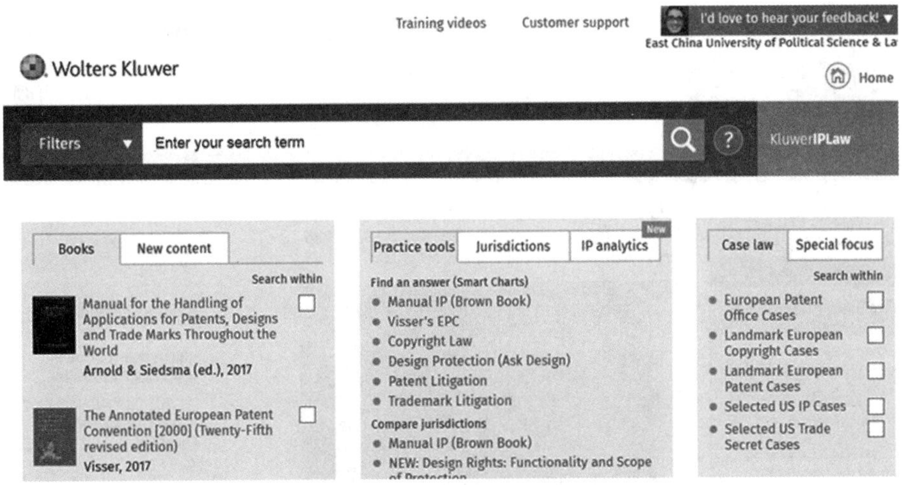

图5-4-3

(四)威科国际法律百科全书(International Encyclopaedia of Laws)

该百科全书囊括了25卷经典的参考著作,每卷著作本身都是一个独立的研究领域,以国家专论的方式深入研究该法及其相关领域的各国法律体系构建。这些国家专论所增补的内容与国际专论紧密联系,详述跨国组织的工作方式,提供法律上争议领域的重要参考,并通过比较提出观点。除了国家法律专论,附录子卷的索引还包括了国家及国际重要立法情况以及国际法庭如欧洲法庭重要的相关判例。在宪法分卷中,还详细介绍了世界各个国家的宪法详情及历史背景。

二、牛津国际法数据库

(一)ORIL牛津国际法报告数据库

牛津国际法报告数据库(Oxford Reports on International Law,ORIL)收录了来自于国际法庭、国内法院以及特设法庭的经典案例超过5500件,同时配以相关专家的分析和评述。其突出特点在于拥有顶尖专家和编辑团队所作出的高质量的案例分析、评述和意见,包括:批注、案情和裁决综述、法庭意见全文、学者分析评论、非英文裁决书的准确英文翻译、被引证的案例和裁决清单等。(见图5-4-4)

牛津国际法报告的案例报告由7个部分组成:

- **国内法庭报告**:发布由国内法庭作出的有关国际法的典型的判例;
- **国际刑事法律报告**:包括国际刑事法庭、前南国际刑事法庭、卢旺达国际刑事法庭等刑事法庭的判例;
- **国际人权法报告**:包括欧洲人权法庭、联合国人权、非洲人权法庭的判例;
- **国际投资争议报告**:包括伦敦国际仲裁庭、国际投资争端解决中心、国际商会的判决和裁决;
- **国际法庭报告**:包括国际法庭、国际仲裁庭、国际海洋法法庭的判例;
- **欧洲法庭报告**;
- **国际贸易法律裁判**。

图5-4-4

（二）马克思普朗克国际公法在线百科全书

马克思普朗克国际公法在线百科全书（Max Planck Encyclopedia of Public International Law, MPEPIL，http://www.mpepil.com/，见图5-4-5），是一个综合的国际法律分析资源库，内容涵盖整个国际公法，多年来一直是国际法领域中全面且具有深度的电子参考书。包括了许多国际法中最新更新的条款、国际组织和国际间的合作以及热点问题。马克思普朗克国际公法在线百科全书始编于2004年，其前身是1991年至2001年出版的《国际公法百科全书》(*Encyclopedia of Public International Law*)，MPEPIL的电子版和印刷版于2008年由牛津大学出版社出版，每篇文章均经过了由MPEPIL咨询委员会主要专家组成的国际法律咨询团队的严格评价与审核，确保文章质量。

数据库涵盖的领域主要有：航空法及太空法、外交与领事关系、外交关系、国际法的历史、人权、豁免权、个人及非国家行为者、国际合作、国际法院和法庭、国际刑法、国际经济法律和关系、国际环境法、国际人道主义法、国际组织、国际程序法、国际责任、海洋法、条约法、国际关系和国内法、争端解决、基金会和国际法的原则、管辖权的状态及国家机关、国际法的主体、领土、国际法理论、全球国际组织和机构、使用武力、战争、和平和中立等。数据库提供了快速检索和高级检索方法，还可按题名、作者和主题的字母列表浏览，内容每季度更新。主要特点：

1. 收录的文章题材广泛，涵盖国际法的各种研究主题、文书、法理和裁决；

2. 声誉卓著的专家团队编写；

3. 可通过主题、作者和关键字进行搜索；

4. 可在线阅读或下载PDF格式文本；

5. 牛津法律引证（Oxford Law Citator）为本书的文献中涉及的案例、文章和其他相关资料提供直接的链接。

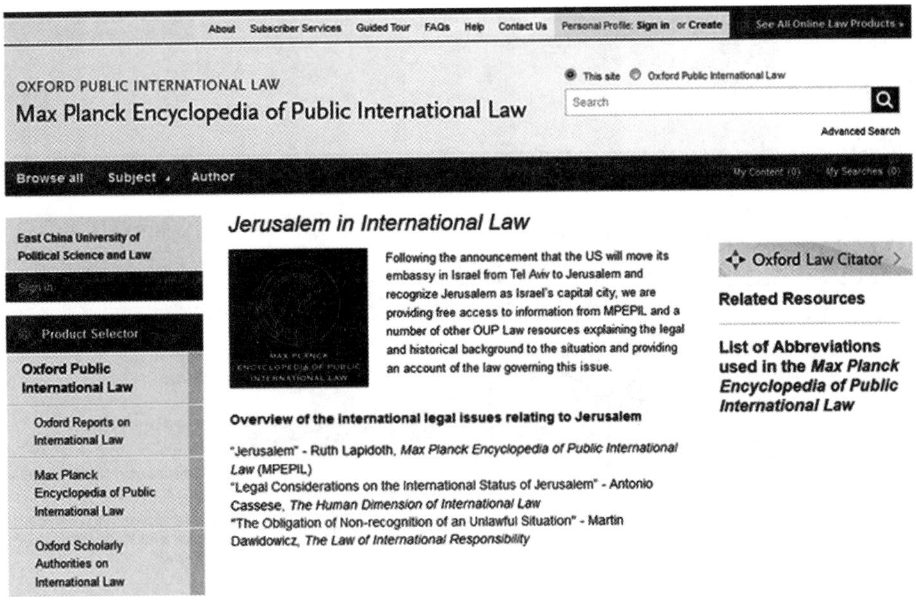

图5-4-5

（三）牛津国际投资赔偿数据库

牛津国际投资赔偿数据库（Investment Claims，IC，http://www.investmentclaims.com/，见图5-4-6）由牛津出版社出版，致力于向国际投资纠纷领域的律师、学者和法学家提供高质量的服务。该数据库发布国际投资法领域和仲裁信息及相关内容的分析、评论，将主要的法律文书和评论信息相结合。所有案例均为投资者与国家之间的投资纠纷，收录的投资仲裁资料包括官方的案件报告、权威的评论以及相关的法律规定（双边投资条约、多边投资条约、制度条例和国家仲裁法）。案例和相关法律法规来自国际投资纠纷调解中心、国际商会仲裁院、英国伦敦国际仲裁院、斯德哥尔摩商会仲裁院、海牙仲裁常设委员会和国际特别仲裁法庭等。

所有公开的国际仲裁裁决、执行和国家法院的复审以及国际特别仲裁法庭的裁决，都会添加基本介绍，其后续报告会补充完整介绍和专家评论分析，如事件概述和仲裁法庭的决定、案件的详细分析评论、深度分析的参考资料（通过Oxford Law Citator获取）、所引用的案例和法律文书列表。

IC数据库的内容主要包括：400多条仲裁裁决和70余位专家编写的评论；179个国家签署的双边/多边投资条约全文，其中包含10个国家的双边投资条约概述以及详细的分析评论；选自联合国国际贸易法委员会、中国国际经贸仲裁委员会、海牙仲裁常设委员会等仲裁机构的26条仲裁条例；美、英、德、法等7国的仲裁法律全文；以及300多名仲裁员和1000多名法律顾问的名单（可直接链接至其参与的案件）。

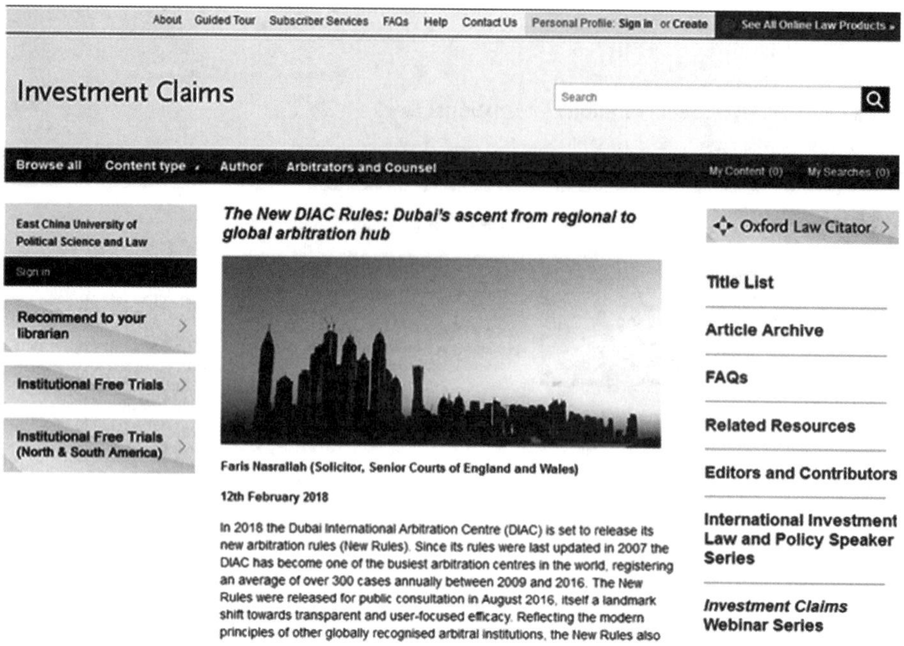

图5-4-6

三、World Trade Law Net世界贸易法数据库

世界贸易法数据库（World Trade Law Net，WTL）旨在帮助用户阅读WTO专家小组、上诉机构和仲裁员发表的争端解决报告，并提供清晰简明的摘要和分析评注报告。对于每个报告，WTL都会提供有关法律裁决和专家小组、上诉机构、仲裁员结论的基本摘要，并提供针对报告中的许多问题的专家评注和总结。（见图5-4-7）

数据库特色包括：

1. 提供自WTO成立以来所有专家小组、仲裁机构报告和WTO仲裁的争端解决评注报告（DSC）。

2. 提供新报告、仲裁公布1～3周之内的关于WTO专家小组、仲裁机构报告的争端解决评注报告（DSC）。

3. 提供对过去争端解决评注（DSC）的更新，以体现WTO法律的新进展。

4. 提供WTO专家小组、仲裁机构报告中的裁决的摘要总结和对所选择裁决的关键性分析。

5. 提供每个DSC的有关原始WTO专家小组、仲裁机构报告和引用案例的链接。

6. 每个DSC报告发表后立即更新关键词索引。

7. 可以根据关键词（决议、上诉人、被诉人、DS Number、公布日期、裁判日期、仲裁日期）来查找WTO专家小组、仲裁机构报告。

8. WTO争议解决目录和统计数据。

9. 提供相关参考期刊文章和图书的贸易法相关文章。

10. WTO法规和条款关键词索引（WTO判例法索引）。

11. 向用户提供及时的电子邮件告知服务，可以通过在线讨论小组、电子邮件回答客户有关DSC的问题。

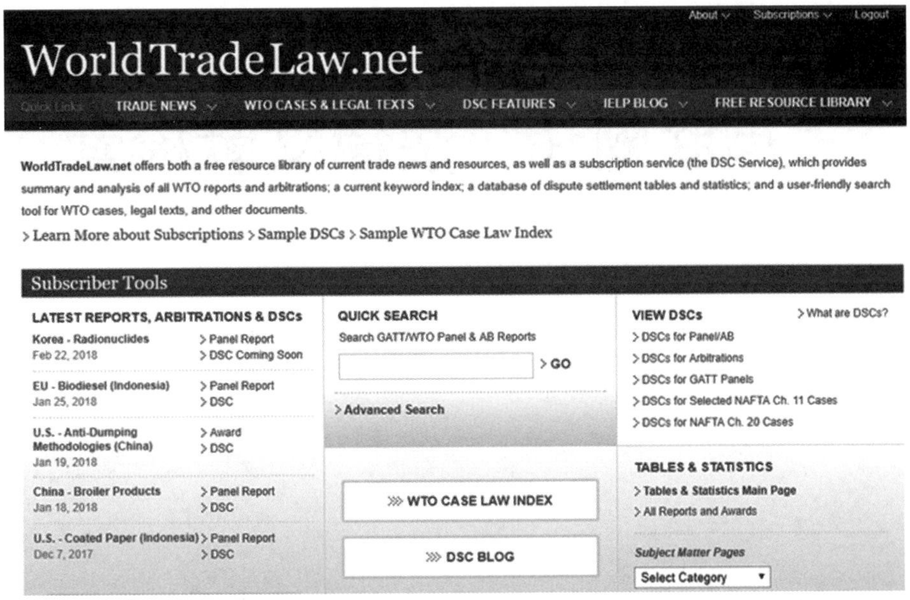
About
Subscriptions
Logout
WorldTradeLaw.net
TRADE NEWS
WTO CASES & LEGAL TEXTS
DSC FEATURES
IELP BLOG
FREE RESOURCE LIBRARY
WorldTradeLaw.net offers both a free resource library of current trade news and resources, as well as a subscription service (the DSC Service), which provides summary and analysis of all WTO reports and arbitrations; a current keyword index; a database of dispute settlement tables and statistics; and a user-friendly search tool for WTO cases, legal texts, and other documents.
> Learn More about Subscriptions > Sample DSCs > Sample WTO Case Law Index
Subscriber Tools
LATEST REPORTS, ARBITRATIONS & DSCs
Korea - Radionuclides
Feb 22, 2018
> Panel Report
> DSC Coming Soon
EU - Biodiesel (Indonesia)
Jan 25, 2018
> Panel Report
> DSC
U.S. - Anti-Dumping Methodologies (China)
Jan 19, 2018
> Award
> DSC
China - Broiler Products
Jan 18, 2018
> Panel Report
> DSC
U.S. - Coated Paper (Indonesia)
Dec 7, 2017
> Panel Report
> DSC
QUICK SEARCH
Search GATT/WTO Panel & AB Reports
> GO
> Advanced Search
WTO CASE LAW INDEX
DSC BLOG
VIEW DSCs
> What are DSCs?
> DSCs for Panel/AB
> DSCs for Arbitrations
> DSCs for GATT Panels
> DSCs for Selected NAFTA Ch. 11 Cases
> DSCs for NAFTA Ch. 20 Cases
TABLES & STATISTICS
> Tables & Statistics Main Page
> All Reports and Awards
Subject Matter Pages
Select Category

图5-4-7

第六章

“互联网 +”法律文献检索

传统的文献资源以纸质书刊为代表，传统的法律文献资源也以纸质书刊为主要形式。随着计算机技术和网络技术的发展，文献资源的数字化和网络化成为趋势。美国麻省理工学院教授兼媒体实验室主任尼古拉·尼葛洛庞帝（Nicholas Negroponte）在他的《数字化生存》（Being Digital）中指出：“过去，大部分的信息都经过人的缓慢处理，以书籍、杂志、报纸和录像带的形式呈现；而这很快将被即时而廉价的电子数据传输所取代。”二十多年前的预言，如今已成为现实——在我们生活中，互联网的影响无处不在——我们进入了“互联网+”时代。在此背景下，法律文献资源日趋数字化，法律文献资源的检索与利用日趋网络化。传统纸质图书的“互联网+”形态被称为电子图书（e-book），传统纸质报刊的“互联网+”形态被称为电子期刊（e-journal）。（见图6-1-1）以电子图书和电子期刊为代表的数字化资源在检索与利用的便捷度上，有着极大的优势，成为主流的文献资源。就法律文献资源而言，更是如此。因此，我们讨论的法律文献资源主要是“互联网+”时代的数字化法律资源；我们讨论的法律文献检索是“互联网+”法律文献检索。

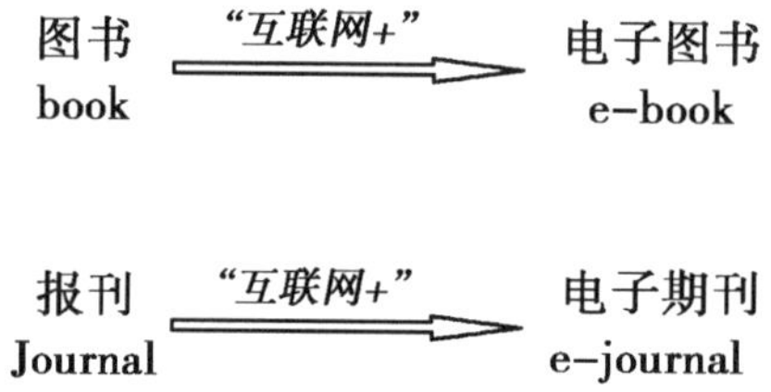

图6-0-1　纸质书刊与电子书刊

如果说，传统文献资源（纸质书刊）的仓储是图书馆，那么，“互联网+”时代数字文献资源的仓储是以数据库形态存在的网络资源（网站）。“互联网+”法律文献检索就是以数据库检索为主要形式的互联网平台上的法律文献资源检索。

第一节 电子图书

一、何为电子图书

在“互联网+”时代，与纸质图书对应的是e-book（电子图书/电子书）。《新牛津英汉大词典》这样解释e-book：“an electronic version of a printed book which can be read on a personal computer or hand-held device designed specifically for this purpose”（印刷型图书的电子版，适用于在个人计算机或专门的手持终端上进行阅读）。这是从文献载体形式上定义的e-book，可通俗地理解为纸质图书的数字化再现版本，称为电子图书。如果把e-book译为电子书，那是另一角度的理解。我国官方机构对于电子书的定义是：“电子书是指将文字、图片、声音、影像等信息内容数字化的出版物，本意见具体所指的是植入或下载数字化文字、图片、声音、影像等信息内容的集存储介质和显示终端于一体的手持阅读器。”[①]这是从出版形式上对e-book的解读，突出了e-book的硬件特征。我们下面的讨论基于第一种理解，所以，把e-book称为电子图书。

电子图书有三个要素：

• 内容，以特殊格式制作，适于电子分发和网络传输。

• 特殊的阅读软件，如ADOBE公司的Acrobat Reader、超星公司的SSReader、方正的Apabi Reader等。

• 阅读器（硬件平台），可以是个人计算机、个人手持数字设备（PDA）、其他专门的电子设备等。

只要具有这些要素，都可称为电子图书。

在国外，PDF格式的电子图书已非常普遍，数字出版已成为并行于纸质出版的新型出版渠道，很多书除了拥有一个纸质版的ISBN号（国际标准书号）外，还拥有一个数字出版的ISBN号，数字版会稍晚于纸质版上线。许多著名的出版集团都推出了自己的电子图书平台，如Cambridge和Oxford都有自己的电子图书平台。更有只提供数字版的纯数字出版模式，纸质版成为按需印刷的辅助出版方式。在数字模式下，在版面中可嵌入音视频、根据实时数据变更的统计图表等，实现多媒体的数字出版，这在纸质图书模式下是无法实现的。国外的电子图书更接近于广义的电子书。与国外注重数字出版的情况不同，国内电子图书发展侧重于将纸质出版物数字化，或者是纸质出版物原版原貌数字再现，是狭义的电子图书。

（一）电子图书的优势

与纸质图书相比，即使是狭义的电子图书，在内容和版式上极为相似，仍有巨大的优势：

• 解决了文献复本数不足问题：面对具有大量相同需求的读者群，纸质图书有限的复本量远远不够，只要有足够多的终端设备，电子图书的复本是无限的。

• 缓解了馆藏容量不足问题：逐年增多的纸质图书需要占用大量的馆藏空间，成为图书馆发展的瓶颈，而电子图书占用的馆藏空间可以忽略不计。

• 提供了跨空间的文献传递解决方案：传统的纸质图书传递需要强大、高效的物流系统支持，而数字化的电子图书使这个问题变得轻而易举。

• 解决了孤本、善本文献的保存与利用的矛盾：纸质图书作为版本保存，电子图书（数字化复本）满足使用需求。

• 就出版形式而言，这是“互联网+”时代的一次革命。“电子书已发展成为一种知识信息传播的

① 《新闻出版总署关于发展电子书产业的意见》第1条。

重要载体，新型出版物的主要形态……其产业链由内容原创、编辑加工、数字转换、芯片植入、平台投送、设备生产、市场销售和进出口贸易等环节构成，是出版发行和互联网、数字化等高新技术相融合的产物。”

（二）电子图书的检索与利用

电子图书资源作为一种数字化资源，一般以数据库方式存在，因而，适用数字化资源（数据库）的检索与利用方式。数字化资源的检索特点是：除了可以按字段（通过标引设定的检索点，作为检索途径或检索入口）检索外，还可以进行全文检索（非通过标引生成的检索点，通过特殊的全文检索技术实现检索）。如超星的“汇雅书世界（超星电子书在线资源库）”就提供全文检索途径，以“自贸区”为检索词进行全文检索，可以等到如图6－1－1所示的结果：

图6－1－1　电子图书的全文检索

可以看到，这里不是对文献特征（检索点）进行检索，而是对文献内容直接进行检索，检索结果也不只是获取文献的线索，而直接是包含相关内容的全文。

电子图书与纸质图书存在着天然的联系，狭义的电子图书就是纸质图书的数字版，有着与纸质图书相同的文献特征：题名、责任者、出版社、出版时间、页数等。这些文献特征或直接可作为检索途径，或作为文献甄别的依据。在检索方式（检索途径）上，电子图书与纸质图书是一致的。因而，在书目检索系统中，也可以对电子图书进行检索。这与资源发现系统[①]的统一检索是不同的。理论上，资源发现系统可以对各类文献资源进行统一的一站式检索，但只限于通用的检索途径（如题名、责任者、关键词等），不同类型文献资源各有特殊的检索途径，对于这些特殊的检索点，无法实现统一检索。

在国家图书馆的馆藏书目检索系统中进行多字段检索（题名=理想国，著者=柏拉图，出版社=广西师范大学出版社），可得到如图6－1－2所示的结果：

① 资源发现系统是基于元数据架构的各种信息资源统一检索平台。2009 年 1 月的 ALA（American Library Association）年会上，Series Solution 公司宣布即将发布全球第一个网络级资源发现系统——Summon。（Serials Solutions Announces Summon，a new unified discovery interface［OL］.［2011－10－25］.http：//www.libraryuournal.com/article/CA6630537．html.）

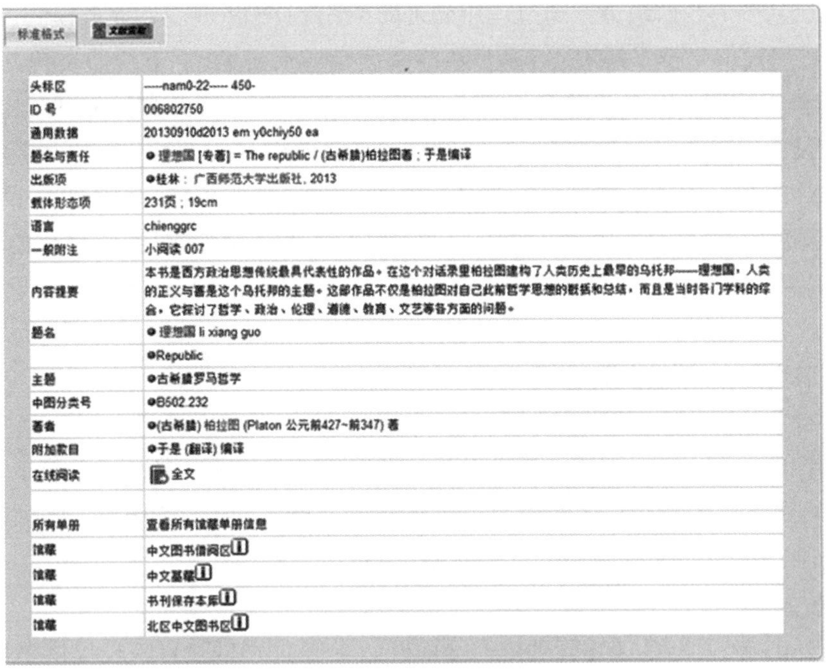
标准格式　文献资源

头标区	----nam0-22----- 450-
ID 号	006802750
通用数据	20130910d2013 em y0chiy50 ea
题名与责任	● 理想国 [专著] = The republic / (古希腊)柏拉图著；于是编译
出版项	●桂林：广西师范大学出版社, 2013
载体形态项	231页；19cm
语言	chienggrc
一般附注	小阅读 007
内容提要	本书是西方政治思想传统最具代表性的作品。在这个对话录里柏拉图建构了人类历史上最早的乌托邦——理想国，人类的正义与善是这个乌托邦的主题。这部作品不仅是柏拉图对自己此前哲学思想的概括和总结，而且是当时各门学科的综合，它探讨了哲学、政治、伦理、道德、教育、文艺等各方面的问题。
题名	● 理想国 li xiang guo
	●Republic
主题	●古希腊罗马哲学
中图分类号	●B502.232
著者	●(古希腊) 柏拉图 (Platon 公元前427~前347) 著
附加款目	●于是 (翻译) 编译
在线阅读	全文
所有单册	查看所有馆藏单册信息
馆藏	中文图书借阅区
馆藏	中文基藏
馆藏	书刊保存本库
馆藏	北区中文图书区

图6-1-2　利用书目检索系统查找电子图书

我们看到，除得到纸本图书的馆藏信息外，还可以在线阅读全文——电子图书，这就是在书目检索系统中查找电子图书——反映出电子图书与纸质图书在检索与利用上的一致性。事实上，图书馆就是将电子图书当作纸质图书进行书目著录和标引的。

二、主要的中文电子图书

中文电子图书有四大来源：一是拥有数字出版技术并能提供电子图书服务的供应商，著名的有方正、超星和书生等三大电子图书供应商，因此形成了中文电子图书的三大主流格式和运营模式；二是各类图书馆的图书数字化项目，如大学数字图书馆国际合作计划（CADAL）、中国数字图书馆等；三是出版社推出的数字出版模式，如法律门电子图书；四是电子图书集成商推出的电子图书发布平台，如中文在线、人天书店集团推出的畅想之星馆配电子图书发布平台等。

（一）方正阿帕比（Apabi）电子书

方正阿帕比（Apabi）电子书基于与方正出版系统的天然联系，可以与印刷型图书同步推出，是具有完全版权的并行产品，而其他电子图书都是将印刷型图书数字化后的产品，且存在版权问题。此外，阿帕比（Apabi）电子图书与印刷型图书有完全相同的版式，是从内容和形式上都复制了纸质图书的数字化复本，可以有效替代印刷型图书。由于方正出版系统在中文出版领域处于领先地位，阿帕比（Apabi）事实上已成为中文电子书的标准解决方案，被广泛应用于电子图书、电子期刊和电子报纸等出版领域。

阿帕比官方网站的网址为http://www.apabi.cn/。阿帕比电子图书格式为CEB，专用阅读器为Apabi Reader，支持Windows、Android、iOS多平台，且自2001年4月推出后不断更新版本。截至2018年1月23日，Apabi Reader for Windows最新版本为4.5.2，Apabi Reader for Android最新版本为1.8.0，Apabi Reader for iOS最新版本为2.4.0。

方正阿帕比公共图书馆解决方案通过应用先进的“平台+内容+服务”业务模式，基于丰富的数字化内容资源，通过现代信息技术的应用，满足数字阅读全场景需求，促进优质资源共享，以信息化引领数字化图书馆模式的创新。在移动终端解决方案为方正阅知。读者在触手可及的范围内，可以灵活地使用各终端设备进行数字资源阅读。其关键技术是CEBX标准。鉴于移动、手持平台软硬件的多样性，基于混合XML的公共电子文档——独立于软件、硬件、操作系统、呈现/打印设备，CEBX 具有数据结构化、原版原貌、设备自适应性、动态交互特性、全面的安全性支持、多样化的互联网应用等特性。阅知智能触摸屏使用了全新的Android操作系统，在深度定制的基础上使软件与硬件的结合更加严密高效，让图书馆提供的数字报纸、电子图书、精品图片等数字资源服务更加符合移动互联网时代读者对于阅读体验交互方式的需求。

1.阿帕比平台上的资源

目前（2018年1月23日），电子书库有220余万册可供阅读的电子图书，2.2亿章节。其中可全文下载的共68.9万，可试读本数183万，支持移动阅读的17万。外文图书5000多种，民国期刊20000多期，中医古籍2000余册，国学要览80000余册。其特色资源有：

• 教参全文数据库。

该数据库于2003年5月与CALIS管理中心全面开始合作，由51所211院校提供书目，400余出版社提供版权，截至2009年，品种有60366种，其中法律类图书有3519种。

• 企鹅英文原版书库。

北京方正阿帕比公司是企鹅集团在中国境内制作和发行电子书的唯一合作伙伴。企鹅集团诞生于1935年，是世界上最大的大众图书出版商之一，出版的图书包括文学奖得主的图书等。

•《北京周刊》50年回溯资源库。

《北京周刊》是中国唯一的英语新闻周刊，该资源库有德、法、日、西班牙、英文5个语言版本，浓缩了半个世纪以来的中外重要交往的精华，对于完整了解近50年的中国与世界间的重大变化发挥着重要作用。

•《国学要览》古籍库。

收录了包括义理之学、考据之学、辞章之学、经世之学、科学之学在内的，承载着中国传统文明精髓的古籍图书。

•《文渊阁四库全书》数据库。

阿帕比数字报纸也是该平台的特色之一，是以中国报纸资源为主体的数字化全文数据库系统，在国内率先实现整报完整收录，集全文检索和在线报纸原版原貌再现为一体。该数据库集当前现报及历史过报的收录为一体，截至目前，方正阿帕比获得各级各类报纸运营授权700余种，已发布535种。

此外，《中国工具书资源全文数据库》是一个以条目型数据为主体、检索为主要功能的数据库产品，是由北京大学图书馆、复旦大学图书馆、芝加哥大学图书馆、哈佛大学燕京图书馆、普林斯顿大学图书馆指导设计，中国大百科全书出版社、上海世纪出版集团、中华书局、中州古籍出版社、天津古籍出版社等出版社全力参与建设，以中国国内专业、权威工具书资源为主体的全文检索型数据库。

另有《中国年鉴资源全文数据库》含1500余种、8000余卷年鉴。

整合上述资源（包括电子图书、数字报纸、工具书库、年鉴库、图片库），阿帕比推出了一个完整的数字图书馆解决方案——《中华数字书苑》，被各大图书馆采购，作为馆藏电子图书的基本配备。

2.阿帕比资源平台上的检索

阿帕比检索平台提供简单检索与高级检索两种检索模式。其快速检索提供书名、责任者、主题/关键词、摘要、出版社、年份及全面检索等检索途径；高级检索为多条件复合检索，最多支持5个相同或不同途径检索条件的逻辑运算。得出检索结果后，可在线浏览、下载至电脑或手持设备。（见图6-1-3）无论是在线浏览或下载方式，阿帕比首先将授权文件（一般为orderwiz.ami）下载至本地，打开授权文件后，再下载全文版式文件。如果采用下载方式，阅览授权在一定天数内有效，如同图书馆的图书借阅；阿帕比又引入了复本的概念，用以控制电子图书并发下载次数。通过这种方式，图书馆可以将电子图书纳入传统的借阅管理体系中，实现印刷型图书和电子图书的一体化管理。通过拷贝形如*.CEB的版式文件，可实现异机离线阅读。采用下载方式时，结束阅览后应当进行归还操作，不然会影响其他读者对该电子图书的下载，此情形下，须等到授权期满，系统才会解锁。Apabi Reader支持多种阅读模式：读书模式、一键阅读、放映模式。借助方正畅听软件，还可以进行听读。在读书模式、一键阅读模式下，可进行选择、复制、标识等操作。Apabi Reader提供繁简转换功能，但只对目录区有效，对全文区无效。

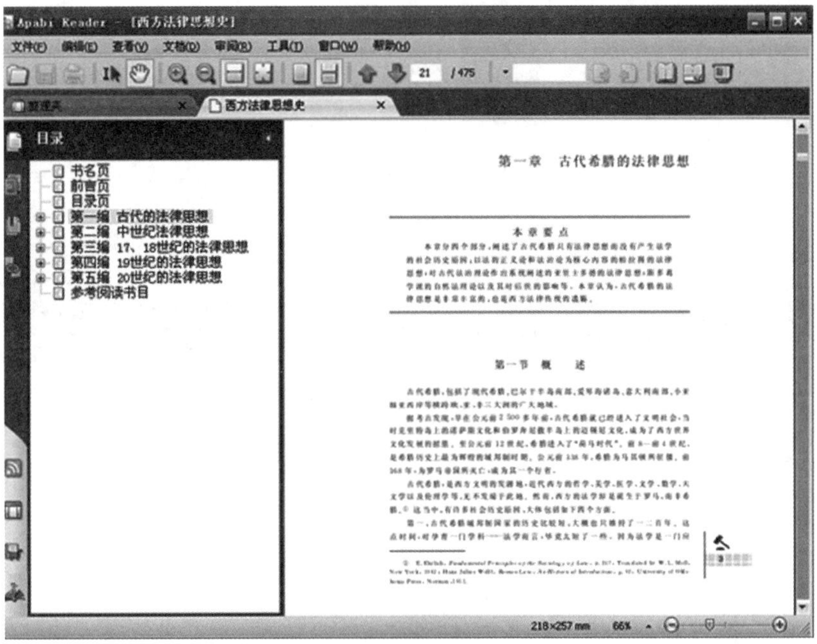

图6-1-3 Apabi Reader

（二）超星电子图书

北京超星公司（全称为北京世纪超星信息技术发展有限责任公司）成立于1993年，开发了PDG图像压缩技术（图文资料数字化，超星电子图书格式即为PDG），是国内较早从事纸质资料的数字化以及制作电子出版物的公司之一；于2000年创建超星数字图书馆。2000年6月超星数字图书馆被列为国家863计划中国数字图书馆示范工程，参与中国数字图书馆的建设工作。

超星电子图书资源官网为超星读书网（http://book.chaoxing.com/）（见图6-1-4），提供在线电子图书200000种，最新版出版时间为2016年7月，其中法律类4261种（中图法D9类）。我国各类图书馆普遍引入了超星电子图书资源，同时，超星公司为各图书馆提供纸质图书数字化服务，以丰富各馆的电子图书资源，因而各馆的超星格式电子图书数量往往超过超星读书网。

各图书馆内的超星电子图书平台有三种：一是本地镜像站点（旧超星电子图书平台，见图6-1-5），低清晰度（150dpi）的旧超星电子图书和民国图书（数字版）采用此平台；二是在线包库平台（http://www.sslibrary.com/，新超星电子图书平台（见图6-1-6），称为汇雅书世界，提供网页阅览、阅览器阅览和下载阅览等多种阅读方式，清晰度也有较大提高，达到了300dpi以上；三是超星公司为各图书馆打造的馆藏数字化平台，这是各图书馆的特色资源库，一般只能在图书馆局域网内访问。

图6-1-4　超星读书

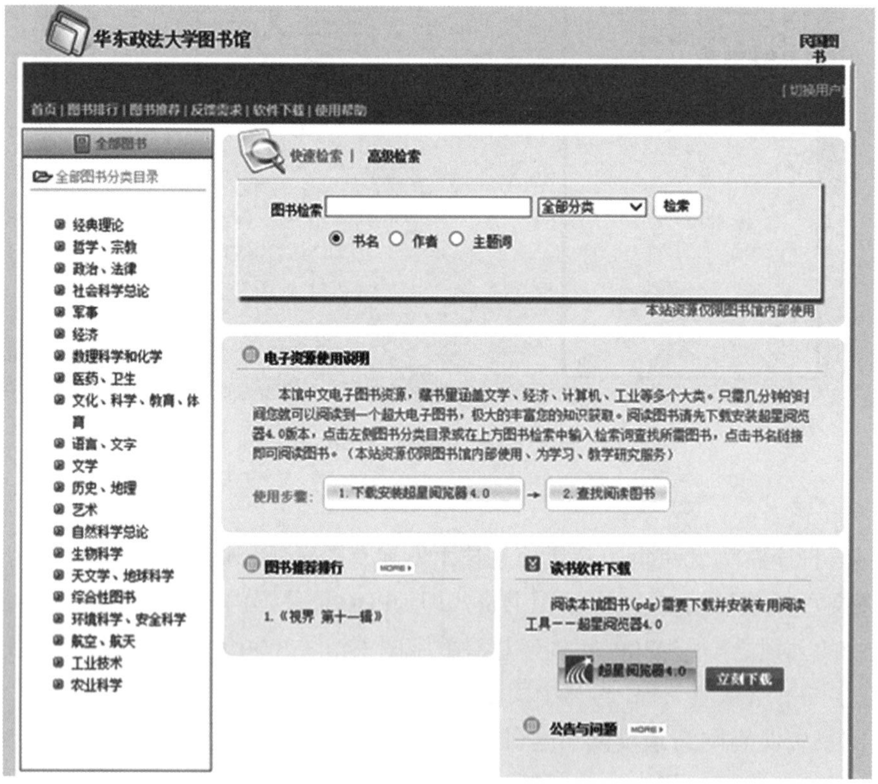

图6-1-5　旧超星电子图书平台

图6-1-6 汇雅书世界

1.超星电子图书的阅读方式

超星电子图书为PDG格式，可以用专用阅读器SSReader（截至2018年1月23日，最新PC客户端为5.4版，另有手机客户端）打开。利用SSReader可对超星电子图书进行文字识别、文本复制和标注操作。（见图6-1-7）对于在线的汇雅电子图书，超星提供网页阅读（不需安装SSReader客户端）、阅读器阅读两种方法。如利用SSReader客户端，又有两种打开方式，一是阅读器阅读，二是PDF阅读。此外，可以下载到本地保存（分页下载或整本打包下载，下载文件后缀为PDZ，必须使用下载时相同的用户登录SSReader打开）。

SSReader不仅仅是超星电子图书的专用阅读器，也是一个网页浏览器（用于打开网页和以网页方式打开超星电子书），更是一个个人图书馆，可用于归纳整理符合个性化需求的超星电子图书资源。

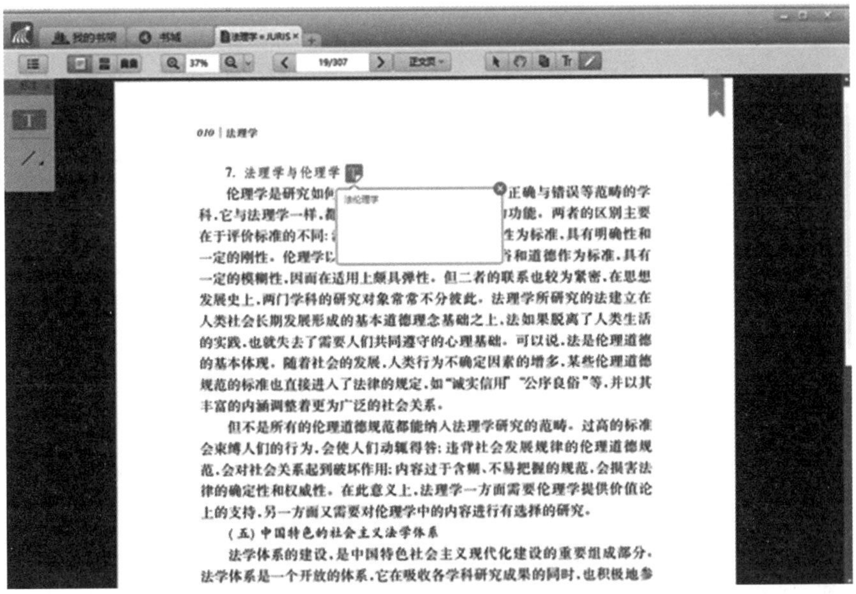

图6-1-7 SSReader

2.超星电子图书的检索

超星读书、超星本地镜像平台和汇雅书世界，都是以数据库方式提供电子图书，适用数据库检索的一般方式。超星读书提供全部字段、书名和作者三种检索途径，其中的全部字段不仅指书名和作者，还包括目录和正文全文检索。超星本地镜像平台提供快速检索和高级检索两种模式。快速检索提供书名、作者和主题词三种检索途径，并可进行分类限定，[①]支持二次检索（在结果中检索）；高级检索就是多条件检索，最多支持三个检索条件，每个检索条件可在书名、作者和主题词中任选其一，不同检索条件之间以“并且”与“或”进行关系组配，同时，可以进行出版年代限定。汇雅书世界提供（简单）检索（检索途径包括书名、作者、目录和全文）和高级检索两种模式。高级检索这窗口如图6–1–8所示：

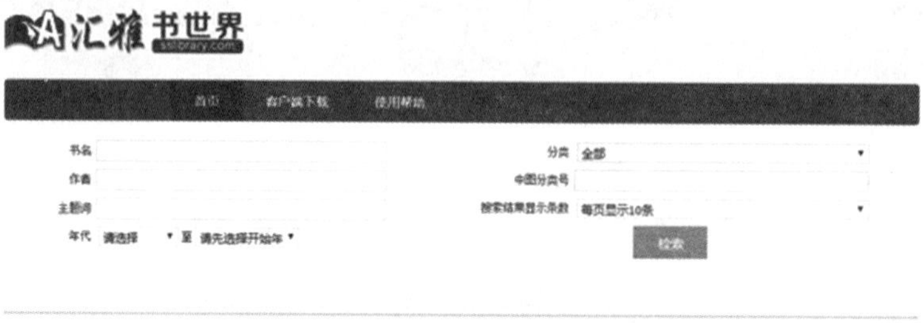

图6–1–8　汇雅书世界的高级检索模式

在超星的读秀学术搜索平台中也可以检索超星电子图书。读秀学术搜索是由图书、期刊、报纸、会议论文、学位论文等文献资源组成的知识系统，覆盖了纸质和数字资源，是一个可以对文献资源及其全文内容进行深度检索，并且提供原文传送服务的平台。

在读秀的图书检索中，提供书名、作者、丛书名、主题词、目次和全部字段（包括前述五个字段）检索，可以进行二次检索（在结果中检索）和依《中图分类法》分类导航。其图书高级检索即多字段检索（见图6–1–9），也可以以检索式方式检索（专业检索）（见图6–1–10）。

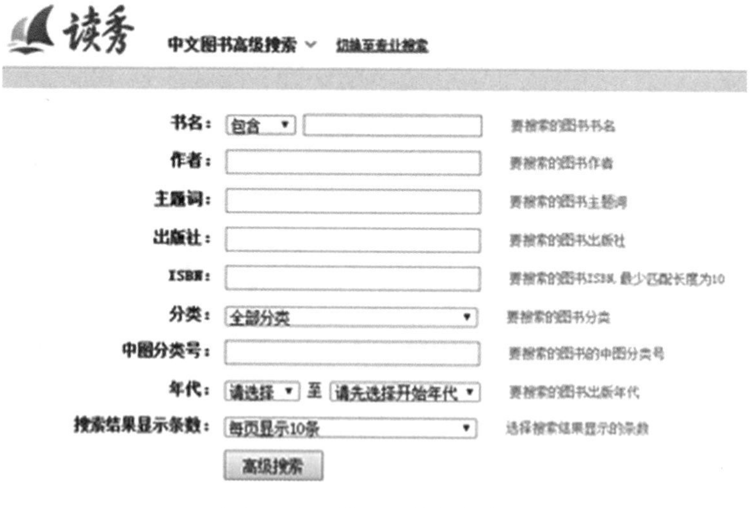

图6–1–9　读秀图书高级检索

① 分经典理论、哲学宗教、政治法律、社会科学总论、军事、经济、数理科学和化学、医药卫生、文化科学教育体育、语言文字、文学、历史地理、艺术、自然科学总论、生物科学、天文学地球科学、综合性图书、环境科学安全科学、航空航天、工业技术、农业技术等21个大类，与《中图分类法》相比，少了交通运输类。

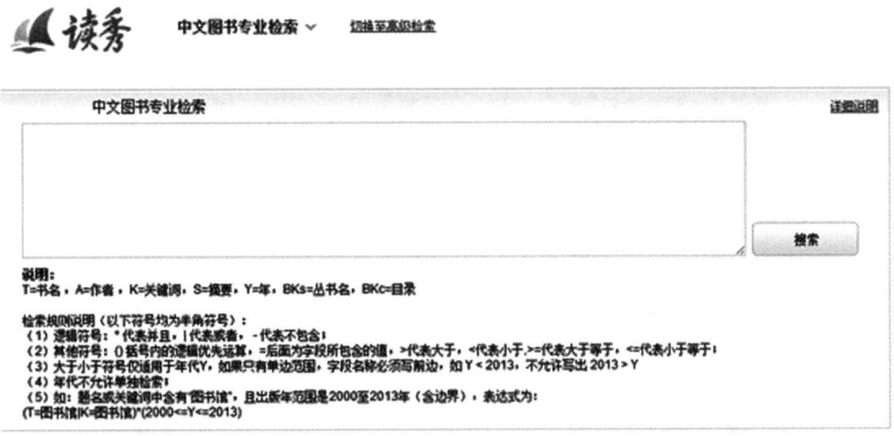

图6-1-10　读秀中文专业搜索

超星发现系统是读秀的升级版，提供高级检索和专业检索两种模式。其高级检索最多可支持五重任意字段的多条件检索。要注意的是：中图分类号不能作为独立的检索途径，必须与标题或作者组配，形成复合检索条件。（见图6-1-11）

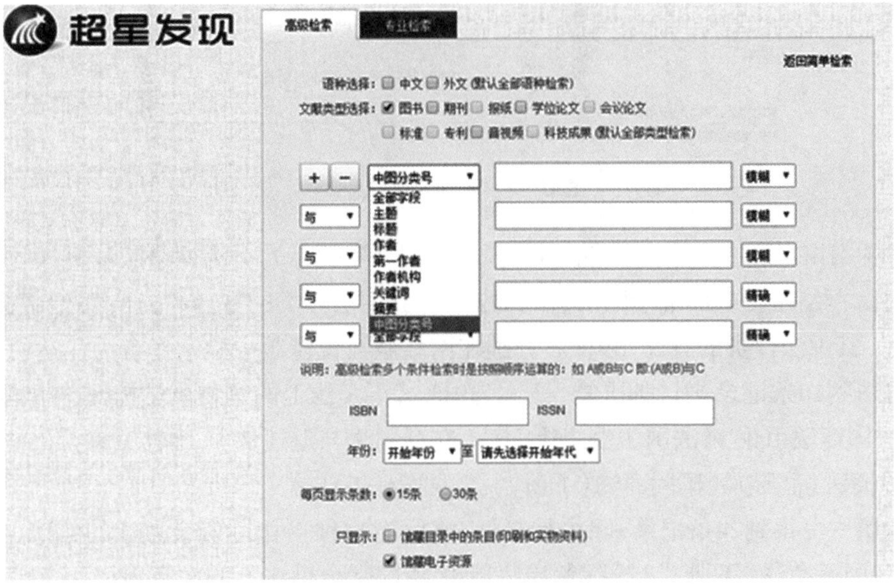

图6-1-11　超星发现的高级检索

（三）书生电子图书

书生电子书由北京书生公司推出，是基于SEP核心技术的另一种主要中文电子图书。SEP是中文平台上通用的文档分发和交换格式，可以完整地、原版原貌地转换各种应用程序所生成的电子文档，对文字、图像、图形、文档布局等都可以完整地保留，采用专用的电子图书阅读器——书生阅读器7.2 Build 1347（该阅读器与高端浏览器如win10不兼容，在浏览器中可检索，但无法打开阅读器，建议使用Firefox浏览器）。（见图6-1-12）

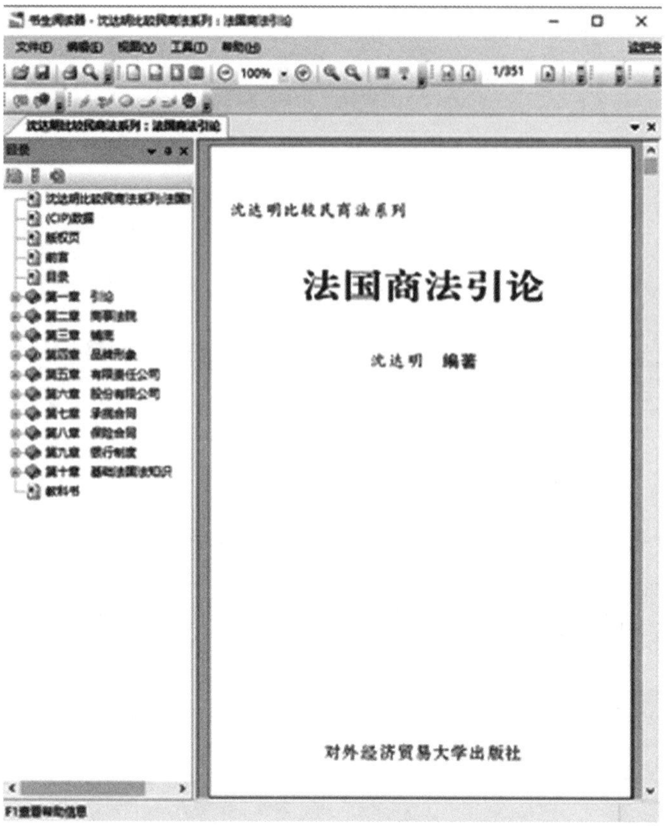

图6-1-12 书生阅读器

书生为各图书馆定制了第三代数字图书馆（电子图书资源库），分为网络版和镜像版两个库，截至2018年2月17日，网络版提供的电子图书有413421种，其中法律类的有19477种；镜像版提供的电子图书有174136种，其中法律类的有26759种。分别在网络版与镜像版中检索作者为沈达明的法学著作，在网络版中可得到10条记录，有2种重复，实际为9种：《买卖法上的货物质量担保》《国际金融法上的次级债权》《法国商法引论》《法国/德国担保法》《准合同法与返还法》《比较民事诉讼法初论》《知识产权法》《国际商法（上册）》《国际商法（下册）》。（见图6-1-13）

而在镜像版中可得到24条记录，除去重复外，实际有14种：《国际资金融通的法律与实务》《国际商法（上册）》《国际商法（下册）》《国际贸易法新论》《国际金融法上的次级债权》《知识产权法》《英美证据法》《技术转让与工业产权》《国际经济贸易中使用的银行担保》《比较强制执行法初论》《比较破产法初论》《比较民事诉讼法初论》《准合同法与返还法》《买卖法上的货物质担保》。（见图6-1-14）

由此可见，网络版与镜像版数据并不同步。网络版的总量居多，但也有镜像版的内容在网络版中并未收录，网络版的内容在镜像版中未收录的情况。而且，检索也不严谨，在两个版本中都有重复的命中记录。

图6-1-13　书生数字图书馆（网络版）

图6-1-14　书生数字图书馆（镜像版）

两个版本书生数字图书馆的检索方式基本相同：图书检索提供图书名称、作者、丛书名称、主题和提要等五个检索途径（在镜像版中可指定分类，限定在当前分类中检察）；图书全文检索可限定分类，在图书内容或目录中查找；组合检索是四重条件任意字段（在图书名称、作者、丛书名称、主题中任选其一）检索。高级全文检索则相对复杂：首先是限定分类，限定查找内容还是目录；然后选择单词检索、多词检索、位置检索或范围检索。单词检索可检索本词（自身）、上位词、下位词、等同词、同义词、反义词、替代词和外文等同词，可选择是否要分词。多词检索（两个词）可选与、或、非及异或等逻辑关系。位置检索也是双词检索，可选定两词出现的前后位置。（见图6-1-15）

图6-1-15　书生数字图书馆的高级全文检索

（四）中文在线电子图书

中文在线（http://www.ChineseAll.com/）2000年成立于清华大学，截至2018年1月，已与国内400余家版权机构合作，签约知名作家、畅销书作者2000余位，拥有驻站网络作者超过10万名。在教育领域，中文在线推出了书香校园互联网数字图书馆，平台包括10余万册电子图书、3万余集有声图书。内容涵盖畅销长销、名家精品、经典名著、人文历史、大众社科、教育科普、经管理财等多种类型，上线电子图书151491种，其中法律类电子图书有6667种。

中文在线的书香校园平台采用校园网内注册的用户认证方式，一旦注册成功，就可下载平台上的电子图书，在“我的书房”（平台上的个人空间）永久保存使用。中文在线的电子图书是epub格式（通用电子图书格式），支持网页阅览和客户端阅览，客户端称为微书房，有PC版（见图6-1-16）和手机版。书香校园的检索较为粗糙，只支持书名、作者名和出版社名检索。

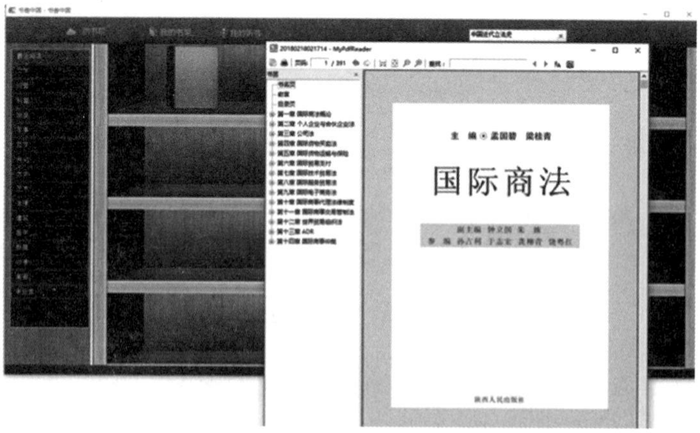

图6-1-16　中文在线的微书房（PC版）

（五）畅想之星电子图书

畅想之星是人天书店集团为各图书馆量身定做的馆配电子书平台（见图6-1-17），于2015年推出，目前已与379家出版社签订了电子书资源合作协议（授权），目前上线电子图书304871种，其中人文社科类较为丰富，占70%以上，法学类有17025种。畅想之星支持网页方式在线阅览，也可以通过手机客户端下载（类似纸质图书的借阅管理）。畅想之星提供题名、作者、ISBN、出版社、主题、简介等检索途径。

图6-1-17　畅想之星馆配电子书平台

（六）大学数字图书馆国际合作计划（CADAL）

大学数字图书馆国际合作计划（China Academic Digital Associative Library），是中国高等教育文献保障系统（China Academic Library & Information System）的一个子项目，由中美计算机专家共同倡导建设，官网网址为http://www.cadal.zju.edu.cn/。浙江大学于2009年9月成立了大学数字图书馆工程中心，从事相关技术的研发。该中心将与美国哈佛大学、伊利诺伊州大学香槟分校图书馆、德国柏林中央图书馆、瑞典皇家工学院图书馆等展开资源共建共享合作。计划在中国共建全球最大的数字化中心。CADAL提供的资源包括中文图书包括珍贵古籍、民国时期出版的书刊、现代学术著作文库、博士硕士学位论文以及其他特色文献资源；英文图书则包括美国大学图书馆核心馆藏、技术报告等进入公共领域的图书资料。（见图6-1-18）古籍和英文资料对全体互联网注册用户开放；CADAL参建单位的注册用户可以借阅部分民国和现代图书，但对于版权保护期①内的文献，不提供全文下载和在线浏览服务。

CADAL提供全文关键词快速检索和高级检索（书名、作者、关键词和描述等多途径复合），并可进行图像、视频、书法字检索。（见图6-1-19）

① 签署于1885年的《伯尔尼公约》第7条规定，各成员国对一般作品的保护期为作者的有生之年加死后50年，我国著作权法参照此规定，欧盟及美国将此期限延长至70年。

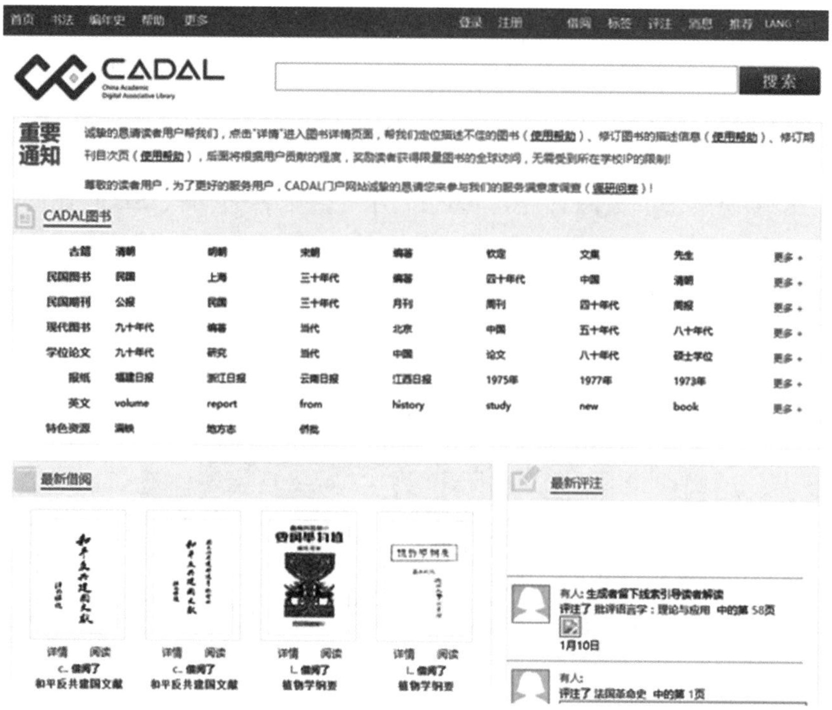

图6-1-18　CADAL

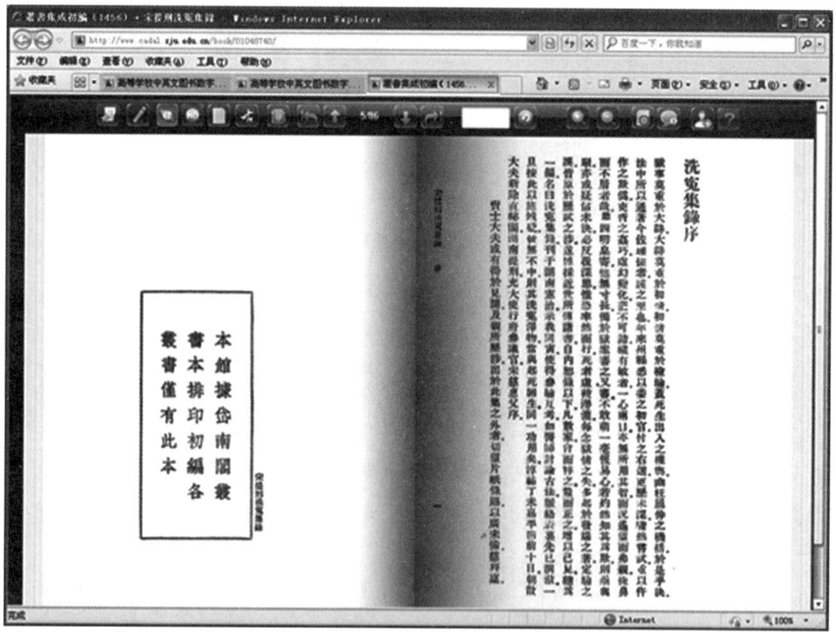

图6-1-19　CADAL电子图书的图像版式阅读

（七）中国数字图书馆的中文电子图书

中国国家图书馆推动的中国数字图书馆项目，致力于中国国家图书馆馆藏中文图书的数字化，可通过中国国家图书馆网站（http：//mylib.nlc.cn/web/guest/zhongwentushu）访问。自2000年启动以来，上线图书达561009种。上线电子图书均为PDF版，因版权因素，大部分图书只提供前24页的在线阅览，可在线全文阅览的有27850种，其余可通过文献传递方式获取全文。其电子图书平台提供题名、责任者、出版社、出版年份、目录、摘要及全文等检索途径。

包括图书、期刊、法律在内的民国专类电子图书则能提供全文在线浏览，共收录民国图书电子版78424种，民国期刊4349种，民国法律图书8114种。（见图6-1-20）如果要查阅民国图书的电子版，还有其他几个选择：（1）CADAL。收录民国图书11514种。（2）畅想之星。收录民国图书85681种；此外，收录地方志3879种。（3）超星。超星民国专题库收录46591种。

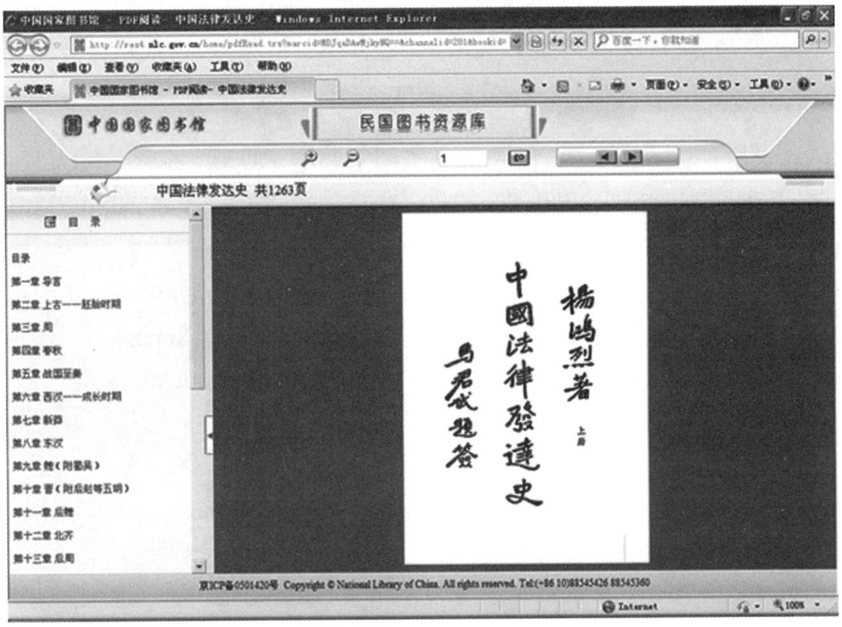

图6-1-20　国家图书馆的中文电子图书

三、主要的国外电子图书

国外电子图书有三种来源：一是各大出版社（集团）推出的本出版社（集团）的电子图书，通常为网络数据库形式，提供PDF下载或在线阅读，如Cambridge University Press，Oxford University Press，John Wiley&Sons Inc.等；二是专业公司整合各出版社的电子图书推出的电子图书数据库，如Ingram Content Group，Inc.的MyiLibrary，ProQuest与University of Oxford，University of Michigan合作推出Early English Books Online（EEBO），Gale的Eighteenth Century Collections Online（ECCO）和The Making of Modern Law；三是国内公司通过引进数字版权方式打造的外文电子图书数据库，如金图国际外文原版数字图书馆（KIFDL）、WISEBOOK外文原版电子图书、EBM电子书等。

（一）剑桥图书在线

剑桥图书在线（Cambridge Books Online，CBO），是剑桥大学出版社的电子图书平台，涵盖了剑桥大学出版社出版的全学科图书，是并行于传统纸质出版渠道的数字化出版方式，但其电子版往往晚于纸质版，如*Entrepreneurs and Democracy*：*A Political Theory of Corporate Governance*一书，纸质版发行于2008年，电子版则于2009年9月才上线。现与“剑桥期刊在线”共享一个平台，称为Cambridge Core，其官网网址为https：//www.cambridge.org/core。（见图6-1-21）

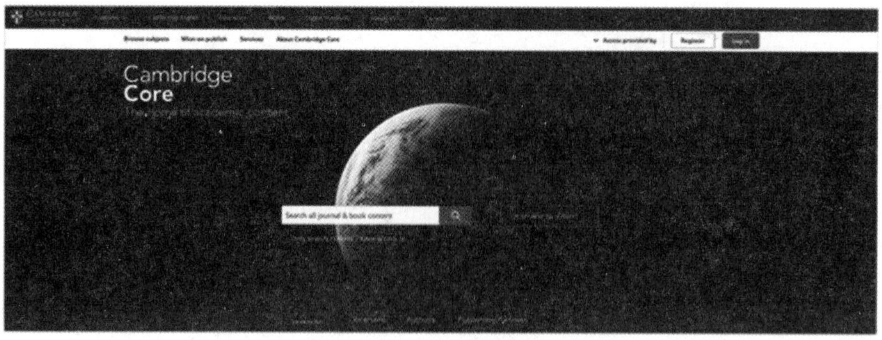

图6-1-21 Cambridge Core

Cambridge Core采用一框式检索，范围是其电子图书和电子期刊，检索字段为题名（包括刊名、书名）、篇名、章节名、丛书名等。此外，提供主题浏览（Browse Subject）查找，共分为37个主题：

• Anthropology
• Archaeology
• Area Studies
• Art
• Astronomy
• Chemistry
• Classical Studies
• Computer Science
• Drama and Theatre
• Earth and Environmental Sciences
• Economics
• Education
• Psychology
• Religion
• Social Science Research Methods
• Sociology

• Engineering
• English Language Teaching–Resources for Teachers
• Film，Media，Mass Communication
• General Science
• Geography
• History
• Language and Linguistics
• Law
• Life Sciences
• Statistics and Probability

• Literature
• Management
• Materials Science
• Mathematics
• Medicine
• Music
• Nutrition
• Philosophy
• Physics
• Politics and International
• Relations
Psychiatry

其中“Law”又可分二级主题如下（如果是电子期刊，则无二级主题，显示收录的电子期刊列表）：

• Arbitration，Dispute Resolution and Mediation
• Comparative Law
• Competition Law
• Constitutional and Administrative

• Evidence
• Family Law
• Financial Law
• Human Rights
• Humanitarian Law
• Intellectual Property

Bioethics and Health Law
• Private International Law
• Private Law
• Property Law
• Public

Law
- Contract Law
- Corporate Law
- Criminal Law
- E-Commerce Law
- Employment Law
- English Legal System
- Environmental law
- Equity and Trusts
- European Law
- International Trade Law
- Jurisprudence
- Law and Economics
- Law：general interest
- Legal History
- Legal Skills and Practice
- Medico-Legal

International Law
- Socio-Legal Studies
- Taxation Law
- Tort Law
- UN and International Organisations
- US law

进入二级主题目录，就可以看到电子图书列表。在二级主题目录下，仍可进行一框式全文检索。如果输入检索值“wto”结果如图6-1-22所示：

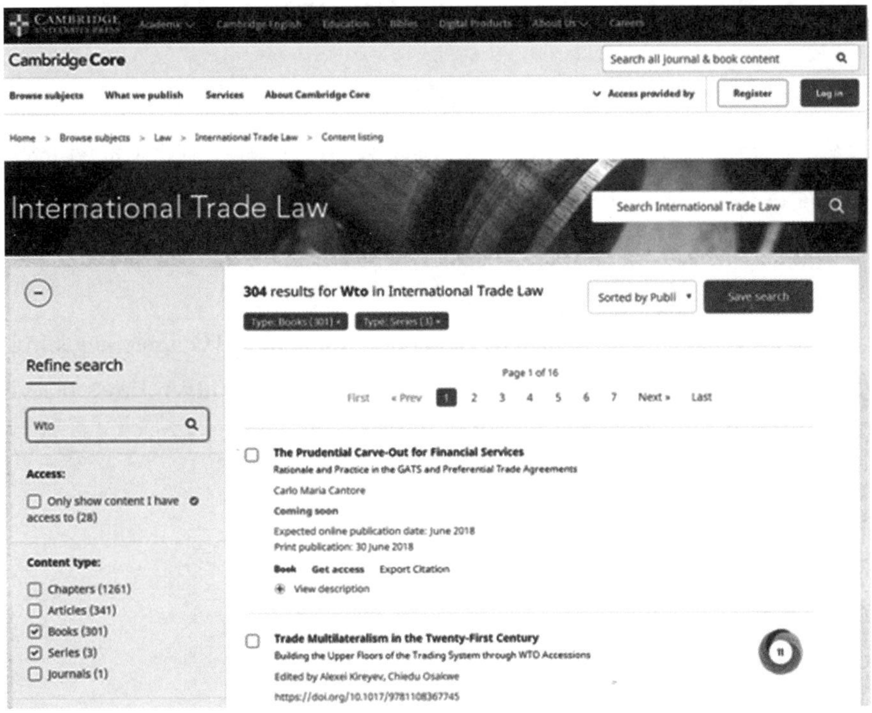

图6-1-22　Cambridge Core的检索

检索值出现于命中结果的章节名、篇名、书名、丛书名和刊名——这只是广义的题名检索，而非正文全文检索，我们可以根据需要选择合适的命中结果类型。命中记录也有几种情况：

- Coming soon　电子图书还未上线（一般而言，电子图书要比纸质图书晚半年上线）。
- Get access　本终端未获全文授权（本地IP非授权用户），系统会提示：购买纸质图书（Buy the print book）、登录授权账户（Log in/Register）、联系图书馆员（Recommend Librarian）。
- Acess　可链接到全文。通过勾选Only show content I have选项，可屏蔽前两种命中结果。

可获取全文的命中记录结果显示如图6-1-23所示：

Agricultural Subsidies in the WTO Green Box

Ensuring Coherence with Sustainable Development Goals

Edited by Ricardo Meléndez-Ortiz, Christophe Bellmann, Jonathan Hepburn

https://doi.org/10.1017/CBO9780511674587

Published online: 03 May 2010

Print publication: 03 December 2009

Book　Access　Export Citation

Hide description

Do the World Trade Organization's rules on 'green box' farm subsidies allow both rich and poor countries to achieve important goals such as food security, or do they worsen poverty, distort trade and harm the environment? Current WTO requirements set no ceiling on the amount of green box subsidies that governments can provide, on the basis that these payments cause only minimal trade distortion. Governments are thus increasingly shifting their subsidy spending into this category, as they come under pressure to reduce subsidies that are more directly linked to production. However, growing evidence nonetheless suggests that green box payments can affect production and trade, harm farmers in developing countries and cause environmental damage. By bringing together new research and critical thinking, this book examines the relationship between green box subsidies and the achievement of sustainable development goals, and explores options for future reform.

图6-1-23　Cambridge　Core的命中结果

点击Edited by 项，可进行相关责任者检索。点击https：//doi.org/，则进入该图书的详细页面。（见图6-1-24）在此页面可分章节选用内容，进行如下处理：

• View selected items选中相关内容后，进行阅读（PDF格式）。

• Save to my bookmarks保存入Cambridge Core的个人书签。

• Export citations生成引文，状如：Mitchell，A.（2008）.Table of WTO agreements.In Legal Principles in WTO Disputes（Cambridge Studies in International and Comparative Law，p.Xvi）.Cambridge：Cambridge University Press。以BibteX、①RIS、②Text、Word文件格式下载，或导入EasyBib或RefWorks。③

• Dowload PDF（zip）在PDF格式打包下载。

• Send to Kindle④导入Kindle阅读器。

• Send to Dropbox导入Dropbox。⑤

• Send to Google Drive 导入 Google Drive。⑥

① BibTeX 是一种文件格式，也是一个制作这种文件的工具。这种文件用于描述和处理引用列表，通常情况下与 LaTeX 文档结合使用。

② RIS（研究信息系统）主要用于快速、方便地实施引证的特征和书目。

③ EasyBib 或 RefWorks 都是研究文献管理软件包。

④ 亚马逊（Amazon）电子书阅读器。

⑤ 是 Dropbox 公司运行的在线存储服务，通过云计算实现因特网上的文件同步，用户可以存储并共享文件和文件夹。

⑥ Google Drive 是谷歌公司推出的一项在线云存储服务，通过这项服务，用户可以获得 15GB 的免费存储空间。

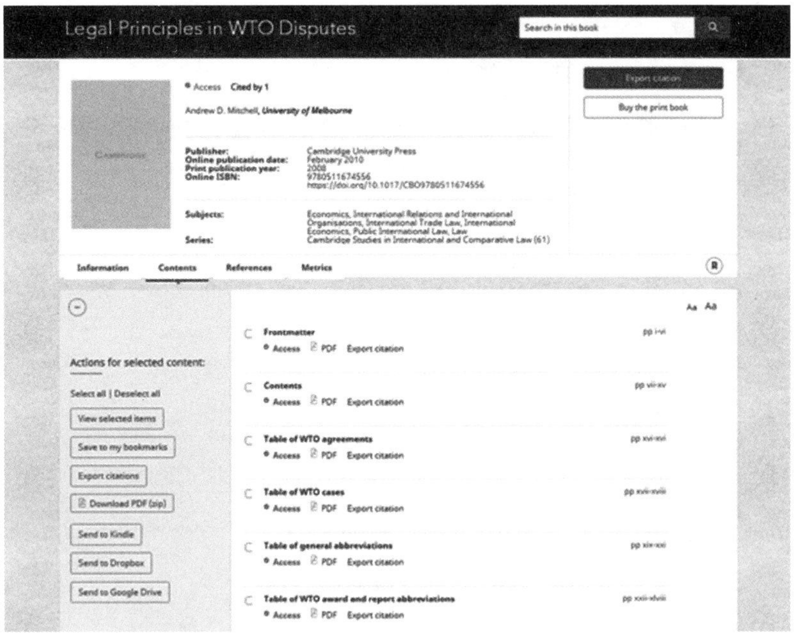

图6-1-24　Cambridge　Core命中结果详细页面

（二）牛津学术在线

牛津学术在线（Oxford Scholarship Online，OSO），官网网址为http：//www.oxfordscholarship.com/。目前可提供27140种牛津出版社出版的图书的完整电子版（其中，法律类有1738种），分31个大类：

- Anthropology
- Archaeology
- Architecture
- Art
- Biology
- Business and Management
- Classical Studies
- Computer Science
- Earth Sciences and Geography
- Economics and Finance
- Education
- Environmental Science
- Film，Television and Radio
- History
- Information Science
- Law
- Linguistics
- Literature
- Mathematics
- Music
- Neuroscience
- Palliative Care
- Philosophy
- Physics
- Political Science
- Psychology
- Public Health and Epidemiology
- Religion
- Social Work
- Society and Culture
- Soclology

牛津学术在线提供全字段快捷检索方式，可以进行整库检索或专题库检索。其高级检索是多重条件复合检索，检索途径可以是Full Text（全文）、Headings（标题）、Bibliography（书目）、Table（目录）、Captions（插图标题）、Abstract（摘要）、Chapter Title（章节名）、Book Title（书名）、Author（作者）、Editor（编者）、DOI（数字对象标识符）、ISBN（国际标准书号）、Subject（主题）、Keywords（关键词）、Publisher（出版者）等。匹配方式为任意一致，非完全一致，如同百度等搜索引擎。以检索*The Impact of Human Rights Law on General International Law*一书为例，以题名为检索途径，以“The Impact of Human Rights Law on General International Law”为检索值，可得如图6-1-25所示的结果：

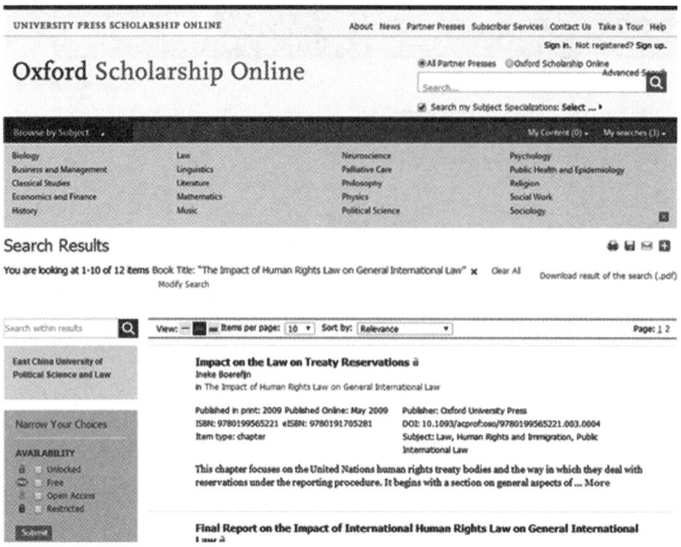

图6-1-25　OSO的检索

命中结果有几种情况：

• Unlocked已获授权，可全文阅读。

• Free免费资源，可全文阅读。

• Open Access共享资源，可全文阅读。

• Restricted无全文资源。

点击标题，则进入该电子图书的详细页面（这一点与CBO不同，不是点击DOI链接）。在详细结果页面，可选择网页阅读（Html格式，可方便地进行复制粘贴）或PDF阅读（以PDF格式下载本地），此外，还提供丰富的导出接口。（见图6-1-26）

图6-1-26

（三）MyiLibrary

MyiLibrary是Ingram Digital Ltd.的集成性电子图书平台，主要服务于学术研究者、专家学者和学生等，是各类机构图书馆选购、使用电子图书的重要平台。目前MyiLibrary电子图书平台上收录了来自超过2500个各类出版机构出版的各学科电子图书75万余种。其官网网址为http://www.myilibrary.com/。

MyiLibrary提供题名、关键词、责任者、出版者、ISBN、全文检索等检索途径，并可按主题进行浏览。(见图6-1-28)MyiLibrary提供全文的方式为在线浏览，并可进行下载和打印。

图6-1-27　MyiLibrary的高级检索

(四)其他外文电子图书

其他外文电子图书有：

1. Brill。官网网址为http://booksandjournals.brillonline.com/content/books。截至2018年2月17日，上线电子图书8595种。特色专题有：International Law, Human Rights and Humanitarian Law，共有电子图书1090种。

2. 世界电子图书馆。官网网址为http://www.ebooklibrary.org/。该库收录260多种语言、超过340万册的电子图书与超过12万种有声读物，每月增加超过5万册图书资源。覆盖范围包括文学、历史、社会学、法律、语言、宗教、商务、美术、哲学、管理、数学、统计、天文学、物理等32个学科大类；资源内容来自古今约20万家出版机构的原始出版物。该库中的电子书采用清晰的PDF格式全文或Mp3格式语音电子书，可在线阅读，支持全文下载。

3. Gale。官网网址为https://www.gale.com/uk。在线电子图书21191种，法律类有985种。此外还有丰富的历史文献和档案资源，如NCCO(Nineteenth Century Collections Online，十九世纪作品在线)、ECCO(十八世纪文献在线)、MOMW(现代经济之路)、MOML(现代法律之路)。

4. Emerald。官网网址为http://www.emeraldinsight.com/。Emerald目前出版超过2000多册人文社会科学图书，其中近1000卷丛书包含电子版本，可通过Emerald平台对每个章节进行方便快捷的检索和浏览。Emerald电子系列丛书分为《工商管理与经济学》和《社会科学》两个专集，涉及150多个主题领域。

5. Wiley。官网网址为http：//onlinelibrary.wiley.com/。在线电子图书21252种，法律类142种。

6. Sage。官网网址为http：//sk.sagepub.com/。

第二节　电子期刊

一、何为电子期刊

电子期刊（Electronic Journal）是指以电子方式出版的定期或不定期的连续出版物。《科技编辑大辞典》（第二军医大学出版社2001版）这样描述："期刊类型之一。①利用电子技术进行生产、制作出版的期刊。按出版的载体不同，可将电子期刊分为软盘电子期刊、光盘电子期刊和联机/网络化电子期刊。②从投稿、编辑、出版、发行、订购、阅读的全过程完全电子化的期刊，即所谓的联机期刊或称在线电子期刊。世界上最早的联机期刊是美国科学发展协会与联机图书馆中心共同出版的*The Online Journal of Cur-rent Clinical Trials*。我国第一种网络化电子期刊是1995年国家教委通过我国教育科研网（CER-Net）出版发行的《神州学人》。"随着因特网技术的发展，能够即时更新的网络电子期刊（Net Electronic Journal）成为主流，我们所指的电子期刊通常就是这一类。

电子期刊具有以下特点：

- 它能够提供最新的文献；
- 它作为数字化的资源占用空间小，容易被复制、利用；
- 它是一种网络化资源，可以同时供多人阅读，并具有延展性；
- 电子期刊不同于传统印刷本期刊的另一个特性是可检索性。

从读者获取的角度来看，电子期刊有三种类型。

（一）数据库电子期刊

一般以数据库形式在网站上展示。国内的如中国知网（http：//www.cnki.net/）、万方数据知识服务平台（http：//www.wanfangdata.com.cn/）、维普期刊数据库（http：//www.tydata.com/）等。国外的如Science Online、Nature、Springer、Verlag、Elsevier等。它们一般有选择性地收集相关的核心期刊，组成一整套收集、制作、建库、检索、统计的规范化系统。

它们本质上是网络数据库，之所以称为电子期刊，是因为其收集的内容及形式均源自传统的纸质期刊，是这些期刊过刊的电子模拟版。学术性强和检索功能强是它们最大的优点。它们另一个特点是，它们文档格式不是标准的数字化纯文本格式，而是模拟印刷本版式的专用格式，可以进行书本式翻页、以印刷版式打印输出。在联机阅读时，需要配置专用的阅读器，如中国知网上的文档格式为CAJ或KDH，可以使用文档阅读器Cajviewer打开。

由于是网络数据库，因此适合在局域网或广域网上资源共享，进行回溯性资料储存和全文检索，这逐渐成为过刊类电子版期刊获取的通用方式。

（二）网站型电子期刊

网站型电子期刊就是发布电子期刊的一个网站，分为三种情况：

其一，网站由该期刊的编辑部或某信息服务商建立，一般有对应的印刷版期刊。内容上，网络版与印刷型完全相同，从网络版上可以跟踪到印刷版的版面、栏目。网络版与印刷版是两个内容相同、载体不同的并行发行版本。例如,《人民日报》就有网络版和印刷版,两者内容完全相同。它们是同一期刊不同载体的版本,它们之间的关系与《人民日报》与《人民日报海外版》之间的关系不同,后者是内容不同的同系列报刊。

其二,网站由期刊编辑部建立,但内容和形式与相应的印刷型期刊并不一一对应,属于该编辑部的网站或网络期刊,而不是该期刊的网络版。从形式与内容上,它已经逐渐摆脱了印刷型期刊的影响,成为一种新的网络文献资源。例如:人民网(http://www.people.com.cn/)就是人民日报社的官方网站,而不单是《人民日报》的网络版,它的内容要比《人民日报》多得多,而且从形式、结构、内容上看完全是一个网站的架构。

其三,网站由专门的机构建立,该机构类似于期刊的编辑部。网站架构不同于一般的门户网站,没有由点及面的信息外延导航功能,它的所有链接都封闭在这个网站之内,这种期刊没有印刷版作为依托,其发行渠道完全依赖于网络,是一种独立的网络电子期刊。一般来说,该类电子期刊专业性、学术性都比较强,不同于普通的资讯网站,内容上具有一定的权威性,是互联网上进行学术研究、交流的重要平台。典型的例子是《法周刊》(http://solicitor.com.hk/)。(见图6-2-1)广义上,专业类资讯网站都可以看作这种形式的电子期刊。

图6-2-1　网站型电子期刊——法周刊

综合以上三种网站型电子期刊的情况,我们发现,网站型电子期刊有三种发展模式或趋势:第一种是网络版与印刷版并行发行,载体不同,内容相同;第二种是网络版向门户网站化发展,逐渐摆脱印刷版的影响;第三种是在内容、形式、栏目等方面,网站向期刊回归。

(三)Mail list电子期刊

该类电子期刊就是Mail list(邮件列表)。Mail list是互联网上利用E-mail工具实现的一种重要的服务,它具有专题发送、定期更新的特点,还具有期刊的特点,因此被作为一种重要的电子期刊。一般来说,Mail list消息性强而且免费,但学术性较差,适合于其他有特殊需要的读者,相当于图书馆参考咨询中的定期服务。Mail list的订阅方式十分简单,只要打开一个网站,选中某些专题(期刊),再输入接收方的E-mail地址,就可订阅成功,早期很多门户网站都带有这项服务功能,现为更为方便的手机订阅和RSS订购所取代，一些专题网站还提供这种服务。如北大法宝提供的最新立法邮件订阅、期刊目录邮件订阅、Lawinfochina Weekly订阅。

二、中文法律电子期刊

网络版的中文法律电子期刊以两种方式存在：一是作为电子期刊的集合，以网络数据库的形式存在，并通过数据库平台进行检索和获取；二是作为单独的一种网络版电子期刊存在，如同纸质的期刊，分散于网络上，这类电子期刊兼具了纸质期刊和网络文献的检索和获取特性。

中文法律电子期刊的检索与获取，分为两个层次：一是论文级的检索与获取，这就是期刊论文数据库检索；二是整刊检索（按刊检索），这是下面我们要讨论的问题。

（一）通过图书馆的电子期刊导航查找

传统的印刷型期刊，无论是狭义的期刊，还是报纸，都是图书馆收藏的一类重要的文献资源，一般通过图书馆提供的书目检索工具进行检索。对于电子期刊也是如此，许多图书馆，特别是大学图书馆，提供了电子期刊的导航系统，如图6-2-2所示：

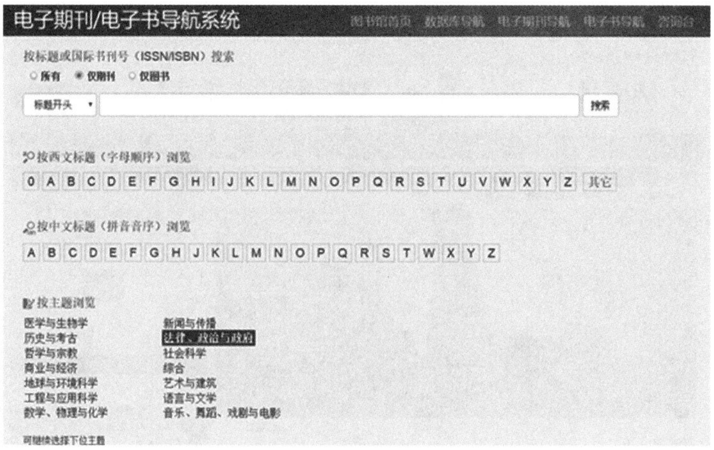

图6-2-2　北京大学图书馆的电子期刊导航

（二）通过数据库平台查找

就目前而言，大部分法律类中文电子期刊都是从印刷期刊发展而来，是这些期刊的电子版，多被整合收入中国知网等中文全文数据库平台，而这些数据库，除按篇检索外，也提供整刊检索的功能，并有分类导航，提供核心期刊筛选功能，是一种权威的电子期刊查找途径。

三、外文法律电子期刊

我们讨论的外文电子期刊，主要指学术类的电子期刊。电子期刊发展到一定阶段，很多不再以单种期刊的网络版形式出现，而是多种网络电子期刊共用一个检索平台，组成电子期刊的全文数据库，其出版发行已成规模，拥有相对固定的模式，出现了一系列电子期刊的专业出版发行机构。这在外文电子期刊中特别明显。查找外文期刊可以通过以下几种途径。

（一）从学会、协会、学院等研究机构途径查找

学会、协会、学院，作为专业的学术研究机构，在因特网上都有官方网址，提供专业领域内最新的专业信息，它们提供的电子期刊，具有专业性强、学术价值高的特点，一般是该领域内的核心刊物。

因此，查找相关的专业电子期刊，这是一个不错的途径。

这些电子期刊都可以免费检索题录、文摘，但检索全文一般要收费，也有部分免费。通过这些网址还可以链接到其他大型网络数据库或学术性电子期刊网址。它们提供的RSS，Mail List服务，可以自动分发所选期刊的目次、题录。

1. ABA Journals

ABA（American Bar Association，美国律师协会），作为全美法律实务领域的权威机构，在其官网（http://www.americanbar.org/）上，在线提供其官方杂志*ABA Journal*的网络电子版。ABA Journal电子期刊不仅仅是其一个栏目版块，也是一个独立的资讯网站，这是一种典型的网站形式的电子期刊。在ABA Journal网站（http://www.abajournal.com/）上，首页是要闻和最新一期杂志的重要内容，其内容已不局限于纸质期刊，进行了重新编排。（见图6-2-3）

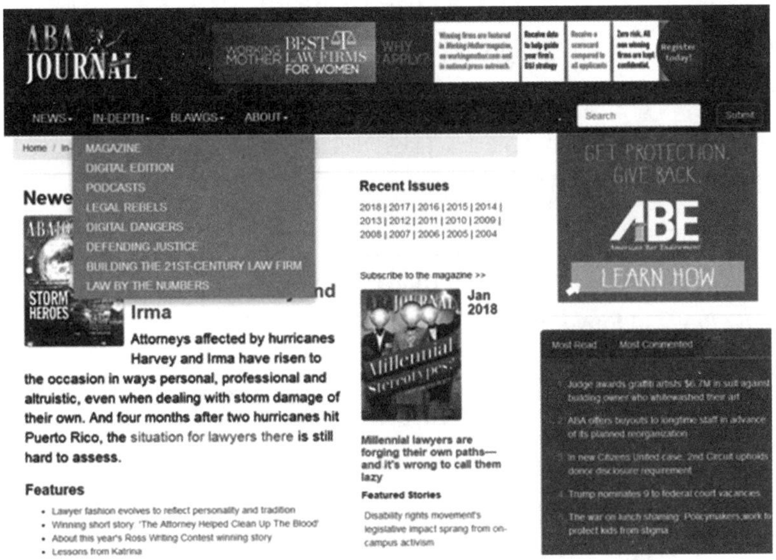

图6-2-3 ABA Journal 官网

ABA Journal提供多种形式的获取方式，其中多数是基于数字化的电子期刊。其直接发布方式包括：E-mail Newsletter（邮件列表，可以每日发送，也可以每周发送）、RSS、Magazine Subscriptions（传统纸质载体发行）、Podcast（有声杂志发送）。ABA 官网上除了提供ABA Journal电子版外，其他期刊的电子版是通过HeinOnline、Lexis、Westlaw等商业数据库提供。

2. ACTEC

ACTEC（American College of Trust and Estate Counsel，美国信托与地产律师学院，http://www.actec.org/），这不是一个教育机构，而是非营利性的学术研究机构，它的出版物有ACTEC Law Journal，注册用户可获电子版。ACTEC还提供1994年以来期刊的网络购买、按需印刷。如要获取电子版全文，则要通过HeinOnline、Lexis、Westlaw等商业数据库。

3. Law Reviews

在美国，Law Reviews是一类重要的法律专业期刊，一般由法学院的学生编辑、出版、发行。几乎每所法学院都有自己的Law Review或Law journal，可以看成法学院的学报，一般提供在线网络版电子期刊。*Harvard Law Review*（《哈佛法学评论》）是由Harvard Law School（哈佛法学院）学生编辑出版的专业学术期刊，据2009年的Journal Citation Reports，[①]在众多的Law Reviews中，其学术影响力超越*Columbia Law Review*，列于首位。在其官网（https://harvardlawreview.org/）上以论坛形式提供电子期刊主要文章的全文（PDF格式），可回溯至Vol.120（Nov.，2006），同时提供邮件列表获取方式。

类似的Law Review有：

• *Columbia Law Review*，Bluebook四成员之一，官网网址为http://www.columbialawreview.org/，可获取最新一期主要文章的PDF全文，注册用户可回溯到Vol.90（1990）。

• *University of Pennsylvania Law Review*，创刊于1852年，美国最早的法学专业期刊，Bluebook四成员之一，University of Pennsylvania Law School六种官方法学术期刊之一（其他五种分别是*University of Pennsylvania Journal of Business Law*，*University of Pennsylvania Journal of International Law*，*University of Pennsylvania Journal of Constitutional Law*，*University of Pennsylvania Journal of Law and Social Change*，*University of Pennsylvania East Asia Law Review*），是全球引证率最高的第五大法学期刊，University of Pennsylvania Law School官网提供主要内容的PDF全文（包括其他五种官方学术期刊），官网网址为http://www.pennumbra.com/，回溯至Vol.152（June 2004）。

• Yale Law Journal，Bluebook四成员之一，官网网址为http://www.yalelawjournal.org/，在线提供当前主要内容PDF全文，可回溯至Vol.110（Oct 2000）。

其他美国的Law Reviews有：

• *California Law Review*（http://www.californialawreview.org/）；
• *Connecticut Law Review*（http://connecticutlawreview.org/）；
• *FIU Law Review*（http://law.fiu.edu/）；
• *Florida Law Review*（http://www.floridalawreview.com/）；
• *Georgetown Law Journal*（http://georgetownlawjournal.org/）；
• *Iowa Law Review*（http://www.law.uiowa.edu/）；
• *Michigan Law Review*（http://www.michiganlawreview.org/）；
• *Mississippi Law Journal*（http://mississippilawjournal.org/）；
• *New England Law Review*（http://www.nesl.edu/students/law_review.cfm/）；
• *Northwestern University Law Review*（http://www.law.northwestern.edu/lawreview/）；
• *NYU Law Review*（http://www.law.nyu.edu/journals/lawreview/）；
• *Penn State Law Review*（http://law.psu.edu/academics/journals/law_review）；
• *Stanford Law Review*（http://www.stanfordlawreview.org/）；
• *Texas Law Review*（http://www.texaslrev.com/）；
• *Tulane Law Review*（http://www.law.tulane.edu/lawreview/）；
• *UCLA Law Review*（http://www.uclalawreview.org/）；
• *University of Chicago Law Review*（http://lawreview.uchicago.edu/）；
• *Virginia Law Review*（http://www.virginialawreview.org/）；
• *West Virginia Law Review*（http://wvlawreview.wvu.edu/）。

---

① Journal Citation Reports 是由 Thomson Reuters 推出的一个独特的多学科期刊评价工具，是唯一提供基于引文数据的统计信息的期刊评价资源。通过对参考文献的统计汇编，JCR 可以在期刊层面衡量某项研究的影响力，显示引用和被引期刊之间的相互关系。JCR 可计量的统计数据提供了一种系统客观测定某个主题类目中大量期刊相对重要性的方法。

其他地区也有类似的Law Review：

- *McGill Law Journal*（http：//lawjournal.mcgill.ca/），加拿大；
- *Queen Mary Law Journal*（http：//www.qmls.org/law-journal），加拿大；
- *Alberta Law Review*（http：//www.albertalawreview.com/），加拿大；
- *University of Toronto Faculty of Law Review*（http：//www.law.utoronto.ca/），加拿大；
- *Ad Legendum*（http：//www.adlegendum.de/cms/），德国；
- *Bucerius Law Journal*（http：//www.law-journal.de/），德国；
- *Freilaw-Freiburg Law Students Journal*（http：//www.freilaw.de/），德国；
- *Goettingen Journal of International Law*（http：//www.gojil.eu/），德国；
- *Hanse Law Review*（http：//www.hanselawreview.org/），德国；
- *Marburg Law Review*（http：//www.law-review.de/），德国；
- *StudZR-Heidelberg Student Law Review*（http：//www.studzr.de/），德国；
- *Common Law Review*（http：//www.commonlawreview.cz/），捷克；
- *Bocconi School of Law Student-Edited Papers*（http：//bocconilegalpapers.org/），意大利；
- *UCL Jurisprudence Review*（http：//www.ucljr.com/），英国；
- *Edinburgh Student Law Review*（http：//www.law.ed.ac.uk/eslr/），英国；
- *Cambridge Student Law Review*（http：//www.cslr.org.uk/），英国；
- *UCL Human Rights Review*（http：//www.uclshrp.com/review/），英国；
- *Warwick Student Law Review*（http：//www.wslr.org.uk/），英国；
- *Durham Law Review*（http：//durhamlawreview.co.uk/），英国；
- *Trinity College Law Review*（http：//www.trinitycollegelawreview.org/），爱尔兰；
- *UCD Law Review*（http：//www.ucdlawreview.org/），爱尔兰；
- *Cork Online Law Review*（http：//corkonlinelawreview.com/），爱尔兰；
- *Úlfljótur Law Review*（http：//www.ulfljotur.is/），冰岛；
- *Helsinki Law Review*（http：//www.helsinkilawreview.fi/hlr/），芬兰；
- *Juridisk Publikation*（http：//www.juridiskpublikation.se/），瑞典；
- *Melbourne University Law Review*（http：//mulr.law.unimelb.edu.au/），澳大利亚；
- *The Sydney Law Review*（http：//sydney.edu.au/law/slr/），澳大利亚；
- *The Journal Jurisprudence*（http：//www.jurisprudence.com.au/），澳大利亚。

（二）从出版机构查找

国内的期刊主要通过邮局发行，国外则是通过出版机构，Elsevier Science（http：//www.elsevier.com/）、Academic Press（http：//www.apnet.com）、Springer-Verlag（http：//www.springer.de）、EBSCO Information Services（http：//www.ebsco.com/）、Blackwells（http：//www.blackwells.co.uk/）等出版社和出版代理机构旗下拥有众多的学术期刊，包括这些学术期刊的电子版和网络版。因此，这也是我们查找国外电子期刊的一个重要途径。下面以剑桥大学出版社为例详细说明这类查找途径。

Cambridge University Press是著名的学术出版社，*Cambridge Journal Online*（CJO）是其推出的实时更新在线电子期刊，现已并入Cambridge Core平台。2018年收录的期刊品种已达395种，法律类的有33种：

- *American Journal of International Law*（1907－　）；

- *Asian Journal of Comparative Law*（2006－　）；
- *Asian Journal of International Law*（2011－　）；
- *Asian Journal of Law and Society*（2014－　）；
- *Business and Human Rights Journal*（2016－　）；
- *The Cambridge Law Journal*（1921－　）；
- *Cambridge Quarterly of Healthcare Ethics*（1992－　）；
- *Cambridge Yearbook of European Legal Studies*（1990－　）；
- *Canadian Journal of Law & Jurisprudence*（1988－　）；
- *Canadian Journal of Law and Society*（1986－　）；
- *Canadian Yearbook of International Law*（1963－　）；
- *Ecclesiastical Law Journal*（1987－　）；
- *European Constitutional Law Review*（2005－　）；
- *European Journal of Risk Regulation*（2010－　）；
- *Global Constitutionalism*（2012－　）；
- *Health Economics, Policy and Law*（2006－　）；
- *International Annals of Criminology*（2013－　）；
- *International&Comparative Law Quarterly*（1952－　）；
- *International Journal of Cultural Property*（1992－　）；
- *International Journal of Law in Context*（2005－　）；
- *International Journal of Legal Information*（2016－　）；
- *International Legal Materials*（1962－　）；
- *International Review of the Red Cross*（1919－　）；
- *Israel Law Review*（1966－　）；
- *Journal of African Law*（1957－　）；
- *Journal of Law and Religion*（1983－　）；
- *Law and History Review*（1983－　）；
- *Legal Information Management*（2001－　）；
- *Legal Theory*（1995－　）；
- *Leiden Journal of International Law*（1988－　）；
- *Proceedings of the ASIL Annual Meeting*（1974－　）；
- *Transnational Environmental Law*（2012－　）；
- *World Trade Review*（2002－　）。

CJO除了提供最新的电子期刊外，也收录过刊（大部分都从创刊号就开始回溯），形成了较为完备的数字典藏体系，称为Cambridge Journals Digital Archive，有三种主要包库形式：Digital Archive Complete Collection、Humanities and Social Sciences（HSS）Digital Archive、Science Technology and Medicine（STM）Digital Archive以及若干专题库，Law是其中之一。（见图6-2-4）

图6-2-4 Cambridge Journal Online

（三）从图书馆的电子期刊导航入手

与中国电子期刊一样，也可以从图书馆的电子期刊导航系统中查找外文电子期刊。而且，可以查找到电子期刊在各个数据库中收录的情况，方便选择合适的检索资源库。

清华大学图书馆的电子期刊导航系统（http://sfx.lib.tsinghua.edu.cn/ej/ej.htm）提供了按字顺浏览和按分类浏览的功能，同时，又提供了整刊检索和单篇论文检索的功能。其分类由两级类目组成，如作为一级类目的法律下设了公司法、投资法、税法、银行法等16个二级类目，便于读者快速找到特定的期刊。其整刊检索途径有刊名（可采用模糊检索、精确匹配、前方一致等不同检索策略）和ISSN。（见图6-2-5）系统另提供一个快速找文章的工具，称为Citation Linker，可分别在期刊（整刊）、文章、图书中快速查找。（见图6-2-6）

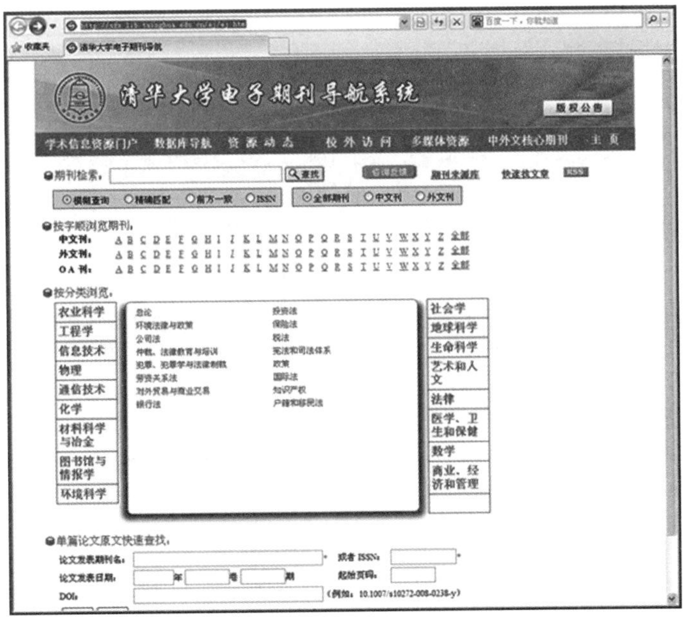

图6-2-5 利用图书馆电子期刊导航选择数据库资源

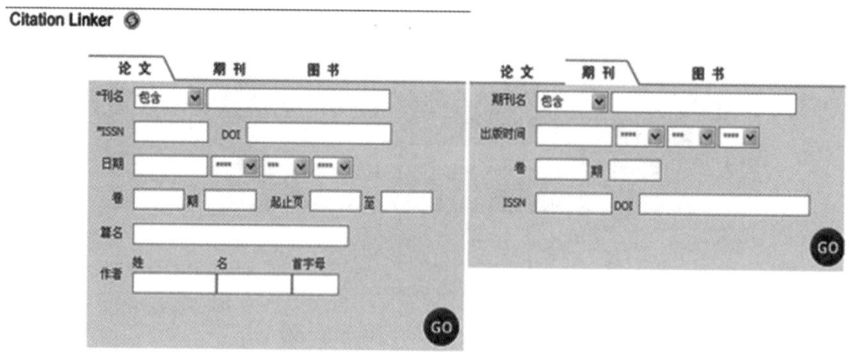

图6-2-6 Citation Linker

通过字顺或分类，都可以进入电子期刊导航列表。（见图6-2-7）列表中，有期刊刊名、来源、（收录）起止日期、ISSN、学科分类、收录情况、详情等内容。以*ABA Journal*为例，该期刊为多个数据库所收录，点击来源栏中的更多按钮，下拉打开来源列表，该期刊除了为EBSCOhost Business Source Premier收录外，还为Gale Cengage Business and Company Resource Center、Hein Online Law Journal Library、EBSCO host Academic Search Complete、ProQuest Research Library New Platform、ProQuest ABI/INFORM Global New Platform等平台收录，接入方式和收录范围各有不同，读者可根据需要选择合适的来源。点击刊名，就直接进入EBSCO host Business Source Premier中的ABA Journal页面。

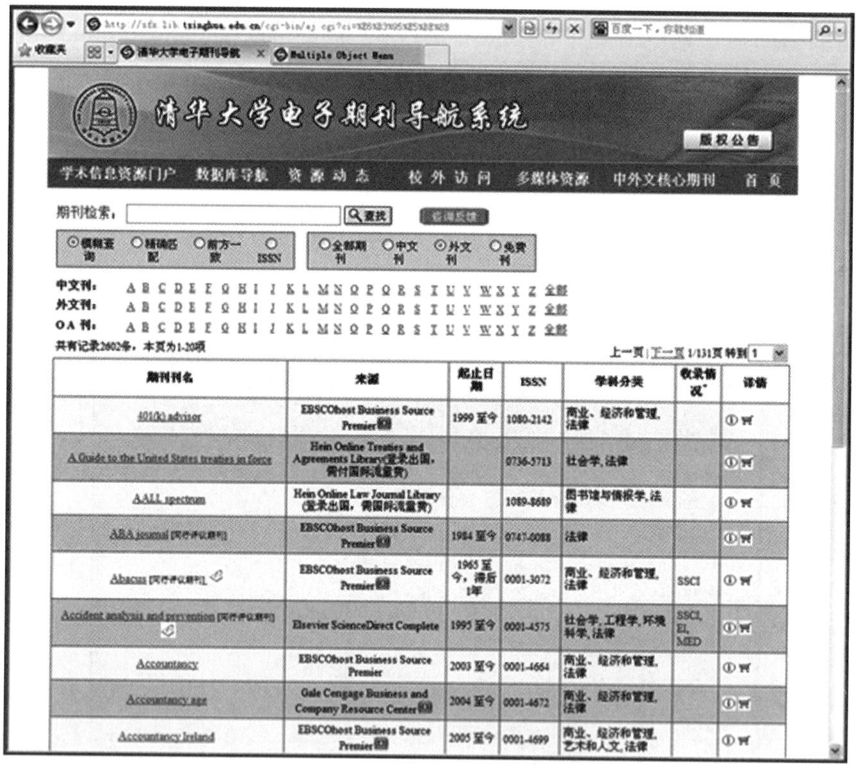

图6-2-7 电子期刊导航列表

第三节　法律词典

在法律文献信息检索中，为了明确一些专业概念的含义，需要查询一些专业参考工具书，如法律词典。传统的参考工具书均为纸质印刷品，在“互联网+”背景下，这些参考工具也在向在线平台迁移。

一、英文法律词典

（一）《克莱克法律词典》（*Black's Law Dictionary*）

作为使用最为广泛的法律专业词典，Thomson Reuters旗下的West Group出版的*Black's Law Dictionary*自1891年首版以来，不断推陈出新，最新版本为2014年出版的第10版，并推出了简本（Pocket Edition，2016年第5版）和移动端APP（适用于iOS平台）。在Thomson Reuters的著名法律资源平台Westlaw Next上，可在线查询*Black's Law Dictionary*（2014年第10版）。TheLawDictionary.org推出了可免费在线查询的*Black's Law Dictionary* 2th.（1910）（https://thelawdictionary.org/）（见图6-3-1），同时推出了支持Android和iOS平台的APP。

图6-3-1　*Black's Law Dictionary* 2th.（1910）在线查询

（二）《牛津法律大辞典》

《牛津法律大辞典》（*The Oxford Companion to Law*），David M.Walker主编，1980年由Oxford的Clarendon出版社出版，1988年、2003年分别由光明日报出版社和法律出版社出版中文引进版《牛津法律大辞典》。牛津大学出版社（Oxford University Press）出版了一系列的法律词典，在牛津参考在线（http://www.oxfordreference.com/）（见图6-3-2）上都能在线查询。包括：*The New Oxford Companion to Law*/edited by Peter Cane，Joanne Conaghan（《新牛津法律大辞典》2008年版，无中文引进版），*A Dictionary of Law*/edited by Elizabeth A.Martin（《牛津法律词典》，英文版最新版为2015年第8版，1991年和2006年分别由上海翻译出版社和上海外语教育出版社引进出版，众多电子词典和翻译软件都内置该词典的电子版）。

其他还有：

Australian Law Dictionary 2ed.2015（《澳大利亚法律词典》）；

Dictionary of Law Enforcement 2ed.2015（《执法词典》）；

Dictionary Plus Law 2016（《法律词典增补本》）；

Encyclopedic Dictionary of International Law 3ed.2009（《国际法百科辞典》）；

A Dictionary of Forensic Science 2013（《法医学词典》）；

Guide to Latin in International Law 2011（《拉丁美洲国际法指南》）；

Oxford Companion to the High Court of Australia 2007（《牛津澳大利亚高等法院大辞典》）；

Encyclopedia of Human Rights 2009（《人权百科全书》）；

Oxford Companion to American Law 2004（《牛津美国法律辞典》）；

Oxford Companion to the Supreme Court of the United States 2ed.2005（《牛津美国高等法院大辞典》）；

The Oxford Encyclopedia of American Political and Legal History 2013（《牛津美国政治和法律史百科全书》）；

The Oxford Encyclopedia of Latinos and Latinas in Contemporary Politics; Law; and Social Movements 2015（《牛津拉美政治法律和社会运动百科全书》）；

The Oxford Encyclopedia of the Bible and Law 2015（《牛津圣经和法律百科全书》）；

Oxford International Encyclopedia of Legal History 2009（《牛津法律史国际百科全书》）；

Oxford Guide to United States Supreme Court Decisions 2ed.2009（《牛津美国高等院判例指南》）。

以上均可在线查询，很多大学图书馆将其作为重要的数字化资源收藏。

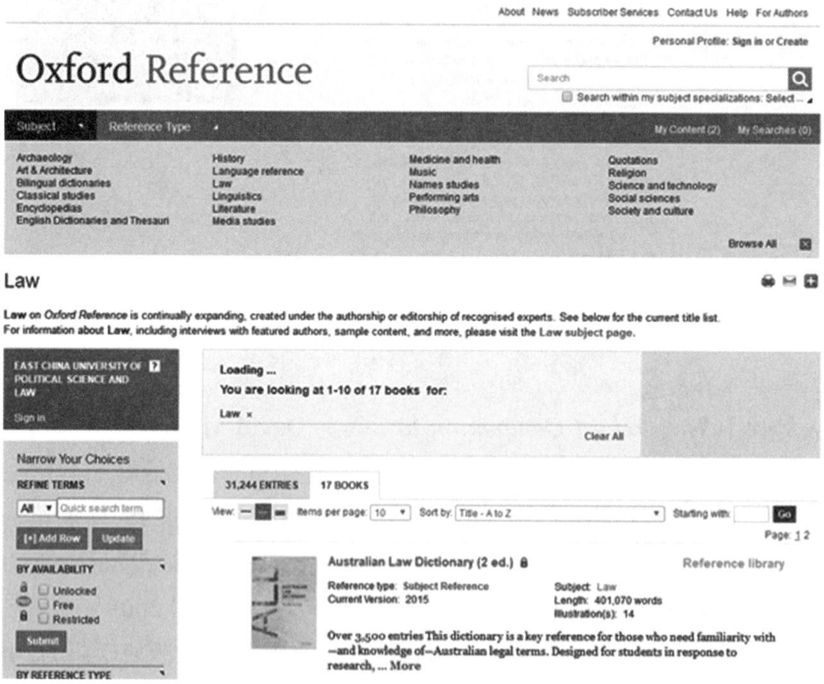

图6-3-2　牛津参考在线

（三）《朗文法律词典》

《朗文法律词典》（*The Longman Dictionary of Law*）1979年出版以来，广受好评，成为重要的学习词典，2011年已推出第8版，2007年由法律出版社引进出版（原版第7版）。该词典暂无多媒体版和在线版。朗文系列词典中的《朗文当代英语词典》（*Longman Dictionary of Contemporary English*，LDOCE），最新版为2014年出版的第6版，1993年由世界图书出版公司引进原版第2版在国内出版），有在线版（http://www.ldoceonline.com/）。

（四）《韦氏法律词典》

《韦氏法律词典》（*Merriam-Webster' s Dictionary of Law*）1996年首版，2011年推出第2版。在其官网（https://www.merriam-webster.com/legal）上提供在线查询。（见图6-3-3）韦氏词典是一种词典系列，其中的《韦氏新国际词典》（*Webster' s New International Dictionary*）源于Noah Webster的*American Dictionary of the English Language*（ADEL，首版于1828年）1890年版，改名为*Webster' s International Dictionary*，1909年改为现名，最新版为1961年的第3版。2000年，全文本的CD-ROM版被推出。另一部韦氏词典——《韦氏大词典》（*Merriam-Webster' s Collegiate Dictionary*）首版于1898年，现已出到第11版（2003年），且该词典已有电子版。

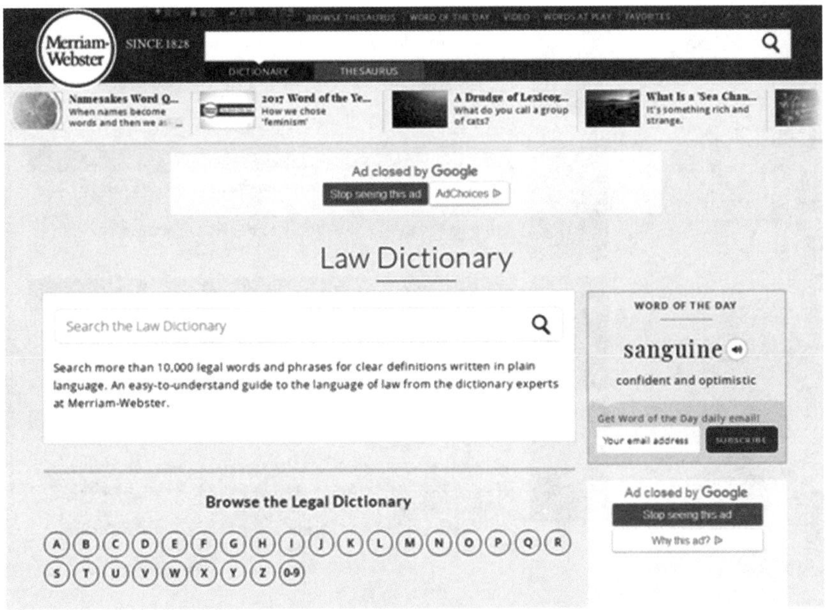

图6-3-3　韦氏法律词典的在线查询

（五）其他法律词典

还有一些其他的在线版法律词典：

Farlex' s Free Dictionary of Law（http://legal-dictionary.thefreedictionary.com/）；

Dean' s Law Dictionary［http://www.deanslawdictionary.com/index.php/，有Kindle（电子书）版和Windows版］；

ALM（http://dictionary.law.com/）；

Nolo' s free Dictionary of Law（http://www.nolo.com/dictionary/）；

Duhaime' s Law Dictionary（http://www.duhaime.org/LegalDictionary.aspx/，适合新手查询）；

Legal Dictionary(http://www.legal-dictionary.org/r-legal-terms.asp/);

Lectric Law Library' s Dictionary(http://www.lectlaw.com/def.htm/);

Canadian Online Legal Dictionary(http://www.irwinlaw.com/cold/)。

二、国内法律词典

《元照英美法词典》(*English-Chinese Dictionary of Anglo-American Law*),法律出版社2003年版;

《英汉法律用语大词典》(*An English-Chinese Dictionary of Law Terms*),法律出版社2005年版;

《英汉法律词典》(*English-Chinese Dictionary of Law*),法律出版社2008年版;

《英汉法律缩略语词典》(*English-Chinese dictionary of legal abbreviations*),中国民主法制出版社2007年版。

以上四部词典,都能在月旦法学知识库(http://www.lawdata.com.tw/)中在线查询。(见图6-3-4)

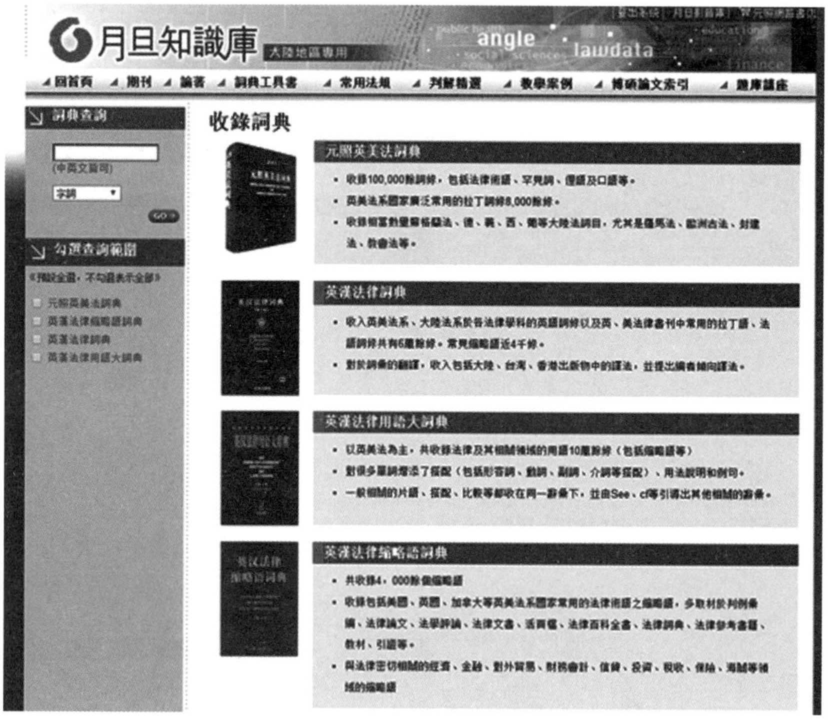

图6-3-4 月旦知识库中的在线法律词典

第四节 法律网站

互联网上的资源和平台都是以网页的形式展现的,内容和形式相关联的网页集合就是网站。网站是互联网上的资源门户,因而,法律网站是"互联网+"时代的重要法律文献资源。这里,我们主要讨论中国的法律网站,国外的法律网站将在各国和专题法律文献检索中讨论。

一、政府网站

政府网站是发布权威信息的官方网络渠道。如法律法规的颁布，过去是通过政府公报，现在更借助于网络平台上政府网站。随着政府信息公开的推广，我们可以从政府网站上获取越来越多的法律文献信息。政府网站有两种类型：一类偏重于部门机构介绍、政府职能展示等，是政府机关运作的网络平台；另一类偏重于信息发布、整合，是政府信息资源的门户，不一定是独立的网站，可以是前一类网站的功能模块。出于法律文献信息检索的需要，我们更关注后一类的政府网站。

（一）权威发布

1. 中国政府网

在我国，最大的政府网站是中国政府网（http://www.gov.cn/）。就我们研究的内容而言，在网站页面中，我们要关注的栏目/功能模块有：政策、数据。在浏览综合性网站内容时，我们要学会关注这些栏目——其中有我们要查找的法律文献信息：政府、文件、法规、数据、Data、Archives、Library、Resources……

（1）公报

政府公报是一类重要的文献信息资源，《中华人民共和国立法法》规定：政府公报是行政法规的权威发布渠道和标准文本的来源。[①]在此，可以查询1954年以来全部《中华人民共和国国务院公报》，2000年之前的是PDF文档，只能按期次查询；之后为Html格式，可以从多个途径检索。同时，可以查询各地方政府公报/公告和国务院各部门的公报/公告。

（2）法律法规

这个栏目/功能模块，链接至一个法律文献信息的重要资源门户——中国政府法律信息网（国务院法制办公室官网：http://www.chinalaw.gov.cn/）。这里提供了一个权威的法律法规在线数据库，可以查询最新的法律法规，以及以往的法律法规。一般而言，法律法规的标准文本以政府/人大公报或单行本为准，在线法律法规数据库都会有说明："引用时请核对正式文本"。而此处无此说明，由此认为，这里的法律法规可以作为正式文本引用。

（3）文件库

许多法律法规数据库，将政府文件作为广义的法律法规。这里是作为一个单独的文件库进行检索，收录了1969年以来4877个国务院文件。

2. 人大网

人大网也是提供法律文献信息的重要政府网站，我们可以在人大网上查找到法律订立和发布的详细信息。全国人大网（http://www.npc.gov.cn/）上有法律草案征求意见栏目，可以查找最新的立法草案和动态。（见图6-4-1）不足之处在于：虽然可以看到2005年以来的法律草案，但不提供历史文件查询工具。

---

① 《中华人民共和国立法法》第 71 条。

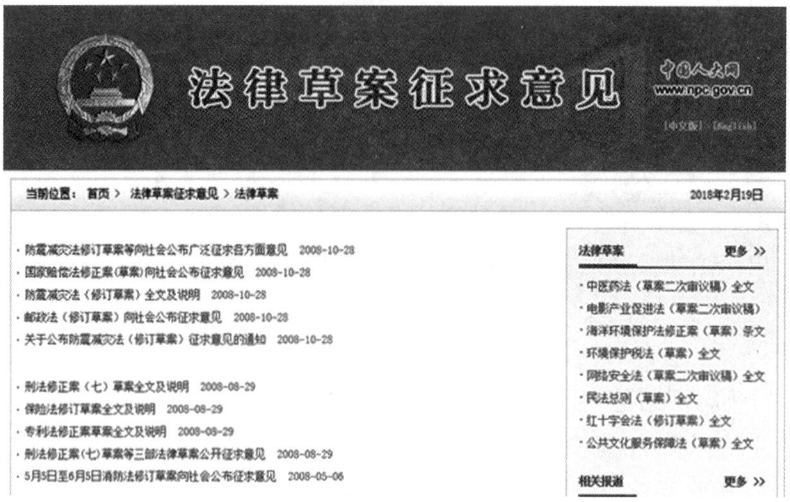

图6-4-1 人大网上的法律草案

3. 司法部网站

司法部网站有两个：一是机构网站——中华人民共和国司法部（http://www.moj.gov.cn/）；二是媒体官网——中国普法网（http://www.legalinfo.gov.cn/），由中华人民共和国司法部办公厅、法制宣传司和法制日报社联合主办。前者是一个机构网站，主要发布官方信息，如国家统一法律职业资格考试的相关信息等；后者主要是普法类的内容，与法律专业研究关系不大。

（二）丰富功能

以中国法院网（http://www.chinacourt.org/）为例。中国法院网是全国法院的门户网站，是面向司法工作者的业务交流平台，可链接至各级地方法院的网站。该网站上有许多不错的功能模块：

1. 中国庭审公开网（http://tingshen.court.gov.cn/），是一个视频网站，向全社会开放，提供全国法院庭审的视频直播，作为司法业务交流和营造法治环境的普法教育平台。（见图6-4-2）截至2018年2月19日，累计已保存635424个案件视频。"中国审判案例库"提供了指导性案例和经典案例，作为司法业务参考；"法律文库"提供了立法追踪、国家法律法规、地方法规、司法解释、中外条约和政策参考等内容，作为司法业务的资料库；"中国法院网络电视台"和"中国法治之声（广播台）"也很有特色。

图6-4-2 中国庭审公开网

2. 最高人民法院网（http://www.court.gov.cn/），是最高人民法院的官网，虽然属于机构网站，也有不少有用的文献信息资源。《最高人民法院公报》是一种重要的法律文献，其官网（http：//gongbao.court.gov.cn/）提供了1985年以来各期公报的检索，可检索到期次，然后打开全文。网站提供最高人民法院裁判文书的检索，自2013年6月以来，共有11300份裁判文书上线。[①]

3. 中国裁判文书网（http：//wenshu.court.gov.cn/），是最高人民法院向全社会公开裁判文书的平台。2013年7月，《最高人民法院裁判文书上网公布暂行办法》正式实施。依据该办法，除法律规定的特殊情形外，最高人民法院发生法律效力的判决书、裁定书、决定书一般均应在互联网公布。2013年11月27日，中国裁判文书网与各高级人民法院裁判文书传送平台联通，标志着全国四级法院裁判文书统一发布的技术平台搭建成功。2014年1月1日，《最高人民法院关于人民法院在互联网公布裁判文书的规定》正式实施。该司法解释明确，最高人民法院在互联网设立中国裁判文书网，统一公布各级人民法院的生效裁判文书。截至2018年2月25日，公布刑事文书6043810篇、民事文书26767538篇、行政文书1371117篇、赔偿文书35425篇和执行文书8233267篇。

（三）专门查找

目前的法律数据库收录数据都较为全面，但难免遗漏，特别是一些专门数据，在通常的法律数据库中查找不易。例如，查找“2006年对顾雏军等人违反证券市场管理规定的行政处罚决定书”。作为案例检索，首先想到的是“北大法宝”和“北大法意”。在“北大法宝”中以标题为检索途径，以“顾雏军”为检索值，查找得到如图6-4-3所示的结果。结果不符合要求。而且，这是一个行政处罚案件，“北大法宝”中并无专门的案例库。“北大法意”中有行政执法案例库，试以“顾雏军”为当事人查找，有符合要求的结果。（见图6-4-4）事实上，原本可以更便捷地查询，因为这是证监会的行政处罚决定，在证监会的官网上查询，更为合适。在证监会的官网（http：//www.csrc.gov.cn/）上，有信息公开栏目，从中就可查到相关信息。（见图6-4-5）

图6-4-3

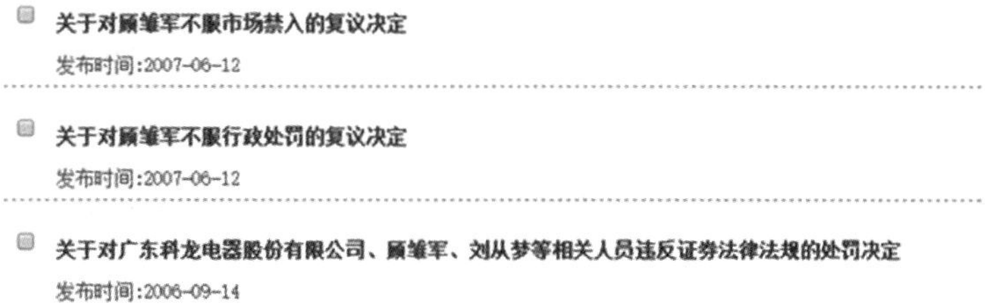

图6-4-4

① 根据最高人民法院数据统计（截至2018年2月19日）。

图6-4-5

从上例中，可以发现，如果是查询“关于对顾雏军等人实施市场禁入的决定”，在“北大法意”中也查不到，只有在证监会的网站上才能查到。所以专门信息应在专门的政府网站上查找。

二、媒体网站

所谓媒体网站，主要指新闻网站、门户网站以及传统媒体在因特网上的官网。很多网站都有法治频道，有些网站的社区、论坛中有专门的法治栏目，这都是我们关注的重点。媒体网站多提供法制新闻，这是媒体案例信息的重要来源。重要的新法律颁布，媒体网站也会第一时间转载全文。如在百度中搜索《中华人民共和国出境入境管理法》，就会发现，除中国人大网（http://www.npc.gov.cn/）外，中国政府网（http://www.china.com.cn/）、人民网（http://www.people.com.cn/）、新华网（http://www.news.cn/）、中新网（http://www.chinanews.com/）等主流媒体网站也都转载了全文。当一个法律热点出现，媒体网站也会适时打造专栏，这是重要的专题法律文献资源，为从事专题法律研究带来了极大的便利。如2007年《物权法》的审议通过就形成了热点，在很多媒体网站开设了专栏：

物权法专题——人民网经济频道（http://finance.people.com.cn/GB/8215/79968/），有七审草案的详细内容、新闻报道、相关评论、解读案例、有关知识等内容。

聚焦物权法——人民网新闻频道（http://npc.people.com.cn/GB/28320/50638/index.html），有热点解读、名词解释、观点集纳、条文解读、法律全文、背景新闻等内容。

解读物权法——网易新闻中心（http://news.163.com/special/w/0001281S/wqf070319.html）。

物权法专题——法制网（http://www.legaldaily.com.cn/zt/2007wuquanfa/node_5911.htm），有立法解读、权威问答、名词解释、热点关注、审议纪实、媒体报道、专家观点、相关专题等内容。

物权法——南方网（http://www.southcn.com/nflr/llzhuanti/wqf/），有头条关注、权威解读、争论观点回顾、八审历程、外国媒评略览、国内媒体视角、社区专访等内容。

物权法专题——云南日报网（http://paper.yunnan.cn/ihtml/yndaily/TXTPA_WQF06.html），有相关新闻、审议、草案、评论等内容。

（一）新闻网站的法治频道

一般而言，新闻网站的法治频道以报道法治新闻为主，有些设有定期发布的专题，相当于法律类的网络杂志，一小部分新闻网站的法制频道内容比较全面，初具法律综合网站的形式。

中国网（http://www.china.com.cn/）是中国第一新闻网站，在其新闻中心下有法治频道，设有提供法治新闻的栏目：要闻、资讯、专题、公安、司法、环执、观察。

新华网是新华通讯社主办的新闻网站，其新闻中心下设有法治频道（http://www.news.cn/legal/），有法眼、图解、专题栏目。

中国新闻网是中国新闻社的官网，以对外报道为主要新闻业务，也设有法治频道（http://www.chinanews.com/fz/），栏目设置丰富：焦点人物、反腐倡廉、拍案惊奇、庭审直击、依法行政、司法改革、立法进程、新法速递、学界论衡、法律法规、权益保护、经济纠纷、劳动保障、婚姻家庭、法治图萃。内容以新闻报道为主。

人民网是人民日报社主办的大型综合性网上信息发布平台。人民日报网络版只是其一小部分。其法治频道是一级子网，不从属于新闻中心。其法治频道（http://legal.people.com.cn/）设有滚动新闻、立法动态、司法关注、行政执法、法治监督、人民消防、社会频道、中国人大等栏目。当然，法治频道以普法为主，法学专业研究的内容较少，不同于法学专业网站。

（二）传统媒体官网

所谓传统媒体，主要指纸质媒体。因为法律文献信息相对集中的是法制类的报刊杂志，所以我们主要讨论法律类报刊杂志的官网，尤以法制报的官网为主。

1. 正义网

正义网（http://www.jcrb.com/）是最高人民检察院主管、检察日报社主办的法治资讯门户网站，是检察日报社旗下除纸质媒体《检察日报》、《人民检察》半月刊、《方圆法治》旬刊、《法治新闻传播》杂志以及最高人民检察院影视中心之外的网络新媒体成员。由创办于1999年元旦的《检察日报》电子版发展而来，2000年初正式命名为“正义网”。正义网有法律博客、法律微博、正义手机报、iPhone版、iPad版多种服务手段，提供包括法制新闻、数字报刊、法制视频等在内的丰富法律文献资源。（见图6-4-6）

图6-4-6 正义网

《检察日报》多媒体数字报，这是正义网之源，提供版面和标题导航，HTML和PDF两种格式全文，可回溯至2008年9月9日，可选标题、作者、全文等途径进行单条件简单检索，以标题、作者、来源、全文等途径进行多条件高级检索。

《中国检察视频》（http://tv.jcrb.com/），视频形式的法制网络杂志，由检察资讯（周一至周五每天一辑，发布规律）、庭审进行时、热点追踪、文化拼盘、检察影像、中国正义人物、廉政公益短片等多个栏目组成。

检察门户网站（http://jcy.jcrb.com/），可方便链接至全国人民检察院网。

2. 法制网

法制报是中央和地方政法委主办的一类报纸，不属于行业报纸（如《人民法院报》），也不属于法学专业报纸，是一类重要的普法报。各法制报有相应的网络版，有些网络版承载于独立的网站，是法制报的官网，我们称之为法制网，如《法制日报》的官网——法制网（http://www.legaldaily.com.cn/）；有些从属于其他新闻网站，如《上海法治报》电子报（http://www.jfdaily.com/，《解放日报》官网的一个栏目）；有些网络版就是以累积式HTML格式展示，就是一个小型网站。

3.政法媒体网站

如同法制报，有些政法媒体也有自己的官网，特别是一些重要的法制新闻杂志社，会整合旗下的报刊杂志资源，主办独立的法制新闻网站。

民主与法制网（http://www.mzyfz.com/）是中国法学会主管，《民主与法制》杂志社主办的综合性法律网站，兼普法教育和法学研究双重功能，也是中国法学会的官方新闻网。民主与法制网提供的报刊网络版有：（1）《民主与法制》周刊，网站形式，可通过往期目录获取HTML格式全文，最早可查询2008年5月的全文；（2）《民主与法制时报》，网站形式，可通过往期目录获取HTML格式全文，最早可查询2007年12月31日的全文。

中国人权网（http://www.humanrights.cn/）是中国人权研究会主办的法制新闻杂志——《人权》杂志官网，提供《人权》杂志HTML网络版，可回溯至2003年。此外还有人权相关图书题录、研究人权的学者目录、人权法规信息等。

人民法治网（http://www.rmfz.org.cn/）是《人民法治》杂志的官网，是一个法制新闻网站，同时提供2014年10月号以来的杂志电子版（Flash版）。

4.法治节目官网

报刊杂志有网络版，电视台的法治节目也有网络版。为了方便广大观众回看往期节目内容，电视台搭建法治节目的官网，收录往期节目视频内容，并提供相关的文本稿和讨论社区等增值服务，拓展了电视台法治节目公众服务的渠道和内容，也为我们提供了大量的视频类法律文献资源。

《今日说法》是央视的名牌栏目，其官网网址为http://cctv.cntv.cn/lm/jinrishuofa/，主要收录往期节目内容，并提供关键词检索、栏目文稿以及在线评论功能。（见图6-4-7）

图6-4-7　今日说法官网

央视的法制节目有很多，如有法大家帮（CCTV-2）、法治在线（CCTV-13新闻）、法律讲堂（生活版）（CCTV-12）、经济与法（CCTV财经）、庭审现场（CCTV-12）、法治视界（CCTV-12）等，集中收录于CCTV官网（http://cctv.cntv.cn/lm/）。其中“法律讲堂（生活版）”除收录往期节目内容，同时将内容按百姓关注的热点进行分类，方便查找，如“解读物权法”系列、“车”官司系列、“房”官司系列等。

北京电视台有“法治进行时”“现场说法”“法治中国60’”“庭审纪实”“第三调解室”“警法目录”等，往期回顾集中于其官网（https://www.btime.com/）。

“拍案说法”是重庆电视台新闻频道的法制节目，在重庆广播电视集团的官网——视界网（http://www.cbg.cn/）中收录有往期节目内容，已收录的最早一期节目时间为2011年12月6日。

“有请陪审团”是浙江经视的法律节目，在浙江网络广播电视台（http://tv.cztv.com/）上有往期节目内容。

“法治集结号”是江苏电视台城市频道的法制节目，在江苏网络电视台官网上有相当于官网的栏目（http://www.jstv.com/c/cs/fzjjh/），同时，该栏目有官方微博。

“法制在线”和“案情”是黑龙江电视台新闻频道的法制节目，在黑龙江网络广播电视台（http://www.hljtv.com/）上有往期视频，在其点播频道的视频分类中能够方便地查找节目。

三、律师网站

律师处于法律工作的第一线，有丰富的法律实务经验，因此，对于法律实务研究，律师网极具文献价值。律师网分为四类：一是律协网，二是律所网，三是律师个人网，四是律师门户网（律师黄页）。

（一）律协网

中国律师网（http://www.acla.org.cn/home/toPage）是中华全国律师协会的官网，这是一个典型的机构网站，主要发布行业新闻，法律实务研究的内容很少。除了这个官网，中国律师协会还主办其他业务网，如中国律师培训网（http://www.aclaedu.cn/），内有中国律师论坛（年会发言稿文本）和法律实务论坛专题（视频讲座）。（见图6-4-8）各省市都有律师协会，有的律师协会也有自己的机构网站。

东方律师网（http://www.lawyers.org.cn/）是上海市律师协会的官网，内容较为丰富，有协会介绍、行业资讯、业务研究、律师文化、会员服务等内容，可下载《上海律师》（以PDF格式阅读）。

西部律师网（http://www.xblaw.com/）是重庆市律师协会官网，有协会资讯、会员服务、执业生活、公众服务等栏目，提供部分PDF版《重庆律师》在线阅览。

安徽律师网（http://www.ahlawyer.org.cn/）是安徽省律师协会官网，有行业要闻、专业建设、文化建设、会员服务、公众服务等栏目。

图6-4-8 中国律师培训网

(二)律所网站

总体而言,律所网站既是机构网站,又是资讯网站。有些专业性强的律所网站,更像是资讯网站。

上海锦天城律师事务所(http://www.allbrightlaw.com/);

广东广和律师事务所(http://www.ghlawyer.net/);

北京市金杜律师事务所(http://www.kingandwood.com/),以邮件列表方式出版所刊;

北京市君合律师事务所(http://www.junhe.com/),出版所刊,有《君合》专业版、《君合》人文版、君合专递、法规汇编;

广东法制盛邦律师事务所(http://www.everwinlawyer.cn/),有法规速递、律师论坛等栏目;

国浩律师集团(上海)事务所(http://www.grandall.com.cn/,见图6-4-9),有法眼财经、法律资讯、最新法规、国浩论坛等栏目;

广东国晖律师事务所(http://www.sunlawyers.com/),有法律咨询、法律知识、业务指南等众多资讯栏目;

浙江泽大律师事务所(http://www.zedalawyer.com/);

北京大成律师事务所(http://www.dachengnet.com/);

北京市德恒律师事务所(http://www.dhl.com.cn/Dhforum.php);

山东齐鲁律师事务所(http://www.qilulawyer.com/);

……

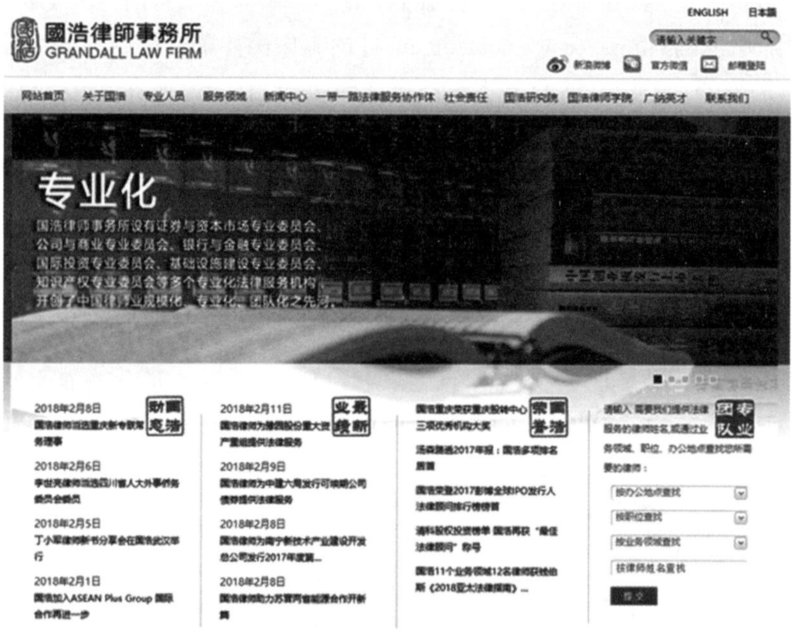

图6-4-9 律所网站

资讯网站类律所网有:

上海离婚咨询网——上海市信诚律师事务所(http://www.lihunbbs.com/);

中国房地产法律事务网——北京万典律师事务所(http://www.wdlvshi.cn/,见图6-4-10);

……

图6-4-10　资讯类律所网站

（三）律师个人网站

律师个人网站包括律师个人设立的网站或专栏，以及律所以律师个人名义设立的网站。这类网站往往有较强的资讯功能。

罗云律师网（http://www.luoyun.cn/，见图6-4-11；

法律桥（http://www.lawbridge.org/）；

……

图6-4-11　律师个人网站

（四）律师门户网（律师黄页）

无论是律师事务所还是律师个人，在网络上处于分散状态，于是需要有寻找律师的中介平台。国外很多法律网站都有寻找律师的功能，国内的法律网站也有律师黄页的功能。还有一些网站，并不是律师协会或律师事务所，却担当起律师事务所和个人律师的门户（律师黄页）。

找法网（http://china.findlaw.cn/findlawyers/）就起到了律师门户平台的作用。在找法网上，可以通过律师姓名查找，也可以通过地区和专长查找，而每位律师有其专属网页，收录其个人的业务信息。

（见图6-4-12）

一般法律服务类网站都提供律师黄页功能。通过各地律协的网站，也可以方便地找到律师和律师事务所。

图6-4-12　找法网的律师黄页

四、学术机构网站

学术机构网站是一类学术网，与政府网站、媒体网站相比，学术机构的网站更具专业性。律师网则注重实务，学术网兼顾理论研究，作为专业学科领域的专业网站，学术网的内容更为全面。学术机构主要指行业学会、法学院及其研究机构。

（一）法学会

中国法学会网（http: //www.chinalaw.org.cn/）首先是一个机构网，承载着学会内部上下交流、沟通的功能，由此可获各地法学会和直属研究会的信息；其次又提供学术研究参考。（见图6-4-13）

图6-4-13　中国法学会官网

栏目中有2011年至2016年《中国法治建设年度报告》，这是对每年中国法治建设的宏观描述；有《中国法律年鉴》(2012年版)，能为我们提供权威的法律事实数据；有学会部级课题和法学优秀成果奖，代表着中国法学领域研究的最新和最高研究成果。

网站提供了最近一年学会会刊PDF版，以及《中国法学》2012年以来每期的题录、《民主与法制》2014年第16期以来原版原貌电子版。

地方频道指向了北京、天津、上海等47个地方法学会的网站；研究会频道指向了法理学等35个二级研究会的专业网站(多数与高校法学院研究中心合办)，如民法学研究会的中国民商法律网(http://www.civillaw.com.cn/)、商法学研究会的中国商法网(http://www.commerciallaw.com.cn/)、中国财税法学研究会的中国财税法网(http://www.cftl.cn/n/)。

网站导航栏目非常有用，提供了诸多法律网站的链接，有中央国家机关网站、政法媒体网站、法学院校网站、直属单位网站，分类合理，覆盖面广，弥补目前搜索引擎中分类目录方面的不足，为查找网络法律文献信息提供了捷径。

(二)法学院

法学院是法学教育的基地，也是重要的法学研究机构。法学院网站作为机构网站，其自身并不提供很多的法律文献信息内容，而是众多法律文献信息线索的整合平台。

以清华大学法学院网站(http://www.law.tsinghua.edu.cn/)为例，如同一般的学院网站，不直接提供文献信息，但从各栏目中却能发现不少的文献检索信息。(见图6-4-14)其师资情况栏目非常详尽，不仅有每位教师的教育背景、工作履历、学术兼职、研究领域、研究概况、奖励荣誉等信息，还有详细的学术成果清单，通过题名检索，可以方便地从各种数据库中获取论文全文。通过其科研机构栏目，可以得到完整的校院两级研究中心的清单，不少研究中心是有官网的，从中可以获取大量的相关文献信息。法学院图书馆数字化服务平台则提供了丰富的文献资源获取平台，通过数据库可直接得到文献的全文。为了进一步加强对教学科研的支持，清华大学法学院开通了学术网站——“清华法律学堂”(http://academic.law.tsinghua.edu.cn/)，提供了更多的文献信息。“明理论法”将学术会议和学术演讲直接上网展示；“水木法意”实现了论文的网上交流；“紫荆课堂”推介精品课堂，并为学生习作提供网上交流平台；“学人新斋”将教师的学术代表作在网上发布；“荷声书馆”则展示了清华学刊和教师著作。法学院一般都主办若干学术刊物，清华大学法学院的学术刊物有：*Tsinghua China Law Review*(《清华中国法律评论》)、《清华法律评论》、《历史法学》、《清华法学》、《清华法治论衡》。

图6-4-14　清华大学法学院(机构网站)

此外，清华大学法学院也与其他机构合办法律学术网站，如与中国法学会法律信息部联合主办的“中国法律创新网”（http://www.fxcxw.org/）。

又如北京大学法学院（http://www.law.pku.edu.cn/），每个科研机构都有自己的简介主页，若有独立网站，则提供链接直达该网站：

北京大学宪法与行政法研究中心（北大公法网：http://www.publiclaw.cn/）；

北京大学法学院劳动法与社会保障法研究所（中国社会法网：http://www.cslnet.cn/）；

北京大学财经法研究中心（中国财税法网：http://www.cftl.cn/）；

北京大学软法研究中心（北大软法网：http://www.pkusoftlaw.com/）。

北京大学法学院的学术刊物也比较多，有《金融法苑》、《法律与社会科学》、《北大法律评论》、《中外法学》、*Peking University Journal of Legal Studies*（《北大法律研究》）、《北大国际法与比较法评论》、《法律书评》、《财税法论丛》、《房地产法前沿》、《公众参与观察》、《互联网法律通讯》、《经济法研究》、《网络法律评论》、《科技创新与知识产权》、《刑事法判解》、《刑事法评论》、《月旦财经法杂志》、《行政法论丛》。每一种学术刊物都有独立的主页，有些期刊为中国知网等论文数据库所收录；有些为辑刊，作为图书出版，不为论文数据库收录；有些为非正式出版物，中国知网等数据库不收录，只有在北大法律信息网中才能查到。由于学术刊物的这种多样性，法学院成为发现文献线索，拾遗补缺的良好途径。

其他法学院研究机构的学术网站有：

中国人民大学宪政与行政法治研究中心（中国宪治网：http://www.calaw.cn/）；

中国人民大学民商事法律科学研究中心（中国民商法律网：http://www.civillaw.com.cn/）；

中国刑事法律网（中国人民大学刑事法律科学研究中心：http://www.criminallaw.com.cn/）；

中国人民大学经济法研究中心（中国经济法治网：http://www.cnela.com.cn/）；

中国人民大学纠纷解决中心（多元化纠纷解决机制研究网：http://www.law-adr.com.cn/）；

中国政法大学法治政府研究院（法治政府网：http://law.china.cn/）；

华东政法大学法律史研究中心（法史网：http://fashi.ecupl.edu.cn/）；

华东政法大学司法鉴定中心（http://sfjd.ecupl.edu.cn/）；

西南民族法文化研究中心（西南法史学术网：http://www.xnfs.cn/）；

西南政法大学知识产权研究中心（西南知识产权网：http://www.xinanipr.com/）；

厦门大学法学院罗马法教研室（http://www.romanlaw.cn/）；

中南财经政法大学知识产权研究中心（中国知识产权研究网：http://www.iprcn.com/）；

中南财经政法大学民商法学科（中国私法网：http://www.privatelaw.com.cn/）；

武汉大学环境法研究所（http://www.riel.whu.edu.cn/）；

武汉大学诉讼制度与司法改革研究中心（珞珈诉讼法律网：http://www.luojiaprocedurallaw.com/）。

事实上，各种法律学术网站多为研究机构主办，而各种研究机构的网站又缺乏统一分类管理，查找不方便。所以，通过法学院寻找法律学术网站，不失为一种好方法。

（三）其他研究机构

除法学院外，社会科学院中也有法学研究机构。中国社会科学院下设法学研究所和国际法研究所，两研究所共用官网为“中国法学网”（http://www.iolaw.org.cn/）。该网站上的学术论文全文资源较为丰富。“最新作品”栏目提供最新成果的全文；“学者文集”提供部分学者论文集数字版全文。网站还可链接于机构数字图书馆和个人数字图书馆，查询文献资料相当方便。法律网站并不是唯一的网络法律文献信息源，社会科学类网站也提供相关的法律文献信息，如“中国社会科学网”（http://www.cssn.cn/）就有法学频道。

五、法律图书馆网站

法律图书馆主要指法学院校的图书馆，这些图书馆的网站除了提供大量法律数字化资源外，也提供传统纸质法律文献和其他资源的网络检索平台。不仅如此，法律图书馆馆员还致力于开辟远程检索、文献传递、移动阅读等新领域。资源数字化、服务学科化成为法律图书馆的发展趋势。

（一）传统的法律图书馆网站

传统的法律图书馆网站，是机构网站，依托于本馆馆藏，提供文献检索和服务。随着数字图书馆的发展，如今图书馆的服务不仅仅是传统的馆藏文献服务，而是依托网络平台实现的数字化服务，服务内容突破了馆藏的纸质文献，服务突破了实体图书馆的围墙，服务模式超越了检索，实现了实时的全文提供，图书馆网站成为了网上的数字图书馆。法律图书馆也是如此。因而，法律图书馆网站也在改变着面貌，转型为数字化资源的门户，利用VPN①技术和移动平台跨越图书馆的围墙，实现了远程的文献检索和全文提供服务，成为了真正的数字图书馆。

如今的法律图书馆，不再局限于传统的本馆馆藏和实体图书馆的服务，以特色馆藏为抓手，以数字资源为重点，着力打造跨资源、跨平台的一站服务。图书馆网站不再是机构网站，而是图书馆数字化服务的一个窗口，通过新的网页技术，实现图书馆网站在各种软硬件平台上都能达到良好的阅读效果。

以下是一些国内法学院校图书馆：

中国政法大学图书馆（http://library.cupl.edu.cn/）；

西南政法大学图书馆（http://lib.swupl.edu.cn/）；

华东政法大学图书馆（http://www.tsg.ecupl.edu.cn/，见图6-4-15）；

中南财经政法大学图书馆（http://lib.zuel.edu.cn/newlib/index.php）；

西北政法大学图书馆（http://tsg.nwupl.cn/）。

图6-4-15　华东政法大学图书馆网站

① VPN即虚拟专用网络，它的功能是在公用网络上建立专用网络，进行加密通信。

（二）法律图书馆的新发展

法律图书馆网站新发展还表现在重视学科化服务，在网站上实现文献资源的学科导航上。法律图书馆网站提供的不仅是本馆的纸质和数字化文献资源服务，其资源服务内容还包括图书馆联盟的共享资源[①]和网上开放资源。[②]学科导航和统一检索门户是数字图书馆的发展方向，为此，法律图书馆除机构网站外，还推出了以资源导航为主的学术网站。

最高人民法院数字图书馆（http://eastlawlibrary.court.gov.cn/）是在互联网和大数据双轮驱动的时代大背景下，从法院内部业务应用的实际需求出发，结合数字图书馆、数字出版以及知识服务的新技术和新趋势，构建以知识管理和知识服务为基础和导向的新型数字图书馆平台。最高人民法院数字图书馆采用“开放办馆”的原则，做到三大整合：系统资源（各省法院图书馆）与社会资源（社会机构图书馆）整合、公共资源（官方图书资源）与个人资源（个人藏书资源）整合、国内资源（国内图书馆资源）与国际资源（外国图书馆资源）整合。最高人民法院数字图书馆使用中国最大的法律知识导航体系“法信大纲”作为底层知识图谱，对法律文献进行专业串联和导航，为用户提供便捷的专业化智能服务。（见图6-4-16）

图6-4-16　最高人民法院数字图书馆

华东政法大学图书馆承担了“华东政法大学中外法律文献中心”（http://cli.ecupl.edu.cn/）的建设工作，秉承数字化、专业化、便捷化和协同化以及开放共享的理念，依托华东政法大学丰富的中外文法律文献资源和学科服务经验，借助互联网等现代信息技术手段，对法律文献资源予以整合、开发，以全方位的服务模式向国内外各界、各层次用户提供值得信赖的中外文法律文献资源查询、借阅、咨询和培训等多模块的服务，致力于服务法治中国战略、上海“四个中心”和科创中心建设等国家和地区战略中的法律文献资源需求，打造特色鲜明的“互联网+”法律文献信息服务平台。

该中心的主要功能有法律文献的“云资源”聚合平台、法律文献资源的统一发现平台、法学学科资源的知识共享平台、法律情报信息分析服务、机构知识门户、法律主题词表。（见图6-4-17）

① 很多图书馆网站上都有 CALIS 的 E 读检索平台，可以方便地检索到各馆的馆藏资源。此外，上海教育网络图书馆提供了大量的联合采购的共享资源。

② 网上开放资源（OPEN ACCESS，OA），是国际科技界、学术界、出版界、信息传播界为推动科研成果利用网络自由传播而发起的运动。国内的 OA 刚起步，浙江大学图书馆针对这一问题，开发了社会科学开放存取文献网络平台，建立了社会科学开放存取期刊和开放存取知识导航库。

图6-4-17 华东政法大学中外法律文献中心

六、其他学术网站

北大法律信息网（http://www.chinalawinfo.com），创立于1995年，是成立最早的中文法律网站之一，也是专业法律信息网的代表。它的出现，带动了一大批中文法律网站的上线，为法律学人提供了大量的文献信息资源。这些网站有的是综合性法律网站；有的注重某一类法律文献，如法规检索；有的是法律专题网站；也有的是学者的个人网站。

东方法眼（http://www.dffyw.com/），创办于2001年，也是成立最早的中文法律网站之一。网站主要内容包括记录（司法、执法、立法、财经、民生、学界、国际、影像）、时评（视点、社会、热点、消费、方圆）、法学（综合、民商、刑事、程序法、行政、经典、刑侦、学者）、实务（实践、案例、文书、古今、咨询、资料、范本）、法规（宪法、民商、刑法、社会行政、诉讼法、政策、文书样式）、司考（政策、信息、试卷、答案、经验、法硕）、副刊（随笔、读图、文艺、站务、网络、视频、法律软件）、图片、视频、排行、关注、评论、问答。北大法律信息网以北大法学院作为其强大的法律专业支持，而东方法眼也有一支由法学名家和资深法律从业人员组成的专业作者队伍，因而其内容的学术质量得到了保证。北大法律信息网的核心北大法宝是收费数据库，而东方法眼则完全是公益性的法律门户，从中获取文献资源的成本更低。

中国法律信息网（http://service.law-star.com/）的核心是法律之星法规数据库，其快速检索的范围包括法律法规、法律动态、法学论文和参考案例；其专业法规检索提供标题、发布部门、分类、全文关键词等更为丰富的检索渠道。网站与中央及地方立法机关有合作关系，因而法律法规的更新较快。除了法律法规，网站还提供法律论文、案例追踪、热点专题、法律图书、法律博客等功能。网站以邮件订阅方式提供四种电子期刊，分别是《新法速递》（日刊）、《法制动态》（日刊）、《案例追踪》（日刊）、《论文汇粹》（周刊）。

法邦网（http：//www.fabao365. com/）不同于学术型网站，法邦网以“律师、企业、公众”为服务对象，以“提供最权威法律信息和最专业法律服务”为服务内容，是一个法律服务性网站，类似于律师网站。网站上学术性内容较少，内容以法律实务（包括合同范本、法律文书、办事指南等）为主，采用以案说法的模式，包含了大量的案例信息。并有一个提供标题、关键记号、分类等检索途径的检索平台。网站提供法律实务类的电子杂志——综合版和专业版的《护身法宝》。

中顾法律网（http：//www.9ask.cn/）创办于 2005年，是一个实务型的法律服务网站。北京搜问网络科技有限公司的技术优势使网站有了一个不错的搜索引擎，集找律师、查法律和在线咨询于一体。这也是一个网站群，在全国各省、市设有众多的分站。

找法网（http：//china.findlaw.cn/）是一个功能强大的法律服务网站，兼具学术研究和法律实务文献服务。它的法律知识库包含7500余个专题，以专题为线索将相关法律、相关文章、相关咨询、相关案例、专长律师整合成了关联知识库。同样，罪名库是以罪名为纲整合了概念、构成特征、认定、处罚、法条、司法解释、辩护词、案例、推荐律师等内容。

法律学术类网站多为研究机构的网站，或由研究机构联合信息网络公司开办，如国法网（http：//www.cnlawweb.net/）、天涯法律网（http：//www.hicourt.gov.cn/）；以实体公司名义开办的网站多为法律服务类网站，如法律快车（http：//www.lawtime.cn/）、110法律咨询（http：//www.110. com/）、中国法律网（http：//www.5law.cn/）……

除了研究机构网站，专题法律网站也以注重实务的法律服务网站为主。其内容集中于婚姻家庭、房地产、经济合同、劳动保障等领域，如合同法律网（http：//www.hetongfalv.com/index.php）、合同纠纷网（http：//www.contracts.com.cn/）、中国电子商务法律网（http：//www.chinaeclaw.com/）、中国知识产权司法保护网（http：//www.chinaiprlaw.cn/）……

此外，还有法律语言学研究网（http：//www.flrchina.com/）。该网站是西北政法大学的刘蔚铭教授创办的学者网站。虽然是个人网站，但网站的结构完整，内容相当丰富。

第五节　新媒体与互联网

一、互联网的功能

在“互联网+”时代，网络技术的发展突飞猛进。WEB 1.0实现了知识共享；WEB2.0增强了交互功能，实现了知识共建；WEB3.0提供了个性化智能网络服务，实现了知识传承；WEB4.0建立了全新的知识分配体系。与此同时，在技术发展的驱动下，法律文献检索的方式日新月异，文献获取的途径也越来越多，检索方法也越来越便捷。

互联网的功能主要包括两个方面：一是提供资源，包括网络存储的信息资源及联网的计算机硬件资源；二是提供服务，包括Ftp、E-mail等工具类服务、讨论类服务及文献信息资源检索服务。互联网上最常用的工具就是搜索引擎。对于文献检索而言，这也是最简便直接的工具。

二、互联网与法律文献检索

（一）学术搜索

搜索引擎（search engine）是指根据一定的策略，运用特定的计算机程序从互联网上搜集信息，在对信息进行组织和处理后，为用户提供检索服务，将用户检索相关的信息展示给用户的系统。较有影响的搜索引擎有：百度、搜狗、Google、雅虎搜索、360搜索、必应搜索等。当Google和雅虎搜索退出中国市场之后，中国国内的搜索引擎变成了百度一家独大。如果只是进行一般的知识检索，如了解某个搜索项目的知识背景、某个法条，百度等搜索引擎尚能一用，一旦进行比较全面、深入的文献检索，一般的搜索引擎就难以胜任。因而，面向专业化的文献检索，搜索引擎也在不断改进中——于是，有了学术搜索。以前的Google Scholar就是一个不错的文献检索工具，如今的百度学术也很有特色。

一般的搜索引擎，如百度，是对互联网上的网页进行搜索，检索结果是网页（链接）。百度学术主要针对学术图书、论文进行搜索（也有学术性较强的网络文献）。在中国知网、万方数据、维普资讯、SpringerLink、ScienceDirect、Wiley Online Library、web of Science、Engineering Village等中外学术数据库支持下，实现对学术图书和论文的一站式搜索，相当于一个在线的学术发现系统。百度学术还提供期刊频道（按刊检索）、学者主页（机构知识库）、订阅、收藏、论文查重、开题分析、单篇购买和文献互助等功能。

百度学术得到的检索结果是命中记录的列表，包含每条命中记录的简单题录信息。（见图6-5-1）如果要查看命中记录的详细题录信息，可以对命中记录进行收藏操作，在百度注册用户的百度学术的收藏中阅读详细信息。除本篇的题录外，还有相似文献和参考文献，均可通过点击题名二次检索。在命中记录列表页面和详细信息页面，对命中记录进行引用操作，生成引用数据，支持引用数据格式有GB/T7714、MLA、APA，可导入BibTeX、EndNote、RefMan、NoteFirst、NoteExpress等文档管理系统，并支持批量引用。如果网上有共享资源，可链接至该平台获取全文。这类平台有：爱学术、道客巴巴、豆丁网等。在爱学术平台上，资源较多，可免费阅读。对于免费用户，只允许下载一篇文档；对于VIP用户，每月有24次免费下载机会。在道客巴巴、豆丁网上，可免费在线阅读，但下载要收费。如果中国知网等平台有全文，则需登录这些数据库阅读。

图6-5-1　百度学术搜索

1. 期刊频道

这是一个中文学术期刊大全，可按刊浏览，在数据来源平台登录后获取全文。期刊频道共收录北大核心期刊1743种、中国科技核心期刊2122种、CSSCI（中国社会科学索引数据库）来源刊471种、CSCD（中国科学引文数据库）来源刊634种。其中，法学期刊数据为：北大核心期刊47种、中国科技核心期刊38种、CSSCI来源刊29种。[①]这与中国知网期刊大全中法学类核心刊和北大法宝的核心法学期刊数量都不同。

2. 学者主页

百度学术会根据全网文章数据，自动帮学者聚合学术成果，生成学者自己的主页，学者只需要认证自己的主页即可以使用相关功能。系统实时监控全网文章更新，当学者文章被引用时，学者主页会发送通知，及时告知学者。学者可在百度学术平台持续维护自己的学者主页，将其打造成自己的学术名片。

3. 订阅

用户选定关注的主题后，系统实时将相关文献的题录在“我的订阅”中收藏，同时发送到关注的邮箱，相当于邮件列表和RSS功能。

4. 论文查重

百度学术通过第三方平台实现此功能，用户可以选择如图6-5-2所示的论文查重系统：

图6-5-2　百度学术的论文查重系统

5. 开题分析

输入课题名称“法律文献的智慧搜索研究”，关键词“法律文献、文献检索、人工智能、机器标引、搜索引擎、检索策略、分类标引”，得到如图6-5-3所示结果：

① 根据百度学术数据统计（2018年2月21日）。

图6-5-3 百度学术的开题分析

其中有研究走势、关联研究、学科渗透、相关学者、相关机构等大数据分析；也有经典论文、最新发表、综述论文和学位论文等重要文献的展示。为用户的相关研究提供了丰富的背景材料。

6.单篇购买

如果查到了合用的书刊论文，可以通过百度学术和中国教育图书进出口有限公司（教图）联合开发的“文献单篇购买系统”从合作机构获取全文。合作机构见表6-5-1：

表6-5-1

合作机构	可提供专业文献
John Wiley&Sons Inc.	约 350 万篇
Cambridge	约 200 万篇
Taylor&Francis	约 350 万篇
Ingenta	约 450 万篇
Karger	约 15 万篇
World Scientific	约 14 万篇
台湾华艺	约 58．6 万篇
台湾学术期刊在线数据库	约 51．8 万篇
台湾学术书籍数据库	约 5800 篇

续表

合作机构	可提供专业文献
Trans Tech Publications Inc.	约 4 万篇
AIMS	约 1．2 万篇
The World&I Online	约 1 万篇
AATCC	约 200 篇
IAPT	约 4000 篇
ASPT	约 1500 篇
Springer Publishing	约 1．2 万篇
Physics Essays Publication	约 1200 篇
Leuven University Press	约 150 篇
AOAC International	约 5500 篇
Journal of Transport and Economic Policy	约 500 篇
Pacific Affairs	约 2500 篇
SBP Journal	约 3500 篇
Amsterdam University Press	约 2000 篇
White Horse Press	约 2500 篇
Mohr Siebeck	约 1 万篇
Canadian Veterinary Medical Association	约 400 篇
Aerospace Medical Association	约 3500 篇
International Association for Bridge and Structural Engineering	约 8000 篇
NAPICU（National Association of Psychiatric Intensive Care and Low Secure Units 国家精神保健和低安全单位协会）	约 50 篇
Scrivener publishing	约 500 篇
Vittorio Klostermann	约 1000 篇
Westburn Publishers Ltd.	约 1000 篇
Policy Press	约 3500 篇
Science Reviews 2000	约 5000 篇
Bentham	约 8 万篇
American Association for Geodetic Surveying	约 300 篇
Medio Ambiente/IIED	约 50 篇

7. 文献互助

这是一个支持公开求助全文的免费平台。用户可以发布自己想要的文献信息等待应助，他人应助成功后，用户即可在“我的求助”中下载到全文。这是个免费平台，仅需要用户支付百度学术的5财富值回报应助者。用户可以通过在互助大厅为他人提供应助，或者在任务中心做任务，获取相应的财富值。

必应搜索也有学术搜索功能，可以进行期刊论文检索，检索结果同样为论文的题录信息。其中文献数据主要来源于中国知网，可以看作中国知网在互联网上的一个检索接口；其外文文献数据来源更广泛一些，为一些国外的学术数据库和学术网站。必应没有百度学术提供的丰富的增值功能，其特色是提供在线词典搜索，非常方便。

（二）专业搜索

除通用搜索引擎外，还有专业的法律搜索引擎，它们一般是法律的门户网站。法律搜索引擎可能不如通用型搜索引擎先进，但在分类目录体系的编排和网站的归类上有独到之处，使检索法学信息特别方便。当通用搜索引擎上的分类目录日渐式微之时，法律搜索引擎上的分类目录却正行其道，蓬勃发展，几乎每一个法律搜索引擎都提供分类目录。它们在检索法学文献信息方面，更为专业，更为方便。

1. 国外的法律搜索引擎

（1）Hieros Gamos

Hieros Gamos（http://www.hg.org/）是首批法律和政府信息网站之一，由Lex Mundi 于1995年建立，其目标是让法律界人士、企业和个人用户更容易接触到法律和政府的相关信息。（见图6-5-4）

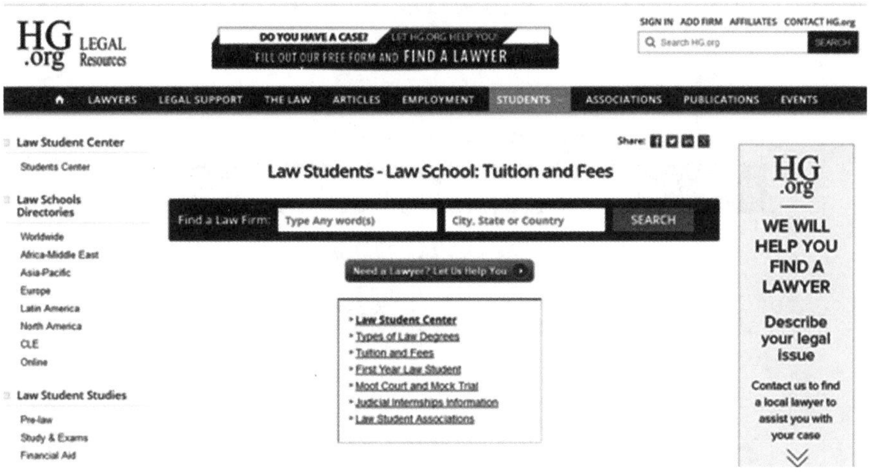

图6-5-4 HG.org Legal Resources

HG.org包含了一个律师和律师事务所的全球目录。可以从关键词查找，也可以从以下几个途径查找：

• By Country；
• US by Area of Practice；
• US by State&Practice；
• US by State&City；
• US by City。

通过By Country—China—Shanghai，可以方便地找到上海的涉外的律师事务所，如Shanghai Dongzuo Law Firm。也可通过By Country—China—Divorce，从专业领域找律师事务所。

HG.org的法律指南（THE LAW）提供了一个详细的主题分类目录——Law Center，有70个大类有260个专题。其中有Car Accident Law专题，可从以下几个角度查找相关内容：

• Know Your Rights！；
• Car Accident Law–Articles；

• Car Accident Law–Handbooks；
• Car Accident Law–US；
• Car Accident Law–Europe；
• Car Accident Law–International；
• Car Accident Law–Organizations。

关于Car Accident Law–Europe，又可以从三个方面查找内容：Institute for European Traffic Law（IETL，欧洲交通法律研究所网站）、Look at the Effects of Car Accidents–UK（链接至 car-accident-claim.com网站）、United Nations Transport Statistics（联合国交通统计，链接至联合国欧洲经济委员会网站）。

HG.org的Articles栏目提供众多论文（包括Articles by HG.org，Articles by Lawyers，Articles by Expert Witnesses，Legal Marketing Articles，Articles by Location等）。这些论文可以全文检索，也可以通过专题分类查找。

HG.org上有一个Law Student Center，以分类目录方式为法学专业学生提供需了解的所有信息资源。（见图6–5–5）

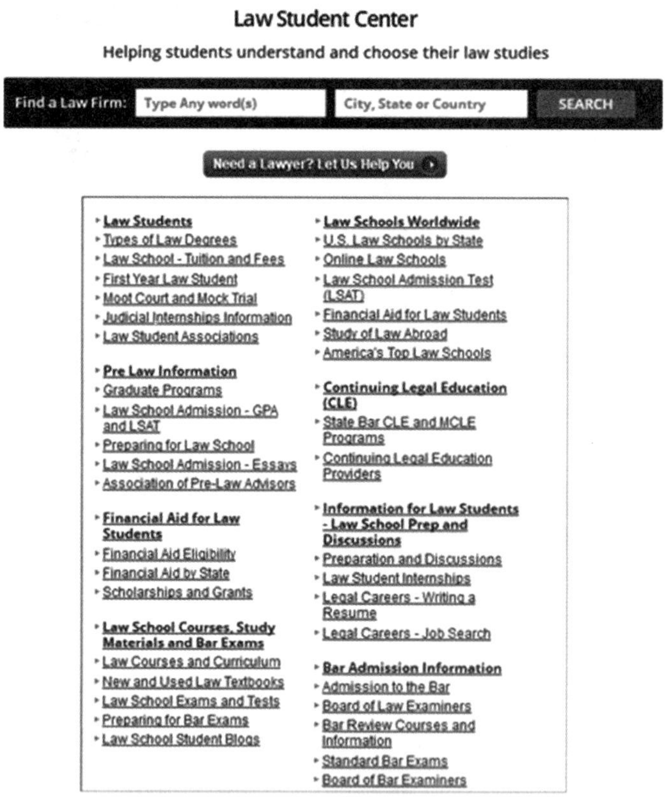

图6–5–5　HG.org上Law Student Center

（2）LII（Legal Information Institute）

LII（http：//www.law.cornell.edu/）是美国康奈尔大学法学院网站，网站上有两个分类导航，一是Find A Lawyer，可分别从地区或专业领域查找律师；二是Legal Resources，分为以下几类：

• Primary sources（法条与判例），如Constitution，U.S.Code，C.F.R.，Supreme Court，Federal Rules，

State law resources, State statutes by topic, U.C.C., Uniform laws, World law等。

• Original content(原始文档), 如Wex legal encyclopedia, CRS Annotated Constitution, LII Supreme Court Bulletin, Introduction to Basic Legal Citation, Table of Popular Names, Parallel Table of Authorities等。

• Learn About(法律各部门), 如Civics, Constitutional law, Intellectual Property, Corporations, Real Estate Law, Consumer Protection, Administrative Law, Legislation, Courts and procedure等。

• Legal topics(热点问题), 如Business law, Criminal law, Family law, Employment law, Immigration Law, Landlord/Tenant, Personal Injury, Estate Planning, Money and Finances等。

这个分类与Lexis与Westlaw Next有些不一致。

(3)其他法律搜索引擎

Publiclegal(http: //www.ilrg.com/)是美国法律研究组织ILRG提供的一个法律信息目录,包括研究机构、法学杂志、律师事务所、法学院、法律论坛等。

AccessToLaw(http: //www.accesstolaw.com/)是一个英国的法律资源搜索门户,以分类目录形式展示网站。除提供英国的法律网站外,该门户还收录英联邦国家和地区(包括前英联邦的国家和地区)网站。该门户以地域和主题两种方式组织目录,对每个网站,除提供链接外,还有简单介绍。

The Law Engine(http: //www.thelawengine.com/)是一个以分类目录方式组织的法律服务网站。该网站提供丰富的法律法令、判例检索链接,法律新闻(包括传统媒体和网络媒体)、法律杂志、法律图书馆链接等。

The World Law Guide(http: //www.lexadin.nl/wlg/)是一个法律网站门户,包含180个国家的超过7000个链接,涵盖立法、判例、法学院、律所、软件、研究机构和各种法学杂志等。

2. 国内法律搜索引擎

法律图书馆(http: //www.law-lib.com/lawseek/)是杭州法图网络科技有限公司开发的法律网站,虽名为法律图书馆,却不是图书馆网站,而是西湖法律书店的网站。其搜索引擎是分类目录体系,不提供关键词检索。(见图6-5-6)

图6-5-6 国内的法律搜索引擎——法律图书馆

法搜（http://fasou.fabang.com/）是一个以法律咨询为主的关键词搜索引擎，检索内容包括综合、咨询、合同、法规、论文、判例、新闻、知识、律师、律所等。例如：以“动迁”为检索词，可得到的相关知识超过1000条记录，相关咨询超过1000条记录，相关新闻超过1000条记录，相关法规超过1000条记录，相关合同223条记录，相关论文超过1000条记录，相关判例超过1000条记录。

（三）RSS

RSS指内容聚合（Really Simple Syndication），是一种供用户获取最新网络信息资源的在线信息提供模式。它在提供时效性强的文献信息方面，最具优势。很多网站的新闻频道、博客、网络数据库及其他网络文献信息检索工具，都提供RSS服务。RSS订阅的内容多为新闻和博客，虽不是为法学专业而设计，但仍不失为获取法律文献信息的一个重要渠道。法律文献信息中有一类重要文献信息——案例，其重要信息源之一就是新闻报导。当代的法学研究，往往针砭时弊，围绕社会热点问题而展开。例如，“70码”事件引起了司法界对“酒驾”的关注；“孙志刚之死”颠覆了收容遣送制度；“动拆迁”是老百姓的大事情，也是法律人研究的大课题。作为法律人，跟踪新闻报导，抓住热点，也就站在了法学研究的最前沿。

网络数据库也是RSS源。中国知网是最大的中文学术论文数据库，也是RSS源。通过订阅RSS，可以了解知网上最新一期期刊的内容。如我们可以把中国期刊网期刊导航中的《法学研究》作为一个RSS源，不用打开中国知网，通过阅读器我们就可以及时了解《法学研究》最新一期的内容。特别是必须跟踪多种核心期刊时，订阅RSS是节省精力和时间的一个好方法。

常用的RSS阅读器有新浪点点通、博阅、POTU周博通、FeedDemon、RSSGuard、RSSreader等，阅读器大多会内置一些RSS源，其官网也会提供一些RSS源供用户选择。此外，可通过RSS搜索引擎查找RSS源。国外比较好的有rsssearchhub（http://www.rsssearchhub.com/），用“legal”作为关键词检索，可得RSS源10135个，多为法律新闻和法学院和研究机构的论坛；用“law”作为关键词检索，可得RSS源19575个，其中有许多法律图书馆新书报导和专题法律文献信息源。但主流的搜索引擎并未推出此项检索功能。

随着移动互联网的发展，RSS即时推送的优势在减弱，移动客户端成为更好的即时推送工具。各新闻网站的RSS相关功能正逐渐向移动端迁移，各数据库资源的RSS推送还在保留中，以替代更为古老的邮件列表工具。

（四）BBS与博客

互联网的一个重要功能是提供讨论类服务。最早的讨论类服务是BBS（全称为电子公告牌系统，Bulletin Board System），指互联网上的公共电子白板，每个用户都可以在上面发布观点，提出看法，参与讨论，故BBS也称为论坛。BBS分为公众BBS和专业性BBS。公众BBS无主题导向，内容较杂，但可作为发现社会热点问题的一个渠道；专业性BBS多称为论坛，主题相对集中，由多人参与，可作为专业交流的平台。随着互联网上讨论类新应用发展，博客已基本取代了BBS。目前还在运行的法律类BBS有：大连法律论坛（http://www.dalianlaw.com/）；法律教育网司法考试论坛（http://bbs.chinalawedu.com/）；人大法学论坛（http://www.ruclaw.com/）。

博客，英文原名为Weblog，后改为Blog。其构想始于1998年，2000年开始流行，并进入中国。这是一种由作者个人进行内容管理的网站，已成为流行的网络发布形式。博客作为继BBS之后出现的讨论类服务平台，具有如下功能：个人自由表达和出版；知识过滤与积累；深度交流沟通。与BBS相比，许多博主关注特定的专题，因而文章主题相对集中，内容的系统性强。特别是一些学者的专业博客，已成为其著作的资料库，具有很强的文献信息利用价值。

博客是个人网站，需要在博客门户网站汇聚。各大门户网站，如新浪、搜狐、网易等均开设博客。搜狐博客建有法人法眼博客群，目前入驻博主62人，该博客群已不活跃，最新博文为2016年7月发布。另有法律人博文专栏，2007年7月首发，最后发文为2014年6月。新浪博客无法律相关专题，按标签检索“法律”相关博文，仅得795篇。因此，寻找法律博客，主要还是要靠法律网站。在正义网上有专门的法律博客（http://www.fyfz.cn/），认证博主45人，认证机构18家。

与国内法律博客不十分兴盛相比，国外的法律博客却是法律网站的一个重要资源。FindLaw（http://www.findlaw.com/）是一个重要的法律资源网站，设有Blogs栏目。（见图6-5-7）

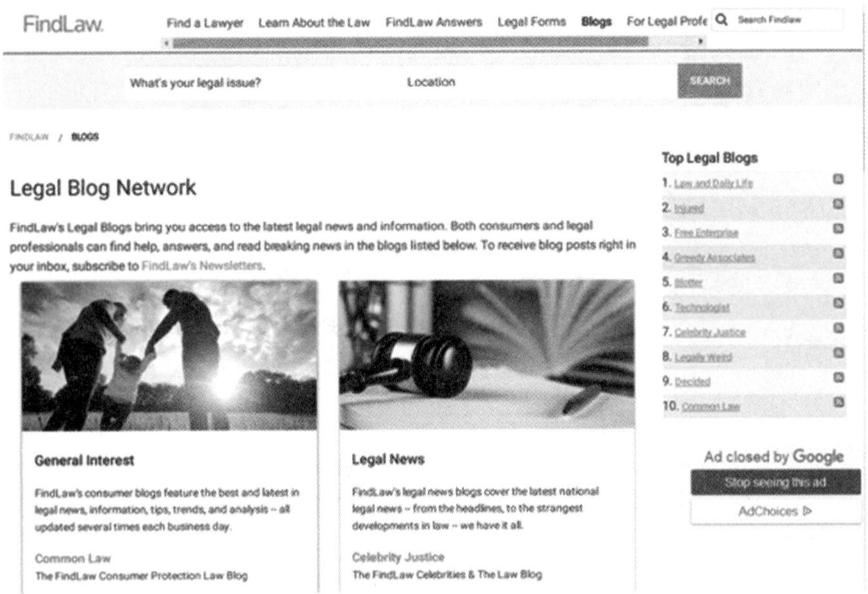

图6-5-7　FindLaw上的Blogs

（五）“两微一端”

所谓“两微一端”是指微博、微信和移动端（移动互联网），这是互联网发展的新方向，也是“互联网+”时代法律文献检索的新应用平台。

移动互联网（Mobile Internet，MI）是一种通过智能手机、平板电脑、电子书、MID①等智能移动终端，采用移动无线通信方式提供互联网服务的新兴模式。移动互联网的发展，推动了终端、软件和应用三个层面的革命，互联网原有的应用根据移动互联网的特性进行改进。于是，微博出现了，这是一个基于用户关系的信息分享、传播和获取平台，用户以140字为限更新信息，实现即时分享，特别适用于移动平台上。最早也是最著名的微博是美国twitter，在最初阶段，这项服务只是用于向好友的手机发送文本信息。2009年8月中国门户网站新浪推出“新浪微博”，从此，微博正式进入公众视野。2015年1月，微博将发布字数的上限提高到2000字，提升了其在信息服务方面的性能。2011年，腾讯公司推出了一个为智能终端提供即时通信服务的免费应用程序——微信，提供公众平台、朋友圈、消息推送等功能，引领了移动互联网应用领域的又一次革命。

① 即Mobile Internet Device，一种新的“比智能电话大，比笔记本小”的互联网终端。MID的概念是英特尔在2007年4月推出的，其定义是介于智能手机和上网本之间的产品。

移动互联网的发展，使图书馆（包括法律图书馆）的文献信息服务向移动端延伸，于是有了移动图书馆。相关的文献信息服务提供者——各数据库厂商也将其服务内容和平台向移动端迁移，超星电子书、阿帕比电子书、书生电子书、中文在线、中国知网等纷纷开发了Android和iOS平台上的APP，大部分互联网相关的内容提供者，都有了手机版应用。微博、微信的出现，使法律图书馆不再满足于建设图书馆网站，官方微博、官方微信成为宣传推广、提供服务的新窗口。法律媒体、司法机关、法学院、出版社纷纷设立官方微博、官方微信，微信公众号成为提供文献信息的新型自媒体，大有取代BBS、博客之势。“扫一扫”[①]俨然是获取文献信息的规定动作，“两微一端”成为法律文献检索的新领域。

正义网上有一个检察新媒体矩阵，收录许多法律人的“两微一端”。（见图6-5-8）

检察媒体类的有：正义网、检察日报、方圆、最高人民检察院影视中心、检察日报新闻研究室、中国检察出版社、中国检察文艺网、清风苑。

图6-5-8 检察日报的相关新媒体

用户扫描检察日报客户端二维码后，可在移动设备上安装APP客户端。此客户端是检察日报的移动版网站，涵盖热点、反腐、税评、视频等内容，设有检务、自媒体等栏目。用户还可以在客户端上阅读原版原貌的数字版检察日报。（见图6-5-9）

① 下载移动APP、关注微信都要扫相应的二维码。

用户扫描检察日报官方微信二维码后，即可关注并进入检察日报官微信公众号。（见图6-5-10）

图6-5-9　检察日报客户端上的数字报

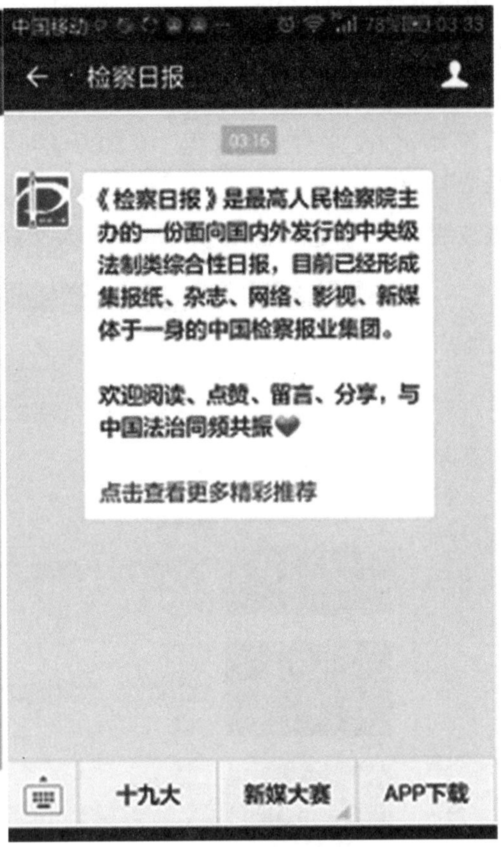

图6-5-10　检察日报官方微信公众号

各地的检察院都建立了“两微一端”，还有不少检察自媒体：

- 检而言法
- 西山评论
- 邱二毛的文字铺
- 检察百科
- cu 检说法
- 小丸子从检记
- Y 检说法
- 检直奇葩
- 简言简语
- 法律读库
- 法律人诗社
- 明镜观察
- 薏米阳光
- 刑事实务
- 法律读品
- 菠菜笔记
- 若尘若风
- 朗诵爱情
- 立评天下
- 检事微言
- 检姑娘讲故事
- 劳月夜聊
- 法治连万家
- 御史书苑
- 江哥论剑

（六）慕课

慕课（MOOC），英文直译“大规模开放的在线课程”（Massive Open Online Course），是新近涌现出来的一种在线课程开发模式。这些课程跟传统的大学课程一样循序渐进地让学生从初学者成长为高级人才。MOOC 这个术语是2008年由加拿大爱德华王子岛大学网络传播与创新主任和国家人文教育技术应用研究院高级研究员联合提出来的。最重要的突破发生于2011年秋，斯坦福大学开立一门《人工智能导论》的免费课程，来自世界各地的 160000人注册参加了学习。慕课在中国同样受到了很大关注，主要的慕课平台有：

1. 中国大学MOOC（https: //www.icourse163. org/category/law/）由北京大学、南京大学等100多所名校参与，已有41门法学类课程。（见图6-5-11）

2. MOOC学院（https: //mooc.guokr.com/platform/ewant/）是最大的中文MOOC学习社区，收录了1500多门各大MOOC平台上的课程。有50万学习者在这里点评课程、分享笔记、讨论交流。

3. 学堂在线（http: //www.xuetangx.com/）是清华大学于2013年10月10日推出的MOOC平台，面向全球提供在线课程，有包括法学在内的90门人文社科课程。

图6-5-11　中国大学MOOC

第七章

大陆法系国家的法律文献检索

第一节 德国法律检索

一、德国的法律体系

德国法属于大陆法系，以六法为核心，其法律主要是以成文法为表现形式。但同时德国是一个联邦制国家，实行的是联邦制国家结构，除了联邦宪法以外，各州还有各自的法律。

德国法的法律渊源主要有：

1.联邦宪法——德国目前现行的宪法是1949年的《德意志联邦共和国基本法》，又称为“波恩宪法”。联邦宪法是德国的基本大法，要修改宪法，必须有联邦议会两院各三分之二以上多数同意。

2.国际条约——德国所参加的国际组织的法律、国际条约以及公认的国际法准则是德国法律的重要组成部分。根据德国法律规定，国际条约具有优先于国内法的效力。

3.联邦法律法规——德国联邦和各个州都有立法权。德国一些重要的法典都是联邦法律，如《德国民法典》(BGB)、《德国商法典》(HGB)、《德国民事诉讼法典》(ZPO)、《德国刑事诉讼法典》等。联邦法律具有高于州法的法律效力，各州必须严格遵守联邦法律。联邦政府依据法律授权，可以颁布法令。

4.各州的法律法规——德国各州有自主的立法权，不过范围很小。州法律由各州议会制定，也包括各州政府颁布的法令法规。州的立法范围主要集中在州政府机构的组织、地方治安、教育、环境保护等。

5.判例和习惯法——在德国，判例和习惯法的地位虽然没有普通法系国家那么重要，但是判例，尤其是宪法法院的判例也是非常重要的法律渊源之一。

二、德国的司法体系

德国法院系统设有6种法院，即宪法法院、普通法院、劳工法院、行政法院、社会法院和财政法院，各成系统。除宪法法院外，其他5种法院的联邦级法院机构组成联合委员会，协调彼此工作。宪法法院(包括联邦宪法法院和州宪法法院)的权限和组成由《基本法》规定，其地位凌驾于其他法院之上。普通法院负责审理专门法院管辖以外的一切民事、刑事案件，分4级，即联邦最高法院，州高等法院，州中等法院和地方法院。劳工法院分3级，负责审理劳资纠纷、工会与其成员之间的纠纷、工会与其成员之间的纠纷以及关于工人参加决定权的纠纷。行政法院分3级，负责审理除有关宪法、社会保险和财政以外的一切行政诉讼，被告一方为国家行政机关。社会法院分3级，负责审理一切有关社会保险的纠纷。财政法院分2级，负责审理有关财政税收纠纷。

德国联邦法院组织如图7-1-1所示：

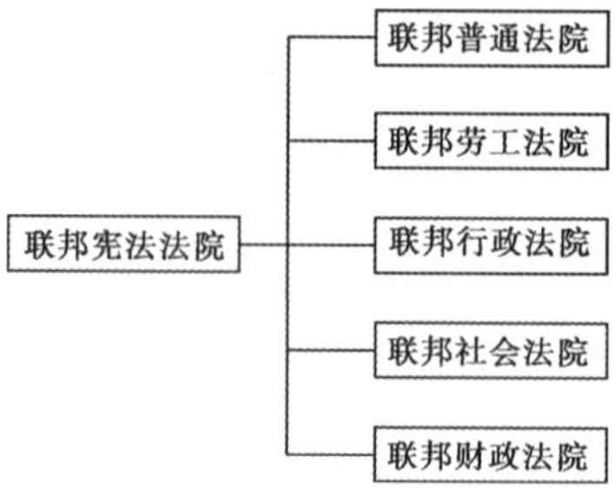

图7-1-1　德国联邦法院组织

普通法院系统如图7-1-2所示：

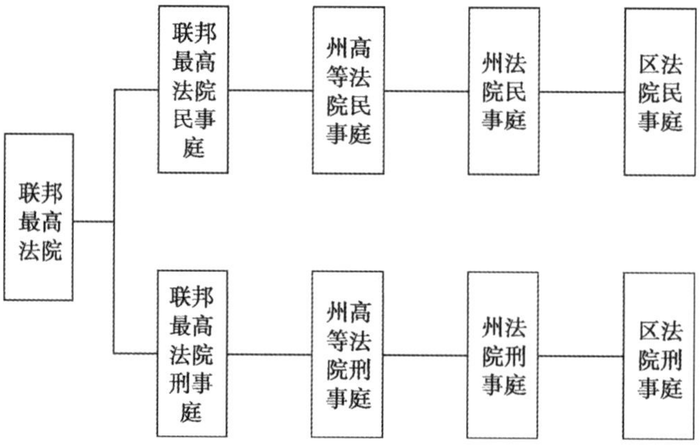

图7-1-2　德国联邦普通法院系统

行政法院系统如图7-1-3所示：

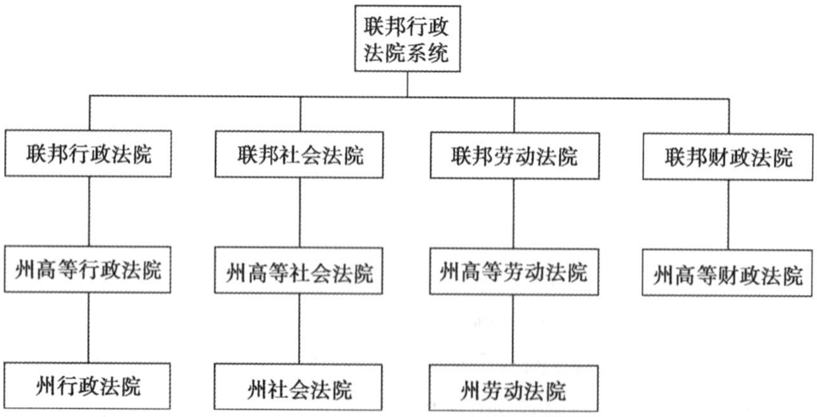

图7-1-3　德国联邦行政法院系统

三、德国的法律文献检索

(一)德国法律主要纸质出版物

德国的各个法院对司法判决都有非常详尽的汇编,可以找到的重要司法判决汇编的纸质出版物有:

《联邦宪法法院判决书集》(1952年至今);

《联邦最高法院民事判决书集》(1951年至今);

《联邦最高法院刑事判决书集》(1951年至今);

《联邦劳工法院判决书集》(1952年至今);

《联邦行政法院判决书集》(1954年至今);

《联邦财政法院判决书集》(1952年至今);

《联邦社会法院判决书集》(1955年至今)。

在德国,大学法学院或公共图书馆一般能查询到以上判决书集。

德文法律期刊主要有:

Neue Juristische Wochenschrift(《新法学周刊》);

Neue Zeitschrift für Arbeitsrecht(《新劳动法杂志》);

Neue Zeitschrift für Strafrecht(《新刑法杂志》);

Neue Zeitschrift für Verwaltungsrecht(《新行政法杂志》);

Wettbewerb in Recht und Praxis(《法律与实践杂志》);

Europaishe Zeitschrift für Wirtschaftsrecht(《欧洲经济法杂志》);

Zeitschrift für das gesamte Handelsrecht und Wirtschaftsrecht(《商法与经济法大全》)。

(二)德国法律数据库Beck-online

网址:http://beck-online.beck.de/

Beck-Online数据库是由德国最大的法律出版集团C.H.Beck出版,是全球收录德文法律信息最全和最权威的数据库之一。(见图7-1-4)整个数据库收录了大量德国法律法规,包括民法、商法和贸易法、诉讼法、劳动和社会法、公法、刑法、交通法、税法及审计规则、国际法和欧盟法等,是研究德国法律和欧洲法律不可或缺的资源。特别是该数据库收录了数千种法学各学科领域最核心的专著和注释书——超过7000种法律图书、550万份可以检索的文献。资源每天更新,收录资源最早可以回溯到1954年。该数据库均是德语,这对一些不懂德语的研究者来说查询德国法资源实属不易。

图7-1-4　Rudo德国法律查询网站首页

（三）德国法律主要网络资源

1. 德意志联邦司法部（Bundesministerium der Justiz）

网址：http：//www.bmj.de/DE/Home/home_node.html/

德国联邦司法部前身是德意志帝国司法局（Reichsjustizamt），于1877年1月1日成立。在1919年德国成为共和国以后，该司法局也提升了层级，改为德意志帝国司法部（Reichsministerium der Justiz）。1949年以后改名为现在的联邦司法部。司法部下属的部门有：中央司法行政（Justizverwaltung）、司法制度（Rechtspflege）、民法（Bürgerliches Recht）、刑法（Strafrecht）、商法及经济法（Handels-und Wirtschaftsrecht）、宪法及行政法（Verfassungs-und Verwaltungsrecht）、欧盟法及国际法（Völker-und Europarecht）。（见图7-1-5）

图7-1-5　德国联邦司法部网站首页

德国联邦司法部网站提供法律法规查询功能（http：//www.gesetze-im-internet.de/）。（见图7-1-6）

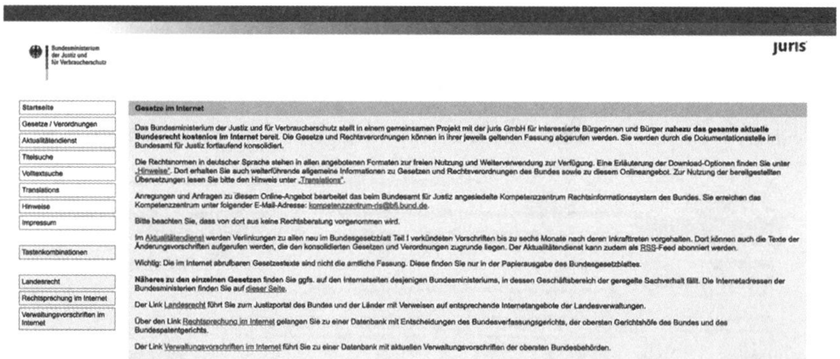

图7-1-6　德国联邦司法部网站法规查询页面

检索途径：进入Startseite首页，然后选择左边的Gesetze/Verordnungen法律法规一栏，内有德国所有法律法规的官方文本，均为PDF格式，进入后按字母排列检索。例如BGB（德国民法典），选择字母B，进入后找到BGB Bürgerliches Gesetzbuch PDF点击后可下载阅读保存。另外，该网站中有很多德国法律是官方的英译本，同以BGB为例，进入主页后，点击左边的Translations这一栏，找到BGB German Civil Code点击后即为英文版的德国民法典。

德国联邦司法部网站有以下特点：

• 权威性。该网站为德国联邦司法部官方网站，所有法律文本均为正式文本。

• 全面性。几乎涵盖德国所有的法律、法规、条例等。还有英文文本。

• 免费使用。该网站为公开网站，登录方便，提供免费的下载阅读功能。

2. 德国联邦最高法院（Bundesgerichtshof, BGH）

网址：http://www.bundesgerichtshof.de/

联邦最高法院是德国普通法院系统的最高法院，也是德国民事和刑事案件的终审法院。联邦最高法院为德国五个联邦终审法院之一，另外四个是联邦最高劳工法院、联邦最高财政法院、联邦最高社会法院、联邦最高行政法院。联邦最高法院有12个民事审判庭，5个刑事审判庭，8个专门审判庭（包括土地经济审判庭、律师案件审判庭、公证案件审判庭、专利代理人案件审判庭、会计案件审判庭、税务顾问案件审判庭、卡特尔案件审判庭和政府公务员案件审判庭）。

检索途径：进入首页后，有几个栏目，分别是BGH的介绍、法官的介绍（Richter）、法院的判决（Entscheidungen）、图书馆（Bibliothek）、出版物（Press）等。左边一栏提供网站内的检索功能，找到Suche in den Seiten，输入想找的内容即可。该网站还提供英文和法文的版面。（见图7-1-7）

图7-1-7　德国联邦最高法院网站首页

3. 德国专利及商标局（Deutsches Patent-und Markenamt）

网址：http://www.dpma.de/

1949年，原德意志帝国专利局更名为德国专利局，总部设在慕尼黑，隶属于联邦司法部。两德合并后，1990年10月3日，前德意志民主共和国发明和专利事务局的工作职责并入德国专利局。1998年11月1日，德国专利局正式更名为德国专利商标局（DPMA），主要办公地点分别设在慕尼黑、耶拿（自1998年9月）和柏林（柏林技术信息中心）。

DPMA为德国联邦司法部管辖的联邦高级行政机构，是管理德国工业产权的中心，主要职能包括：(1)发明专利申请的受理、审查和授权；(2)实用新型、工业品外观设计、商标和集成电路布图设计申请的受理、审查和注册以及相关信息的公布；(3)代表政府对工业产权工作执行监督管理，对工业产权授权纠纷进行裁决。

目前，德国颁布的知识产权相关法规有《专利法》、《实用新型法》、《外观设计法》、《商标法》、《著作权法》、《半导体保护法》(保护客体为集成电路布图)和《植物新品种法》。

检索途径：进入德国专利及商标局网站主页面(见图7-1-8)，右上角为Suchbegriff，可以键入要检索的内容，左边第一栏为"DPMAregister"，进入后页面为"Amtliche Pulikations-und Registerdatenbank"，即为在德国专利及商标局注册的信息的数据库。首页上方分为几栏，以商标为例，选择栏目上的Marken，点击进入后是对商标注册的简介，也有申请书的PDF格式可供下载。网页左边分为几个栏目，分别有商标注册费用(Gebühren)、商标申请程序(Verfahren)、注册申请(Anmeldung)等信息的查询。Formulare und Merkblätter中有各种word和PDF格式的表格，供公众免费下载。关于专利等其他查询方法也参照以上介绍的步骤。

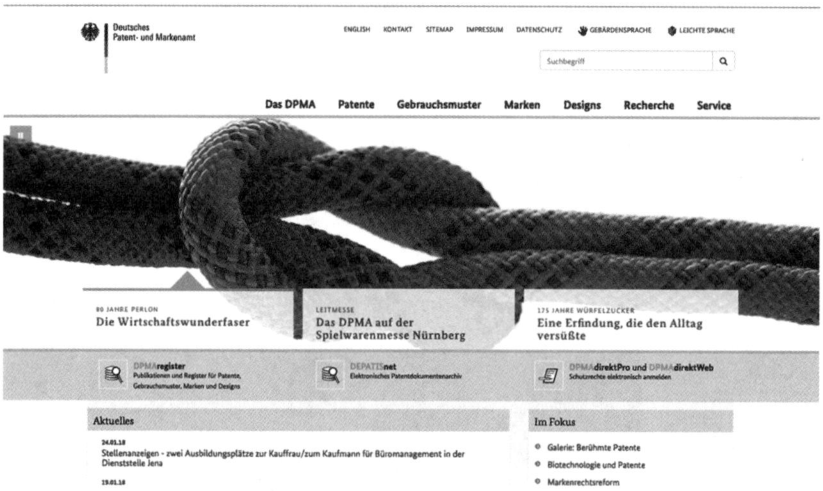

图7-1-8　德国联邦专利及商标局网站

4. 欧洲专利局(EPO)

网址：http://www.epo.org/

欧洲专利局正式成立于1972年，是一个根据《欧洲专利公约》成立的政府间组织，现有19个成员国，负责欧洲地区的专利审批工作。专利局设有5个总部一级机构，第一总部设在海牙，其余四个均设在慕尼黑。另在维也纳也设有专利信息中心。

欧洲专利局及专利局网站均采用德文、法文和英文三种语言。欧洲专利局是世界上最现代化的专利局之一，拥有世界上最完整的专利文献资料、先进的专利信息检索系统和专利审查、申诉及法律研究方面的文献资源。欧洲专利局网站采用检索和审查分开进行的程序。(见图7-1-9)

图7-1-9　欧洲专利局网站

5. 德国联邦宪法法院（BundesVerfassungsGericht）

网址：http://www.bundesverfassungsgericht.de/

德国联邦宪法法院（Bundesverfassungsgericht）是根据《德国基本法》特别设立的一个国家机关。它拥有一些像美国最高法院不具有的职权，因为它不属于普通法院系统的一部分，而是一个独立的司法机构。德国联邦宪法法院的主要任务是对德国国家机关的行为进行司法审查，若有违反宪法的行为则宣布其无效。

检索途径：进入首页后，点击“Entscheidungen”，进入网页即可查询德国联邦宪法法院作出的所有判决。本页还提供关键词检索的功能，可以按照判决作出的日期进行查询，非常清晰。点击某一个判决后即可获得正式判决文本，以供阅读。（见图7-1-10）

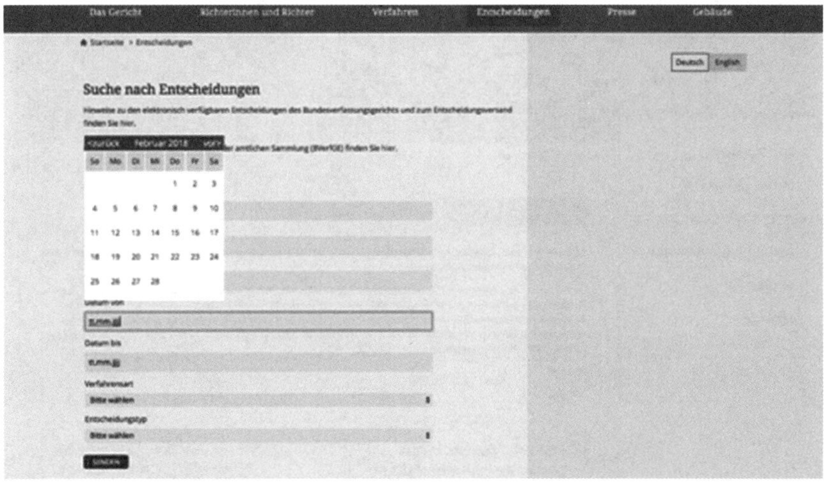

图7-1-10　德国联邦宪法法院网站

6. 德国联邦最高行政法院（Bundesverwaltungsgericht）

网址：http://www.bvger.ch/

德国联邦最高行政法院是德国五大终审法院中的其中一个，负责的案件主要是德国全国范围内的与行政法有关的诉讼案件，被告一方一般均为国家行政机关。当事人不服各州高等行政法院的判决，可以上诉至联邦最高行政法院。目前该法院位于德国的莱比锡市。本网站提供德语、法语和意大利语版本的资料。（见图7-1-11）

图7-1-11　德国联邦最高行政法院网站

7. 德国联邦最高财政法院（Bundesfinanzhof）

网址：http：//bundesfinanzhof.de/

德国联邦财政法院作为五大终审法院之一，分为两级，负责审理有关财政税收纠纷，以及关于海关方面的各种纠纷案件。该网站还提供由联邦财政法院历年审理的案件的判决书。（见图7-1-12）

图7-1-12　德国联邦最高财政法院网站

8. 德国联邦最高社会法院（Bundessozialgericht）

网址：http：//www.bsg.bund.de/

德国联邦社会法院系统也是德国六大法院系统的一个重要组成部分，社会法院分为三级。它主要受理一切有关社会保险、社会保障的案件。（见图7-1-13）

图7-1-13　德国联邦最高社会法院网站

9. 德国联邦劳动法院（Bundesarbeitsgericht）

网址：http：//www.bundesarbeitsgericht.de/

德国联邦劳动法院，又称德国联邦劳工法院，该法院系统分为三级，它受案范围比较广，主要负责审理劳资纠纷、工会与其成员之间的纠纷以及工人参加决定权的纠纷等。（见图7-1-14）

图7-1-14　德国联邦劳动法院网站

10. 德国联邦专利法院（Bundespatentgericht）

网址：http：//www.bundespatentgericht.de/cms/

德国为审理专利商标等知识产权案件而专门设立的德国联邦专利法院，由法官和专业技术人员组成合议庭审理与专利有关的案件。这种专门化的审判解决了传统的法官无法对专利技术问题作出司法认定的难题。该法院的网站以英、德两种语言为主，有众多专利方面的案例和判决可供查询。（见图7-1-15）

图7-1-15　德国联邦专利法院网站

（四）大学及其他网站

1. 柏林自由大学图书馆（Universitätbibilothek der Freie Universität Berlin）

网址：http://www.ub.fu-berlin.de/

柏林自由大学（FU）成立于1948年12月4日，迄今已有50年的历史，是德国首都最大的综合性大学，主校址位于柏林达雷姆（Berlin-Dahlem）。冷战期间，位于菩提树下大街的原柏林大学划归东柏林。为了追求学术自由，原柏林大学的部分师生出走，在西柏林成立了柏林自由大学，成为西德的学术重镇。（见图7-1-16）

图7-1-16　德国柏林自由大学图书馆首页

2. 柏林洪堡大学（Humboldt-Universität zu Berlin）

网址：http：//www.hu-berlin.de/

柏林洪堡大学是德国首都柏林最古老的大学，于1809年由普鲁士教育改革者及语言学家威廉·冯·洪堡及弟弟亚历山大·冯·洪堡（Alexander von Humboldt）创立，是第一所新式的大学，对于欧洲乃至全世界影响深远，被誉为“现代大学之母”。（见图7-1-17）

图7-1-17　德国柏林洪堡大学首页

3. 萨尔大学法律查询网（Juristisches Internetprojekt Saarbrücken）

网址：http：//www.jura.uni-saarland.de/

该网站是一个使用方便、内容齐全的网站。首页最上一栏有查询分类：选择PROJEKTE项下Gesetze im ePub-Format（epub格式的法律），进入页面后可以进行法律搜索，既可以选择在线浏览，也可以进行文本下载。（见图7-1-18）

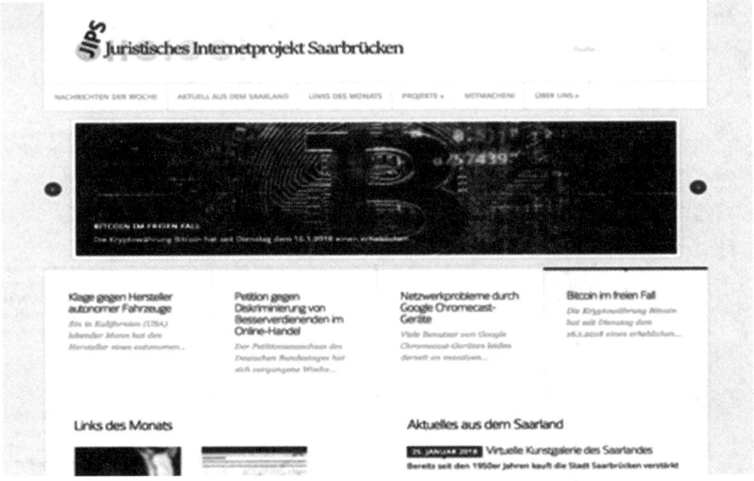

图7-1-18　萨尔大学法律查询网

4. Rudo德国法律查询网

网址：http：//www.rudo.de/

这是一个非常实用的网站，提供有英文版的德国商法、德国反垄断法、德国商标法、德国能源法、

德国著作权法等，可供非德语国家的法律工作者查询有关德国法律。（见图7-1-19）

图7-1-19　Rudo德国法律查询网

5. Strömer Rechtsanwälte（律师事务所法律汇编网）

网址：http：//www.netlaw.de/index.php/aktuelles/aktuelle-gesetze

Strömer Rechtsanwälte律师事务所法律汇编网是一个内容丰富又十分实用的网页。虽然内容都是非官方的文本，但是用户可以查询到齐全的德国法律法规。（见图7-1-20）

图7-1-20　Strömer　Rechtsanwälte律师事务所法律汇编网

第二节 法国法律检索

一、法国的法律体系

法国是典型的大陆法系国家，有成文的法律法规，其法律渊源包括国际法、欧盟法、国内规范（宪法、法律、法规或判例）、地方规范（市政决议）以及合同规范（公民间达成的协议、集体协议等行业协议）。

早期法国（高卢王朝时代前）没有统一的法律规范，一些规范受罗马法、习惯法以及教会法的影响。直到法国革命以及法兰西第一帝国期间，才开始逐步实施权力分散，形成立法机构立法、法官实施法律的机制。

1804年，拿破仑一世组织制定民法典，拉开了法国法典化的序幕。民法典的编纂综合了法国南北方不同的司法特点，使其成为介于成文法和习惯法之间的法律文本，同时体现了法国传统的社会统治意志与启发法国革命的个人主义哲学的结合。值得注意的是，民法典的编纂避免了繁复的细节，注重法律原则的表述并且在撰写时讲求语言表达的清晰和简洁。这种表述对大众理解法律十分有利。

法兰西共和国现行宪法于1958年10月4日颁布。任何其他法律都从属于宪法。国家的一切法律都由议会通过。法国议会由国民议会和参议院组成，其中国民议会有议员577人，由直接普选产生，任期5年；参议院共有321名议员，由选举团间接选举产生，任期9年，每3年改选三分之一。共和国总统为军队的最高统帅，由选举产生，负责保证民族独立、领土完整以及条约和共同体协定的遵守。总理由共和国总统任命，总理负责管理国家日常事务，主持内阁会议。

二、法国的司法体系

法国司法体系实行“双轨制”，分为普通法院系统和行政法院系统。整个法院系统的主要区别在于分工不同：普通法院负责审理民事、刑事以及其他专门领域的法律纠纷；行政法院则负责审理行政当局使用公共权力时与被治理的公民之间发生的诉讼。“双轨制”的主要目的和意义在于防范司法权与制定法和行政管理之间的重叠和互相干预，真正实现行政权与司法权的分离。（见图7-2-1）

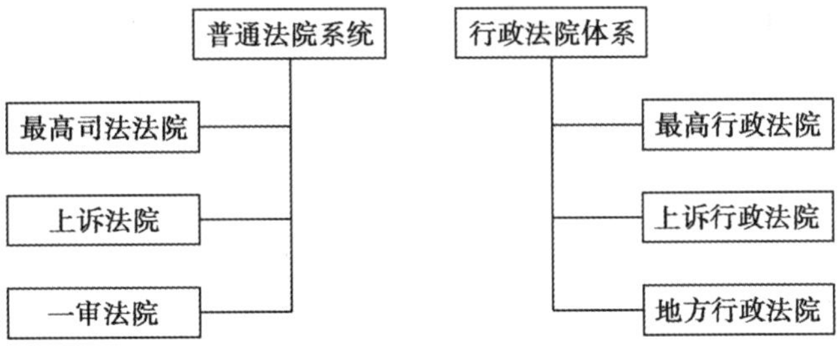

图7-2-1 法国的司法体系

（一）法国的普通法院体系

法国的普通法院分为三级，分别是一审法院、上诉法院和最高司法法院。

1.一审法院

法国一审法院分为刑事一审法院和民商事一审法院，以及处理特殊纠纷的专门法院。刑事一审法院（Tribunaux correctionnels）包括违警法院（Tribunaux de police）、轻罪法院（Le tribunal correctionnel）和重罪法院（Cours d' assise）；民商事一审法院包括大审法院（Tribunaux de grande instance）和小审法院（Le tribunal d' instance）；审理特殊纠纷的专门法院包括商事法院（Tribunaux de commerce）、劳动法院（conseils de prud' hommes）、社会保障法院（Tribunaux des affaires de sécurité sociale）和农事租赁法院（Tribunaux paritaires des baux ruraux）。

2. 上诉法院（la cour d' appel）

上诉法院是审理民事和刑事上诉案件的主要审判机构，除大审法院行使部分上诉审判职能外，一般上诉案件的审理均由上诉法院承担。

3. 最高司法法院（La Cour de cassation）

法国最高司法法院是法院组织系统中的最高一级，负责指导和监督各级审判机关，它有权管辖全国各级法院的各类案件。最高司法法院的作用是审核第一级和第二级审判机关作出的判决是否符合法律的要求。

（二）法国的行政法院体系

法国的行政法院组织主要包括最高行政法院、上诉行政法院和地方行政法院。

1. 最高行政法院（Le Conseil d' Etat）

最高行政法院的职权包括咨询、审判、裁决行政法院系统内部管辖权以及指导下级行政法院的工作。最高行政法院的组织分为两个主要部门，即行政组和诉讼组。行政组的任务是向政府提供咨询意见，诉讼组的任务是行政审判。最高行政法院的审判职权有三种：初审管辖权、上诉审管辖权和复核审管辖权。

2. 上诉行政法院（Les tribunaux administratifs）

法国的上诉行政法院于1987年在行政诉讼制度改革中创设。上诉行政法院依据法律规定受理不服地方行政法庭裁决的上诉案件。上诉行政法院的法官，必须具备至少是地方行政法庭一级法官的资格，而且还需要有6年的工作经验，其中4年必须是从事审判工作。

3. 地方行政法院（Les cours administratives d' appel）

地方行政法院被称为行政法庭，其职权主要有两项：审判和咨询。

（三）法国的特殊职能法院

除了上述法院之外，还有一些特殊职能的法院（les juridictions exterieures aux deux ordres）：

1. 权限争议法院（Le Tribunal des conflits）就普通法院与行政法院的管辖权冲突作出裁决。

2. 宪法委员会（Le Conseil Constitutionnel）负责审查法律是否符合宪法性规范。

三、法国的法律文献检索

在进行有关法国法研究时，可以通过以下途径检索到法国法律。

（一）官方网络资源

1. Legifrance

网址：http://www.legifrance.gouv.fr/

Legifrance是法国政府发布法律信息的官方网站。根据2002年8月7日颁布的“有关法律信息网上传播公共服务的第2002-1064号法令”，Legifrance的宗旨是免费为公众提供法律数据，方便公民、民选官员以及企业更了解自己的权利和义务。网站以法语为主要工作语言，同时提供包括英语、中文、西班牙语等语种在内的翻译文件。（见图7-2-2）

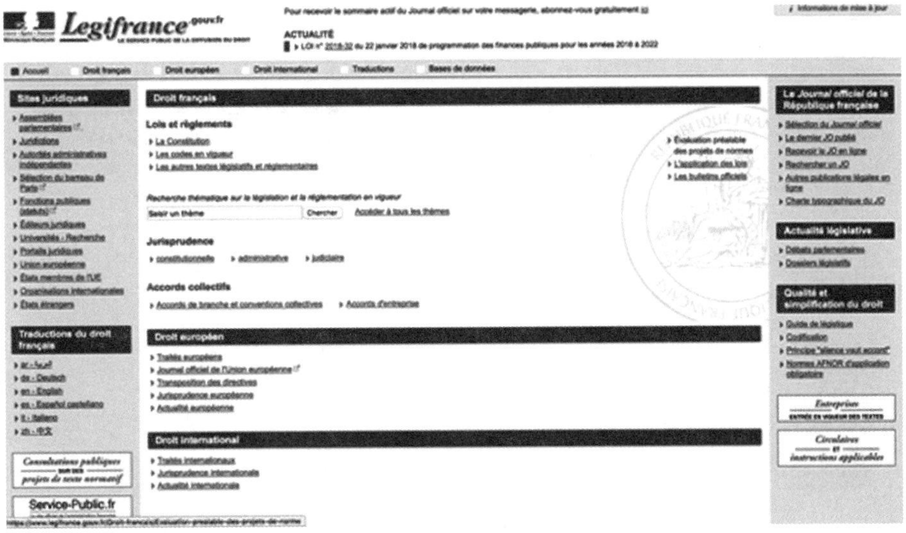

图7-2-2　Legifrance官方网站

该网站提供的法律资源包括：

（1）规范性文件及其修改内容（Lois et règlements）：

① 宪法、法典、法律以及国家机构作出的规范性文件；

② 经有关条例决定推广的全国性集体协议。

（2）基于法国在国际上承诺所采取的措施（Droit international&Droit européen）：

① 法国加入的条约与协定；

② 欧盟当局作出的指令和条例。

（3）判例（Jurisprudence）：

① 宪法委员会、国家行政法院、最高法院和权限争议法院的决定和判决；

② 国家审计院的决定；

③ 其他普通法院和行政法院的判决选录；

④ 欧洲人权法院和欧洲人权委员会的判决和决定；

⑤ 欧共体法院和欧共体初审法院的决定。

（4）官方出版物（Le Journal officiel de la République française）：

① 法兰西共和国官方公报法律法规版；

② 各部委公报；

③ 欧洲共同体官方公报。

在法国法律Droit français栏目中，可以查询到法国法律的最新动态（Actualité）、法律实践（L' application des lois）、各部委的信息（Les bulletins officiels des ministères）、法律汇编等信息（Codification）、与宪法有关的决议以及条例（La Constitution），以及部分重要的官方公告（La sélection du Journal officiel de la République française）等。（见图7-2-3）

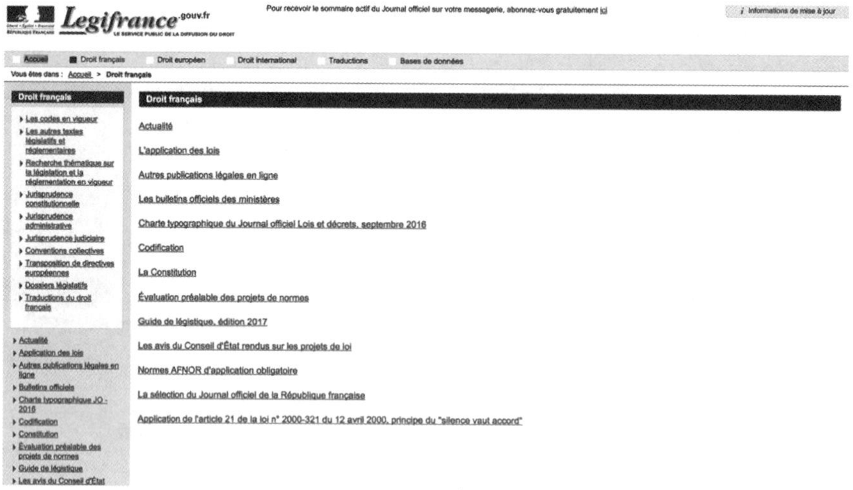

图7-2-3　法国法律Droit　français查询页面

值得注意的是，法国法律Droit français网页右侧的导航栏，是重要的法律资源查询入口。它们是：

• 成文法典查询Les codes en vigueur；

• 其他立法文件和法规查询Les autres textes législatifs et réglementaires；

• 按照不同领域查询法规Recherche thématique sur la législation et la réglementation en vigueur；

• 查询宪法有关的判例Jurisprudence constitutionnelle；

• 查询行政法相关判例Jurisprudence administrative；

• 查询普通法相关判例Jurisprudence judiciaire；

• 查询集体协议Conventions collectives；

• 欧盟指令查询Transposition de directives européennes；

• 立法资源查询Dossiers législatifs；

• 法国法律翻译Traductions du droit français。

在翻译（Traductions）栏目中，网站提供官方的翻译文件，其中以英语资料最为全面。中文用户点击中文即可获得相关资料，网站同时提供其他提供中文资料的网站链接。（见图7-2-4）

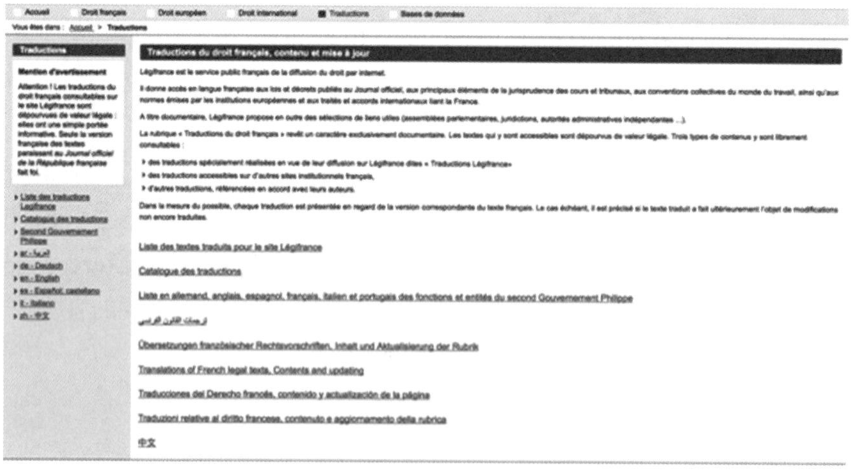

图7-2-4　Legifrance网站官方翻译文件

另外，legifrance网站同时也是重要的法律数据库的入口，用户可点击数据库（Bases de données）栏目进入。这些免费数据库包括：

LEGI 数据库（https://www.legifrance.gouv.fr/initRechExpTexteCode.do），包括所有法典、法令以及各项法规；

JORF数据库（https://www.legifrance.gouv.fr/initRechExpTexteJorf.do），包括所有官方公告；

KALI数据库（https://www.legifrance.gouv.fr/initRechExpConvColl.do），包括所有集体协议；①

CONSTIT数据库（https://www.legifrance.gouv.fr/initRechExpJuriConst.do），包括所有宪法委员会决议；

CNIL（the National Commission for Information Technology and Civil Liberties）数据库（https://www.legifrance.gouv.fr/initRechExpCnil.do），包括国家信息科技和民权委员会的审议结果。

2. 最高行政法院

网址：http://www.conseil-etat.fr/fr/；中文网站：http://www.conseil-etat.fr/zh/

法国最高行政法院建立于1790年法国大革命期间。目前，该法院拥有将近85名法官，40名助理法官，设有6个法庭。最高行政法院是政府在准备法律、法令和某些政令草案时的顾问，要在政府就法律问题征求意见时作出答复。此外，它还要根据政府的要求，或者主动地对任何行政问题或涉及某项公共政策的问题进行研究。

最高行政法院同时是最高行政审判机关，它有权对政府、地方行政机关、独立权力机构和公共行政机构或具有公共权力特权的机构的活动进行最终判决。凭借其在司法和咨询方面的双重职能，最高行政法院的职责在于确保法国政府部门切实服从法律。（见图7-2-5）

图7-2-5　法国最高行政法院网站

该网站所提供的检索内容，将为研究人员研究法国行政法历史沿革和最新发展提供最有价值的信息：

① 集体协议是指工会和企业主联合会经谈判，就当时的协议工资、薪金、工作时间、假期及其他劳动条件所达成的协议。

（1）新闻动态（Actualité）；

（2）合宪性先决问题（Question prioritaire de constitutionnalité）；

（3）最高行政法院决议、意见以及公开出版物（Décisions, avis et publications）；

（4）1999年以来最高行政法院公开说明的部分决议（Sélection de décisions du Conseil d' État faisant l' objet d' un communiqué de presse depuis 1999）；

（5）最高行政法院决议的介绍（Présentation des grands arrêts）；

（6）最高行政法院重要决议（Les grands avis）。

在最高行政法院的研究报告（Etudes&publications）栏目中，用户可以下载自1998年以来最高行政法院就大众问题的研究报告（Rapports publics du Conseil d' État et études de caractère général publiées depuis 1998）。用户亦可在线阅读1873年至今最高行政法院所有裁决的摘要和判例分析。与此同时，用户还可以在线订购2006～2008年最高行政法院完整判例集。

3.最高司法法院

网址：http：//www.courdecassation.fr/

法国最高司法法院设有6个法庭，除了民事法庭（民事一庭、民事二庭、民事三庭）之外，法院还增设了商事财经法庭、社会法庭以及刑事法庭。每个法庭设庭长一名。法国最高司法法院的人员设置由首席院长、各庭庭长、法官、助理法官组成。（见图7-2-6）

图7-2-6　法国最高司法法院网站

用户在该网站上可以查询1992年以后所有最高司法法庭意见Avis de la Cour（审结的判例），查询者可根据标题或者年份查询，所查询结果都可以在线打印。

最高司法法院1995年至2005年的信息公告 BICC（Bulletin d' information de la Cour de cassation）只提供html版本，2006年以后的信息公告提供PDF版本下载。

最高司法法院1997年至2002年的年报（Rapports）仅提供html版本，2003年至2011年的年报在html

版本外同时提供PDF版本。

同时，该院拥有图书馆，可以查询1950年前的古籍。用户可以入馆查询，也可通过互联网检索。网站同时提供中文版的判决书下载：http：//www.courdecassation.fr/documents_traduits_2850/20013_25991_2853/_17844.html/。

4.权限争议法院

网址：http：//www.tribunal-conflits.fr/

该法院根据1848年宪法规定，于1849年成立。其主要功能是审理涉及民事和行政管辖权冲突的案件，避免在两套体系中得出相悖的法律结论。该法院共由8位法官组成，每3年更换一次，其中4位来自最高行政法院，4位来自最高法院。

在“组织机构”（organisation）栏目，用户可以了解权限争议法院的判决形式。

在“判决”（décisions）栏目，用户可以检索2009年至今的所有法院判决（有的还有总结和分析），用户可以按照年限查询，查询结果可以在线阅读、直接打印或者通过html格式保存。

在“权限争议法院网站年度报告”（rapports annuels）一栏，用户可以查询到2005年至今的报告并可以在线打印。

1873年至今法国历史上的几个重大裁决（quelques grands arrêts），用户可将查询结果以html格式保存或者在线打印。该网站仅提供法语文件。图7-2-7为查询判决所在的页面：

图7-2-7　法国权限争议法院网站

5.德克萨斯大学奥斯汀分校法学院

网址：http：//www.utexas.edu/law/academics/centers/transnational/work_new/

该网站免费向用户提供在线浏览英译版的政策法规，判例等，内容包括宪法委员会决议、最高行政法院判例、最高法院判例和商法判例。翻译资料都经过了系统梳理，为研究法国法提供丰富的资料。（见图7-2-8）

图7-2-8　德克萨斯大学奥斯汀分校法学院网站

6.法国司法部

网址：http：//www.justice.gouv.fr/

法国司法部（Ministère de la Justice）网站不仅详细解释了法国司法部的职责以及运作方式，同时也介绍法国司法发展简史等，为法国公民、法律界人士以及法律爱好者提供前沿而实用的信息。用户在网站上可以搜索官方的公告、司法部统计资料以及司法部在不同领域内的研究报告（Les rapports thématiques de la Justice）。同时，对于欧洲司法和国际法最新发展，特别是比较法（Etudes de droit comparé）方面亦有涉猎。（见图7-2-9）

图7-2-9　法国司法部网站

7.法国国家工业产权研究院

网址：http：//www.inpi.fr/fr/services-et-prestations.html/

法国国家工业产权研究院（Institut national de la propriété industrielle）是负责法国有关工业产权申请、受理以及办理权利变更的公共机构。网站实现了对工业产权知识的普及以及公共服务功能。该网站提供免费的工业产权数据检索功能，免费数据库有：商标（Base Marques）、授权专利（Base Brevets-FR Esp@cenet）、外观设计型（Base Dessins et modèles）、工业产权判例数据库（Base

Jurisprudence)、地理标志查询（Base Indications géographiques）、19世纪专利（Brevets du 19è siècle）。（见图7-2-10）

图7-2-10　法国国家工业产权研究院网站

（二）出版物

1. Dalloz出版社

网址：http://www.dalloz.fr/

Dalloz出版社是法国重要的法学出版社，其出版物包括法典（codes）、法学期刊（revues）、法律百科全书汇编等（répertoires de l' Encyclopédie），涉及的领域有：行政法、民法、商法、劳动法、不动产法以及刑法。

除了出版物之外，该出版社还有两个电子平台：第一个是Dollar时事平台（Dalloz actualité），提供有关立法和判例的最新动态，用户可以在线阅读或者打印，同时也可选择订购方式；第二个是Dalloz判例平台（Dalloz jurisprudence），共收集了超过60万个判决。这两个平台的出版物可谓是法理学和判例学结合的典范。图7-2-11为判例搜索平台界面：

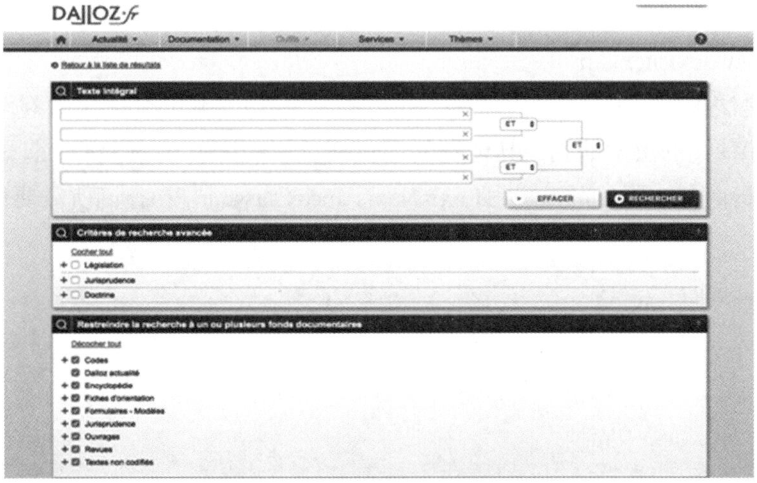

图7-2-11　Dalloz出版社网站

用户搜索判例时可以依据不同的管辖法院（Juridiction）、所在城市（Ville）、所在的法庭（Chambre）、判决号（N° de décision）以及时间（Date）等详细信息搜索，但是网上数据库功能需要付费使用。

2. EFL出版社

网址：http://www.efl.fr/

EFL（Les Éditions Francis Lefebvre）是法国著名的法学出版社，主要领域涉及税法、社会法、公司法，财务管理、不动产法等。最著名的出版物为Mémentos系列的法律实务手册，内容涉及上述具体每个部门法的难点解析和实务操作。

此外，该出版社有四个在线数据平台，它们分别是Navis、Mémentis、Practis、Thèmexpress，提供从在线资料查询到交互式问答的不同法律解决方案。在线数据库的服务需要付费开通。（见图7-2-12）

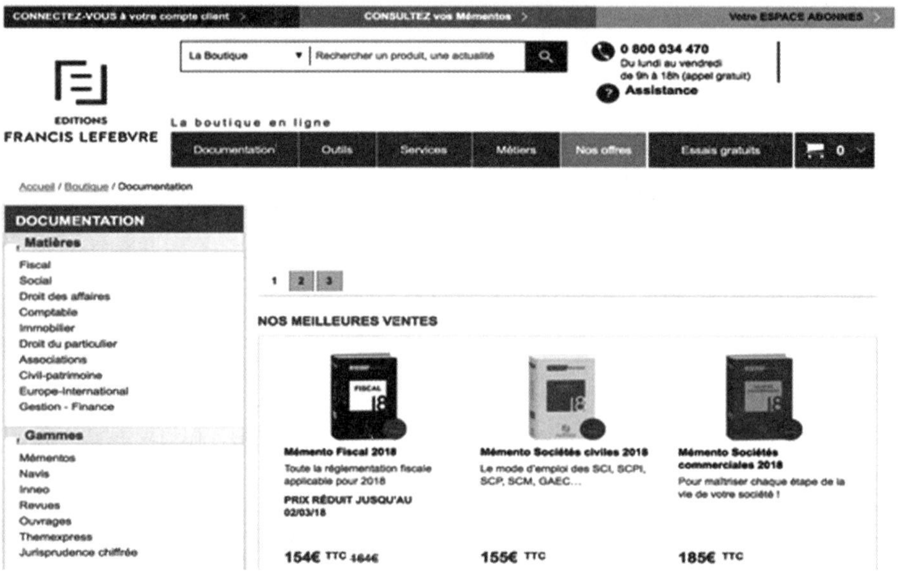

图7-2-12　EFL出版社网站

（三）商业数据库

1. LexisNexis

网址：http://www.lexisnexis.fr/

LexisNexis® 是法国比较成熟的商业数据库，数据库中有1214000余件司法判例，有150000余种法律文献以及超过130种类的法学期刊。其他资料还包括：法律法规、专利资料、期刊论文及专著、新闻以及各部门法实务指南等。用户可以经由LexisNexis JurisClasseur Pro查询所需要的资料。图7-2-13为资料搜索入口：

图7-2-13　LexisNexis商业数据库

2. Lextenso（网址：http://www.lextenso.fr/）

Lextenso数据库基于两个数据平台：base revues和base jurisprudence，前者包含23种期刊（见下文），后者则以法理学（Jurisprudence）为主，提供检索接口功能，以便用户查阅超过60万个判决（décision）全文。涉及的领域包括宪法、普通法、行政法等。搜索页面见图7-2-14：

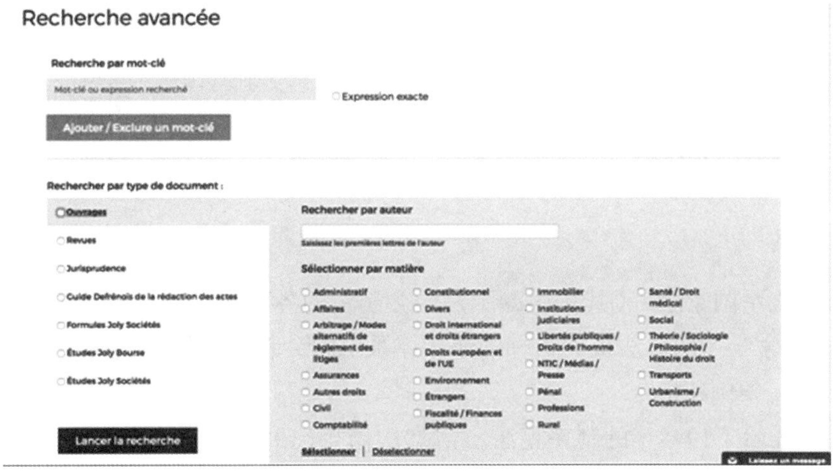

图7-2-14　Lextenso数据库搜索页面

网站包括的法学期刊（revues）有：

Bulletin Joly Bourse；

Bulletin Joly Entreprises en Difficulté；

Bulletin Joly Sociétés；

Cahiers de l' arbitrage;

Defrénois;

Flash Defrénois;

Gazette du Palais;

L' ESSENTIEL Droit de la distribution et de la concurrence;

L' ESSENTIEL Droit bancaire;

L' ESSENTIEL Droit de l' immobilier et urbanisme;

L' ESSENTIEL Droit de la famille et des personnes;

L' ESSENTIEL Droit de la propriété intellectuelle;

L' ESSENTIEL Droit des assurances;

L' ESSENTIEL Droit des contrats;

L' ESSENTIEL Droit des entreprises en difficulté;

L' ESSENTIEL Droits africains des affaires;

Les Cahiers Sociaux;

Les nouveaux Cahiers du Conseil constitutionnel;

Petites affiches;

Revue des contrats;

Revue du droit public;

Revue française de finances publiques;

Revue générale du droit des assurances。

用户可以输入关键字、出版日期、作者等信息进行检索查询。

第三节　韩国法律检索

一、韩国的法律体系

韩国作为大陆法系国家之一，其法律渊源是国会制定的各种成文法。韩国的现行宪法是1987年宪法，规定国会是国家唯一的立法机关。韩国法律体系由国会制定的各种成文法构成，除了国内法之外，还包括国际条约、条例和指令。

韩国的宪政史开始于1948年的制宪宪法，经过9次修宪，1987年6月，国民通过"6月民主抗争"提出以总统直选制、切实扩大并强化基本权利等为主要内容的改宪要求，10月27日，宪法修改案通过了国民投票，并于29日颁布实施。在1987年宪法出台的同时，韩国引入了目前的宪法裁判所制度。宪法裁判所负责违宪法律审判、弹劾审判、政党解散审判、权限争议审判和宪法诉愿审判。特别是首次引入了宪法诉愿审判制度，如果因国家权力的作为或不作为而侵害了国民的基本权利，国民就可以直接请求宪法裁判所将此情况消除，这在韩国的宪法审判史上具有十分重要的意义。韩国目前的宪法裁判所于1988年9月成立，由9名审判官组成。

韩国国会目前采用以小选区为主、比例代表制为辅的小选区制与比例代表制相结合的选举制度。选区分为地域区和全国区两种。前者采用小选区制，将全国划分为若干个选区，每个选区由选民直接投票选出1名国会议员；后者采用比例代表制，在地域区选举结束后，由中央选举管理委员会按照各政党在地域区选举中的得票率，按比例将部分议员名额分配给当选议员超过5人的政党。

二、韩国的司法体系

韩国的司法机构是行使司法权的国家机关。韩国的司法机构由法院和宪法机关组成。韩国的法院体系由各级法院和特殊法院组成。法院共分三级，即大法院、高等法院和地方法院。此外还有特殊法院，即专利法院、家庭法院、行政法院。（见图7－3－1）大法院是韩国最高司法机关，审理下级法院和军事法庭所作出的裁决的上诉案件。大法院长由总统任命，但须经国会同意。大法院的其他法官由大法院长推荐，经过国会同意并由总统任命。大法院长任期为6年，不得连任，年满70岁必须退位。大法院的其他法官的任期也为6年，根据法律规定，任期届满可被重新任命，但年满65岁必须退位。

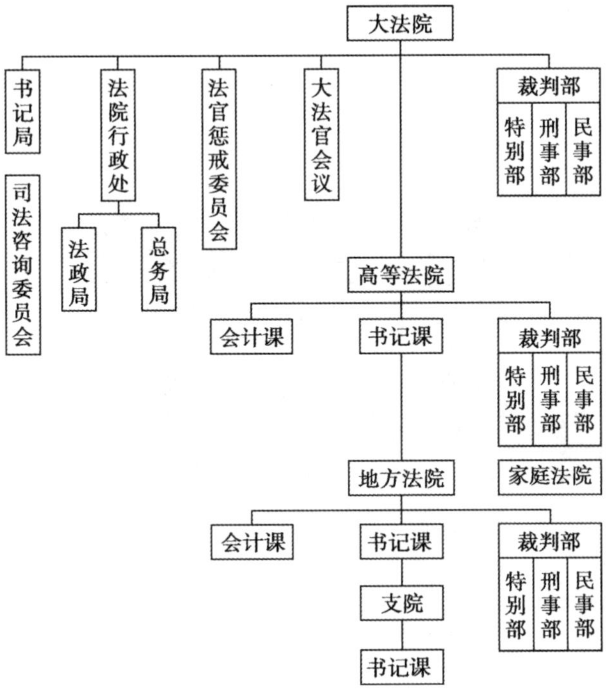

图7－3－1　韩国法院体系

三、韩国的法律文献检索

韩国网络法律信息资源的建设，不仅对本国公众随时获取法律信息和援助提供了便利，也为研究和学习韩国法律的人提供了丰富全面的法律信息检索源，特别是在国外，韩国法律文献实体资源较缺乏，且翻译和更新较困难，使用韩国的法律文献检索系统无疑是最快最权威地获取原始法律文献和二次法律文献的方式。

韩国的网络法律信息资源主要来自于政府官方网站和政府建设的免费数据库。韩国倡导“信息服务”的理念，所以除了政务信息公开的目的，也更多是为公众提供免费的政法信息服务，并多年来一直重视和加强这方面的建设。早在十多年前，韩国政府网站的韩、英两种文字界面，各自所包含的法律内容差别较大。英文页面主要以机构设置、职能、新闻公告、工作报告、政策介绍等栏目为主，所提供的无论英韩哪个语种的法律原始文献都比较少，韩文页面所含法律信息则比较丰富，但这对于有语言障碍的非本国研究者而言价值有限。近几年来，韩国官方网站在不断改善中，也越来越多地提供了英韩双语的法律原始文献和二次文献，以及可直接进行英文检索的数据库。

（一）官方网络资源

1.大韩民国国会

网址：http：//www.assembly.go.kr/

在国会网页中有国会情报系统（数据库），其中包含九个子库：立法综合信息检索库、法律知识信息库、预算决算信息库、国政监查信息库、议案信息库、会议记录库、网络议事转播、视频会议记录、多媒体资料馆。其中，立法综合信息检索库支持用户通过综合检索或者日期检索等方式对立法信息进行查询。法律知识信息库则支持用户进行法律知识检索、废止法律检索、最新制定和改正法律检索、法律相关信息检索、立法过程概况检索。另外，可以通过输入关键字进行详细的法令和判例检索。（见图7-3-2）

图7-3-2

2.大法院

网址：http：//www.scourt.go.kr/

在韩国大法院的韩文版网页，用户可以通过检索窗口进行案件的检索，可按案件年份、编号或当事人姓名检索到1985年至今的案件。（见图7-3-3）在司法统计菜单中有法院统计月报、司法年鉴和法院统计月报。以上资料均可免费下载。在韩国大法院的英文版网页，有韩国宪法英译本、各类案件的司法程序规则英译本。文件可以复制或免费下载（DOC或PDF格式）。

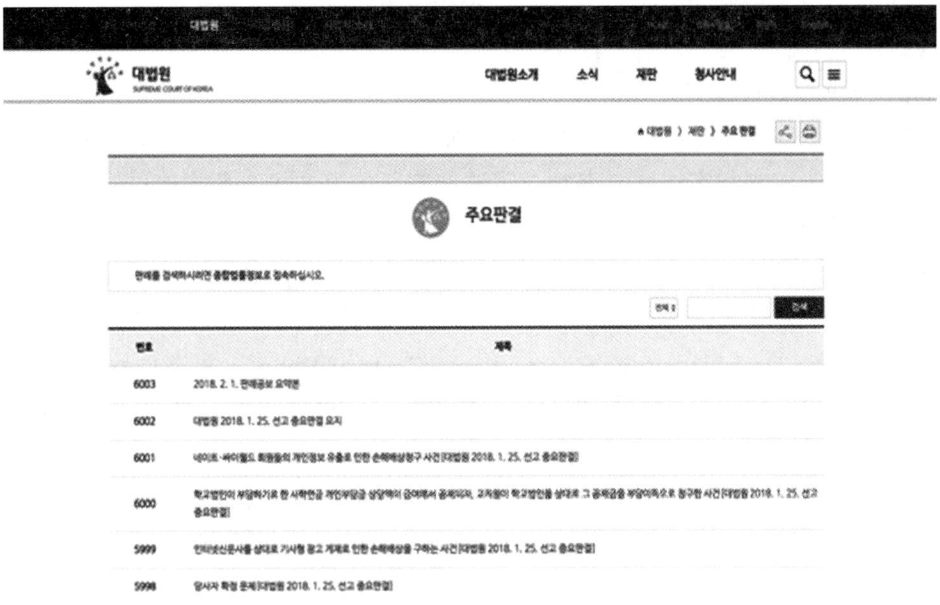

图7-3-3　韩国大法院判例

3.大检察厅

网址：http：//www.spo.go.kr

韩国的检察机关附属于行政系统。在国家行政组织结构中，设有外交部、国防部、法务部等13个部，其中的法务部以其外厅的形式设立了大检察厅。在大检察厅韩文版主页中，可以检索到1990年至今的检察报告文本、2000年至今的各类犯罪统计、2003年至今的刑事犯罪动向以及一些研究资料。以上资料可以通过综合检索获取并免费下载。

4.法务部

网址：http：//www.moj.go.kr

韩国的法务部是国家行政机关之一，相当于各国的司法部，部门首长称法务部长官，同时被任命为国务委员。法务部的主要职责是：监察，保护处分与保安观察处分的管理与执行，行刑，未成年人的保护，刑满人员的保护，国家保安司法的报道，人权保护，公证，诉讼业务，国籍的脱离与恢复，归化，司法考试以及军队法务官任用考试。法务部网页中的主要法律资源为法律文本，包含五大类（民事、国际、行政、商事、刑事）共40部法律的英文原文，提供PDF版本免费下载，另外有一些相关法律、规则、立法预告、法令修改等信息。该网页没有综合检索功能，只有通过菜单目录式查找才能获取需要的法律信息。

5.法制处

网址：http：//www.moleg.go.kr/

法制处是韩国国家行政机构之一，1962年12月26日至今隶属于总理室。它有两方面职能：立法与行政复议。立法职能包括：政府立法活动的调整，法律法规等的起草与审定，法律法规的有权解释，法律法规的宣传，地方政府及自治团体的法制指导工作等相关事宜。行政复议职能包括：通过国务总理行政审查委员会，行使对案件的审理、议决等方面的行政复议工作。该网站中的主要法律资源有：720部英文版法律法规（只提供HWP格式下载）、朝鲜法制研究资料、政策研究资料、法制处最新报道等。

6. 宪法裁判所

网址：http://www.ccourt.go.kr/

宪法裁判所于1988年9月成立，由9名审判官组成。宪法裁判所负责违宪法律审判、弹劾审判、政党解散审判、权限争议审判和宪法诉愿审判。宪法裁判所的韩文主页所提供的法律资源较为丰富细致，以数据库和电子出版物为特色。在判例资源中有一个判例数据库，该库收录全面，检索方便，通过英文亦可以完成检索。电子出版物分两大类：一类是判例资源，如判例公报和判例摘要文本；另一类是法律出版物，其中连续出版物有《宪法判例集》、《宪法论丛》、《宪法裁判研究》、《宪法裁判所审判释义集》、《公报》和 “Decisions of the Constitutional Court of Korea”，另有11种单行本。此外，该网页还提供审判统计数据。以上电子出版物和统计数据均可以免费下载。其英文主页的法律信息，同样以判例和电子出版物为主要内容。判例相关内容有：469例主要审判，12例在社会整合方面的典型案例，25例以漫画形式呈现的里程碑式的案例，1988年至今的中英文版本的审判统计并且可以通过关键字、年份、编号等信息检索判例。电子出版物主要是宪法裁判所相关的一些书和年鉴。以上资料可以在该网站免费下载获得。（见图7-3-4）

图7-3-4　宪法裁判所

7. 韩国商事仲裁院

网址：http://www.kcab.or.kr/

韩国商事仲裁院成立于1966年3月，旨在迅速公平地解决国内商事纠纷，是韩国唯一的常设仲裁机构。其集合了法律界、学术界、企业界等各界人士（包括外国人），具有10年以上经验的仲裁人员队伍，解决在商事各领域发生的纠纷。其业务不局限于仲裁，还通过磋商来预防纠纷的发生，并且帮助当事人圆满解决纠纷。韩国商事仲裁院的标准仲裁条款如下：由于合同、合同关联或合同不履行的原因而在当事人之间发生的一切纠纷、争论、意见差异，应提请位于大韩民国首尔市的大韩商事仲裁院，依据该仲裁院的仲裁规则和大韩民国法律最终予以解决。仲裁员（们）作出的仲裁为最终裁定，对双方当事人均有约束力。在主页上，除了可以查询仲裁规则、协定、程序、贸易纷争调解等文本外，还有一些比较有价值的法律资源，如各类合约书范本、仲裁判定事例、仲裁法规（仲裁法、商事仲裁法、国际仲裁法等）、论文、损害赔偿等。以上资料均可免费下载。（见图7-3-5）

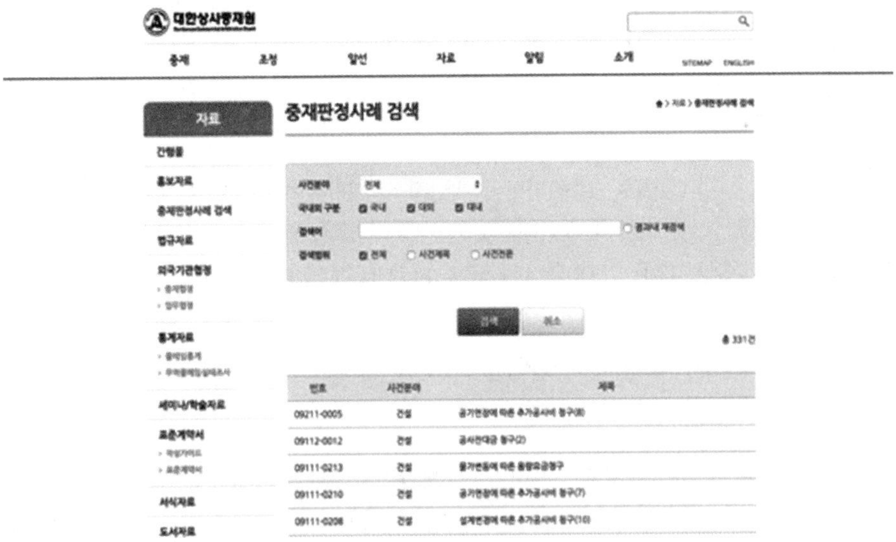

图7-3-5　韩国商事仲裁裁定案例

8. 监察院

网址：http://www.bai.go.kr/

该网站的主要法律资源包含：监察院相关法律文本、六大类监查标准书、监察院出版物文本（季刊、年报、白皮书等）和研究报告书文本（论文集等）。以上资料均可免费下载，但只能通过菜单目录式查找，无法通过检索获得。

9. 金融监督院

网址：http://www.fss.or.kr/

该网站的韩文主页上，用户可检索到的主要法律资源有：金融监督法规（共通、银行、投资、保险等）、1979年至今的金融监督判例、母法基准、业务材料（共通、投资、银行、保险、非银行、会计等）以及电子报告书、统计文本等。以上内容均可以免费下载获得文本。在金融监督院的英文主页上，可以获得一些英文的资料，如1998年至今的金融监督院发文、2000年至今的金融监督院周报、5份电子出版物以及一些相关的金融法律法规。金融监督院网站内容丰富详细，以上资料提供英文全文免费下载。

10. 特许厅

网址：http://www.kipo.go.kr/

特许厅是韩国行政机构中18个厅之一，相当于其他国家的专利局。其韩文版主页以法律文本、电子出版物、统计数据三大类内容为主要法律资源。法律文本中包含商业产权文案和国际条约；电子出版物内容颇为丰富，包含2003年至今的双月刊《知识产权》、政策、研究报告书、白皮书、审查基准文本以及22本相关电子书；统计数据包含知识产权统计（申请、审查、登记、审判）、2001年至今的知识产权统计电子期刊和国内、国际知识产权动向。以上资料均可免费下载。特许厅英文版主页提供有关专利申请步骤的资料、法律法规文本和电子版年鉴。以上英文资料提供全文免费下载。

11. 雇佣劳动部

网址：http：//www.moel.go.kr/

雇佣劳动部是韩国国家行政机关之一，部门首长称劳动部长官，同时被任命为国务委员。该部门韩文主页上的主要法律资源有政策文本（白皮书、刊物、研究报告书等）和12大类政策。信息可以通过综合检索或分类检索获取，以上资料均可免费下载。用户在英文主页上可以查询到劳动雇佣相关法律全文和劳务调查统计报告，并且英译版全文（PDF格式）提供免费下载。

（二）出版物

大韩民国电子官报（网址：http：//gwanbo.mois.go.kr/main.do）由内务部出版发行，主要刊载新颁法律法规、公告通告、总统令、条约、规章、预算、公共奖章和有关国会、各级法院、选举、地方政府、人事任免等方面的信息。该网站提供2000年4月至今的政府每日官报文本。这些官报文本不仅可以通过综合检索或分类检索获取，还提供多格式免费下载。（见图7-3-6）另一处官报网站（http：//contents.archives.go.kr/next/gazette/viewMain.do）为1910年至2000年政府每日官报数据库。该网站支持综合检索或按日期检索，但只提供阅览，无法全文下载。

图7-3-6　大韩民国政府官报

（三）数据库

1. 国家法律信息中心数据库

网址：http：//www.law.go.kr/

该数据库由法制处开发，用户无需注册即可免费使用。该数据库内容丰富全面，包含有法律条文、行政法规、自治规则、条约、判例、现行审决例、释义例等官方文本，并且提供多种下载格式。用户可以通过综合检索或分类检索获取材料。（见图7-3-7）

图7-3-7　韩国法律信息中心数据库

2.判例数据库

网址：http：//search.ccourt.go.kr/ths/pr/ths_pr0101_L1.do

该数据库属于韩国宪法裁判所，可以从宪法裁判所的主页进入。用户可通过韩文或英文关键字检索到判例、判例摘要集、发行文献、英文判例等，以上内容或文书均可免费下载，下载格式大部分仅限于HWP格式，但是可以打印或复制。（见图7-3-8）

图7-3-8　宪法裁判所判例数据库

3.韩国法令英文数据库

网址：http：//elaw.klri.re.kr/

该数据库属于韩国法制研究院，是可以全面检索到韩国法律英文文本的网站。本数据库在注册后方可使用，且检索免费。用户可以通过输入英文或韩文的关键字进行综合检索，可以方便地获取法律文本，亦可以通过年份、机关名、种类等进行分类专项检索。检索结果不可以下载或复制，但可以直接打印全文。

4. 专利数据库

网址：http://www.kipris.or.kr/

韩国专利信息数据库网站由韩国知识产权信息中心建立。韩国知识产权信息中心成立于1995年7月，是韩国特许厅（专利局）下属的信息机构。该专利数据库支持用户通过关键字查询专利、设计、商标等所有相关文案信息，且文案提供下载。（见图7-3-9）

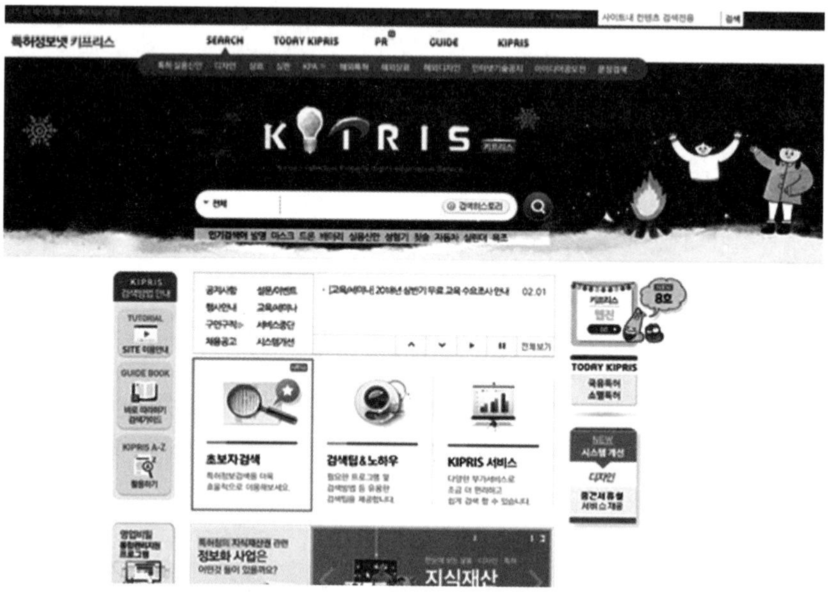

图7-3-9　韩国特许厅检索界面

5. 全球法律研究数据库

网址：http://klri.re.kr/global/

该数据库属于韩国法制研究院。其包含三个子库，即全球法制研究数据库、地域（美洲、欧洲、亚洲、澳洲、中东和非洲）研究数据库以及法制和政策研究数据库。该数据库主要特色内容为比较法学研究论文集，这些论文可以以PDF格式下载、打印，RSS订阅或要求邮件传递。用户可以通过综合检索或目录查找的方式获得该网站的法律信息。

6. 环球法律资讯网（GLIN）

网址：http://www.glin.gov/

环球法律咨询网由美国国会法律图书馆建设，是可查询法律、法规、司法判决、立法记录、法律文献与其他补充法律资源的数据库。其中包含韩国法律原始文献，大部分附有英文摘要，用户可通过多语言检索，并下载PDF版本的检索结果。

四、韩国公平交易委员会

韩国公平交易委员会作为独立的规制机关，隶属于国务总理，执行《垄断规制法》。公平交易委员会是集准立法权、准司法权、行政权于一身的独立规制机关。同时，公平交易委员会可以与外国政府签订关于执行《垄断规制和公平交易法》的协定，支援外国政府的法律执行等国际协助活动。

作为中央行政机关，公平交易委员会具有以下职责：(1)规制滥用市场支配地位行为；(2)处理有关限制企业结合及抑制经济力集中的事项；(3)规制不当共同行为及经营者团体的限制竞争行为；(4)规制不公平交易行为及维持转售价格行为；(5)限制订立不当国际合同行为；(6)调整、协议限制竞争的法律以及行政处分有关促进竞争法的事项；(7)其他法令规定由公平交易委员会管辖的事项；(8)公平交易委员会具有以下权限；(9)制定执行《垄断规制法》所必要的标准；(10)接受对违反《垄断规制法》行为的举报；(11)认定《垄断规制法》禁止行为的例外情形；(12)调查违反《垄断规制法》的行为；(13)责令采取相应纠正措施；(14)课以课征金；(15)行使控告权。

韩国公平交易委员会网址：http://www.ftc.go.kr/。

韩文版网页的主要法律资源有三方面内容：政策—制度、情报、审决—法令。“政策—制度”栏目中有：竞争法、消费者政策、承包加盟业政策、委员会审决制度、2003年至今的委员会统计年报、2002年至今的公平交易白皮书、劳务报告书和立法预告书；“情报栏目”以各类交易合同范本和事业者信息情报为核心内容；“审决—法令”栏目的内容有9种委员会相关法令及1981年至今的议决书和判例摘要。以上资料均可免费下载。

检索实例：查询韩国LG公司在公平交易委员会中的各种记录

在主页检索框中输入公司名称“LG”(见图7-3-10)，跳转网页，进入综合检索系统。检索范围分：全部、题目、正文和附件内容；检索期间分：全部、最近5年间、最近2年间、最近1年间和最近一个月，也可以手动键入起始时间。

图7-3-10　韩国公平交易委员会网站的检索功能

得到多条分类检索结果(见图7-3-11)，有47条LG公司违反审决法的事实查询。表单中罗列了违反类型、采取措施类型、事件号和表决日期。

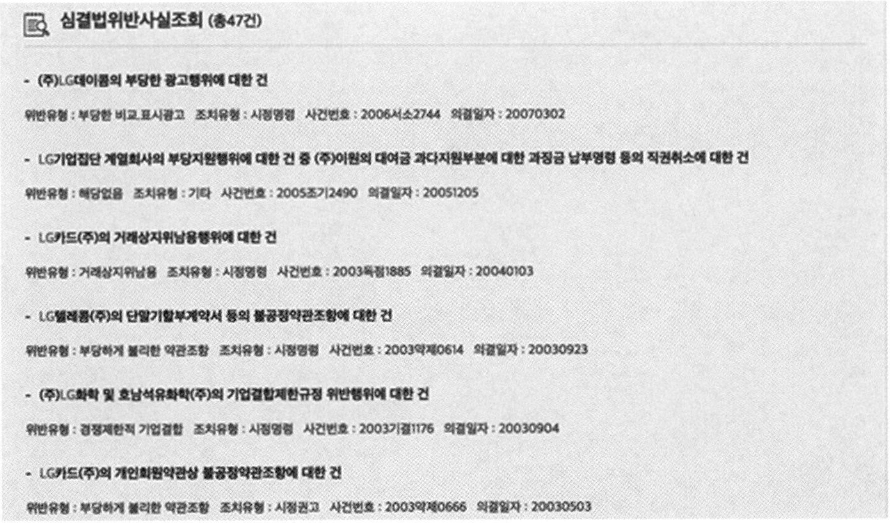

图7-3-11　韩国公平交易委员会网站的检索结果

点击题目（见图7-3-11第1条：针对LG通信不正当广告行为），可以获得HWP格式的公平交易委员会的决议书。（见图7-3-12）

공 정 거 래 위 원 회

제 3 소 회 의

의 결(약) 제 2007 - 032호 2007. 3. 2.

사 건 번 호	2006서소2744
사 건 명	(주)엘지데이콤의 부당한 광고행위에 대한 건
피 심 인	주식회사 엘지데이콤 서울특별시 강남구 역삼동 706-1 대표이사 박종응

图7-3-12 公平交易委员会的决议书

公平交易委员会英文版网站（http://eng.ftc.go.kr/）提供的英文全文资料较多，大致有新闻、法令—规则和国际关系三个方面。“新闻”栏目中有2000年至今的委员会发文和1997年至今的年报；“法令—规则”栏目中有《垄断规制和公平交易法》等12种法令及过去施行的相关法律和规则；“国际关系”栏目中有韩国与各国或组织的自由贸易协定、2001年至今的首尔国际竞争论坛报告及2002年至今的国际竞争法研讨会报告。以上资料英译版可以PDF格式全文免费下载。

第八章

普通法系国家的法律文献检索

第一节 美国法律检索

一、美国的法律体系

美国是典型的英美法系国家，其法律传统深受英国法的影响。1607年英国第一次在弗吉尼亚州詹姆斯敦实行殖民统治，标志着美国法律的开始。美国法律的发展经历了以下几个阶段：英国殖民地时期、组成国家时期（1776～1788年）、在联邦宪法被批准后开始的“合众国”独立国家时期。

根据美国宪法，美国的政府结构采用三权分立的模式，即立法权（legislative）、司法权（judicial）和行政权（executive）相分离。相应的机构是立法机构——国会、行政机构——总统、司法机构——最高法院。国会的基本职责是通过法律、法令、命令等，总统的基本职责是签署法令、否认法令以及管理各级行政部门，最高法院拥有违宪审查权等。

美国的法律文献十分丰富且别具特色。除了受英国法的影响外，有些州还具有大陆法系的传统。1812年被批准加入联邦的路易斯安那州至今仍采用以法国法典为范例的法典编纂形式，在西部和西南部的各州至今仍受原先西班牙和法国的法律传统的影响。从1803年William Blackstone的《英国法释义》在美国出版后，英国法在美国得到了进一步的传播，许多州法律明确规定采纳英国普通法。因此，一些法律用语、司法的基本概念至今仍是“英国的”。美国法律起初主要由判例法构成，自19世纪末以来，制定法地位越来越重要。在一些经济、贸易和社会立法领域，制定法开始取代判例法的地位。制定法存在于联邦一级和州一级，联邦宪法明确规定联邦的立法范围，将其他立法权保留给各州。不过，《联邦宪法》第6条规定，联邦法律高于州法律。联邦法律由联邦宪法（包括最高法院具有约束力的宪法判例）、联邦法律（包括联邦行政机构发布的行政规章）以及联邦条约构成。各州的制定法由州宪法，州法律和郡、市的法律法规构成。

除了制定法以外，判例法在美国是一个十分重要的法律渊源。在美国的大部分私法领域里，判例法是主要的法律渊源，制定法仍然要通过具有拘束力的判例的解释才能有效实施。判例法制度的基本原则是下级法院受上级法院判决（先例）的约束，这就是“遵从前例原则”（stare decisis）。也就是说，州下级法院在州法律问题上，受本州上诉法院判决的拘束；而在联邦法律问题上，则受联邦法院特别是联邦最高法院的拘束。在查询判例时，下级法院法官主要是看什么是上级法院判决的“判决根据”（ratio decidendi，即holding判决中的法律原则）以及在判决中可能包括的“附带说明”（obiter dicta）。美国的判例都有公开出版物。联邦法院判决主要刊登在三个汇编里：（1）美国最高法院判例汇编（U.S）；（2）联邦上诉法院判例汇编（F.或F，2d）；（3）联邦地区法院判例补编（F.Supp.）。各州也都有自己的判例汇编，州最高法院的判决也被刊登在《地区报告》里。此外，《法律重述》和《美国法律报告注解》（A.L.R，第1、2、3编）也都收集了各法律领域的主要判决。

二、美国的司法体系

美国的司法体系由两个平行的体系构成，即联邦法院体系和州法院体系。联邦法院体系由联邦最高法院和下级联邦法院共同构成。（见图8－1－1）联邦法院管辖的案件主要是涉及联邦问题的案件以及不同州公民之间的案件，如涉及联邦宪法、法律或国际条约的案件。一般来说，对违反州法律的案件，联邦法院不予受理。

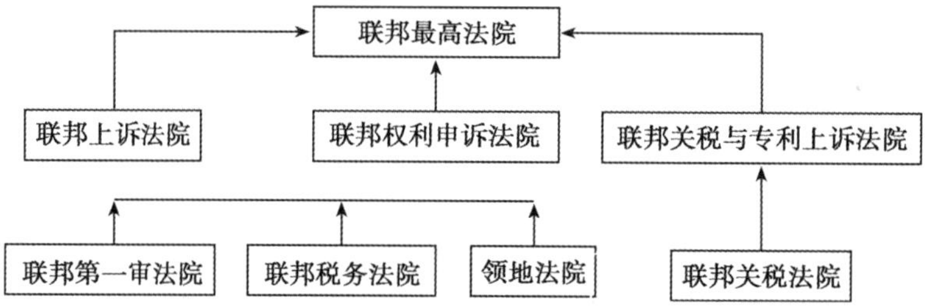

图8－1－1　美国联邦系统法院组织示意图

美国各州都有自己独立的法院体系，由此，50个州就有50个法院体系。此外，哥伦比亚特区和波多黎各属地也分别有各自的法院体系。可见，美国州法院体系极为复杂，名称各异。由于各州法院体系不同，很难从名称上划分法院的级别或等级。一般而言，州法院体系有以下几个不同等级的法院构成：

1．州基层法院（Court of Original Jurisdiction）。各州的名称有所不同，有些州称之为巡回法院（Circuit Court），有些州称之为高级法院（Superior Court）或地区法院（District Court）等。

2．州中级上诉法院（Intermediate Appellate Court）。凡实行三级审判制的州都设有中级上诉法院，负责受理当事人不服基层法院判决而上诉的案件。纽约州称之为“Appellate Division of Supreme Court”，而宾夕法尼亚州称之为“Superior Court”，一般称为“Court of Appeals”。

3．州终审法院（Court of Ultimate Review）。这是州司法体系中最高级别的法院，负责受理当事人对州基层法院或州上诉法院判决不服的案件。州终审法院对涉及州宪法、法律等解释方面的争论有最终裁判权，并有权依法批准极刑判决。

美国州系统法院组织如图8－1－2所示：

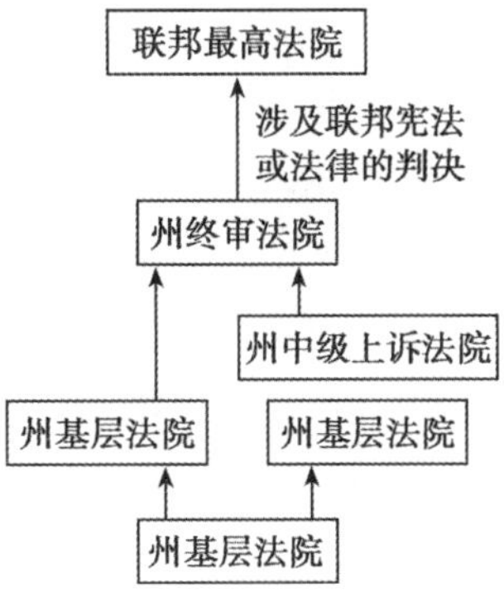

图8-1-2　美国州系统法院组织示意

三、美国法律文献检索

在美国法学院的图书馆里，一般把法律文献划分成三大类：

第一类：原始资料。包括宪法、成文法（包括定期汇编的法规和法典）、条约、行政法规和条例、行政判决和裁定及司法判例汇编。

第二类：查找工具。包括文献目录和检索指南、援引汇集、计算机检索系统、判例汇编摘要、成文法和立法史索引、期刊索引、活页服务资料、词语及习语图书。

第三类：二次文献。包括法律期刊、法律注释汇编、文本、专论和专著、百科全书、词典、法律和律师事务所指南、立法史、行政判例汇编和研究、律师协会报告和记录及律师和法官的传记。

根据以上文献的种类，下面逐一介绍检索方法。

（一）原始资源

原始资源又称一次文献，主要指宪法、法律和判例等。美国的宪法可以从网上直接下载。

1. 美国国会图书馆的Thomas查询系统

网址：http://thomas.loc.gov/home/thomas.php/（见图8-1-3）

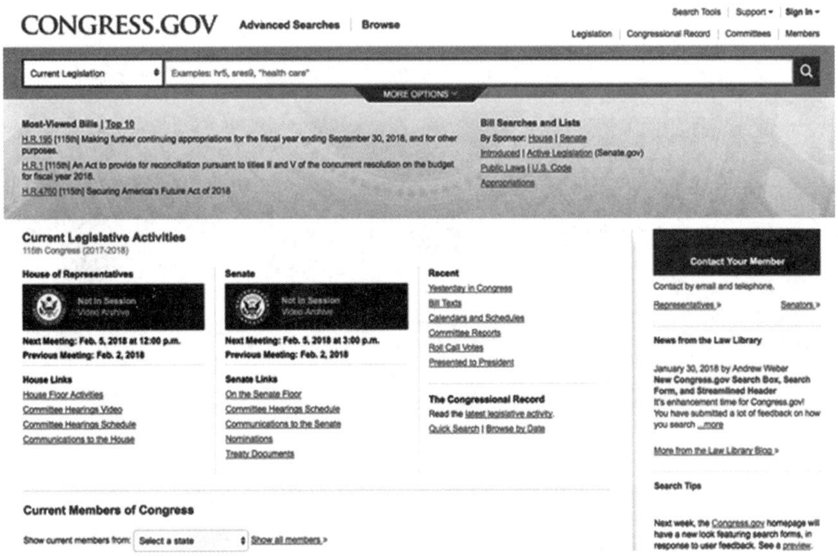

图8-1-3　美国国会图书馆的Thomas查询系统

除了美国国会图书馆提供资源查询服务，还有美国国会法律图书馆，其网址为：http：//www.loc.gov/index.html/，这是一个比国会图书馆更加专业化的法律图书馆，是国会图书馆的分馆之一。（见图8-1-4）在其网站上可以找到一个“Guide to Law Online”的页面（http：//www.loc.gov/law/help/guide.php），可以找到如“Find Legal Resources”以及其他法律研究与报告的目录链接，这里详细罗列了国会法律图书馆所有的在线法律资源及其获得方法。美国国会法律图书馆的资源虽然有一大半提示“Accessible from a Reading Room”，即需要在阅览室才能访问，但是同时也提供了相当多的免费开源在线资源，如许多种专门法律数据库，包括人权法数据库、劳动法数据库等。

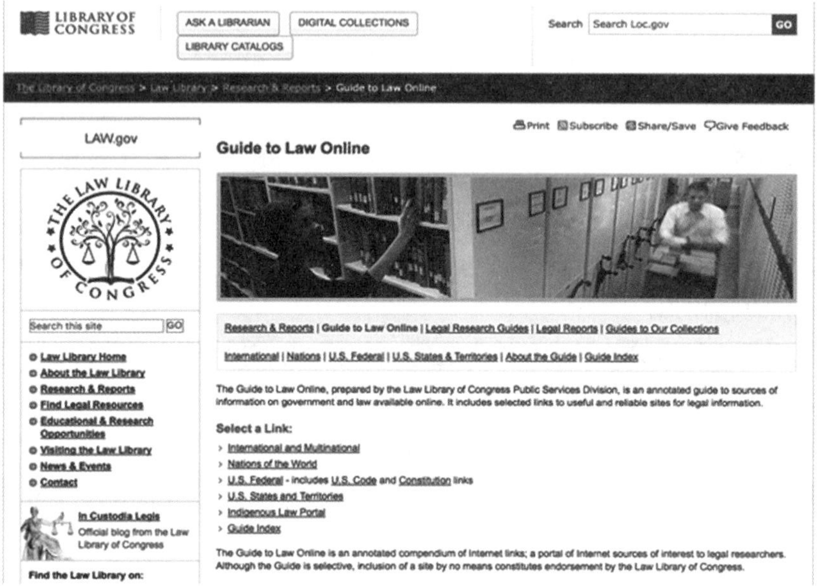

图8-1-4　美国国会法律图书馆

2. GPO Access

网址：http：//www.gpo.gov/（见图8-1-5）

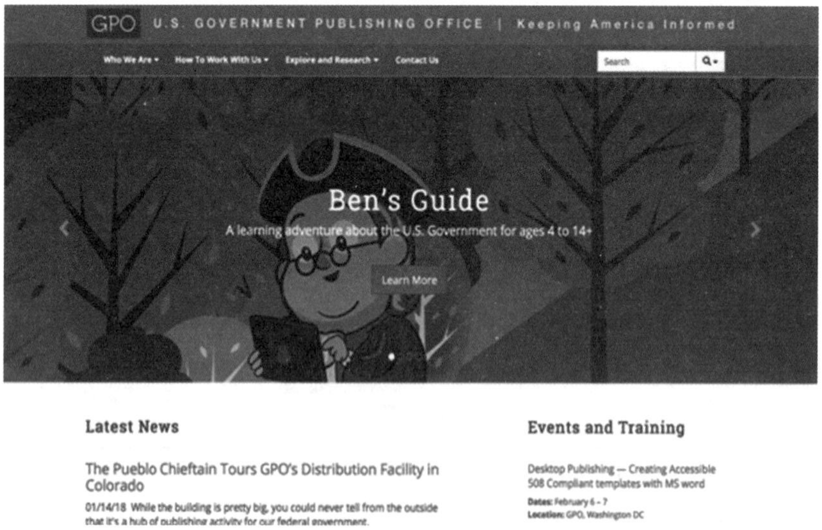

图8-1-5　美国政府印刷局

用户在查询美国的制定法时，首先应了解制定法的汇编和分类。在美国，联邦法律一般收录在《联邦法律汇编》里，《美国法典》(U.S.C.)和《美国法典注释》(U.S.C.A.)这两个汇编也收录了联邦法律，但法律更新速度不快。新的法律一般在《美国国会法典和行政新闻》(西方出版公司)上刊登，重要的实施规则和总统命令及公告在《联邦规则典》(C.F.R.)上发表。当然，通过电脑系统查询是最便捷的途径。

美国政府印刷局通过GPO Access提供免费的电子阅览途径，使用户能够获得联邦政府生产的大量重要信息产品。除非特别说明，GPO Access可以提供一切官方的、已出版的信息，不受限制。用户可以浏览联邦政府机构的全文官方信息。

3. Findlaw.com

网址：http://www.findlaw.com

当用户需要寻找某一制定法时，可以到找法网(Findlaw.com)。它所提供的资料都可以免费下载。(见图8-1-6)

图8-1-6 FindLaw.com

找法网提供了多种搜索途径，也可以为初学者、当事人以及法律专业人士提供不一样的访问界面，甚至还有一个互助论坛，为用户提供在线法律帮助。

找法网被汤森路透集团收购之后对一次文献的提供力度与速度较之从前有所提高，但是同时整个网站的服务内容侧重于提供免费信息，以及为非专业人士提供法律信息，如有关律所或者律师的信息。更多的法律研究内容恐怕需要到汤森路透集团旗下最大的法律数据库提供商WestLaw的数据库里查找了。而为了方便用户更直观地查找所有找法网提供的信息，找法网提供了一个综合搜索引擎以解决这一需求，网址：http://lp.findlaw.com/，也就是使用最多的"Lawcrawler"服务。在这里，用户可以分主题浏览，也可搜索存在于网上的开源法律数据。(见图8-1-7)

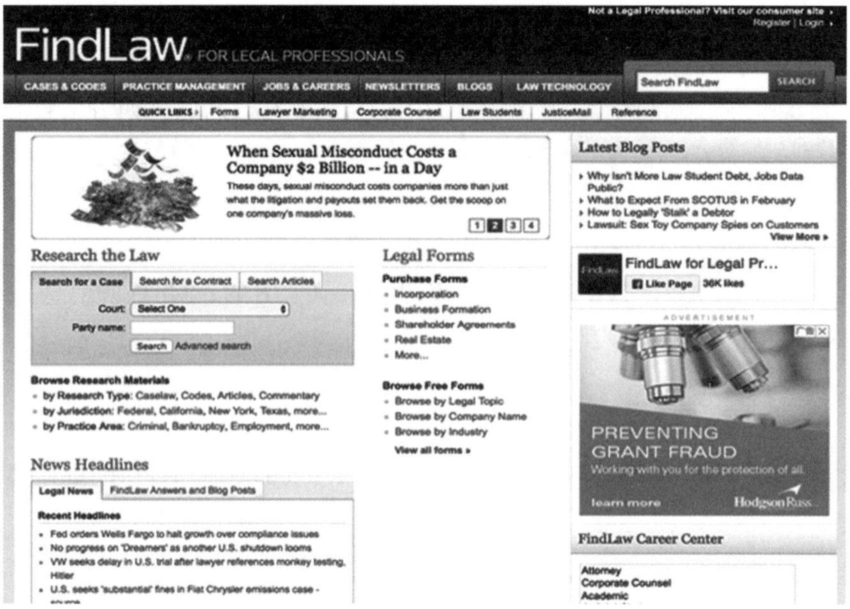

图8-1-7　lp.findlaw.com

为专业人士提供资料的页面拥有更直观的主题分类搜索途径，提供各种法律新闻、法律博客的更新信息。值得一提的是，找法网罗列了与联邦层次的所有法律相关的政府机构的链接，方便用户研究与查找相关信息，网址为：http：//www.findlaw.com/10fedgov/index.html。用户可以在这个页面上找到所有的法院、执行机构、立法机构以及其他相关机构的网站地址。

（二）二次文献

在我们的研究中，二次文献的利用率相当高。从文献分类的角度，二次文献是指论文（Treatises）、专著（Monographs）、法律期刊（Law Journals）、百科全书（Encyclopedias）、重述（Restatements）等。

还有一种被称为法律发现者（LawFinders）的文献，这包括我们经常在网上看到的Digest、Indexes（文摘、索引），Shepards Citations（引文）和Key Cite等。

对中国学生来说，研究外国法的主要资料是二次文献。因此，法学院的法律图书馆主要收集外国的法律出版物、法律期刊、法律数据库等。学生们经常感到困惑的是，哪些资料是最权威的？哪些机构出版或编纂的美国法律或判例可以被引用？通过比较，我们推荐以下较可靠的出版单位，这些出版机构出版的书面文献可以放心地引用。

1. 官方的出版物

Government Printing Office，这是政府印刷局的出版物；

US.CFR，即联邦行政法典；

Agency websites，即各级机构的站点，前文有提到找法网罗列了相关的链接；

Thomas（LC）—Congressional，即前文提到的托马斯查询系统；

GPO Access，前文亦有提及。

2. 非官方的出版物

N.Y.Times（《纽约时报》）；

Lexis，与Westlaw齐名的法律数据库；

BNA&other private publishers；

CIS microform&Online；

HeinOnline，著名的期刊集成数据库；

Cornell&Washburn sites，康奈尔大学的站点。

二次文献中，美国各大学的《法律评论》是中国学生主要的参考文献。这部分法律期刊都以各大学的名字命名，如《哈佛大学法律评论》《耶鲁大学法律评论》《哥伦比亚大学法律评论》等。有些法律期刊质量较高，面向全世界，如《美国比较法杂志》。

用户若想查询这些杂志，可以进入Westlaw和LexisNexis这两个法律数据库，它们有大约700多种期刊，且能够全文浏览。当然，使用这两个数据库是要收费的，但是基本上国内外所有拥有法学院的大学图书馆都会拥有这两个数据库的访问权限。因此对这两个数据库的内容在此仅作简要介绍。

WestLaw数据库是汤森路透依托业界值得信赖的专家和核心法律研究工具，为法律工作者创建的新一代、一站式法律信息检索平台。它以权威的英美法国家原始法律资料和首屈一指的二次法律资料为基础，独家研发出世界顶尖的WestSearch 的法律搜索引擎、备受英美法国家法学研究人员推崇的Key Number 系统、Headnote 判例摘要和KeyCite 分析工具，致力于提供最好的法律检索服务。Westlaw提供繁简结合的多种文献检索方法，用户可以使用习语与连接词（Terms&Connectors）检索从而获得最精准的结果，或者使用自然语言检索（Natural Language）获得相关的许多信息。（见图8-1-8）

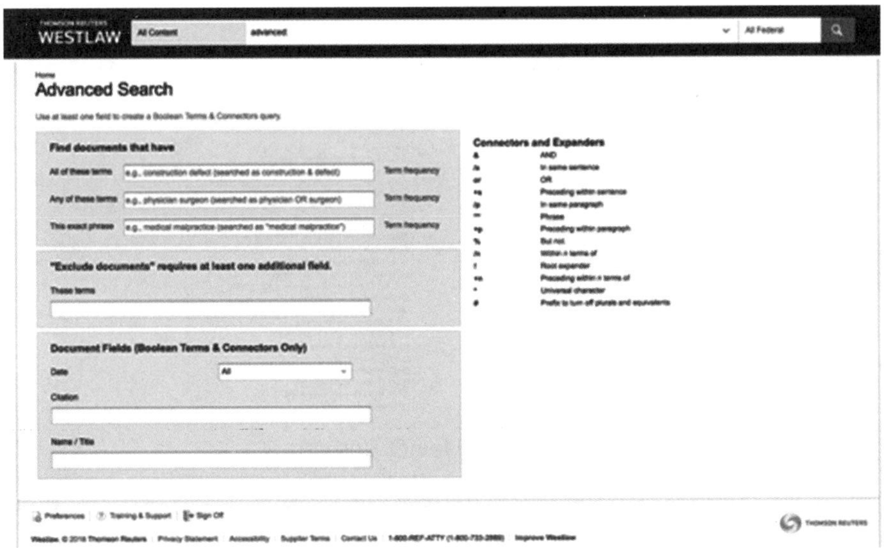

图8-1-8 Westlaw Next

WestLaw拥有数万个子数据库，通过各种组合搜索方式，总能满足各种不同的研究需求。

Lexis.com是与Westlaw齐名的法律信息集成供应商，涵盖的内容与Westlaw有很大一部分的重叠，如成文法、各级法院的案例等，它们的不同点主要集中在特色服务之上，如不同的引文查询系统（前文提到的Shepard's与KeyCite的区别）、不同的期刊收录目录、不同的新闻信息来源等。

这个数据库的搜索方式与Westlaw类似，但是它提供习语建议，也就是相关专业检索词，为外语使用者提供具有亲和力的检索方式。（见图8-1-9）

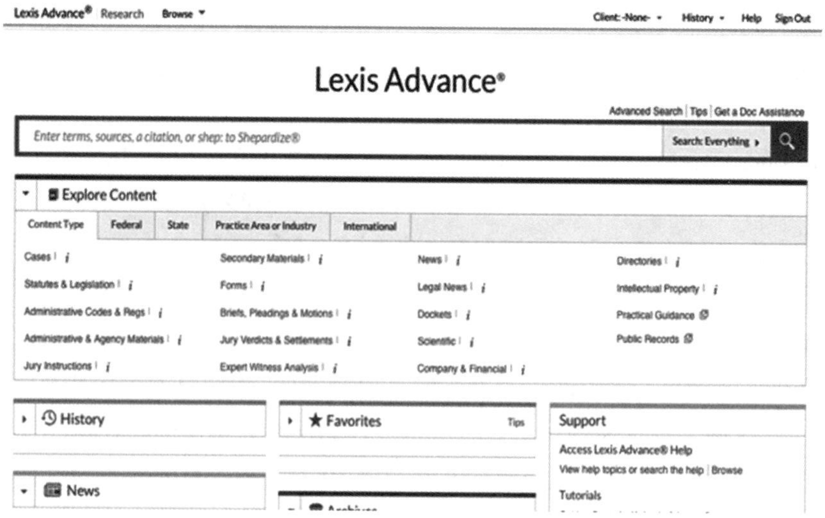

图8-1-9　Lexis.com

HeinOnline 期刊集成数据库，网址为：http://www.heinonline.org。不同于之前提到的两个全面覆盖的专业数据库，HeinOnline专注于期刊杂志以及各种报告文献等。（见图8-1-10）

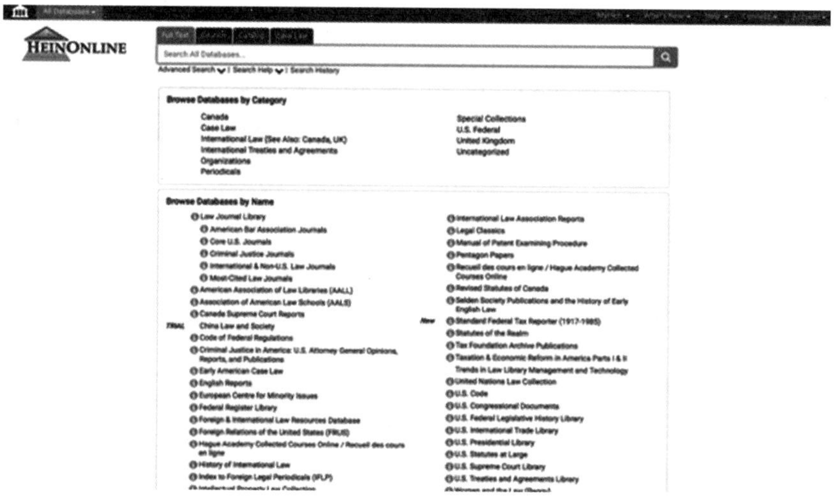

图8-1-10　HeinOnline.org

这个数据库收录了超过2000种法律期刊文献，并提供非常简洁的搜索方法与文献显示方式。同时可以显示特定文章引用次数以及相关文献，如同引文献，或者引用文献的直接链接，方便研究者从关联性上检索所需的信息。

以上提到的3个数据库都是需要付费使用的。

3.开源资源

http://Ipl2.org 是一个网络资源搜索站点，同时也向用户提供通过主题方式浏览推荐资源的服务。其中一个主题就是Law，Government and Political Science。在这个主题之下，用户可以找到相当多的网上法律数据资源，比如前文推荐的LawCrawler就在列表最上方。这个站点提供的绝大多数信息都是免费的。（见图8-1-11）

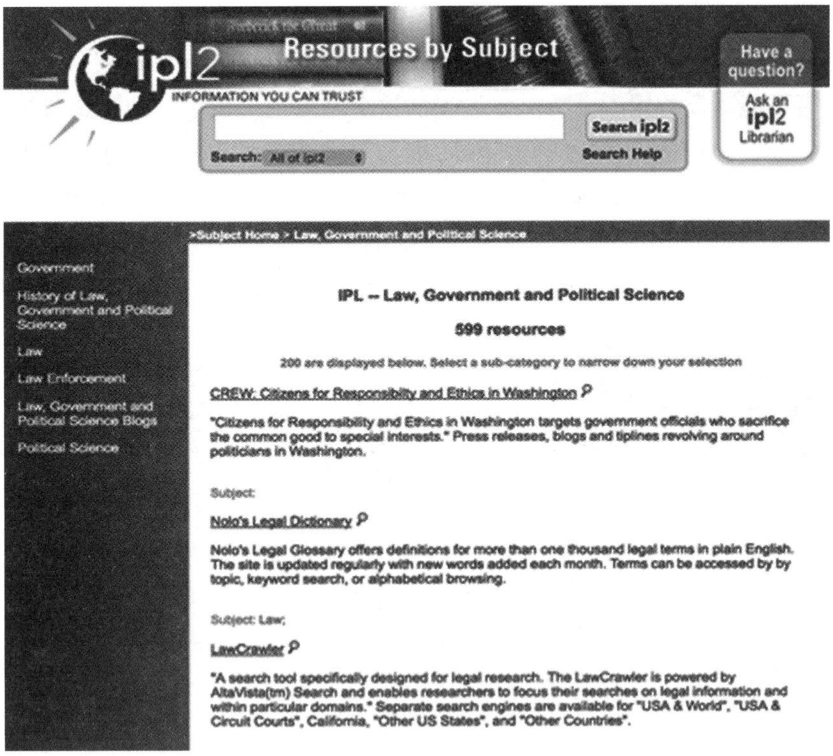

图8-1-11　Ipl2.org

康奈尔大学有一个法律信息研究所，根据其网页显示，这个机构自从1992年创立起就致力于提供法律开源数据。（见图8-1-12）

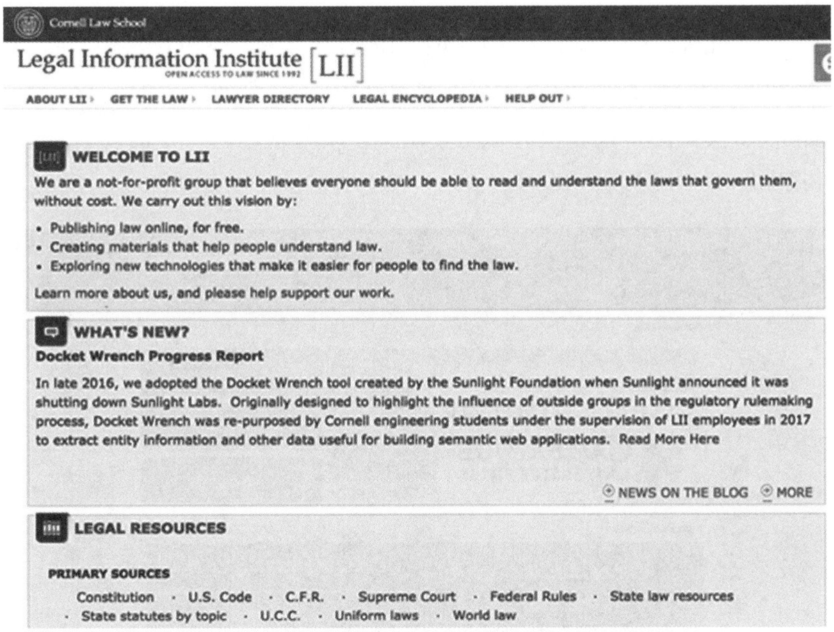

图8-1-12　康奈尔大学法学院法律信息研究所

康奈尔大学法学院法律信息研究所提供的基本上都是成文法以及各种法律的报告文档，或者根据机构自己的陈述为“提供便于查找法律的技术”。总的来说，这个网站对于研究法律有一定的指导作用，并且它提供了一个法律名词解释的数据库，类似于百科样式的词典式数据库。对法律英语了解不够精确的研究者可能对此数据库会有需要。当然这个站点也提供了其他各式各样有用的研究信息与链接，比如各级法院与政府机构站点的链接等，因与前文介绍的其他站点有重复之嫌，故不再赘述。

美国法学会的网站（http://ali.org）会发布学会的各种“重述”研究项目的文档，以及现在正在进行的会议的时间、项目阶段报告等内容。美国法学会的重述虽然是不具有拘束力的法律解释，但是对整个美国法律的发展产生了重要的作用，因此这些重述项目也有了不寻常的意义。（见图8-1-13）

图8-1-13　美国法学会

美国国际法学会的网站（http://www.asil.org）同样提供了相当多的研究资源。它的“Resources”版块提供了数据资源的搜索链接，并同时提供了如何使用这些数据资源的向导。它主要包括国际法相关的内容，如国际条约、国际争议解决仲裁等。此外，该网站还有一个需要权限才能使用的国际法案例研究工具。（见图8-1-14）

图8-1-14　美国国际法学会

除此之外，美国各大高等院校的法学院网站或者法学院图书馆都或多或少地提供了一些开源资源，如法律评论、法律新闻等。各个专业法学研究机构的网站上也会公布相关法律的研究动态。法律百科全书，如《法律判例汇编大全》或者《美国法理学》，这样的专著在研究者毫无头绪时，可以向其提供有价值的帮助。

第二节　英国法律检索

一、英国的法律体系

英国作为英美法系代表国家之一，没有成文宪法，其主要法律渊源是制定法和判例法。

由立法机关制定的各种成文法和由各级法院的判决形成的判例法构成了英国法律体系结构中的主要内容。在英国脱欧之前，欧盟法也是英国法律渊源之一。2017年3月16日，英国女王伊丽莎白二世批准“脱欧”法案，授权英国首相特雷莎·梅正式启动脱欧程序。2017年9月13日，英国议会通过《大废除法案》，把现有的欧盟法律转化为英国法律，以保证英国在脱欧之后法律保持持续稳定。

大不列颠及北爱尔兰联合王国从1922年起有四个国家三个管辖区：英格兰和威尔士、苏格兰、北爱尔兰。各管辖区立法机关制定的法律仅在特定的地域范围内产生法律效力。不同的管辖区有各自的法院结构、等级、程序和传统。法院审理案件的同时对立法机关制定的法律进行解释。例如，部分威斯敏斯特议会制定的法案或其部分内容仅适用于英格兰和威尔士，部分适用于英格兰、威尔士和苏格兰，其他的则适用于英格兰、威尔士、苏格兰和北爱尔兰。工党政府在1997年后进行了宪法改革，将权力委任给各地区。1999年，苏格兰议会、威尔士国民大会和北爱尔兰大会成立，它们都拥有立法权，但权限大小不同。不同于威斯敏斯特议会的立法，这些新的立法机关负责制定法律的主要部分。

英国采用议会政治，下议院有659个成员，每5年选举一次，是英国的主要立法主体，制定英国法令；上议院包括92名有投票权的成员。根据君主立宪政体，英国国王为国家元首（在位但不当政），首相是政府首脑（下议院多数党的领袖），负责管理国家日常事务。

二、英国的司法体系

英国的司法体系因普通法与衡平法分立而形成二元制的传统。由于二元制存在许多弊端，英国议会于1873年制定了《司法条例》，于1875年12月1日颁布实施。按照《司法条例》，英国取消了普通法院和衡平法院的双重体制，实现了二者的统一。（见图8-2-1）

目前，英国法院分为民事管辖法院和刑事管辖法院。

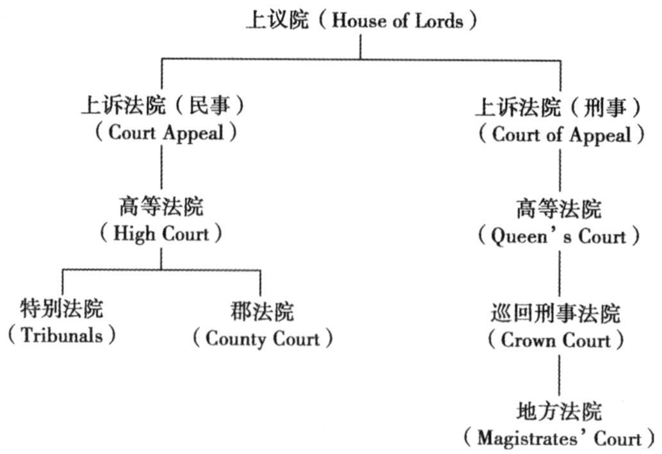

图8-2-1　英国法院系统组织示意

除上述法院外，英国还有一些特别设立的专门法院，独立于民事和刑事法院系统外，主要有军事法院、少年法院、劳资上诉法院、验尸官法庭和行政裁判所等。

英国没有与法院平行的检察机关。作为刑事案件的起诉机关，检察机关独立行使检察职权。刑事案件只能由检察部门向法院起诉，检察部门对案件是否起诉或是否继续诉讼有独立的决定权。

英国检察机构体制是由以总检察长为首的中央法律事务部、刑事检察署以及区检察署构成。中央法律事务部的首脑称总检察长和副总检察长。英国中央政府的检察机关是由内政大臣任命一位出庭或诉讼律师担任检察长。检察长领导、指挥检察官的工作，检察官分为首席检察官、分部检察官、助理分部检察官、高级检察官和检察官。总体来讲，英国的检察机关实行分级设置、垂直管理。

英国的检察长和副检察长除了主持对重要案件的起诉外，还是英王的法律顾问、王室的首席法务官，出席有关英王权力案件的审判，有时还参加内阁，有权向议会和内阁提出法律问题的咨询意见。

三、英国法律文献检索

查找英国的法律文献，首先要了解英国法律文献的类型。一般来讲，一个管辖区内的法律文献包括原始文献（primary）和二次文献（secondary）。

原始文献是指法律陈述本身，二次文献是对一次文献的评述、讨论以及各类法学著作。原始文献通常包括两类：立法（立法机关或议会制定的法律）和判例法（法院的判决或法官造法）。有时候，还会有第三类原始资料即法律外资源，包括法典汇编（codes）、原则（principles）和实施准则（standards of good practice）。这些法律外资源一般由立法机关、议会、法院以外的机构制定和批准，通常不具有法律效力，只是作为实施法律的指导。二次文献包括期刊、教科书、百科全书及参考工具书。（见图8-2-2）

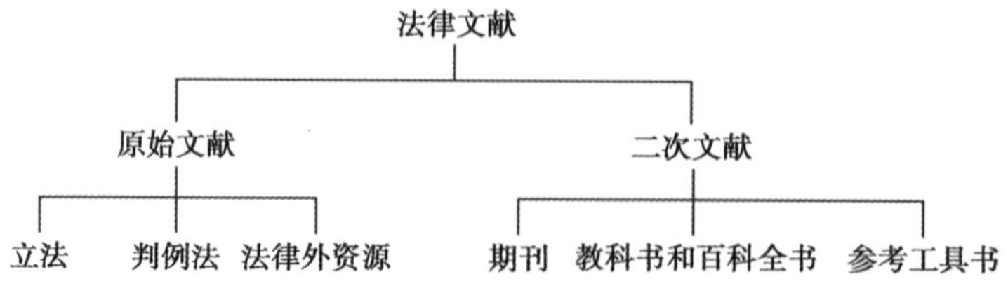

图8-2-2　英国法律文献结构示意

BAILII(British and Irish Legal Information Institute,英国与爱尔兰法律信息研究所,网址:http://www.bailii.org)提供英国法律在线服务。BAILII网于2000年3月中旬设立,可以供用户免费查询英国和爱尔兰的法律资料。它有14个数据库,75000多个文件供搜索,还有一些比较重要的数据库也被收录在该网站中。(见图8-2-3)

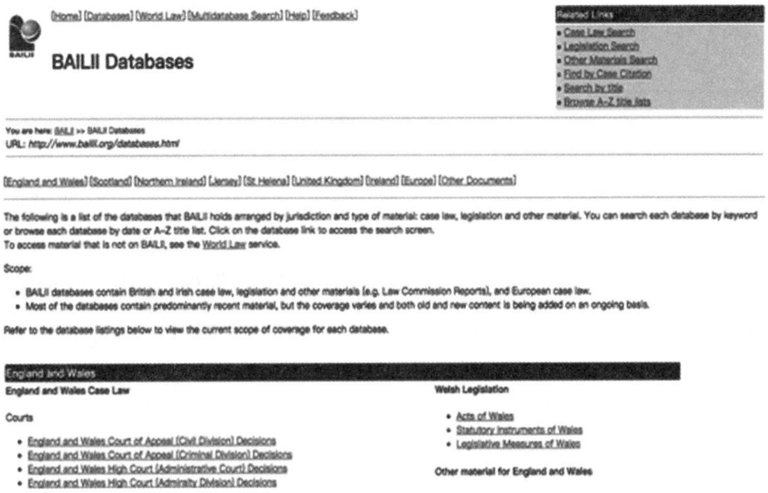

图8-2-3 BAILII.org

英国法律在线(http://www.justis.com/)是较权威的法律信息库,其资料涉及的范围非常广泛,主要包括判例法、英国法律法令、欧盟的判例法和立法。此数据库定期更新,内容较全面。(见图8-2-4)

图8-2-4 英国法律在线

下面按照英国的三个管辖区来分别介绍其各自的法律文献检索方法。

(一)英格兰和威尔士

根据上述法律文献的分类,我们从原始文献(包括立法、判例法、法律以外的资源)和二次文献入手,介绍英格兰和威尔士的法律文献。

立法分为两类:一类是一次或原始资源;另一类是二次、授权或附属资源。广义上来说,一次或原始资源由议会中达成的一般原则组成,通常要经过大量的讨论和争论以后从才能达成;二次资源是为已达成的一般原则的具体实施而制定的实施规则。(见图8-2-5)

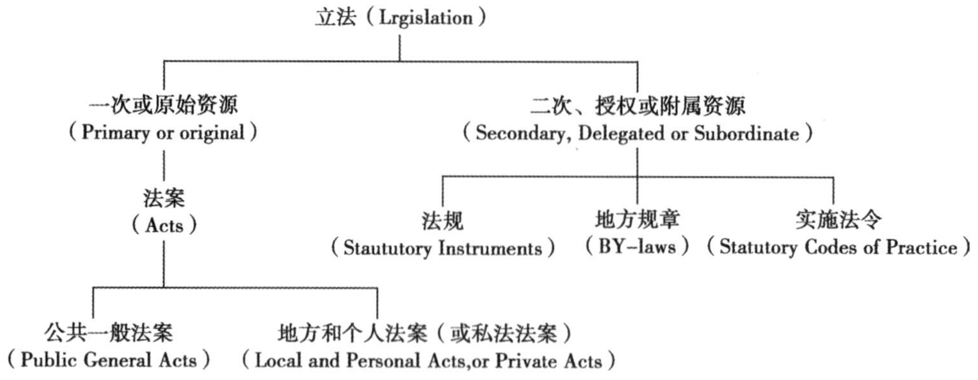

图8-2-5　英国立法结构示意

在1999年威尔士国民大会成立之前，威斯敏斯特议会负责英格兰和威尔士的一次和二次立法的制定与批准。自1999年7月1日起，威斯敏斯特议会授权国民大会在17个地区制定补充规则和一系列实施政策，其授权范围非常广泛。这些地区政策的实施是通过二次立法实现的，国民大会无权制定一次立法资源。

1.法案

（1）简介

一次立法最普遍的形式是议会法案（Acts of Parliament），在法案还没有得到议会批准和皇家认可（Royal Assent）之前，也就是还处在草案阶段的时候，称为议会议案（Bills of Parliament）。议会法案有两种类型：公共一般法案（Public General Acts，关于公共政策方面的规定）以及地方和个人法案［Local and Personal Acts，有时候也被称为私法法案（Private Acts）］。

在大规模的私有化运动中保留下来的HMSO（Her Majesty’s Stationery Office，皇家文书局）负责议会法案的出版发行工作。法案得到皇家认可后，在很短时间内就可以发行。法案通常是根据标注在内容之前的简略标题来区分的。每一个得到皇家认可的法案都会在当年的法令全书中成为新的一章（chapter）。年份和章目编码标注在简略标题之下，通常可作为寻找特定法案的快捷途径。比如，1991年《儿童抚养法案》（The Child Support Act，1991），可根据1991 ch.48（1991年第48项获得皇家认可的法案）快速找到。Chapter常简写为chap.或ch.。

每一项法案可以继续细分为节（section）。section通常简写为“s”或其复数形式“ss”。大多数当代法案的最后几节对法律检索都有特殊的意义，因为它们通常标明了该法案的实施起始日期和地域范围。法案中没有具体指明实施起始日期的情况也很常见，这种情况下，内阁部长（Government Minister）有权指定一个具体的日期开始实施某项法案。该项权力是通过签发“开始令”（commencement order）实现的，“开始令”也是法规中的一种。

公共一般法案以及地方和个人法案由HMSO出版发行。相当数量的公共一般法案的官方和非官方版本在法律图书馆和学术图书馆、公共图书馆都能找到。查找地方和个人法案相对来说要困难一些。一些专业法律图书馆有收集此类法案，大的公共图书馆和县郡档案办公室也会根据他们所在的地区收集当地法案。此外，1992年起，《当前法律法令》（Current Law Statutes，先前为Current Law Statutes Annotated）开始收集地方和个人法案，《当前法律法令》在大多数图书馆都能找到。

在互联网上，1996年以后由威斯敏斯特议会通过的适用于全英国的公共一般法案的全文都可以在下面的网站中找到：http://www.legislation.gov.uk/。（见图8-2-6）该网站还收录了1984年《数据资料保护法案》(Data Protection Act, 1984)、1995年《刑事上诉法案》(Criminal Appeal Act, 1995)、1995年《残疾人歧视法案》(Disability Discrimination Act, 1995)以及20世纪80年代以来的大约300部公共一般法案的摘要，还有1997年第一部地方和个人法案及此后的所有该类法案的全文。用户在使用时必须注意，该网站没有收录这些法案以后的修正条款或废止条款。

图8-2-6　国家档案馆

(2)如何查找这些法案

① 使用书面资源和与其对应的电子资源。

公共一般法案的官方版本是以活页形式出版的，到年末装订成册并且加注标题，如《公共一般法案和一般会议措施》(Public General Acts and General Synod Measures)。这些法案以它们得到皇家认可时的形式入卷，修正条款或废止条款不包括在内。虽然HMSO提供资料更新服务和法律主题索引服务，但是HMSO的出版总会滞后，所以，最好不要从HMSO的出版物上搜寻相关内容。

目前，电子版的法律法令数据库(Statutes Law Database)已经出版。该数据库包含所有《公共一般法案和一般会议措施》(现行的和以前颁布的)以及现行有效的地方和个人法案全文，2000年进入使用阶段。

商业出版物中最有用的有两种：一种是《当前法律法令》(Current Law Statutes, CLS)以及汇编的《当前法律法令》(Current Law Statutes)和《立法引注》(Legislation Citators)，由Sweet&Maxwell出版；另一种是*Halsbury' s Statutes of England*，由Butterworths出版。出版商还出版了介绍如何使用这两种资源的小册子。此外，Butterworths还备有说明书，以图表形式分布介绍如何检索。关于如何使用这两种出版物还可以阅读Peter Clinch 的*Using a Law Library*(伦敦：Blackstone出版社，2000年新版)一书，书中的介绍十分详细。

2000年，CLS发行了光盘版，最初仅含有法令和1998、1999年两年的《当前法律法规引注》(Current Law Statutes Legislation Citators)，以后又增加了前几年的法律。还有一个立法指南网(Legislation Direct)，收录了现行有效的法令文本，不过该网仅对会员开放。

② 如果使用CLS系统查询，则需要知道该法案的标题。

CLS(Current Law Statutes)及其引注不提供主题搜索。CLS每年的议会法案卷是以它们得到皇家认可时的形式入卷，并按时间先后编排的，而且有大量的注释来解释法案出台的背景。

Halsbury’s Statutes（Halsbury’s Statutes of England）适用于按照主题搜索现行有效的立法。Halsbury再版时仅收录出版当时有效的法案或法案的某一部分，有50多卷，备有详细的主题索引和简略标题索引，定期更新。通常Halsbury的评注要比CLS简略。然而，在对法案主题有所疑问而不清楚哪些法案可能会与此有关的情况下，应当用Halsbury查询。

③ 如果使用电子资源，可以进入Lawtel和Lexis这两个系统。

Lawtel（http：//www.lawtel.co.uk/）主要是信息的汇集，收录有法案的摘要，每日更新，仅对会员开放。（见图8-2-7）

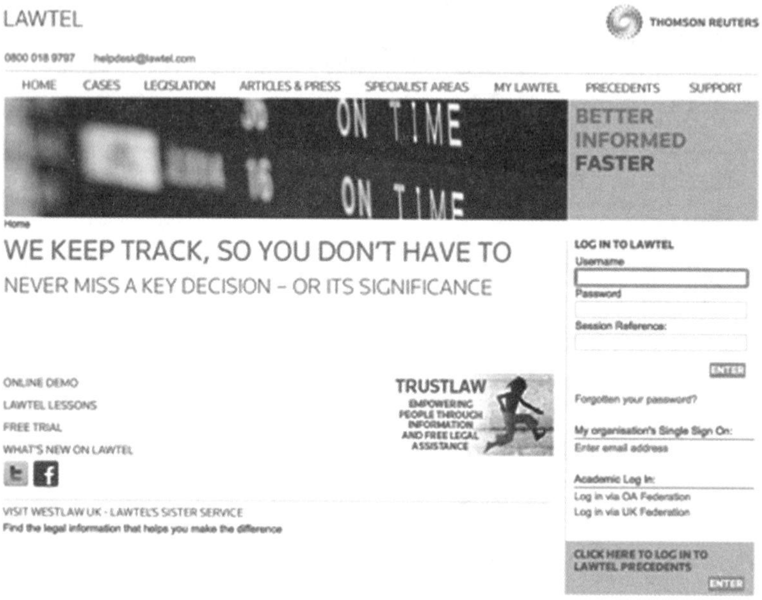

图8-2-7　LAWTEL

Lexis（http：//www.lexisnexis.co.uk/）中含有英格兰和威尔士现行有效的所有公共一般法案的全文，每周更新一次，但是一项新的法案从HMSO出版到加入该数据库，其间可能会需要几周的时间。Lexis系统中，每个法案都含有其修正条款，不过它也仅向会员开放。（见图8-2-8）

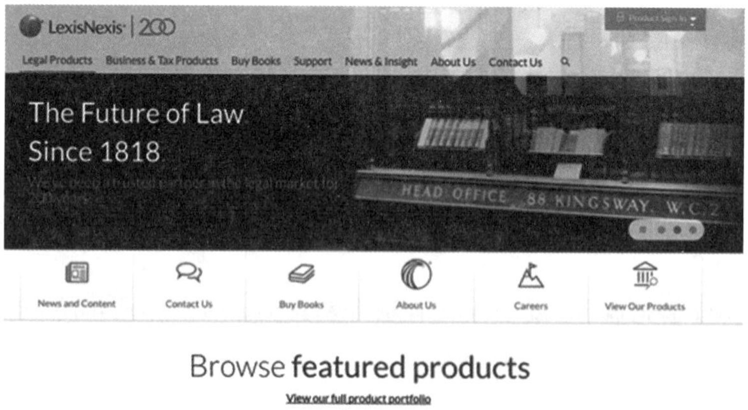

图8-2-8　LexisNexis　United　Kingdom

2. 二次立法

二次立法有三种类型：法规、地方规章和实施法令。

（1）简介

① 法规

法规（statutory instruments，SI）是在《法律文件法》（Statutory Instruments Act 1946）中被第一次引入的。法规是二次立法，一般由部长制定且须经议会批准。在此之前，这类文件被称为“法定规则和法令”（statutory rules and orders，SR&O），单个法规常被命名为“规章”（regulations）、“规则”（rules）、“命令”（orders）、“指示”（warrants）或“方案”（schemes）等。虽然在适用法规时，人们常用它们各自的名称以清楚地表明其制定者的身份，但是在图书馆里往往找不到以“规章”“规则”等命名的独立全本，因为它们被收录在以总称“法规”命名的综合卷本中。

法规有两大类：一般法规和地方法规。二者的区别类似于公共一般法案与地方和个人法案之间的区别。一般法规由HMSO出版并发售，通常的表示方法是先用字母简写为SI，然后是年份，随后是“/”，后面是法规的顺序号，如“SI 1989/1674”。HMSO网站（http://www.legislation.gov.uk/）上也可以找到法规全文。该网站收录了1987年以来所有出版过的法规以及1997年以来的草案法规，但未印刷或出版过的地方性法规不包含在内。除了条目特别多或排版印刷式样特别复杂的法规以外，其他法规在印刷出版后的24小时内就被加入到网站内容中。（见图8-2-9）

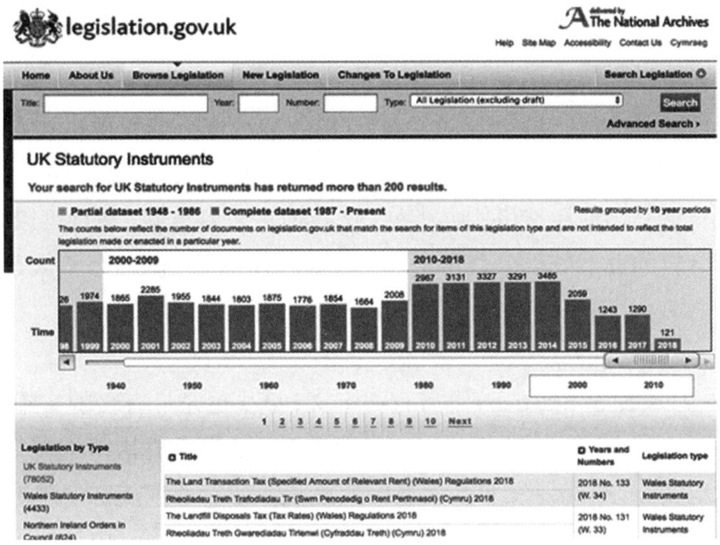

图8-2-9　HMSO网站上按年份浏览法案

除非部长认为有此必要，否则地方法规都是免于印刷出售的。可见，搜寻地方法规是比较困难的。

自1999年7月1日起，威斯敏斯特议会授权威尔士国民大会制定法规，授权范围根据1998年《威尔士政府法案》（Government of Wales Act，1998）确定，大会制定的法规仅适用于威尔士。虽然理论上讲，威尔士国民大会无权制定一次立法，但是授予制定二次立法的权力范围很广，几乎相当于创设了一个特殊的威尔士立法机构。

获得批准的一般法规由HMSO出版，用户在威尔士政府网（http://www.wales.gov.uk）上也能找到这些法规。（见图8-2-10）国民大会制定的法规以英语和威尔士语出版发行。而自从2003～2006年的机构改革之后，皇家文书局与其他3个机构合并成了国家档案馆（The National Archives），包含了原来各机构的职能，即包含了出版法律等职能。

图8-2-10　威尔士政府网

② 地方规章

地方规章（by-laws）是二次立法，由议会法案授权的当地或公共权威机构（如前英国铁路或水路委员会）制定。根据1972年《当地政府法案》（Local Government Act, 1972）第236节的规定，当地权威机构制定的地方规章应置于当地权威机构办事处，供各地方政府审阅，并且可以向公众出售。其他机构的地方规章应置于各自的办事处供公众审查和购买。一般来说，图书馆不太可能收集地方规章，但是规模较大的公共图书馆会藏有其所在地区的权威机构制定的地方规章。

③ 实施法令

实施法令（statutory codes of practice）没有官方定义，最早也是最有名的实施法令是20世纪30年代制定的《公路法》（Highway Code）。70年代以来，部长和其他官方机构得到授权可以发布一些指南，为保证法律得以更好地实施，机构还发布了大量的实施法令。有些实施法令具有法律效力，可被法院用作认定是否需要承担责任的依据。实施法令的出版并不统一，许多是由英国文书局（The Stationary Office, TSO）出版的，如《公路法》；还有一些，如均等机会委员会（Equal Opportunities Commission）为消除就业中的歧视而制定的法令，则由制定该法令的组织出版。查找这些法令的最好的资源就是涵盖了相关主题的活页法律百科全书。例如，一些案例中的大量关于工业关系法律的实施法令再版时都附有百科全书编辑者所标的脚注，可以在*Sweet&Maxwell' s Encyclopedia of Employment Law*此类的百科全书中找到。

（2）如何使用二次立法

上文提到过，每天都会有一些法规出版发行，公众通过书面方式或在因特网上都能找到。每到年末，名为Statutory lnstruments的法规年卷都将会由皇家文书局出版，其中含有一般法规的再版。年卷中的法规是按顺序号编排的，而且每年最后一卷后面附有主题索引。皇家文书局也提供法规的主题索引或年代时间（如顺序号）索引服务，但是由于法规年卷的出版通常要延后几年时间，使索引服务更新不够及时，使用起来也不如商业版本方便。法律法规数据库（Statute Law Database）是由法规出版处（Statutory Publications Office）建立的，收录了1991年之后所有一般法规的全文以及在此之前的部分法规全文。

关于法规官方文本在图书馆的收藏情况，戴维·刘易斯·琼斯（David Lewis Jones）和克里斯·庞德（Chris Pond）的*Parliament Holdings in Libraries in Britain and lreland*（Westminster：House Of Commons Library，1993）一书中提供了一些相关信息。

Halsbury’s Statutory lnstruments是用以查询法规最好的资源之一。它每月更新一次，有非常详细的主题、标题和年代时间索引。但是，并非包含所有的法规，很多法规也仅是提供摘要而已。在使用Halsbury’s Statutory lnstruments时，如果碰到以下两种情况最好采用其他方法：第一，已经知道所要查询法规的出版年份和顺序号，此时可以直接到皇家文书局的出版物中查询，因为它们是按此顺序编排的；第二，如果要查询几周前刚发布的法规，因为它们还没有被收录到Halsbury’s Statutory lnstruments中，所以可以到皇家文书局的活页本或其网站上搜索。

正确使用Halsbury’s Statutory lnstruments还需要一些实践。Butterworths在百科全书中提供了一个用户指南，还用图表形式列出了一个使用说明书，这些都会对用户有所帮助。

《当前法律法规引注》（Current Law Statutory lnstrument Citator，可以通过书面版、Current Legal Information CD或者因特网找到）详细列明了1993年以后所有法规的内容、废止情况、修正情况，而且还提供了法院对法规进行斟酌的措辞和其所解释的案例的名称。

此外，还有一些电子资源在检索二次立法上也会有所帮助，它们是Lexis、Lawtel和Context有限公司推出的JUSTIS法规光盘（JUSTIS SI-CD，Statutory lnstrument CD-ROM）。

Lexis收录了英格兰和威尔士现行有效的所有一般法规的全文，每周更新一次。Lexis上收录的每个法规文本都附有其后的修正条款。

Lawtel是法律信息的在线摘要。它没有收录法规的全文，而仅收录关于法规的一些信息。该数据库每日更新，所以查询当前或最近的法规情况时很有用处。

JUSTIS SI-CD由Context有限公司出版（与皇家文书局合作出版），收录了皇家文书局 1987年1月1日以后出版的所有法规全文。用户可以用任何词语进行搜索，有些类似于Lexis。光盘收录了法规里包含的所有表格（tables）、图表（diagrams）和图示（maps），每三个月更新一次，不过，JUSTIS的网上在线服务每两至三周更新一次，用户也可以利用其来搜索所需内容。

【检索举例】

例1：在仅知道法规的标题，而不知道发行年份和顺序号的情况下如何查找？

用户在书面资源中可以利用Halsbury’s Sis，要注意选择恰当的索引，如果查到的法规不是全文版的，可以到皇家文书局版本中查找。如果想在电子资源中查找，可以用JUSTIS SI-CD，在heading（标题）项下搜索，不过要注意该数据库收录的法规的日期范围；也可以用Lawtel数据库，不过同样也要注意其日期范围；用Lexis也可以，但是和其他数据库一样，因为每年有大量的法规发布，有一些标题会有所类似，所以搜索的过程中要注意保证所搜到的法规即为所需的法规；皇家文书局的网站提供可以搜索到该网上所有法规文本的程序软件，比较便捷，不过要注意该网只收录了1997年以后的法规。

例2：如何查询某一法规当前是否有效？

用户选择书面资源可以用Halsbury’s Sis，注意要用恰当的索引进行搜索，而且要确保使用的是每月更新一次的活页本以保证不会漏掉法规最近的变动情况。为了弥补Halsbury’s Statutory lnstruments编纂耗时的缺陷，可以选用皇家文书局的网上法规查询或英国文书局（TSO）的《每日目录单》（Daily List），《每日目录单》是TSO和皇家文书局提供的它们当天出版情况的目录。大多数法律图书馆和一些较大的公共图书馆都会订购该目录单。其他电子资源都有不同的局限性：JUSTIS SI-CD更新不够及时，不便查找，除非是利用其在线更新服务；Lawtel可以提供最新的法规信息，不过仅限于摘要；而Lexis仅收录了当前有效的法规全文。

3.判例法

判例法由法院的判决报告组成。

与法案和法规相比，搜索判例法相对困难一些。原因是：第一，没有本管辖区的官方法律报告汇编判例；第二，每年大约只有1.25%的案例判决能够出版。

英国的法律报告有四大类，即经过汇编的“一般法律报告”和“专门法律报告”，记载全文的“一般法律报告”和“专门法律报告”。

“一般法律报告”收录涉及普遍利益的案件，其收录范围较广，而“专门法律报告”则是有选择地收录某一法律领域的案件。经过汇编的报告又称“高级报告”（advance reports），这是美国法律报告分类所用的术语。高级报告是指形式简略，经过编排后，以最快的速度出版发行的判决报告。与之对应的是全文报告（full-text），这是一种逐字逐句按照判决书进行汇编的报告。一般高级报告可以在一些高质量的日报中找到，比如《泰晤士报》（*The Times*）、《金融时报》（*Financial Times*）和《独立报》（*Independent*）。另两种综合性出版物《法律报告周刊》（*Weekly Law Reports*）和《英格兰法律报告》（*All England Law Reports*），一般出版全文报告，但通常要延后数月。专门报告的情况与一般报告有些类似，例如，《刑法评论》（*Criminal Law Review*）刊印高级报告。而《刑事上诉报告》（*Criminal Appeal Reports*）要延后很久才能刊印全文报告。

上议院的免费网站（http：//www.parliament.uk/business/bills-and-legislation/）收录了其1996年11月14日以后所作的案件判决，这些判决在作出后2小时内就被加入网站内容中。（见图8-2-11）

图8-2-11　英国议会

还有一些网站也收录有未经报告的案例判决：法院服务处（Court Service）——上议院大法官部（Lord Chancellor' s Department）的中介，收录了部分高等法院、上诉法院（https：//www.gov.uk/government/organisations/hm-courts-and-tribunals-service，见图8-2-12）民事案件审理司和上诉法院刑事案件审理司判决的全文报告。它有自己的免费网站。

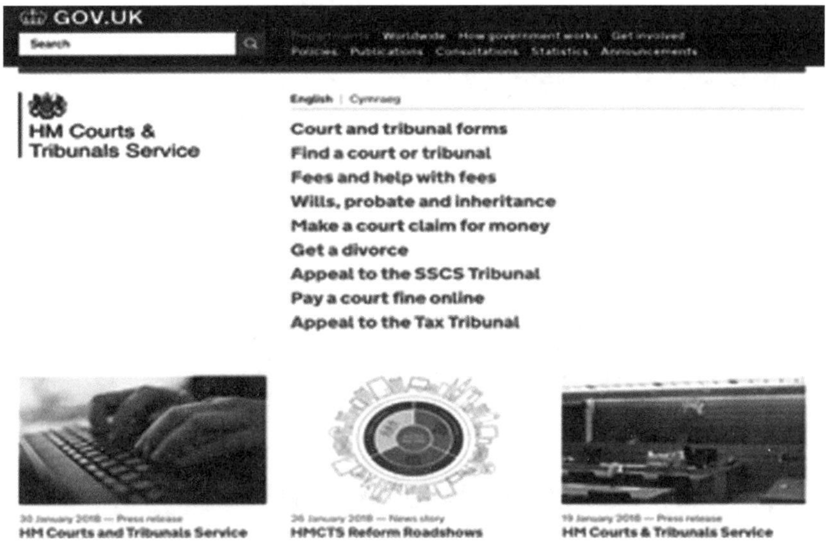

图8-2-12　上诉法院

此外，Merrill Legal Solutions数据库（http：//mls.merrillcorp.com/home/sectors/legal-solutions/，见图8-2-13）每年更新一次。用户只有在知道案件名称或判决作出日期的情况下才可能从该数据库中搜索到所需信息，按主题搜索在该数据库是行不通的。在Smith Bernal网站中与该数据库关联的数据库是Casetrack，它收录了当年的判决报告，但仅向会员开放。

图8-2-13　Merrill　Legal　Solutions

雇佣上诉特别法庭（Employment Appeal Tribunal）设立了一个免费网站（https://www.gov.uk/appeal-employment-appeal-tribunal）。该网站提供最近判决的全文。（见图8-2-14）

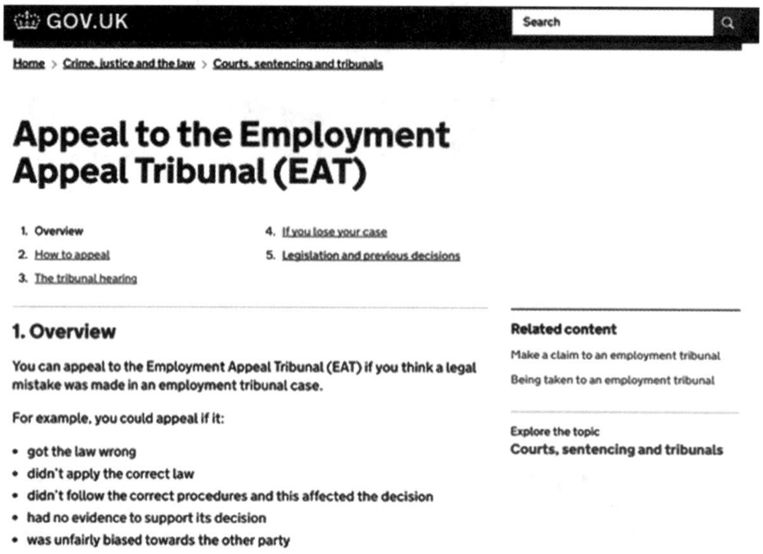

图8-2-14　上诉特别法庭

对于那些在电子数据库中查不到的案例，最高法院图书馆编写了一本非常有用的小册子*Transcripts of Judicial Proceedings*：*How to obtain them*（Hebden Bridge：Legal Information Resources Ltd.2nd ed，1996），它提供了与副本对应的不同等级的法院的地址、电话和传真号码。根据这本小册子编写的一个列单收录在Guy Holborn的*Butterworths Legal Research Guide*（London：Butterworths，1993）中，但其中的信息已经日显陈旧了。值得一提的是，地方法院的会议记录没有正式的记载，用户想查询巡回刑事法庭和郡法院的会议记录应该与当地法院联系。

在查找判例法时我们要掌握几个检索技巧：

第一，学会看懂“法律报告”中的引注。

要查找法律报告中的某一案例，我们先要看懂一些引注和缩略语。如Rolled Steel Products Ltd. v. BSC［1985］3 ALL ER52，从这个法律引注中可以获得的信息是，该案例可以在1985年的All England Law Reports第3卷第52页中找到。法律报告中最常用的缩略语可以在下列书目中查到：

Raistrick，D.，*Index to Legal Citations and Abbreviations*（London：BowkerSaur，2nd ed.，1993）；

Halsbury' s Laws of England，1st volume（London：Butterworths）；

Current Law Monthly Digest；

Current Law Yearbook；

Current Law Case Citator（Sweet&Maxwell）；

Osborn，P.，*Concise Law Dictionary*（London：Sweet&Maxwell，8th ed.，1993）。

第二，熟悉查找判例法的几个途径。

有五种类型的数据库或出版物可以供我们查找有关判例：案例的全文报告，法律报告索引，附有案例摘要的索引、引注以及把不同的案例判决联系起来的法律评论。对这几种类型的数据库或出版物的查找途径介绍如下：

（1）查找案例的全文报告（full text reports of the cases themselves）。

大多数法律图书馆都收藏了一般法律报告的出版物，比如《英格兰法律报告》（*All England Law Reports*）、《法律报告周刊》（*Weekly Law Reports*）和《法律报告》（*The law Reports*）。另外，一些较大的日报也会收集法律报告，如《泰晤士报》（*The Times*）和《独立报》（*Independent*）等。

在收录的法律报告的日期范围和主题范围上，Lexis是最广的，但其仅向会员开放。Lexis收录了1945年以来所有案例报告的全文，以及大量的上诉法院民事案件审理司未经报告的案例，其中有一些报告选自于高等法院和特别法庭。

Link（Legal lnformation Network）是一个在线信息系统，主要为律师而设，收录了1993年以来上诉法院民事案件审理司和上议院审理的大约5000个案例的全文副本。电子法律报告（*Electronic Law Reports*）是《法律报告》（*The Law Reports*，最权威的成套法律报告）的光盘版，收录了1865年至今的案例报告。不过，《法律报告》仅收录了所有报告的案例中很小的一部分。JUSTIS Weekly Law Reports数据库收录了登载在*Weekly Law Reports*（1953-）上的报告的全文。光盘每两个月更新一次；JUSTIS在线服务更新得频繁些，每两周一次。Butterworths Direct的网站和光盘都收有*All England Law Reports*的内容。Lloyd' s Electronic Law Reports（光盘或网站）收录了*Lloyd' s Law Reports*从1919年至今的全部内容，涵盖了海事和商业法案例以及*Lloyd' s Reinsurance Law Reports*（1995-1997）的内容。还有很多出版商生产收录了财产和税收案例的光盘。近来，英国主要的出版社（Butterworths、Sweet&Maxwell、Tolleys、CCH）都倾向于出版按主题分类的光盘，内容涵盖某一具体的法律领域内的评论、立法和案例报告，如税收法、公司法，其具体内容则主要来源于该领域的出版物。

（2）法律报告索引（indexes to law reports）。

*The Law Reports*同时出版索引。《法律杂志索引》（*Legal Journals Index*）于1986年首次出版发行，原来是一个书面的数据库。现在，作为Current Legal Information（London：Sweet&Maxell）的一部分，其电子版也投入了使用。电子版《法律杂志索引》提供了英国400多种法律期刊的索引，包括载有简略案例报告的杂志，这些杂志涉及的领域非常广泛。

约克郡一家法律顾问公司Swarbrick&Co.创办了一个法律报告索引网站（http：//www.swarb.co.uk/），收录了英国1992年以后的1000多个案例的报告。（见图8-2-15）

图8-2-15　Swarb.co.uk

（3）附有案例摘要的索引（indexes with brief summaries of cases）。

Lawtel网（http：//www.lawtel.com/）提供含有案例摘要的法律信息，其数据库收录了1980年以来的案例，新的案例也会在报纸报道或其得到案例副本之后被尽快加到数据库中。如果一个案例是以法律报告的形式印刷出版的，Lawtel在其数据库中也会收录此案例引注的详细内容。（见图8-2-16）

1999年起，*The Law Reports* 和 *Weekly Law Reports* 的发行人ICLR（The Incorporated Council of Law Reporting）提供了免费的网上查询服务（http：//www.iclr.co.uk/）。该网收录了上议院、枢密院、上诉法院和高等法院的部分案例的摘要，这些案例摘要在判决作出后24小时内即被收录其中，内容较新。（见图8-2-17）

图8-2-16 Lawtel

图8-2-17 ICLR

（4）引注（Citators）。

*Current Law Case Citator*是按照案例名称的字母顺序排列的一个引注列单，收录了1947年之后所有报告过的英格兰、威尔士和苏格兰的案例。如果所要查找的案例的引注不完整，则无法从*Citator*上查询。在*Citator*中每一个条目都具体列明了该案例的出处，因为有的案例会记载于不同的出版物中，

故而很多情况下一个案例可能会有几个引注。倘若有多种选择，律师通常会选择最详尽的版本，此时可以从全文报告资源中选择一篇。*Citator*印有多卷，每一卷收录的是不同时期的案例报告。*Citator*的电子版作为Current Legal Information数据库的一部分被收录于其中。

（5）把不同的案例判决联系起来的法律注释（commentaries on the law relating different case decisions to each other）。

*Halsbury' s Law of England*是一个非常重要的此类查询出版物。它是由Butterworths的编辑人员编写的对英格兰和威尔士的法律注释。该书附有大量脚注，其中提供了大量案例的引注。如果想根据主题查找案例或把不同案例的判决联系起来进行考察的话，该书是最好的选择。该书附有用户指南和一份用图表形式列明的使用说明书。更为详细的使用说明还可以参照Peter Clinch的*Using a Law Library*（London：Blackstone Press，new edition 2000）一书。

Halsbury' s Law和Halsbury' s Direct一样，都可以在Butterworths Direct的网站上查到，但该网站只向会员开放。

第三，学会如何检索判例法。

例1：在知道当事人名字的情况下如何查找案例报告？

首选是*Current Law Case Citator*，书面版或电子版均可。另外，*Law Reports lndex*以及All England Law Reports的综合图表索引亦可。如果怀疑案例是最近才得到判决的，那么应该使用*Current Law Cases*和*Legal Journals lndex*。这类查询用Lawtel和Lexis也可以。但是，因为Lexis是收费的，所以在网上搜索之前最好先在书面资源里查找，也可以综合利用前面提到的免费网站（House of Lords、Court Service等），不过要注意大多数网站没有收录1996年以前的案例。如果知道作出判决的具体法院，那么在数据库和网络中的查询就会快得多。

例2：如何查询某一判决作出后，其后的案例是否参考过该判决？

因为此类查询涉及的范围比较广，所以只有两种资源可以予以利用：Lexis或*Current Law Case Citator*。如果要使用*Current Law Case Citator*的书面版，首先要找到所需查找的案例的条目，然后参考其姊妹书*Current Law Yearbook*，后者收录了案例判决的摘要。这些摘要参考的书目都在Citator的对应条目最后的"Digested"一词后。数码表明了*Current Law Yearbook*的年份以及在书中哪一段可以找到案例摘要。一旦找到了所需查找的案例的相关内容，然后在最新发行的Citator中查询法院在随后的案例中是如何评价原始判决的。要注意留心任何能够表明以后的判决是怎样遵从或否定原始案例的信息。我们可以随时留心*Current Law Yearbook*中的相关内容，因为它们包含的信息可能表明案件的原始判决是否已经不适用于作为以后的案件判决的参考了。关于Citator和Yearbook的使用说明，Peter Clinch的*Using a Law Library*一书中有介绍。

*Current Law Case Citator*的光盘版使用起来更方便一些，因为通过它可以直接链接到它的姊妹数据库Current Law Cases中，后者记录了案例的摘要。也可以通过互联网在Citator中搜索，但是没有链接服务。

例3：如何根据主题搜索案例？

Lexis、Lawtel和Halsbury' s Direct都可以进行此类搜索，不过要注意Lawtel收集的案例有日期限制。在书面资源中，*Halsbury' s Laws*是最好的。

4.法律以外的资源

法律以外的资源包含有大量以实施规则（codes of practice）、行为规范（codes of conduct）、指导

(guidance)和准则(standards)命名的文件，涉及范围非常广泛。它们和前面谈到的资源有以下两个区别：第一，任何组织都可以发布该类资源，而法律法规只能由拥有立法权的机构发布；第二，这一类文本本身没有法律上的执行效力，它们只是力求影响人们的行为，建议或保证实施上的统一性。例如，根据1973年《公平贸易法案》(Fair Trade Act，1973)，商品交易会总理事(Direct General of Fair Trading)有义务督促贸易协会制定实施准则。目前已经有将近50个准则出台。它们明确了交易者的法律责任以及消费者在法定权益之外还享有的权益。比如，《汽车制造业实施规则》包含有推销、销售、维修以及售后服务方面的内容。又如，根据1993年《数据资料保护法案》(Data Protection Act，1993)，保护委员会有义务督促贸易协会依据法案中确定的数据资料保护原则制定更为详细的实施规则。

公平贸易局网址：http：//www.oft.gov.uk。(见图8-2-18)

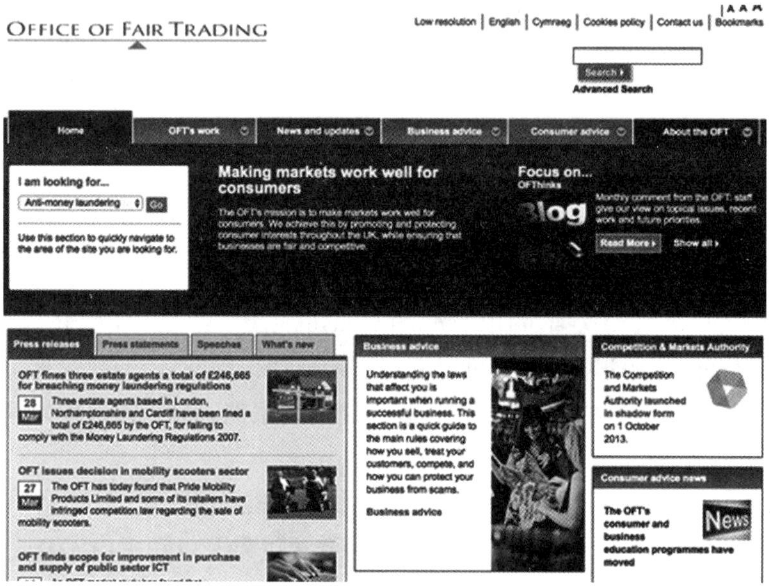

图8-2-18 Office of Fair Trading

5.二次文献

教科书、法律期刊、法律工具书以及官方出版物是常见的二次文献。

(1)教科书

各类教科书的详细情况可以从英格兰和威尔士主要的法律出版公司的目录(通过书面或网络均可)中查到，如Butterworths、Sweet&Maxwell、Blackstone Press。英国最大的两家书店——Hammick' s Bookshop和Law Notes Bookshop，在它们每年的目录中都会列出重要的综合性的法律教科书。最新的法律教科书的详细情况在*Current Law Monthly Digest*中有记录，在Digest的正文或每期最后的清单中也都能找到。

一些法律出版商开始出版电子版的教科书。Butterworths已经开始出版电子图书，这些书收录了经挑选的部分书面版教科书的内容，连同电子版的相关立法和案例介绍，一起压缩在一张光盘中，用户能够很快查到所需要的内容。Sweet&Maxwell、Tolley和CCH也开始研制类似的光盘，把同一学科不同种类的出版物收录到一张光盘中。

(2)法律期刊

用户若想查询法律期刊可以通过电子版的期刊索引。创建于1986年9月的*Legal Journals lndex*是英国辖区内最好的索引，它涵盖了400多种期刊，使用光盘或互联网查询均可。Lawtel涵盖的期刊比*Legal Journals lndex*少，但仍不失为一种可供查询的资源。Lexis收录了少量期刊的全文，用途比较有限。Link侧重于收录实用性杂志上的文章全文，这对律师来说比较合适。就书面资源而言，*Current Law Monthly Digest*也提供期刊文章的索引，但是因为它也收录其他有关法律的最新信息，并且是以非常宽泛的标题范围编排的，所以要进行比较具体的查询可能会有些困难。一些索引服务也提供法律方面相关文章的索引，如*Criminology*、*Penology and Police Science Abstracts*、*British Humanities lndex*的书面版或光盘均可。

（3）法律工具书或检索类用书

一般来说，比较常用的法律词典包括：

Mozley and Whiteley' s Law Dictionary（London：Butterworths，10th ed.，1988）；

A consise Dictionary of Law（London：Sweet&Maxwell，2nd ed.，1990）；

Osborn' s Law Dictionary（London：Sweet&Maxwell，8th ed.，1993）；

Jowitt' s Dictionary of English Law（London：Sweet&Maxwell，2nd ed.，1977），有2卷，通过增刊补充最新的内容，每隔数年出版一次；

A Dictionary of Legal Quotations（London：Croom Helm，1997）。

（4）官方出版物

除了议会的议案、法案和法规，一些官方出版物，如敕令书（Command Papers）、重要的政策性文件、皇家专门委员会报告或议会以外的机构的调查报告等也是很好的法律文献资源，其中有一些表明议会将来立法的动向或包含对公共事务进行调查后所作的相关建议书，例如法律委员会的报告和咨询性文件或详细陈述其对修改法律的建议等。这些资料由英国文书局出版发行。一些非政府性的半自治组织，如均等机会委员会、卫生与安全委员会等也发行一些对律师非常有用的文件。许多机构都在网上发布文件，有关部门的网址可以用英国政府信息服务网（http：//www.direct.gov.uk/）的机构组织索引进行查询。（见图8-2-19）

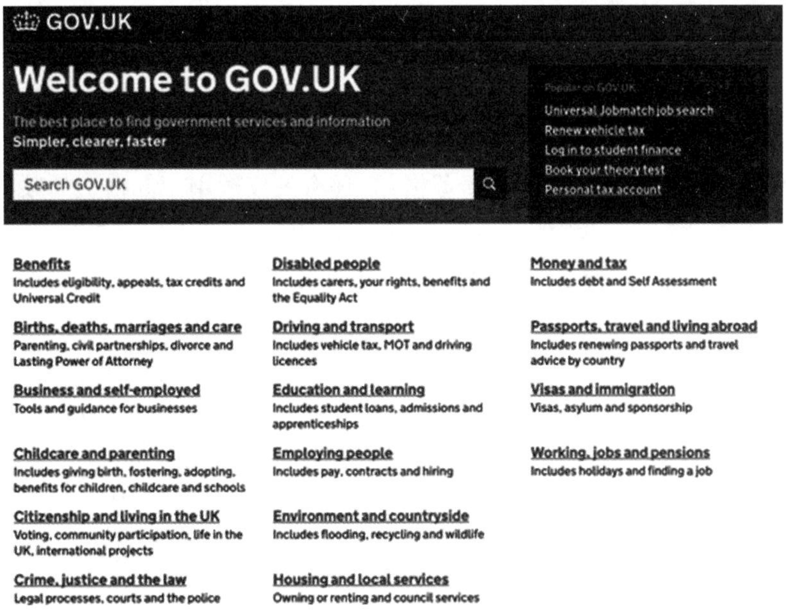

图8-2-19　Direct.gov.uk

另一种查询政府出版物的方式是利用不列颠政府出版物目录（Catalogue of British of ficial Publications）或其光盘，英国官方出版物（United Kingdom Official Publications，UKOP）网也会提供TSO的目录。

以南安普敦大学为主的一个商业网站（British Official Publications Current Awareness Service，BOPCAS，http://www.soton.ac.uk/）提供了大多数TSO的出版物和大量政府部门出版物的索引。该网站由两部分组成：免费部分——提供最近6个月内出版物的索引、会员部分——收录了1995年以来的档案文件。该网站每周更新一次，使用起来也很方便，用户可以利用日期、出版物的类型（如敕令书）和主题进行搜索，也可以加入Policy Awareness Electronic Mail Group以自动获取某一项领域（如环境法）内的最新出版物的情况。（见图8-2-20）

图8-2-20 Soton.ac.uk

（二）苏格兰

苏格兰的法律体系是一个混合体，既受到英格兰和威尔士普通法系的影响，又受到大陆民法体系的影响。这也是苏格兰很多法律的基本原则不同于英格兰法的一个原因。在法律职业和法院等级方面两者也有很大不同。在今天苏格兰的法律教育中，罗马法的学习仍然是很重要的一部分。

在1709～1999年间，英格兰和苏格兰的议会还是统一的，那时它们的主要立法形式还是相同的：公共一般法案和二次立法，主要是法规。不过，适用苏格兰法律时一定要注意其议会法案适用的地域范围：有一些适用于全英国，有一些仅适用于苏格兰，还有的仅适用于苏格兰的某些地区。每项法案最后都会有法案适用的地域范围的说明。

皇家文书局出版苏格兰当代官方法案资源的情况同英格兰和威尔士一样。*Current Law Statutes*收录了1991年以后的苏格兰法案全文。1991年以前，法案被收录在*Scottish Current Law Statutes*中。*Current Law Statute Citators*（London：Sweet&Maxwell）中有苏格兰法令的相关信息（印刷版、光盘版、网络版均可）。苏格兰的法令不像英格兰法令在*Halsbury's Statutes of England*中有专门介绍。不过，在*Halsbury's Statutes of England*的“Is it in force?”部分中，详细收录了苏格兰法令的起始实施日期以及废除条款和修正条款。1980年之后通过的仅适用于苏格兰的法令收录在ENGGEN图书馆的Lexis系统中，但是其更新不够全面。所以，从Lexis上找到的信息最好能在书面资源中再确认一下。

根据1998年《苏格兰法案》（Scotland Act，1998）的规定，苏格兰议会自1999年7月1日起有权立法。

威斯敏斯特议会授权新议会制定仅适用于苏格兰的法案和二次立法，授权范围很广。不过在一些特定产业上，威斯敏斯特议会仍然保留其立法权，如贸易和工业、国家安全、均等机会和广播业等。

查询苏格兰议会立法草案的网址：http://www.parliament.scot/parliamentarybusiness/bills.aspx。（见图8-2-21）

《苏格兰议会的法案》(Acts of the Scottish Parliament, ASP)由皇家文书局出版，在国家档案馆网站中也可查到。该网站还收录了1998年《苏格兰法案》(Scotland Act, 1998)的全文相关立法。同样地，由于皇家文书局并入国家档案馆，现在只需登录国家档案馆网站(http://www.legislation.gov.uk/)，就可以查询到苏格兰议会制定的法案。

*Current Law Statues*中专门有一节是刊印苏格兰议会法案的，还附有简短的介绍和专家评注。

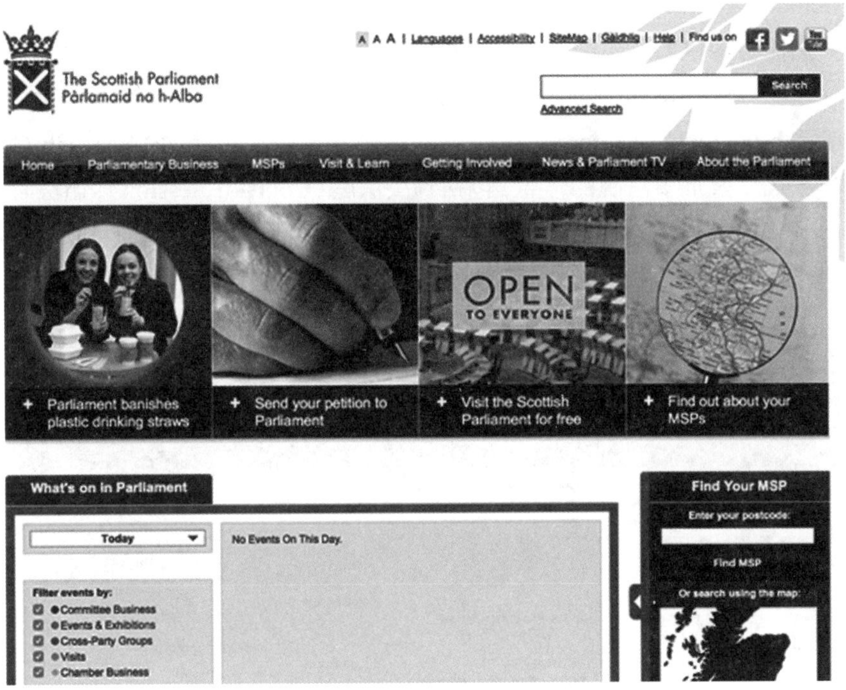

图8-2-21　苏格兰议会

新苏格兰议会有权制定仅在苏格兰地区适用的法规。法规草案的审议程序在苏格兰议会和威斯敏斯特议会有很大差别，因此，两个议会就同一立法对象制定的立法在生效日期和效力上都会不同。

审议通过的法规由皇家文书局出版发行。苏格兰法规在以下电子服务站点也能找到：Butterworths Scotland Direct、Justis Statutory Instrument、Lawtel 和 Current Legal Information。

Greens Scottish Statutory Instrument Service提供了新议会制定的法规的全文和其余法规的摘要，且都附有专家评论。其索引支持题目、序号和主题搜索。

有两种类型的二次立法是专属于苏格兰的。两个程序法——《集会法案》(Acts of Sederunt)和《延期法案》(Acts of Adjournal)，被收录在了*Scots Law Times*(印刷版或光盘版)中。这两个法案在皇家文书局出版发行的*Statutory Instrument*和*Current Law Statutes*中也能查到。现行有效部分的内容被收录在*Parliament House Book*(London: Sweet&Maxwell)中，该书内容会及时更新。

苏格兰的判例法有很多地方同英格兰和威尔士的判例法是一样的，如所有案例中只有很小一部分能够出版发行，法律报告的种类和律师引用案例的方式也是相同的。如果是用书面版的引注查询案例，务必注意是在*Current Law Case Citator*里关于苏格兰的章节中查询。同样，在用*Current Law Monthly Digest*查询的时候，也要记住该书是按管辖区编排的，关于苏格兰的内容是单独编排的。

Legal Journals Index 和 *Current Law Cases*（都收录在Current Legal Information的光盘或互联网上的数据库中）也有苏格兰的判例法。*Green' s Weekly Digest*是专门提供苏格兰信息的出版物，该书收集了出版商W.Green 和 Son所有能够收集得到的案件判决。W.Green和Son还出版了*Scots Law Times*。与*Halsbury' s Laws of England*相似的是介绍苏格兰法律的*The Laws of Scotland*：*Stair Memorial Encyclopedia*（Edinburgh：Butterworths）——一本25卷带评注的苏格兰法律汇编，该法律汇编按主题编排，并有及时的更新服务。SCOT图书馆的Lexis系统收录了1944年之后的苏格兰案例的报告全文和20世纪80年代以来一些苏格兰法院审理的未经报告的案例。

苏格兰法院网（http：//www.scotcourts.gov.uk/）由苏格兰法院服务处（Scottish Court Service）创办，提供所有苏格兰民事及刑事法院的信息，包括判决法庭（Court of Session）、司法官高级法庭（High Court of Justiciary）、郡长法庭（Sheriff Courts）以及其他一些法院、委员会、特别法庭和地方法院。提供的信息包括这些法院的地址、联系方式以及近期判决的建议和具体内容。（见图8-2-22）

图8-2-22　苏格兰法院

用户只要了解了苏格兰和英格兰在法律文献上的上述差异，就可以按照搜索英格兰和威尔士法律相关内容的步骤来查找所需的信息了。

格拉斯哥大学创办了一个苏格兰议会和政府出版物网站（http：//www.gla.ac.uk/，见图8-2-23），该网站上有与苏格兰有关的最新的议会和官方出版物的列单，所涉机构包括联合王国议会、苏格兰议会、苏格兰行政部门（Scottish Executive）以及苏格兰办公室（Scottish Office）。

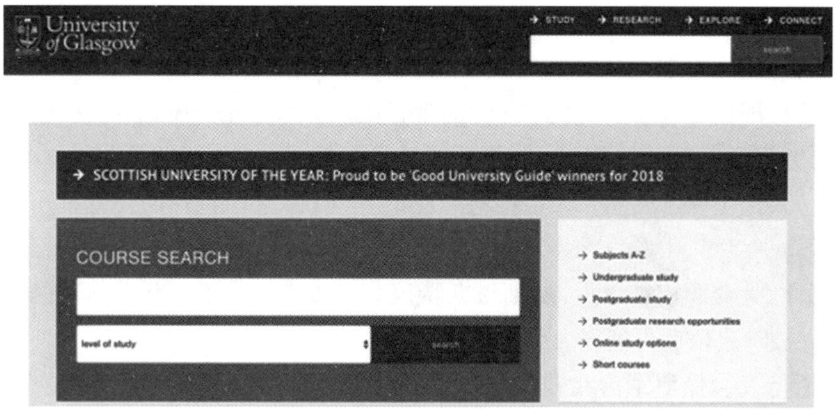

图8-2-23　格拉斯哥大学

爱丁堡大学法学院的网站（http：//www.law.ed.ac.uk/）也可以搜索到苏格兰法律的相关内容。（见图8-2-24）

图8-2-24　爱丁堡大学

（三）北爱尔兰

1801年以前整个爱尔兰有其独立的议会。在1801～1921年间，伦敦的联合王国议会为全爱尔兰立法。1920年《爱尔兰政府法案》（Government of Ireland Act，1920）生效以后南北爱尔兰宪法及立法体系分立。1921年以后，北爱尔兰的法制情况复杂而多变，也导致其法规的制定和出版发行变化不断。

北爱尔兰议会在1921～1972年间制定的法规由贝尔法斯特的皇家文书局出版。1972年3月，北爱尔兰议会解散，北爱尔兰在威斯敏斯特议会的直接统治下继续存在。北爱尔兰法规是作为枢密令（Orders in Council）出版发行的，同时作为英国二次立法中法规的下一级法律规范由皇家文书局出版。新北爱尔兰大会在其存续期间内（1973年7月～1974年5月）通过了4项“措施”，均由贝尔法斯特的皇家文书局出版。

1974～1999年间，北爱尔兰政府恢复，其立法模式亦恢复。1998年4月10日的贝尔法斯特协议(Belfast Agreement)，即现在通常所称的“耶稣受难日协议”(GOOD Friday Agreement)重建了新北爱尔兰大会。根据1998年5月的公民投票，新北爱尔兰大会根据1998年《北爱尔兰选举法案》(Northern Ireland〈Elections〉Act，1998)成立。大会拥有广泛的立法权，其中包括原先分别由6个爱尔兰政府部门拥有的立法权限。

2000年2月11日，大会职权被终止，威斯敏斯特议会又重新恢复了对北爱尔兰的统治，直到其认为法律中规定的条件被满足以后再恢复大会的职权。

虽然威斯敏斯特议会保留了为北爱尔兰立法的权力，但是北爱尔兰大会还是有权制定威斯敏斯特议会授权范围内的法律。大会制定的法律可以在北爱尔兰大会网站(http://www.niassembly.gov.uk/，见图8-2-25)上查到。

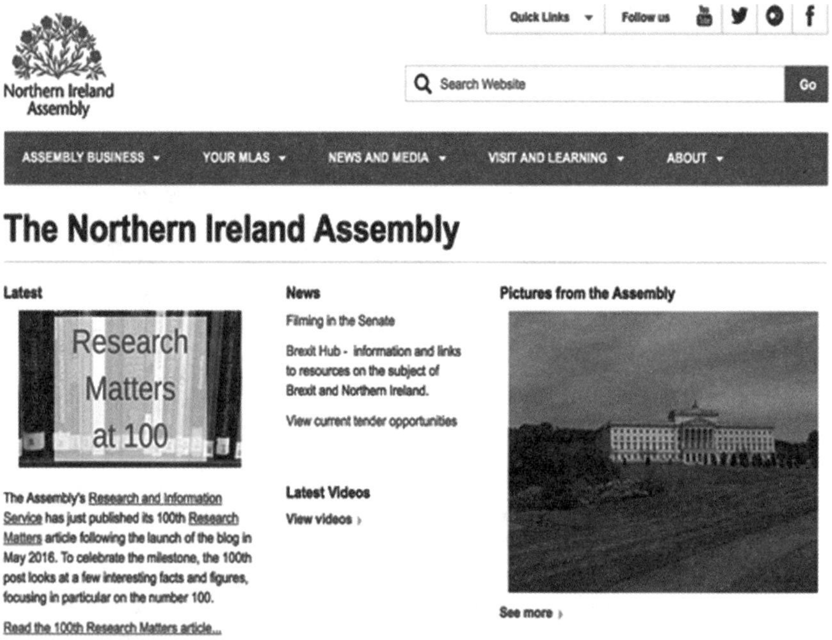

图8-2-25　北爱尔兰大会

大会通过的法律由贝尔法斯特的皇家文书局出版发行。

Statutes Revised，*Northern Ireland*(HMSO)第2版收录了所有现行有效的北爱尔兰立法，但不包括1922年后由威斯敏斯特议会通过的适用范围扩及或仅适用于北爱尔兰的联合王国法规。

贝尔法斯特皇家文书局每年都会出版*Statutes Revised*，*Northern Ireland*的增刊，但是原文不会更新。Lexis电子数据库仅收录了现行有效的适用范围扩及或仅适用于北爱尔兰地区的联合王国的法规。Justis UK Statues CD收录了仅适用于北爱尔兰地区的法案的全文。至于二次立法，从1922年起，适用于爱尔兰的法规就单独由贝尔法斯特皇家文书局出版发行，后来它们由贝尔法斯特皇家文书局成卷出版发行在*Northern Ireland Statutory Rules and Orders*中。《北爱尔兰指令》(Northern Ireland Orders)被收录在Justis UK Statutes CD中。

北爱尔兰的“官方”法律报告是*Northern Ireland Law Reports*(Belfast：Incorporated Council of Law Reporting)，但其发行通常不够及时。1971年起，*Northern Ireland Judgments Bulletin*(Belfast：

Incorporated Council of Law Reporting)提供判决的“高级”报告。在其他方面，北爱尔兰法律报告体系类似于英格兰和威尔士。Lexis有Nilaw图书馆，收录了1945年后*Northern Ireland Law Reports*的一般案例报告的全文，以及1984年3月起的未经报告的案例。北爱尔兰法院服务处有自己的网站(http://www.courtsni.gov.uk/)，但提供的案例信息非常少。(见图8-2-26)

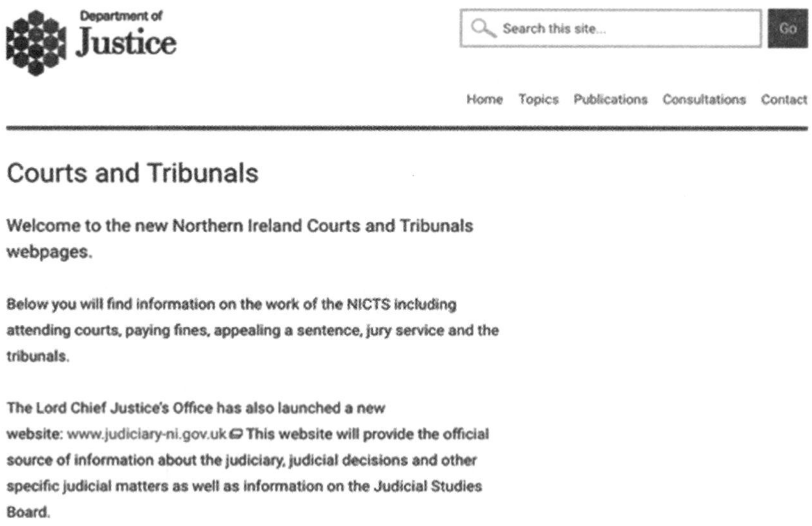

图8-2-26　北爱尔兰法院

Bulletin of Northern Ireland Law(Belfast: SLS Legal Publications)创刊于1981年，每年10期，更新很及时。1986年起，该刊内容通过JUSTIS Online Servie-Context也可以在线查到，但是没有光盘。*Current Law Monthly Digest*(London: Sweet&Maxwell)有一节详细介绍了北爱尔兰法律最近的发展状况。书面版或电子版的数据库*Legal Journals Index*(Hebden Bridge: Legal Information Resources Ltd)收录有英国期刊上关于北爱尔兰的文章。

Legal-island网(http://www.legal-island.com/，见图8-2-27)有广泛的北爱尔兰和爱尔兰共和国相关法律网站的链接。

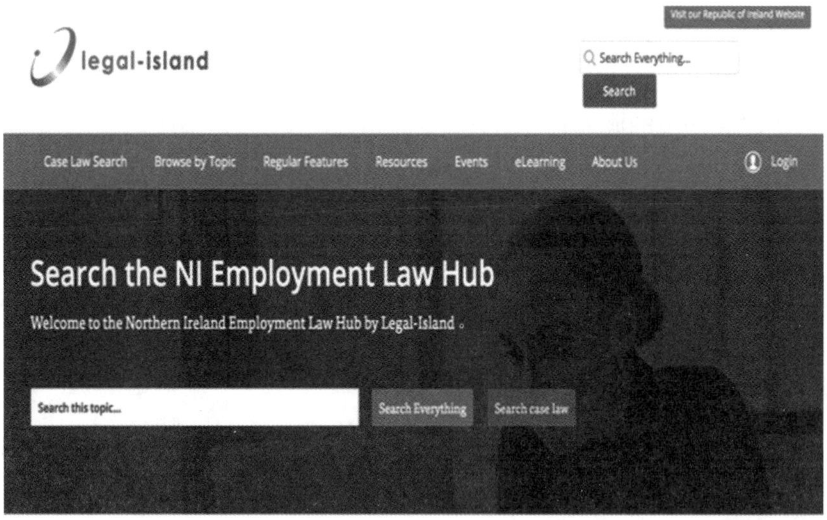

图8-2-27　Legal-island

想进一步了解北爱尔兰的主要法律信息，可以参阅Jules Winterton和Elizabeth Moys编辑，George Woodman编写的*Information Sources in Law*（London：Bowker Saur，2nd edition，1997）中关于北爱尔兰法律的专门章节的介绍。

第三节　加拿大法律检索

一、加拿大的法律体系

自公元17世纪以来，加拿大的人口主要由英国、法国等从欧洲来到这里的移民与数千年前就居住在加拿大这块土地上的原住民构成。时至今日，在加拿大仍然能够感受到这三种不同文化的存续。1876年7月1日，加拿大以联邦形式建国，随后又有很多省份相继加入加拿大联邦，从而构成了我们今天所看到的加拿大。

加拿大1867年宪法确立了加拿大为联邦制国家，联邦政府与省政府分享不同领域的立法权，并用法语与英语出版法律法规。因此加拿大有宪法、联邦法和各省地方法。但是与美国相比，加拿大的法律体系更加复杂，因为加拿大有两套法律制度，这也是由加拿大联邦的人口构成所决定的。其一是从英国继承来的、以英格兰法为基础的普通法，适用于除了魁北克以外的各省份；其二则是魁北克省实行的以法国法为基础的大陆法系法律制度，这套制度在继受法国法的同时也受到了普通法的影响。自从1876年宪法法案出台以后，魁北克省就一直同时使用法语与英语出版其法律法规，而其他省则是近年来才有此做法。

加拿大联邦的法律体系由宪法（Constitution Acts，1867 to 1982）、联邦议会法案（Acts of the Federal Parliament）、省和地方议会法令（Acts and Ordinances of Provincial&Territory Parliaments）以及由各级法院判决的判例法（Cases）构成。

加拿大是一个君主立宪的联邦国家，其议会民主也是承袭了英国的“议会政治”体系，即“威斯敏斯特”体系和以不列颠传统为基础的立宪制议会民主体制。作为英联邦的一员，英国国王是加拿大的元首（无实权，由总督代表），而总督一般都由加拿大总理提名，英国国王任命，少数情况下则由内阁提名。1952年加拿大完全独立于英国之后，这个职位毫无例外都是由加拿大人担任。

与英国和同为英联邦一员的澳大利亚一样，加拿大法律体系也采用“两院制”，即拥有两个立法机构。联邦议会由两部分构成：下议院（House of Commons），简称下院，以及参议院（Senate），一般称为上院。下议院由301名议员组成，5年选举一次，是主要的立法主体，制定联邦法令；参议院议员由总理任命，固定为104人，按地区分布确定人数，其最重要的立法功能就是对措辞模糊和专业性过强的条文进行修改。

二、加拿大的司法体系

加拿大法院体系大体上分四级，从上至下首先是加拿大最高法院，其次是省上诉法院和联邦上诉法院，再次是省和地区的高级法院以及同一层次但分工不同的联邦法院审判庭，最后则是各省和地区的基层法院。

根据加拿大联邦宪法法案，即《1867年宪法法案》，加拿大联邦设立加拿大最高法院。加拿大最高法院在设立之初并无完全独立的司法管辖权，直到1949年根据修订的《最高法院条例》，才成为加拿大名副其实的最高级的终审上诉法院。根据现行法律，加拿大最高法院9名大法官中至少应有3人由魁北克省任命。加拿大最高法院负责审理不服各省上诉法院裁判的上诉案件，但这些案件也并非全部受理，而是只审理其中涉及重大公众利益并为公众所普遍关心的案件，以及在法律适用方面有重大问题的案件，同时最高法院拥有对联邦以及省政府立法的违宪审查权。

在联邦层面，除了加拿大最高法院以外，加拿大还设有加拿大联邦法院、军事法庭上诉庭以及加拿大税务法庭。

加拿大各省以及未获得省资格的地区的法院组织通常由刑事法院、民事法院以及上诉法院这三个部分构成，其下再设各级不同法院。各省对上诉法院的设置各有不同，各省对刑事、民事案件的上诉规定更是复杂，例如，在安大略省，对小额赔偿法院（属于民事法院的一种）判决不服的上诉，只能上诉到作为安大略省最高上诉机关的安大略省最高法院的一部分独任法官法庭；而对例如郡法院的判决不服则可以上诉至该省的上诉法院或者最高法院上诉庭。

联邦及各省详细的规则难以具体分说，若有意了解可以参考LLRX.com网站上一份由Ted Tjaden在2008年发表的《加拿大法律研究指南》（*Doing Legal Research in Canada*）。这份指南详细地列举了立法、司法以及其他法律资源查询之处。

三、加拿大法律文献检索

首先要提到的是加拿大联邦的各类原始法律资源，CanLII.org网站和加拿大司法部网站都免费提供主要的法律资料。

加拿大法律信息研究所（Canadian Legal Information Institute，CanLii）提供了加拿大法律资料的基本框架。这是一个由加拿大法学会发起，蒙特利尔大学的计算机法律搜索组LexUM设计的网站。此非盈利性网站的目标是让加拿大的法律资料可以从因特网上免费获得。

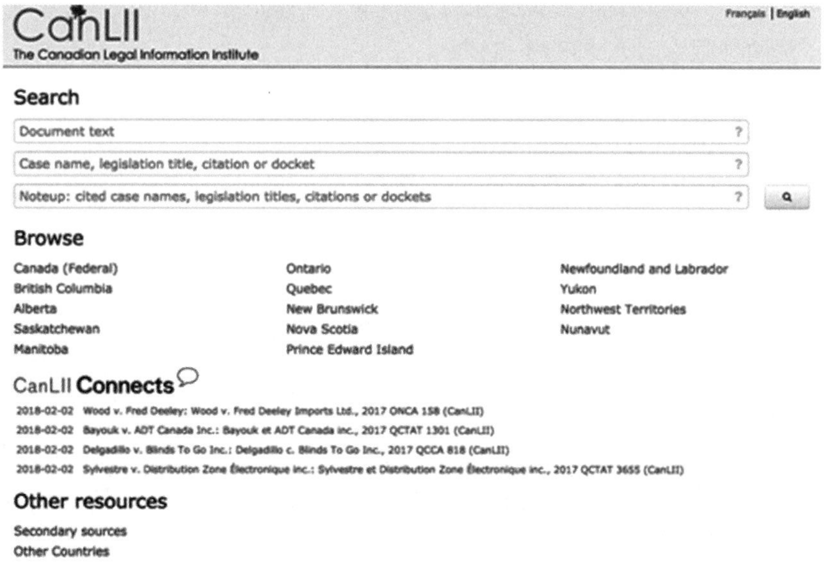

图8-3-1　CanLII.org

如图8-3-1所示，该网站网址：http：//www.canlii.org/，这个站点经过多年发展已经能够做到及时更新各种法令与案例，从这个网站基本上就能获得大部分所需要的法律法规以及案例。而且此站点可以做到按关键词搜索后再按时间顺序浏览，以及按照各个省份地区以及联邦划分案例或法规，并提供英文与法文两个搜索界面。

这个站点可以说是查找最新法律资料的最重要的平台。

加拿大司法部的网站（http：//laws-lois.justice.gc.ca/，见图8-3-2）提供法令和规章的汇编。司法部大约每年更新若干次法律文本，这也意味着司法部网站上的内容可能不是最新的。法令与规章都有英、法两种文本，全部资料都可以目录式阅览或检索。

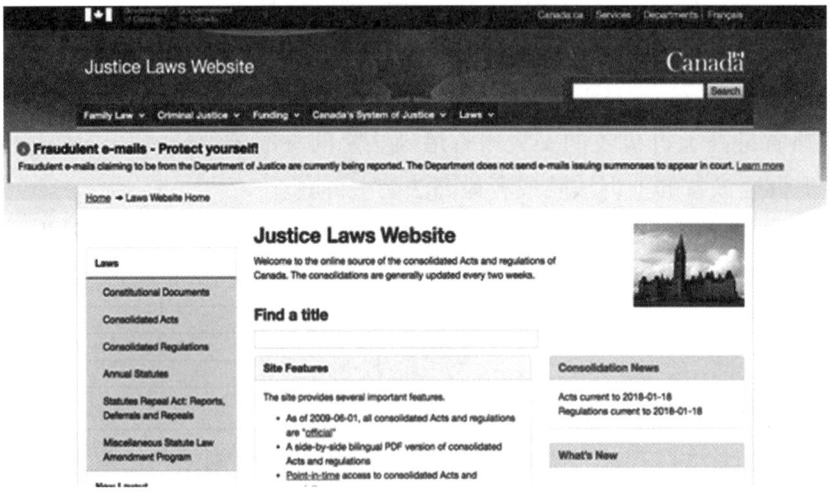

图8-3-2　加拿大司法部

Canada Gazette（Ottawa，Queen's Printer）是加拿大联邦政府出版的每日公报，收录了联邦立法的全文，包括一次立法与二次立法。各省的公报则是收录各省立法的全文。用户若想要获得最权威最新的立法信息，可以从联邦以及省的公报上查找。加拿大公报的网址：http：//canadagazette.gc.ca/，该网站同时提供英、法两种版本。（见图8-3-3）

图8-3-3　加拿大联邦政府公报

议案要成为法律需经过参众两院的一读、二读、委员会审议和三读程序。而这个过程可以在议会在线（http://www.parl.gc.ca，见图8-3-4）上找到，同时联邦议会以及各省议会关于各个过程的提案全文以及辩论、立法进展的信息也可以在议会在线上获得。这对于研究立法过程很有帮助。

图8-3-4　加拿大联邦议会在线

前文提及的LLRX.com网站上的一份由Ted Tjaden在2008年发表的《加拿大法律研究指南》（网址：http://www.llrx.com/features/ca.htm/，见图8-3-5），主要从以下几方面介绍了加拿大的法律资源：加拿大法律系统、加拿大原始法律资源、加拿大二次法律资源、加拿大法律组织（法律图书馆、法学院等）、加拿大法律出版社（包括在线数据商）以及作者关于加拿大法律研究的专题指南。

图8-3-5　LLRX.com

这份指南给出了各种相关法律资源地址的链接，对于希望全面了解加拿大法律系统以及法律资源的初学者，能起到很好的帮助作用。并且作者简单给出了各部门法最著名的研究专著书目，对于研究加拿大法律的演进与法学研究大有裨益。

加拿大最高法院的网站（https：//www.scc-csc.ca/home-accueil/index-eng.aspx）也提供最高法院判例的查询（见图8-3-6），不过除了少部分是由其网站本身提供的以外，大部分最高法院报告是由LexUM的网站（CanLii的创始人）提供的数据库支持的。网站能够提供最高法院的最新判决文件，并能追溯到1923年时的案例存档。

图8-3-6　加拿大最高法院

QuickLaw作为加拿大法律在线搜索数据库的知名品牌，现在已经并入LexisNexis的数据库群组，成为LexisNexis Canada的主要部分。这里收录了从联邦到省与地区的法律法规、案例全文，以及基于这些法律法规、案例全文的二次立法，还有期刊论文、法律分析报告等研究资料，堪称最全面的整合数据库品牌。（见图8-3-7）

作为老牌数据库集成商，QuickLaw收录了3000种以上的子数据库，但是这个数据库是收费的，对个人客户而言只有15日的有限权限试用期，加拿大各大法学院、法律图书馆都有这个数据库的访问权限。对于需要深入学习加拿大法律系统以及研究加拿大法律制度的研究者，Quicklaw能够提供比较全面的信息支持。

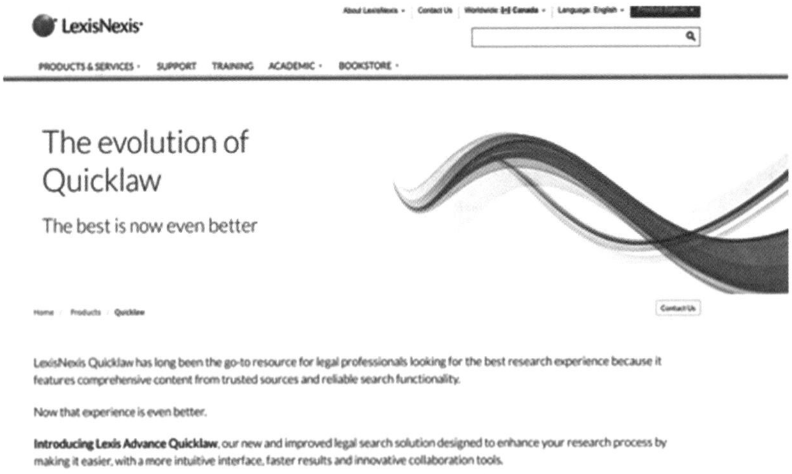

图8-3-7　LexisNexis　Canada

WestLaw CANADA 也是不亚于LexisNexis的另一主流数据库集成商，收录的内容大同小异，同样都收录了全部的原始法律资源与二次法律资源，以及联邦与省的各级法院判例。差异仅在于两个数据库收录的研究资料与期刊杂志的侧重有所不同。（见图8-3-8）

WestLaw为了应对不同客户群的不同需求，提供了不同的入口以及内容范围供大中小各种律师事务所以及公司、法学院校选购。但是对个人用户是不提供试用权限的。

图8-3-8　Westlaw　CANADA

多伦多大学的勃拉·拉斯金法律图书馆（Bora Laskin Law Library）的主页是一个专门用来搜索各种法律专著、论文以及杂志期刊的网站，同时也可以查到最新的各种法律法规与案例。该网站提供一站式复合搜索复选框，以及目录式浏览的方式方便读者使用。在目录式浏览的页面中，既可以以主题为关键词浏览，也可以用时间为线索进行浏览，十分方便。（见图8-3-9）

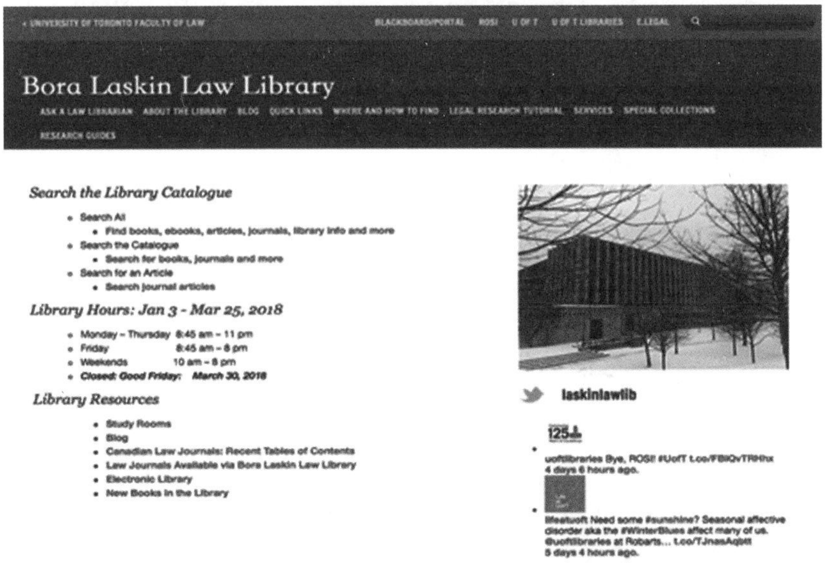

图8-3-9　多伦多大学　勃拉·拉斯金法律图书馆

在法律出版商方面，Carswell是实力强大的汤森路透旗下子公司，与Westlaw是姊妹公司，也是加拿大主要的法律资料出版商、线上数据供应商。（见图8-3-10）

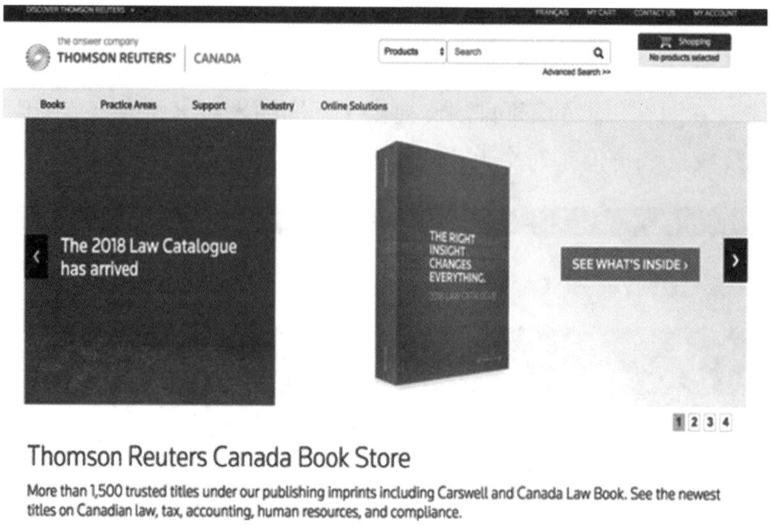

图8-3-10　Carswell　在线书店

用户若想获取更多的有关加拿大法律的内容，可以查阅互联网上更多的开源内容，例如：Formerly the Best Guide to Canadian Legal Research（网址：http://www.legalresearch.org/，见图8-3-11）。这个网站提供对于研究加拿大法律的各种方向性工具性指导，同时介绍了法律文献搜索的技巧。

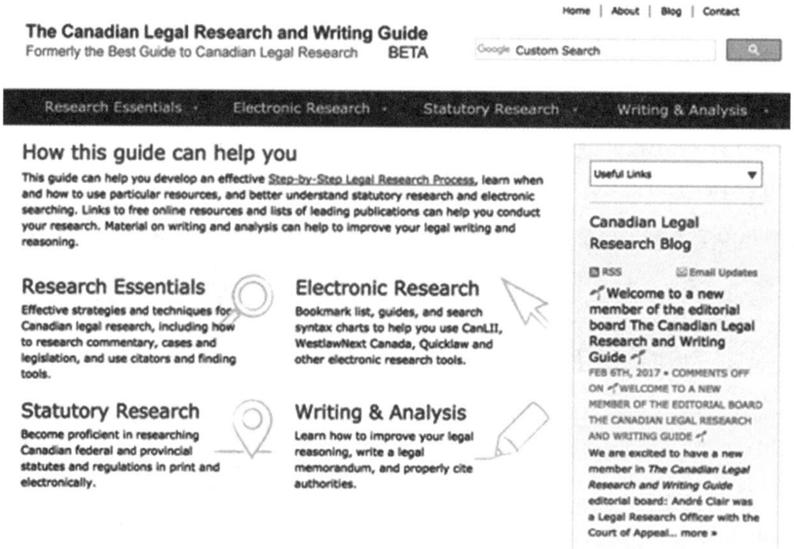

图8-3-11　Best　Guide　to　Canadian　Legal　Research

第四节　澳大利亚法律检索

一、澳大利亚的法律体系

澳大利亚曾为英国殖民地，因此其法律制度更多地保留了英美法系的传统，但是在其独立后一百年的发展过程中，在保留原有法律特色的基础上，澳大利亚的法律制度有了新的发展，具有了一些不同于英美国家法律制度的特色。现在澳大利亚的议会民主制度借鉴了英国的“威斯敏斯特”议会政治体制与不列颠传统，英国国王为澳大利亚的元首，但是并无实权，由澳大利亚总督代行其权力，并且澳大利亚对这种制度进行了本土化，总督渐渐都由澳大利亚人出任，权力完全掌握在了内阁手中。

澳大利亚联邦议会包括了众议院与参议院，也称为下议院与上议院。下议院（众议院）由选区按照选民的分布而经常重新划分，所以议员数目不固定，目前由150个选区的议员组成，每个选区以强制性选择投票制的方式选举一名议员，主要负责制定联邦法令；上议院（参议院）目前由76名议员组成：每个州12名加上北部地区和首都特区各2名。参议员的选举方式为比例代表投票制。

承袭英国法的传统，澳大利亚法律以判例法为主体，近年来成文法有较大发展，但与大陆法系不同的是，其成文法颁布后并不当然适用，仍然要通过具体案件形成判例才具有约束力。其成文法的立法权掌握在议会手中，联邦议会和州议会、特区议会都有立法权，具体立法权限由澳大利亚1901年宪法加以规定，一般而言，涉及联邦事务、国防、移民、结婚和离婚、破产等方面的事务其立法权由联邦议会行使，州则具有除宪法规定的联邦立法权之外相当广泛的立法权限。

澳大利亚自1901年宪法以来，借鉴了美国与加拿大的宪法，将各个分离并立的殖民地联合为国家，初建了联邦政府和6个州政府。此后，又有两个州获得了自治并加入了联邦。

总体而言，澳大利亚的法律体系包括联邦议会立法、州和地方议会的立法以及澳大利亚各级法院的判例法。也就是说，澳大利亚的法律渊源主要有：

1. 议会在宪法授权范围内通过的法令以及这些法令授权或从属于这些法令的法规。

2. 关于特区的条例以及这些条例授权或从属于这些条例的法规。

3. 由州议会和北部地区、首都特区以及诺夫克岛的立法会通过的法令以及这些法令授权或从属于这些法令的法规。

4. 被澳大利亚接受且目前仍然适用的英国普通法和成文法。

5. 澳大利亚普通法，即源于英国普通法并且不断地为澳大利亚法院所解释和修正的判例法。

二、澳大利亚的司法体系

澳大利亚的法院体系分为联邦法院系统与州法院系统，而各个法院的名称、关系也非常容易引起混淆。联邦法院系统设有澳大利亚高等法院（High Court of Australia），其下设有澳大利亚联邦法院（Federal Court of Australia）、家庭法院（Family Court of Australia）和联邦治安法院（Federal Magistrates' Court）。

澳大利亚高等法院自1978年起成为了联邦最高法院，是澳大利亚联邦的最高司法权力机关。其主要任务是解释和适用澳大利亚法律、审理涉及宪法效力的案件以及联邦内的重大案件。主要有：直接基于国际条约而产生的案件、州与州之间的诉讼、州与代表另一州的个人之间的诉讼或代表不同州的个人之间的诉讼、澳联邦或代表联邦的人为一方当事人的案件、州际案件、不同州居民之间的案件、涉及要向联邦政府或联邦法院的官员发布执行令或禁止令的案件以及涉及联邦选举纠纷的案件。联邦高等法院同时也是上诉法院，受理联邦、州以及特区法院的上诉案件。

联邦法院系统其他几个专门法院，是为了减轻联邦法院的负担而分设的，例如于1999 年增设的联邦治安法院，它处理的事务范围与联邦法院是一致的，不过它主要处理的都是简单案件、标的较小的案件，与此同时也处理一些包括家庭法、儿童抚养、行政法、破产法、消费者保护法在内的案件。

州法院系统在州与州之间存在比较明显的差异，以新南威尔士州为例，州中设州最高法院，主要处理上诉案件以及诉讼标的比较庞大的民事、经济案件，赔偿请求比较庞大的人身伤害案件及谋杀等重罪案件。

州最高法院之下设有中级法院，每个州对它们自己的中级法院称呼方式不尽相同。例如，新南威尔士州称为地区法院（District Court），而在维多利亚州则称为县法院（County Court）。在中级法院之下是地方法院（Local Court），也有的州，如维多利亚州称之为治安法院（Magistrates' Court of Victoria），因为在这些基层法院中担任审判职责的并非法官（Judge），而是治安法官（Magistrate）。

澳大利亚联邦及各州都设有独立的检察署，由检察署来行使公诉权。检察署并非按照法院的级别设立的，各检察署之间无隶属关系，根据案件的性质及严重程度，它既可向治安法院提起公诉，也可向最高法院提起公诉。澳大利亚的检察署名义上隶属于政府，受司法部长的领导，实际上是独立的公诉机关，司法部长只有与检察长协商之后才有权对检察署进行指导、发布指示。检察署的主要职能是就联邦警察局（AFP）以及政府委员会（ACTPS）提交的案件决定是否提起公诉，如果决定提起公诉则公正地执行公诉职能，在上诉审中则执行上诉职能及其相关程序。检察署没有决定采取侦查行动的权力，也不能进行侦查活动，但它经常为侦查活动提供法律意见或政策指导。

三、澳大利亚法律文献检索

（一）法律信息的种类

用户在搜索澳大利亚的法律信息过程中，需要明确注意澳大利亚的原始法律资源与二次法律资源的种类与规则。前文已经详细描述过澳大利亚的法律渊源种类，包括成文法、判例法等。成文立法是由澳大利亚政府出版局或者相关的政府出版部门以印刷版的形式出版。同时大多数的成文立法包括联邦与州、地区的立法都可以在互联网上查到。需要注意的是，商业出版者出版的立法资料主要是教材或者活页本服务。立法一般有注释、对法令进行评论性解释、对判例加以参考。这种方式对比较复杂的法律领域的法律实践是有利的。

判例法是澳大利亚的重要法律渊源。澳大利亚判例包括报告的判例和未报告的判例。大多数报告的判例可以在互联网上找到，它们是由法院发布的。报告的判例或判决，是指写入判例集（Law reports）中的判决，只有这些涉及法律要点的判例被认为是有价值的先例才会被收录在册。判例集也有两种形式，即授权的与未授权的。授权的判例集是指在出版前由法官进行编辑与检查的判例集。授权判例集列表也可以在互联网上找到。一般情况下授权判例集在参考价值上要优于其他的判例集。

二次法律资源即各类期刊、论文、评论等对现有法律以及法律发展状况进行探索的研究型或报告型文章等。

（二）在线法律资源介绍

在介绍具体的在线资源之前，先介绍两份澳大利亚法律信息搜索指引。首先是纽约大学法学院的霍瑟全球法学院项目之一的"澳大利亚联邦法律系统在线资源研究指南并供州法律层面参考"（*A Guide to Online Research Resources for the Australian Federal Legal System with some Reference to the State Level*，网址是：http：//www.nyulawglobal.org/globalex/Australia.html，见图8-4-1），其作者Petal Kinder是澳大利亚高等法院的法院图书馆员，曾在莫纳什大学教授法律信息研究课程，有着丰富的法律信息搜索经验。

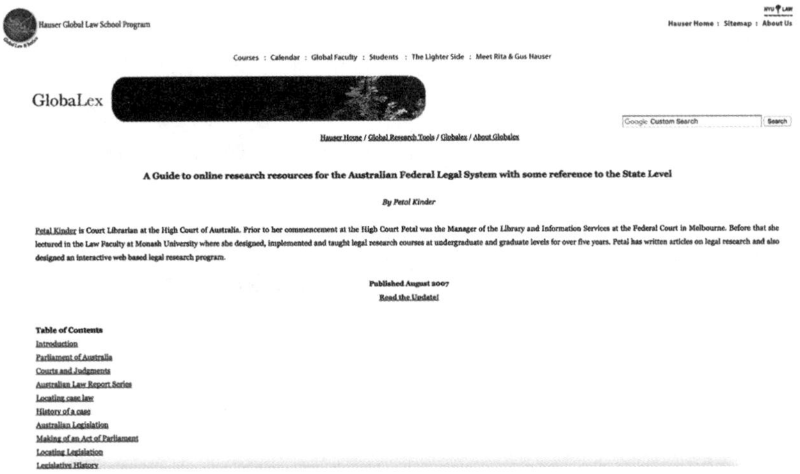

图8-4-1　澳大利亚联邦法律系统在线资源研究指南

这份指南详尽地罗列了立法、司法、法学教育等方方面面的信息，同时给出了参考数据库的地址链接。对研究澳大利亚法律信息来说是一个不错的帮助。

另外一份是由LLRX.com提供的澳大利亚法律研究指南——“澳大利亚法律研究”（*Researching Australian Law*），作者是Nicholas Pengelley 与Sue Milne，网址：https://www.llrx.com/2014/01/researching-australian-law-2/，见图8-4-2。

这也是一份比较详尽的研究指南，罗列了澳大利亚法律各方面的信息与链接以供参考。

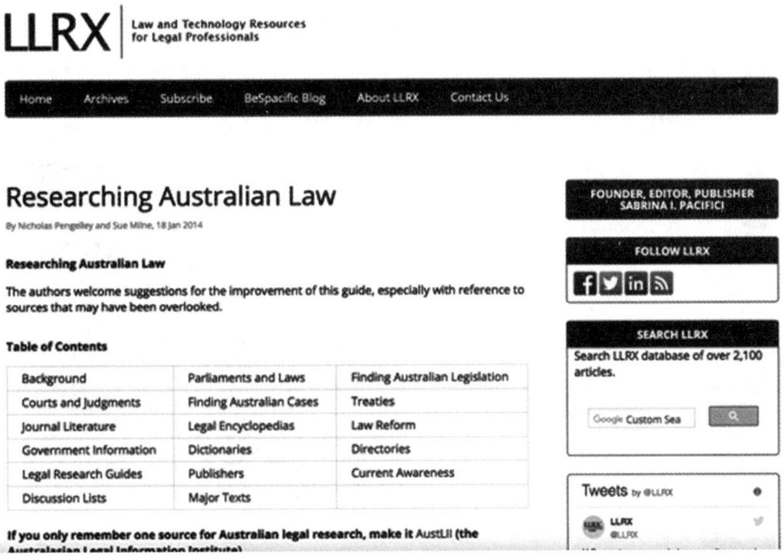

图8-4-2　澳大利亚法律研究

接下来具体介绍在线法律资源。

1. AustlLII

网址：http://www.austlii.edu.au/

首先要提到的是，“如果你只能记住一个澳大利亚在线法律资源，请记住AustLII”。当然这种描述是澳大利亚法律信息学会的广告，但是从某种程度来说这种说法当之无愧。AustLII作为澳大利亚最大的免费在线法律信息数据库，提供了综合性的澳大利亚法律信息检索，收录了绝大多数网络上可以获取的免费法律资源，如各级成文立法、未经报告的判例等原始法律资源。这些资源来自官方，即澳大利亚政府出版部门与法院。AustLII也收录了二次法律资源，如法律新闻、法律期刊、法律评论等。该网站数据量极大，对查找澳大利亚法律信息起着比较重要的辅助作用。（见图8-4-3）

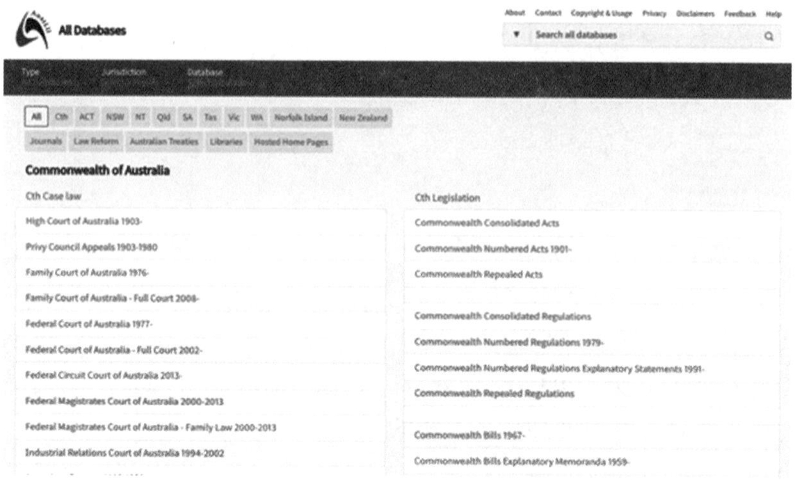

图8-4-3　Australasian Legal Information Institute

2. ComLaw

网址：http://www.comlaw.gov.au/

ComLaw是一个提供澳大利亚政府立法信息的政府官方网站。（见图8-4-4）这个站点从超过70个不同的政府机构收集立法信息，提供最权威、最全面也可能是最新的澳大利亚立法文件与资讯。不过它可能将不会保存修改前的法律文本，仅提供最后的版本。

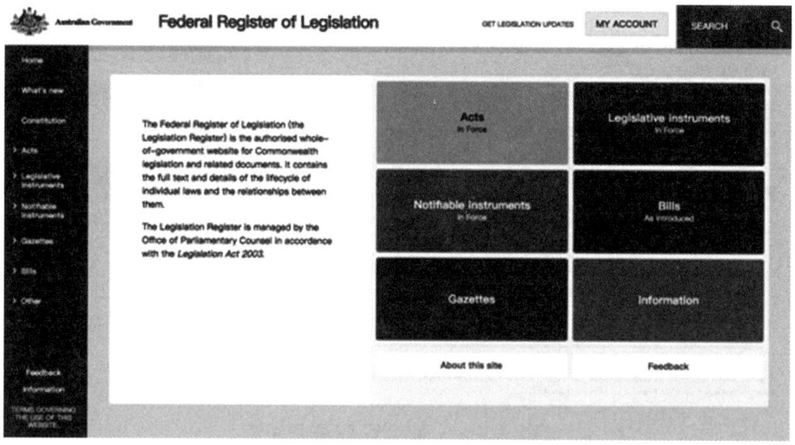

图8-4-4　ComLaw

3. 联邦法院网站

网址：http://www.fedcourt.gov.au/

澳大利亚联邦法院网站提供了多种在线服务，如案例服务、电子审判、电子表格、法律实践指导、下级法院列表等。（见图8-4-5）

图8-4-5　澳大利亚联邦法院网站

4. LexisNexis AU

网址：http：//www.lexisnexis.com.au/

律商联讯澳大利亚是一个收费的数据库站点。作为全球最大的法律数据库厂商之一，它比较完整地收录了澳大利亚的成文立法与判例法数据以及各种法律期刊、法律评论和法律新闻等。（见图8-4-6）

其中有一项服务名为CaseBase，是一个在线案例引证查询系统，用来为法律研究提供比较完善的案例引证服务，用户可以很方便地通过引证号找到案例，同时查询其具体的各项参考信息。

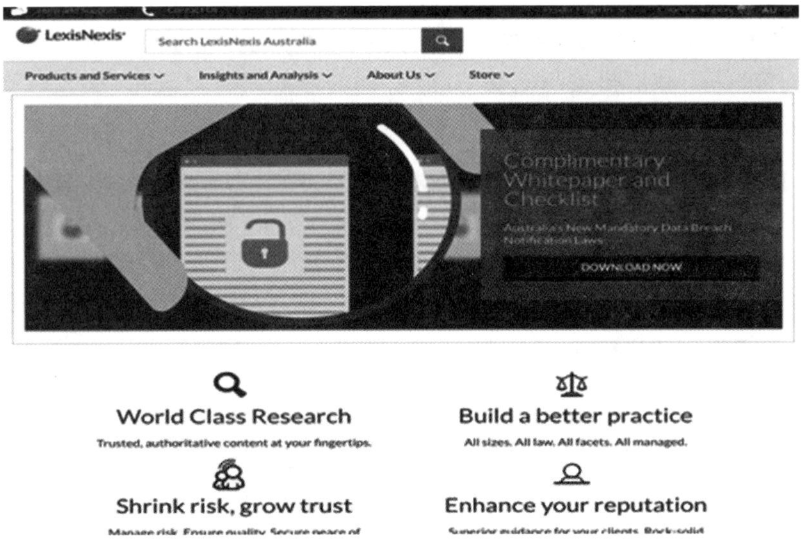

图8-4-6　律商联讯　澳大利亚

5. Westlaw AU

网址：http：//westlaw.thomsonreuters.com.au/

Westlaw AU是一个收费的在线数据库，是汤森路透集团旗下的Westlaw数据库的一项地方性数据库。作为全球最大的法律数据库服务提供商，Westlaw AU收录的内容也基本上涵盖了前文提及的澳大利亚各种法律渊源，同时收录了大量的法律期刊、法律评论与法律新闻。不仅如此，服务提供商还会对数据进行加工，并使用Westlaw的特色数据归纳系统，让各种信息检索起来更加方便易查。（见图8-4-7）

Westlaw收录了澳洲法律期刊目录（子数据库名称为ALJI），通过这个目录中的链接，可以跳转到具体的期刊正文中进行进一步查询。

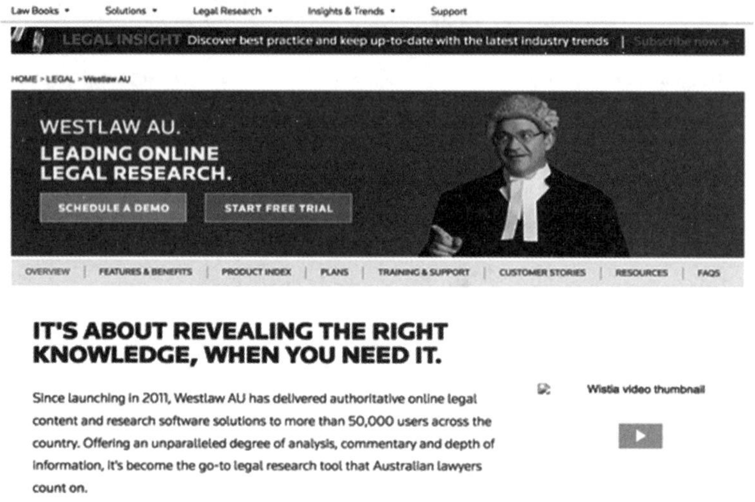

图8-4-7　Westlaw AU

用户若对澳大利亚法律有进一步的兴趣与研究需要，澳大利亚各大名校的法学院网站、图书馆网站还能提供一些有特色的法律信息。另外值得推荐的是澳大利亚国家图书馆的研究导引（Australian law：selected websites，网址是：http：//www.nla.gov.au/research-guides/australian-law/，见图8-4-8），该站点提供了大量的数据库、政府机构与法院的链接，同时对如何研究法律、澳大利亚的法律体系结构是如何构成的、如何获取免费的资源等问题进行了概述。

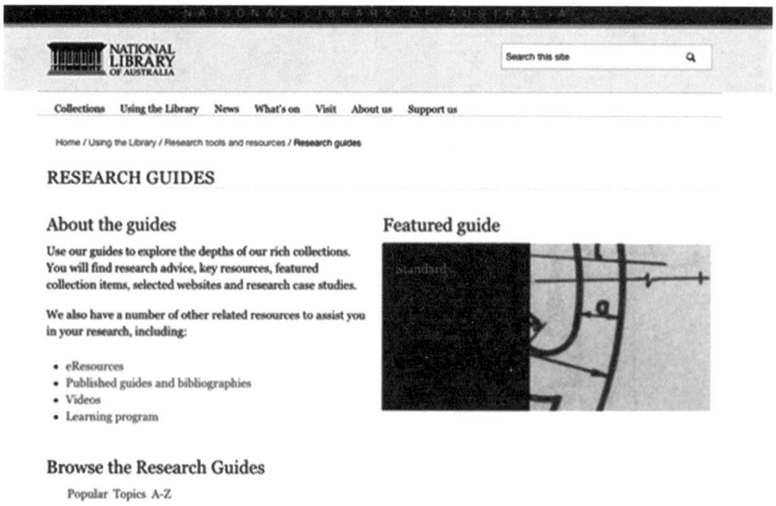

图8-4-8　Australian law：selected websites

第九章

"一带一路"与"金砖国家"法律文献检索

第一节 俄罗斯法律检索

一、俄罗斯的法律体系

俄罗斯在继承苏联法的基础上确立了大陆法体系，由议会负责立法，强调关注俄罗斯民族法律文化传统，建立了包括宪法、民法、商法、刑法、经济法、行政法和诉讼法等在内的法律体系。同时俄罗斯也吸收了英美法系"法官造法"的积极作用，典型判例在法律体系的重要作用日益凸显。

与俄罗斯实行联邦制有关，俄罗斯从立法体系上就分为联邦立法体系和联邦主体立法体系。联邦与联邦主体在行使立法权上各有管辖对象范围，由相互条约规定。属于联邦管理权限的事务如海关、边防、检疫等由联邦法律来调节；属于地方管理权限的事务由联邦主体法律来调节。除此之外，也有共同管辖对象。

1993年12月12日，俄罗斯宪法经全民投票通过，同年12月25日正式生效。该宪法是俄罗斯独立后的第一部宪法，规定俄罗斯是共和制的民主联邦法制国家，确立了总统制的国家领导体制。其第15条第4款明确规定："普遍公认的国际法原则和准则以及俄罗斯联邦签署的国际条约为其法律体系的组成部分。如果俄罗斯联邦所签署的国际条约规定的规则与法律规定不一致时，适用国际条约的规定。"可见，俄罗斯的法律体系不仅包括国际条约、国际法原则和准则，而且以宪法的形式确立了国际法优于国内法适用的原则。

俄罗斯联邦会议（议会）是立法代议机关，由联邦委员会（上院）和国家杜马（下院）组成。联邦会议为常设机关。联邦委员会和国家杜马分别开会，会议公开进行。在两院议事规程所规定的情况下，两院有权举行秘密会议。两院可以举行联席会议以听取俄联邦总统咨文、俄联邦宪法法院咨文、外国领导人的演说。

上院由每个联邦主体的代表权力机关和执行权力机关各一名代表组成。主要职能是批准联邦法律、联邦主体边界变更、总统关于战争状态和紧急状态的命令，决定境外驻军、总统选举及弹劾、中央同地方的关系问题等。

下院共450名代表（议员）席位，代表任期5年，主要职能是通过联邦法律、宣布大赦、同意总统关于政府首脑的任命等。

二、俄罗斯的司法体系

俄罗斯的司法体系由宪法法院体系、普通法院体系和仲裁法院体系组成。宪法法院分为俄罗斯联邦宪法法院和各联邦主体的宪法法院。普通法院由联邦最高法院、各联邦主体法院、区法院、治安法院以及军事法院组成，负责审理民事、刑事和行政案件，实行三审终审。俄罗斯仲裁法院负责对经济纠纷进行裁决。（见图9－1－1）

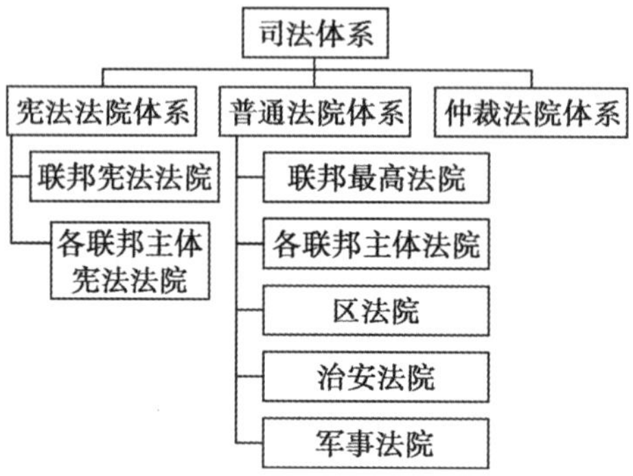

图9－1－1　俄罗斯的司法体系

（一）宪法法院

俄罗斯联邦宪法法院产生于1991年12月，是法院系统用以制约总统和议会，平衡行政、立法、司法权力关系的一个机构。它有权对政府首脑颁布的行政命令和议会制定的法律进行审查，确定是否符合宪法，并有权宣布违反宪法的行政命令和法律无效。

各联邦主体宪法法院与联邦宪法法院互相独立，彼此不具有从属关系。

（二）普通法院

俄罗斯联邦最高法院在其授权内可作为第一审法院审理案件，也可审理上诉案件，对于下级法院作出的决议、判决、裁定等施行监督；研究并总结审判经验，分析司法统计资料，对下级法院在审理案件中所遇到的法律问题给予指导性的解释；最高法院全体会议作出指导性解释后，对下级法院执行情况施行监督。根据俄罗斯联邦宪法第104条，最高法院在其主管范围内具有立法动议权。俄罗斯联邦最高法院设有全体会议、主席团、民事审判会议、刑事审判会议（包括审理撤销原判申请的机构——上诉院）、军事法院。

各联邦主体宪法法院的职权与组织方式由各主体相关法律规定，与联邦宪法法院相互独立，各自管辖范围不同，无上下级及监督与被监督的关系。

区法院是按照行政区划与行政层次设置的基层法院，除受理刑事、民事、行政案件外，还受理对治安法官的判决或裁定提出的上诉的案件，是治安法院的上诉法院。

治安法院实行独任制审理。主要审理法定刑不超过2年监禁的案件和其他轻微的民事、行政案件。

军事法院由各军兵种、军区、集团军、舰队军事法院和各军、卫戍区、兵团、分舰队军事法庭组成，不仅接受军事法院的垂直的司法监督，还要接受联邦最高法院的司法监督。

（三）仲裁法院

仲裁法院分为高等仲裁法院、上诉审法院、二审法院、一审法院四级法院。各级仲裁法院是审理经济争议和行政处罚争议等纠纷的司法机关，按仲裁程序行使审判权。必须接受联邦最高仲裁法院的监督。各级仲裁法院法官由联邦总统按照联邦法律规定的程序任命。

三、俄罗斯的法律文献检索

（一）官方网络资源

1. **ПОРТАЛ ПРАВОВОЙ ИНФОРМАЦИИ ФСО РОССИИ**

网址：http://pravo.gov.ru/（见图9-1-2）

ПОРТАЛ ПРАВОВОЙ ИНФОРМАЦИИ ФСО РОССИИ是俄罗斯政府发布法律信息的官方网站。2011年7月22日，ПОРТАЛ ПРАВОВОЙ ИНФОРМАЦИИ ФСО РОССИИ正式登记为联邦国家信息系统。其运作由联邦执行机构保证，履行制定国家政策、监管和法律规定的职能，在国家保护、总统、政府等各种类型的传播和信息领域进行控制和监督。网站以俄语为工作语言。

该网站提供的法律资源包括：

（1）联邦宪法；

（2）联邦法律；

（3）俄罗斯联邦总统的法令和命令；

（4）对俄罗斯联邦生效的国际条约以及俄罗斯联邦暂时适用的国际条约（机构间协议除外）；

（5）俄罗斯联邦宪法法院的裁决；

（6）俄罗斯联邦政府的决定和命令；

（7）联邦执行机构的法律法规；

（8）俄罗斯各联邦主体的法律法规。

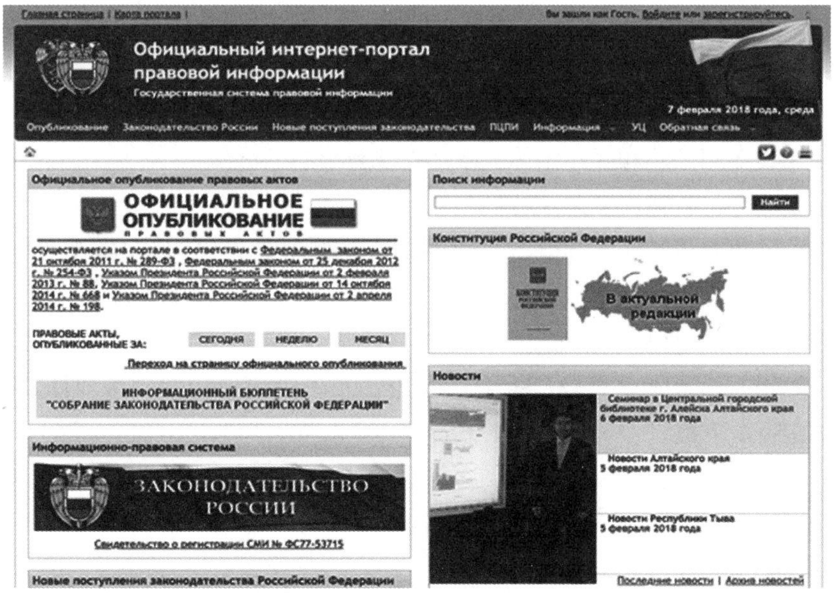

图9-1-2 俄罗斯法律信息门户网站

2. 俄罗斯司法部

网址：http：//minjust.ru/（见图9–1–3）

俄罗斯司法部（Министерство юстиции Российской Федерации）网站不仅详细介绍了司法部的职责以及运作方式，同时也提供前沿、实用的法律信息。用户可以在网站上搜索司法部的命令、决定，行动和行政程序、司法部统计资料以及其他相关最新法律消息。

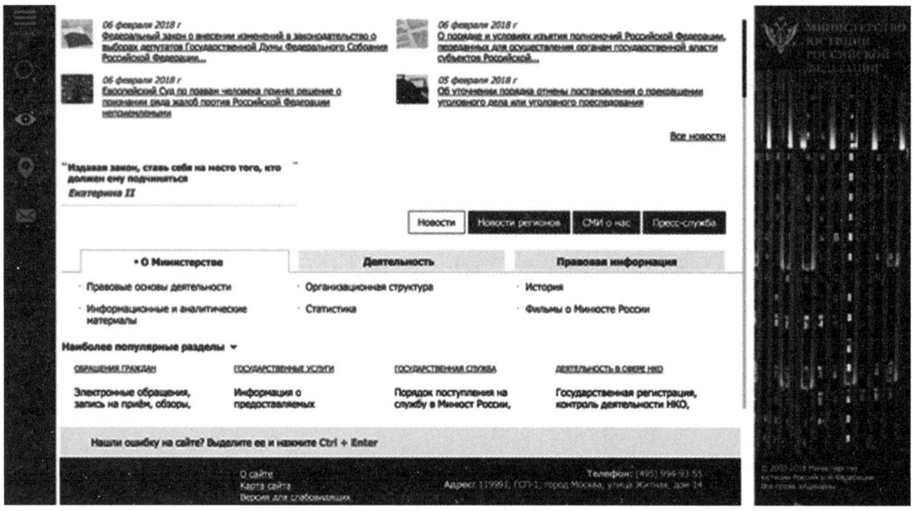

图9–1–3　俄罗斯司法部官网

3. 俄罗斯联邦宪法法院

网址：http：//www.ksrf.ru/ru/Pages/default.aspx（见图9–1–4）

俄罗斯联邦宪法法院由两个审判庭组成，其中一庭由9名法官组成，另一庭由10名法官组成。每一庭法官的人选由俄联邦宪法法院章程规定，通过抽签方式产生。每一庭的组成人员不能超过三年不变。同一审判庭会议不能同时包括法院院长和副院长。宪法法院在全体法官会议和审判庭会议上审理案件。全体法官会议要求所有法官都必须参加，审判庭会议由各庭组成人员参加。全体法官会议可以审查属于宪法法院职权的任何问题，但是下列类型的案件只能由全体法官会议审理：

（1）俄罗斯联邦共和国宪法和联邦主体宪章的合宪性案件；

（2）对俄联邦宪法进行解释；

（3）对俄联邦总统犯有叛国罪或其他重罪的指控是否符合确定程序做出结论意见；

（4）通过宪法法院咨文；

（5）决定是否提出立法建议。

用户可以根据关键词、时间、案号（Номер документа）快速检索到俄罗斯联邦宪法法院的判决，判决书提供PDF版本下载。

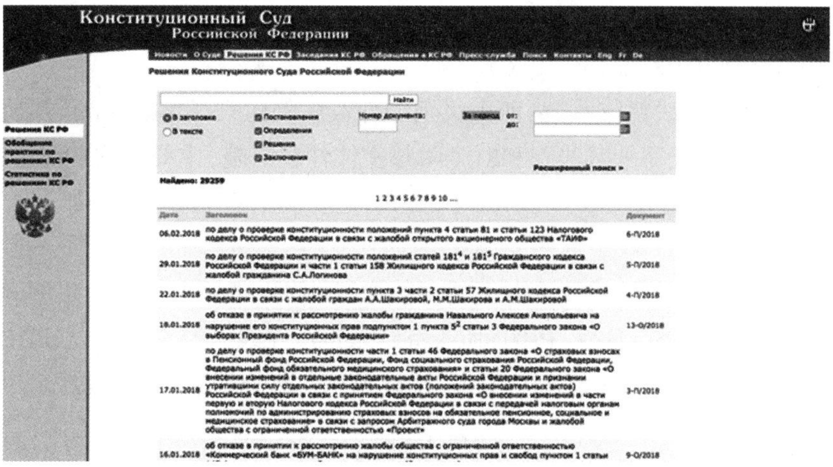

图9-1-4　俄罗斯联邦宪法法院网站

4. 俄罗斯联邦最高法院

网址：http://www.supcourt.ru/（见图9-1-5）

俄罗斯联邦最高法院是民事、刑事、行政以及归普通管辖权法院审理的其他案件的最高司法机关，并负责对审判实践问题作出解释。根据联邦法律规定的程序，对普通管辖权法院，包括军事和专业联邦法院，进行审判监督。在其管辖范围内，作为第二审法院，审理监督和再审程序案件，以及在联邦法律规定的情况下作为第一审法院审理案件。

俄罗斯联邦最高法院相对于共和国、边疆区（州）高等法院，联邦直辖市法院、自治州法院，自治区法院，军事法院，舰队法院，军舰和部队法院来说，是直接上级审法院。

该网站的工作语言是俄语、英语和法语。网站详细介绍了联邦最高法院的职能范围、程序、组织机构、历史背景等相关信息。用户可在线阅读或者下载自1961年至今的联邦最高法院全会决议、最高法院对于某一法律问题的专题评论、司法统计数据、国际惯例以及法院公告。

用户在搜索判例时可以依据关键词（КЛЮЧЕВОЕ СЛОВО）、类别（КАТЕГОРИЯ）、信息主题（ИНФОРМАЦИОННАЯ ТЕМА）以及时间（время）等信息进行搜索。

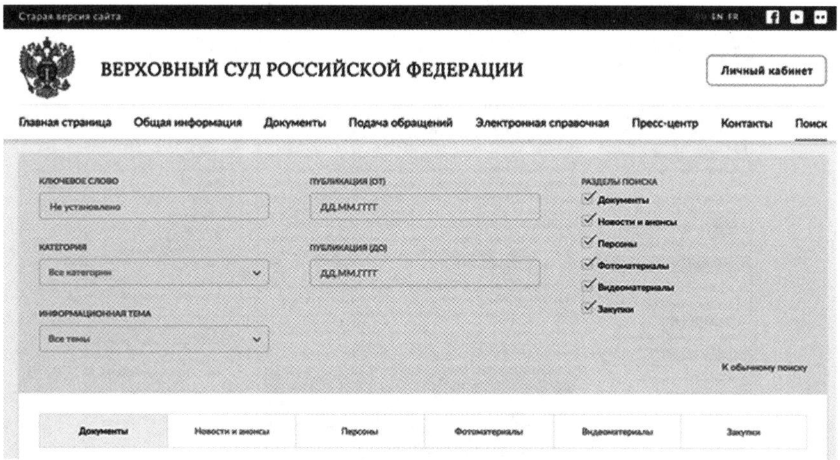

图9-1-5　俄罗斯联邦最高法院网站

5. 俄罗斯联邦最高仲裁院

网址：http://www.arbitr.ru/（见图9-1-6）

现行的俄罗斯联邦仲裁法院体系，由四个级别的仲裁法院构成，即俄罗斯联邦最高仲裁法院、12个联邦大区仲裁法院、20个复审仲裁法院和81个联邦主体仲裁法院，主要根据1995年 7 月 1 日生效的俄罗斯联邦宪法性法律《仲裁法院法》和2002年9月1日起实施的《仲裁程序法典》对经济类案件进行管辖和审判。

用户在网站上可以查询2014年至今的俄罗斯联邦最高仲裁法庭主席团的决定(Постановления Президиума ВАС РФ)，所查询结果可以在线打印，也可下载PDF版本。

用户还可以从该网站了解到俄罗斯联邦仲裁法院条例、仲裁法院的调解程序、法庭庭审日程等信息。网站提供关键词搜索。

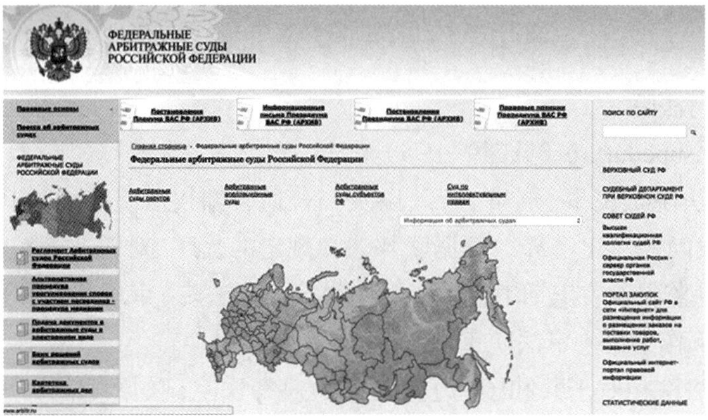

图9-1-6　俄罗斯联邦最高仲裁院

6. 爱荷华大学法律图书馆

网址：http://libguides.law.uiowa.edu/c.php? g=103213&p=668227（见图9-1-7）

该网站免费向用户提供在线浏览英译版的宪法、法律、政策法规、判例等。翻译资料都经过分类整理，用户也可以进行搜索，快捷找到需要的法律资料，为研究俄罗斯法律提供了丰富资料。

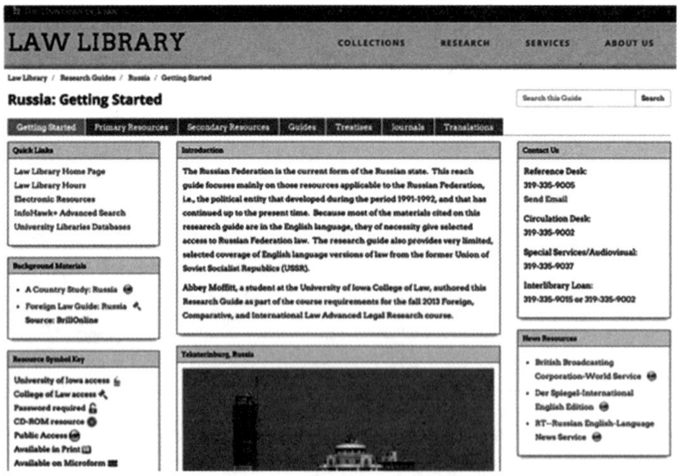

图 9-1-7　爱荷华大学法律图书馆

7.华盛本大学法学院

网址：http：//www.washlaw.edu/forint/europe/russia.html（见图9－1－8）

该网站免费向用户提供详尽的俄罗斯法律资料，包括法律法规、司法体系介绍、法律研究指南等。有助于研究者对俄罗斯立法、司法的了解。用户还可以通过关键词搜索获取资料。

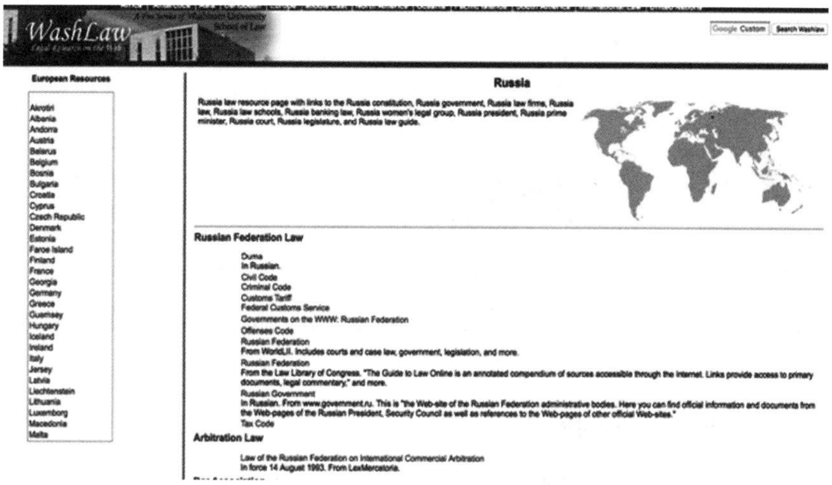

图9－1－8　华盛本大学法学院网站

（二）出版物

Rossiyskaya Gazeta出版社负责出版俄罗斯政府官方报纸，发布俄罗斯所有法律法规和国家机关公告，及时更新俄罗斯及世界各地新闻、时事、各方观点以及评论等，具有权威性。涉及的领域有：政治、商业、安全、国际法、社会、文化和体育。

该出版社为用户提供有关俄罗斯法律法规的最新动态（Новые законы инормативные акты）、自2012年至今的俄罗斯联邦法典（Кодексы Российской Федерации），用户可以在线阅读或打印，同时也可以选择订购方式。（见图9－1－9）

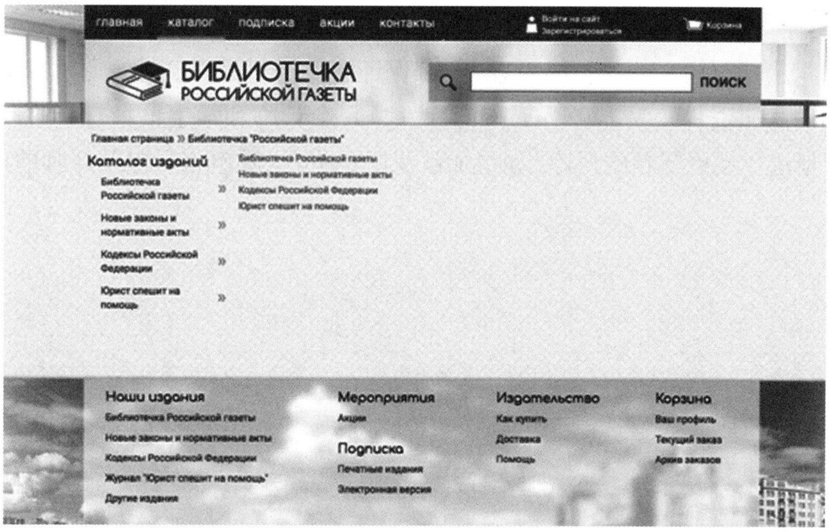

图9－1－9　Rossiyskaga Gazeta 出版社网站

（三）商业数据库

1. Consultant Plus（俄罗斯商业法律检索库）

网址：http：//www.consultant.ru/（见图9-1-10）

这是一个收费的数据库，是需要安装在电脑上的实时更新的法律检索软件，也是俄罗斯运用最普遍的法律检索系统，在法律从业人员、财会人员、机关公务员、经济法律类院校的师生中被广泛运用。该数据库提供的法律文献包括：俄罗斯立法、司法实践、财务人事咨询、司法解释、各类法律文件模板、国际法律、立法概要、新订立法以及针对律师和会计的法律新闻等。

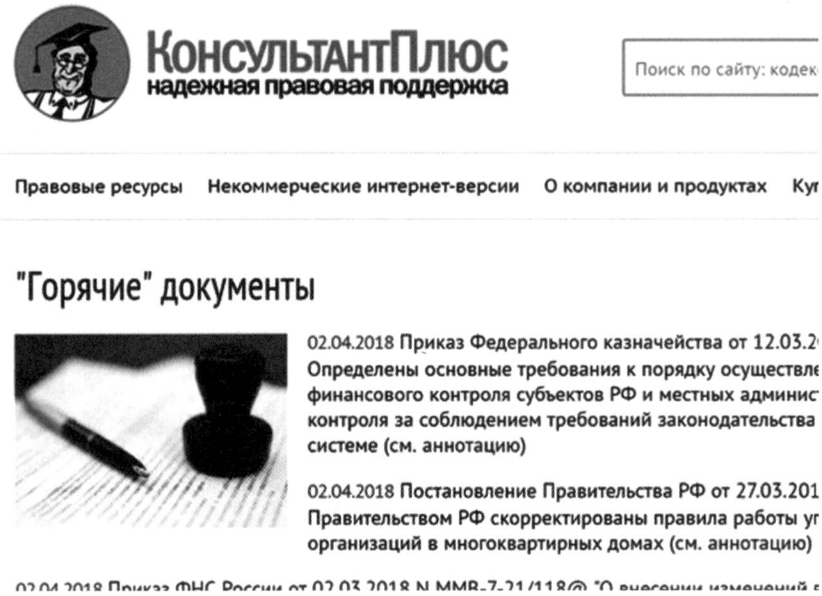

图9-1-10　Consultant Plus

2. Garant

网址：http：//www.garant.ru/（见图9-1-11）

Garant专注于收集司法判例信息，每周都会更新近4000份文件。该数据库与司法部达成协议，能直接向用户提供司法部原始文件的扫描版本，充分保证法律资料的真实性。除联邦立法外，Garant在莫斯科立法方面的法律资料较为丰富。Garant是为律师、会计师和学生量身打造的数据库，用户还可以在线参与俄罗斯法律发展问题的讨论，如参加俄罗斯立法者、政府官员以及律师的在线会议。

图9-1-11 Garant

3. Kodeks

Kodeks收录了自1991年以来约93万条内容，覆盖俄罗斯大约200个行政、立法与司法分支机构提供的立法法案等，每天更新。Kodeks主要面向法学学生提供法律资料及电子法律期刊。除了包含联邦立法、总统法令等重要文件，Kodeks还侧重于收集圣彼得堡的相关立法信息。数据库提供英文版面。（见图9-1-12）

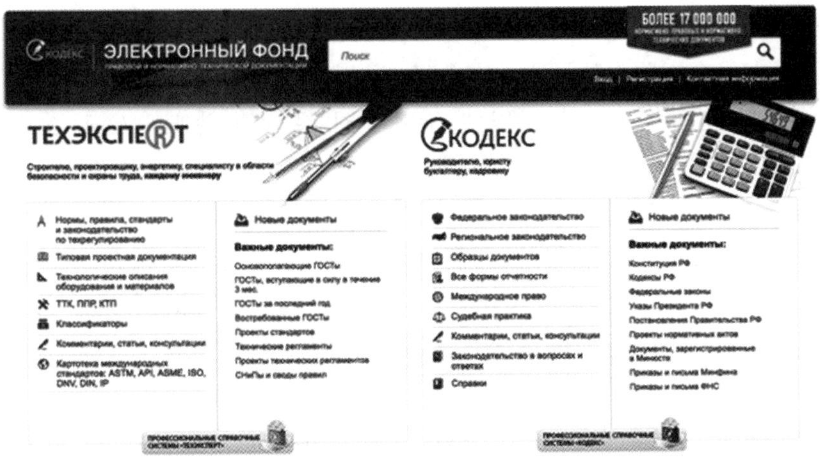

图9-1-12 Kodeks

4. Universal Database

《俄罗斯大全俄语数据库》(Universal Database)由美国East View Information Services公司提供，是迄今为止全球最大的收录俄罗斯学术资源的数据库，内容权威，涉及范围广泛，是研究俄罗斯与独联体国家政治、经济、文化、法律、历史、军事、安全、外交、科技、医学等方面，和学习俄罗斯语言文学的重要资源。全库共收录资源约600种，文章超过1200万篇，以俄语为主，部分资源还同时提供英语与德语。数据库使用方便，提供俄语、中文、英语和德语检索界面，可对其中的任意部分进行全文检索，可

以进行俄、英、德三种语言的联合检索。该数据库需要登录使用。(见图9-1-13)

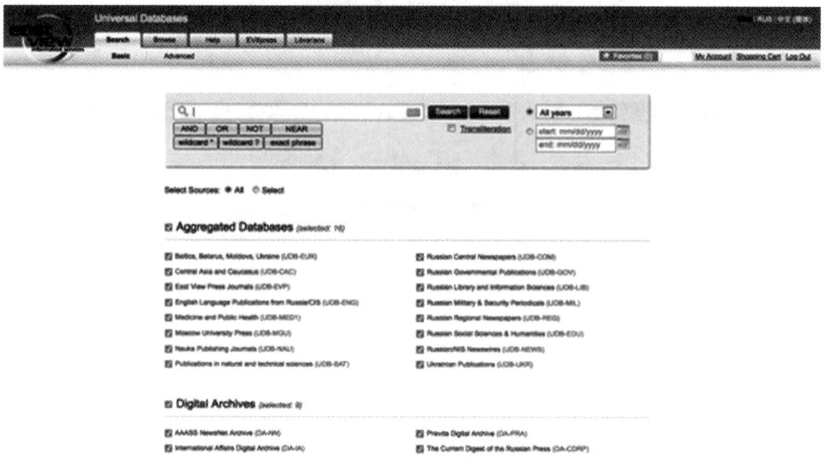

图9-1-13　Universal Database

第二节　印度法律检索

一、印度的法律体系

印度是一个文明古国，拥有悠久而灿烂的法律文化。这种法律文化具有深厚的宗教哲学基础和鲜明的民族特征，在古代东方曾大放异彩。它曾经伴随宗教传播到东南亚、东亚一带，因此形成了东方三大法律文化圈之一的“印度法系”。经过两千多年相对稳定而缓慢的发展，至近代沦为英国殖民地之后，印度传统法律文化发生了翻天覆地的变化，印度社会接受了现代西方法制文明，加入了普通法系的行列。

印度由28个州、6个联邦地区、1个国家首都辖区组成。总统是国家元首，具有象征性地位，他按照联邦内阁的建议行事。总理是国家行政权力之真正掌握者，负责印度议会。议会是两院制的：国家议会或上议院的主要成员由州议会选举产生，人民议院或下议院由人民直接选举产生的议员组成。民主制度的运作方式与英国的民主议会制相似。

印度的法律渊源包括印度宪法、中央法规、地方法律法规。《印度法典》是载有印度法律的正式出版物。它是印度议会制定的法案或法律的汇编，并且按时间顺序编纂。

1949年11月26日通过《印度宪法》后，出现了大量的下位立法，由政府发布为一般法律规则和命令。印度宪法奠定了新的法律体系的基础。根据宪法规定，联邦议会是国家最高立法机关。议会的主要职能为：制定法律和修改宪法；控制和调整联邦政府的收入和支出；对联邦政府提出不信任案，可以罢免最高法院法官和高等法院法官、总检察长，选举总监和审计长，并有权弹劾总统。在立法方面，对大多数法案的讨论，联邦院与人民院具有同等权力。任何法案除非为议会两院无修正地同意，或附有两院均同意的修正案，不得视为已经议会两院通过。如议会两院不能就同一法律议案达成一致，则召开联席会议以多数表决作出决定。总统在同联邦院议长和人民院议长协商后，可以对两院联席会议及两院间联系的程序问题制定规则。

二、印度的司法体系

印度是世界上施行三权分立的国家之一。在印度的司法构建中，司法体系被称为一个典型的混合法律体系，是基于19世纪中期建立了英国法律制度的英美法系，在部分延续了英国法的基础上构建成具有自己特色的一种司法体系。在这种体系中，判例和立法是法律的组成部分。在印度，宪法是国家的最高法律文件，确立了一元制司法体系，宪法授予每一个法院以不同层级和不同的管辖权力，这些法院形成严格而重要的层级制度。

按照宪法的规定，印度最高法院在顶部，其次是高级法院，然后是区法院，最后是村法庭。（见图9-2-1）除此之外还有所谓的行政法院，专门审理行政案件。法院审理刑事和民事案件，包括个人和政府之间的纠纷。印度的司法机构是独立于行政和立法机构根据宪法设立的分支机构。

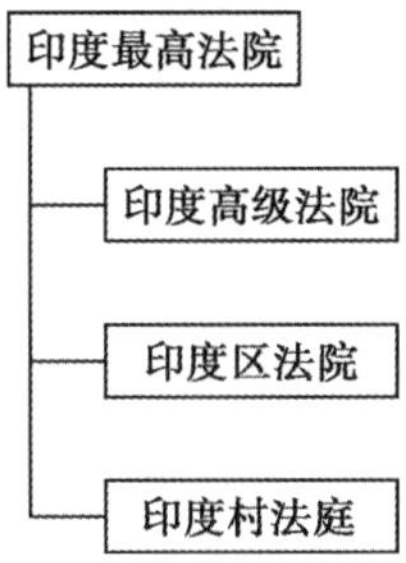

图9-2-1　印度的司法体系

（一）印度最高法院

印度最高法院不仅是印度最高司法机关以及上诉法院，也是最高宪法法院，享有宪法授予的违宪审查的权力。最初，印度最高法院由一位首席大法官和7名法官组成。随着案件审理任务的日益繁重，法官人数几经增补。目前，印度最高法院由一位首席大法官和30名法官构成，印度最高法院享有优先、上诉以及咨询管辖权。作为最终上诉法院，其上诉所针对的判决为各邦高级法院以及其他区法庭所做出的判决。

最高法院针对公民的基本权利享有初审管辖权，其也作为各邦政府间的争议调解者。同时，作为一个有咨询权的法院，可以接受总统依据宪法所提出的法案咨询进行回答，其也可以自行采取措施进行认定，不需要文件上的申请。

印度首席大法官的任命是由总统提名，议会两个议院多数票（1/2）通过。但是其弹劾则变得尤为困难，需要有总统签发的弹劾命令并且在议会两个议院大多数票（2/3）通过才能从其职位上被弹劾。

（二）印度高级法院

根据印度宪法第141条，印度在邦行政层级一共设有24个高级法院，通过参考最高法院的判例而进行判决以及发布各项命令。高级法院对在其本邦领土范围内的所有刑事和民事事项，均享有初审管辖权。根据宪法第226条，绝大多数高级法院的工作主要是来源于下级法院或法庭的令状和上诉请愿。

高级法院的首席法官和法官由印度总统、该邦邦长以及最高法院的首席大法官联合任命产生。弹劾法官也需要邦长的命令状以及邦议会大多数票（2/3）通过，才能免除法官职务。

（三）印度区法院

印度的区法院是印度邦政府在其本邦各个地区上所设立的法院，区法院的设立取决于该地区的人口数量、案件争议数量。此类法院则是在高级法院的行政管辖之下，区法院所做的判决决定则是在高级法院的上诉管辖范围内。印度区法院对其本区内的除却高级法院所管辖的刑事、民事事项享有初审管辖权。

区法院的法官是由该邦邦长以及高级法院首席法官商讨后，进行提名任命。成为区法官的最低资格为：通过印度律师委员会考试，并且执业满7年或7年以上的律师。

（四）印度村法庭

村法庭由一名法官与两名陪审组成，通过调解的形式处理案件，主要审理村范围的民事、刑事事项。

三、印度的法律文献检索

（一）官方网络资源

1. 印度最高法院

网址：http：//www.supremecourtofindia.nic.in/

这是印度最高法院的官方网站。它包含印度宪法全文、最高法院判例、法律法规、法官信息等，用户可以直接在网站上浏览案件的裁判信息及案件状态。（见图9-2-2）

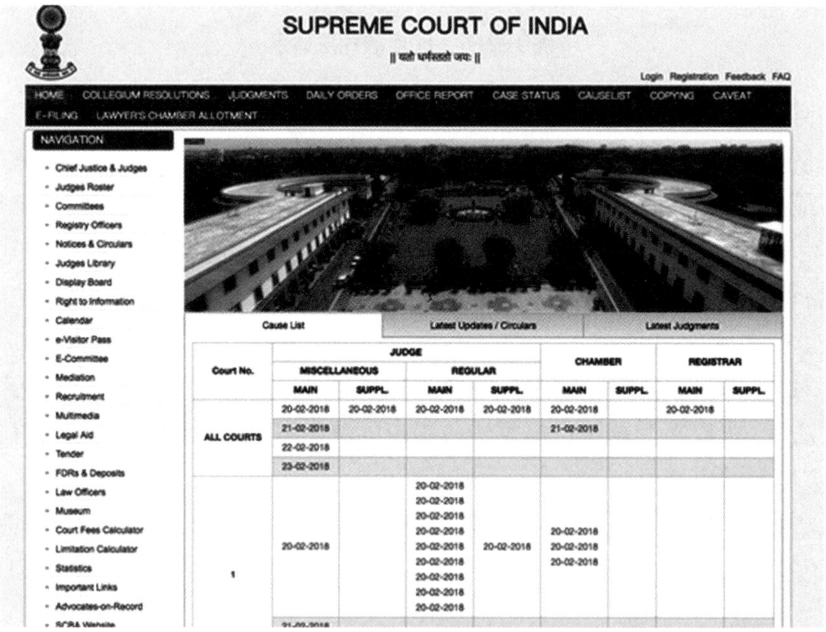

图9-2-2　印度最高法院网站

用户还可以直接在印度最高法院网站上访问法官图书馆（Judges Library）。图书馆包含了一些非常有用的数据库：SUPLIS、SUPLIB、LEGIS以及Catalogue。用户可以便捷地检索案例、法律文章、法律法规等。（见图9-2-3）

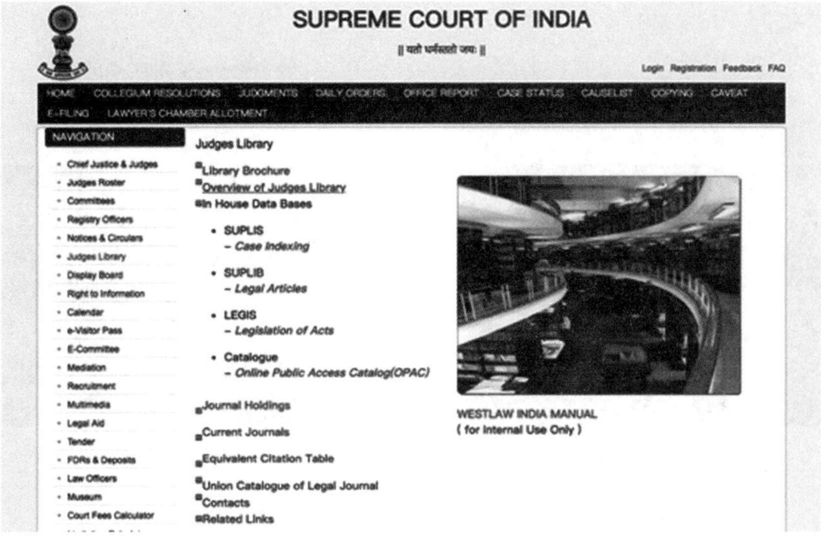

图9-2-3　Judges Library

2. 印度议会

网址：http://parliamentofindia.nic.in/

该网站包含3个不同的主页：

（1）印度总统：包含了总统的相关信息以及其他基本信息，如议会地址等。

（2）国家议会：包含了商业、辩论、立法、委员会的相关信息。还提供其他国家议会的站内链接地址。

（3）人民议会：包含了人民议会所有的议案信息，用户可以了解议案的讨论过程、程序规则，还可以浏览议会图书馆的馆藏。

该网站提供英语与印地文两种版本。（见图9-2-4）

图9-2-4　印度议会网站

3. TRAI

网址：http://www.trai.gov.in/

TRAI是印度电信管理局网站。用户可以通过该网站了解TRAI法案，检索关税订单以及当局作出

的判决。(见图9-2-5)

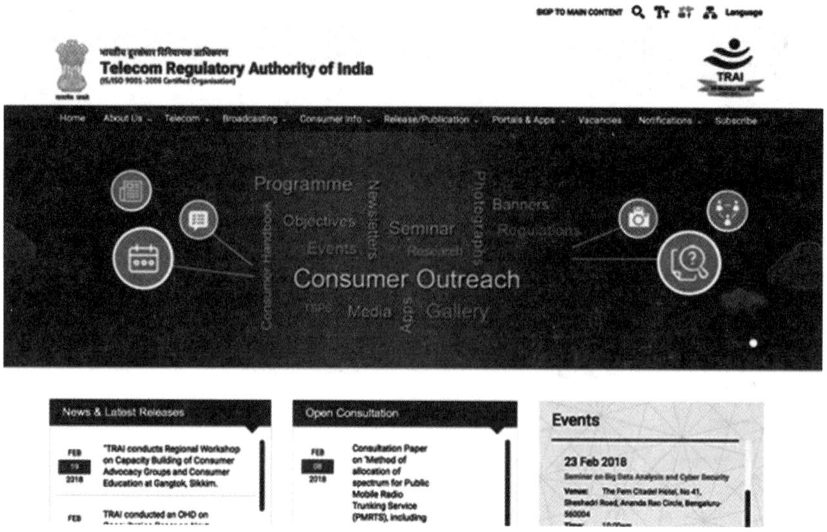

图9-2-5　TRAI

4. 中央电力监管委员会

网址：http：//www.cercind.gov.in/

该网站是了解当局法规，咨询草案、命令，电力数据，关税通知和听证会时间表的重要网站。该网站的所有命令/决定都是按照时间顺序提供的。(见图9-2-6)

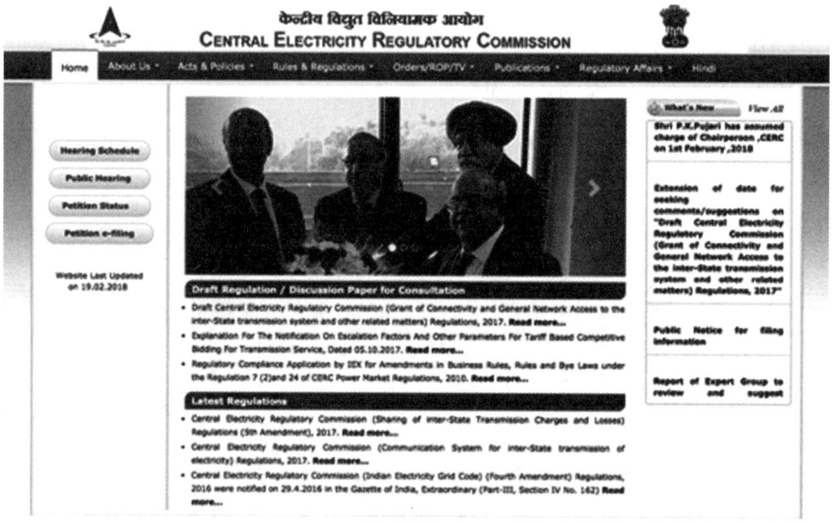

图9-2-6　印度中央电力监管委员会网站

5. 印度证券交易委员会(SEBI)

网址：http：//www.sebi.gov.in/

该网站是印度证券交易委员会的官方网站，并提供有关SEBI法律框架的信息，包括相关法规、仲裁庭的命令/裁决，董事长/成员以及董事会的报告和文件也可在该网站上查阅。用户可以通过搜索框检索文件。(见图9-2-7)

图9-2-7　印度证券交易委员会网站

6. 法律与司法部

网址: http: //www.lawmin.nic.in/

法律与司法部由立法部和法律事务部组成。法律事务部负责向中央各部提供咨询,而立法部则负责起草中央政府的主要立法。印度法典由20世纪制定并在印度境内生效的法律组成,也可在网站上查询。用户还可以在线浏览印度最高法院、高级法院、区法院的审判案件、每日信息等。(见图9-2-8)

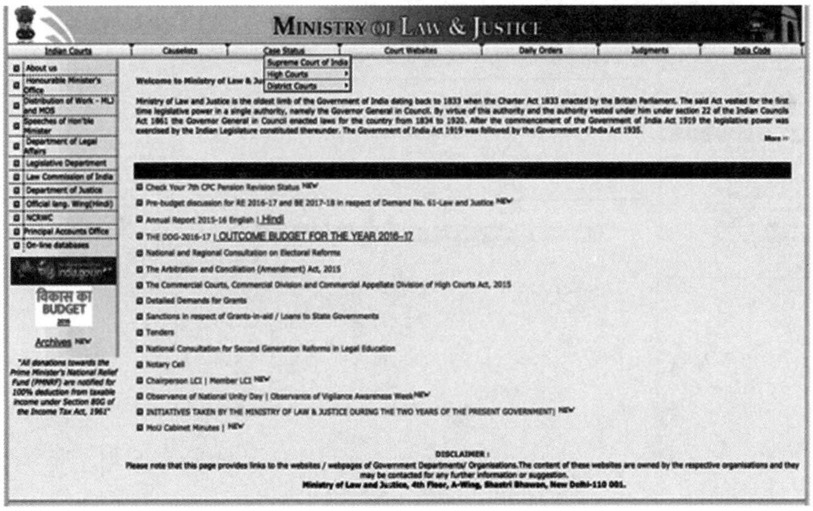

图9-2-8　法律与司法部网站

7. 印度法律委员会

网址: http: //www.lawcommissionofindia.nic.in/

这是一个非常有用的网站,它包含法律委员会报告的全文以及所有国家法律委员会报告。它还

包含法律委员会在各种法律方面的咨询文件。（见图9-2-9）

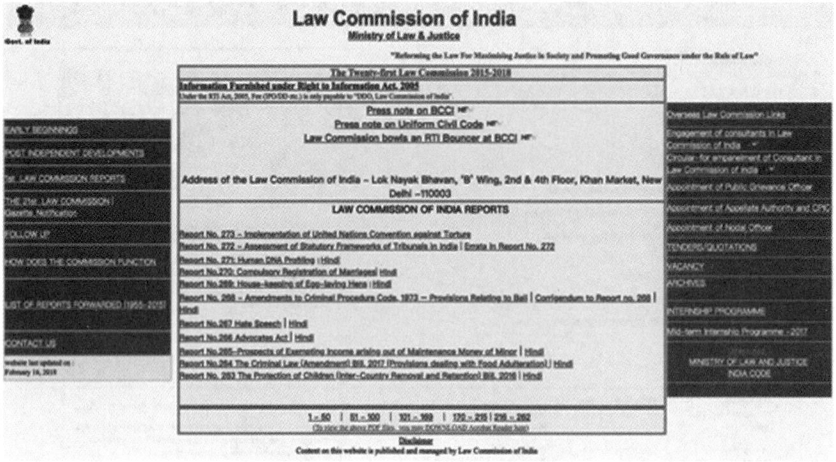

图9-2-9　印度法律委员会网站

8. INCODIS

网址：http：//www.indiacode.nic.in/

该网站属于印度立法部门。会定期更新中央法案的全文。印度宪法的全文也可以在这个网站上找到。它还包含议会法案/立法法案的案文以及议会本届会议正在通过或通过的法案的信息。用户可以根据法令编号、关键词、年份信息等检索印度法律信息。印度宪法的CD-ROM版本和选举法律手册也可以在该网站中订购。（见图9-2-10）

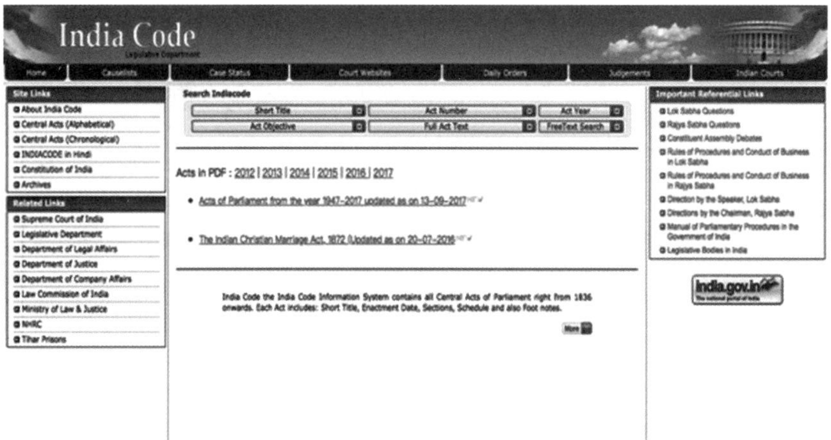

图9-2-10　INCODIS

9. 印度司法机构

网址：http：//www.indiancourts.nic.in/

这是印度政府最重要的网站之一，提供关于司法机构的宝贵资料，涵盖最高法院和高级法院（可报告/不可报告，已决定/未决）的所有案件。它还提供有关所有高级法院的信息。（见图9-2-11）

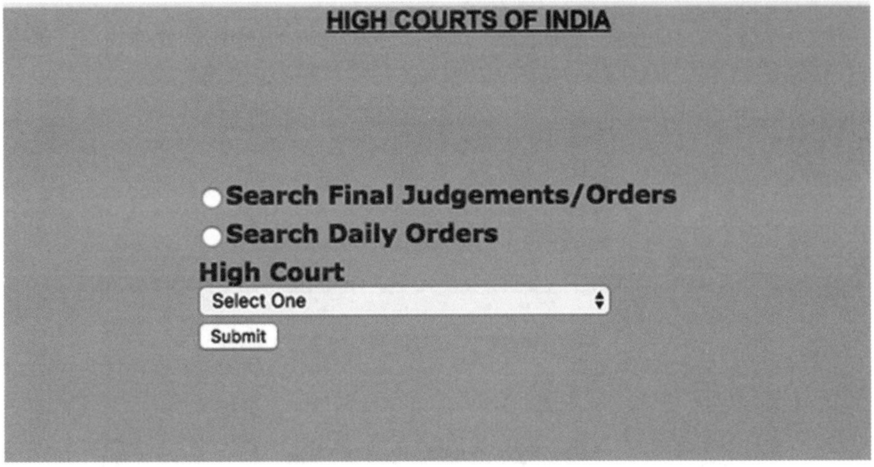

图9-2-11　印度司法机构网站

（二）出版物

Publication Division（网址：http：//publicationsdivision.nic.in/）是印度最重要的出版社之一，也是公共部门最大的出版社，其职能由信息和广播部负责。它试图通过传播信息和提高对各种活动、地区、人民以及各国文化和信仰的认识来促进国家一体化。该部门通过其在重要城市以及代理商的网点以负担得起的价格出版和销售书籍。它还参与展览和书籍展览，以促进书籍和期刊的销售。到目前为止，已经发布了7600种刊物，其中1500种可以在线浏览。除书籍外，Publication Division还出版了21种关于国家和社会各种问题的期刊。（见图9-2-12）

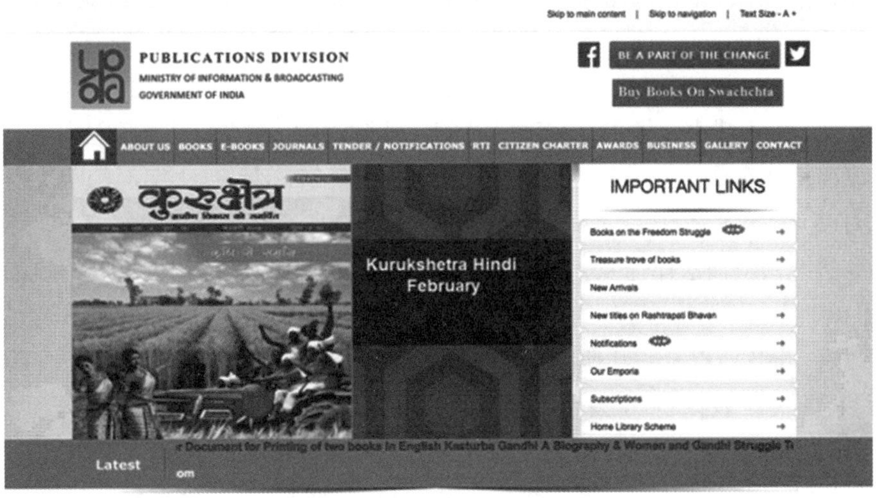

图9-2-12　Publication Division

（三）商业数据库

SCC Online（网址：http：//www.scconline.com/）是印度首屈一指的法律数据库。用户可以使用该数据库搜索印度最高法院、所有高等法院、法庭和委员会的相关法律材料以及许多外国司法判例和国际材料。（见图9-2-13）

图9-2-13　SCC Online

第三节　巴西法律检索

一、巴西的法律体系

巴西是典型的大陆法系国家，这与曾经作为葡萄牙殖民地不无关系；巴西地处南美，制度上也借鉴了部分英美法系的特点，如法律渊源中包括衡平原则等。巴西是联邦共和制国家，是多个州、城市及联邦地区的联盟形态。其法律体系由联邦政府、州市政府的法典和法律组成，同时兼顾各地区利益。在一般情况下，司法裁决的做出是基于已有的法典和法律，在没有法典和法律参考的情况下，法庭将通过类比以前相似案例、惯例及公认的法律准则做出裁定，但是过去案例的裁决结果对以后的裁决不具有法律约束力。

巴西联邦宪法统领巴西法律体系，保证巴西国民的基本权利，统一约束巴西的政治以及管理当局的行为，确定了巴西立法、司法、行政的权责范围，控制税收体系，并管辖社会经济及财政政策。联邦宪法准许联邦政府、州政府以及联邦地区在以下相关方面立法：税收、金融、经济、监狱、生产及消费、环境污染或消费者损害、教育、社会保障、卫生保护及防范疾病等。在上述这些方面，联邦政府的权限主要集中在总的指导方针的确定，而州及联邦地区政府的主要责任则是在联邦政府的总指导方针下，确立在这些方面的补充性法律。城市地区的法律权限被限制在与地区利益相关的事务方面。同时，巴西有违宪审查制度，已由国会批准的法律进入违宪审查程序，该法的执行效果会大受影响，待违宪审查程序完成后才能真正实施。

巴西主要的法律文件是法典和法令，一些重要的法典有：民法典、国家税收法典、刑法典、统一劳工法典、民事程序法典以及刑事程序法典，但这些法典不得与巴西的最高法律即巴西宪法相违背。

二、巴西的司法体系

巴西法院分为联邦最高法院、高级法院和地方法院。全国设立一个联邦最高法院，联邦最高法院由11名大法官组成，大法官必须是35岁以上65岁以下的巴西公民，由总统提名，经参议院批准后任命。最高法院处理涉及违宪的各类上诉案件，不审查判决的实质问题，而是审查法律适用的问题。高级法院，负责处理非宪法类的上诉案件，听取对联邦法律的解释和应用上的诉讼。高级法院不是地区最高法院，而是巴西最高司法系统中的组成。最高法院下面分为联邦高级法院和地方法院。联邦高级法院跨越地方行政区域设立，可以管辖两个州以上区域的相关案件。为了工作需要，联邦高级法院在每个州均有派出机构。地方法院则严格按照行政区域设立，每州设立一个高级法院及若干派出法院（初审法院）。联邦高级法院受案范围较小，仅仅管辖与选举、劳动争议等问题有关的案件及不服各州高级法院判决的案件，其他案件均由地方法院负责审理。（见图9-3-1）

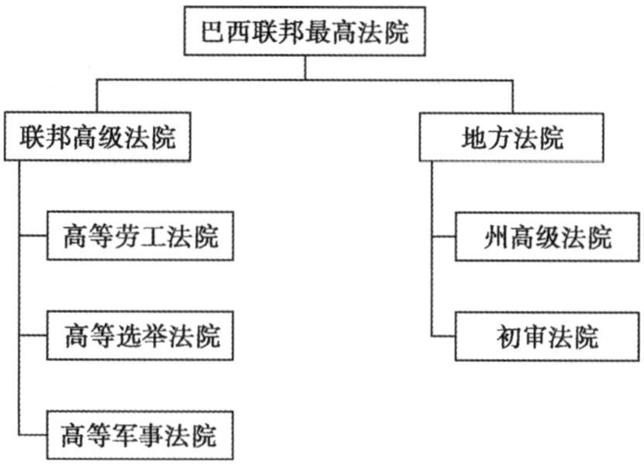

图9-3-1　巴西的司法体系

（一）联邦最高法院

主要处理涉关巴西宪法的案件，且因为是最高法院，多数时候只处理非常上诉案件，而仅有一小部分初审管辖权，其中包括审查巴西国会通过的法律是否违宪的司法复核权。自2002年起，巴西最高法院审理案件的情形全部经由电视播报，以接受公众监督。

（二）联邦高级法院

1. 高等劳工法院：主要处理劳工诉讼纠纷。

2. 高等选举法院：主要处理与选举有关的案件。巴西各政党在高等选举法院登记。

3. 高等军事法院：是审判军人犯罪的一审法院。

（三）地方法院

处理本辖区内的大量一审案件，一审多为独任审判，如果案件当事人不服初审法院判决，则可上诉至州高等法院。州高等法院接当事人的上诉申请后，由三名法官组成法庭进行审理，若三名法官均一致决定维持原判，当事人不服则可直接上诉至联邦高等法院；若其中一名以上的法官不同意维持原判，则由五名法官重新组成法庭进行审理，若当事人对法庭的判决仍然不服，也可上诉至联邦高等法院。

三、巴西的法律文献检索

（一）官方网络资源

1. 巴西联邦最高法院

网址：http://portal.stf.jus.br/

这是巴西联邦最高法院的官方网站，提供多语言浏览模式：葡萄牙语、英语和西班牙语。用户可

以按类别、关键词检索法律资料。该网站提供联邦最高法院的所有判决内容，用户只需要输入案号即可查询。（见图9-3-2）

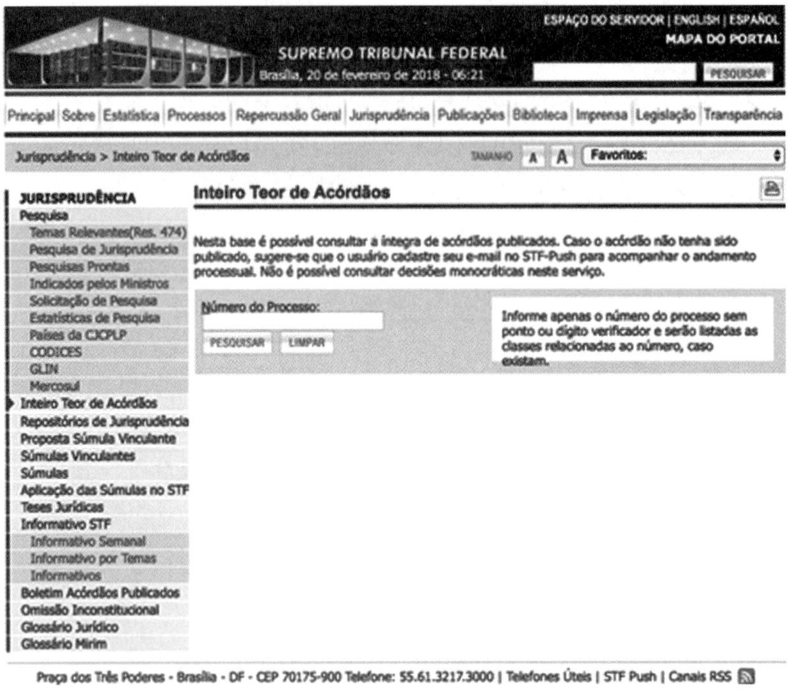

图9-3-2　巴西联邦最高法院体系

2. 巴西国家司法委员会

网址：http：//www.cnj.jus.br/

用户可以通过该网站快速访问电子司法程序、参与虚拟全体会议，获取司法委员会会议准则、会议安排以及会议结果。该网站还会及时发布法院新闻。用户可以进行关键词搜索以查询相关材料。（见图9-3-3）

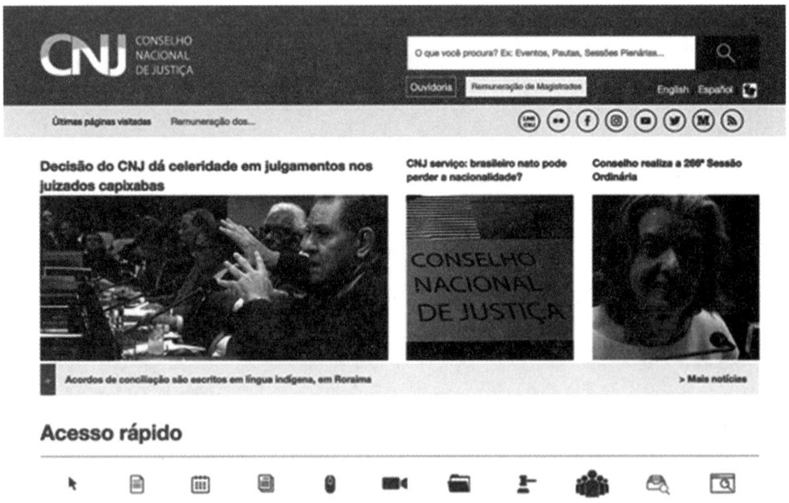

图9-3-3　巴西国家司法委员会网站

3. 巴西司法部

网址：http：//justica.gov.br/

巴西司法部网站详细介绍了司法部的职责以及运作方式，同时也介绍了一系列司法政策等，为用户提供有关司法的最新消息。用户在网站上可以搜索司法部统计资料以及司法部对社会各领域进行的调查报告。（见图9-3-4）

图9-3-4　巴西司法部网站

4. IALS

网址：http：//libguides.ials.sas.ac.uk/brazil

Institute of Advanced Legal Studies（IALS）网站向用户提供了详尽的巴西法律信息，包括宪法、法律法规、法律报告、图书、期刊等。用户可以在搜索框中检索相关法律资料。（见图9-3-5）

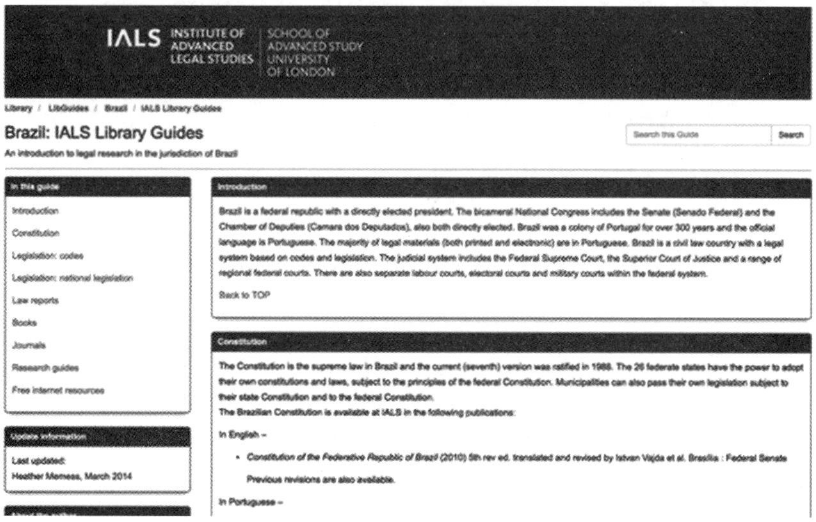

图9-3-5　IALS

5. LexML Portal

网址：http：//www.lexml.gov.br/

LexML提供立法和判例的检索，其中一些以全文形式提供。这些材料均由联邦检察长办公室和总检察长办公室以及最高联邦法院提供，保证了信息的真实可靠。用户可以按关键词（Todos os Campos）、年份（Do ano）、文件类型（Tipo do Documento）、发布机构（Autoridade Emitente）、索引号（Assunto/Indexação）等便捷检索法律文件。该网站工作语言有四种：葡萄牙语、英语、法语和西班牙语。（见图9-3-6）

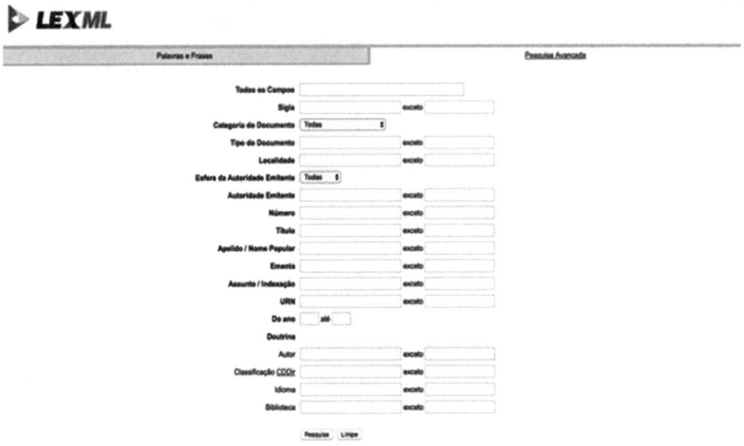

图9-3-6　LexML Portal

6. 纽约大学法学院

网址：http：//nyulaw.libguides.com/c.php？ g=773850&p=5552104

该网站免费向用户提供英译版的巴西宪法、法律、法令、判例等。翻译资料都经过了系统整理，为研究巴西法律提供了丰富的资料。（见图9-3-7）

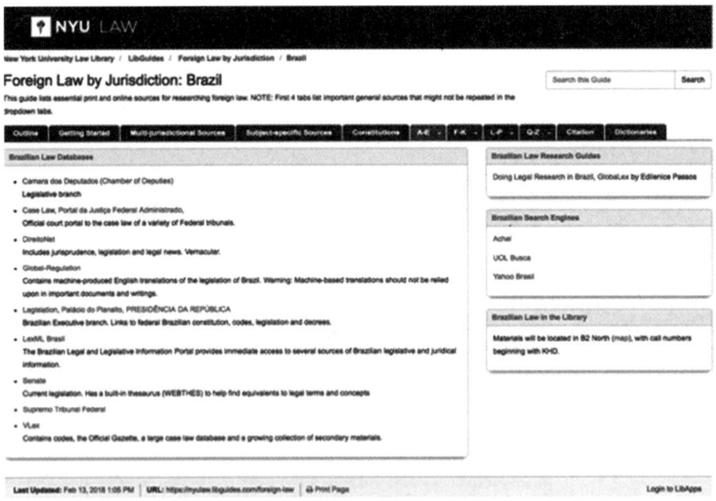

图9-3-7　纽约大学法学院网站

7. Imprensa Nacional

网址：http：//www.imprensanacional.gov.br/

该网站提供有关巴西法律、法令、决议、条例等规范性法律文件，用户可以通过检索关键词、时间

等基本信息在线浏览或者下载PDF版本的文件，为研究巴西法律提供最新的法律资料。（见图9-3-8）

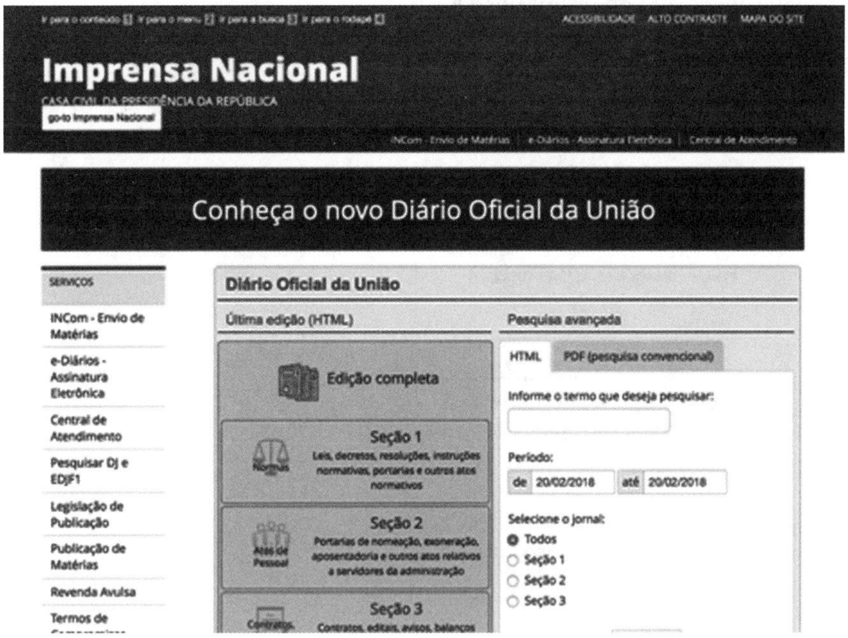

图9-3-8　Imprensa Nacional

（二）出版物

1. Diário da Justiça

网址：http：//www.stf.jus.br/portal/diariojusticaeletronico/pesquisardiarioeletronico.asp

Diárioda Justiça（DJ）于2008年创建，是传播有关司法机构公共事务的媒介。其主要发布司法部以及最高院的司法行为。用户可以按日期浏览刊物。（见图9-3-9）

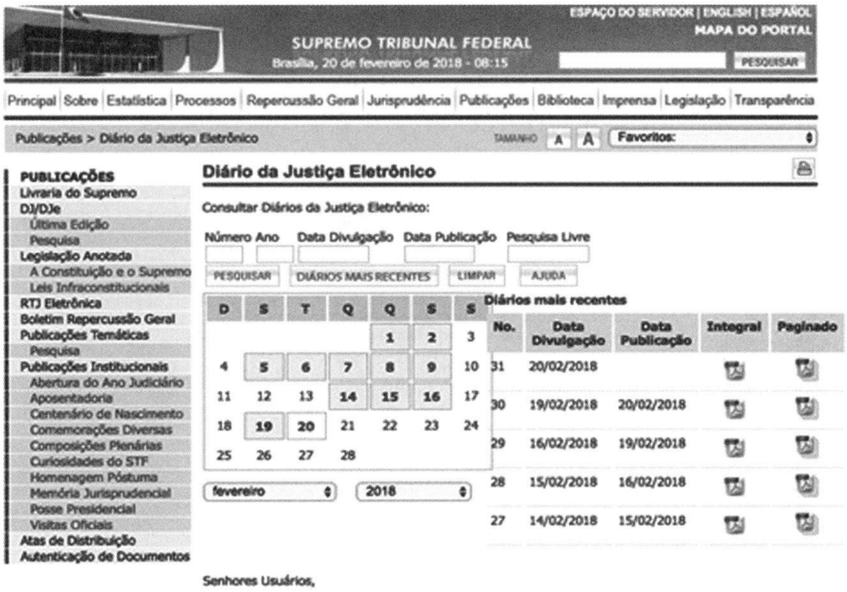

图 9-3-9　Diárioda Justica

2. Diário Oficial da União

网址：https://www.jusbrasil.com.br/diarios/DOU/

Diário Oficial da União（DOU）主要包括三部分内容：（1）宪法修正案、法律、法令、决议、规范性指令、条例和其他普遍关注的规范性行为；（2）联邦公共管理局的行为；（3）官方公报、新闻稿。

该网站收录了自1890年以来的法律信息，用户可以按年份查看相关文件。（见图9-3-10）

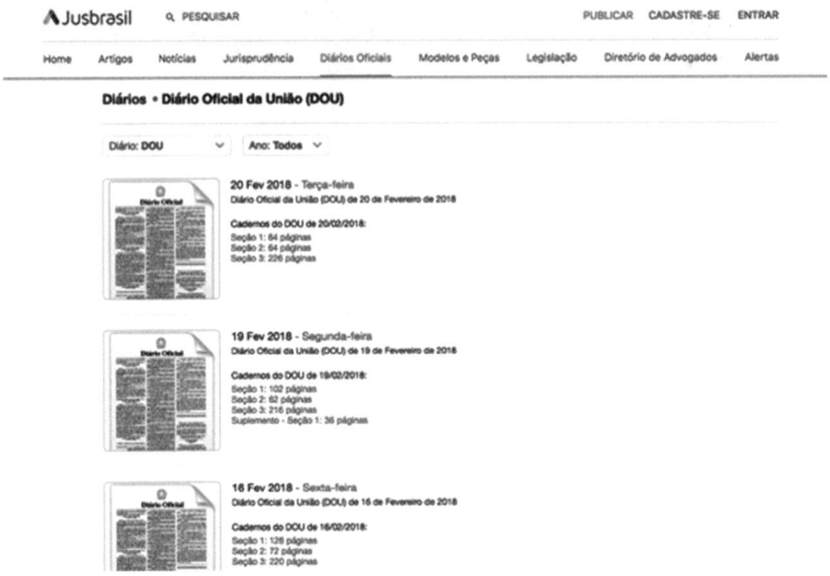

图9-3-10　Diário oficial da união

（三）数据库

1. RESSET

网址：http://resset.cn

RESSET一带一路信息平台紧紧围绕国家的方针和政策，充分展示一带一路相关各国的法规法规、新闻、研究成果，并提供讨论区供用户进行学术的讨论。RESSET一带一路数据库是根据交通、教育、经济、军事等相关题材的实证研究设计开发而成。该数据库需要用户登录使用。（见图9-3-11）

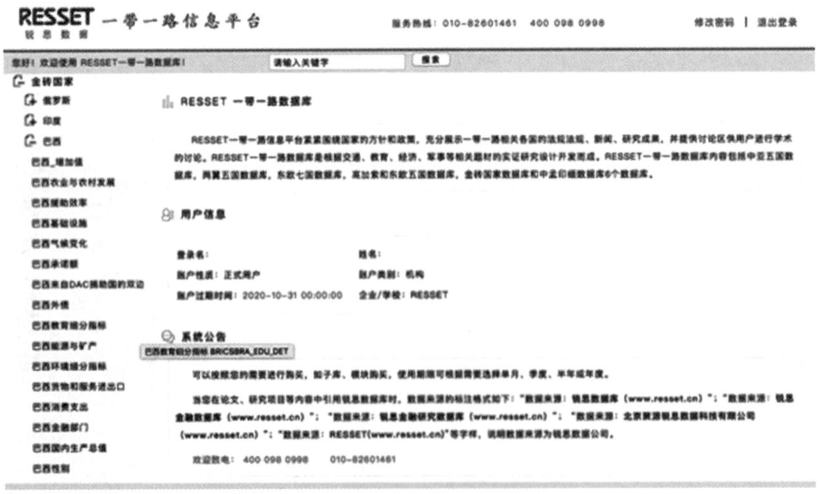

图9-3-11　RESSET

2. CRL

网址：http://www-apps.crl.edu/collections/topics/official-gazettes/search? countryID=BRAZIL

该数据库提供各国官方公报，用户可以直接按国别检索。（见图9-3-12）

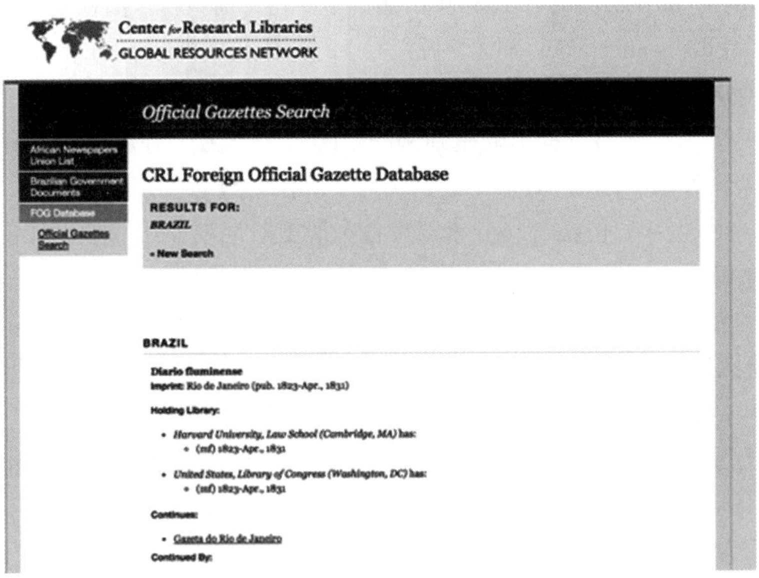

图9-3-12　CRL

第四节　南非法律检索

一、南非的法律体系

由于南非受英国和荷兰影响，其法律体系具有混合性特征，即兼具普通法系的典型特征和大陆法系的某些特征。在公法领域，南非法律主要受到普通法系的影响，而私法领域则主要体现了罗马—荷兰法以及习惯法的痕迹。

南非的法律渊源多种多样，主要包括四种：宪法、制定法、普通法和习惯法。

宪法是南非的首要法律渊源。南非现行宪法于1996年通过，于1997年起开始分阶段实施，并于2012年通过了宪法第十七修正案，对南非司法体系结构以及权力划分等进行了最新修改。南非宪法的签署为平等和民主政治体制的确立和今后的民族国家建设奠定了法律基石，其中所包含的公正平等和民主自由原则是广大南非人民，尤其是占人口总数3/4的黑人群众300多年来反抗殖民压迫、争取民主自由解放斗争目标的最高体现。因此，新宪法的诞生被广泛誉为新南非的“出生证书”，标志着“一个新国家的诞生”。1996年宪法明确规定：宪法是国家根本大法，具有至高无上的法律地位，任何法律或行为若与宪法相冲突都将被宣布无效。

制定法是指由国家享有立法权的机关依照法定程序制定和公布的法律。制定法通常与不成文法相对，具有文字表现形式，一般以法典或单行法的形式存在。根据南非宪法，制定法按照制定主体不同可分为国会立法、省议会立法、委托立法、授权立法、地方或社团立法。

普通法包括罗马—荷兰法与殖民时期移植的英国法，其中最为重要的是罗马—荷兰法经典著作和司法先例。由于罗马—荷兰法的许多规定存在不确定之处，因此南非法院在审理某些国际私法案件时，经常援用17～18世纪荷兰国际私法学者如胡伯、伏特、罗登伯格等人的著作。而荷兰学者西蒙·梵·雷乌安（Simon van Leeuan）于1664年出版的《罗马—荷兰法》仍在南非作为权威著作使用。此外，约翰内斯·伏特（Johannes Voet）对《学说汇纂》的评注在南非也具有极大的权威。当没有任何司法先例或者是先例冲突的时候，法院一般会采用罗马—荷兰法的原则或著作。经典著作在南非是重要的法律渊源之一。另外需特别提出的是判例法中的司法先例。南非法院适用遵循先例原则。上级法院通过这种形式来发展普通法，其作出的判决对下级法院具有拘束力。目前，在南非具有约束力的判例法数量巨大、种类多样，包括自1652年以来各个历史时期南非法院业已作出、且与1996年南非宪法不相抵触、迄今仍具法律效力的判决中所包含的法律原则或者规则。遵循先例意味着下级法院要服从上级法院的判例，各级法院要遵循自身先前所作的判例。但是南非的遵循先例原则没有英国那么严格，这可能是因为英国普通法本身建立在判决的基础上，而南非的普通法所依赖的原则主要来自于罗马—荷兰法中的经典著作。

习惯法由该国土著团体（communities indigenous to the country）所遵守的各种不同的法律组成，所以又被称为"土著法"（indigenous law）。1996年南非新宪法正式承认罗马—荷兰法和习惯法是该国法律制度的主要组成部分。南非宪法第35条第3款要求南非法院在发展习惯法或普通法时要对《权利法案》的精神、主旨和目标给予适当的关注，且第211条第3款命令法院在适当的情况下适用习惯法。宪法同时还规定了法院适用习惯法的义务要受到的三个重要限制，即习惯法是可以适用的、与宪法相一致并且没有被专门涉及习惯法的任何其他立法所取代。根据南非1988年的《证据法修正案》，习惯法适用于所有公民（包括黑人和白人）以及国内所有的法院。习惯法作为南非法律的重要渊源，影响了南非的很多方面，如刑法、家庭法、继承法等。

二、南非的司法体系

南非的法院系统主要受英国法的影响，分高等法院和低等法院。除地方法院外其余的均属高等法院。南非的司法体系包括：宪法法院、最高上诉法院、高等法院、地方法院、特别法庭。（见图9-4-1）

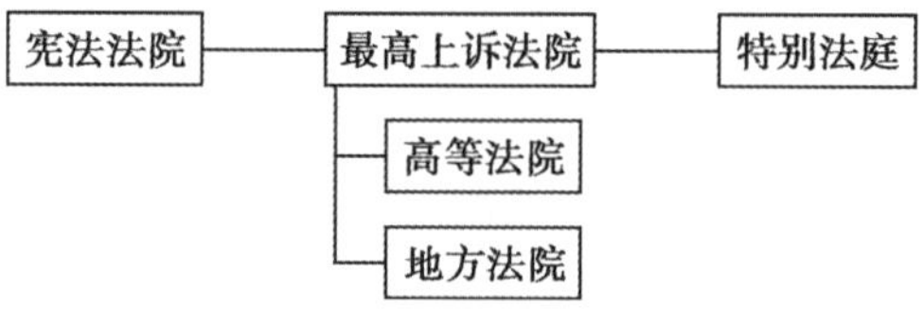

图9-4-1　南非的司法体系

1. 宪法法院

南非宪法法院设在约翰内斯堡，是所有宪法事务的最高法院，主要管辖一切涉及解释、保护和实施宪法的争议，可以对宪法问题以及与宪法有关的问题作出判决。宪法法院由1名院长、1名副院长和9名法官组成，但每个案件需由8名以上法官审理。凡是在中央和省一级范围内国家机关之间涉及任何国家机关的宪法地位、权力或职责的争端、总统或省长送交认定的议会或省立法机关法案的合宪法性、国民议会议员或省立法机关议员申请发布命令宣布该机构制定的某一法案的全部或部分违反宪法、任何宪法修正案的合宪法性、议会或总统未能履行宪法责任及省宪法的认定，都只能由宪法法院来作出判决。它还对某一议会法案、某一省法案或总统的行为是否符合宪法作出最后判决。最高上诉法院、高级法院或具有类似地位的法院所作出的宣布无效的命令，也必须得到它的认定才能生效。

2. 最高上诉法院

它是与宪法法院享有同等地位的最高级法院。但宪法法院专门受理宪法问题，最高上诉法院则受理除宪法问题以外的任何上诉案件。它的管理范围是：上诉案件；同上诉案件有关的问题；由议会法案规定由它受理的任何其他问题。除了宪法法院，没有其他任何法院可以改变最高上诉法院的判决。但如果议会不满意最高上诉法院对法律的解释，它可以改变这项法律。

3. 高等法院

它可以审理任何民事和刑事案件，一般来讲它审理的都是对于地方法院来说较难的案件，它同时可以审理对地方法院判决不服的上诉案件。高等法院的法官一般由具有丰富实践经验的律师担任。民事案件一般由一名法官审理，但如果是上诉案件则必须由两名法官共同审理。刑事案件一般也由一名法官审理，但遇到复杂案件则可以选择两名助手。这两名助手将旁听整个庭审活动，并在最后提出自己的意见。

4. 地方法院

地方法院是低级法院，审理较简单、轻微的民事、刑事案件。地方法院分为民事法庭和刑事法庭。

5. 特别法庭

南非还有一些特别的法庭，如相当于高级法院地位的劳动法庭、土地申诉法庭、税务法庭等；相当于地方法院的地方法庭、家庭法庭、扶养法庭、儿童法庭等。小额索赔法庭不属于正式的法院系统。

三、南非的法律文献检索

（一）官方网络资源

1. Polity

网址：http://www.polity.org.za/

该网站向用户提供丰富的政府信息。自1995年以来的议案和自1993年以来的立法案均提供立法全文。除此之外，用户还可以浏览以下文件的全部内容：白皮书、委员会报告、讨论文件、绿皮书、通告和条例、政策性文件、报告和演讲。用户可以按时间、文件类型以及关键词检索。（见图9-4-2）

图9-4-2　Polity

2. 南非议会

网址：https：//www.parliament.gov.za/

这是南非议会的官方网站。该网站提供了自1993年以来通过的法案的全文以及自1998年以来的议案全文。该网站还提供了有关立法程序的背景资料。用户可以及时获得有关立法的最新消息、新闻等。用户还可以在线浏览或者下载PDF版本的官方出版物“国会议事录”“年度报告”等资料。（见图9-4-3）

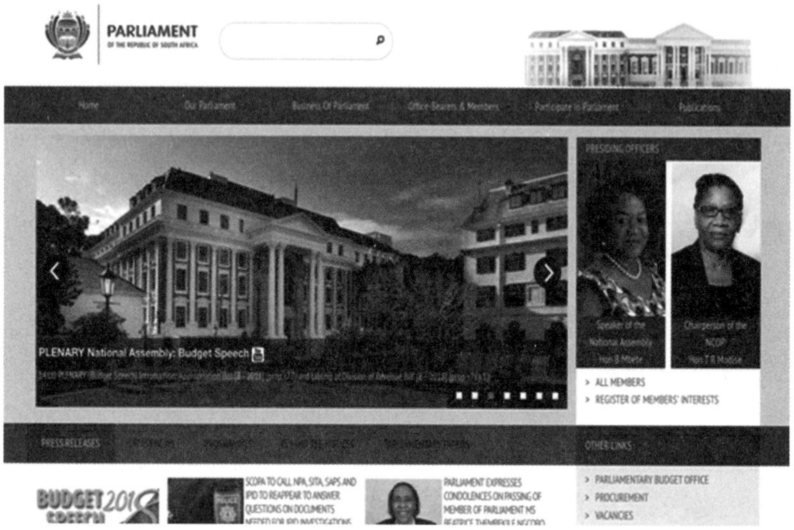

图9-4-3　南非议会网站

3. 南非政府

网址：https：//www.gov.za/

这是南非政府官方网站。该网站提供自1993年以来通过的法案全文以及自1996年以来的议案全文。该网站包括许多演讲和政策性文件的全文，包括白皮书和绿皮书。它还提供有关于南非政府组成和发展历程各个方面的背景资料，详细介绍各政府部门的联系。（见图9-4-4）

图9-4-4　南非政府网站

4.南非宪法法院

网址：http：//www.constitutionalcourt.org.za/site/home.htm

这是南非宪法法院网站。用户可以根据关键词或案例名称等快速检索司法判例。此外，该网站提供最新判决信息、南非宪法的发展历史及相关文本等。用户可以通过快速链接获取法院规则以及既往判例。（见图9-4-5）

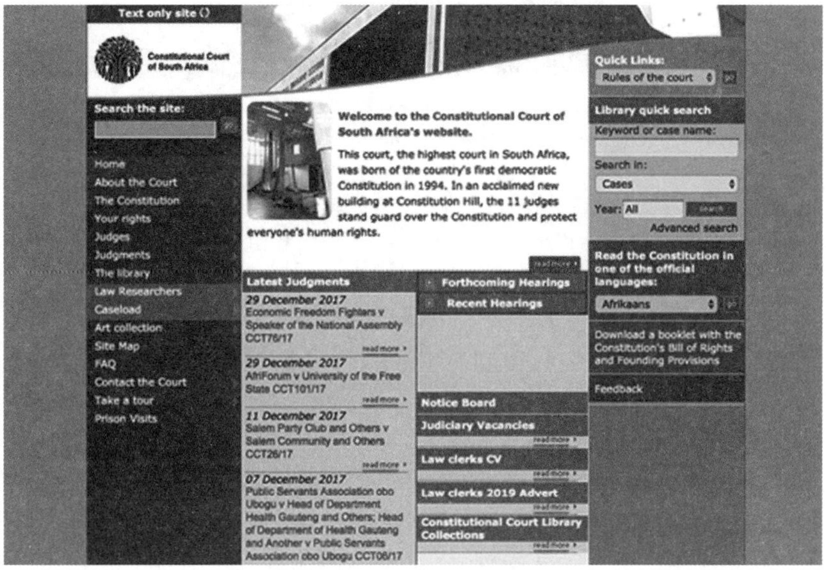

图9-4-5　南非宪法法院网站

用户还可以免费使用宪法法院的电子图书馆，检索期刊文章或法律报告。（见图 9-4-6）

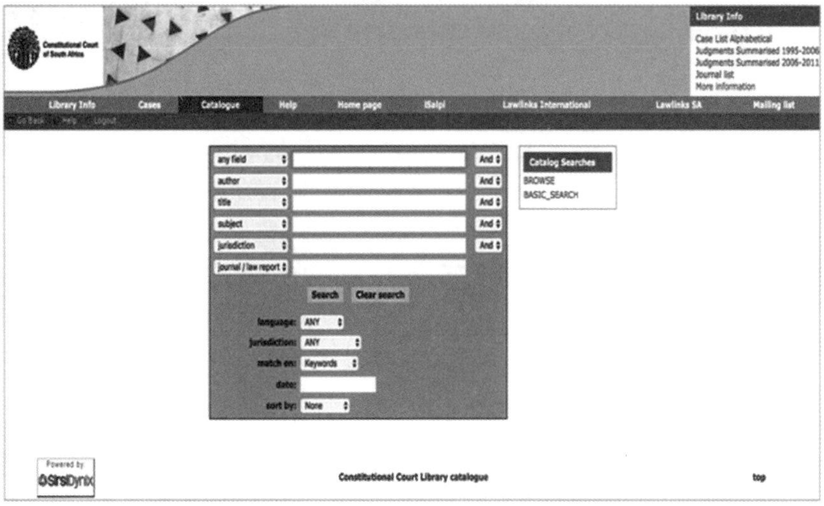

图9-4-6　南非宪法法院电子图书馆

5.美国国会图书馆

网址：https：//www.loc.gov/law/help/guide/nations/southafrica.php

美国国会图书馆在线系统免费向用户提供国别法律、法规以及司法指引等资料。用户可以根据国别搜索相关资料并可在线浏览或下载。（见图9-4-7）

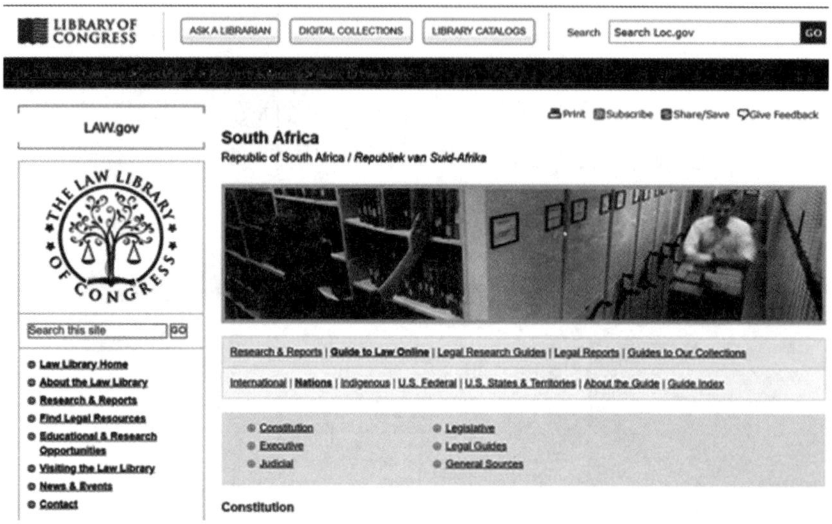

图9-4-7　美国国会图书馆

6. 南非最高上诉法院

网址：http://www.justice.gov.za/sca/

这是南非最高上诉法院的官方网站。该网站向用户详细介绍了最高上诉法院的职能、发展历史、在司法体系中的地位等基本信息。用户可以在该网站上查看法院判决、法院公告、法官信息等。判决分别按年份、案件名称开头字母进行系统统计，方便研究者查找法院判例。用户可以在线浏览或者下载判决PDF版本。（见图9-4-8）

图9-4-8　南非最高上诉法院网站

7. Sabinet

网址：https://www.sabinet.co.za/

Sabinet是订阅服务网站。该网站提供自1994年以来的政府公报，其中包括议案、法律法规和白皮书的全文以及其他政府信息。（见图9-4-9）

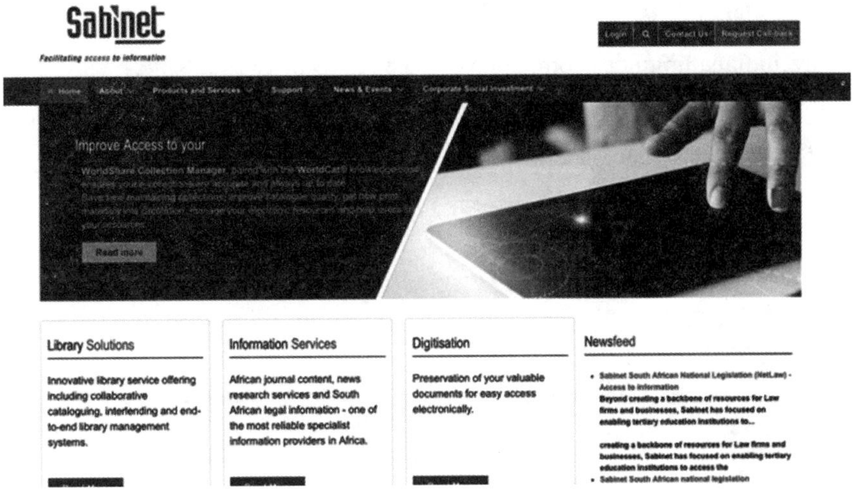

图9-4-9　Sabinet

8. Saflii

网址：http：//www.saflii.org/

Saflii（南非法律信息研究所）是一个法律信息在线存储库，旨在通过发布法律材料来促进法治和司法的发展。这些材料是通过与政府、法院、法律协会以及相关地区的其他法律信息机构的合作伙伴关系和协作努力而获得的。该网站还有免费数据库，拥有大量免费在线期刊、判决和法律法规。（见图9-4-10）

图9-4-10　Saflii

9.印第安纳大学伯明顿分校

网址：http://law.indiana.libguides.com/c.php? g=282032&p=1879036

该网站详细介绍了南非法律概况、罗马—荷兰法的发展历程、南非司法体系等，用户可以就关键词进行检索，获取相关文献，为用户研究南非法律提供了丰富资料。（见图9-4-11）

图9-4-11　印第安纳大学伯明顿分校网站

（二）出版物

Juta（网址：https://juta.co.za/）创建于1853年，是南非最大的出版商之一，其出版物包括法律法规、判例全文、法律报告等。作为南非领先的学术和法律出版社，其文献资料质量很高，为研究者研究南非法律提供了丰富的资料。（见图9-4-12）

图9-4-12　Juta出版社网站

（三）商业数据库

LexisNexis Butterworths是南非比较成熟的商业数据库，用户可以搜索到最新的判例全文。（见图9-4-13）

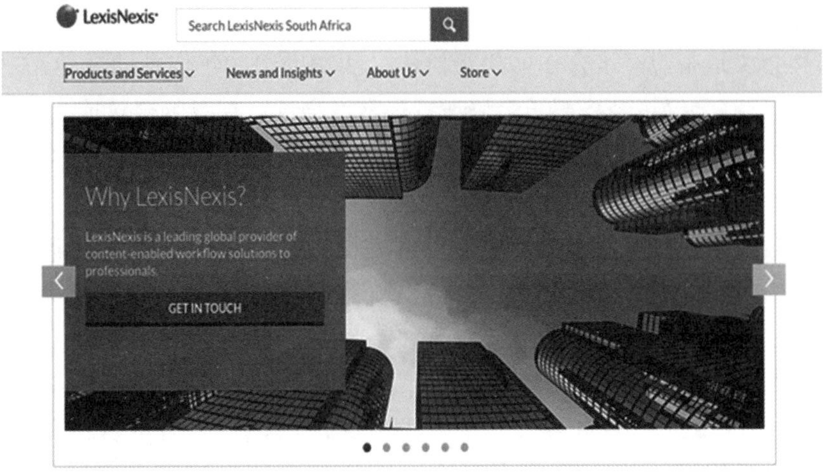

图9-4-13 LexisNexis Butterworths

第五节 东盟法律检索

一、东盟的组织机构

东南亚国家联盟（Association of Southeast Asian Nations，ASEAN），简称东盟，是一个政府性国际组织。东盟的前身是马来亚（现马来西亚）、菲律宾和泰国于1961年7月31日在曼谷成立的东南亚联盟。1967年8月7～8日，印度尼西亚、泰国、新加坡、菲律宾四国外长和马来西亚副总理在曼谷举行会议，发表了《曼谷宣言》（《东南亚国家联盟成立宣言》），正式宣告东南亚国家联盟成立。

除印度尼西亚、马来西亚、菲律宾、新加坡和泰国5个创始成员国外，20世纪80年代后，文莱（1984年）、越南（1995年）、老挝（1997年）、缅甸（1997年）和柬埔寨（1999年）5国先后加入东盟，使这一组织涵盖整个东南亚地区。

东盟主要的组织机构有：

（一）首脑会议（ASEAN Summit Meeting）

首脑会议是东盟最高决策机构，由东盟各国轮流担任主席国，负责召集首脑会议，就东盟发展的重大问题和发展方向作出决策。2000年第四次非正式首脑会议决定取消正式与非正式首脑会议之分，每年召开一次首脑会议。

（二）外长会议（Ministerial Conferences）

外长会议即外交部长会议，是制定东盟基本政策的机构之一，负责解释规则、方针，签署重要的宣言、条约，发布会议公报和声明等。每年轮流在成员国举行。

（三）常务委员会（Standing Committee）

常务委员会由当年主持外长会议的东道国外长任主席，负责主持常务委员会的工作，任期一年，其他成员国驻该国大使（或高级专员）任委员。常务委员会不定期举行会议，负责处理东盟日常事务和筹备召开外长会议，执行外长会议的决议，并有权代表东盟发表声明。

（四）其他部长会议（Ministers’ Meeting）

东盟经济部长会议是东盟经济合作的决策机构。从20世纪70年代中期开始，东盟的经济合作日益重要，第一次东盟首脑会议将经济部长会议设置为常设会议。在首脑会议成为最高决策机构之前，东盟实行的是外交部长会议和经济部长会议的二元决策机制。

东盟能源部长会议主要讨论东盟的能源开发、管理和保护事宜。

东盟财政部长会议是在1997年东南亚金融危机爆发以后，东盟意识到本地区有必要建立起金融合作机制以共同抗击风险的形势下召开的。东盟财政部长会议不定期召开，致力于促进本地区的经济增长、改善投资、加强金融监管和维护市场秩序。

东盟还有包括农业、林业、贸易、环境、投资、信息、科技、劳工在内的多个部长会议，不定期地在东盟各国轮流举行，讨论相关领域的问题，对本地区的合作与繁荣做出了很大的贡献。

（五）秘书处（Secretariat）

秘书处是东盟的行政总部，负责协调各成员国国家秘书处，向部长会议和常务委员会负责。东盟秘书长由东盟各国根据资历和条件轮流提名，任期五年。秘书处设在印度尼西亚首都雅加达。

（六）专门委员会（Committees）

专门委员会由高级官员组成，共有9个专门委员会，即工业、矿业和能源委员会，贸易和旅游委员会，粮食、农业和林业委员会，内政和银行委员会，交通运输委员会，预算委员会，文化和宣传委员会，科学技术委员会，社会发展委员会。

（七）特别委员会（Special Committees）

特别委员会包括东盟特别协调委员会、东盟—布鲁塞尔委员会、中央银行和货币管理委员会，重建和复兴委员会、贸易问题高级官员委员会、东盟—日内瓦委员会、合成橡胶问题高级官员委员会、砂糖问题高级官员委员会，负责研究和处理东盟经济合作和对外经济关系中的一些特殊问题。

（八）民间和半官方机构

民间和半官方机构包括东盟议会联盟、工商联合会、石油理事会、新闻工作者联合会、承运商理事会联合会、船主协会联合会、旅游联合会和博物馆联合会等。

二、东盟的法律文献检索

1. 中国—东盟国家法律与司法信息中心

网址：http://www.china-aseanlawinfo.org/? language=zh-CN

为开辟中国与东盟国家司法交流与合作的新渠道，中国最高人民法院在中国广西南宁建立中国—东盟国家法律与司法信息中心。该中心于2017年6月9日正式成立。

中心汇总了中国与东盟各国的法律、案例及司法解释、双边和多边条约协定、司法交流合作资讯等相关资料，整合司法各工作领域合作成果，引领中国与东盟国家之间的司法信息整合与交流，为中国与东盟乃至南亚地区商贸投资者提供一整套清晰、准确、可预测的裁判规则，并通过建设全面、权威、准确、及时的司法信息网，积极推动法律与司法信息有效共享。（见图9-5-1）

图9-5-1　网站首页

中心网站设置了七个板块：

• 司法交流

向用户提供中国及东盟国家最新的时政资讯及相关司法动态。

• 国际条约

用户可以在线浏览中国与东盟国家签署的条约、协定、换文、议定书、备忘录，以及发表的联合声明等。

• 法律法规

用户可以在线浏览东盟十国的法律法规，但网站仅提供英文版。此外，网站还整理了检索东盟国家法律法规的检索地址。例如，柬埔寨法律法规检索地址，引导用户对柬埔寨法律进行进一步检索，为研究提供便利。（见图9-5-2）

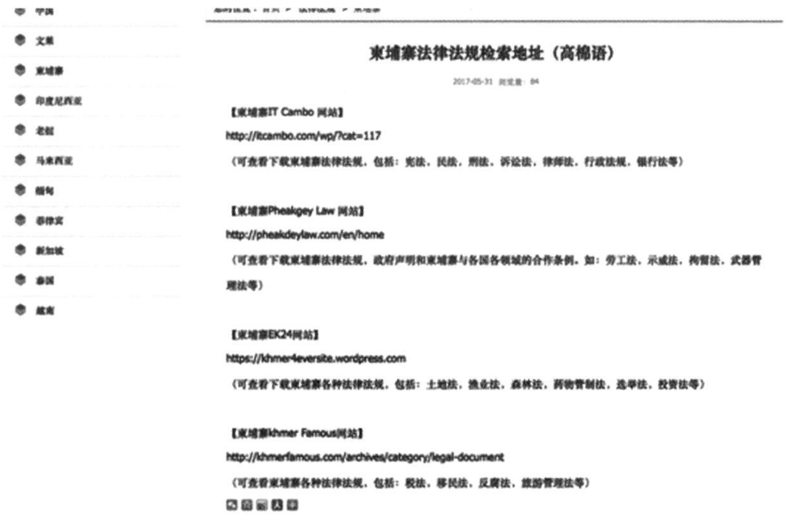

图9-5-2　柬埔寨法律法规检索地址

• 典型案例

选取中国当事人和东盟国家当事人之间的典型民事纠纷案件，并提供判决书全文。

• 司法研究

收录了自1956年以来我国司法研究领域的期刊，并且按学科分类。用户可以按年份查看相关期刊文章。用户还可以在检索框中检索文章标题，加上双引号可进行标题或全文的精确检索，如“劳动合同法”。（见图9-5-3）

图9-5-3　全文精确搜索

• 大法官论坛

用户可以及时了解到中国—东盟法律论坛的相关信息以及中国与东盟之间的司法领域互动。

• 在线培训

用户可点击进入国家法官学院广西分院教育培训平台，需登录使用。

2. 中国—东盟法律文献数据库

中国—东盟法律文献数据库由中国—东盟法律研究中心与西南政法大学和数据公司合作开发。数据库链接：172.16.143.15/，仅供西南政法大学校园网用户登录使用。

（1）数据库体系健全

该数据库从国际组织、东盟十国法律法规、研究成果等不同角度对中国—东盟法律文献信息进行资源揭示与整合，支持中英文两种语言，可以上传图片、音频、视频等类型资源，以全文数据库为主要类型，由东盟组织、中国—东盟法律制度、东盟十国法律文献、其他区域组织法律文献、热点问题法律文献、研究文献等6个子库组成。

（2）数据库使用方便

数据库支持中英文两种语言，提供友情链接、文献传递、下载等个性化服务，用户按照栏目浏览资源，点击相应条目即可查看具体信息和进行全文下载（包括视频、音频、图片等资源）。

（3）数据库系统完善

“中国—东盟法律文献数据库”系统完善，以B/S 为结构，在服务器端保存信息资源，对外发布后可为Internet 连接的任何授权用户访问页面；具备数据录入、维护、审核等后台管理功能和数据检索、浏览、访问权限认证等前台展示功能；支持全文检索、分面检索和中文分词，支持在所有具有检索意义的字段中检索，在不同子库用户可以输入不同的字段如题名、作者、会议届次等进行检索。

3. 东盟法律

网址：http：//www.aseanlaw.com.cn/

东盟法律网由上海政法学院东盟比较法研究中心与大成律师事务所上海分所联合开发运营。

用户可以通过该网站了解东盟相关立法、司法实践等有益资料。该网站致力于比较、收集、整理有关立法、司法与学术信息，组织全国性的专题研究，结合律师在实践中遇到的问题与情况展开分析。立足组织和培养我国东盟法律领域内的专业人才，并提供交流平台。同时结合实践，针对双边立法与司法衔接中亟待解决的问题进行对策性研究，对双边法律制度的建立和完善施加积极影响。网站的工作语言有两种：中文和英语。（见图9-5-4）

图9-5-4　东盟法律网

用户可以按国家浏览东盟法律，该网站提供的法律涉及税法、知识产权法、公司法、劳动法、土地法、投资法等多个领域，同时还介绍了东盟国家的司法体系，有助于研究者更加全面地了解东盟法律。（见图9-5-5）

图9-5-5　东盟各国法律制度浏览页面

4. 香港城市大学新丝路研究中心

网址：http：//www.cb.cityu.edu.hk/obor/

该网站为用户提供了有关“一带一路”国家的政策文件、学术研究、相关课程的丰富资料。（见图9-5-6）

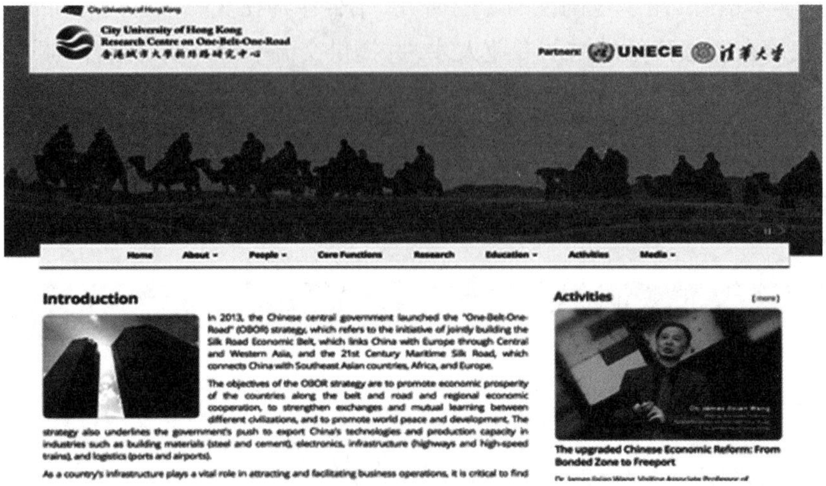

图9-5-6　香港城市大学新丝路研究中心

用户可以在该网站上在线浏览中心的最新出版物，如《一带一路：中国视角的全球化和对新秩序的探索》、《一带一路设施联通中PPP模式扮演的角色》、*Pressing the Global Reset Button*等，有的还提供中英文版本，供研究者深入学习与“一带一路”倡议相关的资料。（见图9-5-7）

图9-5-7　相关出版物

用户还可以在线观看视频，了解相关会议进程，远程参与凤凰卫视世纪大讲堂。（见图9-5-8）

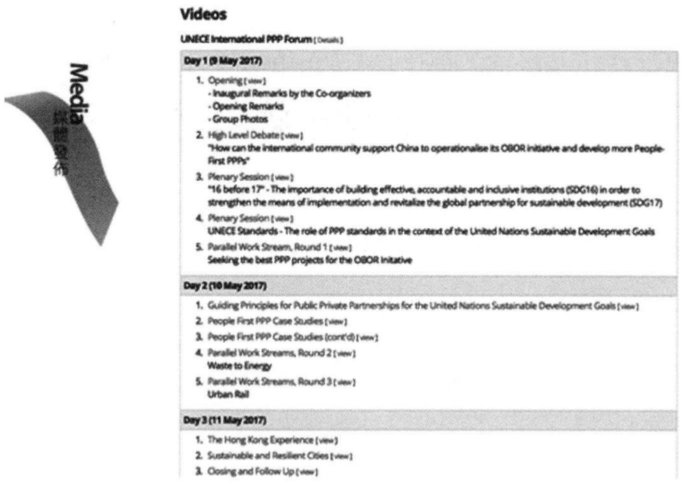

图9-5-8　相关视频

5.“一带一路”国际研究院

网址：http://interbeltandroad.org/cn/

“一带一路”国际研究院成立于2016年1月，是香港首个有关“一带一路”倡议的研究机构，致力搭建一个国际性的学术与专业交流平台，并以培育青少年及人才为己任，通过举办国际论坛、考察交流等活动，提升社会对“一带一路”倡议的认知，推动年轻人在紧贴时代步伐的同时，亦可尽早装备自己，把握时代机遇。研究院汇聚不同专业范畴的沿线国专家学者，就“一带一路”在执行过程中可能涉及的问题，向企业和机构提供分析及专业意见，更着手编纂《一带一路沿线国家法律精要》和《一带一路争端解决机制》，及积极推动香港参与“一带一路”，发挥其独特优势。

用户可以在网站上了解到关于“一带一路”倡议的最新资讯，查询到“一带一路”国家的基本资料，还可以在线浏览该机构出版的电子报。（见图9-5-9）

图9-5-9　“一带一路”国际研究院

6.“一带一路”系列数据库

网址：https://cgc.law.stanford.edu/zh-hans/belt-and-road/

“一带一路”系列数据库是中国指导性案例项目下的系列产品之一，该数据库包括两个子库，即“一带一路”典型案例数据库以及“一带一路”案文数据库。

（1）“一带一路”典型案例数据库

该数据库向用户提供与“一带一路”倡议相关的中国法院案例原文，即自2015年以来的18个典型案例，默认按时间顺序排列。但用户仍然可以按审理时间、审判法院、关键词以及法律领域，对案例进行检索。

例如，在关键词的下拉菜单中点击尊重当事人意思自治（见图9-5-10），即可获得“典型案例10：英属维尔京群岛万嘉融资咨询私人有限公司、马来西亚叶某某与中宇建材集团有限公司居间合同纠纷上诉案”。

图9-5-10　案例检索

用户可以在线浏览案例全文，包括基本案情、裁判结果以及典型意义。用户还可以免费下载PDF版本。（见图9-5-11）

图9-5-11　检索结果

（2）“一带一路”案文数据库

该数据库收录了与“一带一路”倡议相关的所有原始法律框架性文件资料汇编，包括中国与“一带一路”沿线国家之间的法律合作协议。用户可以按签署时间、生效时间以及签署国家检索相关法律文件。

例如，在签署国家的下拉菜单中选择马来西亚（见图9-5-12），即可获得《中华人民共和国政府和马来西亚政府关于相互鼓励和保护投资协定》。

图9-5-12　法律文件检索

用户可以在线浏览该投资协定的全文，也可以免费下载PDF版本。（见图9-5-13）

图9-5-13　检索结果

7．“一带一路”数据库

网址：http://www.ydylcn.com/skwx_ydyl/sublibrary? SiteID=1&ID=8721

“一带一路”数据库属于“十三五”国家重点电子出版物出版规划项目。该数据库提供了大量关于“一带一路”国家的文献资料，包括报告、图书等。数据库提供关键词检索，用户既可以在线阅读也可以下载阅读，但均需要付费使用。（见图9-5-14）

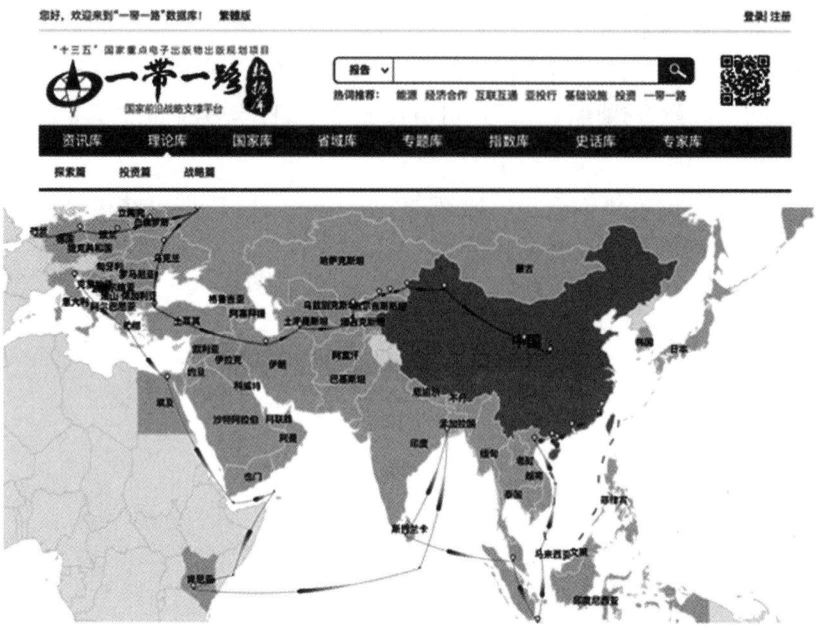

图9-5-14 “一带一路”数据库

除此之外，用户可以直接点击数据库首页的地图，获得相应国家的基本资料。例如，点击菲律宾，可以获得有关菲律宾政治、经济、社会、历史、外交、文化等相关信息。但仅可在线阅读，并且需付费。（见图9-5-15）

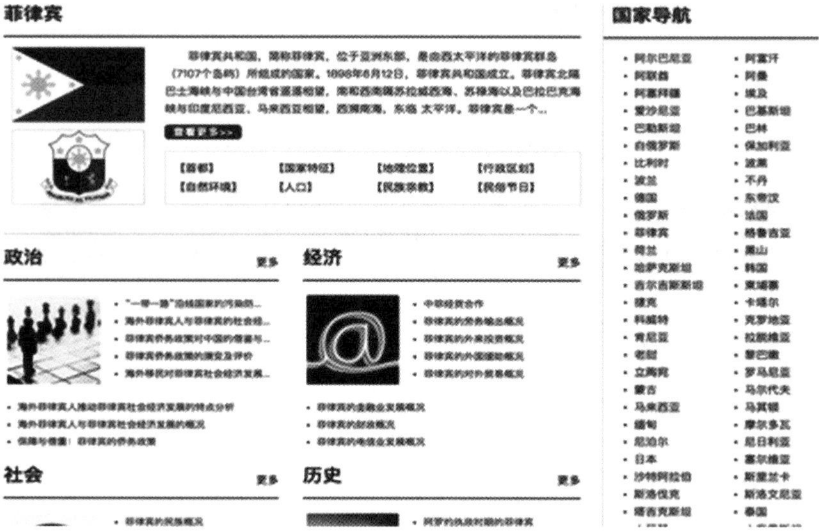

图9-5-15 相关国家的资料信息

第十章

国际法与国际组织的文献检索

第一节 国际条约检索

国际条约是国际公法的法律渊源之一。国际法渊源的经典表述来自《国际法院规约》(Statute of the International Court of Justice)第38条的规定,而《国际法院规约》则是《联合国宪章》的组成部分。国际法院适用的法律渊源中,最重要的是国际条约和国际习惯。

一、国际条约

(一)国际条约的基本类型和性质

国际条约指两个或两个以上作为国际法主体的国家或国际组织订立的,在政治、经济、贸易、文化、法律、军事等方面规定其相互间权利和义务的各种协议的统称。条约有双边和多边之分,由两个国际法主体订立的协议为双边条约,多个国际法主体订立的协议为多边条约。国际条约的名称和形式多种多样,不论国际条约的名称和形式如何不同,只要是为了确立国际法主体相互间各种权利和义务关系而订立的,均属于国际条约的性质及编辑国际条约汇编文献的资源。国际条约主要有下列几种类型:

1. 条约(Treaty)

一般适用于比较重大的政治、经济、法律等问题且有效期较长的协议,如同盟条约、和平友好条约、互不侵犯条约、中立条约、边界条约、通商航海条约等。条约多数是双边条约。

2. 公约(Convention, Pact)

通常是指若干国家举行国际会议缔结的多边条约,规定一些共同遵守的行为规则和制度,如1949年关于战俘待遇等问题的4个日内瓦公约,以及联合国一系列人权公约等。

3. 专约(Convention)

专约指就某些专门问题签订的协议,如领事专约、渔业专约等。专约有双边的,也有多边的。

4. 宪章、盟约、规约(Charter, Covenant, Statute)

多数是重要国际组织的章程,如《联合国宪章》《国际联盟盟约》《国际法院规约》等。

5. 协定(Agreement)

协定是指解决行政性、事务性的具体问题的协议,如司法协助协定、贸易协定、邮电协定、航空协定等。国际组织间缔结的协议多称“协定”。但也有重大政治性协议称为“协定”的，如1945年美、英、苏三国的《雅尔塔协定》。

6. 议定书（Protocol）

通常是辅助性的法律文件，用作一个主条约的附属文件，以补充、说明、解释或改变主条约的规定，如两国缔结贸易协定后签订的支付议定书、《欧洲人权公约》的12项议定书等。但有的议定书本身就是一个独立的条约，如1925年《关于禁用毒气或类似毒品及细菌方法作战的日内瓦协定书》。

7. 宣言（Declaration）

宣言分为三种：（1）两国或数国政府发表的不规定具体权利义务的政策声明，这类宣言不属于严格意义上的条约；（2）两国或数国政府在发表政策声明的同时还在文件中规定某些相互权利和义务，如1943年中、美、英三国签署的《开罗宣言》，其中规定相互权利和义务，构成相关国家间的条约，具有法律上的约束力；（3）宣言本身就是一个条约，规定国家的相互权利和义务或行为规则。

8. 联合公报（Joint Communiqué）、联合声明（Joint Statement）

通常是指两国或数国政府通过会谈达成协议后共同发表的正式文件，如1979年《中美建交公报》。但仅为阐明当事方各自的立场，宣布会谈结果的联合公报或联合声明，则不具备条约的性质。

9. 谅解备忘录（Memorandum of Understanding）

一般用于在当事方之间就处理某个具体事项而达成的协议，如1963年《美、苏关于建立直接通信联络的谅解备忘录》。

除上述国际条约的名称外，在国际实践中，还有宗教条约（Concordat）、最后决议书（Final Act）、总决议书（General Act）、停战协定（Armistice Agreement）、附加条款（Additional Article）、初步和约（Preliminary Treaty of Peace）以及临时协定（Modus Vivendi）等。

（二）条约和习惯

条约和习惯都是国际法的重要渊源。条约和习惯既相互区别，又密切联系。条约是意图设定相互间权利义务的当事方之间共同意思的表达，而习惯的产生则相对复杂。一般认为，构成国际习惯必须满足两个条件，一是要有惯行，二是具备法律确信。

所谓惯行，是指国家的一般实践，是习惯产生的客观条件。构成习惯的惯行必须是国家反复的、一致的、连续的行为，并且要具有一定的普遍性。但是，国家反复一致的、连续的惯行并不意味着一定要经历长时间的实践，尽管许多国际习惯的形成都经历了这一过程。实践证明，时间的持久性并不是构成惯行的必要条件。

法律确信是国际习惯的主观条件，也是区分国际习惯与国际礼让或国际道德的关键因素。这一条件表明，国家不仅要有惯行，而且还具备相信这类惯行可以构成相互间法律的信念，这是国际习惯产生法律拘束力的必要条件。这两个条件对于习惯的形成不可或缺。

条约和习惯都构成国家之间的法律，都在处理国家之间关系的实践中发挥着巨大作用，但是二者的区别也十分明显：（1）形式不同。大多数的条约都采取书面形式，而习惯则散见于各类国际法文书。（2）效力范围不同。条约受到相对效力原则的限制，对第三国既无损也无益，不产生拘束力；国际习惯的效力则具有一般性，个别国家的不同意志并不能对其加以否定。（3）效力依据不同。从本质上说，条约和习惯都是国际社会共同意志的体现，但其形成过程是完全不同的。条约基于国家的共同同意，是国家意志的明确表达，是国家通过主动的行为对现实中的事项加以规范；而习惯正相反，反复一致的实践本能地规范着国家行为，最后由国家被动地接受为法律。

二、国际条约的检索

国际条约主要分为双边与多边条约。这些文本内容通常在联合国网站、各国外交部网站、部分世界组织网站、条约法研究机构网站和提供法律原始文本的法律数据库中被检索获取。

（一）联合国（United Nation）

网址：http://treaties.un.org/

在联合国官方网站中，有关于国际条约的专项网站，用户可以通过联合国主页的“国际法”（International Law）专栏进入。“联合国条约汇编”（*United Nations Treaty Series*，UNTS）是由联合国秘书处编写的出版物，以“联合国宪章”第102条规定为依据，载有自1945年以来登记或备案和记录的所有条约和国际协定。其中包括条约的所有组成部分，如地图、界限、图表等附件。纸质版条约的文本目前有三种出版格式：完整出版、部分出版和有限出版。

UNTS也提供全面搜索的在线数据库（United Nations Treaty Series Online），用户可以通过高级搜索工具搜索特定条约或条约组。（见图10-1-1）其中的“月度声明”（Monthly Statements）数据库，用户可以按月检索当月全文。被UNTS收录的文书的注册编号由罗马数字和阿拉伯数字组成，并以冒号连接（如I：54321、II：965）。罗马数字表示登记的条约和国际协定；罗马数字II表示提交和记录的条约和国际协议；阿拉伯数字表示在类别I和II内分配的序列号。

为便于参考联合国条约汇编，秘书处还出版了“联合国条约汇编累积索引”（*United Nations Treaty Series Cumulative Index*），它由50卷联合国条约汇编累积而成，文种是英文和法文。累积索引的每一卷由“年表索引”和“字母索引”两个主要部分组成，每个部分前面都有一个注释。

图10-1-1　联合国条约网站——United Nations Treaty Series Online

（二）欧洲联盟数据库（Treaties Office Database of the European External Action Service）

网址：http://ec.europa.eu/world/agreements/

这是欧盟外部行动处条约办公室的官方网站，该站以数据库形式呈现。用户可查询到全面的法律资源，包括双边和多边条约，以及欧盟、欧洲原子能共同体、欧洲前煤钢共同体协定，但是不含有基础条约和欧盟各成员国之间的协定。检索方式有两种，用户可以通过检索框，输入关键字检索，或者在目录式检索中根据双边、多边、国别、组织名、行动名进行检索。该网站数据更新快，用户不仅可以获得全文的PDF格式下载，每篇条约还都提供了一份内容细致的摘要，非常有价值。（见图10-1-2）

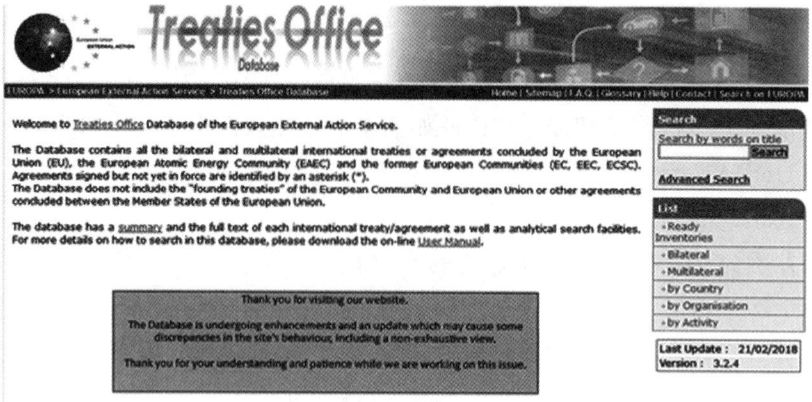

图10-1-2　欧洲联盟数据库

（三）欧洲理事会（Council of Europe）

网址：http：//conventions.coe.int/

该网站有英、法、德、意、俄五种版面，用户可以检索到所有欧洲委员会条约、解释报告、发布和保留状况和一些官方通知。用户在该网站可以按国别或按12种主题，检索47国条约，另有专门关于人权条约、条约最新变化和翻译等内容。条约列表页清楚地列有212种条约，用户可以通过“网页查找”方法快速定位所需内容。（见图10-1-3）

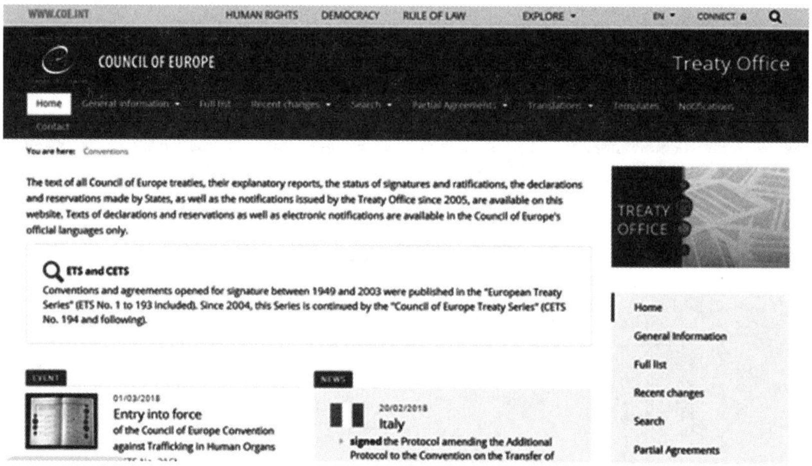

图10-1-3　欧洲委员会条约列表

（四）美国条约事务（Treaty Affairs）

网址：http：//www.state.gov/s/l/treaty/

该网站为美国国务院下属的条约事务子网站。大部分国家的国际条约内容在该国的外交部主页中有收藏。网站中以目录式检索为主，用户可以按照国别或地区分类小标签，或者按主题经济、能源、环境、武器控制、国际安全等方式进行检索。每个标签下的内容都提供PDF格式文件下载。（见图10-1-4）

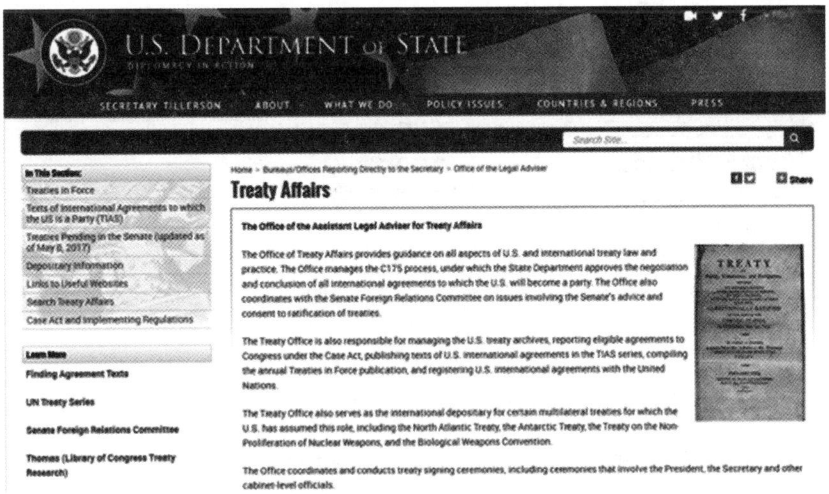

图10-1-4　美国条约事务官网

（五）国际法网站（International Law）

网址：http://www.dipublico.com.ar/english/treaties/

该网站收录了国际法尤其是国际公法领域的案例、条约、书籍等详细内容。条约栏按照年份顺序罗列了1648年至2007年签署的国际公法领域的条约，这些条约大部分可供用户在线阅览，或以PDF格式下载到本地阅读。另外，该网站还有以欧盟、人权法和人权为主题的条约专栏。（见图10-1-5）

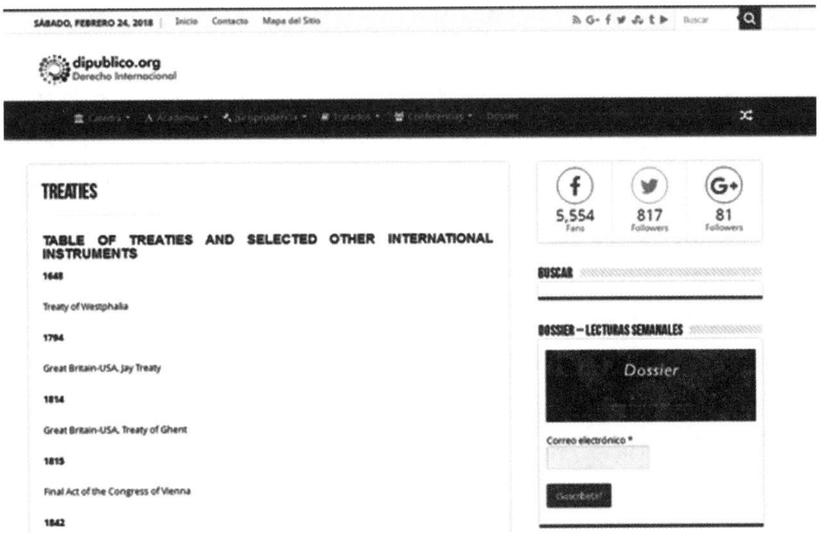

图10-1-5　国际法网站

（六）美国国际法学会（American Society of International Law）

网址：http://www.eisil.org

这是一个国际法专题网站，用户在网站内可以搜索到国际法领域的各种信息，如国际组织、国际私法、国际环境法、国际刑法、国际人权法、国际争端解决、国际经济法等的原始文献和二次文献资源。用户可以通过检索框输入关键字检索条约，检索结果通常为PDF格式且可供下载。另外，用户也可以通过目录搜索方式，即以国家和地区，或按组织机构目录查询，查询结果会罗列出该领域相关的

网站集合，法律文本参考集合等。（见图10-1-6）

图10-1-6　美国国际法学会条约数据库

第二节　联合国文献检索

一、联合国的组织机构

联合国（the United Nations）是一个由主权国家组成的国际组织。[①]“二战”时期，为了建立世界反法西斯同盟，罗斯福做了大量工作，起草了《联合国家宣言》。1942年初，中、苏、美、英等26个国家在《联合国家宣言》上签了字。这是“联合国家”（也译为“联合国”）这个名称第一次被正式采用。不过，当时“联合国家”还没有被作为一个国际性组织的名称使用，到了1943年10月30日，苏、中、美、英四国代表在莫斯科会议上共同发表《普通安全宣言》，表达了建立一个战后国际安全组织的主张。[②]1945年6月26日，参加旧金山“联合国家关于国际组织的会议”的50个国家一致通过了《联合国宪章》（Charter of the United Nations）。同年10月24日，《联合国宪章》开始生效，联合国就此正式成立了。联合国致力于促进各国在国际法、国际安全、经济发展、社会进步、人权及实现世界和平方面的合作。截至2011年，联合国共有193个成员国。联合国总部设立在美国纽约。

根据《联合国宪章》第3章第7条之规定，联合国设有联合国大会、联合国安全理事会、联合国经济及社会理事会、联合国托管理事会、国际法院和联合国秘书处等6个联合国主要机构（联合国主要机关）。[③]

（一）联合国大会

联合国大会（General Assembly，GA），简称“联大”，是联合国的主要审议、监督和审查机构，由全体会员国组成。截至2011年9月，联合国大会共有会员国193个。大会每年举行一届常会。

根据《联合国宪章》，除对安理会正在审议的争端，非经安理会请求不得提出建议外，联合国大会有权讨论《联合国宪章》范围内的任何问题或事项，并向会员国和安理会提出建议。大会接受并审议

① http：//zh.wikipedia.org/wiki/%E8%81%94%E5%90%88%E5%9B%BD.

② http：//baike.baidu.com/view/3015．htm.

③ 联合国人权理事会现在是联合国大会的附属机构，直接向联合国所有会员国负责。

安理会及联合国其他机构的报告，讨论决定联合国预算和会员国分摊的会费，选举安理会非常任理事国、经社理事会和托管理事会的理事国，选举国际法院的法官，并根据安理会推荐批准接纳新会员国和委任秘书长。

（二）联合国安全理事会

联合国安全理事会（Security Council，SC），简称“安理会”，由中国、法国、俄罗斯、英国、美国5个常任理事国和10个非常任理事国组成，共有15个成员。非常任理事国由联合国大会选举产生，任期2年，经选举每年更换5个，不能连选连任。

根据《联合国宪章》的宗旨及原则，安理会负有维持国际和平与安全的责任，是唯一有权采取行动的联合国机构。安理会有权调查任何引起国际争端或摩擦的情况，并可提出解决这些争端的方式或办法。会员国、接受联合国宪章的非会员国、联合国大会或秘书长，均可就国际和平与安全问题提请安理会注意。安理会有权断定任何威胁和平、破坏和平或侵略等行为的存在，并可提出采取强制措施以维持或恢复国际和平与安全的建议或作出这方面的决定；如认为这些措施还不能解决问题，安理会可以通过采取关于军事行动的决议去解决这些问题。

（三）联合国经济及社会理事会

联合国经济及社会理事会（Economic and Social Council，ECOSOC），简称“经社理事会”，是根据《联合国宪章》设立的，是协调14个联合国专门机构、10个职司委员会和5个区域委员会的经济、社会和相关工作的主要机构。经社理事会还管辖11个基金会和规划署。经社理事会为讨论国际经济及社会问题，并为就此类问题制定面向各成员国和整个联合国系统的政策建议，提供中心论坛。它负责促进较高的生活标准、全民就业以及经济和社会的进步；解决国际经济、社会和卫生问题；促进国际间文化和教育合作；倡导对全体人类的人权和基本自由的普遍尊重。它从事或发起有关这些问题的研究和报告。它也帮助准备和组织经济、社会和相关领域的重大国际会议，协调这些会议的后续事项。经社理事会具有较广的职权，其权限涉及整个联合国系统的人类和金融资源的百分之七十多。经社理事会由54个理事国组成，经大会选举产生，任期3年。

（四）联合国托管理事会

联合国托管理事会（Trusteeship Council，TC），简称“托管理事会”由安全理事会的五个常任理事国组成。随着联合国的最后一个托管领土帕劳取得独立，理事会于1994年11月1日正式停止运作。理事会修改其议事规则，取消每年举行会议的规定，并同意根据理事会或理事会主席的决定，或根据理事会多数成员或大会或安全理事会的要求，视需要举行会议。

（五）国际法院

国际法院（International Court of Justice，ICJ）是联合国主要司法机关。[①]国际法院根据《联合国宪章》设立，以实现联合国的一项主要宗旨：“以和平方法且依正义及国际法之原则，调整或解决足以破坏和平之国际争端或情势”。国际法院依照《国际法院规约》（Statute of the International Court of Justice）及其本身的《规则》运作。《国际法院规约》是《联合国宪章》的一部分。国际法院于1946年开始工作，取代1920年在国际联盟主持下设立的常设国际法院。国际法院设于荷兰海牙和平宫。联合国6个主要机构中，国际法院是唯一设在纽约以外的机构。

国际法院具有双重作用：依照国际法解决各国向其提交的法律争端，并就正式认可的联合国机关

① http：//www.un.org/chinese/law/icj/ch1．htm.

和专门机构提交的法律问题提供咨询意见。[①]

国际法院由15名法官组成，[②]并由其行政机关书记官处协助。国际法院正式语言为英语和法语。

（六）联合国秘书处

联合国秘书处（Secretariat）是联合国各机构的行政秘书事务机构。联合国主席任命联合国秘书长。秘书长是联合国的行政官，承担重大的国际政治责任。秘书长由联合国大会和安理会推荐，任期5年。[③]秘书长在国际事务中以联合国代表的身份出现，代表联合国与会员国及其他国际组织进行联系，也可以代表联合国到出现国际冲突和争端的地区进行了解和调解。

秘书处由秘书长和联合国工作人员组成，其职责是为联合国及其所属机构服务，并负责执行这些机构所制定的方案和政策。秘书长是联合国的行政官。

此外，联合国根据需要还设立了数目繁多的各种理事会、委员会或其他机构。

二、联合国法律文献检索

（一）网络资源

1.联合国网站

网址：http：//www.un.org/zh/index.html

联合国官方网站（见图10-2-1）提供六种语言界面，囊括了联合国所有的相关信息资源。

图10-2-1　联合国官方网站

2.联合国图书馆——达格·哈马舍尔德图书馆（Dag Hammarskjöld Library）

网址：https：//library.un.org/zh/

联合国图书馆的主要任务是使各代表团、秘书处及联合国的其他正式机构尽可能以最迅速、便利及经济的方法，取得它们执行职务所需要的图书资料及信息。联合国图书馆虽然不对公众开放，但是

① http：//www.un.org/zh/documents/statute/index.shtml.

② http：//www.un.org/chinese/law/icj/ch2．htm.

③ http：//www.un.org/zh/mainbodies/secretariat/.

公众可查询其收藏的丰富资源，如联合国文件和出版物的档案收藏。同时，联合国图书馆还在世界各地建立托存图书馆（Depository Libraries）来传播联合国信息。（见图10-2-2）

图10-2-2　联合国图书馆

3.联合国文献研究指南

网址：http://www.un.org/chinese/center/dhl/resguide.htm

因联合国官方网站所包含内容特别繁多，联合国图书馆开发了“联合国文献研究指南”（见图10-2-3），该指南是为新接触联合国文献的研究人员和处理资料的专业人员编制的，主要介绍联合国印发的各类文件和出版物（如报告、决议、会议记录、销售出版物、新闻稿）的概况以及如何使用的简单说明。

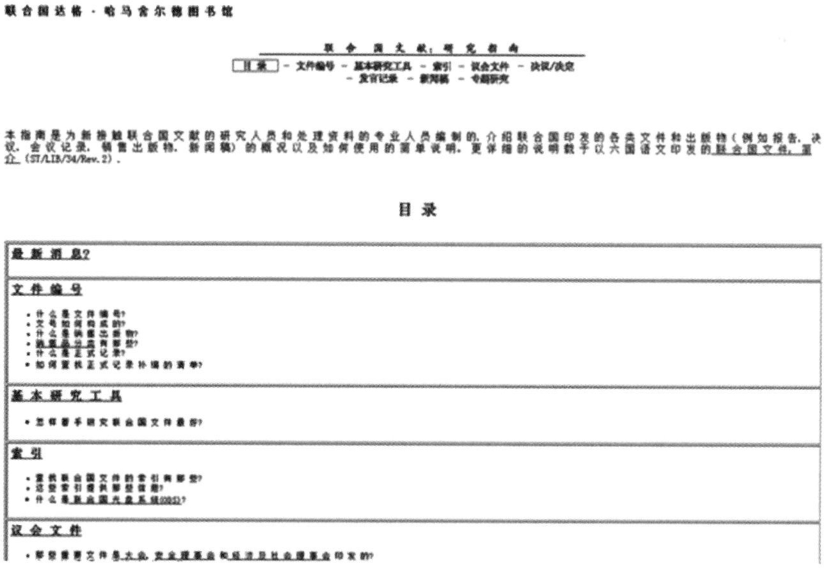

图10-2-3　联合国文献研究指南

上述三个网站所提供的文献资源基本是重合的，都包含有全部的联合国相关信息资源，检索方式也是大同小异。因三个网站都有中文界面，检索也非常方便。如用户想要查找1975年联合国印发出来的全部文件，可以通过联合国网站主页最下面的“资讯服务”进入“文件中心”（见图10-2-4），选择搜索下的第一个正式文件系统（ODS）。

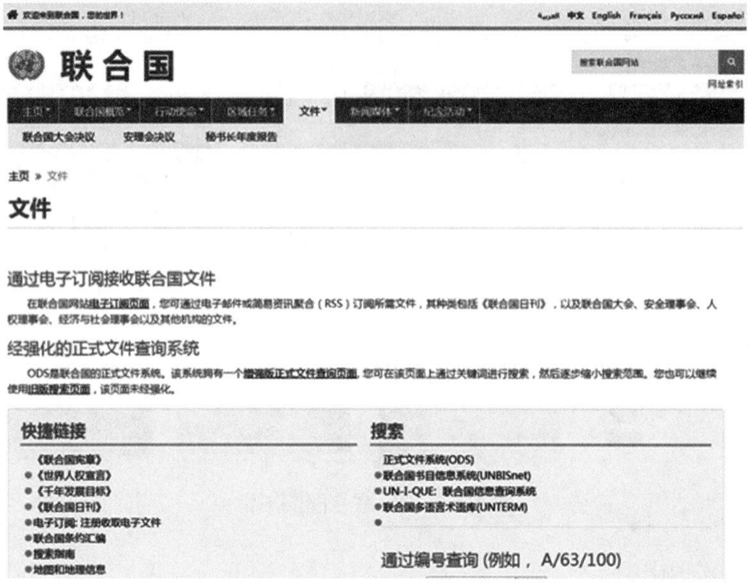

图10-2-4　联合国文件中心

选择简单检索，检索条件输入印发日期“01/01/1975”和“31/12/1975”（见图10-2-5），点击搜索，即可获得500份出版于1975年的联合国文件。

如果用户想要查找某主要机构的文件，则可以直接进入资讯服务项下的文件中心，这里的文件首先按机构分类，再按文件类型分类，最后按时间分类，读者可以逐层往下查找所需资料。如果已知文件编号，文件中心也提供了按文件编号搜索的服务。

图10-2-5　联合国文件系统简单检索界面

如果用户要查找某一专题的文件，如要查找“裁军”方面的文件，则可以通过联合国首页最下面资讯服务中的图书馆，点击图书馆页面最下面的数据库，可以找到专门的裁军文件数据库，进入按照标题或文件首字母查找即可。

4. 美国国际法学会

网址：http://www.asil.org/

美国国际法学会（American Society of International Law）的网站中包含各类有关国际法各领域的资源，是学习和研究国际法的重要参考资源。在其主页的Resources项下的“Electronic Resources”项目中，制作有“国际法电子信息系统”（Electronic Information System for International Law，EISIL）（见图12-2-6），该系统按主题进行资源组织，其中就包含有联合国、国际法院、欧盟、世贸组织等国际组织的各项资源，非常具有参考价值。

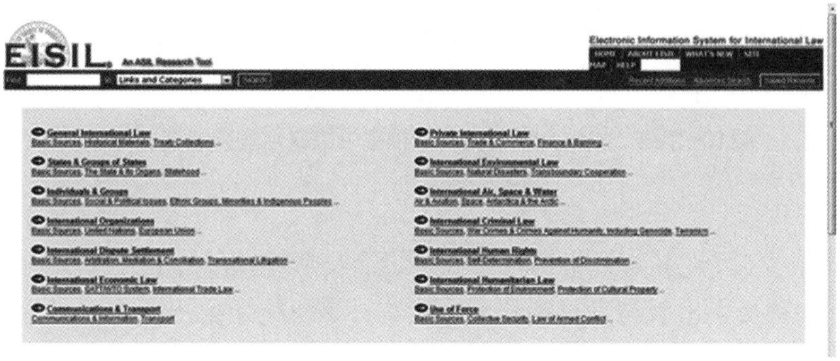

图10-2-6　美国国际法学会的“国际法电子信息系统”

5. 纽约大学法学院图书馆

网址：http://nyulaw.libguides.com/c.php？ g=773851&p=5551773

由纽约大学法学院图书馆制作的“联合国研究指南”（见图10-2-7），涵盖了该法律图书馆收藏的有关联合国的官方文件及出版物，以及相关著作、期刊、判例汇编、年鉴、索引、工具书、数据库和网站。

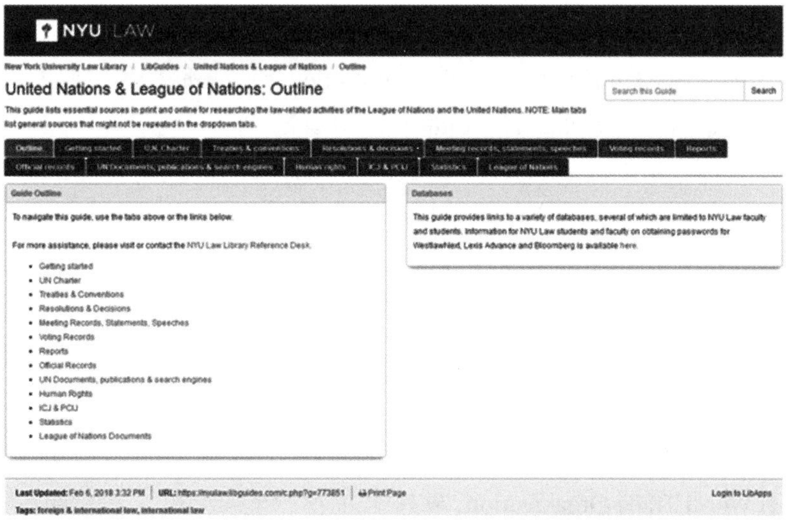

图10-2-7　纽约大学法学院图书馆制作“联合国研究指南”

6. 加州大学伯克利分校图书馆

网址：http：//www.lib.berkeley.edu/doemoff/govinfo/intl/gov_un.html/

加州大学伯克利分校图书馆是联合国的托存图书馆，该馆按照主题、组织机构以及基本工具等将网络资源进行了分类，不仅汇集了大量联合国的相关资源，而且检索方便。（见图10-2-8）

图10-2-8　加州大学伯克利分校图书馆联合国网络资源导航

（二）出版物

1945年联合国成立后，在其常设机构秘书处下设有出版/销售科，它用中文、阿拉伯文、英文、法文、俄文、西班牙文6种文字出版与发行联合国出版物。该机构主要出版有关世界政治、经济、人口、资源、社会发展等方面的年鉴、指南、手册、文件和专著，每年出版图书400多种、期刊12种。这些出版物均为非商业性出版物，除部分免费赠送外，通常售价较低。此外，联合国下属38个专门机构都有各自的出版物。其中联合国粮农组织、国际劳工组织、国际货币基金会、国际海事组织、国际民航组织、联合国教科文组织、世界银行、世界卫生组织、世界气象组织和联合国大会的出版物较多。这些出版物中比较重要的法律文献主要有以下几种：

1.《联合国文件和档案资料录》（Directory of United Nations Documentary and Archival Sources）——联合国文件和出版物及其有关资料简介。

2.《大家的联合国》（Everyone's United Nations-A handbook of the World of the United States）——联合国简史、机构、工作、宪章等。

3.《联合国蓝皮书》（The United Nations Blue Books Series）——联合国主要工作报告。

4.《联合国法律年鉴》（United Nations Juridical Yearbook）。

5.《国际贸易法委员会年鉴》（United Nations Commission on International Trade Law Yearbook）。

6.《国际法委员会年鉴》（Yearbook of the International Law Commissions）。

7.《海洋法》（The Law of the Sea）。

第三节　世界贸易组织

世界贸易组织（World Trade Organization，WTO），简称“世贸组织”。世贸组织是一个独立于联合国的永久性国际组织，其前身为关税与贸易总协定（GATT）。1994年4月，在摩洛哥马拉喀什举行的关贸总协定部长级会议正式决定成立世界贸易组织，1995年1月1日，世界贸易组织正式开始运作。该组织负责管理世界经济和贸易秩序，总部设在瑞士日内瓦莱蒙湖畔。其基本原则和宗旨是通过实施非歧视、关税减让以及透明公平的贸易政策，来实现世界贸易自由化的目标。世贸组织是具有法人地位的国际组织，在调解成员争端方面具有很高的权威性。与其前身关贸总协定相比，世贸组织管辖范围涵盖货物贸易、服务贸易、知识产权以及投资措施等领域。①截至2016年7月，世贸组织成员国达到164个。

一、世界贸易组织的组织结构（见图10-3-1）

（一）部长级会议

部长级会议是世贸组织的最高决策权力机构，由所有成员国主管外经贸的部长、副部长级官员或其全权代表组成，一般两年举行一次会议，讨论和决定涉及世贸组织职能的所有重要问题，并采取行动。

第一次部长级会议于1996年12月在新加坡召开。部长级会议的主要职能是：

1.任命世贸组织总干事并制定有关规则；

2.确定总干事的权力、职责、任职条件和任期以及秘书处工作人员的职责及任职条件；

3.对世贸组织协定和多边贸易协定做出解释；

4.豁免某成员对世贸组织协定和其他多边贸易协定所承担的义务；

5.审议其成员对世贸组织协定或多边贸易协定提出修改的动议；

6.决定是否接纳申请加入世贸组织的国家或地区为世贸组织成员；

7.决定世贸组织协定及多边贸易协定生效的日期等。

部长级会议下设总理事会和秘书处，负责世贸组织日常会议和工作。世贸组织成员资格有创始成员和新加入成员之分，创始成员必须是关贸总协定的缔约方，新成员必须由其决策机构——部长级会议以三分之二多数票通过方可加入。

（二）总理事会

在部长级会议休会期间，其职能由总理事会行使，总理事会也由全体成员组成。总理事会可视情况需要随时开会，自行拟订议事规则及议程。同时，总理事会还必须履行其解决贸易争端和审议各成员贸易政策的职责。

总理事会下设货物贸易理事会、服务贸易理事会和知识产权理事会。这些理事会可视情况自行拟订议事规则，经总理事会批准后执行。世贸组织所有成员均可参加各理事会。

（三）各专门委员会

部长级会议下设立专门委员会，以处理特定的贸易及其他有关事宜。目前已设立的专门委员会有贸易与发展委员会、国际收支限制委员会、预算、财务与行政委员会、贸易与环境委员会等十多个专门委员会。

（四）秘书处与总干事

由部长级会议任命的总干事领导的世界贸易组织秘书处（以下简称秘书处），设在瑞士日内瓦，大约有500人。秘书处工作人员由总干事指派，并按部长级会议通过的规则决定他们的职责和服务条

① http：//www.wto.org/english/thewto_e/whatis_e/tif_e/fact1_e.htm.

件。部长级会议明确了总干事的权力、职责、服务条件及任期规则。

世贸组织总干事主要有以下职责：

1. 可以最大限度地向各成员施加影响，要求它们遵守世贸组织规则；

2. 总干事要考虑和预见世贸组织的最佳发展方针；

3. 帮助各成员解决它们之间所发生的争议；

4. 负责秘书处的工作，管理预算和与所有成员有关的行政事务；

5. 主持协商和非正式谈判，避免争议。

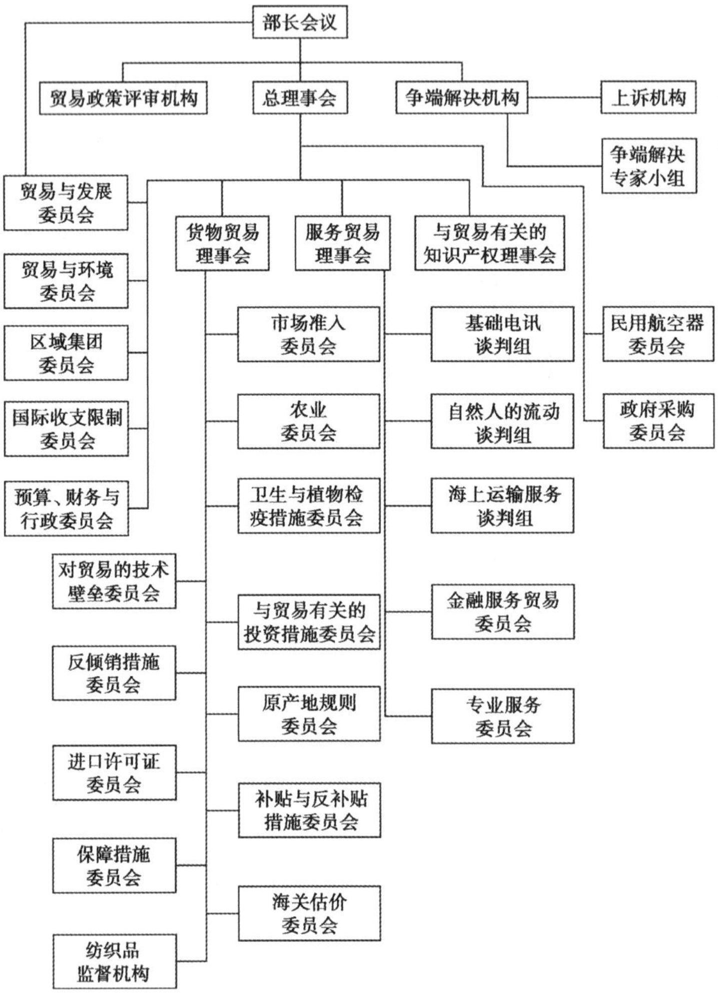

图10-3-1 世界贸易组织的组织结构

二、世界贸易组织法律文献检索

在进行有关世贸组织法律的研究时，可以通过以下途径了解和掌握其发展和研究现状。

（一）网络资源

1. 世界贸易组织官方网站

网址：http：//www.wto.org/

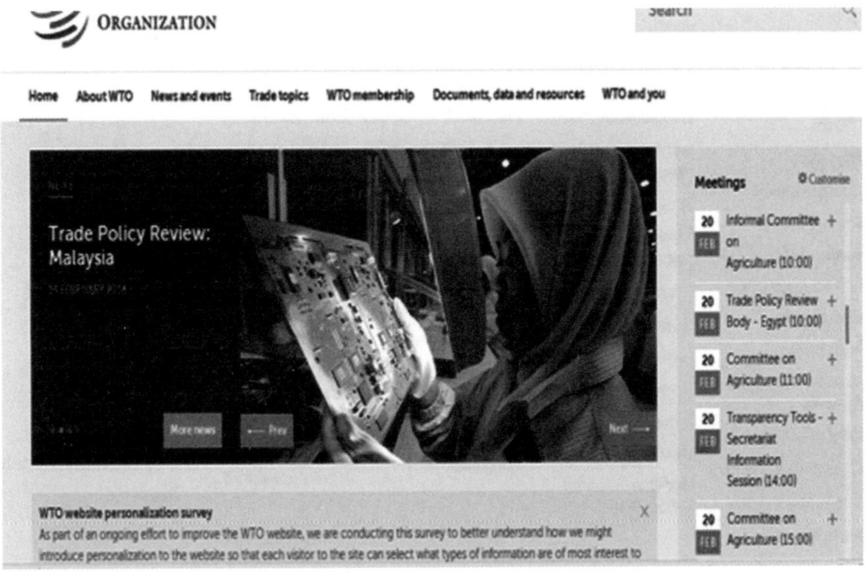

图10-3-2　世界贸易组织网站

世贸组织官方网站是获取WTO资源最权威、全面、准确的途径，该网站（见图10-3-2）目前有英、法、西班牙3种语言版本，网站首页提供世贸组织概况、新闻会议、贸易专题、成员、官方文件、政策与法规、图片视频、在线学习系统等极其丰富的信息资源。

在“About WTO”栏目中，用户可以了解到世贸组织的基本情况、组织机构、世贸组织的发展历史及各成员详细情况等内容。

在“News and Events”栏目中，用户可以了解到WTO近期的新闻、事件和重要会议等内容。

“Trade topics”栏目中包含了货物、服务、知识产权、争端解决、多哈会议议程等专题相关的详细内容。（见图10-3-3）例如，在Goods项下，用户可以查找到农业、反倾销、市场准入、关税、原产地、技术贸易壁垒等专题的法律法规、谈判文件、新闻等详细内容；在Services项下，用户可以对跨境交付、境外消费、商业存在、自然人流动四方面服务贸易的相关政策与法律法规进行全面的了解；在Dispute Settlement项下，用户可以按照字母、WTO协议、成员、主题等选项查找WTO争端。

在“WTO Membership”栏目中，用户可以按字母排序查找到164个成员国的入世文件，涉及各成员的争端等。

在“Document and resources”栏目（图10-3-4）中，用户不仅可以查阅世贸组织的理事会和委员会的官方文件，还可以下载贸易统计、经济研究、世贸组织的出版物、视频、音频、图片等资源。另外，用户还可以下载构成世界贸易组织的法律框架主体——世贸组织协定的法律文本。

图10-3-3　WTO的“Trade topics”栏目

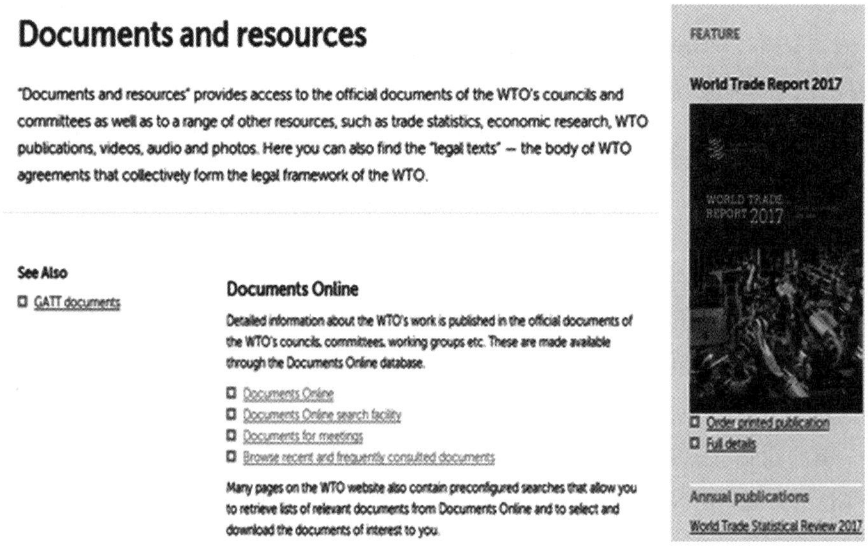

图10-3-4　“Document and resources”（WTO）

2. 世界贸易文库

网址：http://www.worldtradelaw.net/

世界贸易文库（DSC）是为世贸组织争端解决提供法律支持的综合法律搜索工具，如图10-3-5所示。

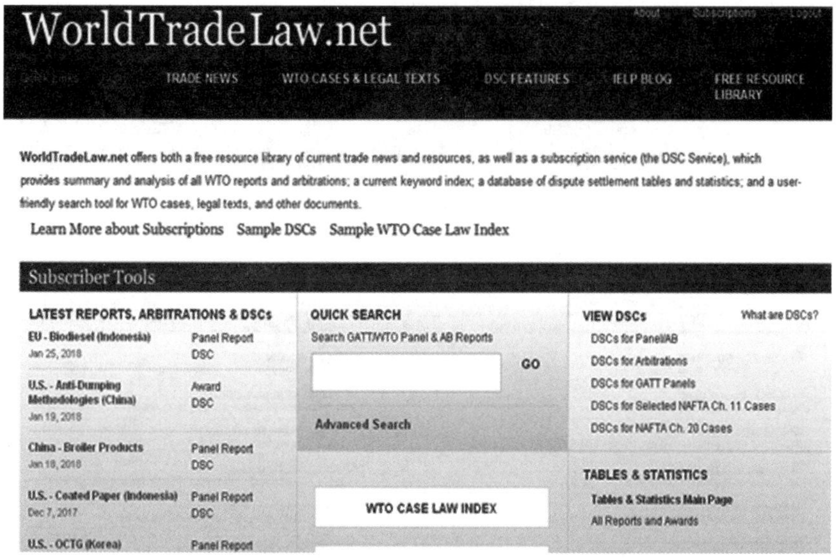

图10-3-5　世界贸易文库

在“WTO Legal Texts”栏目中，用户可以浏览和下载乌拉圭回合协议（UR Agreements）、东京回合协议（TR Codes）、农业协定（Agriculture）、服务贸易总协定（GATS）、争端解决机制（DSU）、特殊保障措施（Safeguards）等世贸组织法律文本的浏览和下载。在“WTO Cases”栏目中，有世贸组织所有的上诉机构报告、专家组报告、关贸总协定专家组报告、仲裁裁决案例等丰富的资料。（见图10-3-6）

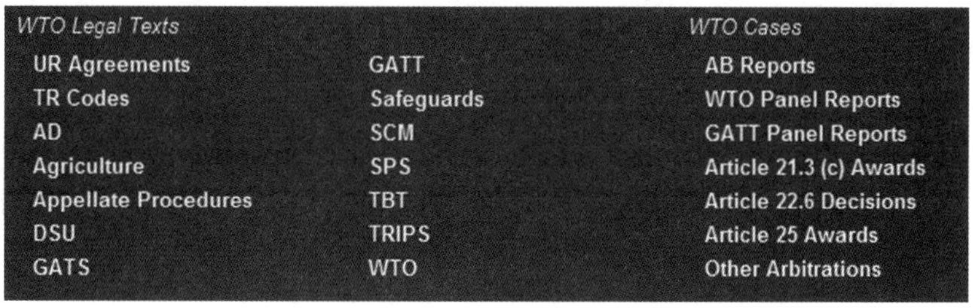

图10-3-6　“WTO Cases & Legal Texts”（DSC）

该网站免费资源——“Trade Law Documents”栏目还提供WTO争端的专家组报告、上诉机构报告、法律文件、磋商会议文件的简单检索功能。（见图10-3-7）

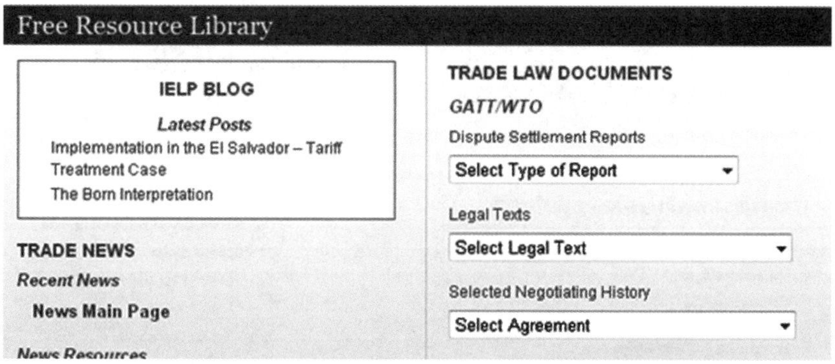

图10-3-7　“Trade Law Documents”的检索

3.美国国际法学会国际法电子信息系统

网址：http://www.eisil.org/

美国国际法学会（American Society of International Law）的网站中包含有各类有关国际法各领域的资源，其中就有世界贸易方面的资源。在其“国际法电子信息系统”（EISIL）包含有世贸组织的各项协议、网站导航、研究指南等资源（见图10-3-8），非常具有参考价值。

图10-3-8　美国国际法学会的国际法电子信息系统

4.纽约大学法学院图书馆的“WTO&GATT”研究指南

网址：http://nyulaw.libguides.com/wto_gatt/

由纽约大学法学院图书馆制作的“WTO&GATT研究”（见图10-3-9），涵盖了该法律图书馆收藏的GATT/WTO相关法律文件、出版物、著作、期刊、判例汇编、年鉴、索引、工具书、数据库和网站等重要资源，是获取WTO/GATT相关法律文献的一个比较全面的网站。

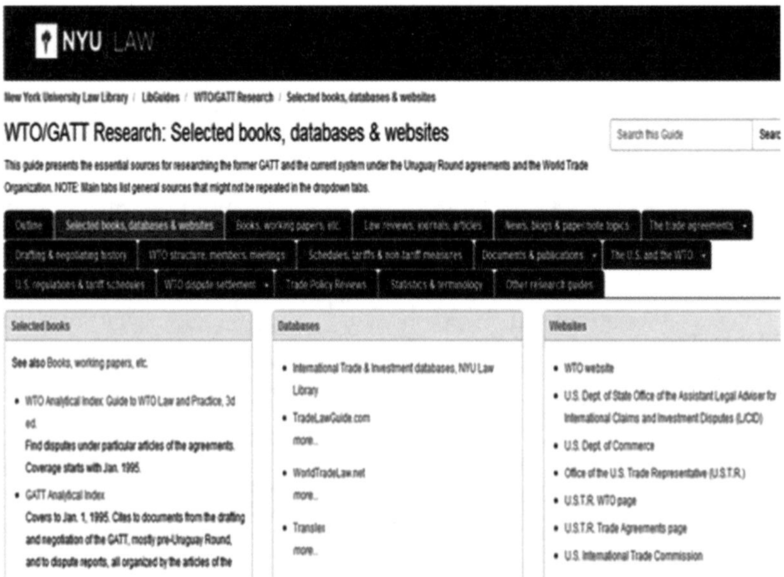

图10-3-9　纽约大学法学院图书馆“WTO & GATT”研究指南

5. 香港大学图书馆WTO资源中心

网址：http://lib.hku.hk/hkspc/wto.html

"香港世界贸易组织资源中心"（见图10-3-10）是香港首个获得世界贸易组织及香港特别行政区政府支持而成立的机构，直属香港大学的"中国与全球发展研究所"。资源中心致力于收集各项与世贸组织有关的资讯及刊物，包括世贸组织的各类专著、期刊、手册、电子及网络资源等，涵盖的主题范围非常广泛，包括所有相关的政策、贸易、环境、工业以及法律等内容。

资源中心的资源主要有两个方面。一个是世界贸易组织，其主要内容分为九项：一般信息（General Information）、关贸总协定（GATT）、立法和条约（Legislation and Treaties）、成员国（Membership）、部长级会议（Ministerial Conferences）、新闻（News）、在线出版物（Online Publications）、在线培训（Online Training）和贸易与环境（Trade and Environment）。另一个是关于中国与世界贸易组织的资源，主要内容分为八项：一般信息（General Information）、中国与澳大利亚的贸易关系（China and Australia Trade Relations）、中国与欧盟的贸易关系（China and E.U.Trade Relations）、中国与日本的贸易关系（China and Japan Trade Relations）、中国与美国的贸易关系（China and U.S.Trade Relations）、电子商务与互联网法（E-commerce and Internet Law）、国际贸易与经济问题（International Trade and Economic Issues）和新闻（News）。

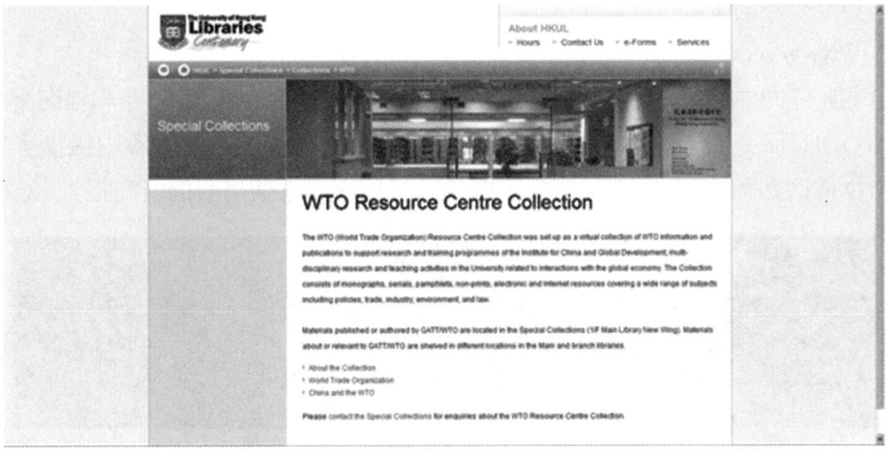

图10-3-10　香港大学图书馆WTO资源中心

6. 中华经济研究院WTO及RTA中心

网址：http://web.wtocenter.org.tw/

中华经济研究院的WTO及RTA中心网站中，"WTO议题" 栏目中，"WTO之运作" 介绍了诸如货物、服务、知识产权、争端解决、投资等主题的相关消息、简介、法律文件和相关联的研究网站等有价值的内容；"研究成果" 栏中，用户可以查找到该中心发布的时事评论、研究报告和出版物；"资料库" 栏目中，用户可以进行经贸文件、各国关税、贸易争端、服务贸易统计等信息查询；"电子报" 栏目下是该中心发布的本期和往期的电子报。（见图10-3-11）

图10-3-11 中华经济研究院WTO及RTA中心网站

7.上海WTO事务咨询中心

网址：http：//www.sccwto.org/

上海WTO事务咨询中心是上海市人民政府主办的非营利性的WTO事务专业咨询服务机构。该网站主要提供WTO动态研究，包括区域动态、国别动态产业评析等；数据库资源中提供了部分可以免费浏览的有关WTO 的网站和期刊；中心成果栏目中发布了该中心近期出版的研究报告。（见图10-3-12）

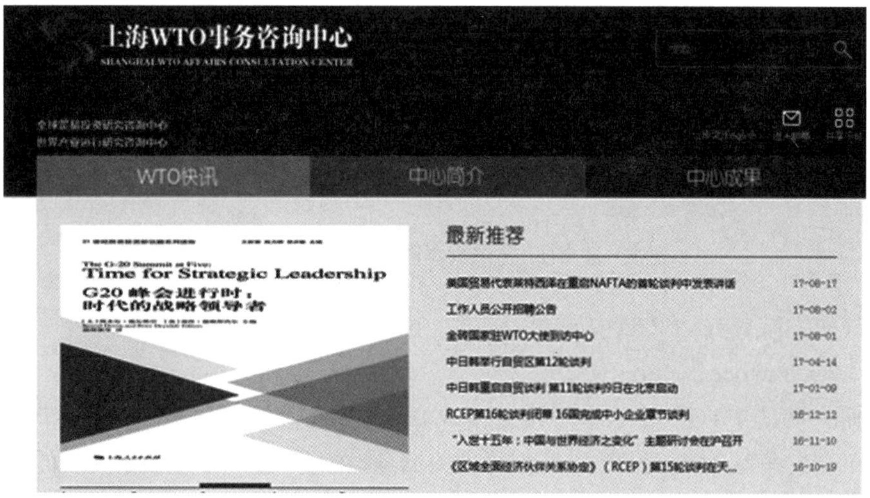

图10-3-12 上海WTO事务咨询中心

8.其他与国际贸易有关的组织和研究机构网站

（1）联合国国际贸易法委员会（http：//www.uncitral.org/uncitral/en/index.html/）

联合国国际贸易法委员会（United Nations Commission on International Trade Law）的网站包含有新闻和会议、委员会文件、大会决议和有关文件、委员会发布的法规、判例法、图书馆和研究资料等各类相关资源，文档多以PDF格式提供。

（2）国际商会（http：//www.iccwbo.org/）

国际商会（The International Chamber of Commerce，ICC）通过其下设的十几个专业委员会和数十个工作组，制定了许多国际商业领域的规则和惯例，如国际贸易术语、国际贸易结算规则等，为全世界广泛采用。该商会的网站也包含有WTO相关资源，以及与其他重要的国际贸易网站的链接。

（3）国际私法数据库（http：//www.state.gov/www/global/legal_affairs/private_intl_law.html/）

美国国务院的国际私法数据库（Private International Law Database）提供国际私法各领域（如商业与贸易）的各种谈判、公约、会议以及与此相关的研究文章等资源。

（4）全球贸易法（Global Trade Law，http：//www.hg.org/trade.html/）

Global Trade Law是Hieros Gamos 网站的一部分，包含有各种全球贸易的相关法律资源，如国际贸易政策和法律、欧盟贸易政策、北美贸易政策、拉美贸易政策、世界贸易协会以及其他国际或区域贸易组织的法律资源等。

（5）国际贸易协会联盟（http：//fita.org/index.html/）

国际贸易协会联盟（The Federation of International Trade Associations）网站提供有全球贸易信息以及各种实用链接，如研究、工具、法律、出版物等方面的链接。

（6）国际投资争端解决中心（http：//www.worldbank.org/icsid/）

国际投资争端解决中心（International Centre for Settlement of Investment Disputes，ICSID）是依据《解决国家与他国国民间投资争端公约》而建立的世界上第一个专门解决国际投资争议的仲裁机构。其网站提供了有关解决投资争议公约及其缔约国、判例、基本文件、出版物等内容。

（7）世界贸易组织法研究会（http：//www.wtolaw.org.cn/）

世界贸易组织法研究会是中国法学会所属的专门从事世界贸易组织法研究的全国性学术团体。该网站主要提供世贸热点、学会研究成果等WTO相关内容。

（8）中华人民共和国商务部中国世界贸易组织研究会（http：//cwto.mofcom.gov.cn/）

该研究会网站主要提供一些世贸组织的法律法规、出版物、数据、相关咨询服务，以及一些专家视点等内容。

（9）中华人民共和国商务部世贸组织司（http：//sms.mofcom.gov.cn/）

该网站主要提供世贸组织多项议题的谈判进展信息，包括农业、环境、服务贸易、信息技术等议题的谈判进展，以及中国与世界贸易组织的相关内容。

（二）出版物

1.官方出版物

（1）《世界贸易报告》（*World Trade Report*）

《世界贸易报告》是世界贸易组织的一份年度出版物，旨在加深读者对于贸易、贸易政策和多边贸易体制发展趋势的了解。

（2）《世界贸易统计年鉴》（*World Trade Statistics Review*）

《世界贸易统计年鉴》提供每年世界贸易的最新发展概况，提供各地区详细的贸易情况、商业服务中各类生产和贸易的商品贸易统计，取代了先前的《国际贸易统计》（International Trade Statistics）。

（3）《年度报告》（*Annual Report*）

《年度报告》总结过去一年中世界贸易组织的各类活动，提供和世贸组织相关的组织架构、人员和预算的详细信息。

更多世界贸易组织的官方出版物可以在世界贸易组织官方网站（http://www.wto.org/）“Documents and resources”栏目里的“Publication”上浏览、查找并下载。（见图10-3-13）

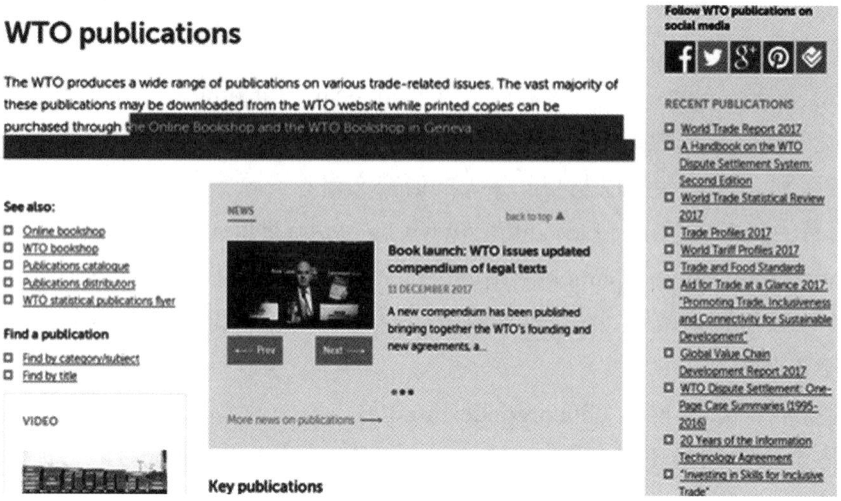

图10-3-13　WTO官网上的出版物

2.图书馆和文献信息中心

除了上述官方文件，世界贸易组织还有众多的图书馆和文献中心，可以快速而便捷地为用户提供相关信息、文件、出版物以及视听资料。

世界贸易组织图书馆（WTO Librarg）通过对出版物和电子资源的收集，促进公众对于多边贸易体制的认识和实践。世界贸易组织图书馆收集有近40000部专著、1000多家刊物和800多本年鉴。其收集的关贸总协定和世贸组织的正式文件和出版物可以追溯到哈瓦那宪章的版本。另外，它对成员国和非成员国的贸易情况还有一个非常详细的统计。世贸组织图书馆还提供本网站电子资源的简单检索功能。（见图10-3-14）

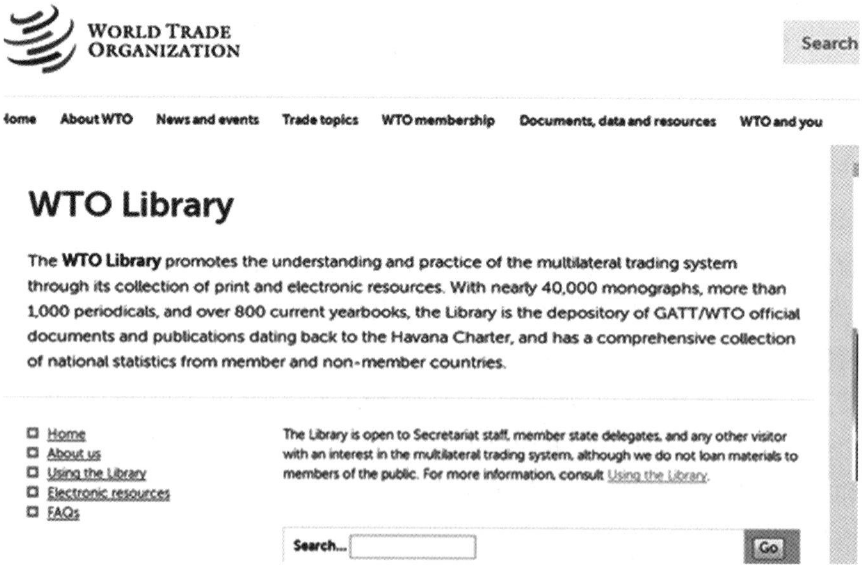

图10-3-14　世界贸易组织图书馆

第四节　国际司法机构

一、国际法院

（一）国际法院的组织机构

国际法院（International Court of Justice），又称为“国际法庭”“世界法院”“海牙国际法庭”，是联合国的司法裁决机构，根据《国际法院规约》于1946年2月成立，位于荷兰海牙。国际法院的正式语言是法文和英文。①

国际法院由联合国大会和联合国安理会选出的15名不同国籍的法官组成，包括正副法院院长各一名。15名法官必须全部来自不同的国家（安理会的5个常任理事国，美国、英国、中国、法国和俄罗斯必须各占一个名额）。选择法官时应不论国籍，而且应尽量选择能够代表世界各大文化及主要法系的法官，并且其中不得有两名属于同一国籍。法官不代表任何国家。他们的任期为9年，每3年更换三分之一。当选的法官应具有在本国担任最高司法职务的资格或者是公认的国际法权威。院长任期3年，法官与院长均可连选连任。

国际法院的主要机构还有简易程序分庭、预算和行政委员会、关系委员会、图书馆委员会、修订国际法院规约委员会和国际海洋法庭等。

（二）国际法院法律文献检索

网址：http：//www.icj-cij.org/en/list-of-all-cases

国际法院官方网站（见图10-4-1）提供了该法院所有的案例。在网站主页右侧导航链接Case栏目下包含了以下分类链接：

- 全部案例（List of All Cases）；
- 未结案例（Pending Cases）；
- 有争议的案例（Contentious Cases）；
- 有争议的国际组织案例（Contentious Cases Organized by State）；
- 裁决、咨询意见、命令（Judgments，Advisory Opinions and Orders）。

点击任意一个链接可以进入相应的案例查询页面。查询页上显示的案例链接清单均以时间降序排列，逐层点击即可获得需要的案件文档。有的查询页上还提供按国家、国际组织等筛选功能，可以帮助用户更快速地定位资源。

① http：//www.icj-cij.org/court/index.php？ p1=1.

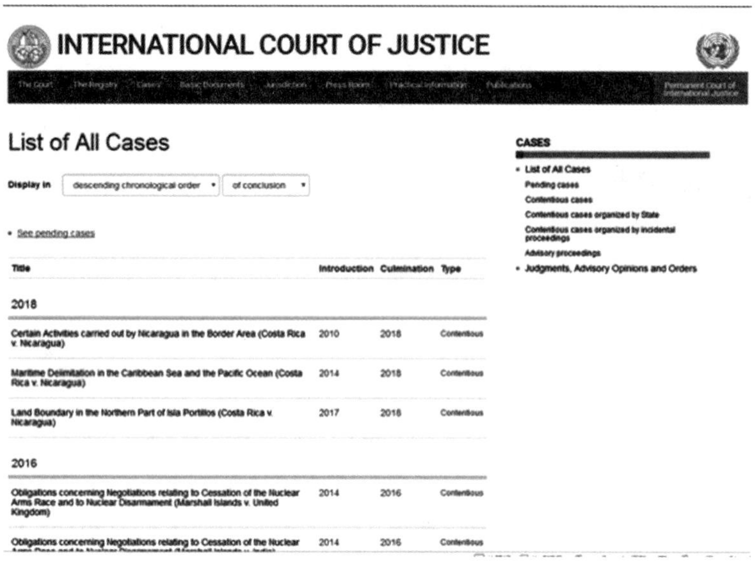

图10-4-1 国际法院

二、国际刑事法院

（一）国际刑事法院的组织机构

国际刑事法院（International Criminal Court）成立于2002年，位于荷兰海牙，工作语言为英语和法语。其主要功能是对犯有灭绝种族罪（genocide）、危害人类罪（crimes against humanity）、战争罪（war crimes）、侵略罪（aggression）的个人进行起诉和审判。[①]国际刑事法院设有18位法官、1个检察官办事处、1个预审庭、1个审判庭和1个上诉庭。18位法官经选举产生，任期9年，不能有两位法官来自同一个国家。国际刑事法院首批18名法官于2003年3月在荷兰海牙宣誓就职。

国际刑事法院由四个部门组成：

1.院长会议（Presidency）。对除检察官办公室之外的全院整体行政负责，由3名法官组成，分别为：院长、第一副院长和第二副院长。

2.司法部门（Judicial Divisions）。分为上诉庭、审判庭和预审庭。

3.检查官办公室（Office of the Prosecutor）。一个单独机关，独立行事，负责接受和审查提交的情势以及关于本法院管辖权内的犯罪的任何事实根据的资料，进行调查并在本法院进行起诉。

4.书记官处（Registry）。负责非司法方面的行政管理和服务。书记官处设被害人和证人股，负责与检查官办公室协商，提供保护办法与安全措施给予证人、出庭作证的被害人，以及由于这些证人作证而面临危险的其他人。[②]

（二）国际刑事法院法律文献检索

网址：http：//www.icc-cpi.int/

在法院官方网站（见图10-4-2）的上方菜单中，我们可以看到网站的主要内容有：Home（首页）、About（概况）、Situations and cases（情况和案例）、News（新闻）、Get involved（参与其中）、States parties（缔约国）、Trust fund for victims（受害者信托基金）、Resources for（资源）、Shortcuts（快速链接）。

① http：//www.icc-cpi.int/en_menus/icc/about%20the%20court/Pages/about%20the%20court.aspx.

② http：//www.icc-cpi.int/en_menus/icc/structure%20of%20the%20court/Pages/structure%20of%20the%20court.aspx.

由此可见，读者要查询法律资源时，一般可直接进入“Situations and cases”或者“Shortcuts”进行浏览。用户也可以在网站右上方的搜索框中输入关键词直接检索。

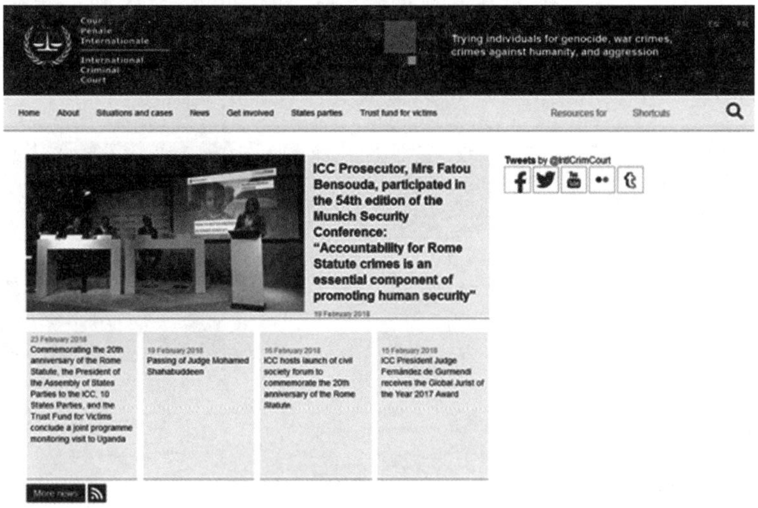

图10-4-2　国际刑事法院

值得一提的是，用户可以直接检索几个特别法庭的文献资源，包括：

- 前南斯拉夫国际刑事法庭（International Criminal Tribunal for the former Yugoslavia）；
- 卢旺达问题国际刑事法庭（International Criminal Tribunal for Rwanda）；
- 柬埔寨法院特别法庭（Extraordinary Chambers in the Courts of Cambodia）；
- 塞拉利昂问题特别法庭（Special Court for Sierra Leone）。

三、国际海洋法法庭

（一）国际海洋法法庭的组织机构

国际海洋法法庭（International Tribunal for the Law of the Sea）位于德国汉堡，1996年10月正式成立，是根据《联合国海洋法公约》(以下简称《公约》)设立的独立司法机关，旨在裁判因解释或实施《公约》所引起的争端。法庭管辖权包括根据《公约》及其《执行协定》提交法庭的所有争端，以及在赋予法庭管辖权的任何其他协定中已具体规定的所有事项。①

根据《公约》规定，法庭由21名独立法官组成。他们应具有以下条件：(1)享有公平和正直的最高声誉，并在海洋法领域内具有公认资格；(2)不得执行任何政治或行政职务，也不能与“勘探和开发海洋或海底资源”或“与海洋或海底的其他商业用途有关”的任何企业的任何业务有“积极联系”或“财务利益”。法庭作为一个整体，还必须能代表世界各主要法系和保证地区公平分配。

法官的选举按《公约》各缔约国协议的程序举行。得票最多并获得出席并参加表决的缔约国三分之二多数票的候选人即当选为法官，但该项多数应包括过半数的缔约国。法官任期9年，可连选连任。

《公约》规定了海底争端分庭的组成、管辖权等。此外，法庭还可视必要设立特别分庭，包括简易分庭、渔业争端分庭和海洋环境争端分庭等。

① http：//www.itlos.org/index.php？ id=15.

（二）国际海洋法法庭法律文献检索

网址：http：//www.itlos.org/

因国际海洋法法庭至今为止审理的案件数量并不多，用户可以直接浏览检索这些案例。点击网站首页左侧Cases链接（见图10-4-3）即可进入案例信息汇总页。点击该页左侧的分类链接可以进入相应案例的资源页面，进一步点击案例标题可以进入具体案例的资源页。

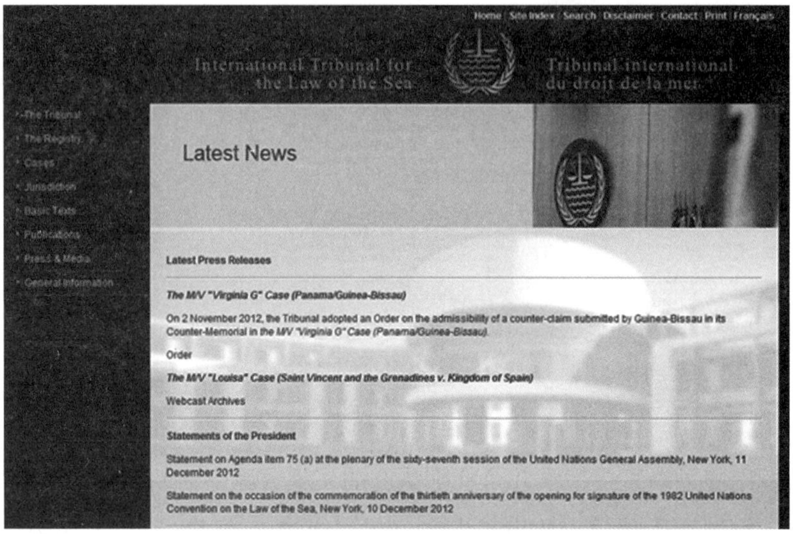

图10-4-3　国际海洋法法庭

或者，用户可以通过主页右上方的Search进行条件检索。如需查找“马来西亚诉新加坡围海造地”的案例，便可直接在检索框中输入“Malaysia v.Singapore”或者“Land Reclamation by Singapore”，关键词可根据输出结果进行调整，或者利用高级检索，限定检索条件来缩小输出结果范围。（见图10-4-4）

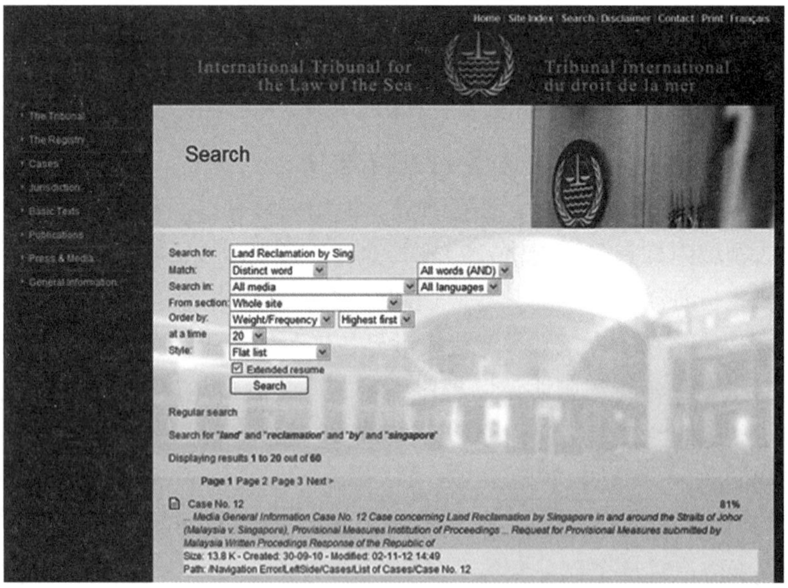

图10-4-4　国际海洋法法庭的条件检索

四、其他国际刑事法庭

（一）前南斯拉夫问题国际刑事法庭

1.前南斯拉夫国际刑事法庭的组织机构

前南斯拉夫问题国际刑事法庭（International Criminal Tribunal for the former Yugoslavia，ICTY），简称“前南法庭”，是审理起诉1991年起发生于前南斯拉夫地区严重违反国际人道法罪行人物的国际法庭（International Tribunal for the Prosecution of Persons Responsible for Serious Violations of International Humanitarian Law Committed in the Territory of the Former Yugoslavia since 1991）。它是根据1993年5月25日于联合国安全理事会通过的827号决议而建立的临时法庭，设在荷兰海牙，是联合国安全理事会的附属机构之一。

前南法庭主要由下列机构组成：

（1）分庭（Chambers）。包括三个审判分庭和一个上诉分庭。审判分庭由9名常设法官和9名审案法官组成，其中任何两名常设法官均不得为来自同一国家的国民。上诉分庭由7名法官组成，他们同时为前南法庭和卢旺达问题国际法庭服务。前南法庭目前有14名大法官，分别来自中国、法国、赞比亚、澳大利亚、英国、葡萄牙、马来西亚、埃及、圭亚那、哥伦比亚、摩洛哥、牙买加、美国和意大利。这些法官都是由联合国大会根据安理会提名任命的。

（2）检察官办公室（Office of the Prosecutor）。负责调查和起诉1991年以来，前南斯拉夫境内，行为严重违反国际人道主义法的责任者。检察官办公室作为法庭的一个单独机关独立行事。

（3）书记官处（Registry）。同时为各分庭和检察官服务，负责法庭的行政和服务工作。

2.前南斯拉夫问题国际刑事法庭法律文献检索

网址：http://www.icty.org/

网站主页（见图10-4-5）上方导航链接Cases是获取案例资源的入口，通过该入口可以获得起诉书、判决书、关键决定、其他文书等资源。

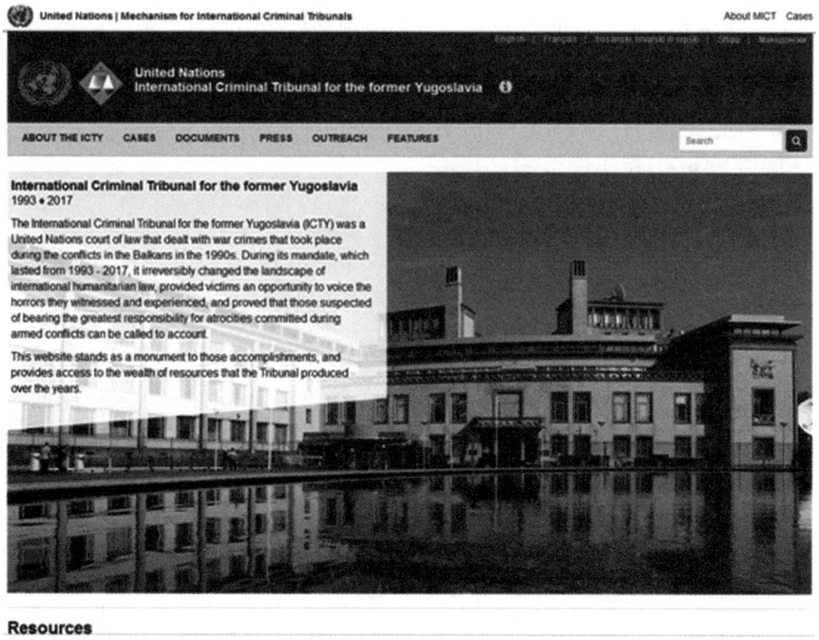

图10-4-5 前南斯拉夫问题国际刑事法庭

点击“The Cases”链接即进入案例资源的汇总页面，页面左侧显示有关案例的分类导航链接，通过分类标签可以定位的案例包括：案件关键人物（Key Figures of the Cases）、交互式地图（Interactive Map）、判决清单（Judgement list）、有罪答辩（Guilty Pleas）、藐视法庭案件（Contempt Cases）、案件移交（Transfer of Cases）、执行裁决（Enforcement of Sentences）。如果已知案例编号（Case Number）或是被控人（Accused Name），可以通过页面右上方的检索框直接进行搜索。

值得注意的是，判例法数据库（Case Law Database）、司法记录和档案数据库（Judicial Records and Archives Database）与法庭记录（ICTY Court Records）这三个链接在网站首页都有出现，点击链接即可进入相应的查询页。司法记录和档案数据库查询页提供所有判决及其摘要的查询，可以按年份浏览并定位；记录查询页提供超过19万条法庭公开记录的查询，不过需要查询者免费注册成用户才可以检索记录。

（二）卢旺达问题国际刑事法庭

1. 卢旺达问题国际刑事法庭的组织机构

卢旺达问题国际刑事法庭（International Criminal Tribunal for Rwanda, ICTR），简称“卢旺达刑庭”，于1994年11月由联合国安理会通过第955号决议而成立，庭址位于坦桑尼亚的阿鲁沙。该法庭的设立是为了审理1994年1月1日至1994年12月31日这段期间于卢旺达境内从事种族灭绝和其他严重违反国际人道主义行为之人，以及在这一段期间于邻国境内从事种族灭绝和其他这类违法行为的卢旺达公民。①

卢旺达刑庭由分庭、检察官办公室和书记官处组成。

卢旺达刑庭设3个审判庭和1个上诉庭，由16名常任法官和最多（同一时期内）9名审案法官组成。每个审判庭由3名常任法官和最多（同一时期内）6名审案法官组成。卢旺达刑庭的上诉庭同时也是前南刑庭的上诉庭，组成上诉庭的7名常任法官中，2名来自卢旺达刑庭，另外5名来自前南刑庭。

检察官办公室由检察官领导，负责案件的调查和起诉。自卢旺达刑庭建立以来，其检察官一直由前南刑庭的检察官兼任。2003年8月，安理会在关于“完成战略”的决议中，决定增设卢旺达刑庭检察官一职，并由其组建卢旺达刑庭自己的检察官办公室。

书记官处负责卢旺达刑庭的行政管理和服务，由书记官长领导。

2. 卢旺达问题国际刑事法庭法律资源的检索

网址：http://www.unictr.org/

卢旺达刑庭网站（见图10-4-6）有三种语言版本，英语、法语和卢旺达语，提供了概况、新闻、日志、案例、法律文件等相关内容。

其中，“The Cases”栏目中包含了和法庭相关的所有案例，这些案例均已分类，如等待审判案例（Awaiting Trial）、上诉案例（Cases on Appeal）、已完成案例（Completed Cases）、逮捕并等待转移至卢旺达刑庭（Arrested and Awaiting Transfer to ICTR）等，用户可根据需要选择分类项。

---

① http://www.unictr.org/AboutICTR/GeneralInformation/tabid/101/Default.aspx.

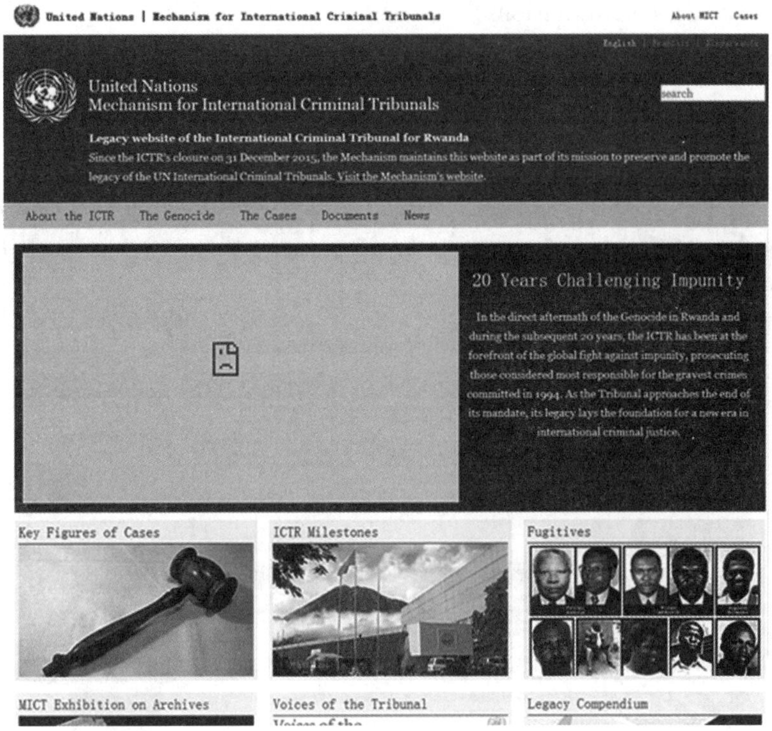

图10-4-6　卢旺达问题国际刑事法庭

（三）塞拉利昂问题特别法庭

1. 塞拉利昂问题特别法庭的组织机构

塞拉利昂问题特别法庭（Special Court for Sierra Leone）于2002年7月1日开始运作，是通过塞拉利昂政府与联合国间的协定设立的一个“混合法庭”，它融合了国际和国家两方面的机制、工作人员、调查员、法官、检察官和法律。①

法庭由审判分庭和上诉分庭组成。

2002年5月，联合国秘书长任命了特别法庭一名代理书记官长和一名检察官。2002年7月，塞拉利昂政府和联合国秘书长任命了审判分庭和上诉分庭的法官。2002年5月，特别法庭管理委员会审议并暂行通过特别法庭《财务条例》和《工作人员条例》。

2. 塞拉利昂问题特别法庭法律文献检索

网址：http：//www.sc-sl.org/

塞拉利昂法庭网站主页（见图10-4-7）上方导航链接Cases是获取案例资源的入口，用户通过该入口可以获得起诉书、判决书、关键决定、其他文书等资源。

点击Cases链接进入的页面左侧分类导航链接为：法庭日程（Court Calendar）、法庭记录（Court Records）、典型个案、其他案例的链接。点击法庭记录链接可以进入记录查询系统，不过只有登录的用户才能使用该系统。点击某个案件的案例链接将进入该案涉及的详细汇总信息页面。以“Prosecutor vs.Sesay，Kallon and Gbao”案件为例，其详细汇总信息页面中间是该案的背景、历史介

① http：//www.un.org/zh/law/scsl/.

绍。左侧为该案各类型法庭文档的导航链接，链接依次为：法庭会议决议（Trial Chamber Decisions）、上诉会议决议（Appeals Chamber Decisions）、控诉摘要（Summary of the Charges）、法庭会议裁决（Trial Chamber Judgment）、上诉判决（Appeal Judgment），用户通过这些链接可以获得相应的PDF格式的原文资料。

图10-4-7　塞拉利昂问题特别法庭

（四）柬埔寨法院特别法庭

1. 柬埔寨法院特别法庭的组织机构

柬埔寨法院特别法庭（Extraordinary Chambers in the Courts of Cambodia）是联合国与柬埔寨王国政府在2003年6月签署协议决定成立的特别法庭。主要是对被指在1970年代后期在柬埔寨犯下了种族灭绝罪、战争罪及危害人类罪等罪行的前红色高棉高级领导人进行审判。2007年6月12日，特别法庭通过了内部规则，标志着法庭开始运作。2009年2月，法庭正式开庭对前红色高棉成员进行审判。

柬埔寨法院特别法庭由预审庭、审判庭和最高法庭组成。

基于联合国和柬埔寨签订的协议，审判是由柬埔寨本国法官和国际法官共同主持的。其中，预审庭和审判庭都是由3名柬埔寨籍法官和2名外国籍法官组成，而最高法庭则是由4名柬埔寨籍和3名外国籍法官组成。各法庭还有1~2名预备法官。所有外国籍法官均是由柬埔寨最高法院长官从联合国秘书长的提名名单中挑选和任命的。各法官任期至特别法庭的审判完毕为止。

2. 柬埔寨法院特别法庭法律资源的检索

网址：http：//www.eccc.gov.kh/en/

柬埔寨法庭网站（见图10-4-8）提供两种语言版本：英语和法语。主要包括法庭概况、组织机构、案例、法律文件以及媒体中心等内容。

法庭到目前为止共受理4起案件，收录在“Caseload”栏目下，按时间先后顺序排列，直接浏览即可。“Legal Documents”栏目中则包含法庭文件（Court documents）、联合国相关文件（UN documents）、协议（Agreements）、柬埔寨法院特别法庭法律（Law on ECCC）、内部规则和条例（Internal Rules & regulations）、柬埔寨文件（Cambodian documents）。

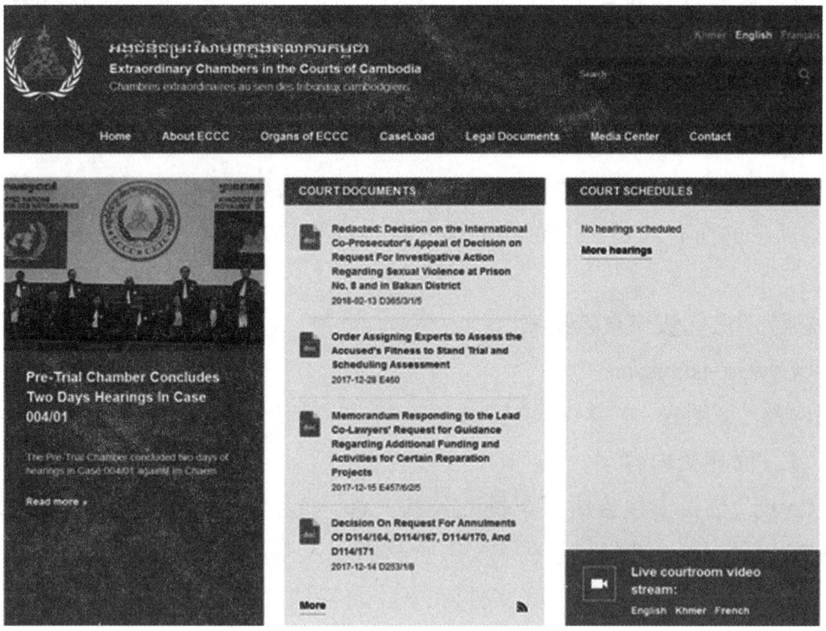

图10-4-8 柬埔寨法院特别法庭

（五）黎巴嫩问题特别法庭

1.黎巴嫩问题特别法庭的组织机构

2005年12月13日，黎巴嫩共和国政府请求联合国设立一个具有国际性质的特别法庭，以对被指控导致前总理拉菲克·哈里里和其他22人遇害的2005年2月14日贝鲁特袭击事件的所有责任者进行审判。根据安全理事会第1664（2006）号决议，联合国和黎巴嫩共和国通过谈判达成了设立黎巴嫩问题特别法庭协定。根据安全理事会第1757（2007）号决议，该决议所附文件的规定和《特别法庭章程》自2007年6月10日起生效。[①]

特别法庭由分庭、检察官、书记官处和辩护方办公室四个机构组成。

（1）分庭

分庭由1名国际预审法官、1个审判分庭（3名法官：1名为黎巴嫩法官，2名为国际法官）、1个上诉分庭（5名法官：2名为黎巴嫩法官，3名为国际法官）、以及2名候补法官（1名为黎巴嫩法官，1名为国际法官）组成。由1名国际法官担任预审法官。预审法官负责审查和确认起诉书，并可发出拘捕令、转交请求以及其他进行调查和筹备公平、快速审判所需的命令。法官任期3年，可重新任命。

（2）检察官

秘书长与黎巴嫩政府协商并根据甄选小组的建议任命检察官。甄选小组由某一国际法庭2名现任或卸任法官和秘书长的1名代表组成。检察官任期3年，可重新任命。黎巴嫩共和国政府应与秘书长和检察官协商，任命1名黎巴嫩籍副检察官，协助检察官履行职能。检察官负责对特别法庭管辖权内的罪行负责者进行调查和起诉。

① http://www.un.org/chinese/focus/lebanon/tribunal/index.shtml.

（3）书记官处

书记官处由书记官长及所需的工作人员组成。书记官长由秘书长任命，为联合国工作人员。书记官长任期3年，可重新任命。书记官处在特别法庭庭长的领导下，负责法庭的行政和事务工作。

（4）辩护方办公室

独立的辩护方办公室负责保护被告权利，编列辩护律师名单，并为辩护律师和有权得到法律援助的人员提供支持和援助。辩护方办公室主任由秘书长与特别法庭庭长协商任命。

除上述机构外，经联合国与黎巴嫩政府协商，黎巴嫩特别法庭还成立了管理委员会。管理委员会的任务包括：为特别法庭所有非司法方面的工作提供咨询和政策指导，并审查和批准特别法庭的年度预算。

2. 黎巴嫩问题特别法庭法律文献检索

网址：http：//www.stl-tsl.org/en/

黎巴嫩法庭网站（见图10-4-9）提供三种语言版本，英语、法语和阿拉伯语，提供法庭概况、案例、新闻、文件等各方面相关内容。

其中，“The Cases”栏目中包含所有案例的公共文件，如起诉书、判决书、司法裁决等；“News and Press”栏目中包含有新闻稿、法庭材料、照片、视听材料以及基本法律文件等；“Documents”栏目中则包含了所有的相关文件（有关案例的法庭文件除外），如各种规约、法令、程序和证据规则、安理会决议、年度报告、国防办公室文件等。

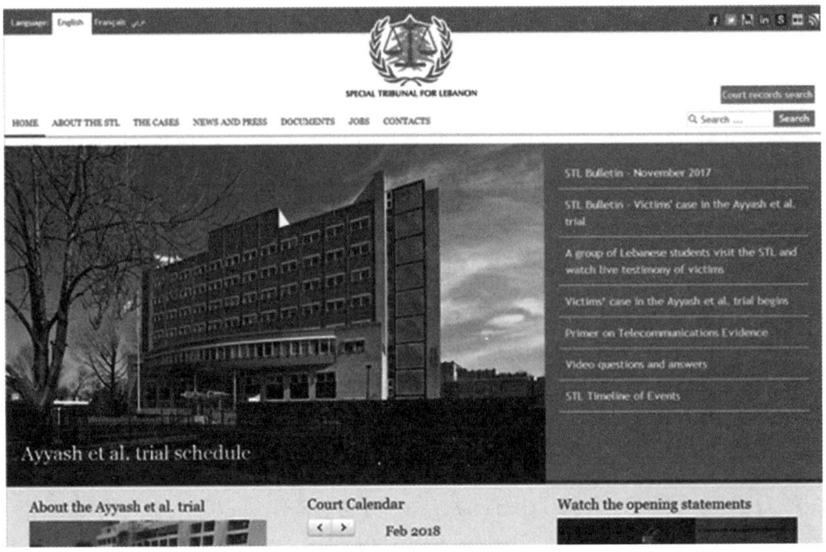

图10-4-9　黎巴嫩问题特别法庭

另外，联合国网站也提供了特别法庭的文件资料的中文版本，用户在联合国网站主页上选择中文版本，然后在“国际法”栏目中选择“黎巴嫩问题特别法庭”（http：//www.un.org/chinese/focus/lebanon/tribunal/index.shtml，见图10-4-10），可以查看法庭相关文件资料的中文版本。

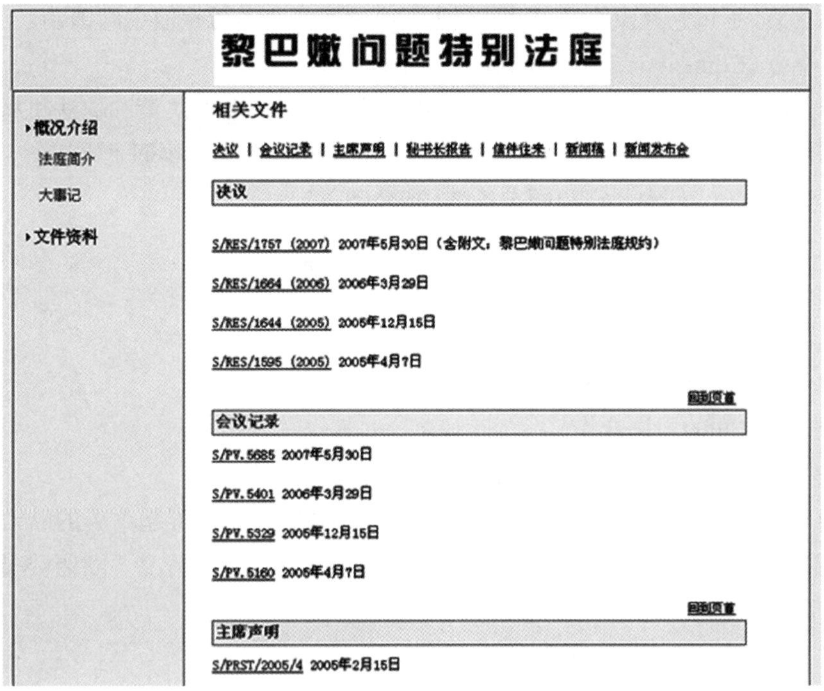

图10-4-10 “黎巴嫩问题特别法庭”中文版

第五节 欧洲联盟

一、欧盟的组织机构

欧洲联盟（European Union，EU），简称“欧盟”，前身是由欧洲煤钢共同体（ECSC）、欧洲原子能共同体（Euratom）以及欧洲经济共同体（EEC）组成的欧洲共同体（European Communities）。1991年12月9日至10日，在马斯特里赫特举行了两次欧洲共同体政府间会议，通过了建立“欧洲经济货币联盟”和“欧洲政治联盟”的《欧洲联盟条约》，通称《马斯特里赫特条约》。1993年11月1日，该条约正式生效，欧盟因此成立，并实现了从经济实体向政治经济实体的转变，成为世界上具有重要影响的区域一体化组织。[①]欧盟总部设在比利时首都布鲁塞尔，目前共有27个成员国。[②]

欧盟并非一个联邦政府，也不是一个如同联合国那样的政府间的合作组织，其成员国保持着独立的国家主权，但同时自愿将部分国家主权汇集于欧盟，从而实现仅凭单个成员国的力量所无法获得的实力和世界影响力。[③]欧盟主要的组织机构有以下六个。

（一）欧洲理事会（European Council）

欧洲理事会即欧盟首脑会议，由欧盟成员国国家元首或政府首脑及欧盟委员会主席组成，是欧盟的决策机构，负责讨论欧盟的内部建设、重要的对外关系及重大国际问题，因此该理事会的决议具有

① http://europa.eu/about-eu/eu-history/index_en.htm，2012-7-29.
② http://europa.eu/about-eu/countries/index_en.htm，2012-7-29.
③ http://europa.eu/about-eu/institutions-bodies/index_en.htm，2012-7-29.

高度政治与法律意义，不过它并没有通过法律的权力。[①]理事会实行轮值主席国制。

（二）欧盟理事会（Council of the European Union）

欧盟理事会一般简称为“理事会”（the Council），是欧盟最重要的决策和立法机构，由来自欧盟各成员国政府的部长组成，所以又称为“部长理事会”。欧盟理事会的主要职责在于：

1.是欧盟立法的主体，负责制定和颁布条例、指令和决定；

2.协调各成员国的经济政策；

3.代表欧盟与其他国家或国际组织签订协议；

4.与欧洲议会共同制定预算计划；

5.拟定公共外交和安全防务政策；

6.协调各成员国之间的司法合作。[②]

（三）欧盟委员会（European Commission）

欧盟委员会是欧盟的执行机构，体现和支持欧盟的利益，主要负责起草新的欧盟法律提案，实施欧盟条约、法规和理事会决定，向理事会提出立法动议并监督其执行情况。欧盟委员会由27人组成，他们来自各成员国，任期为5年。

（四）欧洲议会（European Parliament）

欧洲议会和欧盟理事会共同构成欧盟主要的立法机构，议会成员由每5年举行一次的选举产生。欧洲议会最初只具有咨询权和监督权，不过发展至今，其地位与作用正在逐步提升，目前主要拥有三项核心职能：

1.共同立法权，与欧洲议会一起协商讨论，并正式通过欧盟的法律；

2.民主监督权，对欧盟其他机构，尤其是欧盟委员会进行监督，以确保工作开展的民主性；

3.在财政方面，与欧盟理事会一起构成欧盟共同的财政预算权力机构，有权对预算草案进行审核。

（五）欧洲法院（the Court of Justice）

欧洲法院是欧盟最高司法机构，包括欧洲法院和初审法院。欧洲法院享有广泛的司法权，主要负责对欧盟法律进行解释，并确保在每个成员国平等实施；审理和裁决欧盟各成员国和欧盟机构之间的法律纠纷；可直接受理所有涉及欧盟利益的案件。欧洲法院由来自各成员国的27位法官组成，此外还有一个由8名推事组成的律师团。[③]

（六）欧洲审计院（the Court of Auditors）

欧洲审计院负责欧盟的财政审计，以提高欧盟的财务管理，报告公共资金的使用情况，它成立于1975年，总部设在卢森堡。[④]

上述的欧盟理事会、欧盟委员会、欧洲议会、欧洲法院以及欧洲审计院统称为欧盟的五大机构，此外还有一些其他担负着特别的职能的机构：欧洲经济和社会委员会（European Economic and Social Committee）、区域委员会（Committee of the Regions）、欧洲投资银行（European Investment Bank）、欧洲中央银行（European Central Bank）等。

---

① http：//europa.eu/about-eu/institutions-bodies/european-council/index_en.htm，2011-7-30.

② http：//europa.eu/about-eu/institutions-bodies/council-eu/index_en.htm，2012-7-30.

③ http：//europa.eu/about-eu/institutions-bodies/court-justice/index_en.htm，2012-7-30.

④ http：//europa.eu/about-eu/institutions-bodies/court-auditors/index_en.htm，2012-7-30.

二、欧盟法律资源的检索

在进行有关欧盟法律的研究时，可以通过以下途径了解和掌握其发展和研究现状。

（一）网络资源

1.欧盟在线

网址：http://europa.eu/

欧盟的官方网站——欧盟在线EUROPA目前有24种语言版本，可提供欧盟概况、各项事务、政策与法规、欧盟条约以及欧洲法院判例等极其丰富的信息资源。（见图10-5-1）

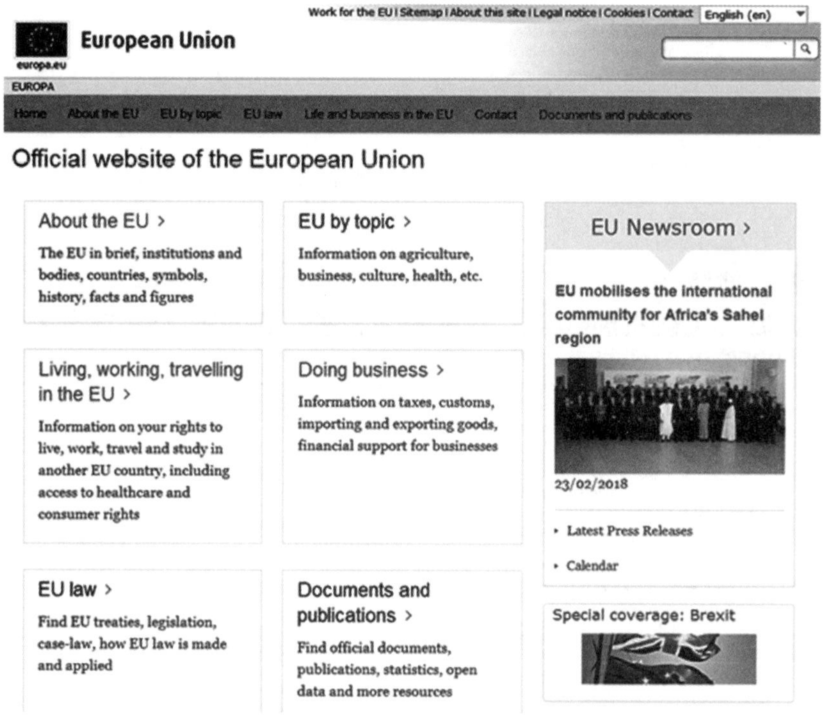

图10-5-1　欧盟的官方网站——欧盟在线

在“About the EU”栏目中，用户可以了解欧盟的基本情况（basic information）、组织机构（institutions and bodies）、欧盟的发展历史及各成员国详细情况；在“EU by topic”栏目中，用户可以对欧盟在农业、环境、经济与货币财政、就业与社会事务以及外交和安全政策等众多领域内的相关政策与法律法规进行全面的了解（见图10-5-2）；在“Documents and publications”栏目中，用户通过欧盟法律文本、历史记录、调查和民意测验、图书馆和文献中心等多种类型文件的超级链接，可以从多种途径接触到欧盟的文献资源、法律法规以及出版物等。（见图10-5-3）

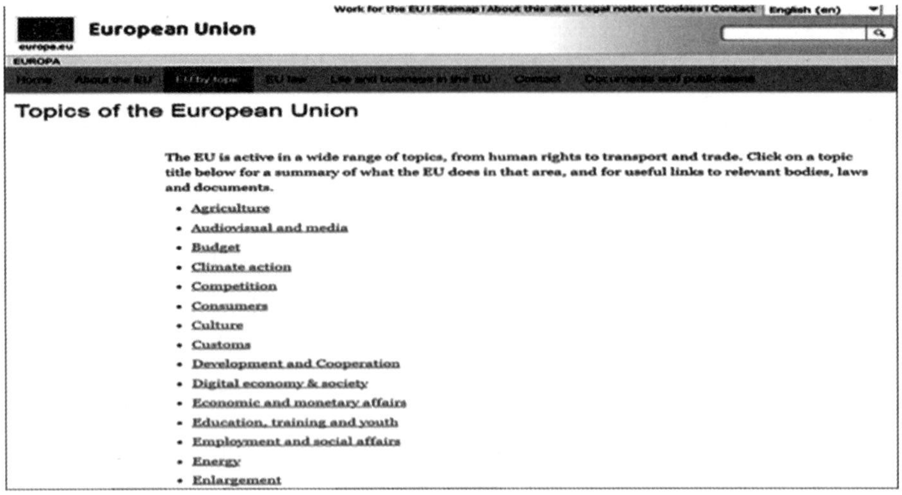

图10-5-2 检索实例

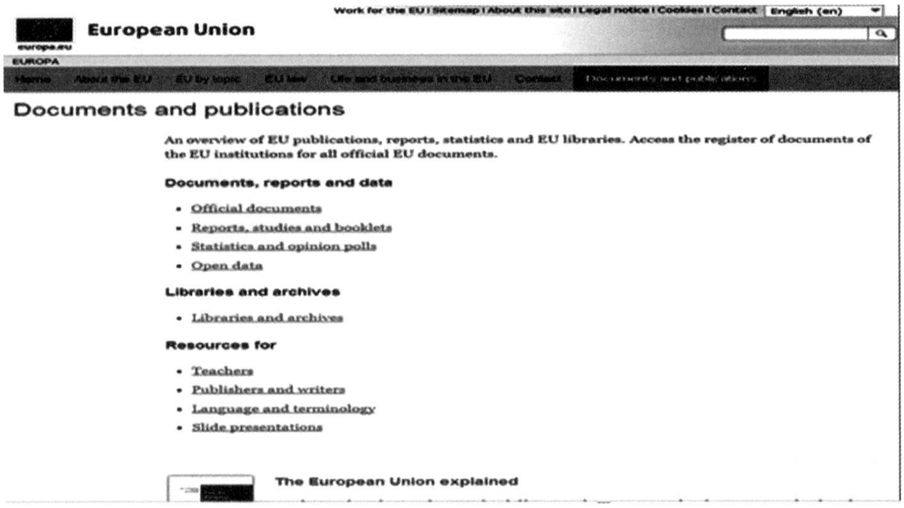

图10-5-3 文献资源

欧盟法检索门户EUR-Lex（http：//eur-lex.europa.eu/en/index.htm/，见图10-5-4），该数据库目前有大约2815000条记录，最早可追溯至1951年，数据库每天更新，每年大约新增12000条记录。EUR-Lex可提供欧盟官方杂志的在线版本，用户可通过简单查询或高级查询的方式检索与欧盟有关的条约、国际协定、现行立法、立法草案、司法判例等，同时提供PDF\DOC\HTML\TIFF格式的文件浏览和下载，并能对每一份文件进行元数据分析。[①]

① http：//eur-lex.europa.eu/en/tools/about.htm，2012-8-1.

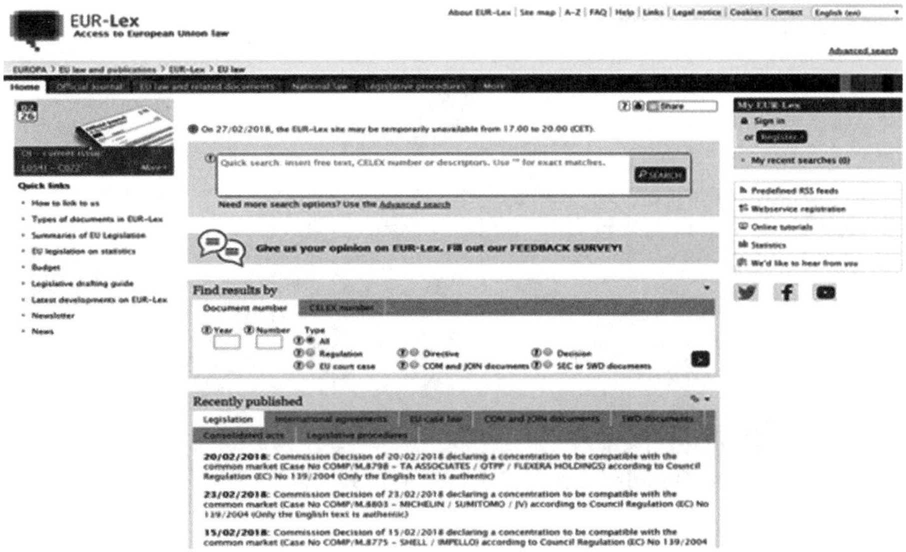

图10-5-4　欧盟法检索门户 EUR-Lex

2. 欧盟理事会

网址：http：//www.consilium.europa.eu/

理事会是欧盟的立法和决策机构，在其网站上也集合了众多政策（Policies）、文件（Documents）以及里斯本条约（Treaty of Lisbon）的相关内容。（见图10-5-5）

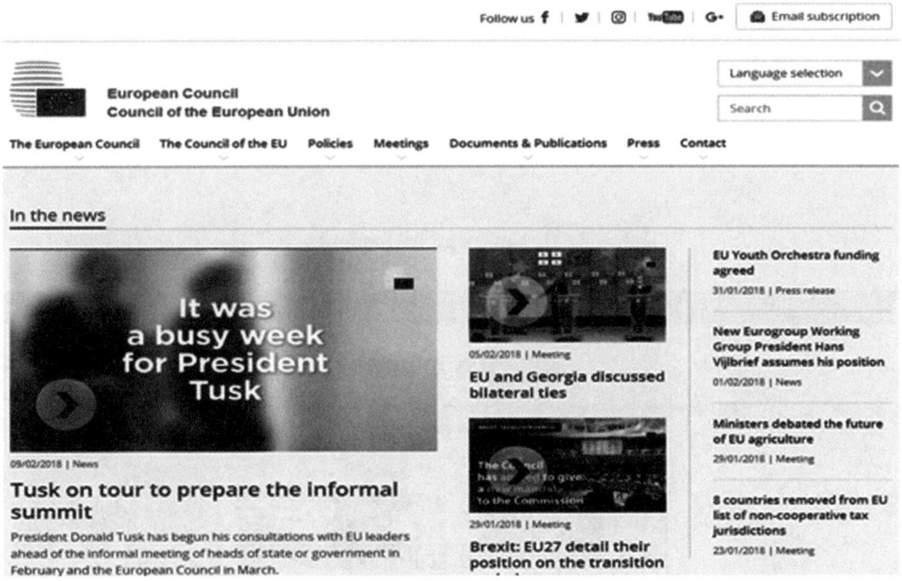

图10-5-5　欧盟理事会网站

3. 欧盟委员会

网址：https：//ec.europa.eu/

在欧盟委员会的网站上也可以查询到相关政策、法规，还提供在线咨询及网上论坛等服务。（见图10-5-6）

图10-5-6　欧盟委员会网站

4.欧洲议会

网址：http://www.europarl.europa.eu/portal/en

欧洲议会的网站采用了许多新颖的、引人关注的形式，如twitter、facebook、audiovisual resource website、europarltv等，从不同视角，全方位展示了欧洲议会的日常事务以及开展的各项活动。（见图10-5-7）

图10-5-7　欧洲议会网站

5. 欧洲法院

网址：http://curia.europa.eu/jcms/jcms/j_6/

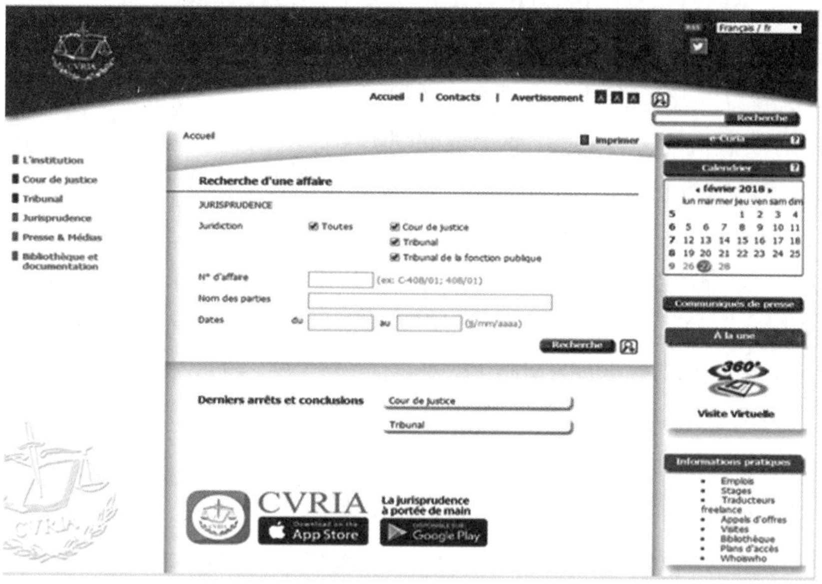

图10-5-8　欧洲法院网站

该数据库集中了很多的法庭判决，并提供从案件编号（N°　d' affaire）、当事人（Nom des parties）、日期（Dates）等途径进行检索。（见图10-5-8）用户通过该数据库可以查询自1997年6月以来的司法判例，更早的则可以通过前面提到的EUR-Lex数据库进行查询。例如，在Date栏中输入“01/08/2010-31/12/2010”，在 Field下拉列表中选择intellectual property，提交检索要求后，结果如图10-5-9所示，点击case number便能查看该案件的详细情况。

InfoCuria - Jurisprudence de la Cour de justice

français (fr)

Accueil > Formulaire de recherche > Liste des résultats

Liste des résultats　　Lancer l'impression

Rappel des critères choisis:
Période ou date = "Date du prononcé"; Période= "du 01/08/2010 au 31/12/2010"

Modifier la recherche

Liste des résultats par affaire　Liste des documents

2142 document(s)

Affaire	Document	Date	Nom des parties	Matière	Curia	EUR-Lex
C-526/10 P(R)	Ordonnance ECLI:EU:C:2010:793	16/12/2010	Noko Ngele / Commission	Relations extérieures - Etats d'Afrique, des Caraïbes et du Pacifique (ACP)		
C-526/10 P(R)	Ordonnance (Information) ECLI:EU:C:2010:793	16/12/2010	Noko Ngele / Commission	Relations extérieures - Etats d'Afrique, des Caraïbes et du Pacifique (ACP)		
C-513/10 P	Ordonnance ECLI:EU:C:2010:797	17/12/2010	Platis / Conseil et Grèce	Politique économique et monétaire - Euro		
C-513/10 P	Requête (JO)	12/03/2011	Platis / Conseil et Grèce	Politique économique et monétaire - Euro		
C-513/10 P	Ordonnance (Information) ECLI:EU:C:2010:797	17/12/2010	Platis / Conseil et Grèce	Politique économique et monétaire - Euro		
C-497/10 PPU	Arrêt (JO)	19/02/2011	Mercredi	espace de liberté, de sécurité et de justice - Coopération judiciaire en matière civile		
C-497/10 PPU	Demande (JO)	04/12/2010	Mercredi	espace de liberté, de sécurité et de justice - Coopération judiciaire en matière civile		
C-497/10 PPU	Prise de position ECLI:EU:C:2010:738	06/12/2010	Mercredi	espace de liberté, de sécurité et de justice - Coopération judiciaire en matière civile		
C-497/10 PPU	Arrêt ECLI:EU:C:2010:829	22/12/2010	Mercredi	espace de liberté, de sécurité et de justice - Coopération judiciaire en matière civile		
C-497/10 PPU	Arrêt (Sommaire) ECLI:EU:C:2010:829	22/12/2010	Mercredi	espace de liberté, de sécurité et de justice - Coopération judiciaire en matière civile		
C-491/10 PPU	Demande (JO)	18/12/2010	Aguirre Zarraga	espace de liberté, de sécurité et de justice - Coopération judiciaire en matière civile		
C-491/10 PPU	Arrêt ECLI:EU:C:2010:828	22/12/2010	Aguirre Zarraga	espace de liberté, de sécurité et de justice - Coopération judiciaire en matière civile		
C-491/10 PPU	Prise de position ECLI:EU:C:2010:749	07/12/2010	Aguirre Zarraga	espace de liberté, de sécurité et de justice - Coopération judiciaire en matière civile		
C-491/10 PPU	Arrêt (JO)	26/02/2011	Aguirre Zarraga	espace de liberté, de sécurité et de justice - Coopération judiciaire en matière civile		
C-491/10 PPU	Arrêt (Sommaire) ECLI:EU:C:2010:828	22/12/2010	Aguirre Zarraga	espace de liberté, de sécurité et de justice - Coopération judiciaire en matière civile		

图10-5-9　检索实例

6. 欧盟文献中心网站（European Documentation Centres）

网址：http://www.library.law.uu.nl/edc-eu/index.htm/

欧盟文献信息中心网站(European Documentation Centres, EDCs),是由欧盟建立的一个网络信息中心,用于支持大学水平的教学、研究与科研,帮助人们找到关于欧盟的可靠信息,无论是官方的或是非官方的资料信息。用户通过EDCs可以获得以下主题的信息:欧洲法律(包括法律法规及判例)、欧洲经济一体化、欧洲的政策和机构。(见图10-5-10)

EDCs网站提供欧盟以及各欧盟机构的网址链接,同时按照不同领域,如农业和渔业、商业经济、公民权和人权等,对欧盟机构进行归类,便于查询同类主题的信息。EDCs还提供有用本国语言出版的各欧盟机构的完整的官方出版物,其中一些也提供其他语言的版本。这些出版物包括欧盟官方期刊、立法(L系列)、信息及通告(C系列)、电子出版物(E系列)、补充官方公报(S系列)、委员会的工作文件(COM文件)、欧洲议会的辩论和报告、欧盟报告和公告、欧洲共同体法院以及欧盟统计局的有关文件。在“数据库”(Database)栏目中,按照字母和主题顺序,整合了大量极具研究价值的免费数据库资源,如年度宏观经济数据库AMECO、提供英、法、德、西班牙四种文字的数据库Cordis,欧盟委员会竞争总署的反垄断以及合并案件数据库,欧洲人权法庭的HUDOC数据库,国际协议数据库International Agreements,欧盟统计局的元数据数据库RAMON等。在“研究”(Research)栏目中集合了关于欧盟主题的研究机构、团体以及出版物等网络资源。

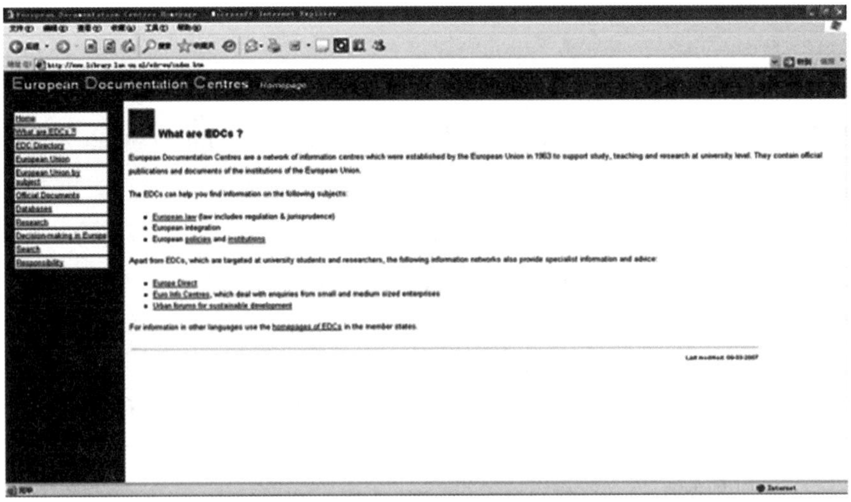

图10-5-10　欧盟文献中心网站

7.欧盟信息专业人员国际协会

网址:http://www.eia.org.uk/

欧盟信息专业人员国际协会(European Information Association, EIA)不仅提供有关欧盟的信息,同时也提供关于欧盟运作的专业知识,以使其成员、用户以及其他感兴趣的人士能够清楚地了解欧盟是什么,以及它是如何工作的。EIA的成员既包括公共图书馆、大学图书馆和政府图书馆、专业或自愿信息团体、欧盟文献中心,也有欧洲企业网络成员、欧洲当地的政府官员、律师事务所和出版机构等。[①]在其网站上有关于欧盟的基本知识,也有关于欧盟信息网络(EU Information Networks)、欧盟文献中心(EDC)、欧洲企业网络(EEN)的介绍,在“欧盟数据库”中还向用户提供查找一些特定类型如法律文献的指南。

① About Us, http://www.eia.org.uk/about.php, 2012-8-16.

8. 欧盟研究协会

网址：http://www.eustudies.org/

成立于1988年的欧盟研究协会（European Union Studies Association，EUSA）是一个非营利性的学术专业协会。在其“出版物”（Publication）栏目中提供有电子版的《EUSA评论》（*EUSA Review*）、《欧盟局势》（*State of the European Union*）以及EUSA年会论文，该协会还下设多个分会，如欧盟法律小组、欧盟政治经济学小组、欧盟经济小组、欧盟公众舆论小组等。

9. 加州大学伯克利分校图书馆欧盟网络资源导航

网址：http://www.lib.berkeley.edu/doemoff/govinfo/intl/gov_eu.html/

加州大学伯克利分校图书馆是联合国、欧盟、亚洲开发银行以及欧洲安全与合作组织的托管图书馆，同时还积极参与同其他国际政府组织在出版物方面达成的图书采购计划、选择性托管安排以及文献交换协议。[①]该馆的欧盟网络资源导航按照欧盟机构、欧盟研究主题、欧盟的各种类型文件，以及其他相关信息等分类方式，集中了众多有关欧盟主题的网络资源。（见图10-5-11）

图10-5-11　加州大学伯克利分校图书馆欧盟网络资源导航

10. 纽约大学法学院图书馆欧盟研究指南

网址：http://nyulaw.libguides.com/european_union_updated

由纽约大学法学院图书馆制作的“欧盟研究指南”，涵盖了该法律图书馆收藏的有关欧盟的官方文件及出版物，以及相关著作、期刊、判例汇编、年鉴、索引、工具书、数据库和网站。[②]（见图10-5-12）

---

① International Government Information at UC Berkeley，http://www.lib.berkeley.edu/doemoff/govinfo/intl/，2012-8-15.

② http://www.law.nyu.edu/library/research/researchguides/europeanunionresearch/index.htm，2012-8-2.

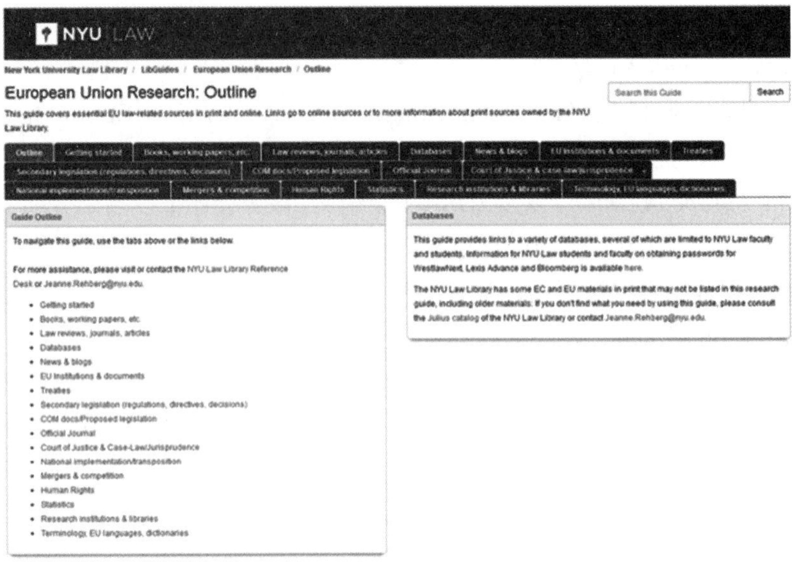

图10-5-12 纽约大学法学院图书馆欧盟研究指南

11. 香港大学图书馆欧盟文献中心（EDC collection）

网址：http://lib.hku.hk/hkspc/edc/

香港大学图书馆的欧盟文献中心（European Documentation Centre）根据香港大学和欧盟委员会达成的协议而成立。该校图书馆收集了欧洲共同体机构自1995年以来的所发布的完整的文档，包括欧盟颁布的立法文件、议会的辩论、政策申明、数据统计报告、商业外贸文件及其他相关报告、协议，还提供进入欧盟公共数据库的免费入口。[①]（见图10-5-13）

图10-5-13 香港大学图书馆欧盟文献中心

欧盟文献中心主要包含五个方面的内容：欧盟（European Union）、新闻时讯（News）、欧盟的主要机构（Major European Institutions and Servers）、全球欧盟文献中心链接（European Documentation Centres World-wide）、欧盟出版物（European Union Publications）。其中在“European Union Publications”的“EU Journals”部分，按照主题将欧盟发行的数量众多的期刊进行了分类汇总，极大地

① http://lib.hku.hk/hkspc/edc/index.html，2012-8-2.

方便了研究人员对于相关信息的查询。例如，用户需要了解有关法律和程序方面的期刊，则点击Laws and procedures。得到的反馈结果如图10-5-14所示，包含了内容介绍、发行机构、收藏状况以及期刊原文链接。

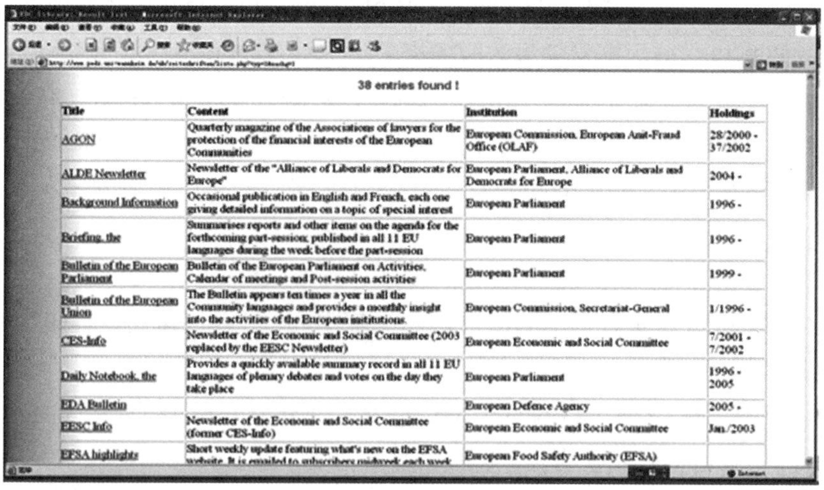
38 entries found !

Title	Content	Institution	Holdings
AGON	Quarterly magazine of the Associations of lawyers for the protection of the financial interests of the European Communities	European Commission, European Anit-Fraud Office (OLAF)	28/2000 - 37/2002
ALDE Newsletter	Newsletter of the "Alliance of Liberals and Democrats for Europe"	European Parliament, Alliance of Liberals and Democrats for Europe	2004 -
Background Information	Occasional publication in English and French, each one giving detailed information on a topic of special interest	European Parliament	1996 -
Briefing, the	Summarises reports and other items on the agenda for the forthcoming part-session; published in all 11 EU languages during the week before the part-session	European Parliament	1996 -
Bulletin of the European Parliament	Bulletin of the European Parliament on Activities, Calendar of meetings and Post-session activities	European Parliament	1999 -
Bulletin of the European Union	The Bulletin appears ten times a year in all the Community languages and provides a monthly insight into the activities of the European institutions.	European Commission, Secretariat-General	1/1996 -
CES-Info	Newsletter of the Economic and Social Committee (2003 replaced by the EESC Newsletter)	European Economic and Social Committee	7/2001 - 7/2002
Daily Notebook, the	Provides a quickly available summary record in all 11 EU languages of plenary debates and votes on the day they take place	European Parliament	1996 - 2005
EDA Bulletin		European Defence Agency	2005 -
EESC Info	Newsletter of the Economic and Social Committee (former CES-Info)	European Economic and Social Committee	Jan./2003
EFSA highlights	Short weekly update featuring what's new on the EFSA website. It is emailed to subscribers midweek each week	European Food Safety Authority (EFSA)	

图10-5-14 检索实例

(二)出版物

1.官方文件

(1)《欧盟官方公报》(*Official Journal of the European Union*)

《欧盟官方公报》(*Official Journal of the European Union*, OJ)是欧盟唯一一份在每个工作日用欧盟所有官方语言出版的官方杂志。公报主要包括两个系列：L立法系列(legislation)以及C信息及通告系列(information and notices)，此外还有一个S政府采购的附录部分(public procurement)。①

其中L系列(OJ L Series)的内容主要与欧盟立法有关，主要刊载理事会与委员会经由立法程序制定的立法文件，包括条例、指令、决定、建议和意见等。此外，《共同体现行法律目录》(*The Directory of Community Legislation in Force*)也作为L系列的一部分出版，该目录列表提及一些初始的法律文本以及后续所做的修改，还包含了在对外关系的框架下欧盟签署的协议和约定，以及欧盟法律汇编、补充条例等。②

C系列(OJ C Series)主要刊载除立法文件外的其他相关信息，包括法院判例汇总(summaries)、欧洲议会的会议记要(minutes)、欧盟审计院报告(reports)、议会的书面问题以及理事会或委员会的答复、欧盟经济与社会委员会(EESC)以及区域委员会的申明(statements)、征集有关欧盟的项目意向书以及其他根据欧盟立法发行的文件。③

上述两个系列的公报既可以通过订阅方式，也可以通过购买光盘的方式获得，还可经由欧盟在线的EUR-Lex数据库提供的在线服务进行咨询、检索。

(2)《年度综合报告》(General Report)

按照有关条约规定，每年欧盟委员会都会出版年度综合报告，概述这一年来欧盟开展的活动、经

① http://publications.europa.eu/official/index_en.htm，2012-8-2.
② http://publications.europa.eu/official/chapter1_en.htm，2012-8-2.
③ http://publications.europa.eu/official/chapter1_en.htm，2012-8-2.

历的挑战以及取得的成绩，在报告的最后还附有该年度所发生的主要事件的年表。

更多的官方文件可以通过欧盟在线的“official documents”栏目，获得更为全面的信息，如欧洲议会的会议议程（agenda）、诉讼程序报告（reports of proceedings）、立法文本（legislative texts）、决议（resolutions）；欧盟理事会的理事会决定（Conclusions of Council meetings）；欧洲理事会决议（European Council presidency conclusions）；欧盟委员会的绿皮书（Green Papers）、白皮书（WhitePapers）、工作计划（work programme）、会议记要等；欧洲法院的判例、年度报告（annual report）；欧洲审计院的审计报告和意见（reports and opinions）；欧洲中央银行的年度报告、金融稳定评论（financial stability review）；欧洲监察使的决议、推荐草案（draft recommendations）；欧洲经济和社会委员会以及区域委员会的意见、决议等。

2. 图书馆和文献信息中心

除了上述官方文件，欧盟还有众多的图书馆和文献中心，可以快速而便捷地为用户提供相关信息、文件、出版物以及视听资料。

欧盟委员会中央图书馆（The European Commission Central Library）成立于1958年，位于布鲁塞尔。该图书馆可提供书目查询、信息咨询、馆际互借等多项服务。其馆藏主题涵盖法律、文化、教育、管理、国际关系、经济政策、自然资源等。无论资源类型是纸质、光盘或是在线数据库，每种类型都包括了几乎所有的欧盟出版物。此外，用户通过书目查询系统ECLAS可以查询有关欧盟的政策、法规、统计数据、国际法以及各成员国国内法；并能在Open Access资源中对相关期刊、研究论文进行检索。（见图10-5-15）

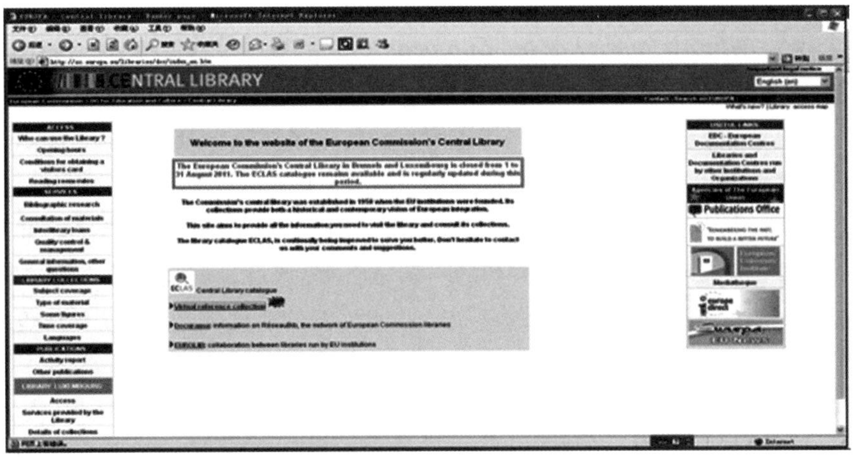

图10-5-15　欧盟委员会中央图书馆网站

例如，用户需要查找《欧洲投资银行论文》（*EIB Papers*）的研究论文，可点击ECLAS系统的Virtual reference collection，在Type word or phrase中输入“EIB Papers”，接着在Field to search选择All Titles，并在Words adjacent选择Yes，检索结果如图10-5-16所示。

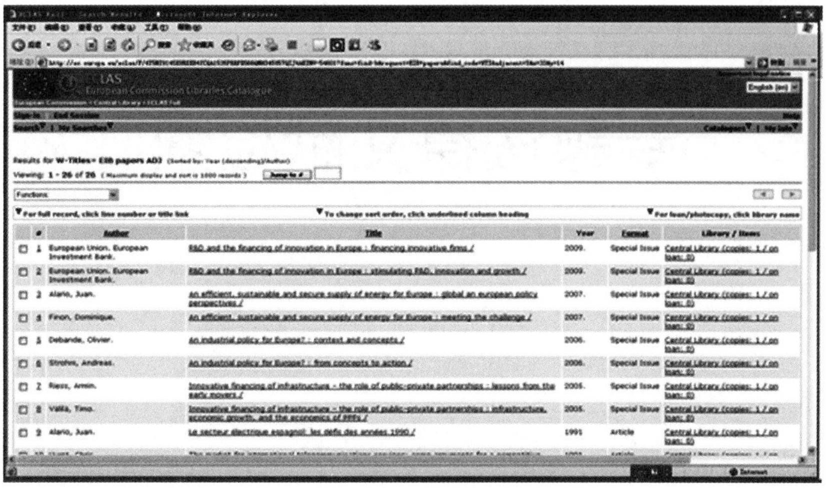
ECLAS
European Commission Libraries Catalogue
Author
Title
Year
Format
Library / Items

图10-5-16　检索实例

第十一章

专题法律文献检索

第一节　国际金融法律文献检索

检索国际金融法律资源，首先要了解国际金融法的基本知识，其次要熟悉各种检索渠道，包括出版物、数据库、网站。

一、国际金融法

国际金融法（International Financial Law）是调整国际金融关系的法律规范的总称，是国际经济法的一个重要分支。国际金融法的范围很广，既包含国际法规范也包含国内法规范，既有公法规范也有私法规范。国际金融法主要有以下渊源：

1. 国际金融条约。

国际金融条约是国家、国际组织等国际法主体依国际法缔结的、确定其在相互金融关系中的权利和义务的书面协议，可以分为全球性条约和区域性条约。前者包括在国际金融法律体系中占有最重要地位的基金协定和世界银行协定；后者包括《亚洲开发银行协定》《美洲开发银行协定》《马斯特里赫特条约》等。

2. 国际金融惯例。

国际金融惯例是在国际交往中逐渐形成的不成文的原则和规则，可以分为金融交易惯例和金融监管惯例。前者包括：国际商会的《跟单信用证统一惯例》《托收统一规则》《合同担保统一规则》《见索即付担保统一规则》《国际备用信用证惯例》，国际保理商联合会的《国际保付代理通则》等。后者包括：巴塞尔银行监管者委员会发布的《巴塞尔资本协议》及其修正案、《有效银行监管核心原则》，国际证券商协会、塞德尔、欧洲清算组织共同拟定的《ACE惯例规则》等。

3. 国家金融立法。

由于发达国家的金融立法对国际金融的影响程度要远远大于发展中国家的金融立法，所以国际金融的国内法渊源主要是指发达国家的金融法律。例如，美国的《金融服务现代化法》、英国的《金融服务和市场法》。

4. 国际金融软法。

软法是指由各类政府间国际组织或非政府组织制定的，不具有法律约束力但却可能产生实际法律效果的行为规范。制定软法的主体具有多样性，如欧盟、金融行动特别工作组、巴塞尔委员会、国际证监会组织、国际保险监督官协会、金融稳定论坛等。

二、国际金融法律图书期刊检索

查找国际金融法律图书、期刊信息最好的途径还是图书馆书目系统。目前，一些数字图书馆整合了不少实体图书馆的数据信息，提供更为方便的书刊信息。这是一种新的途径。

下面利用读秀电子数字图书馆查询系统以查找国际金融法律图书为例说明这种新的查找方式。

第一步：进入高级检索页面（见图11-1-1）；

第二步：在书名字段键入“国际金融”；

第三步：选择分类下拉表单中的政治与法律；

第四步：点击高级搜索按钮。

查询结果页面显示命中59条记录，再点击页面左侧的学科分类筛选，最终得到54种国际金融法律图书信息的列表。点击具体记录可以查看该书的详细信息包括：作者、出版发行信息、ISBN号、页数、丛书名、原书定价、主题词、中图法分类号、参考文献格式、内容提要。如果要获得某书，可以查看详细记录页面右侧的“获取此书”信息区域。这里提供了多种获取方式包括：网络书店购买、向其他图书馆借阅、电子书文献传递等。

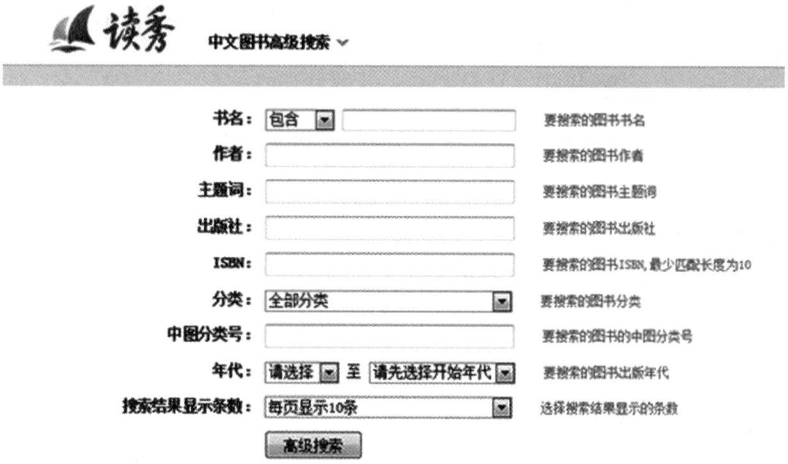

图11-1-1　读秀搜索检索高级检索界面

三、国际金融法律数据库检索

一些专门数据库中收录了大量的国际金融法律资源，提供了强大的查询功能，是一站式获得大量各种类型的资源的最佳途径。常用的专业法律数据库有Westlaw、Lexis和Heinonline。

（一）Westlaw法律数据库中的国际金融法律资源及检索方法

1. 众多的Westlaw子数据库中，有一些包含大量的国际金融法律信息。下面列出几个代表性的数据库：

（1）金融期刊索引（Financial Journals Index），其收录内容始于1992年。索引内容包括在英国发表的40多种金融杂志所收录的文章，涉及保险、养老金与银行以及金融服务法律领域。每个文档记录信息包括引文标题、出处、摘要。用户可以检索获得国际金融法律的文章信息。

（2）索引杂志（Journals Indexed），其内容包含法学期刊索引和金融期刊索引这两个数据库中所收录杂志的信息，每个文档记录信息包括：出版商名称及联系方式、价格、国际标准期刊编号和出版周期。用户可以检索获得国际金融法律的期刊信息。

（3）法律法规发展索引（Legal and Regulatory Developments Index），其收录的内容始于1994年，包含英国和欧盟的政府和准政府组织发布的法律法规文件的摘要或概括。该数据库具体包括来自以下几个方面文件的概括或摘要：立法、法律法规新闻、实践指南和政府出版物等。其中，法律法规新闻精选来自《时代杂志》《金融时报》等著名杂志的最新法律法规资讯。每个文档记录信息包括：法规名称、法规主题、相关主题、法规简介、法规引证、关键词、出版者和全文网址等信息。

2.在Westlaw International中利用主目录法（International Directory）寻找国际金融法律主题的子数据库。

用户可以通过浏览专题的方式来查找相关子数据库。Westlaw International提供了54个实务专题，其中与国际金融法律高度相关的类目路径如下：

All Databases>Topical Materials by Area of Practice>Bank Law

All Databases>Topical Materials by Area of Practice>Finance&Banking

All Databases>Topical Materials by Area of Practice>Insurance

All Databases>Topical Materials by Area of Practice>Securities

浏览这些类目可以定位一大批相关子库。

（二）Lexis法律数据库中的国际金融法律资源及检索方法

Lexis 设置了44个主题，其中与国际金融法相关的主题路径如下：

Browse>By Topic>Banking Law

Browse>By Topic>Dodd-Frank

Browse>By Topic>Financial Crisis Litigation

Browse>By Topic>Financial Services Industry-Critical Issues

Browse>By Topic>Insurance

Browse>By Topic>Mergers&Acquisitions

Browse>By Topic>Securities

点击某个主题链接即可进入子库集成页面，该页面上子库按照资源类型分为若干栏目，每个栏目下有数量不等的子库可供选择。可以一次挑选多个子库，进行跨库检索，一站式地获得该主题下诸如案例、法规、论文等不同类型的资源。

检索实例1：要求同时检索出金融方面涉及G20和金融稳定的案例、法规、论文、新闻方面的资料。

首先进入“Legal>Area of Law-By Topic>Banking&Financial Services”子库主题集成页面，然后在有关栏目中挑选合适的子库，本次每个栏目勾选一个库，依次为：案例库（Federal&State Cases-Selected Banking Material）、法规库（USCS-Banks and Banking-Title 12）、论文库（Banking Law Review Articles，Combined）、新闻库（Banking Law Newsletters），之后，点击提交按钮进入跨库检索页面。最后选择一种检索方式，自然语言检索或专业检索。如果选择自然语言检索，输入关键词“G20”

和“financial stability”，提交检索。则可获得检索结果：3个案例、16项法规和231篇论文。

（三）Heinonline法律数据库中的国际金融法律资源及检索方法

Heinonline数据库主要收录法律期刊，其特色是回溯时间长。Heinonline数据库中的国际金融法律资源主要是期刊文章。该库收录的国际金融法律知名期刊有：*Fordham Journal of Corporate and Financial Law*，*North Carolina Banking Institute*，*DePaul Business&Commercial Law Journal*，*Review of Banking and Financial Law*，*Banking Law Journal*，*International Financial Law Review*等。

Heinonline中的国际金融法律资源分布可以通过其主题分类了解。Heinonline的“Law Journal Library”数据库提供主题浏览功能，用户可以浏览多达93个主题的法律期刊。其中涉及国际金融法律的主题有：Insurance，International Business/Economics，International Law，International Relations，Investments等。

检索实例2：要求检索金融监管领域涉及特别提款权的论文资料。

进入Heinonline最大的子库“Law Journal Library”，在字段检索中输入关键词“SDR”“financial regulation”；为了获得更为精确的检索结果，限定主题为“Investment”“Insurance”“International Business/Economics”，点击检索。

检索结果中显示的相关论文有：“The World Bank and Judicial Reform：Overcoming Blind Spots in the Approach to Judicial Independence”“Transnational Finance Regulation and the Global Economy”。

四、国际金融法律网络检索

网络资源丰富，是查找国际金融法律资源的重要途径。国际金融组织与国际金融法联系密切，因此在其设立的网站上包含大量有价值的国际金融法律资源。除此之外，其他网站如研究指南、学术机构网站也是国际金融法律资源重要的信息源。

（一）国际金融组织网站

1.国际货币基金组织

网址：http：//www.imf.org/external/index.htm（见图11-1-2）

国际货币基金组织（International Monetary Fund，IMF）于1945年12月27日成立，职责是监察货币汇率和各国贸易情况、提供技术和资金协助，确保全球金融制度运作正常，其总部设在华盛顿。该组织是一个独立于联合国的永久性国际组织，在法律上与联合国等国际组织处于平等地位。

国际货币基金组织网站首页的“新闻”栏目提供IMF的新闻检索，可查询多种新闻类型：公报（Communiqués）、最终声明（Mission Concluding Statements）、新闻摘要（NewsBriefs）、新闻稿（PressReleases）、公共信息（Public Information）、通知（Notices）、发言（Speeches）、捐赠会议上的声明（Statements at Donor Meetings）、文字记录稿（Transcripts）和观点评论（Views & Commentaries）等。首页的“数据统计”栏目则提供各种金融指标的统计数据，如汇率、借贷利率等。值得研究者注意的是，在首页“研究”栏目下，网站提供IMF论文的检索。点击研究栏目，在新的页面中底部可以看到最新的论文列表。如果想要进一步精确查找论文，则可以在列表下的查询框中键入关键词检索；如果希望通过其他更为具体的途径寻找论文，则可以点击论文列表的更多按钮，在新进入的页面中，可以按照各个年份浏览论文。点击浏览某个年份，出现该年论文的题录信息的列表，题录信息项目有：题名、作者、论文标号、日期、主题、作者关键词。其中每条论文的题录信息的标题、主题、关键词都是超链接显示。点击主题、关键词的链接相当于按照该词进行了全库的检索，可以获得更为有针对性的论文题录信息列表。点击某个论文标题则能得到该论文更为详细的信息，包括摘要、页数以及更为重要的可下载PDF格式电子全文的链接等。

图11-1-2　国际货币基金组织网站首页

2. 世界银行

网址：http://www.worldbank.org/（见图11-1-3）

世界银行（World Bank）是一个国际组织。最初，其使命是帮助在第二次世界大战中被破坏的国家。今天它的任务是资助国家克服穷困，向发展中国家提供低息贷款、无息信贷和赠款，在减轻贫困和提高生活水平的使命中发挥独特的作用。世界银行集团由5个机构组成，分别是：国际复兴开发银行（IBRD）、国际开发协会（IDA）、国际金融公司（IFC）、多边投资担保机构（MIGA）和国际投资争端解决中心（ICSID），其中IBRD与IDA常被合称为“世界银行”。然而“世界银行”一词在非正式场合也被作为世界银行集团的简称。

通过世界银行网站的网站地图可以快速整体地了解网站的栏目，其中包括：世界银行介绍、项目、商业中心、出版物、国家地区、数据统计、资源、评估、知识和发展的主题。值得研究者特别注意的栏目主要是：发展的主题、出版物及文档、数据统计。在“发展的主题”栏目中涉及国际金融的内容有：金融危机、世界银行改革等；在“出版物及文档”栏目中可以检索并全文下载八万余个文档报告，包括运作文档（项目文档、分析建议报告、评估）、正式及非正式的研究论文、大多数银行出版物等；在“数据统计”栏目中，可以获得各个国家、各个主题如金融部门的多种指标的数据报告，这些报告以Excel和XML文件的形式提供用户下载。

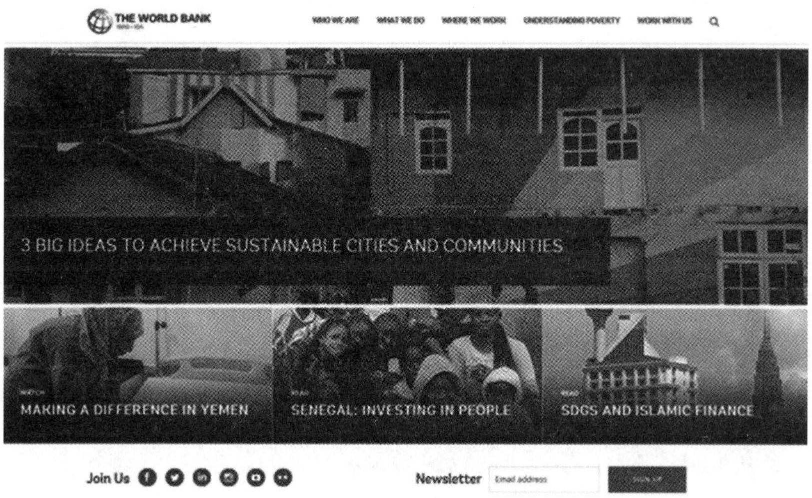

图11-1-3　世界银行网站首页

3. 国际清算银行

网址：http://www.bis.org/（见图11-1-4）

国际清算银行（Bank for International Settlements，BIS）是致力于国际货币政策和财政政策合作的国际组织，由50多个国家的中央银行组成。其主要作用是推进国际货币政策的对话和实施、经济和货币政策研究中心、中央银行支付体系、执行国际金融业务的保管。

最有效的获取国际清算银行网站资源的方式是通过网站首页右上角的一般检索和高级检索链接入口，尤其是高级站内搜索，通过它可以检索全站的资源。高级检索页中的“检索帮助”链接列出诸如如何进行时间限制、如何分主题浏览、如何使用通配符等问题的解答，以帮助用户进行更为有效的检索。用户可检索到的资源包括国际清算银行出版物、巴塞尔委员会介绍、新闻发布稿、国际清算银行介绍、央行行长发言、关于国际金融体系的委员会介绍、关于清算和结算的委员会介绍等。

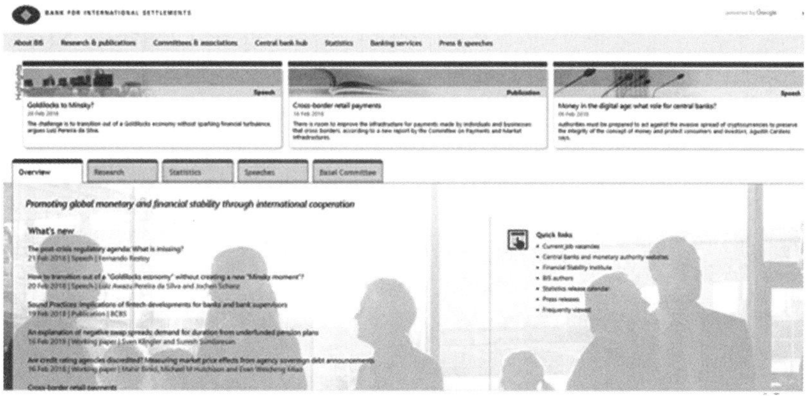

图11-1-4　国际清算银行网站首页

4. 国际证券委员会组织

网址：http://www.iosco.org/（见图11-1-5）

国际证券委员会组织（International Organization of Securities Commissions，IOSCO）是国际间各证券期货管理机构所组成的国际合作组织。总部设在加拿大的蒙特利尔市。该组织于1974年创建于美洲，始称为美洲间证券委员会和类似组织。该组织由世界银行和美洲国家发起，开始的宗旨是帮助发展拉美市场，前十年，该组织的活动仅限于年度会议。1983年，该组织正式成为全球性组织。目前共有81个正式会员、10个联系会员和45个附属会员。

国际证券委员会组织网站首页上有多个栏目，其中只有“Library”栏目提供IOSCO的公开文档，其中包括：出版物、报告和新闻发布稿等。点击该栏目后，便进入了各种文档的分类浏览页面。各种分类文档的目录出项在左侧，具体的文档包括会议年报、合作文档、交流文档、政策文档等几大类。各个类左侧的加号标志表明该类下还有子类，可以进一步点击浏览，直至最终来到文档原文页面。

图11-1-5　国际证券委员会组织网站首页

5. 国际商会

网址：http://www.iccwbo.org/（见图11-1-6）

国际商会（International Chamber of Commerce，ICC）是为世界商业服务的非政府间组织，是联合国等政府间组织的咨询机构。国际商会于1919年在美国发起，1920年正式成立，其总部设在法国巴黎。其主要职能有四：（1）在国际范围内代表商业界，特别是对联合国和政府专门机构充当商业发言人；（2）促进建立在自由和公正竞争基础上的世界贸易和投资；（3）协调统一贸易惯例，并为进出口商制定贸易术语和各种指南；（4）为商业提供实际服务。

国际商会网站首页上方的一级导航栏目包括：关于ICC、新闻媒体、全球影响、产品服务、规则主张、培训事件和商会服务。点击“规则主张”栏目下的文档中心链接可进入文档检索页面。用户通过关键词检索服务及分类过滤结果筛选功能可以快速准确地获得各种文档资源，其中包括指南、报告、政策声明和讨论文章等。

图11-1-6　国际商会网站首页

6. 国际保险监督官协会

网址：http：//www.iaisweb.org/（见图11－1－7）

国际保险监督官协会（International Association of Insurance Supervisors，IAIS）又称国际保险监管者协会，是保险业监管的重要国际组织，成立于1994年，现有成员包括180个国家的保险监管组织。

国际保险监督官协会网站首页设有四个栏目，分别为：About IAIS、Supervisory-Material、Media-and-Surveillance、Events。"Supervisory-Material"和"Media-and-Surveillance"栏目的内容是各种文档，包括保险核心原则文件、国际保险监管的共同框架文件、标准及指导文件、演讲记录文件、新闻发布稿和市场报告等。这些文件都以PDF文件格式提供用户下载。

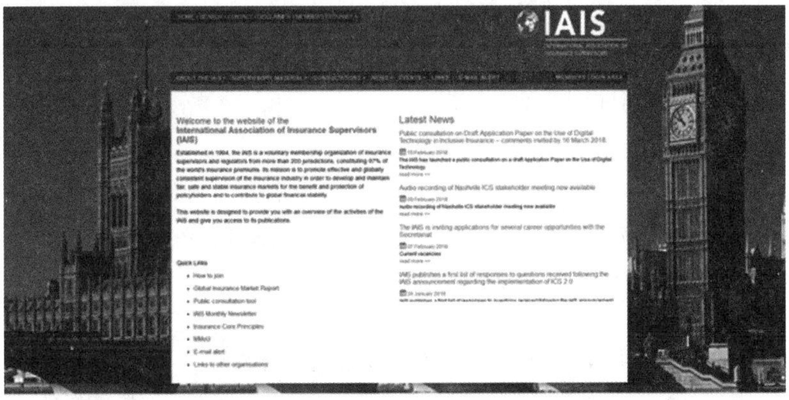

图11-1-7　国际保险监督官协会首页

7. 巴塞尔银行监管委员会

网址：http：//www.bis.org/bcbs/index.htm（见图11－1－8）

巴塞尔银行监管委员会（Basel Committee on Banking Supervision），简称巴塞尔委员会，原称为银行法规与监管事务委员会，是由美国、英国、法国、德国、意大利、日本、荷兰、加拿大、比利时和瑞典十大工业国的中央银行于1974年底共同成立的。它作为国际清算银行的一个正式机构，以各国中央银行官员和银行监管当局为代表，总部设在瑞士的巴塞尔。委员会的主要宗旨在于交换各国的监管安排方面的信息，改善国际银行业务监管技术的有效性，建立资本充足率的最低标准以及研究在其他领域确立标准的有效性。

网站首页导航栏目设有：About BIS、Central bank hub、Banking services、Publications & research、Statistics、Press & speeches。其中“Publications&research”（出版物及研究）栏目下包含了大量的文档资源，其中包括年度报告、季度评论、论文、工作论文、委员会会刊、会议纪要等。点击目的链接即可进入资源页面，该页面中央显示资源文档的列表，左侧提供分类筛选，便于查询者快速获得所需资源。所有资源文档均为PDF标准格式文件。

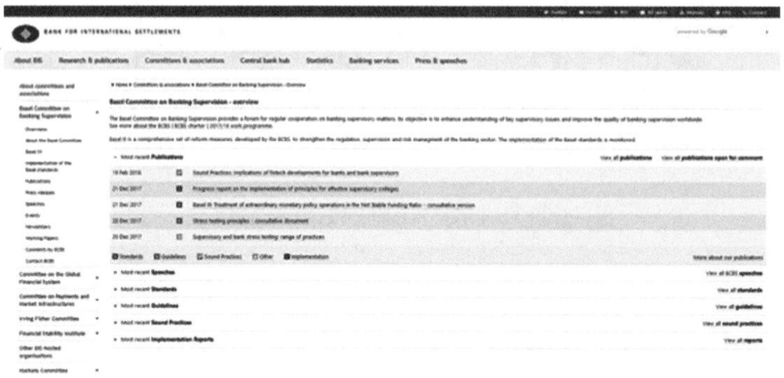

图11-1-8　巴塞尔银行监管委员会首页

8.金融稳定理事会

网址：http://www.financialstabilityboard.org/（见图11-1-9）

金融稳定理事会（Financial Stability Board，FSB）的前身为金融稳定论坛（FSF），是七个发达国家（G7）为促进金融体系稳定而成立的合作组织。在中国等新兴市场国家对全球经济增长与金融稳定影响日益显著的背景下，2009年4月2日在伦敦举行的20国集团（G20）金融峰会决定，将FSB成员扩展至包括中国在内的所有G20成员国，并将其更名为FSB。FSB的任务是制定和实施促进金融稳定的监管政策和其他政策，解决金融脆弱性问题。

网站首页标签设为：Home/NewsHome、Activities、Publications、Compendium of Standards、Press Releases。这些栏目下包含了大量的文档资源，其中包括出版物、标准文献、新闻稿等。点击这些栏目的链接即可进入资源页面，该页面中央显示资源文档的列表，左侧提供主题分类筛选和时间限制功能，便于查询者快速获得所需资源。所有资源文档均为PDF标准格式文件。

图11-1-9　金融稳定理事会网站首页

9.世界贸易组织（WTO）

世界贸易组织将金融服务贸易纳入其调整范围，并形成了以协定、附录、谅解组成的多边法律规范。可以说，WTO虽然不是金融组织，但却是与研究国际金融法问题有关的组织。

WTO金融服务网页（http://www.wto.org/english/tratop_e/serv_e/finance_e/finance_e.htm）自上而下设有WTO金融服务的多个具体栏目，具体有：金融服务背景、金融服务部发展、有关规则、委员会金融文件库查询入口、乌拉圭回合金融服务协商、当前义务与豁免、其他信息及研究。这些栏目除了有简要说明以外还包括各种重要的导航链接，如服务数据库（Services Database）、官方文件库（Official documents）、金融论文下载等。用户可以在了解栏目内容的同时，点击链接深入查找各专栏信息。（见图11-1-10）

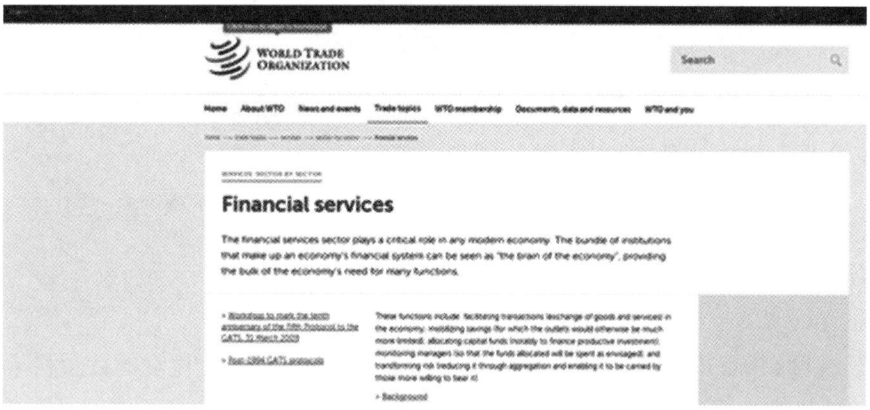

图11-1-10　世界贸易组织网站金融服务专题页

（二）其他网站

1.法律研究指南

国际金融专题研究指南一般由图书馆的专家制作，全面揭示该主题的各种资源，因而对检索国际金融法律资源，尤其是刚开始涉及该领域的研究人员有很大的帮助。网络上这样的指南有不少，在搜索引擎输入一些关键词如“international financial law”“research guide”就能找到一部分，例如Peace Palace图书馆制作的国际金融法律研究指南（http://www.peacepalacelibrary.nl/research-guides/economic-and-financial-law/international-financial-law/，见图11-1-11）。

该指南设有数个栏目标签，具体为：国际金融法简介、推荐书目、图书馆推荐、数据库、专题博客、链接和参见。点击某标签即显示各类型资源的链接目录。链接包括国际金融图书、期刊、文章、专题数据库、博客文章和参见信息。虽然大多数链接指向的资源只向注册用户开放，但是整体性地了解这些专题资源无疑有助于国际金融法的研究。

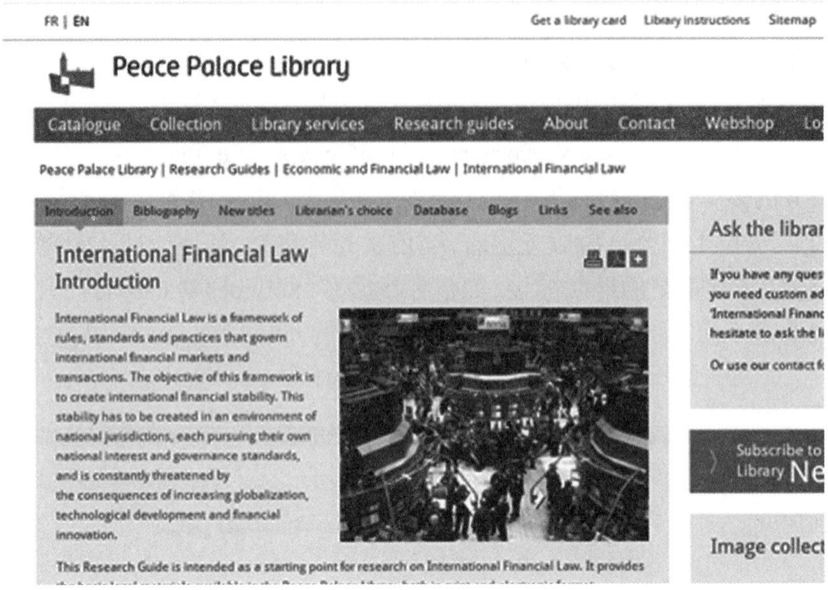

图11-1-11　Peace Palace图书馆国际金融法律研究指南页

2. 社会科学研究网

网址：https://www.ssrn.com/en/（见图11-1-12）

社会科学研究网（Social Science Research Network，SSRN）是一个免费的社会科学论文存储开放平台，学者和其他研究人员可以自由地使用该网站分享自己的研究成果。该网站内容涵盖法律、财经、会计、经济、管理等30个学科类别，截至2018年3月2日，已经收录762100多篇论文，涉及354800多名作者，其中644000篇论文可供全文阅读，其中含有大量的金融法方面的文献，用户可免费获取。

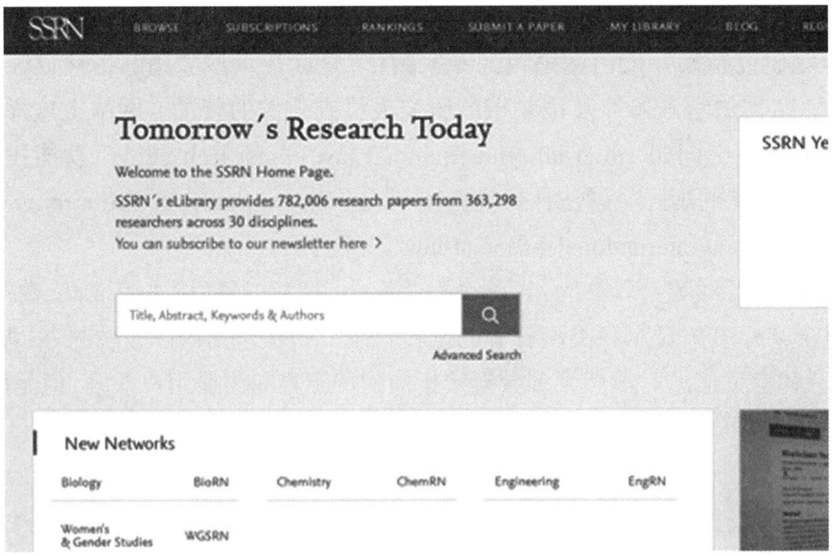

图11-1-12　社会科学研究网首页

3. 金融规管与经济发展研究中心

网址：https://www.law.cuhk.edu.hk/en/research/cfred/about-CFRED.php（见图11-1-13）

该中心是香港中文大学法学院的下设机构，研究领域涉及一切商务活动中的法律，包括银行法、资本市场、商业法、合同法、公司法、投资法、知识产权、证券监管、国际贸易法、税法等。网站“论文和事件”栏目下有各种免费资源，资源形式包括工作论文（Working Papers）、研讨会（Colloquia）、会议（Conferences）、讲座（Lectures）、研习会（Workshops），并提供全文下载。

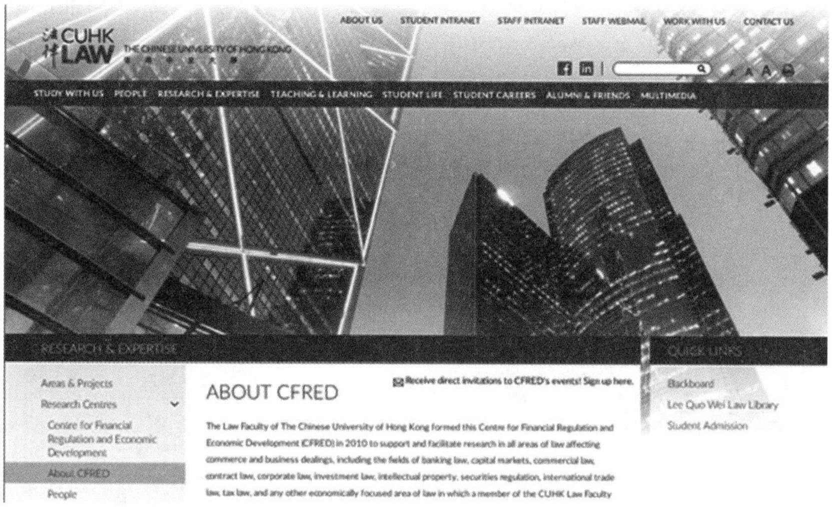

图11-1-13　香港金融规管与经济发展研究中心网站首页

4. 中国国际金融法律网

网址：http://chifl.shufe.edu.cn/structure/index.htm（见图11-1-14）

该网站由中国法学会国际经济法学研究会国际金融法专业委员会主办。设有栏目：新闻公告、经典案例、文章推荐、热点关注、法律法规、国际标准、立法动态、法律书屋。网站的文献资源分为原文资源和中文资源。原文资源包括“法律法规”栏目中的发达国家，如美国、英国等国的金融法规，“国际标准”栏目中的国际性文件等。中文资源包括“文章推荐”栏目中的国际金融法律专题论文和“经典案例”栏目中的案例分析文章。有些栏目中设置了分类功能，用户可以快速按照“银行”“证券”“保险”“其他”的分类搜索目标文献。因为该网站才设立不久，所以资源并不是很多，但是作为国内为数不多的国际金融法律专题网站依然值得关注。

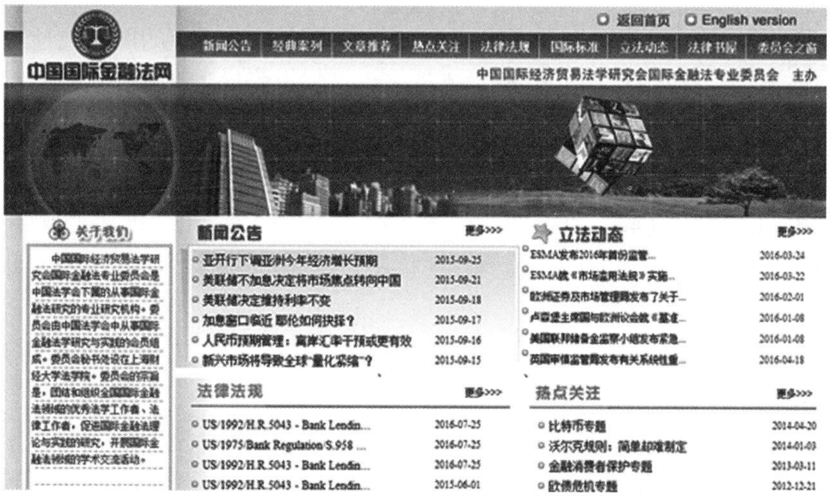

图11-1-14　中国国际金融法律网首页

5. 中国金融学术研究网

网址：http：//www.cfrn.com.cn/home.do（见图11-1-15）

该网站由清华大学中国金融研究中心建设并负责维护，是一个提供金融研究和学术交流的非营利网络平台，旨在为学界、业界和政府的研究人员提供一个广泛发布、交流和推广研究成果的媒介。该网采取开放性平台的方式，收录自2002年以来的国内金融学术领域的2000多篇工作论文（Working Papers），并介绍最新学术动态，全面展示学者成果。此外还包括金融学术会议和人才招聘等信息。以后将收录金融机构研究报告，对金融机构的研究工作予以展示和介绍。网站需要用户以电子邮件地址注册用户名，才能获得全文。

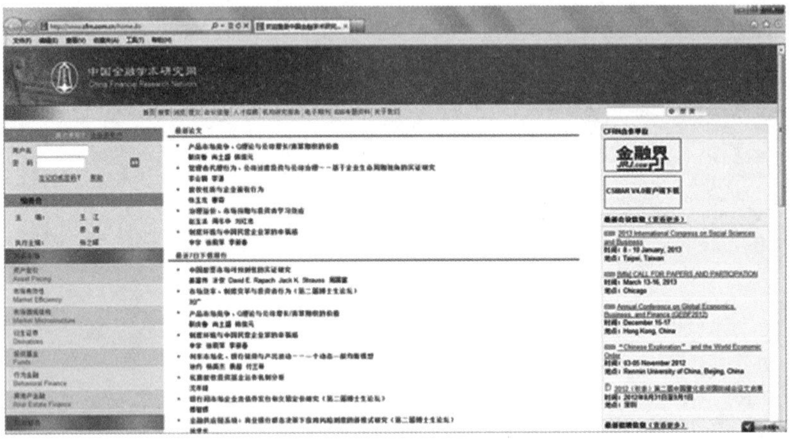

图11-1-15　中国金融学术研究网首页

第二节　自由贸易区法律文献检索

一、自由贸易区概念

广义的自由贸易区（Free Trade Area，FTA）通常指两个或两个以上的国家或地区，通过签订自由贸易协定，相互取消绝大部分货物的关税和非关税壁垒，取消绝大多数服务部门的市场准入限制，开放投资，从而促进商品、服务和资本、技术、人员等生产要素的自由流动，实现优势互补，促进共同发展。如北美自由贸易区（NAFTA）、东南亚国家联盟（ASEAN）等。

狭义的自由贸易区（Free Trade Zone，FTZ）是指在主权国家或地区内，一个或多个消除了关税和贸易配额，并且对经济的行政干预较小的区域，往往是自由港的延伸。如迪拜的杰贝阿里、巴拿马的科隆等。

二、主要自由贸易区

（一）FTA

1. 东南亚国家联盟（ASEAN）

东南亚国家联盟的前身是由马来西亚、菲律宾和泰国3国于1961年7月31日在曼谷成立的东南亚联盟。1967年8月7日至8日，印度尼西亚、新加坡、泰国、菲律宾四国外长和马来西亚副总理在泰国首都曼谷举行会议，发表了《东南亚国家联盟成立宣言》，即《曼谷宣言》，正式宣告东南亚国家联盟的成立。

2. 中国—东盟自由贸易区（CAFTA）

中国—东盟自由贸易区是中国与东盟十国组建的自由贸易区。中国和东盟对话始于1991年，中国当年成为东盟的全面对话伙伴国。2010年1月1日贸易区正式全面启动。自贸区建成后，东盟和中国的贸易占到世界贸易的13%，成为一个涵盖11个国家、19亿人口、GDP达6万亿美元的巨大经济体，是目前世界人口最多的自贸区，也是发展中国家间最大的自贸区。

3. 欧盟（EU）

欧洲联盟是由欧洲共同体发展而来的。1991年12月，欧洲共同体马斯特里赫特首脑会议通过《欧洲联盟条约》，通称《马斯特里赫特条约》。1993年11月1日，《马斯特里赫特条约》正式生效，欧盟正式诞生。欧盟总部设在比利时首都布鲁塞尔（Brussel），现有27个成员国（英国脱欧），人口4.4亿。其实质是一个集政治实体和经济实体于一身、在世界上具有举足轻重的巨大影响力的区域一体化组织。欧盟的诞生使欧洲的商品、劳务、人员、资本自由流通，使欧洲的经济增长速度快速提高。

4. 北美自由贸易区（NAFTA）

1992年8月12日，美国、加拿大和墨西哥三国就《北美自由贸易协定》达成一致意见，并于同年12月17日由三国领导人分别在各自国家正式签署。1994年1月1日，协定正式生效，北美自由贸易区（NAFTA）宣布成立。三个会员国彼此必须遵守协定规定的原则和规则，如国民待遇、最惠国待遇及程序上的透明化等来实现其宗旨，借以消除贸易障碍。自由贸易区内的国家货物可以互相流通并减免关税，而贸易区以外的国家则仍然维持原关税及壁垒。

（二）FTZ

1. 爱尔兰香农自由贸易区（Shannon）

香农自贸区始建于1959年，核心区位于爱尔兰中西部的香农机场。香农自贸区跨越爱尔兰中西部五个郡，即利默里克郡（Limerick）、克莱尔郡（Clare）、奥菲莱郡（Offaly）南部地区、提帕拉里郡（Tipperary）北部地区和凯里郡（Kerry）北部地区。总面积2.43平方公里，人口约40.7万。香农自贸区是世界上最早以从事出口加工为主的自由贸易区，以其免税优惠和低成本优势吸引外国特别是美国企业的投资。整个地区拥有便利的水、陆、空交通条件，从业人员素质普遍较高，有着健全高效的配套服务业。

2. 迪拜自由贸易区（Dubai）

迪拜自由贸易区成立于1985年，面积135平方公里，区内50年免征企业所得税，无个人所得税，进口完全免税，吸引了七千多家企业。它起着仓储、物流和分销的作用，成为西亚和非洲销售产品的中转站。建立该自由贸易区的初衷是为了鼓励外商贸易与投资，经过三十多年的建设发展，迪拜自由贸易区已经成为中东最大的自由贸易港，并在《金融时报》2012年对世界上1200个自由贸易园区评比时排名第一，这也促使迪拜和其他酋长国国家出现了多个以其为参考模型的自由区。

3. 巴拿马科隆自贸区（Colon）

巴拿马科隆自贸区是西半球最大的自由贸易区，同时也是全球第二大转口站。该自贸区成立于1948年，设在巴拿马运河大西洋入海口处，位于科隆市东北部，自贸区内企业在巴拿马的银行存款不纳税，无外汇管制，利润汇出汇入自由。在科隆自由贸易区内，货物进口自由，无配额限制、不缴进口税；

用于转口的货物自由、不缴税。此外，设在贸易区内的企业的产品向美国和欧洲出口不受配额限制并享受优惠关税。

4. 德国汉堡港（Hamburg）

德国汉堡港于1888年10月15日正式建立，在其125年的发展历史中，面积占汉堡港区大约五分之一的汉堡自由港曾跻身世界上规模较大的经济自由区之一，为欧洲经济自由区的典型。它依托汉堡港建立，陆上通道关卡有25个，海路通道关卡12个，面积约16.2平方公里，可开展货物转船、储存、流通及船舶建造等业务。汉堡港的优势在于其物流效率，对进出的船只和货物给予最大限度的自由，这种自由贯穿于货物卸船、运输、再装运的整个过程中。自2013年1月1日开始，汉堡港自由贸易区正式终结了它逾百年的历史，取消了对港口区域内储存和处理欧盟国家货物的特殊监控程序，以及对目前每年约100万只空集装箱在港口过境关卡的耗时处理，但保留海关免税仓，取而代之的是整个汉堡港适用于欧盟对报关港的一系列规定。

5. 新加坡自贸区（Singapore）

1969年，新加坡政府在裕廊工业区的裕廊码头设立了自由贸易区。为进一步打造国际级货物集散基地，吸引世界各地销往亚太地区的商品到新加坡中转，新加坡在海关法、进出口商品管理法等基础上制定了自由贸易区法令。如今，新加坡自由港已发展成为一个高度开放的贸易自由港，并逐渐向更具科技含量的综合性自贸区靠拢。

6. 香港自贸区（Hongkong）

香港于1841年成为自由贸易港。自1872年以来，香港自由贸易港的内涵和功能逐步扩展，成为全世界最自由、最开放、功能最多的自由港，也是全球最大的贸易、金融和航运中心之一。香港实行对外完全开放的自由港政策，大多数货物进出香港自由，仅需提前14天报关，外国人在香港也可以自由进行投资、生产。

（三）中国自贸区

2013年9月27日，国务院批复成立中国（上海）自由贸易试验区。

2014年12月26日，党中央、国务院决定设立广东、天津、福建3个自贸区，并扩展上海自贸区的实施范围。2015年4月20日，国务院批复成立中国（广东）自由贸易试验区、中国（天津）自由贸易试验区和中国（福建）自由贸易试验区3个自贸区，并扩展中国（上海）自由贸易试验区实施范围。

2016年8月31日，党中央、国务院决定设立辽宁、浙江、河南、湖北、重庆、四川和陕西7个自贸区。2017年3月31日，国务院批复成立中国（辽宁）自由贸易试验区、中国（浙江）自由贸易试验区、中国（河南）自由贸易试验区、中国（湖北）自由贸易试验区、中国（重庆）自由贸易试验区、中国（四川）自由贸易试验区、中国（陕西）自由贸易试验区7个自贸区。

目前，中国形成“1+3+7”共计11个自贸区的格局。

1. 中国（上海）自由贸易试验区

2013年8月，国务院正式批准设立中国（上海）自由贸易试验区。2013年9月29日，中国（上海）自由贸易试验区正式挂牌成立，面积28.78平方公里，涵盖上海市外高桥保税区、外高桥保税物流园区、洋山保税港区和上海浦东机场综合保税区等4个海关特殊监管区域。2014年12月28日全国人大常务委员会授权国务院扩展中国（上海）自由贸易试验区区域，将面积扩展到120.72平方公里。

建设中国（上海）自由贸易试验区，是顺应全球经贸发展新趋势，更加积极主动对外开放的重大举措。要进一步深化改革，加快政府职能转变，坚持先行先试，既要积极探索政府经贸和投资管理模式创新，扩大服务业开放；又要防范各类风险，推动建设具有国际水准的投资贸易便利、监管高效便捷、法制环境规范的自由贸易试验区，使之成为推进改革和提高开放型经济水平的“试验田”，形成可复制、可推广的经验，发挥示范带动、服务全国的积极作用，促进各地区共同发展。这有利于培育我国面向全球的竞争新优势，构建与各国合作发展的新平台，拓展经济增长的新空间，打造中国经济“升级版”。

上海自贸区四大制度创新：

(1)深入探索负面清单管理模式，形成更加开放透明的投资管理制度。

(2)深化贸易监管制度创新，提高贸易便利化水平。实行国际贸易“单一窗口”和“先进区、后报关”政策。

(3)深化金融制度创新，提升对实体经济发展的服务水平。黄金“国际板”、原油期货、“沪港通”均已正式挂牌。

(4)加强事中事后监管，创新政府管理方式。目前，上海自贸区已经制定形成安全审查办法、三个领域反垄断工作办法等制度。

2. 中国(广东)自由贸易试验区

2015年4月21日，中国(广东)自由贸易试验区在广州南沙区举行挂牌仪式。广东省自贸区总面积达到116.2平方公里，包括南沙新区、前海蛇口片区和珠海横琴新区。广东主打港澳牌，将建立粤港澳金融合作创新体制、粤港澳服务贸易自由化，以及通过制度创新推动粤港澳交易规则的对接。

中国(广东)自由贸易试验区的战略定位是：依托港澳、服务内地、面向世界，将自贸试验区建设成为粤港澳深度合作示范区、21世纪海上丝绸之路重要枢纽和全国新一轮改革开放先行地。

3. 中国(天津)自由贸易试验区

2015年4月21日，中国(天津)自由贸易园区挂牌成立。天津试验区主要涵盖3个功能区：滨海新区中心商务区、东疆保税港区以及天津港保税区(含空港经济区)。这3个功能区均在滨海新区的辖区，总面积约260平方公里。作为北方首个自贸区，中国(天津)自由贸易试验区的战略定位是：挂钩京津冀协同发展。在学习和复制上海经验基础上，自贸区将重点摸索天津特色，包括用制度创新服务实体经济；借“一带一路”契机服务和带动环渤海经济；突出航运，打造航运税收、航运金融等特色。

中国(天津)自由贸易试验区以制度创新为核心任务，以可复制可推广为基本要求，努力成为京津冀协同发展高水平对外开放平台、全国改革开放先行区和制度创新试验田、面向世界的高水平自由贸易园区。

4. 中国(福建)自由贸易试验区

2015年4月21日，中国(福建)自由贸易园区在福州片区行政服务中心举行了挂牌仪式。福建自贸区总面积118.04平方公里，包括平潭片区43平方公里、厦门片区43.78平方公里和福州片区31.26平方公里。福建自贸区也是位置上最接近台湾地区的自由贸易园区。

中国(福建)自由贸易试验区的战略定位是：围绕“立足两岸、服务全国、面向世界”的战略要求，充分发挥改革先行优势，营造国际化、市场化、法治化商业环境，把自贸试验区建设成为改革创新试验田；充分发挥对台优势，率先推进与台湾地区投资贸易自由化进程，把自贸试验区建设成为深化两岸经济合作的示范区；充分发挥对外开放前沿优势，建设21世纪海上丝绸之路核心区，打造面向21世纪海上丝绸之路沿线国家和地区开放合作新高地。

三、中国自贸区法律文献检索

（一）自贸区官网资源

1. 中国（上海）自由贸易试验区

网址：http：//www.china-shftz.gov.cn/Homepage.aspx（见图11-2-1）

图11-2-1　上海自贸区官方网站

上海自贸区官网有中文、英文、日文三个版本。如用户想要查找《中国（上海）自由贸易试验区外商投资准入特别管理措施（负面清单）》《中国（上海）自由贸易试验区条例》等法规，可以在该网站"政务公开"栏目中的法律法规项下找到；该网站还有官方的政策法规解读等信息；如果用户要了解上海自贸区各个片区的详细信息，该网站上还给出了保税区、陆家嘴、金桥、张江和世博管理局的网站链接，各分片区的网站更加详细具体地介绍了该片区的投资环境、投资政策、公共服务等信息；同时，该网站还开通了网上办事平台，可以进行企业注册、外商投资等事项的网上办理，特别是网站链接了投资办事直通车平台，对于境内外投资的准入、流程、负面清单、政策法规等都有详细介绍。（见图11-2-2）

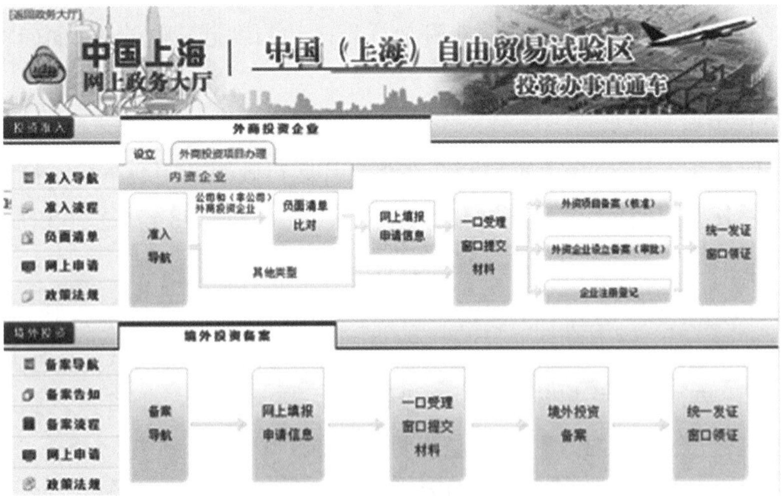

图11-2-2　上海自贸区投资办事直通车网站

2. 中国（广东）自由贸易试验区

网址：http://www.china-gdftz.gov.cn/（见图11-2-3）

图11-2-3　广东自贸区官方网站

广东自贸区网站上主要包含以下几个方面内容：政务公开、办事服务、政策法规。“政务公开”主要是有关广东自贸区的新闻、通知公告、政府信息公开；“办事服务”栏目提供了广州南沙新区、深圳前海蛇口、珠海横琴新区片区的海关、国税、地税等办事服务平台；“政策法规”按照综合、投资、贸易、金融、财税等专题分门别类地详细列出了有关广东自贸区的所有政策法规。

3. 中国（天津）自由贸易试验区

网址：http://www.china-tjftz.gov.cn/html/cntjzymyqn/portal/index/index.htm（见图11-2-4）

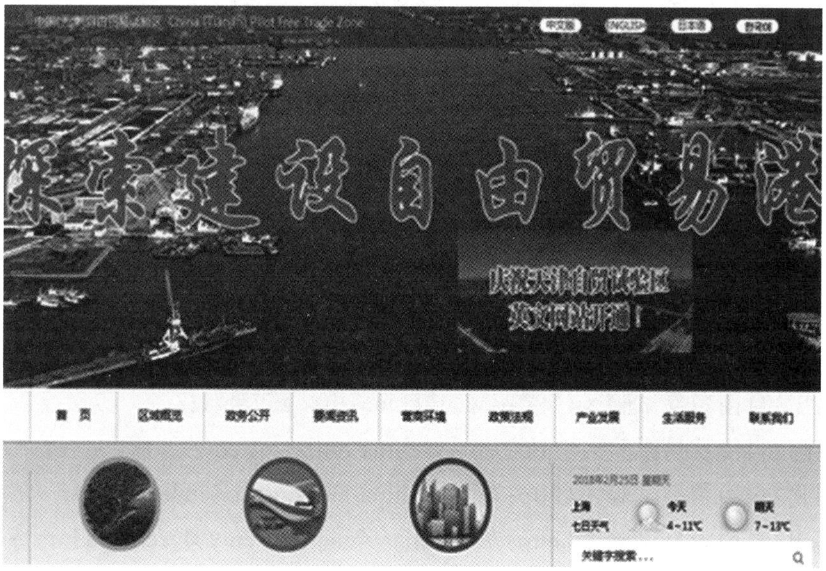

图11-2-4　天津自贸区官方网站

天津自贸区网站目前已开通中文和英文两个版本。主要内容包括天津自贸区概况、自贸区政务信息公开、投资环境、法律法规、网上办事平台以及天津港东疆、机场和中心商务三个片区的链接等。

4.中国(福建)自由贸易试验区

网址:http://www.china-fjftz.gov.cn/(见图11-2-5)

在福建自贸区的网站上用户可以查询到与福建自贸区相关的中央和地方法律法规、新闻动态,以及福州、厦门、平潭三个片区的网上办事大厅平台。该网站上还开辟了一个特别的专栏——福建自贸区挂牌两周年专题,专栏内容包括两周年总结、福建自贸区建设成效、创新举措、创新实践案例、对台合作、海上丝绸之路和上海经验推广等专栏,通过这些专栏内容,用户可以更加全面、深刻地了解福建自贸区。

图11-2-5　福建自贸区官方网站

5.其他自贸区网站

目前我国已经设立了11个自贸区,除了以上介绍的上海、广东、天津、福建自贸区外,还有辽宁、浙江、河南、湖北、重庆、四川、陕西7个自贸区。以下是这7个自贸区的官方网站链接,这些网站的内容大体相似,主要包括各自贸区的概况、法律法规、新闻、网上办事平台等。可以说官方网站是获得相关新闻、法律法规最权威、准确的途径,所以如果要查找自贸区的相关信息,相应的官方网站是首要的获取途径。

(1)中国(辽宁)自由贸易试验区(http://www.china-lnftz.gov.cn/);

(2)中国(浙江)自由贸易试验区(http://www.china-zjftz.gov.cn/);

(3)中国(河南)自由贸易试验区(http://www.china-hnftz.gov.cn/);

(4)中国(湖北)自由贸易试验区(http://www.china-hbftz.gov.cn/index.html);

(5)中国(重庆)自由贸易试验区(http://www.liangjiang.gov.cn/2017/cqzmq.htm);

(6)中国(四川)自由贸易试验区(http://sccom.gov.cn/web/zmq/);

(7)中国(陕西)自由贸易试验区(http://www.shaanxiftz.gov.cn/)。

（二）自贸区研究机构资源

1. 中国自由贸易试验区协同创新中心

网址：http://cicftz.shufe.edu.cn/main.htm（见图11-2-6）

2013年9月29日，中国（上海）自由贸易试验区正式挂牌运行不久，由上海财经大学牵头，对外经济贸易大学、上海交通大学、华东政法大学、上海对外经贸大学及时响应，于2013年10月26日联合组建了中国（上海）自由贸易试验区协同创新中心。协同创新中心按照准实体要求推进中心的组织建设和制度建设，以五大创新任务为牵引，以体制机制改革为保障，组建五大创新团队，全程参与完成了自贸试验区的主要创新任务。根据中心章程，中心将重点研究"四大问题"：贸易投资自由化与金融创新研究、政府职能转变研究、法律保障研究和风险监测与政策效应评估研究。同时，中心将以中国（上海）自由贸易试验区的开放与建设的国家重大需求为牵引，在理论体系构建、高端人才培养、学术队伍建设、学术交流深入、国际影响扩大等方面积极开展工作。

图11-2-6　中国自由贸易试验区协同创新中心网站

该中心网站上对自贸区研究者比较有价值的内容有：专家视点、自贸区动态、社会服务和成果展示等。"专家视点"主要是介绍了该中心的专家在会议、论文、报纸等渠道发布的有关自贸区的研究内容；"自贸区动态"是有关中国自贸区近期的政策法规、新闻等内容；"社会服务"中可以查找到中心对上海自贸区第三方评估报告等信息；"成果展示"是中心近期发布的有关自贸区研究的科研报告、科研项目、著作、研究论文等，如《2014中国（上海）自由贸易试验区发展研究报告》《上海国际金融中心建设服务"一带一路"战略研究》等。

2. 华东政法大学中国自贸区法律研究院

网址：http://ftz.ecupl.edu.cn/（见图11-2-7）

华东政法大学中国自由贸易区法律研究院于2013年10月12日成立，研究院充分发挥学校法学学科优势，致力于研究自贸区建设所需的法律制度的调整与创新。研究院设金融法律、贸易法律、投资法律、航运法律、知识产权法律、数据分析和市场监管法律7个研究中心，并成立由校内外专家组成的专家咨询委员会，负责研究课题的评议和指导。研究院通过开放共享，聚集校内外资源，形成人才、学科、科研三位一体的新格局，汇聚和培养高素质人才，切实解决自贸区建设中的法律问题。研究院自成立以来，充分发挥法学学科优势，取得了丰硕的研究成果，院科研团队已主持与自贸区法律研究有关的国家级及省部级课题近20项，课题的研究结论和建议得到了有关部门不同程度的采纳，特别是所承接的商务部重点课题“国内市场规则与国际高标准经贸谈判规则比较研究”，得到了国务院有关领导同志的重要批示。

图11-2-7　华东政法大学中国自贸区法律研究院网站

在该网站上可以查询到自贸区相关的法律法规、前沿问题研究，以及研究院所承接的课题等内容。值得关注的是“信息简报”一栏，其中《华东政法大学中国自由贸易区法律研究院信息简报》是研究院工作人员编写的有关自贸区最新资讯的信息简报，内容包括新闻、法律法规、研究院动态、媒体评论和前沿研究等，自2013年10月起，每月一期，目前已经更新至第52期。

3. 中国自贸区发展研究院

网址：http：//www.zgzmqyjy.com/（见图11-2-8）

图11-2-8　中国自贸区发展研究院网站

中国自贸区发展研究院是中国产学研合作促进会中国自由贸易区创新发展研究联盟的下属机构，是为11个自贸区发展服务的社会智库。

该网站的内容不单是针对某个自贸区研究，而是汇集中国目前所有自贸区的相关信息，包括自贸区政策的解读、自贸区特色解读、自贸区经济研究、自贸区相关期刊等。该网站比较倾向于实务部门的研究。

4. 其他自贸区研究院

目前随着自贸区的建设和发展，针对自贸区的研究院也纷纷成立，这些研究院大多是自贸区所在地的某个高校依托学校的优势学科成立的。2017年9月23日，由浙江省法学会主办、浙江省法学会自由贸易园（港）区法治研究中心承办、浙江工业大学协办的中国自贸试验区改革方案法治保障会议上，浙江省法学会自由贸易园（港）区法治研究中心、复旦大学自贸区法治研究中心、华东政法大学中国自由贸易区法律研究院等10多家研究中心结成联盟，正式成立了中国自贸试验区法治智库联盟。智库联盟的宗旨就是运用法治思维和法治方式，推进中国自贸试验区改革创新，为破解中国自贸区建设中的重大法治问题和难题提供智力支撑。

智库成员中，有的已经开通网站，提供相应的自贸区信息服务，详细的智库联盟成员名单如下：（排名不分先后）：

- 浙江省法学会自由贸易园（港）区法治研究中心；
- 复旦大学自贸区法治研究中心（http://www.sif.fudan.edu.cn/）；
- 华东政法大学中国自由贸易区法律研究院（http://ftz.ecupl.edu.cn/）；
- 华南理工大学中国对外开放法治研究中心（http://www2. scut.edu.cn/openingup/）；
- 辽宁大学一带一路与自贸区法律研究中心；
- 南开大学国际法研究中心；
- 上海财经大学法学院自贸区法治研究中心（http://ssd.shufe.edu.cn/）；
- 上海交通大学凯原法学院亚洲法律中心；
- 上海市法学会自贸区法治研究会；
- 四川大学中国（四川）自贸试验区暨一带一路法律研究中心；
- 武汉大学海外投资法律研究中心；
- 西安交大“一带一路”自贸区研究院法律治理研究中心；
- 西北政法大学中国（陕西）自由贸易区法律研究院（http://www.ftzlaw.org/）；
- 西南政法大学自由贸易区法治研究中心；
- 厦门大学财税金融法治研究中心；
- 郑州大学自贸区•一带一路法治研究中心；
- 中山大学法学院自由贸易区法律研究中心（http://iftzr.sysu.edu.cn/）。

（三）自贸区实务部门资源

1. 中国（上海）自由贸易试验区法庭

网址：http://www.ftzcourt.gov.cn/（见图11-2-9）

图11-2-9　中国(上海)自由贸易试验区法庭网站

中国(上海)自由贸易试验区法庭成立于2013年11月5日,隶属于上海市浦东新区人民法院,于2013年11月15日受理第一个案件。法庭紧跟形势,勇于探索,大胆创新,推出一系列可复制、可推广的司法经验。首先,以“权责清晰、结构合理、运行顺畅”为目标积极探索符合司法改革要求的审判权运行机制;其次,以“多元、灵活、专业”为目标积极探索符合自贸区商事纠纷特点的非诉讼纠纷解决机制;再次,以“规范、公开、可预期”为目标积极探索符合自贸区市场主体需求的司法公开和诉讼便利化机制;最后,以“常态、有效、顺畅”为目标积极探索符合自贸区法治环境营造的司法延伸机制。用户可以在该网站中的“典型案例”“文书精选”“审判研究”等栏目浏览相关法律文献。

2.中国(天津)自由贸易试验区法庭

网址:http://www.tjftzcourt.gov.cn/tml/zmqfy/portal/index/index.htm(见图11-2-10)

中国(天津)自由贸易试验区法庭成立于2015年12月24日,隶属于天津市滨海新区人民法院,于2016年1月1号正式开庭。从天津自贸试验区设立以来,涉自贸区金融、贸易、涉外等案件数量大幅上升,为了更加专业化、更有针对性的审理,天津市高院以滨海新区人民法院为基础,充分借鉴了上海自贸区法庭的经验,成立了天津自贸区法庭。该法庭集中审理与中国(天津)自由贸易试验区相关联的房地产纠纷、金融纠纷、知识产权及与公司、贸易、投资、票据保险等有关的商事纠纷。

图11-2-10　中国（天津）自由贸易试验区法庭网站

在该网站上用户可以查询到天津自贸区法庭的裁决案例、自贸区相关的法律法规；在“诉讼服务中心”一栏中，法庭的受案范围、诉讼流程、诉讼文书、网上立案、诉讼保全等内容一目了然。

3. 中国（上海）自由贸易试验区仲裁院

网址：http://www.cietac-sh.org/Trade/index.aspx（见图11-2-11）

中国（上海）自由贸易试验区仲裁院成立于2013年10月，隶属于上海国际经济贸易仲裁委员会（上海国际仲裁中心）。仲裁院旨在为自贸区内的当事人提供便捷高效、与国际接轨的仲裁法律服务。由上海国际仲裁中心制定的《中国（上海）自由贸易试验区仲裁规则》于2014年4月8日正式发布，并于2014年5月1日起施行，该仲裁规则吸纳、完善了诸多国际商事仲裁的先进制度，包括完善“临时措施”、增设“紧急仲裁庭”制度以及确立仲裁员开放名册制等。这部仲裁规则的发布，有利于满足境内外当事人争议解决方式的多元化需求，推动自贸试验区完善国际化、法治化的营商环境。

图11-2-11　中国（上海）自由贸易试验区仲裁院

用户在该网站上可以查询到《中国（上海）自由贸易试验区仲裁规则》、示范条款、仲裁员等仲裁信息，与自贸区相关的法律法规、咨询动态以及一些有关自贸区仲裁的研究。

4. 深圳前海合作区人民法院

网址：http：//ft.szqhcourt.gov.cn/index.aspx（见图11-2-12）

前海法院是最高人民法院确立的综合性司法改革示范法院，2014年12月2日经最高人民法院批准成立，2015年1月28日揭牌。前海法院管辖范围中包扩发生在前海、蛇口自由贸易区范围内的一般知识产权案件，以及发生在前海、蛇口自由贸易区范围内的除专利、植物新品种、集成电路布图设计、技术秘密、计算机软件、涉及驰名商标认定纠纷案件及垄断纠纷案件之外的第一审一般知识产权民事案件。

图11-2-12　深圳前海合作区人民法院网站

在该网站上的“裁判文书公开”“执行信息公开”等栏目中可以查询到涉前海自贸区的案件，特别是涉前海自贸区知识产权的案件。

四、自贸区法律文献检索

（一）主要FTA的法律文献查询

1. 东南亚国家联盟（ASEAN）

网址：http：//asean.org/（见图11-2-13）

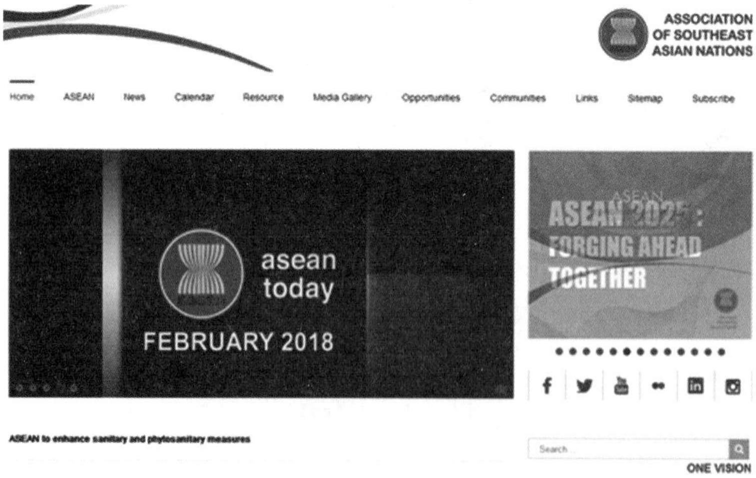

图11-2-13　东南亚国家联盟网站

在网站首页上，“ASEAN”一栏中，详细介绍了ASEAN的成员国、章程、组织机构、同其他国家的关系等多项内容；在“Resource”一栏中，可以查找到ASEAN的数据统计、法律文件、出版物等信息，其中法律文件（Legal Instruments）按照政治、经济、社会文化分类详细列出。

2. 中国—东盟自由贸易区（CAFTA）

网址：http：//www.cn-asean.org/index.php（见图11-2-14）

图11-2-14 东南亚国家联盟网站

该网站为中文网站，内容丰富，涉及CAFTA的货物贸易、服务贸易、投资、经济合作、原产地证明、关税、协议文本等多项内容。同时，网站的布局合理，操作简单，用户可以简单地获取相关信息，可以说是一个对用户很友好的网站。

3. 北美自由贸易区（NAFTA）

网址：http：//www.naftanow.org/（见图11-2-15）

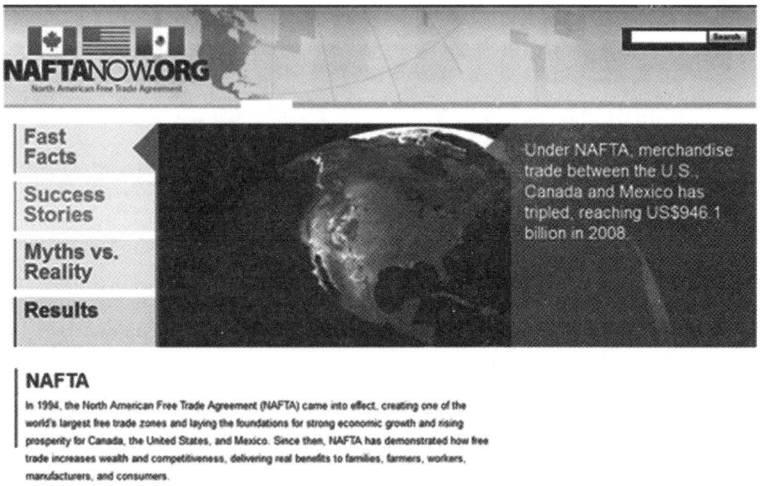

图11-2-15 北美自由贸易区网站

该网站有英语、法语、西班牙语三个版本，网站界面简单明了。用户如果需要与NAFTA相关的协议，可以在页面下方的“THE AGREEMENT”中查找；如果需要一些争端解决案例作为参考的话，可以在“DISPUTE SETTLEMENT”中查找相关的案例。

（二）主要FTZ的法律文献查询

1.美国的自由贸易区

网址：https://enforcement.trade.gov/ftzpage/letters/ftzlist-map.html（见图11-2-16）

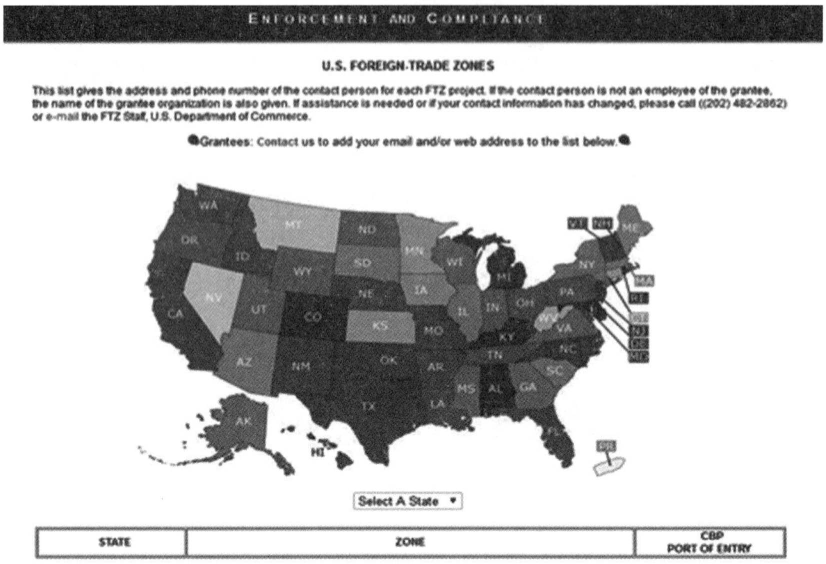

图11-2-16　美国自由贸易区管理局网站

美国目前设有296个自由贸易区，统一由美国商务部和财政部共同设立的美国自由贸易区管理局（U.S.Foreign-Trade Zones Board）管理，想要获得美国这些自贸区的信息，可以在美国自由贸易区管理局的网站上查找。网站上按照州列出了美国所有自贸区的的信息，有的自贸区可以通过其官方网站获取详细的信息，但也不是所有的自贸区都有官方网站，用户可以在美国自贸区管理局的网站上获取与这些自贸区有关的信息，包括相关自贸区的条例、政策法规等。（见图11-2-17）

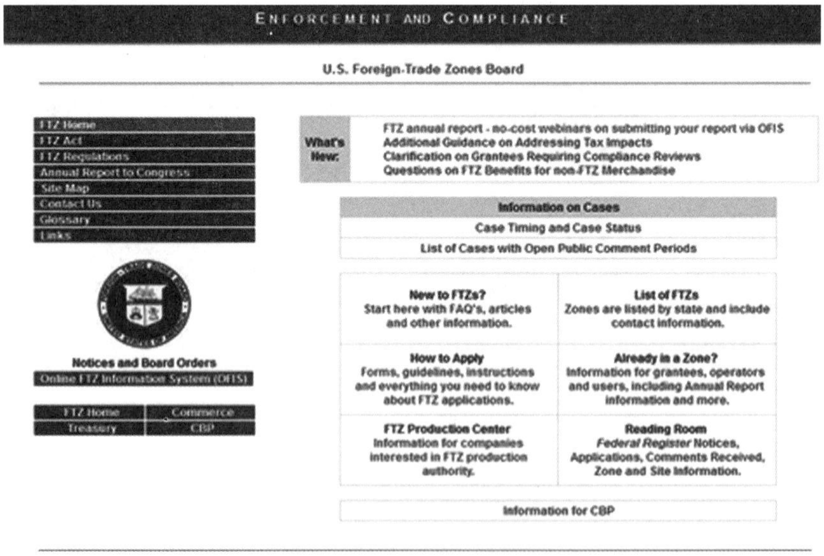

图11-2-17　相关信息

2. 香港自贸区（Hongkong）

网址：https：//www.hkmpb.gov.hk/en/index.html（见图11-2-18）

图11-2-18　香港海运港口局网站

用户在香港海运港口局的网站上可以获取有关香港自贸区或香港自由港的相关信息，例如，在“HK PORT”一栏中，可以查找到香港的港口信息；在“HK MARITIME”一栏中可以获得相关海运的服务内容，以及一些避免双重收税的协议安排；在“INFORMATION”一栏中，可以获取相关的数据、研究报告和出版物等。

3. 新加坡自贸区（Singapore）

网址：https：//www.customs.gov.sg/（见图11-2-19）

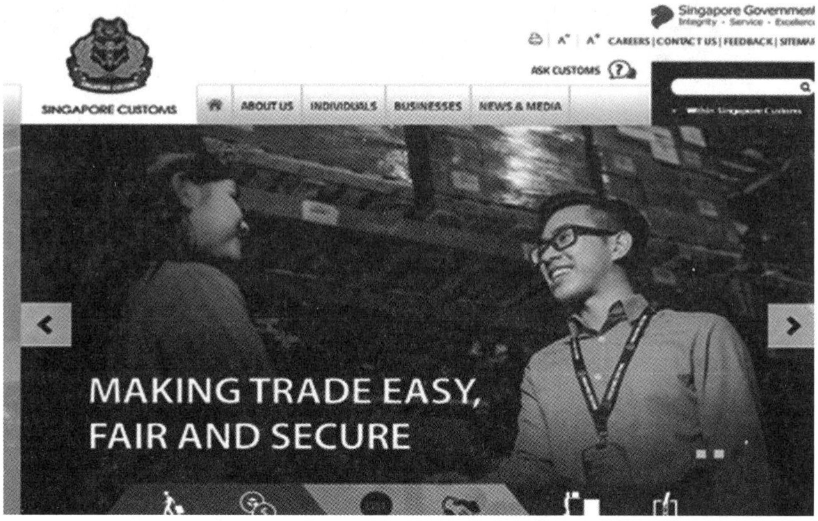

图11-2-19　新加坡海关网站

该网站上“BUSINESS”栏目下可以查询到新加坡有关的贸易政策、关税政策（Goods and Services Tax Act，Customs Act）、海关政策（Regulation of Imports and Exports Act）、自由贸易区政策（Free Trade Zones Act），以及具体的海关程序（Customs Procedures）、货物清单（Controlled Goods）等详细

列表（https：//www.customs.gov.sg/businesses/compliance/overview），及新加坡投资、贸易的指南、电子手册等实用资料，如Guide for Newly Registered Traders、Guide to Customs’ Procedures（https：//www.customs.gov.sg/businesses/resources/courses-and-events）；在“About Us”栏目下的“Acts&Subsidiary Legislation”中也可以查找到非常详细的海关、关税、自由贸易区等法规（https：//www.customs.gov.sg/about-us/acts-and-subsidiary-legislation#ftz-act）。

另外，在美国对外贸易局网站上也有关于新加坡的商业指南，该指南详细介绍了新加坡商业、贸易、投资、自贸区的信息，非常实用。（https：//www.export.gov/article？ id=Singapore-Customs-Regulations）

4.迪拜自贸区（Dubai）

网址：https：//www.dafz.ae/en（见图11-2-20）

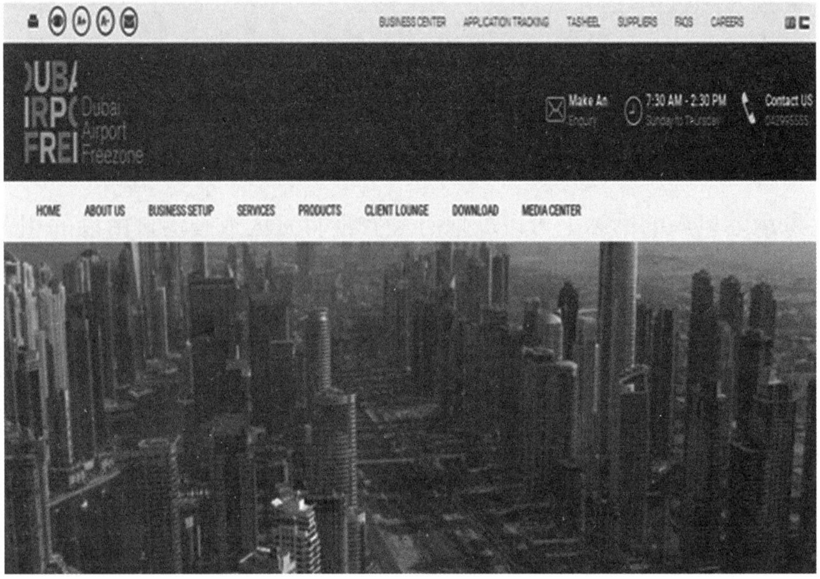

图11-2-20 迪拜机场自贸区网站

在该网站上的“BUSINESS SETUP”一栏中，详细列有设立公司需要的程序、提交的材料、需要获得的执照许可等信息；在“SERVICES”一栏中，可以查找到该网站提供的执照服务、技术服务、官方证件服务、安全服务等；在“DOWNLOAD”一栏中，提供英语、中文、韩语、德语、意大利语、西班牙语版本的迪拜机场自贸区电子手册的下载。

迪拜自贸区的其他信息也可以通过以下几个网站获取：

（1）http：//www.dubai.ae/ar/Pages/default.aspx （迪拜政府）；

（2）https：//www.freezonesuae.com/（迪拜自贸区）；

（3）https：//www.dubaiairport.com/ （迪拜机场）。

另外，在美国对外贸易局网站上也有关于阿联酋的商业指南，该指南也详细地给出了该国家投资、贸易、关税等政策信息，自由贸易区的相关信息也可以查询到。指南还给出了具体管理部门的网站链接，方便用户查找更详细的资讯。（https：//www.export.gov/apex/article2？ id=United-Arab-Emirates-foreign-trade-zones）

国外的自贸区并不都像国内自贸区一样，开设官方或自主网站，所以对于此类国外自贸区，用户只能通过一些相关网站或者目前已有的出版物获取相关信息。

如想获得更多的世界上其他自贸区的有关信息，在此推荐两本自贸区的出版物：

•《全球100个自由贸易区概览》上下两册，该书由上海财经大学自由贸易区研究院和上海发展研究院编写。该书在整合现有自贸区研究基础上，选取了30多个国家和地区的100个自贸区案例进行了深入研究，内容包括相关自贸区概述、发展历程、所属类型、相关法律和政策措施、运行特点、取得的成绩、存在的问题及未来趋势等。可以说，这套书对于国外自贸区的研究提供了丰富的案例资料和数据信息。

•《全球自贸区发展研究及借鉴》，该书也是由上海财经大学自由贸易区研究院和上海发展研究院编写。该书分三部分内容：第一篇总结全球自贸区发展的特点和趋势；第二篇从自贸区的功能定位、法制保障、管理模式、投资准入、外汇管制、财税政策等八个方面对世界各国自贸区的做法进行梳理和深度分析；第三篇选择了美国、英国、韩国、新加坡、巴西和印度等六个典型国家的自贸区进行深度案例分析，为进一步的研究提供基础。

五、自贸区研究出版物

自2013年上海自贸区成立以来，国内研究自贸区的学者、机构也如雨后春笋般涌现。本章前面也介绍了众多自贸区的研究机构，这些机构、学者也纷纷将自己的研究成果出版发行。以下是近几年有关自贸区研究的法律出版物：

《自贸区法律制度研究》；

《中国自贸区金融创新与法律支持研究》；

《中国所涉自贸区原产地规则与相关问题研究》；

《中国自由贸易试验区知识产权制度创新》；

《中国上海自由贸易试验区与国际经济合作》；

《自由贸易区的原产地规则问题研究》；

《上海自贸试验区法治创新的轨迹 理论思辨与实践探索》；

《自由贸易区法律适用》(第1辑)；

《自由贸易法治论丛 自由贸易区法律适用》(第2辑)；

《自由贸易试验区的制度创新与法律保障》；

《自由贸易试验区国外相关法律文件编译》；

《自由贸易法治评论》(第1辑)；

《自由贸易区司法评论》(第1辑)；

《自由贸易区司法评论》(第2辑)；

《上海自贸区背景下的服务贸易发展研究》；

《福建自贸区重大法律问题研究》；

《中国自贸区法律制度建立与完善研究》；

《中国自由贸易试验区知识产权制度创新》；

《自由贸易账户论：中国（上海）自由贸易试验区金融改革的理论与实践》；

《中国（上海）自由贸易试验区与海关监管制度创新》；

《TPP视野下的中国自由贸易区战略研究》；

《我国外商投资负面清单管理模式研究》；

《区域自由贸易协定中“负面清单”的国际比较研究》；

《中国（上海）自由贸易试验区制度解读与展望》。

第三节　知识产权文献检索

一、知识产权文献

在经济全球化和新的国际贸易体制形成的大潮中，知识产权成为当今国际社会关注的热点，宣告了知识经济时代的到来。知识产权制度从欧洲发源至今，已历经数几百年。早在17世纪，资本主义经济的发展推动了新的财富形式的不断出现——产生了股权、商号权这种与不同以往的、无形财产的所有权。

通常意义上，知识产权是指自然人、法人与其他组织享有的，基于智力活动创造的成果和经营管理活动中使用的标志等而受法律保护的民事权利，英文称之为“Intellectual Property”或是“Intellectual Property Rights”，缩写为IPRs。知识产权的范围有广义与狭义之分，狭义的知识产权通常是指著作权、专利权和商标权。广义的知识产权范围则大得多，包括著作权（包括计算机软件）、专利权（包括实用新型和工业品外观设计等）、商标权（包括厂商名称和地理标志等）、商号权和商业秘密权等。世界贸易组织于1993年签订的《与贸易有关的知识产权协议》（Agreement on Trade-Related Aspects of Intellectual Property Rights，TRIPs）列举的知识产权有：著作权以及有关权利、商标权、地理标记权、工业品外观设计权、专利权、集成电路布图设计权与未公开信息权。

英国1623年制定的《垄断权条例》和1709年制定的《安娜女王法令》（原名《为鼓励知识创作授予作者及购买者就其已印刷成册的图书在一定时期内之权利的法》）是世界上最早的专利法和著作权法；法国于1857年颁布实施的《关于以使用原则不审查原则为内容的制造标识的商标的法律》是世界上最早的商标法。这些法律的产生标志着专利、著作和商标开始具有了法律上财产的意义，知识产权由此产生。近几十年来，世界经济、技术的急剧变革对知识产权制度产生了极大的影响和冲击。对于一个国家来说，完善的知识产权制度不仅是知识经济发展的需要，也是提升全球综合竞争力的需要。

随着中国经济的迅速增长，近年来，知识产权的案件越来越多，而在这一领域，中国的法律法规并不完善，研究资料相当匮乏，我们学习研究发达国家的知识产权法律体系，查找它们的第一手资料是基础。

二、网络资源与知识产权文献检索

（一）国际（地区）组织

1.世界知识产权组织WIPO

网址：http：//www.wipo.int/（见图11-3-1）

世界知识产权组织（World Intellectual Property Organization，WIPO）是一个致力于促进使用和保护人类智力作品的国际组织。总部设在瑞士日内瓦，是联合国组织系统中的16个专门机构之一。目前成员国有184个。该组织主要职能是通过促进国家间的合作加强对全世界知识产权的保护，管理23个相关机构（这些机构是通过关于专利、商标和版权方面的多边条约设立的）的行政工作，并办理知识产权法律与行政事宜。该组织的很大一部分资金是用于同发展中国家进行开发合作，促进发达国家向发展中国家转让技术，推动发展中国家的发明创造和文艺创作活动，以利于其科技、文化和经济的发展。

图11-3-1　世界知识产权组织网站

WIPO的网站内容十分齐全，支持中文、法文、阿拉伯语等多种语言。用户进入主页，首先看到的是世界知识产权组织的最新动态和新闻。Resources标签下的资源有：

• Case Studies。这是一个数据库，收录了世界各地的企业和个人如何保护知识产权以及如何将创造发明市场化的案例。

• Country profiles。各国的知识产权法律、机构、数据、活动和利用WIPO服务的情况。

• Databases。利用WIPO GOLD平台一站式检索技术、品牌、设计、域名和分类等数据。

• Documents。WIPO会议的正式文件。

• Laws and Treaties。法律与条约。

• Library。超过35000种知识产权参考资料在线目录。

• Publications。WIPO期刊、专著和信息产品。

• Standards。关于知识产权信息、IT技术标准的WIPO指南。

• Statistics。关于专利、商标、实用新型、外观设计的数据和图表。

• Webcasts。2012年以来，WIPO会议的声像资料。

左栏的Gateway to是一个资料的分类导航，分别指向专利、商标、外观设计、地理标识、版权、传统知识、知识产权的发展、知识产权视频、知识经济，以及知识产权统计数据等资源。以专利为例，用户进入“专利”这一分类后，可以找到PCT申请及PCT各项服务、电子申请表格和最新公告等。

2. 欧亚专利组织EAPO

网址：https://www.eapo.org/en/（见图11-3-2）

欧亚专利组织（Eurasian Patent Organization，EAPO，或简称EA或“欧亚”）是由《欧亚（大陆）专利公约》的成员国组成的一个跨国专利国际公约组织。该组织成立于1996年1月1日，总部设在莫斯科，其在线网站成立于1998年6月1日，为欧亚专利系统的用户服务。其成员包括原苏联加盟国、中国、古巴、德国和意大利等国家。

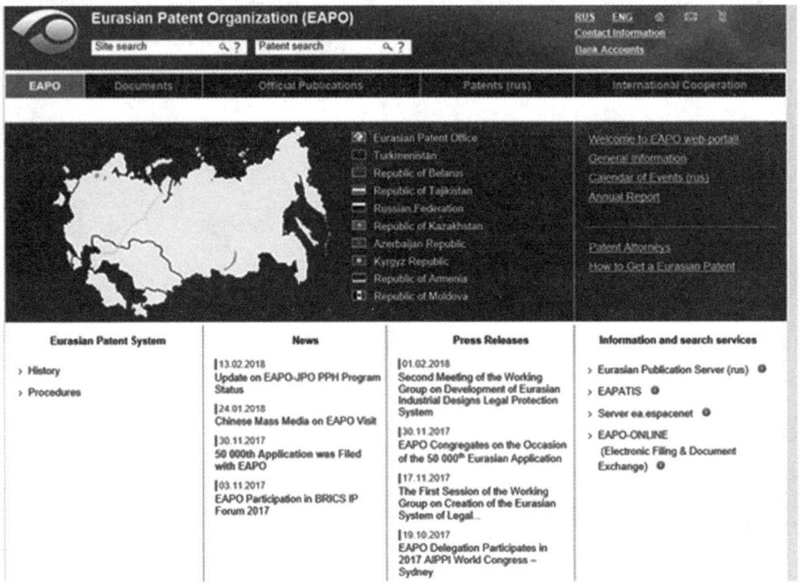

图11-3-2 欧亚专利组织网站

欧亚专利组织提供的资源包括该组织的发展历史、新闻、年度报告、专利检索等内容与服务。检索可通过主题词和短语进行，区分大小写。检索专利律师可通过注册号、国家、姓名等检索，也可按提供的字母顺序进行浏览查询。

该网站提供的内容主要有：如何获得欧亚专利、欧亚专利组织的文档、成员国公约、专利律师信息等。申请欧亚专利的程序要比欧洲专利的程序稍微简单一些，申请人只要用俄语向欧亚专利局提交一份申请，并同时指定地区成员国。欧亚专利局批准专利后，申请人只要向指定成员国缴纳年费，则专利权就在该国维持有效。

当发明专利人希望同时在数个苏联国家境内寻求专利保护时，提出单一欧亚专利申请往往较直接向各该国家专利局分别提出申请更为方便有利。

目前《欧亚专利公约》适用于俄罗斯、亚美尼亚、阿塞拜疆、白俄罗斯、哈萨克、吉尔吉斯、摩尔达维亚、塔吉克斯坦与土库曼斯坦等9个国家，旨在建立一套适用于这9个缔约国境内之单一专利系统。

3. 欧洲专利局EPO

网址：http://www.epo.org/（见图11-3-3）

欧洲专利局正式成立于1972年，是一个根据《欧洲专利公约》成立的政府间组织，现有19个成员国，负责欧洲地区的专利审批工作。专利局设有5个总部一级机构，第一总部设在海牙，其余四个均设在慕尼黑。另外，欧洲专利局在维也纳设有专利信息中心。

欧洲专利局及专利局网站均采用德文、法文和英文三种语言。采用检索和审查分别进行的程序，是世界上最现代化的专利局之一，拥有世界上最完整的专利文献资料、先进的专利信息检索系统和专利审查、申诉及法律研究方面的文献及资源。

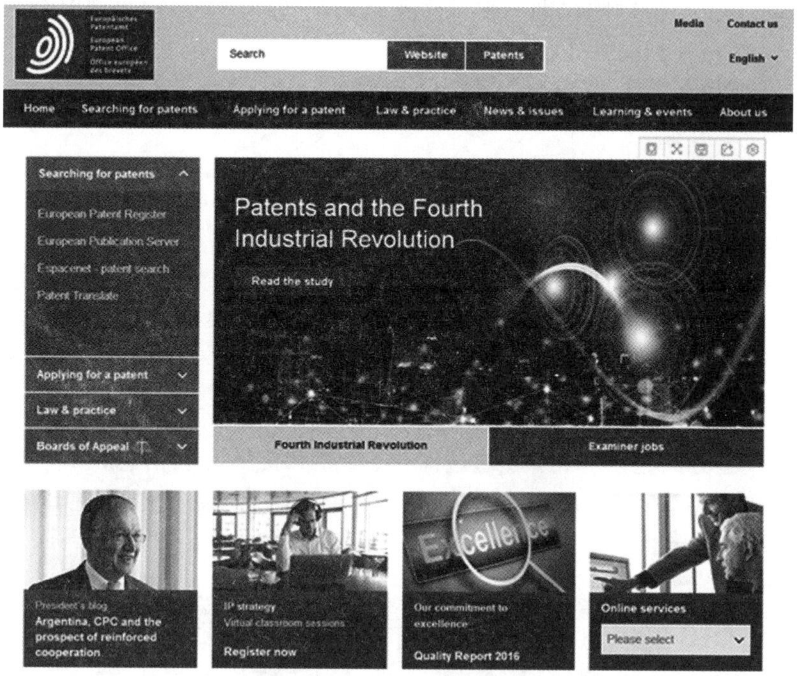

图11-3-3　欧洲专利局网站

欧洲专利局网站内容非常齐全，用户在网站上可查询到有关专利的各种法律法规。整个网站分为三大栏：已注册专利的查询、申请专利、专利法律法规查询。用户可以根据需要查询资料，网站均收录有完整的官方文本。

4. 欧盟知识产权局EUIPO（欧盟内部市场协调局OHIM）

网址：http://euipo.europa.eu/

欧盟知识产权局（European Union Intellectual Property Office，EUIPO）前身是欧盟内部市场协调局[Office for Harmonization in the Internal Market（Trade Marks and Designs），OHIM]，它是欧盟的官方机构，主要负责欧盟成员国内的外观设计和商标的注册工作。OHIM成立于1994年，1996年实施欧盟商标法，2003年受理欧盟外观设计。依据欧盟新修订的《欧盟商标条例》[欧洲议会及欧洲理事会第（EU）2015/2424号条例]，自2016年3月23日起，欧盟内部市场协调局（OHIM）更名为欧盟知识产权局（EUIPO）。该局所管辖的“共同体商标”（CTM），也更名为“欧盟商标”（EUTM）。欧盟知识产权局在管理、促进欧盟内部商标和外观设计的发展，办理共同体工业产权注册相关手续，维护注册人权利等方面有积极的作用。

5. 比荷卢知识产权组织BOIP

网址：https://www.boip.int/nl

比荷卢知识产权组织是欧洲的一个区域性国际组织，负责处理比利时、卢森堡、荷兰三国的知识产权事务。该组织的前身是比荷卢商标办事处和比荷卢设计办事处。这两个办事处分别是依据这三个国家之间的相关条约而建立，2005年，这三个国家缔结了《比荷卢知识产权公约》，该组织因此公约而建立，也相应地取代了前述两个机构。该公约于2006年9月1日生效。

此外，还有非洲知识产权组织（African Intellectual Property Organization，OAPI，网址：http：//www.oapi.int/）、非洲地区工业产权组织（African Regional Industrial Property Organization，ARIPO，网址：http：//www.aripo.org/）、海湾阿拉伯国家合作委员会专利局（The Patent Office of the Cooperation Council for the Arab Slates of the Gulf，GCCPO，网址：http：//www.gccpo.org）等地区组织，它们皆对于知识产权文献检索有帮助。

（二）美洲、欧洲、大洋洲

1. 美国专利及商标局USPTO

网址：http：//www.uspto.gov/（见图11-3-4）

美国专利商标局（United States Patent and Trademark Office，USPTO）是美国商务部下的一个分支机构。USPTO的主要职能包括：专利授权与商标注册；为发明人提供与其专利或发明、产品及服务标识相关的服务；通过实施专利与商标等知识产权相关法律，管理专利、商标以及与贸易有关的知识产权事务，并向总统和商务部长提出相关政策建议，为增强国家经济实力出谋划策；为商务部和其他机构提供涉及知识产权事务的建议和帮助；通过保存、分类和传播专利信息，帮助、支持创新和国家科技发展。USPTO的机构设置有：专利局、商标局、总法律顾问部、国际部（外事主管部）及专利公共咨询委员会和商标公共咨询委员会等。

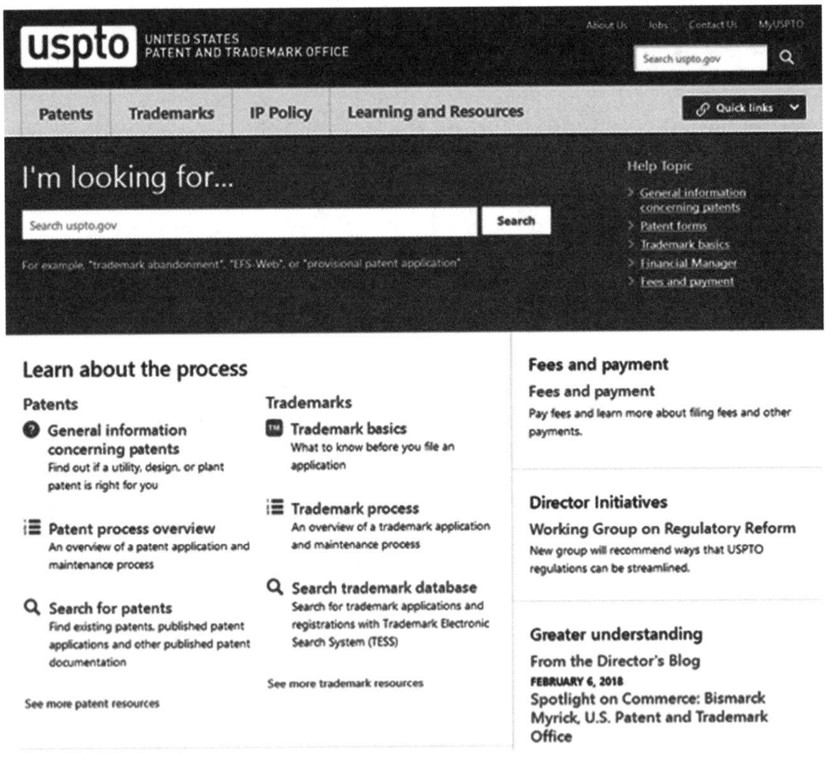

图11-3-4 美国专利及商标局网站

美国专利商标局主页上，设有专利、商标、法律和政策、产品与服务、发明家和新闻等栏目。其中“专利”一栏又分为专利申请流程、查询及表格文件等小栏目。商标和法律法规等也同样细分成各种小栏目，方便用户查询。

2.加拿大知识产权办公室CIPO

网址：http://www.cipo.ic.gc.ca/（见图11-3-5）

加拿大知识产权保护工作主要由加拿大知识产权办公室（The Canadian Intellectual Property Office，CIPO）负责，保护范围包括专利权（Patents）、版权（Copyright）、商标权（Trade-marks）、工业设计（Industrial designs）和集成电路图纸（Integrated circuit topographies）等；加拿大食品检验局（The Canadian Food Inspection Agency，CFIA）则负责植物培育者权利（Plant breeders' rights）保护相关事务。加拿大的知识产权法律体系由版权法、工业设计法、集成电路设计法、专利法、商标法和植物育种法等六部主要法律构成。

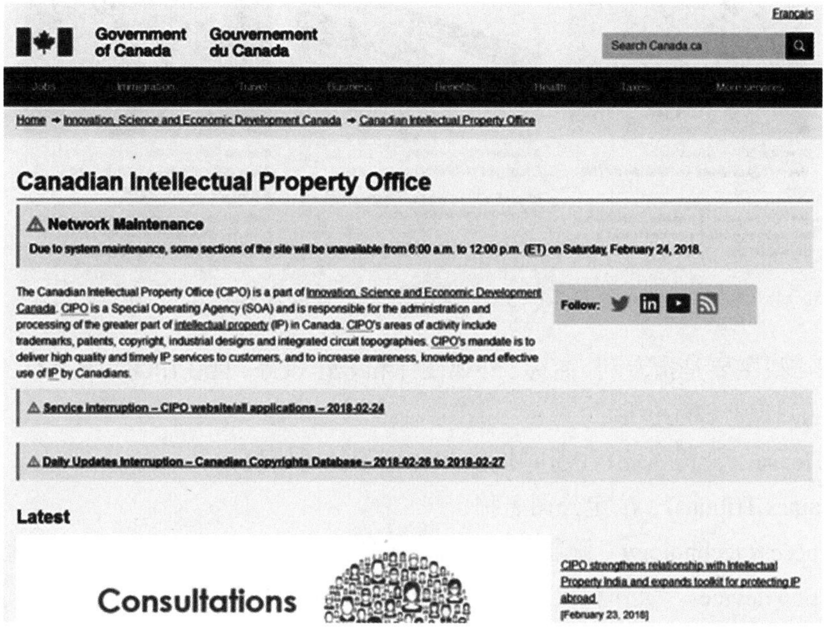

图11-3-5　加拿大知识产权办公室网站

加拿大的官方语言有两种：法语和英语，因此该网站有法语和英语两个版本。首页左栏服务版块，按所保护的知识产权不同，分成不同主题，如专利、商标、版权和工业设计等。每种知识产权一般有三个分专题，如专利，有Patent、Patents Database（提供信息检索）和Patent Apeal Board（专利上诉委员会，是相应的职能事务机构）。

3.英国知识产权局IPO

网址：http://www.ipo.gov.uk/（见图11-3-6）

2007年4月2日，英国专利局正式更名为英国知识产权局，起用新名字是为了真正反映知识产权服务的宽广领域，打消客户对概念的混淆和不明确，从而更好地应对经济全球化和21世纪出现的新挑战。作为管理知识产权的官方机构，英国知识产权局责任重大。其职责不仅包括专利、外观设计、商标和版权等方面的申报、审核和批准，还负责协调政府决策者、执法部门和企业等各方面，共同打击知识产权领域的犯罪行为。

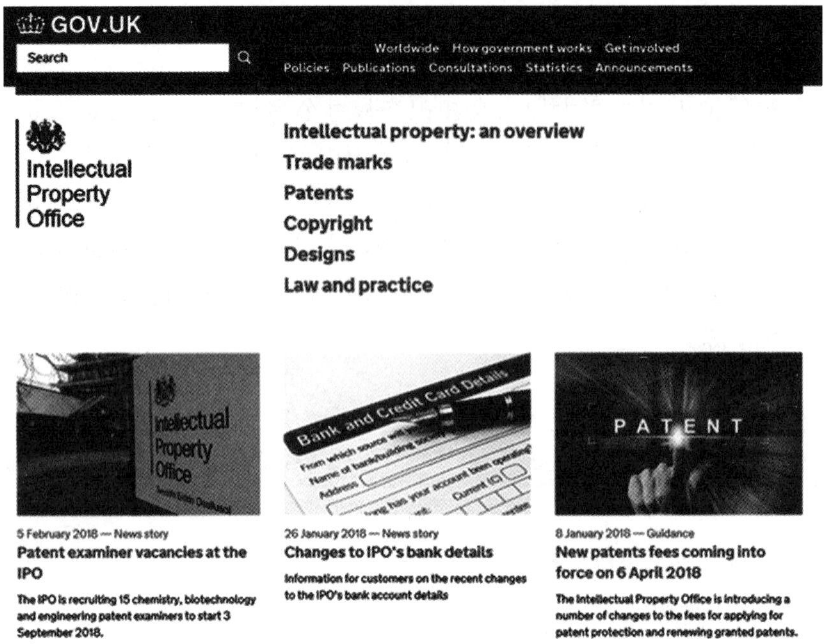

图11-3-6 英国知识产权局网站

英国的知识产权主要是指专利、商标、外观设计和著作权等，且在IPO网站上有各自的专题栏目。在英国，受保护的知识产权还包括：

Companies House 公司驻址（注册时提供的驻址等公司信息）；

Company Names Tribunal 法定公司名称；

Conditional access technology 限制接入技术（通过解码设备，对广播和数据传输进行授权控制）；

Copy protection devices 著作权保护设备（著作权人通过技术手段保护其著作产品）；

Confidentiality agreements （CDAs）保密协议（有关Know-How和商业秘密的非披露协议）；

Database right 数据库权利（这是著作权在数字化领域的延伸，用以鼓励在数据库开发方面的投入）；

Design right 设计权（英国的设计权包括外观设计）；

Plant breeders rights 植物育种权；

Publication right 出版权（文学、戏剧、音乐及艺术作品的首次发布权，或著作权期满的电影的发布权）；

Protection abroad 知识产权的海外保护；

Trade secrets 商业秘密。

网站上还提供*Implementing the Hargreaves Review*的全文下载，这是英国知识产权的权威专业期刊。

4.德国专利与商标局DPMA

网址：https://www.dpma.de/（见图11-3-7）

德国专利局成立于 1877 年，现更名为德国专利与商标局（German Patent and Trade Mark office），总部设在慕尼黑，设立了专利信息分部和商标及外观设计分部，另外设立了版权仲裁处和雇员投诉处。其职责主要是受理、审查和批准专利申请、注册、登记实用新型、工业产品外观设计、商标和集成电路布图设计，并负责药品补充保护证书的审批。

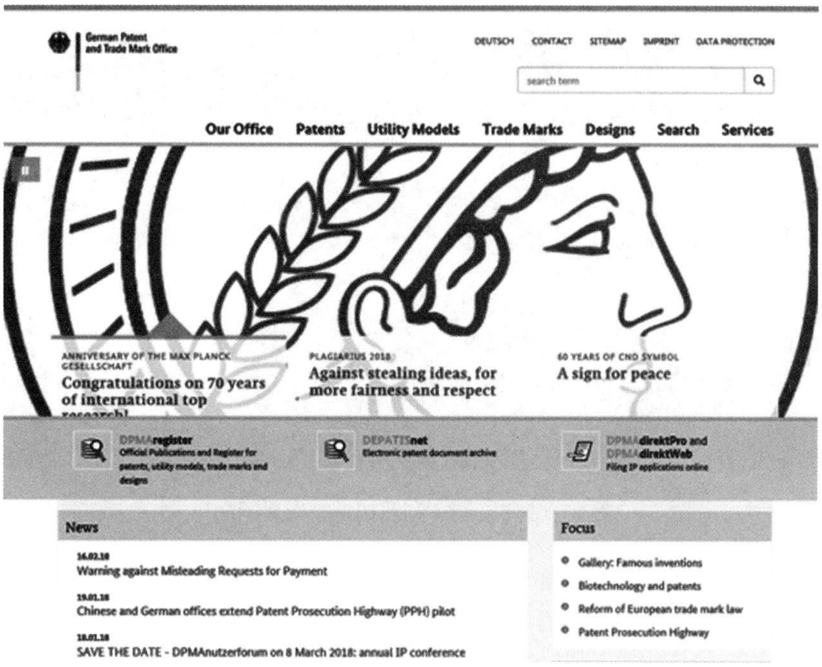

图11-3-7　德国专利与商标局网站

DPMA publikationen数据库是德国专利商标局（DPMA）的官方平台，该平台提供关于专利、实用新型、商标以及工业设计的出版物，还提供专利公报、商标公报、外观设计公报的电子在线版本。其中主要专利及实用新型检索的文献编号体系如下：

- 公布的专利申请（A文献）；
- 授权专利（B文献或C文献）；
- 实用新型（U文献）；
- 欧洲申请和指定德国的欧洲专利申请（EP-A文献和EP-B文献）；
- 指定德国的国际专利申请（WO-A文献）；
- 翻译文献（T1−T4）；
- 补充保护证书和植物保护品种（ZE）；
- 集成电路布图设计（TO）；
- 前东德专利申请（DD）。

DEPATIS数据库是德国专利商标局提供的在线服务，所用的底层数据库是德国专利商标局的DEPATIS信息系统数据库，同时也是德国专利商标局内部使用的检索数据库。在该数据库中可检索多个国家和组织公开的专利文献信息，并可以浏览具有PDF格式的专利说明书全文。

5. 澳大利亚知识产权局IPA

网址：http://www.ipaustralia.gov.au/（见图11−3−8）

澳大利亚知识产权局隶属于澳洲工业旅游能源部，下设专利、商标、外观设计、版权、PCT申请、奥林匹克标志等7个部门，主要负责受理专利申请、审查、授权、商标注册等。

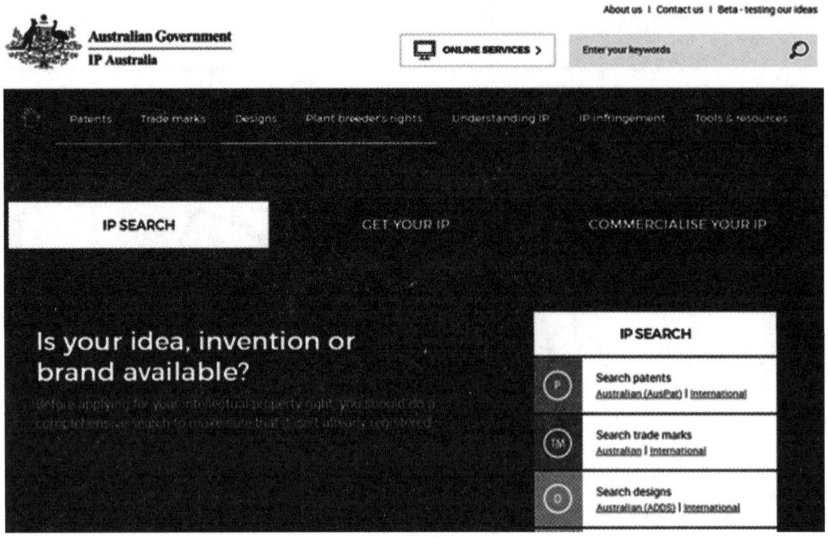

图11-3-8 澳大利亚知识产权局网站

根据知识产权的分类，IPA网站有四大版块：

- P—Patents（专利）；
- TM—Trade Marks（商标）；
- D—Designs（设计）；
- PBR—Plant Breeder’s Rights（植物培育权）。

网站提供强大的在线导航功能，用户可以使用“SEARCH FOR A PATENT”数据库（专利数据库），也可以阅读“PAY OR APPLY ONLINE”（购买或应用专利的在线指南），还可以在线管理自己的知识产权，如专利改名、修改专利、修改专利人个人信息或评估专利。

6. 新西兰知识产权办公室IPONZ

网址：http://www.iponz.govt.nz/cms（见图11-3-9）

新西兰知识产权局隶属于国家经济发展委员会。其管理模式为：国家经济发展委员会指定一名总干事全权负责，总干事下设知识产权法总实施组，包括总干事办公室和法律服务部的经理。IPONZ分为四个部门：决策与联络部、知识产权法律服务部、受理审查服务部和综合服务部。决策与联络部负责政策法规制定、实施和监督，保证新西兰知识产权与国际法的协调与接轨；知识产权法律服务部负责为企业、团体提供各种服务；受理审查服务部负责专利、商标、外观设计等的受理、审查（含PCT专利）；综合服务部负责信息、数据库、文档、财务和后勤保障等服务。

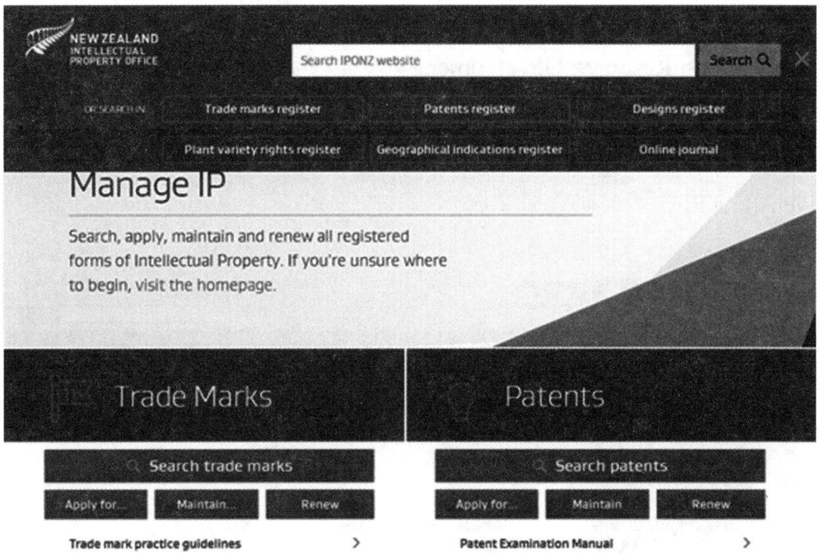

图11-3-9　新西兰知识产权办公室网站

IPONZ网站的版块结构清晰，分P、TM、D、PVR和Ó五个部分，对应专利、商标、外观设计、植物培育权和版权等五类知识产权。在每一类知识产权的版块中，又分About（简介）、Search（数据库查找）、Apply（应用）和Maintain（维护管理）四个部分，使用极为方便。

7.芬兰专利及注册事宜国家委员会

网址：http：//www.prh.fi/

芬兰属于北欧国家，十分重视知识产权保护，设有知识产权战略实施部门——芬兰专利及注册事宜国家委员会。芬兰将知识产权分为商标（Trademarks）、外观设计（Designs）、专利（Patents）和实用新型（Utility Models）四类，并在芬兰专利及注册事宜国家委员会网站上设有专题。该网站有英语、芬兰语和瑞典语三个版本，同时还有纯文本的版本，简洁而便于使用。

（三）亚洲国家及地区

1.日本专利局JPO

网址：http：//www.jpo.go.jp/（见图11-3-10）

日本专利局（Japan Patent Office，JPO，日文为“日本特许厅”），其职责范围并不局限于专利事务，还涉及商标等其他知识产权的保护和管理。20世纪90年代后期，日本在高技术领域的竞争力开始落后于欧美，而在传统工业和劳动密集型产品方面，又面临着亚洲其他国家和地区的竞争。在这样的背景下，日本开始确立“知识产权立国”的国策，于2002年发表了《知识产权战略大纲》。同年11月27日，日本国会制定了《知识产权基本法》，为日本的知识产权立国提供了法律保障。

JPO网站有英语和日语两个版本，根据知识产权的分类，设立Patents、Utility models、Designs和Trademarks等版块。JPO比较重视知识产权的国际保护，专设有International Applications版块。网站下方还设立若干快捷通道，如：

• JPO’s Vision　日本专利局的愿景；

• PPH-Patent Prosecution Highway　专利审查快捷通道；

• Better understanding of the Industrial Property Right System and the Role of the JPO　工业产权保护的宣传材料（视频或纯文本）；

• Designs Rights　设计权保护宣传材料（视频或纯文本）；

• Cooperation in Human Resource Development　人类资源开发的合作；

• iPAC（intellectual Property Academy Collaborative）APEC（Asia-Pacific Economic Cooperation）亚太经合组织下属的知识产权保护协作；

• One-Stop Website APEC　专利数据库。

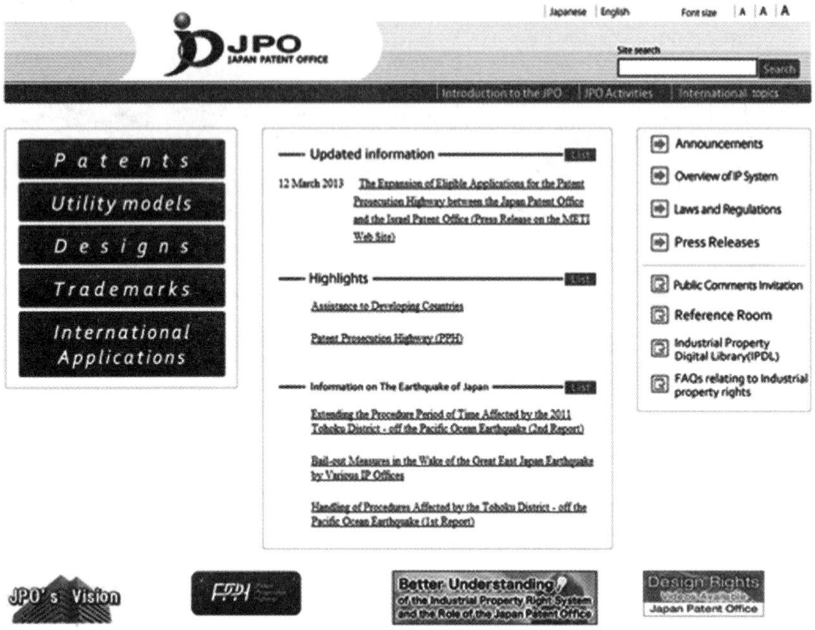

图11-3-10　日本专利局网站

2. 韩国知识产权局KIPO

网址：http：//www.kipo.go.kr/（见图11-3-11）

韩国知识产权局（Korea Intellectual Property office，KIPO）的网站有英语和韩语两个版本，提供韩国国内的知识产权信息及相关政策和法律。韩国将知识产权分为Patents&Utility Models、Trademarks&Designs和PCT三类，并据此在KIPO上设立了三大版块，并不包括版权的内容。因此，在韩国，知识产权当定义为工业产权。在KIPO网站上有“法律法规”栏目，用户可方便地下载电子版本，这在各国知识产权机构网站上不多见。其中包括：

• Trademark Act　商标法；

• Enforcement Decree of the Trademark Act　商标法施行令；

• Industrial Design Protection Act　工业设计保护法；

• Enforcement Decree of the Industrial Design Protection Act　工业设计保护法施行令；

• Patent Act　专利法；

• Enforcement Decree of the Patent Act　专利法施行令；

• Utility Model Act　实用新型法；

• Enforcement Decree of the Utility Model Act　实用新型法施行令。

图11-3-11　韩国知识产权局网站

3. 新加坡知识产权局IPOS

网址：http：//www.ipos.gov.sg/（见图11-3-12）

新加坡知识产权局（Intellectual Property office of Singapore，IPOS）成立于2001年4月。新加坡政府一直致力于把新加坡建成亚洲重要的区域知识产权中枢，因而十分重视知识产权的保护和鼓励，制定了一系列保护知识产权的法律法规，同时通过资金支持等手段积极营造鼓励创新、方便智力成果产业化的科研、政策和商业环境。在新加坡国内受到保护的知识产权有专利、商标、注册外观设计、版权（著作权）、集成电路设计、地理标识、商业秘密和机密信息，以及植物品种等。新加坡分别制定了单项法规对这些知识产权进行保护。在IPOS网站上，在“About IP-Legislation Updates”栏目中，按年度列出了相关的法律法规。

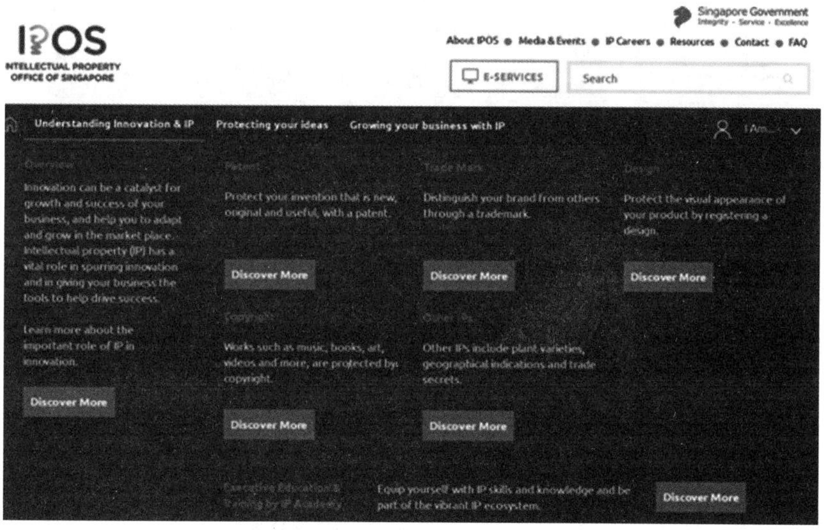

图11-3-12　新加坡知识产权局网站

4. 香港知识产权署

网址：http：//www.ipd.gov.hk/（见图11-3-13）

香港知识产权署是香港特别行政区的知识产权管理部门，知识产权署于1990年7月2日成立，接替注册总署处理专利注册、货品的商标注册及其他相关工作。知识产权署下设商标注册处、专利注册处、外观设计注册处和版权特许机构注册处，分别负责商标、专利、外观设计和版权特许机构注册的事宜。商标注册处于1874年成立，是世界上历史最悠久的商标注册处之一。

香港知识产权署的网站有简体中文、繁体中文和英语三个版本，依知识产权类别分设商标、专利、外观设计和版权等版块。同时，另有若干相关资源链接：

- 知识产权探索；
- 香港知识产权公报；
- 香港飘香（Fragrant Hong Kong）；
- 知识产权贸易；
- 知识产权服务中心；
- 我承诺——推广正版活动；
- 2007年及2009年版权（修订）条例；
- 内地与香港商标专栏；
- 内地企业专栏；
- 正版正货承诺计划。

图11-3-13　香港知识产权署网站

5. 澳门经济局

网址：http://www.economia.gov.mo/（见图11-3-14）

澳门没有单独的知识产权局，澳门经济局负责协助制定和执行经济活动范畴、知识产权范畴以及其他法律规定的经济政策。澳门经济局网站有简体中文、繁体中文、英文和葡萄牙文四种语言版本，内容丰富，其中知识产权检索资源包括国际公约、法律法规、行政手续、审批流程、工业产权通告公布、商标声明异议提交等内容。

图11-3-14　澳门经济局网站

（四）中国知识产权网站

1. 中国—欧盟知识产权项目二期

网址：http：//ipr2. ipr.gov.cn/

中国—欧盟知识产权项目（二期）（EU-CHINA Intellectual Property Rights II，EU-CHINA IPR2）是欧盟同中国在保护知识产权方面的合作项目（2007年至2011年）。该项目希望在中国管理和执行知识产权方面，在改善用户和官员获得信息方面以及在对权利人进行更好的保护方面提供技术援助，并帮助中国的立法、司法和管理机构进行能力建设。IPR2旨在加强知识产权保护体系的可靠性、有效性和可获取性，营造一个有助于在中国有效实施知识产权保护的可持续环境。

IPR2的网站有中文和英文两个版本，网站上有两大资源：IPR2资料中心与知识产权法律检索系统（包括中国法律检索和欧洲法律检索两部分）。

（1）IPR2资料中心

IPR2资料中心汇集了2007年至2011年由中欧专家编写的知识产权资料，包括：

• 行政程序——中国和欧盟与知识产权的执法和保护有关的一般行政及行政程序的专家文档和参考资料。

• 著作权——中国和欧盟有关著作权法和著作权保护、网络著作权保护、著作权集体管理组织、文化创意产业和民间文学艺术保护的专家文档和参考资料。

• 海关——中国和欧盟有关海关保护和包括海关网络和数据交换在内的海关执法合作的专家文档和参考资料。

• 一般知识产权法律和案例——普通知识产权保护问题的专家文档和参考资料，包括中欧知识产权对话、重要案例汇编和中欧知识产权体系。

• 在线知识产权保护——中欧网络侵权行为和责任的信息以及互联网上知识产权保护和执行的

特别挑战的专家文档和参考资料。

• 商标——中欧商标评审、注册、保护和执行的专家文档和参考资料。

• 反不正当竞争——包括商业秘密在内的中国和欧盟反不正当竞争法，以及处理不正当竞争行为的实践的专家文档和参考资料。

• 竞争——中国和欧盟有关竞争法、反垄断法、知识产权和标准的专家文档和参考资料。

• 外观设计——中国和欧盟有关外观设计的注册、保护和相关执法的专家文档和参考资料。

• 地理标志——中欧在保护原产地产品和地理标志以及在此领域相互协作的专家文档和参考资料。

• 专利——中欧专利申请、审查、保护和执行的专家文档和参考资料。

• 展会——中欧展会上保护知识产权的最佳实践和经验的专家文档和参考资料。

• 民事诉讼——中国和欧盟有关民事诉讼和民事诉讼法的专家文档和参考资料。

• 刑事诉讼——中国和欧盟有关刑事诉讼和刑事诉讼法的专家文档和参考资料以及刑事执行实践。

• 执法——包括司法保护在内的中国和欧盟知识产权执法的专家文档和参考资料。

• 知识产权管理——中欧有关限价、管理和保护作为商业开发战略工具的知识产权的专家文档和参考资料。

• 技术转移——中欧之间知识产权和技术转移相关问题的专家文档和参考资料。

（2）中国—欧盟知识产权法律检索数据库系统

该法律检索平台是现在中国知识产权法律检索网站中最齐全、最权威的官方法律检索系统之一。全系统分为一般知识产权保护、著作权法、民法和民事权利、刑法和刑事程序、海关、行政法和行政程序、地理标志、集成电路设计、互联网相关立法、专利法、植物新物种、技术转让、商标法、商业秘密和不正当竞争和市场秩序、案例分析、法律修订16个检索子库。各个子库里为相关的法律案例等内容，文本可供免费下载。该法律检索平台网址为：http：//www.ipr2.org/ipsearch/index_cn.php。（见图11-3-15）

图11-3-15　中国—欧盟知识产权法律检索系统

2. 中国国家知识产权局SIPO

网址：http://www.sipo.gov.cn/（见图11-3-16）

中国国家知识产权局（The State Intellectual Property Office，SIPO）的业务范围主要集中于专利事务，这与大多数国家和地区的知识产权管理机构不同，中国国家知识产权局实际上是国家专利局。

SIPO网站有简体中文、繁体中文和英文三个版本，内容各有不同，简体中文站是其主网站，内容较为丰富，提供了众多的专利信息查询工具。

图11-3-16　中国国家知识产权局网站

（1）政策法规

SIPO网站上有“政策法规”栏目，收录了涉及专利、商标和版权等知识产权的法律及行政法规、部门规章、司法解释、地方性法规、地方政府规章、部门规范性文件、地方司法文件、国家知识产权局标准、行业规定、军事行政法规、国际条约、外国法及港澳法律等。

（2）中国专利查询系统

这是一个多功能的中国专利查询工具，目前有中、英两个语种的版本，未来会扩展支持德、西、日、韩、葡、俄等其他外国语。有注册用户查询和公众查询两种模式，支持用户通过申请号或专利号、发明创造名称与申请人等三种检索途径精确查询，用户还可以对申请日进行限定。

（3）专利检索与服务系统

这是一个专利信息的综合服务平台，提供更为强大的专利检索功能，用户可采用常规检索［支持检索要素、申请号、公开（公告）号、申请（专利权）人、发明人、发明名称等多种检索途径］、表格检索和多功能查询器等多种检索模式，不仅能查询中国专利，还能查询外国及港澳台专利，且有英文版。该系统除有检索功能外，还有专利分析功能。同时网站还提供专利检索工具，可对发明专利、实用新型专利和外观设计专利进行分类查询。此外还有众多互联网专利检索系统的链接，包括国际、地区组织工业产权检索链接与国家（地区）工业产权检索系统链接。（见图11-3-17）

图11-3-17　国家知识产权局政务服务平台

（4）SIPO英文站

SIPO英文站（http://english.sipo.gov.cn/，见图11-3-18）的内容有所不同，主要内容有LAW&POLICY、SPECIAL TOPIC。用户可以在该网站找到知识产权法规的英文版。其中包括：

- Copyright Law of the People' s Republic of China；
- Trademark Law of the People' s Republic of China；
- Contract Law of the People' s Republic of China；
- Law Against Unfair Competition of the People' s Republic of China；
- Notice Concerning Handling of Deposited Micro-Organisms by the Chinese Patent Office。

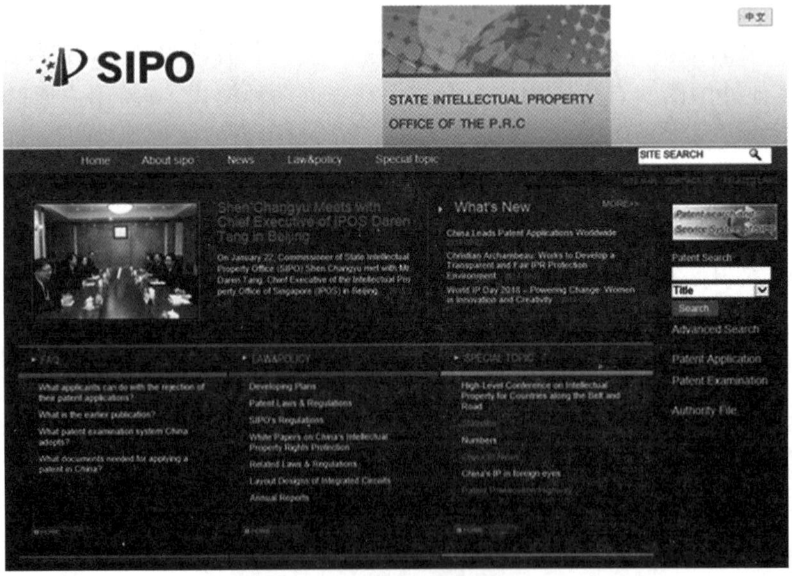

图11-3-18　中国国家知识产权局网站英文版

第四节 国际商事仲裁文献检索

一、国际商事仲裁机构

国际商事仲裁多为机构仲裁，常设性的仲裁机构备有较为完善的仲裁规则和仲裁员名册，并提供完备的管理和服务。因此进行国际商事仲裁研究，了解国际知名的仲裁机构以及各个国家的常设仲裁机构十分重要。

（一）国际商会国际仲裁院（ICC Court）

网址：https://iccwbo.org/dispute-resolution-services/commission-on-arbitration-and-adr/（见图11-4-1）

国际商会国际仲裁院（The ICC International Court of Arbitration，ICC Court）是附属于国际商会的常设仲裁机构，成立于1923年，1998年改为现名，总部设在法国巴黎，由于是非政府间的国际组织，因此具有很大的独立性。ICC Court设立的目的在于通过处理国际性商事争议，促进国际间的经济贸易合作与发展。作为世界上提供国际商事仲裁服务较多且具有广泛影响的仲裁机构，任何国家的当事人都可通过协议将其争议提交仲裁，当事人既可以是自然人，也可以是法人，甚至是国家、政府及其机构本身。

图11-4-1　国际商会国际仲裁院网页

点击ICC网站页面左侧的“DISPUTE RESOLUTION SERVICES”栏目，其中Comission on Arbitration and ADR是一个可检索的在线资料库，资料来源于ICC Court，内容包括：

- ICC Rules of Arbitration；
- Rules of ICC as Appointing Authority；
- ICC Mediation Rules；
- ICC Dispute Boards Rules；
- ICC Expert Rules；
- DOCDEX Rules。

这些规则均提供多语种的在线浏览和下载保存，特别是仲裁规则和调解规则提供中文、阿拉伯语、法语、德语、西班牙语等10种语言的下载。

（二）解决投资争端国际中心（ICSID）

网址：http://icsid.worldbank.org/ICSID/（见图11-4-2）

解决投资争端国际中心（International Center for Settlement of Investment Disputes，ICSID）是根据1965年《关于解决国家与其他国家国民之间投资争端公约》（Convention on the Settlement of Investment Disputes Between States and Nationals of Other States）设立的，专门处理国际投资争议的国际性常设仲裁机构，总部设在美国华盛顿。解决投资争端国际中心专门通过调解与仲裁途径解决缔约国与其他缔约国国民之间发生的国际投资争端。2004年10月，ICSID秘书处公布了《有关ICSID仲裁机制的改进方案》（Possible Improvements of the Framework for ICSID Arbitration），明确将仲裁裁决的公布和第三方加入列为讨论的方案。2005年5月，ICSID秘书处还在其工作文件中就ICSID的规则修改（Suggested Changes to the ICSID Rules and Regulations）征询意见。2006年4月5日，ICSID秘书处公布了修改后的ICSID仲裁规则和程序，并于2006年4月10日生效。

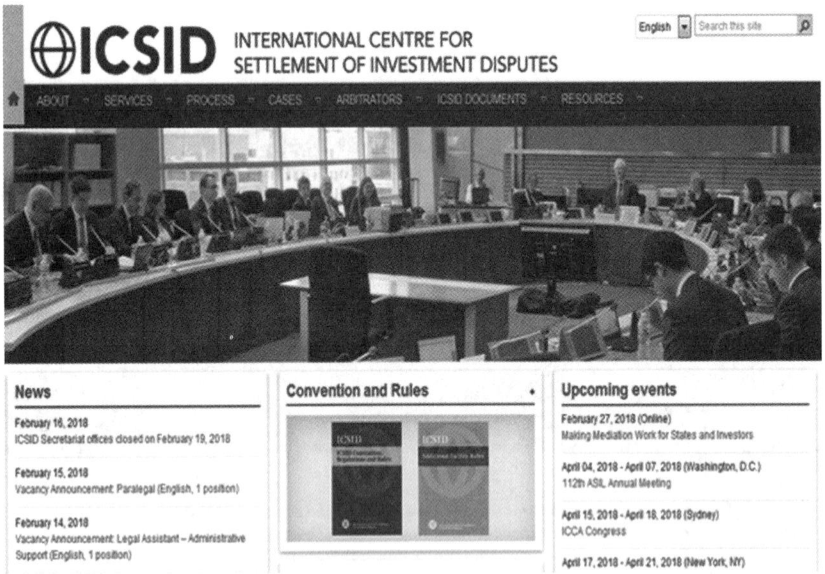

图11-4-2　解决投资争端国际中心网页

ICSID的网站资源丰富、界面清晰，查找各种资料非常方便。在“SERVICES”栏目中可以看到该中心提供的各项服务；在“PROCESS”栏目中，非常详细地介绍了案件仲裁、调解可能涉及的各项程序；在“CASES”栏目中，提供按照案件类型、状态、当事人、适用法律等高级检索方式查找案例（见图11-4-3）；在“ICSID DOCUMENTS”栏目中，可以查找到ICSID的一系列公约、规则，以及成员国相关信息资料；在“RESOURCES”栏目中，可以查找到ICSID的出版物、投资相关的法律法规、投资公约以及英语、法语、西班牙语等版本的ICSID公约等信息。

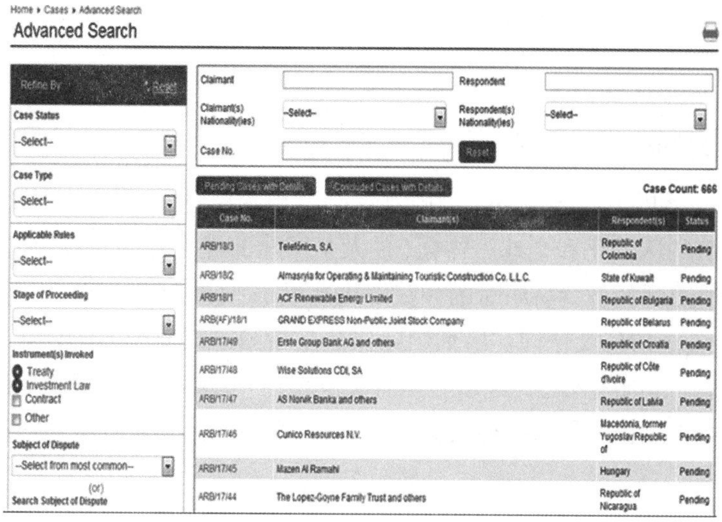

图11-4-3　ICSID网站CASES检索页面

（三）国际商事仲裁委员会（ICCA）

网址：http://www.arbitration-icca.org/

国际商事仲裁委员会（International Council for Commercial Arbitration，ICCA）成立于1969年，是一个致力于在国际商事仲裁领域运用和发展仲裁、调解及其他纠纷解决形式的组织。ICCA享有联合国授权的非政府组织的官方身份，并以这一身份积极参与了联合国国际贸易法委员会（United Nations Commission on International Trade Law，UNCITRAL）仲裁规则、调解规则、国际商事仲裁示范法、国际商事调解示范法及UNCITRAL的其他项目的筹备工作。ICCA也积极开展各项活动，包括召开代表大会和会议，赞助权威的争议解决相关出版物，促成仲裁和调解规则、法律、程序和标准的制定。

（四）欧盟仲裁庭（CEA）

网址：http://www.cour-europe-arbitrage.org/（见图11-4-4）

欧盟仲裁庭（European Court of Arbitration，CEA）成立于1959年，总部设在斯特拉斯堡（Strasbourg），是欧洲仲裁中心（European Centre of Arbitration）的分支机构，旨在促进和管理各成员国国内和国际仲裁。

图11-4-4　CEA网站页面

在CEA网站左侧的“ARBITRATION”栏目下，可以查询到该机构的仲裁规则、仲裁员以及与仲裁相关的其他事项信息。

二、有关仲裁的国际公约和国际规则

仲裁法有国内立法和国际立法之分，国内立法是某个国家制定的关于仲裁的法律，只适用于制定国国内，而当前经济的区域化和全球一体化，扩大了国际的经济交流与合作，由于各国国内法关于仲裁的规定不统一，给国际经济贸易纠纷的仲裁解决造成了一定阻碍，因此在国际范围内统一仲裁制度已得到国际组织及各国的广泛认同。所谓国际立法是指国家或地区之间订立的有关仲裁的国际公约、多边条约、双边条约和国际社会为谋求各国仲裁立法统一所制定的仲裁示范法等。其中，1958年的《纽约公约》和1985年联合国贸易法委员会《示范法》则是国际商事仲裁立法统一化趋势在不同发展阶段的典型代表。

（一）《纽约公约》

1958年6月10日在纽约召开的联合国国际商业仲裁会议上签订了《承认及执行外国仲裁裁决公约》（The New York Convention on the Recognition and Enforcement of Foreign Arbitral Awards，1958，简称New York Convention 1958）。该公约的主要内容是规定承认与执行外国仲裁裁决的范围、条件和程序，在统一各国分歧、防止国内法对仲裁协议的形式施以苛刻的要求方面发挥了积极的作用。《纽约公约》自1959年6月7日生效以来，被世界各国广泛接受，缔约国数目不断扩大，我国政府也于1987年1月22日递交加入书，1987年4月22日，该公约对我国生效。

《纽约公约》的规定反映了当前国际上对承认和执行外国仲裁裁决的主要实践，使国际商事仲裁从根本上弥补了法院诉讼的局限性，从而为国际经济贸易的发展提供了良好的国际法制环境，对各国立法实践及其他有关公约产生了深远的影响，因此至今仍是国际商事仲裁裁决承认与执行方面最重要的国际公约，并在一定程度上促进了仲裁规则的国际统一化的发展趋势。

（二）《国际商事仲裁示范法》

为了协调世界各国的商事仲裁，为各国制定和修改本国商事仲裁立法提供统一的范本，1985年联合国国际贸易法委员会主持制定了《联合国国际贸易法委员会国际商事仲裁示范法》（UNCITRAL Model Law on International Commercial Arbitration，简称《示范法》），对仲裁的适用范围、仲裁协议、仲裁庭的组成、仲裁庭的管辖权和仲裁程序的实施等问题作了统一规定。《示范法》没有强制执行力，仅供各成员国制定国内法时参考之用。《示范法》的颁布，对许多国家，包括一些仲裁法律制度先进国家的仲裁立法都产生了积极的影响，为世界各国国内仲裁法的统一奠定了基础。通过各国的采纳和参照示范法的规定，修改本国仲裁法，从而达到世界范围内仲裁法律制度的统一。目前已有许多国家或地区参照示范法的规定建立健全了仲裁法律制度。此外诸如澳大利亚、加拿大、德国、新加坡、中国香港、中国澳门等国家和地区的立法机关将其采纳为本国或本地区的仲裁法律制度。鉴于近年来国际商事仲裁领域的新趋势，2006年9月，联合国贸法会又通过了《示范法》的修订条款。

（三）《欧洲国际商事仲裁公约》

《欧洲国际商事仲裁公约》（European Convention on International Commercial Arbitration of 1961）在联合国欧洲经济委员会的主持下，于1961年4月21日在日内瓦签订，并于1964年1月7日正式生效。其成员国主要为欧洲大陆国家，美洲的古巴也于1965年加入该公约。该公约希望尽可能排除阻碍欧洲各国的自然人或法人相互间在有关国际商事仲裁的组织和工作中的一定困难，以期推动欧洲贸易的发展。

（四）《关于解决国家与其他国家国民之间投资争端公约》

1965年3月18日，为了优化投资环境，解决外国投资者及其母国与东道国之间的投资争端，在世界银行的主持下，各国于华盛顿签订了《关于解决国家与其他国家国民之间投资争端公约》（Convention on the Settlement of Investment Disputes Between States and Nationals of Other States，又称《华盛顿公约》）。我国于1993年缔约加入该公约。《华盛顿公约》的目的在于提供解决国家和外国私人投资者争议的调节和仲裁的便利，促进相互信任的气氛，并鼓励私人资本的国际流动。公约决定在华盛顿成立"解决投资争端国际中心"（ICSID），作为解决缔约国与其他缔约国国民争议和实施公约的常设机构。

（五）《美洲国家间关于国际商事仲裁公约》

《美洲国家间关于国际商事仲裁公约》（Inter-American Convention on International Commercial Arbitration）于1975年1月30日在由美洲国家组织、[①]巴拿马主持的"美洲国家国际私法特别会议"上通过，于1976年6月16日生效。该公约共13条，对仲裁协议的效力、仲裁员的指定、仲裁裁决的执行等作了简要而明确的规定。

（六）《联合国国际贸易法委员会仲裁规则》

1976年，联合国国际贸易法委员会制定了《联合国国际贸易法委员会仲裁规则》（UNCITRAL Arbitration Rules），该规则对各国并不具有普遍的约束力，仅供合同双方当事人自愿以书面方式约定。该规则适用于国家与私人间的投资争议仲裁、多方仲裁，涵盖了第三人加入仲裁的程序、仲裁员的指定、仲裁员责任的豁免、仲裁费用的控制等问题。尽管该规则不是常设仲裁机构的仲裁规则，但自通过以来，不仅在临时仲裁、商事仲裁、投资仲裁和国家仲裁中被采用，也为许多常设仲裁机构所采纳，被公认为是一个十分成功的文本，对国际仲裁起到了极大的促进作用。

为适应仲裁实务发展的需要，联合国国际贸易法委员会在2010年6月通过了修订后的《联合国国际贸易法委员会仲裁规则》，该规则已经于2010年8月15日生效。《联合国国际贸易法委员会仲裁规则》的修改借鉴了一些国际现行规则和实践经验，赋予了仲裁庭更广泛的自由裁量权，增加了一系列创新性措施以顺应当前的仲裁实践并提高仲裁效率，必定会对国际仲裁乃至国际经济的发展产生更大的影响，并促进国际关系的和谐发展。

（七）《国际商会仲裁规则》

国际商会仲裁院成立于1923年，是国际商会下设的机构，1998年更名为国际商会国际仲裁院（International Court of Arbitration）。该仲裁院是目前世界上受理仲裁案件最多的国际仲裁机构之一，以其高质量的仲裁闻名于世，该院的仲裁规则，对于各国的仲裁规则的制定也均起到了示范作用。该规则于2017年进行了最新修订，并于2017年3月1日起施行。

三、主要国家或地区的仲裁机构

（一）英国

英国早在1889年就制定了第一部仲裁法令，此后一直处于不断渐进的变革过程。1950年，在修

① 美洲国家组织（西班牙语：Organización de los Estados Americanos，OEA；英语：Organization of American States，OAS；法语：Organisation des États Américains，OEA；葡萄牙语：Organização dos Estados Americanos，OEA），是一个以美洲国家为成员的国际组织，总部位于美国华盛顿，其前身是美洲共和国国际联盟。成立于1890年4月14日，1948年在波哥大举行的第9次泛美大会上改称现名。目前有34个成员国，并先后有58个欧美及亚非的国家或地区在该组织派有常驻观察员。

正、合并之前仲裁法的基础上制定了新的仲裁法，即1950年仲裁法，也被称为英国仲裁法的“主法”（Principle Act）；1975年颁布的仲裁法主要为了适应英国参加《纽约公约》后实施该公约的需要。1979年，又对1950年仲裁法作了若干重要修改，再加上大量的法院判例，构成了当今英国的仲裁制度——《1996年仲裁法》（Arbitration Act 1996）。

1.英国伦敦国际仲裁院（LCIA）

网址：http：//www.lcia.org/（见图11-4-5）

伦敦国际仲裁院（London Court of International Arbitration，LCIA）是世界上设立最早的仲裁机构之一，成立于1892年，当时称为“伦敦仲裁会”，1903年更名为“伦敦仲裁院”，1981年起改用现名，该机构现由伦敦市政府、伦敦工商会和皇家特许仲裁员协会等共同组成的联合委员会管理。

LCIA的职能是解决国际商事争议，它可以受理提交给它的任何性质的国际争议，在国际社会享有较高的声望。特别是国际海事案件，大多都诉诸该院。根据1996年英国新颁布的仲裁法，LCIA也制定了新的仲裁规则，即1998年1月1日生效的《LCIA仲裁规则》（LCIA Arbitration Rules）。

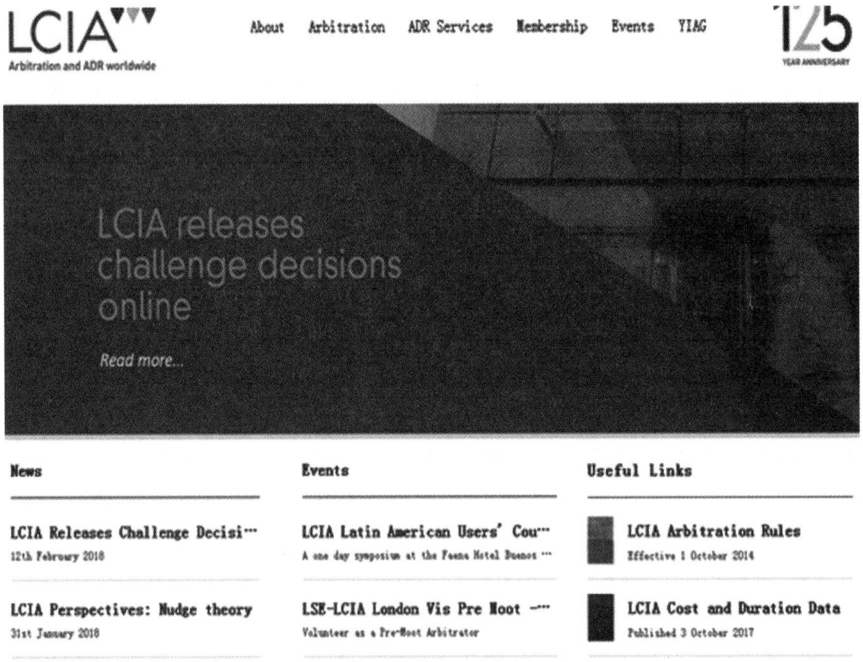

图11-4-5　英国伦敦国际仲裁院网站

在LCIA的网站上方的“Arbitration”栏目中，提供英文、中文、阿拉伯语等不同语言版本仲裁规则文件的下载；在“ADR Services”栏目中可以查找该机构的调解规则，以及其他ADR方式的规则和服务。

2.英国特许仲裁员协会（CIArb）

网址：http：//www.ciarb.org/（见图11-4-6）

英国特许仲裁员协会（The Chartered Institute of Arbitrators，CIArb）成立于1915年，是世界上提供争议仲裁解决的主要机构之一。该协会的宗旨是致力于促进与提升有效解决个人纠纷解决的多种机制与形式，除了为仲裁员、调解员提供教育和培训，协会也积极发展其争议解决服务，包括仲裁、调解和其他各种ADR服务。目前已有来自133个国家的15000多名会员。

图11-4-6　英国特许仲裁员协会网站

CIArb网站上有着极为丰富的有关的仲裁法律资源、文献信息。在“Training”栏目中，提供丰富的Arbitration培训课程；在“Dispute Appiontment Service”栏目中，可以查询到最新版的仲裁规则（The CIArb Arbitration Rules 2015）、仲裁员、仲裁程序等信息以及诸多示范条款。

（二）瑞典

瑞典斯德哥尔摩商会仲裁院（Arbitration Institute of the Stockholm Chamber of Commerce，SCC，网址：http://www.sccinstitute.com/，见图11-4-7）成立于1917年，是瑞典最重要的常设仲裁机构。由于瑞典的仲裁历史悠久，体制完善，且瑞典是中立国，因此斯德哥尔摩商会仲裁院成为受理国际经济争端的一个重要场所，可以受理世界上任何国家当事人所提交的商事仲裁。

SCC的仲裁特点是公正、程序灵活、尊重当事人意思自治以及限制法院干预。由于瑞典法允许外国人在瑞典仲裁中担任仲裁员和法律顾问，并且允许仲裁当事人自行选择仲裁语言，因此SCC享有较高的国际声誉及认可度，成为不同背景当事人选择的仲裁中心。SCC没有仲裁员名单，当事人可自由指定任何国家、任何身份的人作为仲裁员。随着我国对外开放的不断深入，许多涉外合同当事人选择SCC作为解决其争议的仲裁机构。

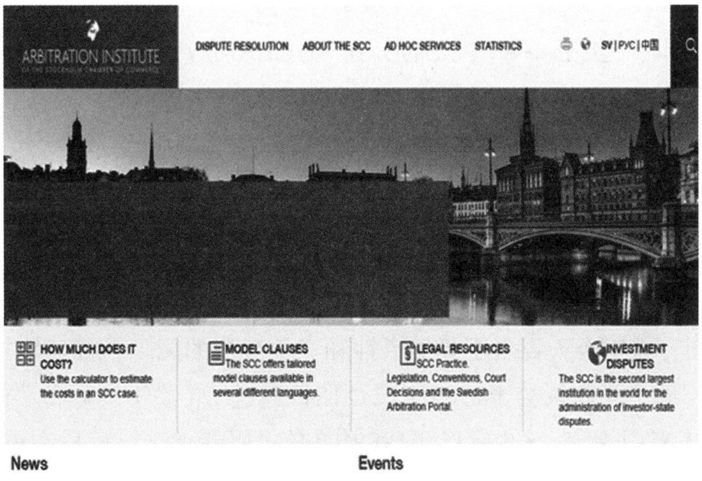

图 11-4-7　斯德哥尔摩商会仲裁院网站

尽管SCC是商会的机构之一，但它具有独立的地位和组织。该仲裁院目前适用的仲裁规则是2017年1月1日起生效的最新仲裁规则（The SCC Arbitration Rules 2017），在其网站上“DISPUTE RESOLUTION”栏目下RULES项下，可以找到该规则的多语言版本（包括英语、瑞典语、俄语、德语、阿拉伯语、中文以及西班牙语）下载。（http://www.sccinstitute.com/dispute-resolution/rules/）

该仲裁院网站有英语、瑞典语、俄语、中文等多个版本，在其网站上汇集了各国的仲裁法律、国际惯例、法院裁决以及与仲裁调节有关的论文、书籍、手册，为仲裁研究人员以及实务工作者提供了极大的便利。

“Arbitration”中的“Step by step guide to arbitration”用流程图告知了仲裁的详细步骤。有用阿拉伯语、中文、英文、法语、意大利语等多个语种的示范条款；还有详细的仲裁规则、调解规则，以及可供下载的SCC仲裁员指南（Arbitrator’s Guidelines）。

点击首页的Legal Resources选项进入，在Digital Library标签下集中了大量的法律信息及文献资源，包括诸如《纽约公约》《华盛顿公约》等重要的公约、瑞典重要的一些法律法规、瑞典部分法院的案例、重要的涉及投资仲裁的多国期刊以及仲裁员指南等信息。（见图11-4-8）

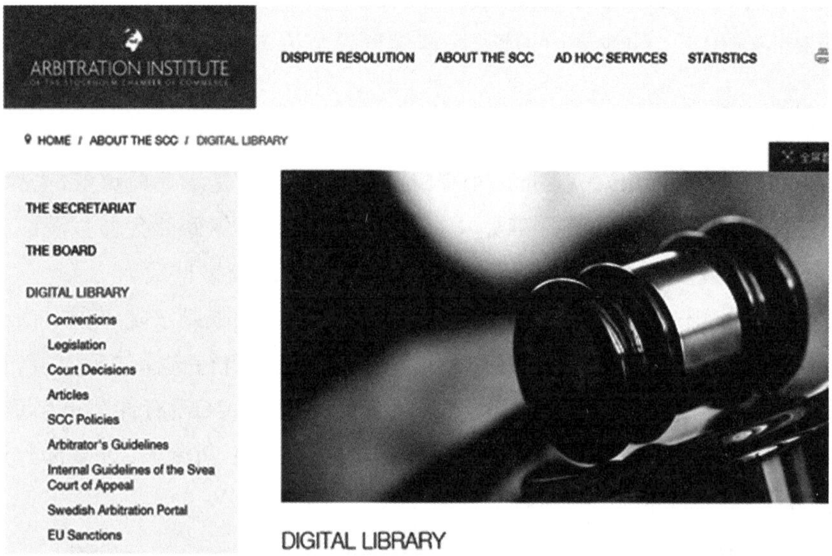

图11-4-8　SCC的DIGITAL LIBRARY文献资源

（三）瑞士

在瑞士，长期以来仲裁被认为是民事程序的组成部分，因而是各州立法管辖权范围内的事项。相应地，有关仲裁的规定就被纳入各州的民事诉讼法典。1969年3月27日的各州司法部长会议通过了旨在统一各州关于仲裁的程序法规定——《关于仲裁的州际条约》，该条约起到了统一仲裁法的作用，加强了瑞士作为举行国际仲裁最理想的国家之一的基础，在当时具有一定的积极意义；但同时它所含有的大量强制性规定，对于今天要求更具灵活性和竞争激烈的国际仲裁环境来说已显得不合时宜。在经过多年审议之后，瑞士联邦议会于1987年12月18日通过了《关于国际私法的联邦法》，其中的第12章对国际仲裁进行了专门规定，该规定已于1989年1月1日开始施行，此后在瑞士举行的国际仲裁正式区别于国内仲裁而成为联邦事项，由该法第12章专门予以调整，而国内仲裁则仍旧由《关于仲裁的州际条约》予以调整。

1.瑞士仲裁协会（ASA）

网址：http://www.arbitration-ch.org/en/home/index.html（见图11-4-9）

瑞士仲裁协会（Swiss Arbitration Association，ASA）是非营利性的协会，有超过1200名的会员，会员为从事或对仲裁感兴趣的从业者或学者。ASA本身不作为管理仲裁程序的机构，而是在瑞士境内的六家商会下的仲裁机构，与瑞士仲裁协会并不存在管理和被管理的关系。

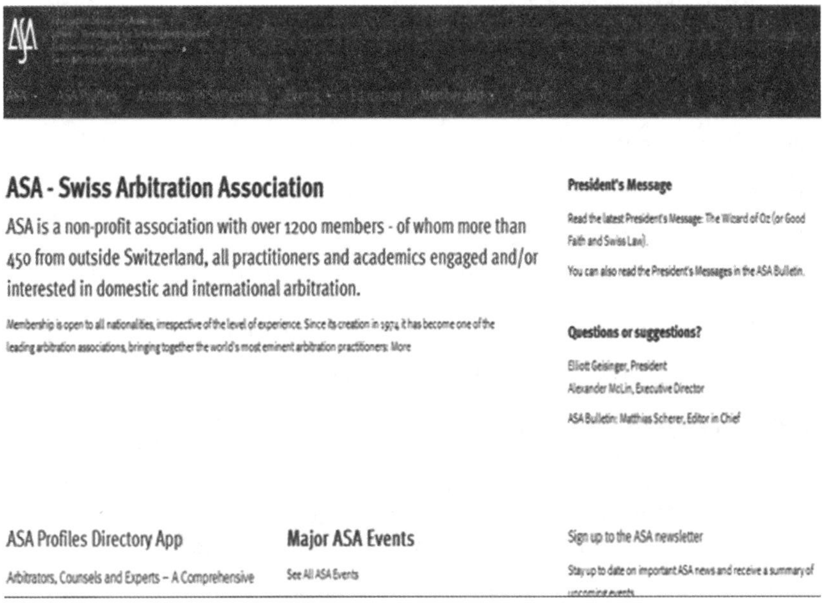

图11-4-9　瑞士仲裁协会网站

在ASA的网站上，“Arbitration in Switzerland”栏目中，可以查找到瑞士的国际、国内仲裁规则，并提供规则文件的PDF版本下载。此外，ASA还提供一个专门的网站（http://www.swissarbitrationdecisions.com/），用户在该网站上可以浏览和查找涉及国际仲裁的联邦最高法院决定的英文翻译文本。（见图11-4-10）

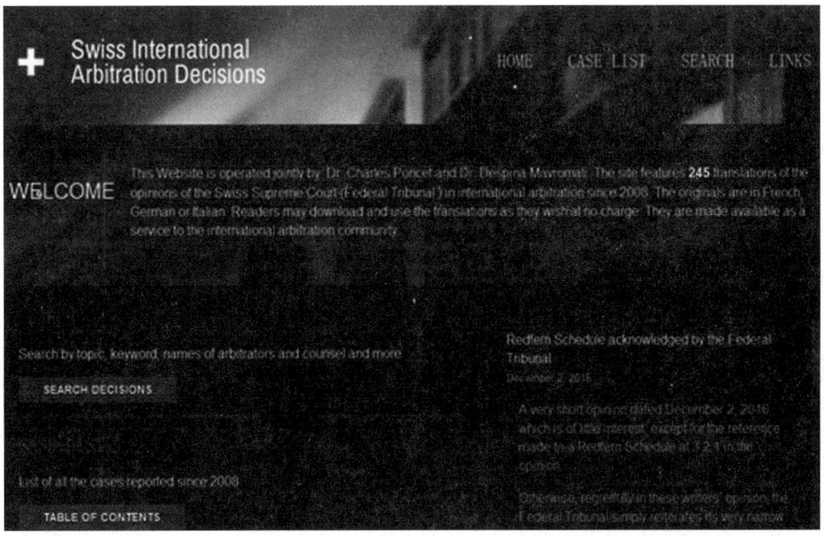

图11-4-10　“Arbitration in Switzerland”栏目

2. 瑞士苏黎世商会仲裁院（ZCC）

网址：http：//www.zurichcci.ch/

瑞士苏黎世商会仲裁院（Court of Arbitration of the Zurich Chamber of Commerce，ZCC）成立于1910年，尽管属于苏黎世商会下设的常设仲裁机构，在审理仲裁案件的时候，却是独立于苏黎世商会的。由于瑞士是永久中立国，因此其裁决比较容易为其他国家和当事人接受，使苏黎世商会仲裁院逐渐成为处理国际民商事纠纷的重要仲裁机构之一。

自2004年1月1日起，ZCC的国际仲裁程序遵循瑞士国际仲裁规则（Swiss Rules of International Arbitration）；自2011年1月1日起，瑞士当事人之间的国内仲裁，适用苏黎世商会补充规则（Zurich Chamber of Commerce Supplementary Rules）。

3. 瑞士商会仲裁院

网址：https：//www.sccam.org/sa/en/（见图11-4-11）

2004 年，瑞士的多个商业与工业协会（巴塞尔、伯尔尼、日内瓦、提契诺、沃州和苏黎世商业与工业协会）成立了联合商会，并共同成立了瑞士商会仲裁院（以下简称仲裁院），以瑞士国际仲裁规则（Swiss Rules of International Arbitration）管理国际仲裁案件。

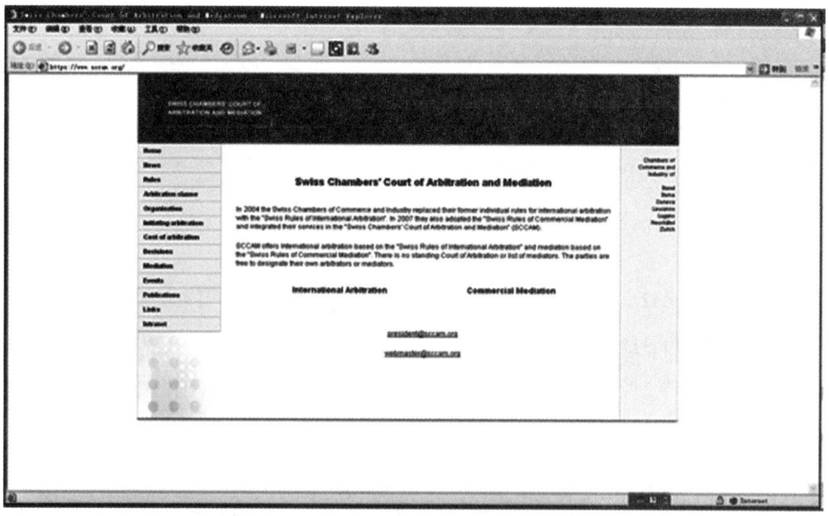

图11-4-11　瑞士商会仲裁院网站

2007 年仲裁院开始提供调解服务，也因此更名为“瑞士商会仲裁与调解院”，但该机构的实质并没有改变，并仍然按照瑞士国际仲裁规则提供仲裁服务。

（四）德国

德国仲裁协会（Deutsche Institution für Schiedsgerichtsbarkeit，DIS，网址：http：//www.dis-arb.de/，见图11-4-12）是经注册的社团，其宗旨是促进德国国内的国际仲裁。1992年1月1日，德国仲裁院接管了德国仲裁委员会的工作，并更名为德国仲裁协会。1994年1月1日，德国仲裁协会又合并了仲裁促进联合会及其下设的柏林仲裁庭。现行规则是于2018年3月1日刚刚生效的2018 DIS Arbitration Rules。

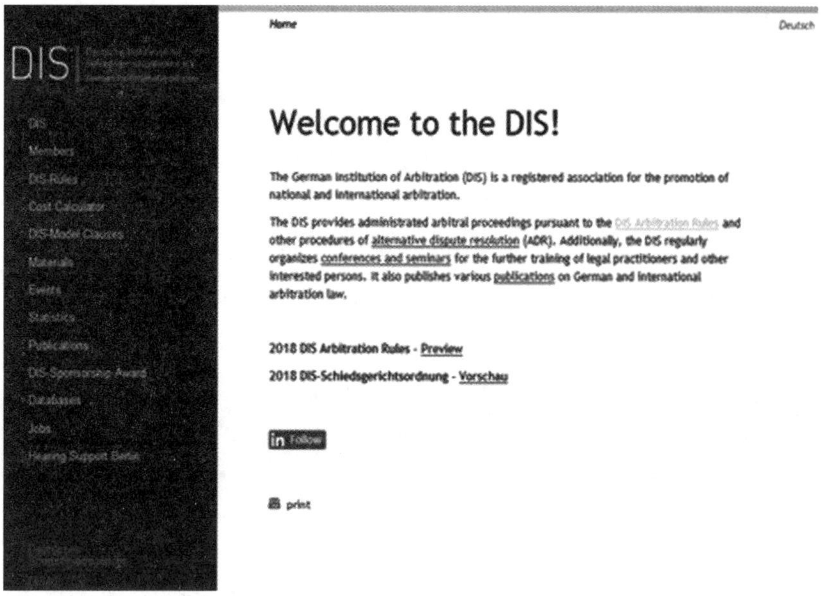

图11-4-12　德国仲裁协会网站英文版

其官方网站有德国和英文两个版本，集中了DIS规则、示范条款、有关仲裁的重要法律法规、DIS的出版物（包括期刊、丛书等），对于研究德国的仲裁立法、仲裁规则和仲裁程序等大有助益。之外，还有功能强大的Database Search界面（见图11-4-13），可以检索到与仲裁相关的文献和案例。

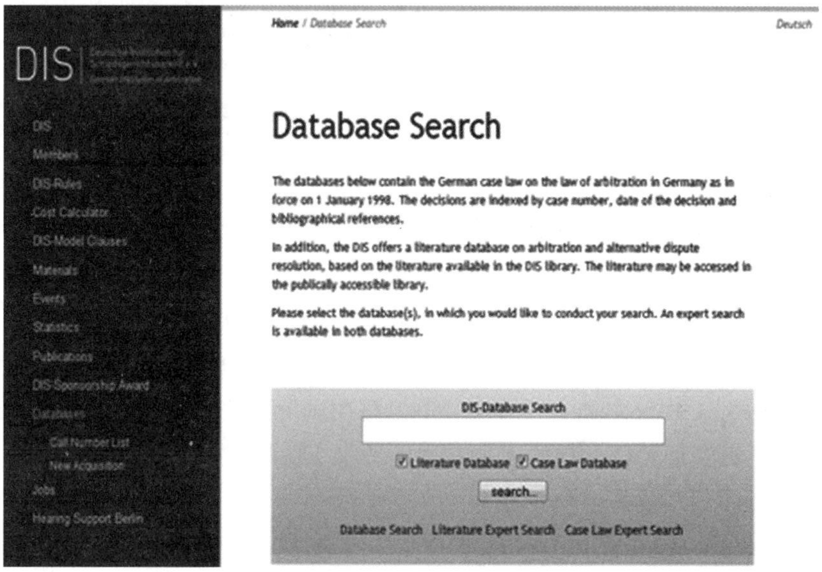

图11-4-13　DIS的检索功能

（五）俄罗斯

俄罗斯联邦工商会国际商事仲裁院（МЕЖДУНАРОДНЫЙ КОММЕРЧЕСКИЙ АРБИТРАЖНЫЙ СУД，MKAC，网址：http://www.tpprf-mkac.ru/）是1932年成立的苏联工商会对外经济仲裁委员会的法定继承者，从1999年开始成为国际商事仲裁机构联盟成员。现行的仲裁规则是2017年1月27日生效的新MKAC仲裁规则，目前是俄罗斯及东欧地区主要的国际商事仲裁机构。

其官方网站有俄语和英语两个版本，如图11-4-14，在英文版网站上可以查询到ICAC规则（Rules of the ICAC）、仲裁条例（Arbitration Clause）、仲裁员名单（List of Arbitrators）以及互联网听证会的通知（Internet-notices of the hearing）等信息。网站可提供该规则的俄语、英语、德语版本的文件下载。

此外，在“Documents”一栏中，集合了ICAC仲裁规则（ICAC Rules）、仲裁示范条款（Recommended arbitration clauses）、国际条约（International Treaties）、联邦法律（Federal Laws）、俄罗斯联邦工商会法令（Enactments of the RF Chamber of Commerce and Industry）、国际组织的推荐文档（Documents of recommendation character of International organizations）等内容。

图11-4-14　俄罗斯联邦工商会国际商事仲裁院网站

（六）美国

美国仲裁协会（American Arbitration Association，AAA，网址：http://www.adr.org/，见图11-4-15）是由美国仲裁会（Arbitration Society of America）、美国仲裁基金会（Arbitration Foundation）以及美国仲裁联合会（Arbitration Conference）于1926年合并成立的，它是一个民间的、非营利性的组织，总部设在纽约，并在美国各主要城市设有分支机构，近年来为拓展业务，该协会成立了亚太争议中心，并在欧洲设立了分部。1996年协会设立了“争议解决国际中心”（International Centre for Dispute Resolution，ICDR），负责管理美国仲裁协会所有国际事务，致力于成为公认的全球冲突管理机构。协会承接处理大量调解、仲裁以及其他ADR事务。

针对不同类型的争议，AAA设立了不同的规则，主要有商事仲裁规则及调解程序规则、国际争议解决程序及各行业的争议解决规则。包括：

- 职业会计及相关服务争议解决规则；
- 建筑业仲裁规则及调解程序规则；
- 雇用仲裁规则及调解程序规则；
- 专利纠纷解决补充规则；
- 不动产行业仲裁规则；
- 在线仲裁补充程序。

此外AAA还提供一系列指南，如：

- 商业仲裁员指南；
- 建筑合同ADR条款起草指南；
- 早期纠纷解决选择权指南；
- 商人调解仲裁指南；
- 大型复杂案件处理指南；
- 商业仲裁员道德守则；
- 起草争议解决条款实用指南；
- 全球服务手册；
- 解决商业财务争议实用指南；
- 解决就业争议实用指南；
- 解决职业会计和相关服务争议指南；
- 建筑产业纠纷避免和解决指南。

图11-4-15　美国仲裁协会网站

AAA还是一个名副其实的信息中心。在其网站上，点击AAA UNIVERSITY，将进入协会下属American Arbitration Association University（AAAU）(https://www.aaau.org/home，见图11-4-16)。

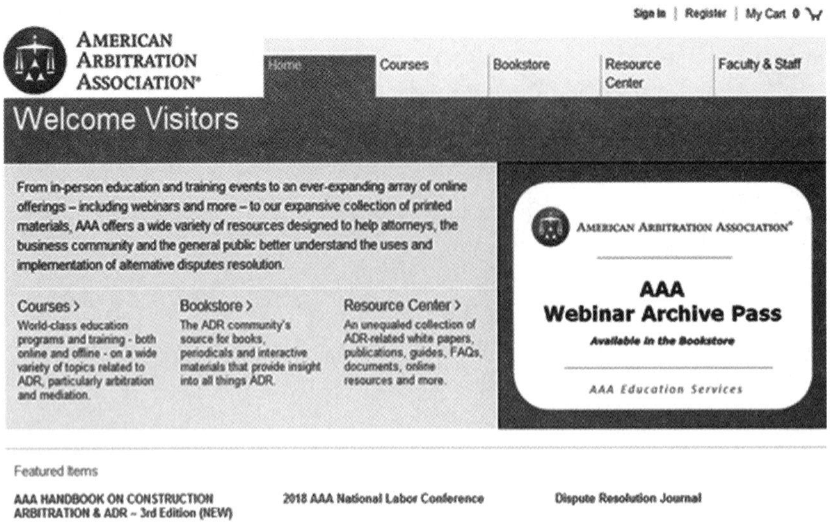

图11-4-16 American Arbitration Association University

在“Resource Center”中，用户通过注册可免费获得宝贵的白皮书、出版物、ADR指南，常见问题，在线资源等；在“Law & Statutes”栏目中，AAA提供了大量的有关ADR机制在美国及国际上发展演变过程中所涉及的众多法律法规的浏览和下载，包括之前介绍的Federal Arbitration Act以及Uniform Arbitration Act等；“Bookstore”为所有关注ADR的群体，包括顾问、中立者、公共政策领袖、教育家和学生等，提供了丰富的图书、期刊、音频和视频资源，内容涵盖了整个争端解决领域所关注的重要问题。

协会还在纽约专门设立了Lucius R.Eastman图书馆，该图书馆收集了有关仲裁的各种资料，包括相关法律、书籍、手册等。协会的法律和有关行政人员还负责解答有关仲裁法律及实践中出现的各种问题。

（七）澳大利亚

澳大利亚共有六个州和两个地区，各州均有立法权。因此，在仲裁法律制度方面，除了联邦行使其立法权力之外，各州均在仲裁立法方面有自己的权限。在仲裁立法上，联邦立法机构1974年制定了专门针对外国仲裁的《国际仲裁法》(也称《外国仲裁裁决和协议法》)。同时，在1973年到1986年，新南威尔士、维多利亚、南澳大利亚、西澳大利亚、塔斯马尼亚、昆士兰、北部地区和首都地区均制定了自己的商事仲裁法：

- 新南威尔士：1984年《商事仲裁法》；
- 维多利亚：1984年《商事仲裁法》；
- 南澳大利亚：1986年《商事仲裁法》；
- 西部澳大利亚：1985年《商事仲裁法》；
- 塔斯马尼亚：1986年《商事仲裁法》；
- 昆士兰：1973年《仲裁法》；
- 北部地区：1985年《商事仲裁法》；
- 澳大利亚首都地区：1986年《商事仲裁法令》。

澳大利亚联邦与各州分别对国际仲裁和国内仲裁实行不同的法律制度，这在各国仲裁立法中是不多见的；但如果联邦的法律与州的法律相冲突时，联邦的法律自动取而代之。

成立于1975年的澳大利亚仲裁员及调解员协会（Institute of Arbitrators & Mediators Australia, IAMA，网址：http://www.iama.org.au/，见图11-4-17）是澳大利亚最大的仲裁和调解机构。协会的宗旨是通过推动有效的纠纷解决方法，如仲裁、调停、调解、裁决等，从而服务社会及各个行业。IAMA的会员包括著名的工程师、会计师、律师、建筑师及具有仲裁和调解实践经验的专业人士。2015年1月1日，IAMA和LEADR（The Lab for the Education and Advancement in Digital Research）合并为争议解决协会（Resolution Institute）。该协会于2016年8月3日开始适用新的规则，即Resolution Institute Arbitration Rules 2016。

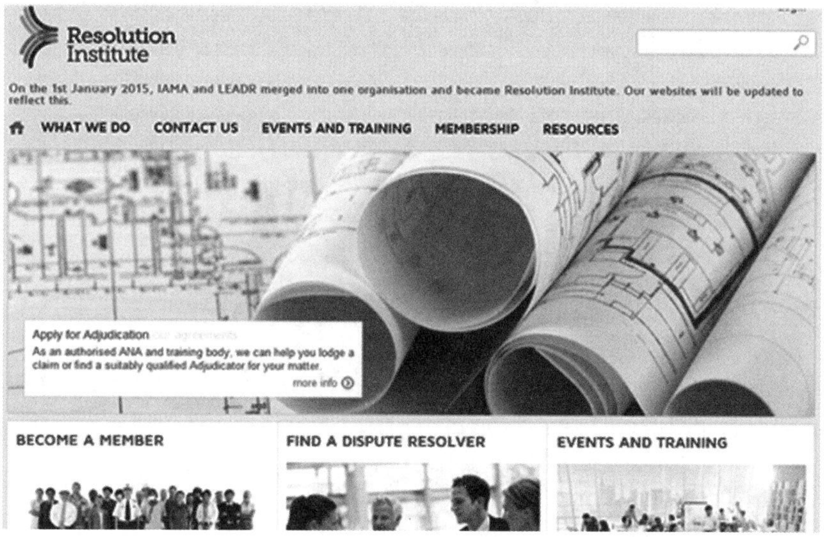

图11-4-17 澳大利亚仲裁员及调解员协会网站

在其网站的“Resolving disputes”栏目中，分门别类地详细介绍了澳大利亚各州关于仲裁、调停、调解的相关法律、法令、示范条款、申诉程序、各种规则及指南等，可谓包罗万象，极大地方便了当事人以及欲了解该国仲裁制度的研究者。在“Resources”栏目中，可以看到诸如*The Arbitrator & Mediator*等期刊，以及各种handbooks、Annual Meeting的详细信息。

例如，“Adjudication”的“Legislation”这一节，列出了新南威尔士、昆士兰、西澳洲以及英国的相关法律法令；在“Clauses”中，分别针对Arbitration、Expedited arbitration、Mediation-arbitration、International arbitration等多种情况的协议条款给予了建议；在“Rules & Guidelines”中可以查询、下载不同的规则，甚至还可查阅到一些已经被取代的规则。

（八）日本

日本商事仲裁协会（Japan Commerce Arbitration, JCAA，网址：http://www.jcaa.or.jp/，见图11-4-18）是于1950年由日本工商联合会和其他一些全国性的工商组织共同组建的仲裁机构，其总部在东京。该协会在大阪、名古屋、神户、横滨等大城市设有分会。JCAA是日本唯一的常设商业仲裁机构，致力于妥善解决国内及对外商贸往来中的各种争议与纠纷。JCAA现行规则是2015年12月10日修改并施行的《商事仲裁规则》。

图11-4-18　日本商事仲裁协会网站

JCAA的网站有日文和英文两个版本，用户可以分门别类地了解与仲裁、调解以及JCAA相关的各类信息。在网站首页的“仲裁”一栏中，用户可以查询到包括商事仲裁规则、仲裁费用规定、仲裁员报酬条例在内的一系列与仲裁有关的详细规则，根据UNCITRAL仲裁规则制定的行政和程序规则，以及日本仲裁法、专利代理人法（节选）、关于承认和执行外国仲裁裁决公约等，还有示范条款、文书范本、有关仲裁的出版物等，其中包括协会自1972年以来，每年都会出版的《仲裁法规集》，其内容涵盖了各国的仲裁法、主要仲裁机构的仲裁规则、商事仲裁协议等。网站上还有JCAA通讯以及研究论文等。

（九）新加坡

新加坡是亚洲主要的国际商事仲裁地之一，其仲裁制度采纳的是国内仲裁与国际仲裁双轨制。新加坡最早的仲裁立法是《1953年仲裁法》（The Arbitration Act of 1953），由于当时深受英国法律传统的影响，该仲裁法也是在英国1950年仲裁法的基础上制定的，并于1969年和1980年经过两度修改。为促进当地的国际仲裁，在参考《国际商事仲裁示范法》的基础上，新加坡于1995年颁布实施了《国际仲裁法》，该法的颁布为新加坡成为国际商事仲裁中心奠定了法律基础。自此，新加坡实行国内仲裁与国际仲裁双轨制的仲裁体制，选择在新加坡进行仲裁的当事人，如果协议选择国内仲裁程序，仲裁庭将依据《仲裁法》与1985年联合国国际贸易法委员会《国际商事仲裁示范法》进行仲裁；如果协议选择国际仲裁程序，仲裁庭将依据《国际仲裁法》与《国际商事仲裁示范法》进行仲裁。

新加坡国际仲裁中心（Singapore International Arbitration Centre，SIAC，网址：http://www.siac.org.sg/，见图11-4-19）成立于1991年，作为一家独立的、非营利性的组织，旨在给快速发展的亚洲地区提供一种中立的、高效的、可靠的争议解决机制，以满足国际工商界的需要。因此自成立之初，SIAC就致力于将自己发展成为一个国际性的仲裁机构。在多年的发展过程中，SIAC以自己独特的仲裁规则，独立、公正、中立、权威、高效的裁决方式，逐渐赢得了国际范围内的普遍认可。现行规则是于2016年7月1日生效的2016 SIAC Rules（5th Edition）。

SIAC网站的“Rules”一栏可以查找到该机构2007~2016年多个版本的仲裁规则以及2017年新通过的The SIAC Investment Arbitration Rule（SIAC IA Rules 2017）以及国际和国内仲裁法等资料；“Model Clauses”一栏里可以查找到SIAC、UNCITRAL等示范条款；“Resources”栏目则集中了大量的与仲裁相关的期刊、出版物、年度报告以及电子版时事通讯（e-newsletter）等资源信息。

图11-4-19　新加坡国际仲裁中心网站

（十）韩国

韩国商事仲裁院（Korean Commercial Arbitration Board，KCAB，网址：http：//www.kcab.or.kr/jsp/kcab_eng/index.jsp，见图11-4-20）成立于1966年3月，是韩国历史上第一家有权进行涉外仲裁的仲裁机构，其前身是设立于韩国工商会议所内的、承担管理全部商事纠纷仲裁职能的韩国商事仲裁委员会（Korean Commercial Arbitration Committee，KCAC）。1970年3月21日经工商部的许可，KCAC成为具有独立法律地位的社团法人。之后由于业务量的增加，于1980年8月29日修改章程，改用现名。KCAB是具有社团法人地位的民间机构，其职责是负责国内和国际仲裁程序的管理以及为当事人、企业、律师和政府提供仲裁方面的信息和咨询服务。KCAB致力于在线纠纷解决业务（ADR业务），国际仲裁合作和仲裁制度的借鉴，仲裁制度的研究、发展、出版、宣传以及仲裁院教育事业等。施行的仲裁规则经过多次修订，现行规则为2016年6月生效的The International Arbitration Rules of the Korean Commercial Arbitration Board（KCAB International Rules 2016）。

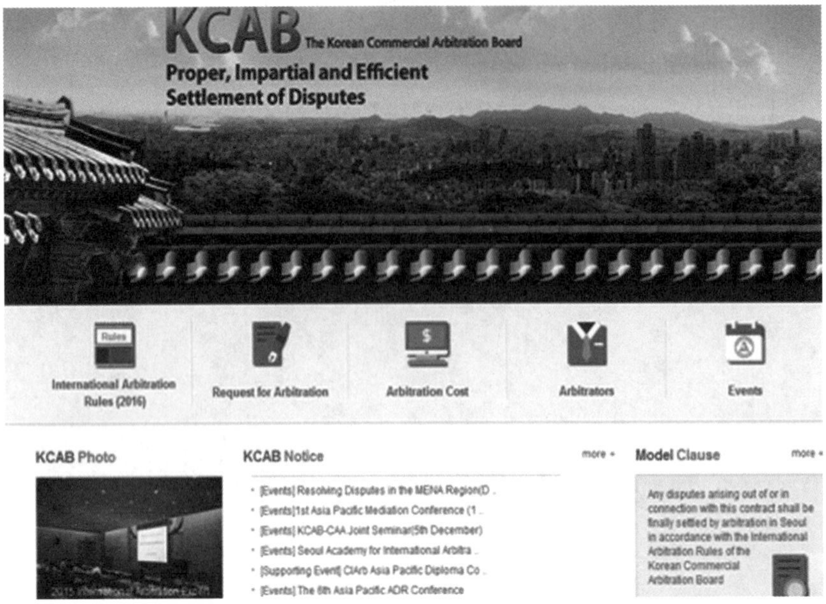

图11-4-20　韩国商事仲裁院网站

韩国商事仲裁院网站有韩文、英文两个版本。用户可以在英文版网站上查找到KCAB的仲裁规则、仲裁员信息和仲裁示范条款等信息。

（十一）中国

1.中国国际经济贸易仲裁委员会（CIETAC）

网址：http://www.cietac.org/（见图11-4-21）

中国国际经济贸易仲裁委员会（China International Economic and Trade Arbitration Commission，CIETAC，或简称“贸仲”）是世界上主要的常设商事仲裁机构之一，于1956年4月成立，当时名称为“对外贸易仲裁委员会”，为了适应国际经济贸易关系不断发展的需要，于1980年改名为“对外经济贸易仲裁委员会”，1988年再次更名为“中国国际经济贸易仲裁委员会”。2000年，中国国际经济贸易仲裁委员会同时启用“中国国际商会仲裁院”的名称。仲裁委员会的总会设在北京，并在上海、深圳、重庆和天津分别设有上海分会、华南分会、西南分会和天津仲裁中心，还先后设立了26个地方和行业办事处。

CIETAC在国内首家推出独具特色的行业争议解决服务，为不同行业的当事人提供适合其行业需要的仲裁法律服务，其现行规则是2015年1月1日生效的《中国国际经济贸易仲裁委员会仲裁规则》。此外，CIETAC还为应对快速解决电子商务纠纷及其他经济贸易争议的需要，于2009年5月1日推出《网上仲裁规则》，该规则在“普通程序”之外根据案件争议金额大小分别规定了“简易程序”和“快速程序”，以适应在网上快速解决经济纠纷的需要。

图11-4-21　中国国际经济贸易仲裁委员会网站

在CIETAC网站，用户可以清楚地了解仲裁的申请、仲裁的程序，还可以下载仲裁文书、了解现行的仲裁规则以及贸仲自成立以来的仲裁委员会相关规则；在“资料”栏目中，集中了相关的中国法、外国法、国际公约及惯例、外国仲裁机构仲裁规则以及合同范本、案例等；在“仲裁员”栏目中，用户能够获得较为详细的、最新的仲裁员信息；在“研究”栏目中，用户可以查找到相关仲裁的论文、案例评析、年度报告、出版物等研究资料。

2.香港国际仲裁中心（HKIAC）

网址：http://www.hkiac.org/（见图11-4-22）

香港作为亚太地区重要的国际仲裁中心之一，吸引着众多国内外商事争议当事人到此进行仲裁，同时香港仲裁法改革与完善的步伐从未停止。香港国际仲裁中心（Hong Kong International Arbitration Center，HKIAC）成立于1985年，是一个由商界及专业人士组成的委员会运作的、独立的非营利性机构，它由香港政府提供资助并接受私人捐赠，其宗旨在于为香港本地以及国际仲裁提供服务（包括指定仲裁员、提供辅助服务），以及依该中心自身仲裁规则及联合国国际贸易法委员会仲裁规则进行仲裁管理。2013年香港国际仲裁中心推出了2013年版的《香港国际仲裁中心机构仲裁规则》（HKIAC Administered Arbitration Rules 2013），新的规则对本地仲裁和国际仲裁都适用。

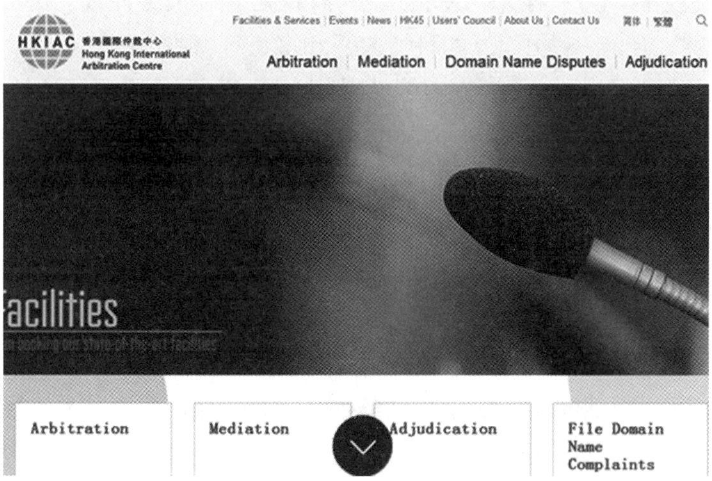

图11-4-22　香港国际仲裁中心网站

HKIAC机构网站有英文、简体中文及繁体中文版，可以查询到有关仲裁、调解、判决的法规条例、参考文献以及网站链接。在“Arbitration”栏目中，可以清楚地了解香港现行的以及之前推出的仲裁规则、仲裁程序、示范条款、仲裁员等信息，还有《香港国际仲裁中心机构仲裁规则》《仲裁（仲裁员及公断人的委任）规则》《仲裁收费及费用表》等，并提供英文、中文、韩语、日语等多语言版本的浏览及下载；实务研究者还可以通过“Statistics”一栏，掌握1992年至2010年，如HKIAC、AAA、ICC、SIAC、CIETAC等世界主要仲裁机构受理的国际仲裁案件，以及1997年至2010年在香港执行的仲裁裁决（http：//www.hkiac.org/about-us/statistics，见图11-4-23）。

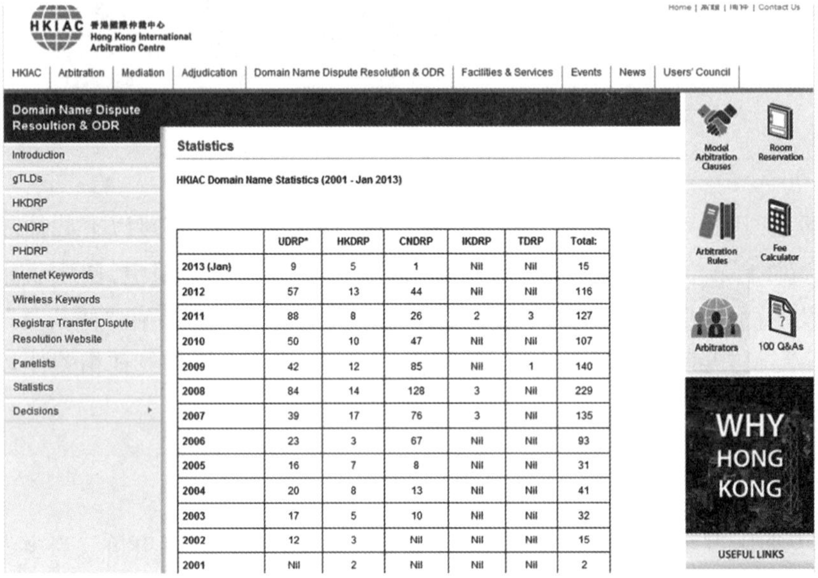

	UDRP*	HKDRP	CNDRP	IKDRP	TDRP	Total:
2013 (Jan)	9	5	1	Nil	Nil	15
2012	57	13	44	Nil	Nil	116
2011	88	8	26	2	3	127
2010	50	10	47	Nil	Nil	107
2009	42	12	85	Nil	1	140
2008	84	14	128	3	Nil	229
2007	39	17	76	3	Nil	135
2006	23	3	67	Nil	Nil	93
2005	16	7	8	Nil	Nil	31
2004	20	8	13	Nil	Nil	41
2003	17	5	10	Nil	Nil	32
2002	12	3	Nil	Nil	Nil	15
2001	Nil	2	Nil	Nil	Nil	2

图11-4-23　HKIAC网站的资源

（十二）非洲

非洲商法统一组织（法文全称是Organization pour l’ harmonisation du Droit des Affairs en Afrique，OHADA；英文全称是Organization for the Harmonization of Business Law in Africa，OHBLA。以下统一称为OHADA）有16个成员国，大部分成员国是前法国的殖民地，有着共同的历史背景。独立后，一些新的非洲国家，如喀麦隆、乍得、刚果与塞内加尔等，决定弥补没有仲裁立法的缺陷，相继颁布了一些有关国内仲裁的法律。还有一些国家，如科特迪瓦和多哥等，颁布了有关国际商事仲裁的法律。由于各国不同的立法政策导致OHADA地区的法律制度并不协调，严重阻碍了该地区相关国家经济的发展。为此，1993年法郎区国家的首脑通过了《OHADA条约》，建立了非洲商法统一组织。非洲商法统一组织的机构之一是司法与仲裁共同法院（Cour Commune de Justice et d’ Arbitrage，CCJA，网址：http：//www.ohada.org/ccja.html/，见图11-4-24），该机构不仅仅具有司法职能，还有仲裁管理职能。至此OHADA仲裁制度体系形成：一个是以《CCJA仲裁规则》为核心的机构仲裁体系，规定了在OHADA进行机构仲裁的程序和规则；另一个是以《仲裁统一法》（Uniform Act of Arbitration，UAA）为核心的临时仲裁体系，规定了进行临时仲裁的程序和规则。

OHADA仲裁制度的法律渊源有《OHADA条约》、《CCJA仲裁规则》、《仲裁统一法》、CCJA作出的解释以及国际条约。其中，国际条约主要包括《纽约公约》《华盛顿公约》《多边投资担保机构公约》等，因此仲裁过程中，当事人也会受到国际条约的约束。

图11-4-24　OHADA司法与仲裁共同法院网站

CCJA是非洲商法统一组织主要的司法机构，它具有双重性质，既是地区超国家法院，也是一个仲裁机构。该机构的职能之一就是根据《OHADA 条约》第21条的规定组织仲裁事项，作为仲裁机构的CCJA 本身并不处理争议，其主要职能是指定仲裁员、处理对仲裁员提出的异议、了解仲裁程序的进展并在裁决作出前对裁决草案进行复查。

OHADA组织的缔约国多为法语国家，因此其官方语言为法语，不过CCJA网站有法语、英语、西班牙语以及葡萄牙语版本，全面而详尽地收录了OHADA的发展沿袭、组织概况、宗旨及愿景，以及著名的“八部统一法”的主要规定、相关的法律法规、官方文件等信息，对于研习非洲的仲裁制度很有帮助。

四、国际商事仲裁出版物及数据库、网络资源

（一）专业期刊

国际商事仲裁的期刊有很多，如Kluwer law International出版系列刊物：

Journal of International Arbitration；

Arbitration International；

ASA Bulletin；

Asian International Arbitration Journal；

Revue de l' Arbitrage；

Spain Arbitration Review；

World Trade and Arbitration Materials…

上述期刊可在Kluwer Arbitration数据库中查找得到。此外，还有：

Mealey' s International Arbitration Report；

Mealey' s International Arbitration Quarterly Law Review；

Stockholm International Arbitration Review；

ICC International Court of Arbitration Bulletin。

相关的中文期刊主要是北京仲裁委员会主办的《北京仲裁》，以及广州仲裁委员会主办的《仲裁研究》。

（二）数据库

作为全球最为丰富的仲裁专业数据库，Kluwer Arbitration秉承了Kluwer law International法律出版社在内容上的权威性，并运用最新的网络技术和功能，以提供仲裁相关专业最新的资讯以及研究动态。该数据库的主要内容包括国际公约、法律法规、仲裁裁决、国际仲裁业界最新动态、国际商事仲裁委员会年鉴以及国际和各国仲裁机构的年度报告，对于了解全球重要的仲裁法律、判例、时讯等都很有帮助。

例如，需要查询一些知名仲裁机构的仲裁规则，可点击页面检索框左侧的Filters，选中Rules，再点击搜索即可。如图11-4-25所示，便可以获得如AAA、ICSID、LCIA、CIETAC等仲裁机构沿用的仲裁规则。

图11-4-25　Kluwer Arbitration数据库

（三）专题网站

南非仲裁基金会（AFSA，http://www.arbitration.co.za/pages/default.aspx）成立于1996年，是一家涉及商业组织、法律、会计专业的合资公司，总部设在桑顿，在南非各中心城市设有分支机构。

美国Juris出版公司（http://www.jurispub.com/cart.php）主要关注国际法领域的国际商务和投资、反垄断、ADR和仲裁、国际商事仲裁、国际公法、银行与金融以及知识产权等。

美国国际法学会（http://www.asil.org/）主办的国际商事仲裁专业网站，提供各国国内仲裁法、国际仲裁条约、国际仲裁机构及其规则、仲裁案例及相关咨讯。

全美仲裁论坛（http://www.adrforum.com/）是1986年在一群富有远见的法律专家倡议下创建的，发展至今已成为发展和推广仲裁制度与服务的学术性专题网。

仲裁在线（http://www.arbitrationonline.com/）收录了美国主要国际商事仲裁案例以及相关专业期刊、论著等出版物。

澳大利亚国际商事仲裁中心（ACICA，http://acica.org.au/）是一个成立于1985年的非营利性的机构，提供有关国际仲裁的信息，并通过研讨会等形式提供教育培训。

中国仲裁网（http://www.china-arbitration.com/）是1997年由仲裁业内的专业人士创办的中国内地

最早的仲裁专业网站，仲裁网秉承宣传推广仲裁，普及仲裁知识、沟通信息的宗旨，为业内人士认可。

中国仲裁在线（http://www.cnarb.com/）致力于增强中国仲裁研究和争议解决研究的能力，提升中国仲裁界和争议解决界的理论和实务水平，提供务实和有效的仲裁和其他争议解决方面的咨询。

中国商事仲裁网（http://www.ccarb.org/）正式创办于2005年，其宗旨在于传播仲裁知识，发布仲裁动态，推进仲裁研究，交流仲裁信息。

参考文献

1.赵莉、丛全滋主编:《信息素养实用教程》,中国轻工业出版社2013年版。

2.柯平主编:《信息检索与信息素养概论》(第2版),高等教育出版社2015年版。

3.林燕萍主编:《中外法律文献检索》,法律出版社2013年版。

4.吉久明、孙济庆主编:《文献检索与知识发现指南》(第2版),华东理工大学出版社2010年版。

5.黎泽潮、杨龙飞:《自媒体传播时代公众媒介素养中信息观的观照与培养》,载《新闻战线》2016年第9期。

6.王永健:《自媒体与大学生媒介素养教育》,载《北京教育(德育)》2010年第11期。

7.赵静、马丽华等:《知识管理理论内核——信息素养能力论之构建》,载《图书情报工作》2004年第11期。

8.王昶编著:《美国法律文献与信息检索》,中国政法大学出版社2014年版。

9.[美]科恩:《美国法律文献检索》,夏登峻译,商务印书馆1994年版。

10.颜世伟、柴晓娟主编:《文献检索与利用实用教程》,南京大学出版社2015年版。

11.韩丽风、王茜等:《高等教育信息素养框架》,载《大学图书馆学报》2015年第6期。

12.杨鹤林:《美国〈高等教育信息素养框架〉分析与思考》,载《图书情报工作》2015年第12期。

13.李婷婷、谷秀洁:《英国高校信息素养教育进展》,载《图书与情报》2012年第1期。

14.彭少健主编:《2016中国媒介素养研究报告》,中国广播影视出版社2016年版。

15.惠澜、林嘉等:《我国高校学术素养教育需求特征研究》,载《信息资源管理学报》2017年第2期。

16.马越:《新媒体环境下高校层阶式信息素养培养体系的构建》,载《河南图书馆学刊》2016年第1期。

17.洪跃、付瑶等:《国内高校图书馆信息素养教育现状调研分析》,载《大学图书馆学报》2016年第6期。

18.韩宇:《移动互联网环境下信息素养教育的微化及应对策略研究》,载《图书馆建设》2016年第8期。

19.黄丹俞:《高校图书馆多层次立体化信息素养教育模式构建——基于39所“985工程”高校图书

馆的实证研究》，载《高校图书馆工作》2016年第1期。

20.田稷、李懿：《探析多层次高校信息素养教育体系的构建》，载《图书馆建设》2015年第11期。

21.袁晓明、缪幽竹：《多媒体环境下高校图书馆嵌入式信息检索竞赛——以苏州大学图书馆为例》，载《河南图书馆学刊》2017年第3期。

22.王东波：《21世纪最重要的信息技术和信息工程：国家知识基础设施》，载《现代情报》2000年第3期。

23.阮智富、郭忠新主编：《现代汉语大词典（下）》，上海辞书出版社2009年版。

24.［美］尼葛洛庞帝：《数字化生存》，胡泳等译，海南出版社1997年版。

25.胡建淼、方立新主编：《韩国法通论》，杭州大学出版社1996年版。

26.陈建国：《日本司法制度简介》，载《国外法学》1980年第4期。

27.［韩］权五乘：《韩国经济法》，崔吉子译，北京大学出版社2008年版。

28.王志华：《中俄法律体系特色比较》，载《人民论坛》2011年第30期。

29.刘稚主编：《东南亚概论》，云南大学出版社2016年版。

30.刘丽君、于丽英主编：《漫游虚拟法律图书馆——在线法律资源研究指南》，法律出版社2004年版。

31.林燕平主编：《法律文献检索》，上海人民出版社2004年版。

32.于丽英：《法律文献检索》，北京大学出版社2015年版。

33.于丽英、罗伟编著：《法律文献检索教程》，清华大学出版社2008年版。

34.白桂梅、李红云主编：《国际法参考资料》，北京大学出版社2002年版。

35.曹建明、贺小勇撰：《世贸组织基本法律制度讲话》，中国青年出版社2000年版。

36.刘莉、袁曦临主编：《法学信息检索》，东南大学出版社2006年版。

37.赵海峰等：《国际司法制度初论》，北京大学出版社2006年版。

38.何志鹏编著：《欧洲联盟法：发展进程与制度结构》，吉林大学出版社2007年版。

39.王维达编著：《欧洲联盟法》，上海格致出版社2009年版。

40.刘光华、闵凡祥、舒小昀编著：《运行在国家与超国家之间：欧盟的立法制度》，江西高校出版社2006年版。

41.张英：《欧洲法院与欧盟法的一般法律原则》，载《深圳大学学报》（人文社会科学版）2007年第1期。

42.Morris L. Cohen, Kent C. Olson, *Legal Research in a Nutshell*, 12th ed., West Academic Publishing, 2016.

43.Wei Luo, *Chinese Law and Legal Research*, William S. Hein & Company, 2006.

44. Phil Bradley, *The Advanced Internet Searcher’ s Handbook*, Facet Publishing, 2004.

45. Ernest Ackermann, Karen Hartman, *The Information Specialist's Guide to Searching and Researching on the Internet and the World Wide Web*, 2nd ed., Routledge, 2000.

后　　记

这本《信息素养与法律文献检索》就要付印了，可以赶在今年9月份新生入学后使用。这是我们的心愿。

2017年华政的教学模式有了新的变化，成立了文伯书院。所有法学专业的学生先入书院接受通识教育一年，大二才分专业。感谢教务处和文伯书院的领导，他们把我们申报的《信息素养与法律文献检索》列入大一学生的必修课，这对我们是一个极大的鼓舞。因为有了这门必修课，我们才认真地思考如何上好这门课，不辜负报考华政的学生。我带着图书馆法律文献中心的几位年轻人开始备课，在原有的《中外法律文献检索》这本教材的基础上又扩展了内容，延伸了相关知识点，尽量贴近通识课的特点。我们希望通过信息素养的培育—文献检索的技巧—法律检索的方法来填补中国学生在传统教育上的空白。

记得去年年初，我和复旦大学的刘丽君老师带着一批年轻人去崇明岛，为了上好这门课进行封闭式训练。大家认真备课和试讲，一个个过堂，整整两天时间，我们把这门课先上了一遍。感谢刘老师，她把多年来在美国积累的法律文献检索经验和资料分享给我们，推荐了美国一些学校进行信息素养培育的教材。在讨论教案和备课过程中，我们有了本书初稿。通过一学期的课堂教学，我们了解到学生的需求和我们编书的重点。因此，我又萌生了重新修订教材的想法。

2004年我们为法学院的学生开设法律检索课，之后出版了《法律文献检索：方法、技巧与策略》，当时这本书反响很好，我们还获得了上海市教学成果奖。经过几年的教学实践，2013年我们又出版了《中外法律文献检索》，主要介绍一些常用的法律文献检索方法和途径，实用性很强，受到广大法律专业人士的好评。这次我们又重新编写了《信息素养与法律文献检索》，从法律文献检索的基本技巧、方法上升到一种信息素养的培养和学习能力的提升，希望能把这种学习理念灌输给华政的学生。

这本新书在体例上有些变化，前半部分主要是信息素养方面的内容，后半部分是与法律有关的文献检索。我编写了大纲和各章节安排，刘丽君老师对全书的体系和内容做了技术指导。我们上课的几位老师都参加了编写工作：郭海霞（第一章），王兴海（第二章、第十章部分内容、第十一章部分内容），吴志鸿（第二章部分内容），胡金颖（第三章、第十一章部分内容），刘章（第四章、第十章部分内容），顾欣欣（第五章），钱崇豪（第六章、第二章部分内容），朱玥（第七章、第八章），林燕萍、朱玥(第九章、第十章、第十一章),李梅瑛(第十章部分内容、第十一章部分内容)。全书由我统稿和审定。

在编写过程中,我的研究生朱玥和戴娜参加了本书的修改和校对工作。她们用法律人的专业眼光提出了一些修改意见。朱玥用整个暑假对书中出现的图表、网址和错误之处进行了修改。感谢法律出版社的何敏女士,她认真审阅了我们的书稿,并对书中的疏漏之处提出了修改意见。

我们希望这本新书不仅使华政学生受益,而且能成为众多法律工作者有用的工具书。

林燕萍

戊戌年夏识于华政园

图书在版编目（CIP）数据

信息素养与法律文献检索 / 林燕萍主编. -- 北京：法律出版社，2018（2022.2重印）
ISBN 978-7-5197-2590-7

Ⅰ. ①信… Ⅱ. ①林… Ⅲ. ①法律—情报检索 Ⅳ. ①G252.7

中国版本图书馆CIP数据核字（2018）第180937号

信息素养与法律文献检索
XINXI SUYANG YU FALÜ WENXIAN JIANSUO

林燕萍 主编

策划编辑 何 敏
责任编辑 彭 雨 何 敏
装帧设计 汪奇峰

出版发行 法律出版社
编辑统筹 法律出版社
责任校对 杨锦华
责任印制 吕亚莉
经　　销 新华书店

开本 880毫米×1230毫米 1/16
印张 30 **字数** 750千
版本 2018年8月第1版
印次 2022年2月第4次印刷
印刷 固安华明印业有限公司

地址：北京市丰台区莲花池西里7号（100073）
网址：www.lawpress.com.cn
投稿邮箱：info@lawpress.com.cn
举报盗版邮箱：jbwq@lawpress.com.cn
销售电话：010-83938349
客服电话：010-83938350
咨询电话：010-63939796

书号：ISBN 978-7-5197-2590-7
定价：82.00元
凡购买本社图书，如有印装错误，我社负责退换。电话：010-83938349